普鲁斯特的凝视

傅小平 著

不可不读的一〇〇位外国作家

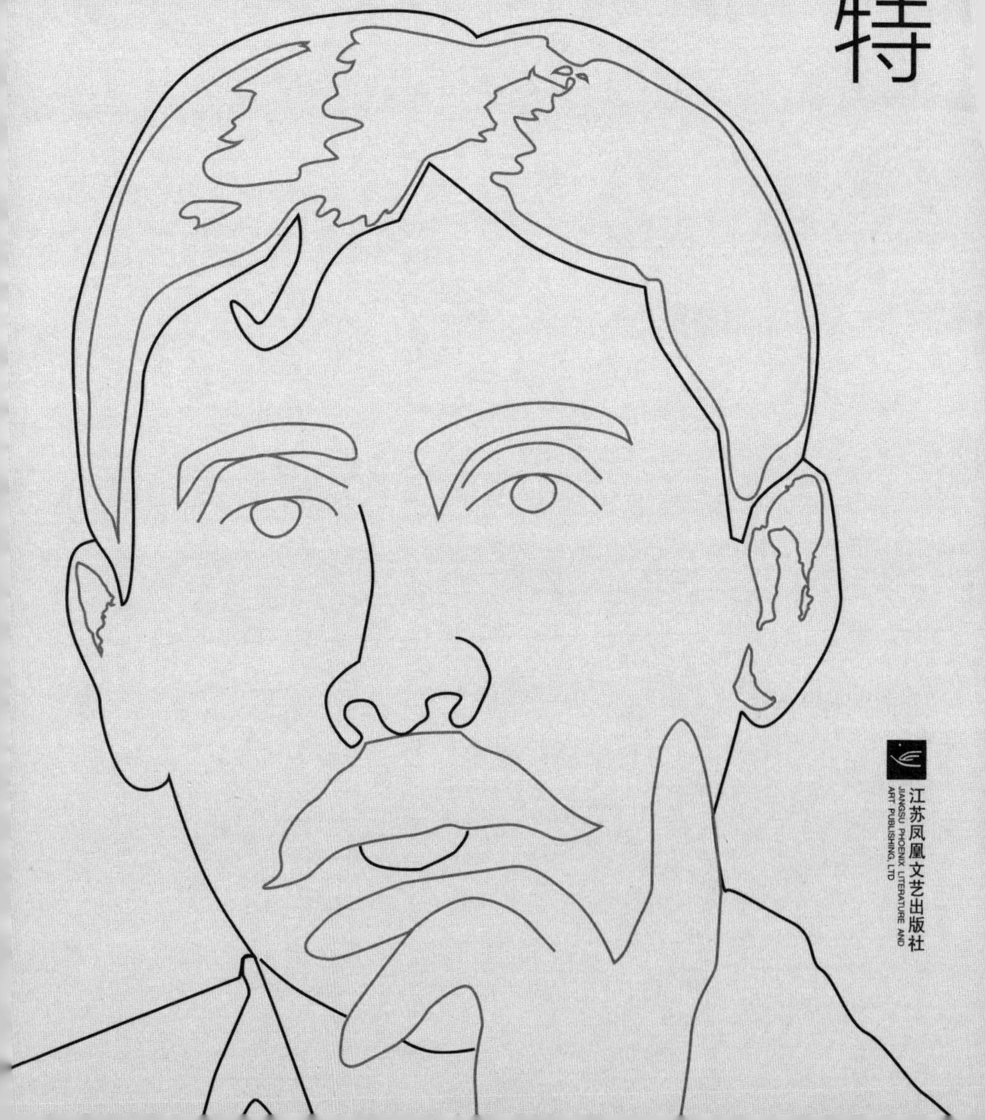

江苏凤凰文艺出版社
JIANGSU PHOENIX LITERATURE AND ART PUBLISHING, LTD

目录

辑七 诗性

辑八 博识

自序

一

收入集子里的这些文字，写的都是外国重要作家，最初刊发于文学报“环球”栏目，也有少数几篇应其他报刊杂志邀约而写。

有大约五六年的时间，我主持这个栏目。开始的想法自然是约稿，而约稿在我意味着一周或两周一次的邀约，不时的沟通，还有漫长而焦虑的等待，等到的文字有时却并不理想。加之，在那些年里，文学报和其他很多报刊杂志一样，处于艰难的转型期，因稿酬偏低、支付延期等原因，邀约的作者也缺乏积极性，约稿就变得越发困难。在这样的境况下，和编辑部协商之后，我尝试着自己编自己写——当然是用的笔名，实际上只是躲在名字后聊以自慰而已——而无可慰藉的是，往往过了几个月，甚至更长时间，我才能拿到微薄的稿酬。

如此说来，我只是两难之中选其一，为了排解难以承受的约稿的焦虑，选择了相比可以承受——实际上，以那时生活的困窘，恰是工资和稿酬在某种意义上维系着我的生计，稿酬之拖延和微薄，于我也实在是难以承受——的焦虑。现在回想起来，即使是这样，我居然一直写，写到后来单位条件改善了，段子体风靡的微信时代到来了，我也不编辑这个版面了，还因为一些机缘偶尔写写，在我一方面是职责驱使，更重要的还是出于对外国文学的热情。好在无心插柳柳成荫，一点点累积，不知不觉间竟辑成了一幅微观的外国文学“图景”。

二

照实说来，一开始写这些文字，我只是想写得尽可能好读一些。这部分原因在于，我起初约到的一些文字不好读，且多是偏于故事梗概式的介绍。我觉得仅止于此是不够的。文字不好读，不吸引人读，很可能会让读者错失好读，值得读的作家。而我虽说是为媒体写文字，得从新闻出发，却不能止于新闻。以我那时模糊的想法，我也确实认为，虽然写的“新闻”，抵达的也应该是文学。更何况本就写的外国重要作家，如果不能匹配以文学，也很难说做好了新闻。

约略有了这样的想法后，时间一长，这些文字像是给自己找到了某种“定位”。比如，得有一定的深度，但要说明白话，切忌学术，因为学术了，行文晦涩了，即使有启发性，也让很多读者接受起来困难；得有自己的见解，但要尽可能客观，客观了才会对一个作家有相对理性的认识，不至于因自己的一己之好把他捧上天或是一棍子打死；得有合适的角度，让读者易于融入作家的文学世界；得好读，这一方面要求文字有代入感，能很快吸引读者进入阅读。另一方面，还得吸引他们一直往下读。为此，在对一个作家有整体的呈现外，我会写到发生在他们身上的趣闻轶事，也会引用几句他们说过的很可玩味的话，这些话或是他们写完作品后意犹未尽说的，或是被媒体追问脱口而出的，或是为了引人关注假装不经意说出的，或是借着作品中的人物诉自己之衷肠的。我不得不说，作家，尤其是一些有趣的大作家是喜欢和读者捉迷藏的人，他们有时说话做事，不过是声东击西、指桑骂槐，给人制造陷阱和迷津。好在可以相信的一点是，他们的作品很少说谎。而我遵从的是鲁迅所说的拿来主义的原则，如果适于文章的表现，就坦然用之，不适合就断然弃之，取舍的标准则在于是否能让文字多一点思想性和趣味性。

我不确定自己是否做到了，即使做到了或许也不是刻意所致，而是文字以自己的方式为自己找到了在雾中前行的方向。我倒是在选择写哪些作家上多费了一些思量。给报纸写文字就得踩准新闻的节拍。比如，遇上某个出版社出了某位外国作家的最新中译本；某个时间段里某位作家访问了中国；某位作家在某个国家获了有世界性影响的大奖，或碰巧做了件影响世界的事情，一夜之间成了新闻人物。又比如，碰巧某年某月某日是某位作家的百年诞辰或逝世周年。如此等等。

另一方面，选择写某个作家，也是出于对其总体价值的衡量，还有对其写作特质的认定。每次选择看似随意，其实都有一些“计较”——当然，我做不到如哈罗德·布鲁姆写《西方正典：伟大作家和不朽作品》般的“计较”，也难以像他一般深入辨析入选作家之所以重要的特性。我选这100作家，与其说是因为他们的崇高性和代表性，不如说是因为他们的独异性和原创性。这当中，更早年代的重要作家，已被中外文学史以及读者的反复阅读确认，也正因为他们已被确认，或说是确定无疑的重要，在做选择的时候，倒是往往被我舍弃了。而对于近十年、二十年里表现抢眼的作家，我一般都会拿到书后先翻阅一下，让自己有个判断，觉得值得写才写。在这个过程中，我着实筛选掉了一部分作家，毕竟图书宣传很多时候会言过其实；毕竟国外各种各样的奖项，即便是公正客观，也难免为流俗拘囿，有名不副实的时候。也因此，我提醒自己不能想当然，而是要加以辨认。

也只有等到整理书稿的时候，我才发现我的目光一直凝视着二十世纪。这么说是因为，我写的居多是在二十世纪写下了重要作品，或是走过这个世纪，到了新世纪后绽放光芒的外国作家。当然，我凝视二十世纪，并无“厚今薄古”之意，相反我非常乐意一再重复 T. S. 艾略特在《传统与个人才能》里的一个告诫。他说，假如我们研究一个诗人，撇开了偏见，我们却常常会看出：他的作品中，不仅最好的部分，就是最个人的部分，也是他的前辈诗人最有力地表明他们的不朽的地方。而在今年年初应编辑部之命而写的《故乡的书房》一文里我也写道，刚进大学时，因不知世上有《生命中不能承受之轻》和《挪威的森林》，受到学长的轻慢，为了不被out，我从昆德拉、村上春树出发，经过卡尔维诺、博尔赫斯，一路读到福克纳、马尔克斯，蓦然回首却发现，早年岁月里读到的，似乎早已过时的雨果、狄更斯、托尔斯泰才是一直在那里的令人景仰的原乡——说来仅只是一种巧合，5 月 22 日，美国作家菲利普·罗斯为自己繁花满枝、硕果累累的一生画上了句号，而这一天也正是法国作家维克多·雨果逝世的日子。这也似乎在提醒我们一代代作家之间的血肉相连——也因为此，一次偶然的机会，读到毕飞宇重读托马斯·哈代《德伯家的苔丝》后感叹，经历过现代主义的洗礼，现在迷恋的是古典主义的那一套，现代主义在意的是“有意味的形式”，古典主义讲究的则是“可以感知的形式”，“古典主义实在是货真价实”。我不由生出心灵相通之感。如此说来，我很少写十九世纪乃至更早的作家，实在是出于对经典作家的敬畏，而凝视二十世纪，固然是因为新闻更为关注正在发生的现实，相应地，文学自然也聚焦依然活着的，还在写作的，有新闻效应的，或至少在眼下还经常被谈论的作家——当我这么说的时候，我不免想到，在我写这些外国作家的几年时间里，就先后有多位离开了我们，他们的离世也是一种提醒：我们正在逐渐告别二十世纪——却也未尝不是因为，这个世纪于我们而言终将是“漫长的告别”。

二十世纪，是一个怎样的世纪啊！借茨威格在《昨日的世界》序言里说的，在以往的历史上，几乎没有一代人像在二十世纪里生活过的人那样命运多舛：两次世界大战，各种灾难事件，还有整个世界在废墟上的艰难重生。在二十世纪的上半个世纪里，如茨威格所言，他含着羞耻见证了理性遭到最可怕的失败和野蛮在时代的编年史上取得最大胜利，见证了道德从如此高的精神文明堕落到如此低下的地步；而在茨威格逝世后的下半个世纪里，我们出于自豪地见证了人类在技术和智力方面，取得了比他感叹的上半个世纪里“一跃超越了以往几百万年所取得的业绩”的更大的进步，同时也百感交集地见证了人类在日新月异的技术进步面前所感到的，或许比上半个世纪还要深重的困顿与迷惘。这个世纪的前前后后，浓缩了如此繁多庞杂的内容，它们也显然在有着极端敏感性和丰富感受力的作家身上得到了繁多庞杂的呈现。如果说，茨威格“有时仿佛感到我一生所度过的生活并不仅仅是一种，而是完全不同的好几种。”像他一样在这个世纪里载沉载浮的作家，同样过了完全不同的好几种生活，加之臻于登峰造极的十九世纪文学投下的阳光与阴影，使得这一世纪的作家们，为逃离影响的焦虑，竭力寻求形形色色、曲尽极致的创新与突破，他们的创作才会有难以尽显的，形态万千的复杂面貌。而为求真实地再现这复杂多元的面貌，我的选择自然也不能局限于一己的文学趣味。所以，我写的这些外国作家，虽与我的趣味会有一些重合，从整体上看，却并不完全代表我个人的喜好。这样倒是避免了读者不得不屈就我的一己之好，从而使这本集子呈现出相对客观的面貌。

当然我说客观，并不完全在于作家的选择上，还在于文字的写法上。就像福楼拜说的，小说家是一位希望消失在他的作品后面的人。倘是以此类比，我则是一位消失在这些文字后面的人，媒体力求客观的特性也“迫使”我消失，而让自己消失的最好的办法，就是让我写的这些作家自己开口“说话”。正因如此，我没太把它们当成“我”写的文字，很长时间里，也没想过要把它们出成集子。但这些文字引起的回应和反响，却是超出了我的预期。大体说来，我这些年写的文字里，更被作家学者看好的是对话访谈，而不管是专业读者还是普通读者，着实有一部分更偏好我写的这些外国作家。因为我用的笔名，很多读者不知道是我写的，所以不怎么经常听到直接反馈，但有人向我打听过“余扬”“萧平”是谁，有人跟我谈到过喜欢读这些文字，也有一些我不认识的读者把不少篇章转到了豆瓣上去。我也比较多从编辑部同事那里听到一些反馈意见，居多是表示喜欢和赞赏的。几年前，有网友在微博上留言表示喜欢读，且不无期待地问我：为何不把这些文字结集出版？有意思的是，此后这样问我的人竟也多了起来，他们终究能通过一些途径知道是我写的，虽然我隐藏在笔名之后，虽然这些文字，也不像很多人写的类似随笔文章，通篇“是我，是我，还是我”，似乎要特别提醒“我”的存在——老实说，这怪不了作者，写大作家的文字，也着实适合顺便刷一把存在感，只是栏目的特性，不宜让“我”粉墨登场。当然了，我也确乎没有把“我”看得如此重要，以致非要让旁人来围观我怎样“遇见”大作家，说出了怎样的“真知灼见”不可。我知道我再怎么自恋，旁人终究恋的是那些大作家，就好比在我做的对话访谈里，我的提问即使再精彩，旁人也更关心受访的作家哪怕有时不那么精彩的回答。当然，很多时候他们的话，远比我说得好，让他们现身说法是再好不过了。所以在这样一个情境里，我只是我，并不是“颜色不一样的烟火”。

因此之故，我才需要说服自己这些文字有集结成书的价值。这个理由或许在于，比如福楼拜写的那些客观化的小说，是由那个敦促自我“消失”，并制造出这般幻像的福楼拜写出来的，他的消失本身也更像是另一种在场。以此推论，这些作家在我的文字里自己开口“说话”，要打个比方，假借的还是皮影戏幕后那只看不见的手，或电影里不出镜的导演、剪辑、读画外音的人，如此等等。说白了，这些文字归根到底是从我的手里流出来的，且让它汩汩流淌吧。

三

虽然如此，倘是以更高的标准，我对写这些文字的“我”还是存疑的。原因无他，除马尔克斯等少数平时会不时读读的之外，我来不及通读很多作家的作品。既然没能通读，何来资格写他们？这么说未免苛刻，君不见古人说，“一叶知秋”、“见微知著”、“窥一斑而知全豹”。福楼拜也说，谁要能熟读五六本书，就可以成为大学问家了。何苦通读呢？再则，即使是大作家，在写下了一些杰作的同时，也可能写下了不少平庸的作品，我们大可不必对他们的每部作品都孜孜以求。

但当真说来，诸如此类的借口都不免牵强。好比是评价一个人，你只有看完他的一生，或许还要等时间像落叶在秋水里一样慢慢沉淀下来，才能对他盖棺论定。评价一个作家的创作，同样如此。但通读数以千计的作品，在我着实是心有余而力不足。这并不是说我想偷懒，实在是时间有限，给报纸写文字，像是头上悬着达摩克利斯之剑，要不想伤了自己，最好赶在截止日期前交稿。因此，所谓赶稿，就是和时间赛跑的高强度作业。更何况，写这些文字其实是我的“副业”，我的主要工作还是做新闻报道，这样一来，时间精力就更有限了。但即便如此，我也可以负责任地说，在写这些作家之前，只要时间上允许，就算来不及从头到尾读完他们的作品，我也会快速翻一翻，为的找到一种踏实的落地感。

这之后，我的时间都用在了做消化材料的笨功夫上。如今回想起来，写每位作家都读上少则几万字，多则二三十万字，写百余位作家，亦即少说读了上千万字的材料，得多考验我的耐心，我又是耗费了多少心力——我只是实话实说，我这么坦白，并无包含自我邀功或博人同情之意，倒是为需要依赖材料而自觉惭愧。站在不惑之年的门槛上，我意识到这些年总是被新闻追着跑，就像有人开玩笑说的新闻像条狗，撵得人连撒尿的空儿都没有，所以除极少数的精读外，的确缺少时间来深入研读一些作品。而所谓“一花一世界，一叶一菩提”，又好比是阿基米德说的“给我一个支点，我就能撬动地球”，倘是功夫下到了点子上，极少数高明的作者，是有可能通过精读一部作品，走进作家的精神深处的。但即便如此，也不意味着他们凭借这样的精读，就能阅尽这些作家的千姿百态。于我而言，我走在了相反的方向上，我从地球的边缘出发，穿过渺如云烟的大气层，透过种种芜杂的世相，力图找到那个支点，让你来洞开作家的大千世界。而我看这些材料，打个不恰当的比方，就好比是一个锱铢必较的香水制造者，遍寻海量的各种原材料，经过预处理、混和、陈化、冷冻、过滤、调色、装瓶等诸多程序，最终制成的不过是一小瓶香水。但我不过是以精简的篇幅“评述”一位外国作家，就为了这，一连几个小时对着电脑枯坐，让鼠标在手中上下跳跃读材料，值得吗？

或许是值得的。我不确定在我的付出与得到之间是否存在一种对等关系，但我一定从中有所收获。至少，写这些作家的过程，在我也是拓展和打开自己文学视野的过程。而对于希望“遇见”这100位作家的读者而言，循着文章给出的线索，或许就能对这些作家，乃至整体的现当代外国文学“了然于心”了。这么说不免有些自夸，我何曾像勃兰兑斯写《十九世纪文学主流》一般，仅一个或几个作家就洋洋洒洒写上一大篇——而这些作家中的几乎每一位，都够写上一本本厚厚的传记或评传。受报纸版面局限，我却只能写短则三四千、长则上万字的篇幅。让我聊可自慰的是，虽然自知在做一件吃力不讨好的事情，但我至少以这些不长的文字，多少接近了对这一个个作家肖像的“刻绘”。

我想“刻绘”出什么样的人物肖像呢？一言以蔽之，是思想的肖像，艺术的肖像，精神的肖像。我明白，受制于时间精力，我不可能“穷尽”这些作家、作品的形式和意蕴；受制于功力尚浅，也难以做到抽丝剥茧的解析。但好比是走近和理解一棵树，进入树的内部，探知汁液的流动，经脉的伸张，年轮的生长，固然为我所力有不逮。但只要我用心揣摩，或可摹写出一副副生动的肖像。正如我们把时间慢慢回溯，或许能“呈现”一粒种子如何破土而出，如何慢慢长出绿叶、枝丫，一点点经风历雨枝繁叶茂，最终长成了大树，在大地上投下一片绿荫。我这般探知一个个作家的来路、过程和去处，虽不足以让你洞悉他们写作的更深的秘密，却聊可以作为你走近、阅读和欣赏他们的准备。

而众多编辑、书评人和外国文学爱好者，尤其是翻译家或译者的文字——他们译介了琳琅满目的各式作品，使我们得以共享外国文学的盛宴。他们不仅翻译了某些作家的一部或几部代表作，有时还翻译了他们的作品集，甚至是全集，使我们不至于因为视野的局限，把一个大作家“缩略”为一个小作家——在一定程度上，为我写这些文字做了准备。事实上，除了小部分作家因资料欠缺，我不得不求助于英文外，对于大部分作家，我能找到的素材是如此之多，各种不同的版本又多少有不相一致的地方，为求准确，我着实在比对、辨认上费了不少时间，但不可否认的是，他们的文字让我有所参考，也对我有所触动。因此，这本集子既是对这些重要作家的致敬之书，也是对他们的致敬之书。虽然部分文字里用到的有些材料，因为经过了综合、转化，加之以新闻报道不成文的惯例，可以根据文章的需要直接使用编辑提供的宣传文字，也就未能一一注明出处，但如果是引用了他们的观点，不是无意中疏漏了的话，我希望我已经写下了他们的名字。

我还想说的，这并不是一部在每篇文字后面都附上很多注解的学术著作，我知道从形式上看，注解的确重要，但我总是非常抱歉地一掠而过。相比，我倒是更为看重注解的宽泛层面上的意涵。诸如，一部作品可能是对另一部作品的注解，一个时代或许是对前一个时代的注解，而注解未尝不是一种新的创造。某种意义上，我们不也是在对历史的“注解”中，投掷下对这个时代的更深层次的理解？

四

无需我多加说明，会心的读者当知道，书名《普鲁斯特的凝视》，自然是脱胎于希腊大导演安哲罗普洛斯的著名影片《尤利西斯的凝视》。但我这般取书名，某种意义上也源于我真实的体验。至少在写普鲁斯特时，我真切地感受到了他的凝视，正如我能想尽，他定然是屏息凝视《追忆似水年华》里的那些人物，让他们以活生生的形象呈现在我们眼前，而这样的凝视无论于他，还是于一百多年后作为读者的我，或许都会不由生出庄周梦蝶的感慨。如此说来，与其说是我选择了这个书名，倒不如说是它在冥冥之中选择了我。也是在整理书稿的过程中，我终于醒悟到，写这些外国作家，并不只是技术性的写作，而是调动全身心的凝视。

我想到唐代诗人白居易在他少为人传颂的长诗《霓裳羽衣歌》里有云：当时乍见惊心目，凝视谛听殊未足。极言他观赏霓裳羽衣舞时的全身贯注，以及看完后的意犹未尽。深度阅读大作家的作品时，我们经历的或许也是类似的体验。梭罗在《瓦尔登湖》中说，真正的阅读是“我们必须踮起脚尖、用我们最警觉和清醒的时间去进行的阅读”。纳博科夫在《优秀读者与优秀作家》一文中也说，聪明的读者在欣赏一部天才之作的时候，为了充分领略其中的艺术魅力，不只是用心灵，也不全是脑筋，而是用脊椎骨去读的。而只有凝视所包含的那种全神贯注，我们才能真正领略到杰作之所以为杰作，大作家之所以为大作家的重要理由。

事实上，大作家的杰作，在某种意义上也是凝视的产物。他们就像纳博科夫说的“写作的艺术首先应将这个世界视为潜在的小说来观察”。等观察了，熟谙于心后，作家对杂乱无章的世界大喝一声：“开始!”。霎时只见整个世界在开始发光、熔化，又重新组合，他们也由此独创了一个新天地。而这样的观察，正应了我国南朝文学理论家刘勰在《文心雕龙》里说的，“文之思也，其神远矣。故寂然凝虑，思接千载；悄然动容，视通万里。”当我们经由那些杰作，与创造了它们的作家相互凝视时，一种像是经过化合作用的神秘的阅读发生了。

毫无疑问，你将进入阅读的这100位作家，在现当代世界文学的殿堂里占据了重要位置——为强调这一“重要”，在本书的不少篇章里，我都在开头或是别的地方，写下“外在于”作家作品的一些评价，说的无非是某个作家得了什么重要奖项，以及受了什么作家同行或大人物的推崇之类，这一点于谙熟这一作家的读者来说，或许显得多余，但于初次“遇见”的读者，却不能说是没有必要的。我们会不止一次地，在一些阅读札记中读到某位读者或作家读某位作家的作品，正是因为在某种特殊的机缘下，受了某某权威人士对他的评价之类的引导，就是一个很好的例证——而所谓“重要作家”，是我为求消除不必要的误读而作的一个相对性的称谓，远不如称之为“大师”，或“大师级作家”来得干脆利落。但“大师”一词确乎已被污名化了。虽说一定意义上唯有大师出场，才能标识出一个时代所能达到的思想与精神的高度，但这种标高究竟有怎样的标准，在我们这个歧见纷出的时代里，不曾达成共识。所以，“大师”在当下语境里，不过是一个暧昧不明的词汇，正如“天才”等其他包含了某种标高意义的词汇一样，易于让人滥用和误用。我重申“大师”的称谓，也无非是想提请我们看到其中一些写下了伟大作品的作家所具有的不可替代的典范性，他们在某种意义上为我们树立了经典性的标准。我也更乐意重复罗丹的一句话，所谓大师就是这样的人：他们用自己的眼睛去看别人见过的东西，在别人司空见惯的东西上能够发现出美来。

例如，马尔克斯称海明威“大师”，想必不是他心血来潮，而是在反复阅读中，他不断“发现”并确认了海明威不可替代的重要价值，或说“辨认”出了海明威对他写作的启发。在“剖析”了福克纳后，马尔克斯感叹，海明威虽然比不上福克纳的发人深省、热情和疯狂，却严谨过人，零件就像货车的螺丝一样看得清清楚楚。“也许就因为这样，福克纳启发了我的灵魂，海明威却是对我的写作技巧影响最大的人——不仅是他的著作，还有他对写作方法与技巧的惊人知识。”在这篇题为《与海明威相见》的文章里，马尔克斯还深情回忆道：1957年巴黎一个春雨的日子，他看到海明威和妻子玛丽·威尔许经过圣米榭勒大道，往卢森堡公园方向走。他没能上前请他接受访问，也没能过街去向他表达他的景仰，只是像人猿泰山那样用双手圈在嘴巴外面，向对街的人行道大喊："大——大——大师!"。海明威明白在旧书摊和索邦大学出来的大批学子当中不会有第二个大师，就转过头来，举起手用卡斯蒂亚语像小孩子似地对他大叫："再见，朋友!"

这是一个激动人心的场景。老实说，马尔克斯的这篇文章我是读过几遍的，但每次读都会有所感慨。如果说一开始，我是为马尔克斯这次奇妙的经验而激动，而后来我不禁想到，正是一次次这样的追寻与遇见——或是如马尔克斯和海明威般近距离的遇见，或仅止于阅读上的远距离的追寻——构成了伟大而坚实的世界文学的传统。记得有一次采访美国社会学家傅高义，他坦然道，自己看过鲁迅、老舍、沈从文的小说，因为他是做社会学研究的，所以也特别喜欢看茅盾的小说，比如《子夜》，因为可以帮助他了解那个时代的中国。如其所言，我们是有必要看重文学这种不为专业拘囿的广泛影响的。而我在集子里收入傅高义，也因为我更乐意称如他这般的作家型学者为非典型作家，他们在任何意义上，都不缺少作为一个杰出作家所需要的想象力、创造性，还有简洁、雅致而精确的文笔。

诚然这本书已经收录了100位外国作家，值得我们阅读和学习的重要作家却远不止这些。我也着实为没能写自己很是心仪的另外一些作家，诸如伊斯梅尔·卡达莱、阿摩司·奥兹、若泽·萨拉马戈，乃至"大师中的大师"威廉·福克纳等感到抱憾。好在这些文字，有着某种意义上的开放性。这一方面是说，那些依然在创作中的作家，还有可能写下更为重要的作品。而那些已然逝去的作家，他们的作品也会以开放性的姿态，在不同时代读者的阅读与研究中展现出新的可能性。也因此，我不得不对早些年写好的文字做必要的修订——私心里，我其实怀疑有无必要做这样的修订，毕竟这些文字结集出版，于我而言，既无可能当它是攀登漫漫文学路的台阶，也无可能被当成是学术著作聊以为评职称或提高学术知名度之类的凭借，我却要投入不少时间、精力；于读者而言，倘是满足于浅层的理解，查阅一下维基百科就可以了，我何苦那么较真呢？但我一边心存疑惑，一边还是忍不住尽力修订了。而另一方面，更重要的是，我在这些文字里有意无意留下了一些线索——以我真实的感受，我写每一位作家，都像是走进了交叉小径的花园，我指的不是迷失其中，而是说每一条小径，都隐藏着通向别的作家的线索——让读者得以从收入集子里的作家“走向”集子以外的作家。比如，由库切可以联系到奥斯特，他们之间曾经有漫长的通信，后来辑成题为《此时此地》的集子；由赫拉巴尔、哈维尔亦可推及同为捷克作家的昆德拉与克里玛；由桑塔格和波伏瓦，或可联系到阿伦特，三者并称为“西方当代最重要的女知识分子”；由奥康纳会联想到麦卡勒斯，她们是足以并肩的美国南方女性作家；从博尔赫斯之路出发，或可走向卡尔维诺，他们都被认为是“作家中的作家”；而从马尔克斯开始，我们也可以抵达卡夫卡和鲁尔福。早年，马尔克斯在阁楼上初读《变形记》时，就被那著名的开头慑服了：“原来小说可以这样写！”对鲁尔福作品的深入了解，也使得他找到了为继续写作而需要寻找的道路。他不由感叹道，鲁尔福的作品不过三百页，但是它几乎和索福克勒斯的作品一样浩瀚。

我当然不指望这部集子有着某种意义上的浩瀚，却也是怀了一点未必切合实际的奢望：希望读者读这些文字时，能滋长一点世界意识。任何一个作家，都既是自我的，也是属于这个世界的。他存在于包括他自己在内的作家所构成的汪洋大海之中。诚如布鲁姆所说，创造力强的作家不是选择前辈，而是为前辈创造，但他们有才气把前辈转化到自己的写作之中，并使他们部分地成为想象性的存在。事实上，他们还借鉴和转化同时代人的写作。所以，凝视这些作家，更当是一种世界性的凝视。也因此，我凸显一个作家作为一个作家的一面，而不是作为加上了某一国家、民族的前缀的作家的一面。毕竟文学有着超越国家、民族的通约性，我们也会常常碰到这样的情况，一个作家在本国作家群里是“熟悉的陌生人”，却在国外，甚至是在别一个时代的外国作家身上，找到了他的文学知音。

而我说的“知音”，并不只是指的不同国别的作家在写作技法上相互借鉴，这还只是停留在方法论的层面上，我指的主要是一个世界观的问题——一个有关作家怎样看这个世界，把这种凝视转化为叙述，从而让自己的写作在本质上区别于他人，成为独特的存在的问题。当我回看集子目录，不敢自夸取了多好的标题，它们却在某种意义上似乎把这100位作家的“世界观”给提炼出来了。我想，我们之所以阅读外国作家的作品，并不限于知识层面的了解，而在于读它们，对于我们是一种对照，也是一种打开。从这个意义上说，不妨把这些文字当成一面镜子，镜子里映照出外国作家的身影，走到深处看到的，或许是我们自己的形象。

五

就像有朋友调侃的，把这些文字集结在一起，仿佛“成”了一本简明外国作家史，我却没按洲际或国别分辑。我有时想，林林总总的外国文学史，都不约而同写成了作家的国别史，或许是不得已而为之的权宜之计。姑且不说别的，眼下全球化时代，一国之作家因各种缘由移居他国，并且改变国籍的情况时有发生，但他的写作却依然会涉及甚至是聚焦于母国，我们当如何来界定这样的创作?

因此在集子里，我依据这些作家写作的主要特质分辑。无可疑议，他们的写作是异常开阔的。有时单只是一个作家的写作，就涵盖了各种各样的类型和范式。所以，这样分辑更多是出于美学上的考虑，不会是那么精确。至于我为什么把某一些作家放在这个篮子里，而把其他一些作家放在另一个篮子里，相信读者对他们的创作大致有了解后就能明白。如此一来，我再做点简单的说明就足够了。

简言之，所谓“回望”，指的诸如普鲁斯特等作家的写作就是一种回望，对往昔岁月的深情回望；“日常”是说，像爱丽丝·门罗那样的作家聚焦日常生活，他们能从中挖掘出深刻的东西，并且还能从中升华出一些特别的意味；“即刻”取自美国作家多克托罗的一个说辞，大意强调文学写当下，生活在当下。实际上他写的更多是历史题材，但谁能说历史就不“即刻”呢？岂不见今天发生的事情，有时想来不就像是昨天的投影？这个概念也让我想起茨威格在《人类的群星闪耀时》前言里提到的“充满戏剧性和命运攸关的时刻”。他说，这种时刻在个人的一生中和历史的进程中都是难得的。这种时刻往往只发生在某一天、某一小时甚至常常只发生在某一分钟，但它们的决定性影响却是超越时间的。而很多写作，确乎是把一个个在自己看来有着特殊意义的瞬间无限放大，如此，即刻或说刹那也就变成了永恒；“行旅”言下之意，就是像勒·克莱齐奥这样的作家，喜欢四处旅行，他们的写作与旅行有着密不可分的关联，并且表现出“无国界”的特点；“越界”里收入的作家也关乎旅行，他们或他们的父辈由于特殊的机缘，从一个国家“旅行”到另一个国家，成了“越界”的移民，他们除了越界之外别无选择。

至于“介入”一词，显见地出自萨特的经典论述，他反对作家们为艺术而艺术，号召他们履行作为人的责任，通过写作对当代各种重大社会政治问题做出回答。收入这一辑里的作家们，也确乎在以各自不同的方式介入现实，也因此与生活之间多了点短兵相接的“火药味”，他们兼及个人化和社会化的写作，在一定程度上匡正了我们对现实政治，对世道人心的理解；“诗性”囊括的是纯粹的诗人，他们并不完全等同于作家，但我更乐意称他们为诗性的作家。因为以诗性的尺度衡量，有些所谓的“诗人”并不是诗人，有些不写诗的作家却是真正的诗人；“博识”里，如博尔赫斯这般的作家，毫无疑问也是博物学家，他们有本事把无比浩瀚的知识转化为美轮美奂的文学；说到“异数”，几乎所有的大作家都是异数，他们因创造性的突破让自己成了有别于大多数人的异数，而收入这一辑里的作家又因为他们难以归类和最具特异性的创作，让自己成了异数中的“异数”；而像马尔克斯这样的大作家，就更适合归入“综合”的行列了。他们精彩纷呈的人生，还有熔文学、哲学、科学等于一炉的创作，为我们铸就了大文学的殿堂。

不管怎样，这些重要作家，即使不说是给我们的阅读和写作开启了道路，也足以为我们撑起一片树荫。我们在树下漫步、行走，并不只是为了寻求荫庇，而是不断丰富我们自己，最终走向自由和理想的王国。感谢文学报编辑部同仁，他们多年来陪伴“环球”栏目和我一起成长，并为此倾注了心血。感谢郦国义先生，刘丹、刘亦婷女士，他们对这本书的出版给予了盛情的关心和支持。感谢江苏凤凰文艺出版社黄孝阳和李黎，他们认真编辑、校阅，让这本书得以“绿树成荫”。

《诗经·小雅，伐木》有云：嘤其鸣矣，求其友声。希望这本我念及付出过不少辛劳不由敝帚自珍，且因为终于为它们找了一个“家”而心怀喜悦的集子，配得上读者的阅读，也希望他们能从阅读中有所收益。然后呢，然后当然不是谢幕，而是当你翻过书页，或合上书本时意犹未尽道：这家伙写的几位作家，有点意思。去找来读一读。再然后呢，什么都不必说了，不如现在就开始阅读吧。

辑一　回望

马塞尔·普鲁斯特：

让回忆将真正的生活冲洗显影

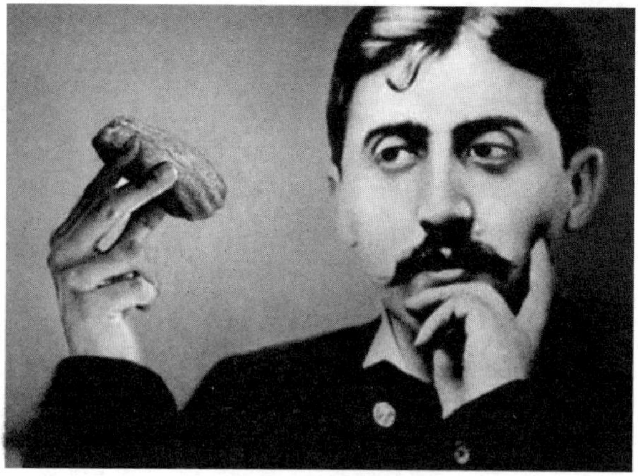

“生命太短，普鲁斯特太长。”这句话出自法国作家阿纳托尔·法朗士之口。发如此感慨时，他已是75岁高龄，那是1919年，《追忆似水年华》（又译《追寻逝去的时光》）第二卷《在少女花影下》参评龚古尔奖，法朗士以这一声叹息，来表示他不想读这部“巨著”。

没读到相关资料显示，普鲁斯特听到了法朗士的这一声感慨，如是听到，他又会是怎样一番心情。要知道，法朗士可是他年轻时极为推崇的大作家，小说里作家贝戈特这个人物，正是以他为原型创作的。

三年后，普鲁斯特逝世。又过了两年，法朗士也走到了生命的尽头，他或许没有想到，他的这声感慨，日后会被刻在“追忆似水年华”的入口，作为对读者的有意味的警示，并为他们在这部巨著门前望而却步做了“盖棺论定”。

1

然而“普鲁斯特太长”，却实在是很有必要的。这一方面是因为，如有论者所说，《追忆似水年华》是一部“人生之书”，而人生是经不起半点删削压缩的，相反，它值得我们仔细推敲。在普鲁斯特看来，没有什么是毫无意义的，“一则香皂的广告也可以像《沉思录》一样，令人回味无穷。”也无怪乎，普鲁斯特传记作者安德烈·莫洛亚说，没有人比普鲁斯特更善于帮助我们在自己身上把握生命从童年到壮年，然后到老年的过程。

由此看来，普鲁斯特不能不长。当然《追忆似水年华》的“太长”，一方面在于篇幅太长——不是眼下以胡编乱造的情节取胜，动辄几百万、上千万字，可以在手机上一目十行极速浏览的网络小说那样的长，而是没有中心人物，没有完整的故事，没有波澜起伏，只有贯穿始终的线索，“可以说是在一部主要小说上派生着许多独立成篇的其他小说，也可以说是一部交织着好几个主题曲的巨大交响乐”，以至于连普鲁斯特的弟弟罗贝尔都不由感叹，要想读这部巨著，“先得大病一场，或是把腿摔折，要不哪来那么多时间”的长。而等到好不容易因身体不适或单位休得假及诸如此类的原因得了一点闲工夫，我们又得挑战普鲁斯特式盘曲缠绕、花团锦簇的长句了。《追忆似水年华》共 7 卷 15 部，译成中文约 250 万字。小说三分之一的句子超过 10 行，最长的句子有 394 个法文词、2417 个字母。该书中文译者之一周克希说，普鲁斯特的文体有一种独特的美，“那些看似‘臃肿冗长’的长句，在他笔下不仅是必要的，而且是异常精彩的。因为他确实有那么些纷至沓来、极为丰赡的思想要表达，确实有那么些错综复杂、相当微妙的关系和因由要交代，而这一切，他又是写得那么从容，那么美妙……犹如一棵树分出好些枝丫，枝丫上长出许多枝条，枝条上又结出繁茂的叶片和花朵。”

周克希同时告诉读者不要怕长句，“普鲁斯特的句子再长，兜来兜去最后还是会兜回来的。长句没有什么可怕的，有时候我们写信，感情特别充沛，一下子说不完，不是也会洋洋洒洒地往下写吗?”周克希说，那些长句看似漫不经心，很多是普鲁斯特反反复复修改的结果。“他写得非常精心，全书第一句：有很长一段时间，我早早就睡下了。据说是在反复修改了26遍之后才定下来的，仅我看到过的就有四个不同的‘版本’。”

而以本雅明的说法，一切伟大的文学作品都是特例，而普鲁斯特的《追忆似水年华》在这些特例中，属于最深不可测的。这部七卷本的巨著自有一种不可思议的综合，它把神秘主义者的凝聚力、散文大师的技巧、讽刺家的锋芒、学者的博闻强记和偏执狂的自我意识在一部自传性作品中熔于一炉，并且写得令人兴味盎然。这样一本令人兴味盎然的“综合之书”，同时又是阿兰·德波顿眼里不可不读，读后唯有写一部《拥抱似水年华》为其做注解，从中演绎出一套完整的生活哲学、处世哲学，才得以释然的人生之书，是不能不长的。

2

如此，面对这部非如此之长不可的巨著，如果说你能举出多少“死活读不下去”的理由，就能找到同样多“死活要读下去”的理由。要有人说这种漫长得风雅、细致到繁复、“把一根头发劈成四根”的文风，让快餐文化盛行时代的读者很难有时间和心情气定神闲地来品读，而即使在小众读者群里，这本书也是被谈论得多、被阅读得少，能坚持读到最后一页的更少。

那不妨听从周克希的建议，从“最后一页”开始读起。周克希说，阅读普鲁斯特可以直接从第七卷开始：关于逝去的时光，生活的回忆之网，关于艺术家发现的美……因为前面 6 卷就像谜语的谜面一样，始终在谈文学是什么，谜底是在第七卷揭晓的。用小说中的一句话来说就是：“真正的生活，最终被发现并被阐明，因而是唯一完全真实的生活——就是文学。这种生活，从某种意义上说，每时每刻都不仅寓于作家身上，而且同样寓于每个人身上。但是他们看不见它，因为他们缺乏阐明它的意识。因而他们的过去充斥着无数杂七杂八的底片，派不上用场，原因是智力根本无法将它们冲洗显影。”

要有人说，《追忆似水年华》里故事情节太淡不好读，周克希会告诉你，普鲁斯特其实是具有可读性的作家。读普鲁斯特可以是随性而至，翻到哪一页，就从哪一页读下去，“你会看得下去的，普鲁斯特就是这么好。”但周克希认为普鲁斯特不应该变得“小众”，“普鲁斯特讲的故事可能比较难懂，但是他写得真是好，写得那么美。小说里面写了那么多关于音乐、美术，甚至于日常生活细节的美，学艺术的人应该读一读，普通人也该读。”

诚如其言，即使是挑剔如威廉·萨姆塞特·毛姆都说，我宁愿读普鲁斯特读得厌烦，也不愿意读其他作家的作品来解闷。因为在他看来，作为一个具有独创精神的伟大作家，普鲁斯特的观察细致入微，他的创造力与心理透视力无与伦比。不过，毛姆也承认，普鲁斯特经常重复，他的自我剖析繁琐，对妒忌心理的分析冗长而乏味，即使最有耐心的读者最后也不免生厌。但他转而指出，从未有作家在一本书里写活这么多人物，给人留下这么深刻的印象。而且，他还对普鲁斯特的幽默感钦佩之至。“我相信，他在未来将作为一个卓越的幽默作家而受人称颂。”

当然，普鲁斯特没有被当成一个幽默作家。要是认为他幽默，与其说他刻画了一些充满幽默感的喜剧人物，倒不如说他能像普鲁斯特研究专家马克斯·乌诺尔德所说，把“没有要点的故事”也写得兴味盎然。在普鲁斯特笔下，“平平常常的梦一旦被讲述出来就立即变成了没有要点的故事，然而这一切都是这样迷人，以至于你不再是一个听故事的人，而是变成了白日梦患者本人。”

而且，普鲁斯特还能把他喜爱的许多文学艺术作品，解读得兴味盎然。诚如普鲁斯特研究专家涂卫群所说，《追忆似水年华》同时容纳和超越了那些作品：路易十四时代的作者圣西门的《回忆录》，古代阿拉伯故事《一千零一夜》，深受日本浮士绘影响的埃尔斯蒂尔们的“印象派”绘画，吸纳了某些东方因素的德彪西的音乐，还有他在荷兰画家弗美尔作品中看到的精致完美的中国艺术品。

不止于此，《追忆似水年华》里极富魅力的夏尔·斯万，有一个奇特的秉性，就是喜欢拿画家作品上的人物形象与真实的人相比——普鲁斯特也喜欢以画打比方，在与《追忆似水年华》出于一个创意，堪为一个整体的《驳圣伯夫》里，他评价巴尔扎克作品中蕴含有绘画观念，认为像他这样的作家，像画家反复描绘现实对象，取得完美效果——斯万之所以爱上后来成为他妻子的奥黛特，就是因为她的面部表情像极了波提切利作品《春》中的女神形象。这个人物就如有评论所说，让那些有年代的作品变活了，使它们得以穿越历史的尘雾以一个鲜活的寄托出现在眼前。

正因为普鲁斯特在细节上的趣味，对意象的感受力和优美的行文，使得我们对《追忆似水年华》的碎片化阅读成为可能。因为它本身就不是一部“你拿起来就必须一口气从头读到尾”的作品。毛姆就奉劝读者说，那些描写维尔杜兰夫人和夏吕斯男爵的文字固然不能遗漏，但如果你不打算通读全书，有一些枯燥的地方完全可以跳过去不读。

3

也因为这部巨著的这一特性，广西师范大学出版社于 2016 年 3

月出版了《追寻逝去的时光（读本)》。读本从 200 多万字的原著中选译最为精彩的部分，重新组成 30 余万字。这样的“缩略”，自然不是让很多名著“瘦身”的那种“缩写”，毕竟普鲁斯特这部小说不比其他许多名著，是经不起提炼和概括的。

问题是，这样大刀阔斧的缩减，会不会影响小说原来的味道？周克希介绍，浓缩的原则是保持小说整体轮廓，也就是七卷中每卷都选译一些段落；并且选取的都是编者公认特别精彩的段落。而每个大段的文字一字不易，完全保留原书中的面貌。为了保证叙事的连续性，他还添加了必不可少的，凝练而克制的，承上启下的串联词。另外，普鲁斯特的长句，选取时这样的大段的文字也都一字不减，完全保留了原书中的面貌。

当然了，对于一些读者来说，读本更可以说是一个引子，它引着你去读全本。说到底，读普鲁斯特，就像有研究者说的，要学会用他的眼光来看世界。实际上，一旦潜心沉入到普鲁斯特的世界，我们就会被吸附进去，被他笔下丛生的枝蔓裹挟，从而追随主人公“我”的眼睛，“我”的心脉，沉入一段又一段往事，将逝去岁月的点点滴滴重现眼前，使时间在艺术中得以永存。

帕特里克·莫迪亚诺：
寻找失去的时光与自我

1

“我的过去一片朦胧……”即使不了解法国作家帕特里克·莫迪亚诺的读者，多半也记得这个著名的句子，这源于已故作家王小波的莫迪亚诺“情结”。

在小说《万寿寺》的起始，王小波引用了莫迪亚诺《暗店街》的这个开篇，接下来他写道：“这本书就放在窗台上，是本小册子，黑黄两色的封面，纸很糙，清晨微红色的阳光正照在它身上。病房里住了很多病人，不知它是谁的。我观察了很久，觉得它像是件无主之物，把它拿到手里来看；但心中惕惕，随时准备把它还回去。过了很久也没人来要，我就把它据为己有。”北京时间 2014 年 10 月 9 日晚 7 时，诺贝尔文学奖委员会宣布莫迪亚诺获本年度诺贝尔文学奖。

获悉得奖消息后，莫迪亚诺感叹：“与我仰慕的人比肩，感觉有些不真实。”这诚可谓这位为人低调的作家的谦辞，也未尝不透露了他真实的心迹。当然，莫迪亚诺仰慕的人，并不只是萨特、加缪等同样获得过诺贝尔文学奖的法国前辈作家，还包含了普鲁斯特、乔治·西默农等与他有着某种亲缘性、且对他的创作产生过重要影响的作家。事实上，通过这些堪与莫迪亚诺“比肩”的作家的眼去看莫迪亚诺，正是我们了解这位如此简单又如此复杂的作家的最佳路径。

他追忆的，并不是普鲁斯特式的似水年华

诺贝尔文学奖揭晓之后，瑞典学院常任秘书彼得·恩格伦在接受采访时，谈到了莫迪亚诺的文学贡献，他直言：“帕特里克·莫迪亚诺可以说是我们时代的马塞尔·普鲁斯特。”

如其所言，两位作家确有明显的承继关系，他们的作品也表达了一些相似的主题。法语文学研究专家董强即表示，莫迪亚诺受普鲁斯特的影响很大，他永远在巴黎，探索内心世界。

然而，对这种相似性的强调，却会让我们忽略两位作家明显的区别。端看其表达方式，其相差就何止以道里计。法语文学研究专家柳鸣九做过一个对比。他说，莫迪亚诺的小说，仅占一二行的文句居绝大多数，占三四行的文句已不多见，三四行以上的则极为稀罕了。相比而言，普鲁斯特是典型的“长句作家”，往往一个文句就占一两页、两三页，而且从句还套着从句，九曲十三弯。“这种语言景象在莫迪亚诺的笔下是绝对没有的，他总是尽可能地避免从句，而经常用状语、补语与分词句，这就使他的文句简练到了几乎是最大的限度。”好在如柳鸣九所言，莫迪亚诺的语言简练，却没有流于平淡、单调与贫乏的危险，而是显得很有涵量，很有弹性，很有表现力，很是传神。

而最主要的，同样是专注于“记忆的艺术”，两位作家的“记

忆”，也有着根本性的区别。董强表示，莫迪亚诺的“记忆”，并非真实的回忆。因为他在二战后出生，根本没有生活在德军占领法国时期。他的记忆，本身就是一种文学想象。普鲁斯特的世界，却有一个或几个能够支撑起整体世界的支点，比方说，著名的玛德莱娜小糕饼。在莫迪亚诺的世界里，这样的物象很多，却全部停留在碎片层面上。“每个碎片带来的，依然是碎片和片段，从而形成一个万花筒般的拼贴世界，时光没有被‘找回’，而是引向更深的空白，更大的谜。”

对此，莫迪亚诺有过自己的思考。他曾试着像普鲁斯特那样去构建一个完整的建筑，但很快就发现这只是徒劳。他说：“上一代人能够创作一部完整的作品，就像一座大教堂。我想到了普鲁斯特或劳伦斯·迪雷勒以及他的《亚历山大四重奏》。这些人生活在一个能够更加集中精力思考的时代里，而我们这一代人，只能是支离破碎的，不完整的。”而这碎片式的世界，无疑更吻合当代世界的现实。

勒·克莱齐奥，还是莫迪亚诺？是个两难选择

莫迪亚诺获奖后，很多人都大感意外。究其因，并不在于莫迪亚诺不够诺奖级别，而是仅仅在六年之前，另一位法国作家勒·克莱齐奥也获得了诺奖，而且两人同属“新寓言派”作家。

有意思的是，据法国一份文学杂志发起的调查，两人的读者数量旗鼓相当，选择读莫迪亚诺还是勒·克莱齐奥，很长时间里成了区分法国人的话题。而法国评论界也习惯称两位作家为“一阴一阳”。勒·克莱齐奥一直旅居海外，擅长写异域风情，而莫迪亚诺则是老老实实待在法国，写巴黎人的日常生活。

既然是法国当代文坛交相辉映的双璧，被放在一起做不同角度的比较是难免的。董强谈到两位作家留给他的印象。他说，莫迪亚诺跟勒·克莱齐奥一样，是沉默的作家，他甚至更沉默。“有几次我们在巴黎6区的街上遇到，他也只是点点头。他的沉默还在于，他在媒体上露面很少。”法语文学翻译家金龙格则表示，翻译莫迪亚诺时不会有理解上的障碍，但勒·克莱奇奥的作品有些地方比较晦涩难懂。“虽然两人各有千秋，但从翻译角度来看，我更愿意翻译莫迪亚诺的作品。”

谈到两位作家的写作，法语文学研究专家袁筱一坦言，莫迪亚诺的作品相对比较好读，“他的作品很好地反映了一代人的情绪，可以蛮好地反映法国的迷失一代。”法语文学研究专家张亘则认为，如果以创作的思想深度和文笔的风格而论，对莫迪亚诺更为欣赏。“他与勒·克莱齐奥相比，更为注重对人内心隐秘世界的探寻，勒·克莱齐奥则比较侧重于自然界的原生态和乌托邦的社会构想。”

这一次，村上春树成了莫迪亚诺的“陪跑者”

村上春树无缘诺奖，又一次成为国内村上迷们心里难以释然的隐痛。这一次，村上春树成了莫迪亚诺的“陪跑者”，村上迷们自然心有不甘，不忘对莫迪亚诺揶揄一番。有论者直言，村上春树属于年轻一代，而莫迪亚诺属于上一代甚至上上一代人。“与流行元素相比，颁奖思维明显‘滞后’于潮流的诺贝尔文学奖颁给属于另一代人的莫迪亚诺也算是实至名归吧！”

仔细比较起来，两位看似八竿子打不着的作家，也确有相似之处。村上春树的小说同样充满悬念、深具寓意，同样在好读的外衣下包含了严肃的主题，也同样如专栏作家韩皓月所说，文字都是细腻又敏感，同时冷静又克制，而且都不怎么擅长讲一个情节跌宕起伏的故事，却能用连贯的书写和精确的刻画来吸引读者。为何村上春树再一次错失诺奖？村上春树作品的主要译者林少华表示，今年村上被提名的短篇小说《失去女人的男人们》，又回到男女之间心理和感情纠葛问题，仍是弱化了批评性。“看来，政治考量不是他的强项，追究个人心灵的深度与广度、追求人性中那些难以言喻的微妙关系，才是村上春树的强项。”

以韩皓月的理解，和村上春树被泛化的符号相比，莫迪亚诺的创作走向是清晰一致的，他笔下的主人公，都在执着地寻找自己，而这或许就是他打动诺奖评委的重要原因。邱华栋则结合自己的阅读感受表示，与村上春树一样，莫迪亚诺也擅长写青春的忧伤，写一些前沿的、时尚的感受。“但不同于村上的是，莫迪亚诺更偏重哲学的思考，他的作品经常描写人对于时间流逝的无助，眼睁睁看着自我的丧失，进而叩问生命价值，质疑虚无主义，因此他的小说更显示出某种思考的深度和对于生命的危机感。”当然，对于村上春树屡屡错失诺奖，另一种更为大众化的解释是，他确乎太流行了，诺贝尔文学奖一向不青睐流行作家。

乔治·西默农的外衣，夏尔·波德莱尔的魂

读莫迪亚诺的任何一部作品，都会发现其间或是鲜明或是潜隐的侦探小说风格。莫迪亚诺并不讳言，他一直有撰写侦探小说的欲望和怀旧情感。本质上，侦探小说的主题和萦绕他小说的主题很类似：失踪、身份问题、遗忘症、重返谜一般的过去，针对同一个人物或事件罗生门般的矛盾见证也符合他的理念。

当然，他的侦探情结，是有内在原因的。他自言，以回溯的方式看，他的童年就充满了诸如与纳粹有交集的父亲的缺失、母亲总在巡回演出、弟弟因交通事故早夭等有着侦探小说色彩的情境。“有些阶段，我周围充斥着谜一般的人物和事件。那些时刻，作为孩童我们不能提很多问题，一切都显得自然而然。但是随着时间的流淌，我回溯

往事，才想起来：‘那时到底发生了什么？’”

或因如此，莫迪亚诺特别喜欢读比利时侦探小说家乔治·西默农的作品。西默农的文字简洁、清晰，以冷静的写实主义，直探故事的核心，作品多着重在心理分析，挖掘人性黑暗面。其侦探小说以研究犯罪的前因后果，分析犯罪行为人甚至被害者的心理，与环境对人物的影响见长，特别擅长营造气氛。莫迪亚诺显然在很多方面得到了西默农的真传，但要据此以为他的写作，只是西默农的翻版，那就大错特错了。正如柳鸣九所说，假如把莫迪亚诺的作品当成侦探小说来阅读，到最后肯定会失望，“因为读者永远也找不到答案，到了结尾仍然是一个巨大的谜团。也因为此，他的作品会让人读完之后感觉余味无穷。”

事实上，像阅读西默农的作品一样，阅读莫迪亚诺的过程中，也总让你感觉老有桩不平常的事件，某种紧张气氛与压力，老有一个与所有这一切有关的悬念在等着你，使你急于知道它的究竟与结果。然而这种悬念显然又与西默农等侦探作家惯用的悬念不同，在侦探小说作家那里，悬念是很具体的，只关系到一个具体事件与具体人物的某个行为真相，而莫迪亚诺小说的悬念却是巨大的，笼统的，往往是关系到一个人的生存状态。而在其小说的结尾，与所有侦探小说中悬念都有具体答案的结局完全相反，他小说悬念的答案仍是一个巨大的问号，从而给读者留下了好些耐人寻思的余韵，小说寓意所深具的魅力不言而喻。

乍一看，莫迪亚诺似乎是复杂的，然而他又是简单的。纵有类似于侦探小说般错综复杂的故事情节，万变不离其宗，读者还是很容易摸到他的叙事套路。拥有确定国籍、跟犹太血统只略略有些关系的莫蒂亚诺，他几部主要作品的主人公几乎都是犹太人（《星形广场》《环城大道》）、无国籍者（《寻我记》）与飘零的流浪者（《夜巡》《地平线》)，这些人物基本上都处在某种冷酷、阴暗、危机四伏的现实环境里，置身于某种异己的、带有敌意与邪恶意味的群体或社会团伙之中，比如他的中篇小说《缓刑》讲了这样一个故事：年少的“我”和弟弟寄居在一栋属于三个女人的别墅里。周遭的成人世界充满了谜题：房子为什么没有男主人？阿妮为什么整夜哭泣？洛里斯通街的那伙人在干什么买卖？科萨德侯爵是否会在半夜回到城堡？“我”反复思索到底发生了什么严重的事？及至人去楼空，再无踪影？但“我”知道发生了非常严重的事，因为警察来了。因此就如有评论指出，恐慌感与危机感，摆脱意识与追求意识，构成了这些人物存在状态的精神层面，他们的寻找与查询，正是他们的存在感与存在意识所促使出来的生存行为。

对于自己喜欢侦探小说，却为何不写侦探小说，莫迪亚诺做过解释。他说，写侦探小说，就意味着某种程度上的现实主义，甚至说是自然主义。需要刻板却有效的叙述结构，就像把拼图做好要讲求方法。“在每部侦探小说的末尾，总有一个结局，一个解释，但是我想表达的是一种不确定的、片段的过去。事实上，我写的也不是传统意义上的小说，而是那些梦幻的，表达想象的。”

实际上，莫迪亚诺笔下那些可与侦探相仿佛的人物，与其说是西默农式的，不如说是波德莱尔式的。以董强的理解，莫迪亚诺的写作很好地印证了本雅明对波德莱尔的分析，以及对现代人的命运的定义。“他的许多小说题目，如《废弃的街区》《废墟之花》《夜之草》，都带有波德莱尔的回声。莫迪亚诺以自己的经历与追寻，以他难以模仿、几十年恒定的文风，为西方文明吟诵着一首首温情的哀歌，而悖论的是，欧洲读者在这种哀歌中听出了自己青春时期的亮丽与幸福。”

王小波的诘问与沉思，莫迪亚诺的失去与寻找

我们有理由确信，王小波的莫迪亚诺“情结”，并非没来由，而是源于两位作家在文学气质上的相近。诚如王小波在小说中对自我的诘问与沉思，莫迪亚诺小说的主题也多与失去与寻找有关，是对失去的时光、自我身份与存在的追寻。

《暗店街》中的主人公在一次劫难中丧失了对过去生活全部的记忆，一些年后，他当上了一个私人侦探，开始在茫茫人海中找寻蛛丝马迹以求搞清楚自己已完全被遗忘了的前半生的真相；《夜巡》的故事发生在二战德国占领巴黎期间，主人公先被一个盖世太保组织接纳为间谍，受命打入一个叫“地下骑士团”的抵抗组织；后来又受“骑士团”的委派，反过来调查盖世太保组织的情况。主人公身陷两个对立阵营之中，彻底地失去了自我。为了找回自我，他先把“骑士团”的名单提供给了盖世太保，然后又开枪击伤了盖世太保的头头……

《环城大道》讲述的则是儿子寻父的故事。文中的“我”在 17 岁时看到父亲的一张发黄的旧照片，据此怀着深情，不畏艰难去寻找自己的父亲，但搞不清父亲是黑市走私集团的成员，还是被盖世太保追捕的犹太人。为探明真相，他打入了走私集团内部，最后在父亲被捕时挺身而出。

阅读莫迪亚诺，一如阅读王小波，读者不由不为他小说中散发出来的情趣所感染。在《环城大道》中，随着主人公的追踪，读者也一直想搞清楚小说中这对父子的来龙去脉以及对他们生活的隐衷；在《暗店街》里，读者不由得被主人公引入艰难曲折的调查，关心着这个阿里阿德涅线团的每一个头绪，此外，在《户口簿》里，又有一个人的生平经历有待查清，在《星形广场》与《凄凉别墅》里，同样不乏扣人心弦的逃亡与躲避的场景描绘。

有意思的是，尽管毫无二战时期的生活经验，莫迪亚诺却乐此不疲地选择这个时期的生活作为他小说的背景。由是，与个人身世背景的有趣对照，构成了莫迪亚诺另一个引人关注的噱头。然而要进一步了解有关这位作家的信息，却无疑是困难的。查遍中文资料，我们几乎看不到一星半点关于他生平的介绍。原因很简单，他的作品从表面上看，几乎和他本人的经历扯不上多少关系。二战结束的 1945 年，莫迪亚诺生于法国的布洛涅·布朗库尔，童年是在特殊的气氛中度过的。他的父亲是意大利籍犹太商人，时常干些不法勾当，自打他出生起就很少在他身边，母亲则是比利时人，最经常干的事就是拎个旅行包四处流浪。

莫迪亚诺在政府的资助下才完成了中等教育。小时候他和兄弟鲁迪一起受洗成了天主教徒，“然而弄巧成拙，他从此被天主教徒视为犹太人，又被犹太人视为天主教徒。”由于父母总不在身边，他跟鲁迪更亲近，然而鲁迪十岁时死于疾病，从而预示着莫迪亚诺悲惨童年的结束。之后，他在一些作家的引导和鼓励下走上创作道路，1968 年发表处女作《星形广场》，从而一举成名。

或许，莫迪亚诺正是在这种奇特的张力中找到了自己写作的定位。他的绝大部分作品集中地揭示了人在现实中找不到自己的支撑点、自己的根基的状态，表现了人在现实中得不到确认的悲剧，自我的丧失、寻找自我的艰难。

在《暗店街》里，他借主人公之口说：“大多数人，即便在世的时候，也不过像一缕蒸气，绝不会凝结成型。其实我们都是‘海滩人’。我们在沙子上的脚印，只能保留几秒钟。”很显然，他选取犹太人做小说的主人公，并无意于表现他们的生存状态，更大原因在于他们无一不承受着现实的巨大压力，从德国占领时期支取来的象征性压力，就压在他们的身上。在他笔下，二战、盖世太保、抵抗组织这些概念也只具有象征意义。他显然没有从二战时期摄取历史生活场景的意图，只满足于借用这个时期的名称与这个时期所意味的那种沉重的压力，这种压力直到战后很久还像噩梦一样压在法兰西民族的记忆里。

从某种意义上说，莫迪亚诺写的是一种类型小说，他用侦探小说外壳包装了追寻自我的内核，像患了强迫症似的，不厌其烦地重复着这一主题。但这也并不值得奇怪，作为继“新小说派”之后，于 20 世纪 70 年代迅速扩大影响的“新寓言派”的代表作家之一，莫迪亚诺与同一流派的尤瑟纳尔、图尔尼埃、勒·克莱齐奥等法国作家一样，有着与马尔罗、萨特、加缪等存在主义作家相近的诉求，却无意像他们那样形成一个完整的哲学体系。

就像有评论说的，“新寓言派”作家有时只是想表达一个简单的比喻，于形象描绘中阐述一点深刻的哲理寓意，这是他们的特点，也是他们的局限。然而对于多数读者而言，在阅读他们作品的过程中，收获了情趣与思考，就已经足够。

艾斯特哈兹·彼得：
被碾碎了的人，更值得去“爱”

1

1989年秋天，在布拉格里本区一家啤酒馆里，39岁的艾斯特哈兹·彼得怀着朝圣的心情，拜会了他景仰已久的捷克作家赫拉巴尔。日后于2014年8月访问上海时，他谈到了这次拜会，却并没有说到具体的情境，只是说，赫拉巴尔和匈牙利作家不一样，在历史事件里，匈牙利作家习惯关注的是获胜的部分，但是他写了很多和失败有关的内容，并不是成功的东西，他以嘲讽对待这些失败。

对于艾斯特哈兹来说，这实属正常。1990年，他出版了向赫拉巴尔致敬的《赫拉巴尔之书》。在他看来，写这本书比见到他本人更重要。这本书他写了近三年，这三年里，他可以说是日日夜夜都和赫拉巴尔在一起。这也并非他首次对这位文学前辈表达敬意。早在二十多岁开始写作之初，他就奉赫拉巴尔为精神导师。如果没有赫拉巴尔写于1964年的那部长达128页的独句小说《老人们的舞蹈课》，就不会有他1981年出版的那部200页的长句小说《悬》。也正是从赫拉巴尔身上，他不仅获得了标新立异的文学灵感，更获得了独立不屈的思维力量。

艾斯特哈兹再次见到赫拉巴尔，是在他的葬礼上。艾斯特哈兹回忆说，那真的是很具有讽刺意味的活动。现场有一支很差的乐队，演奏着很差的音乐。“我觉得他们就好像是从他的书里跳出来的。”饶有趣味的是，《赫拉巴尔之书》也是种弥漫一种谈谈的讽刺色彩。小说开篇就写到了上帝的出场，他派两名天使到人间巡察。他们开着一辆挂着政府车牌的黑色轿车来到铁幕下的东欧，在一位匈牙利作家的院外偷偷窥视。作家正在写一部关于赫拉巴尔的学术专著，无意中冷落了充满幻想和热情的妻子安娜。他们已有三个孩子，可是安娜又怀孕了，心里充满纠葛，因为她不想在自己生活的这个“不自由的地方”生孩子，并且还暗恋上了从未谋面的赫拉巴尔。

安娜给赫拉巴尔写了一封长长的情书，讲述了身为贵族后裔的丈夫全家和自己一家在独裁统治下的不幸遭遇，并通过与赫拉巴尔经历的共鸣，一往情深地爱上了他，甚至幻想逃往布拉格与他共同生活。安娜的忧郁勾起了天使的爱欲，也牵动了上帝的恻隐之心。喜欢创造历史、谱写史诗的上帝察觉到这个红尘故事的戏剧性，他不仅试图通过天使之手操纵事情的发展与结局，而且想亲自为女人做点什么。他注意到安娜爱哼唱布鲁斯，于是决定为她学吹萨克斯风……

虽然，故事内容看似与小说的书名没有太大关系，艾斯特哈兹也并非有意要写一本关于赫拉巴尔的书。“赫拉巴尔和人民很近，他的语言其实很复杂，但是写出来又好像在和街边的人聊天，非常平民化的语言。我从赫拉巴尔那里学到很多东西，但是我们的写作是不一样的。”但显见地，艾斯特哈兹希望借由这本书的写作，完成与赫拉巴尔的思想对话。在小说的“第三篇”里，艾斯特哈兹安排了一段寂寞无奈的上帝与在林中喂猫的赫拉巴尔的对话，对话不仅用捷克语，而且用的还是卡夫卡的语言，因为对话的句子全部摘自卡夫卡致米伦娜的情书！

如此安排，与其说是艾斯特哈兹的心血来潮之举，倒不如说是他用心经营的一个隐喻。艾斯特哈兹继承、融会并发展了卡夫卡和赫拉巴尔作品的理性精髓，他的写作有着离奇的戏剧性、深邃的思想性和东欧人特有的政治诙谐。凭借《天堂的和谐》等众多作品，这位有“匈牙利的詹姆斯·乔伊斯”之称的作家，几乎包揽了匈牙利乃至欧洲所有重要文学奖项，且多次获得诺贝尔文学奖提名，从而当之无愧地进入了欧洲现代文学大师之列。2016 年 7 月 14 日，艾斯特哈兹·彼得因罹患胰腺癌在布达佩斯去世，享年 66 岁。

2

在艾斯特哈兹作品的译者余泽民感觉里，这个噩耗突然得不像是真的。不仅因为他过于年轻，嗅不到死亡的气息，更因为“艾斯特哈兹”在欧洲是个不朽的贵族姓氏，意为“黄昏的星辰”。“他与生俱来就背负着帝国的记忆，他就这样死去，就像他还活着。”

有一种说法称，一个欧洲人，即使没读过艾斯特哈兹的作品，也不会不知道艾斯特哈兹伯爵家族。在艾斯特哈兹身上，与生俱来地背负着帝国兴衰的沉重记忆。他出生于匈牙利一个曾经的显赫之家。这个家族走出过匈牙利的大臣、将军和总司令，走出过数位州长、主教和大主教。艾斯特哈兹的祖母是位法国公主，祖父莫利茨伯爵曾在“一战”末期出任匈牙利总理。但“二战”后，这个家族急速衰败，当艾斯特哈兹于 1950 年 4 月出生时，他的身份只是一个被削掉爵位的瓜农的儿子。

但“从一位小说家的角度”，艾斯特哈兹自认为“是在最理想的时候出生”。家族的一切都被夺走，这于他是一种幸运，否则他就要为继承的财产付出繁重的工作，那样就没时间写作了。另一方面，他出生的年月也不是很晚，还有人知道一个名声显赫、历史悠久的家族是如何根植于时光里的。艾斯特哈兹自出生就随着家人流亡的经历，也让他觉出了文学的亲近，“在文学中找到了自由。”以至于大学念着数学专业时，他也“一直走在文学的路上”。1974 年大学毕业，艾斯特哈兹进入匈牙利国家机械部工作，靠数学吃饭。日后，他坦言自己尽管能“看到数学的美”，但自认为“天赋还不足以成为一位数学家”。

艾斯特哈兹没有成为数学家，许多年后，他和拉斯洛·克劳斯瑙霍尔凯、道洛什·久尔吉和凯尔泰斯·伊姆莱等，以作家的身份，通过德国和德语翻译走向了欧洲。艾斯特哈兹说：“匈牙利语是小语种，匈牙利是小国，德国是我们这些中欧小国写作者走向欧洲和世界的重要窗口，这是传统。”而他们最怕的出版和译介状态，实际上也是中欧国家自身生存状态和历史的缩影。

在艾斯特哈兹看来，中欧的历史是被动的，他们不能掌握自己。他们一方面受到东边俄罗斯的影响，另外一方面受西边国家的影响。他们就是中间人。“现在因为欧盟原因，状况有了很大改变，但在思考世界和历史的方式上，还停留在以前。”日后接受采访时，艾斯特哈兹说，生为中东欧人不是不幸，而是悲剧。“生在这里，就是一个悲剧，甚至是比悲剧还要严重的喜剧。”

或许正是为了写这出喜剧，1978 年，艾斯特哈兹辞掉工作，为的是成为写作的“全职奴隶”。真正取得“有目共睹的成就”，则要等到许多年以后。1993 年，他的画家朋友班嘎·费伦茨创作了一幅以女人为题的“影子画”长卷，这勾起了艾斯特哈兹想幽默一把的欲望，于是他开始在画上手书配文。两年后，一部去掉图画、扩写了的小说出版了，这便是让他一举成名的《一个女人》。小说总97章，每一章皆以“一个女人”开头，演绎出97种男女关系。

如此闲来戏笔的“副产品”，尽管给艾斯特哈兹带来了广泛的声誉，却不可能是他的最爱。他出版于2000年的家族小说《天堂的和谐》，才真正让他成了欧洲最引人注目的作家。艾斯特哈兹将个体的命运放到家族、国家的宏大历史背景下层层剥解，重温了自己曾遭放逐、屡受迫害的父亲善良谦逊、勤勉正直的美好品行。然而，这一形象在该书出版前几个月被“颠覆”了。当地政府解密了部分专制时期的绝密文件，披露了不少人曾充当政府“耳目”的历史污点。出于好奇，艾斯特哈兹委托一位在历史档案所工作的朋友帮忙查阅，看看有没有关于自己的黑材料。没想到沾染“历史污点”的名单中，有一堆姓艾斯特哈兹的，其中包括他那位“正直善良、高贵自尊的父亲”。

在看到“绝密文件”的那一刹那，艾斯特哈兹感觉本以为熟悉的父亲是如此“陌生”。震惊之余，他立即打电话给出版社，要求中止《天堂的和谐》的出版，但当时该书已经付印，只待发行。于是他选择了以写作泅渡。两年后，《修订版本》出版，书里抄录了大量涉及家族“历史污点”的资料。这两本书的写作历程，让许多人感喟艾斯特哈兹写作的勇气。但在他自己却并不以为勇敢，而只是感到无能为力地顺其自然。“在东欧有许多这样的故事，人被历史碾碎了。但在我看来，被碾碎了的人，更值得作家去‘爱’。”

3

艾斯特哈兹曾化身为一个女作家，以细腻、率直的纪实性笔触写了一本通俗爱情故事《十七只天鹅》(1987)。书名取自小说的十七个章节，而“天鹅”其实是“章”的代名词。艾斯特哈兹以第一人称的身份讲述了一位22岁的年轻女郎充满坎坷的情感遭遇，自小失去父母的她，激情而绝望地爱上一位沉溺于情色享受的推销员。当她发现情人已经订婚之后，她陷入了无法自拔的感情漩涡。不幸的婚姻与残疾最终使她拿起了笔，向读者讲述自己的故事。

这看似噱头十足的创新，自然也引来了不少争议。其实，艾斯特哈兹之所以没用真名，并非有意捉弄评论家，也非为赚取读者的眼泪，而是为了“与读者达成阅读协议”，让其更加无阻隔地进入女性角色。而在出版《文学导论》合集（1986）之后，他重新捡起现实主义的传统手法，也表明他所进行的文学尝试，是为了寻找适于表达不同主题的不同手段，并不是刻意否定传统。

事实也是如此，尽管艾斯特哈兹拥有毕加索一样的丰富的想象力和求变欲望，他的写作却能在继承与创新之间保持着精细而危险的平衡，一如他在群体与个体、权利与放弃、理智与情感、荒谬与严肃等无数对立的矛盾中，找到，写下，而且建立其一个个让人绝路逢生的脆弱平衡。也因为此，虽然他的小说从不止于讲好一个故事，却并不因此失去其引人入胜的生动面貌。

托马斯·沃尔夫：
在写作时，他的题材只是他自己

1

1926年秋，刚从哈佛大学毕业的托马斯·沃尔夫孤身来到伦敦。那是他人生中最艰难的时刻，独自蜗居在异国，失去了生活的方向和目标，他甚至根本不知道为何来到这里。这种少年式的清愁和迷惘，在一个个寂静失眠的夜晚积聚起来，诱使他怀念起远在美国南方的故乡。被心中那种巨大、空虚而无力的感情驱使着，他从床上爬起来，点上灯，打开本子，写下心中激情的怀想。这些文字最终凝结成中译名为《天使望故乡》的传世之作。

这本书，沃尔夫整整写了近两年。其时他寂寂无闻，在文学界、出版界两眼一抹黑。最后，通过一个朋友，他把35万字的手稿试着拿给了一个出版商。几天后，出版商回复说，书稿过于稚嫩，自传的气息太过于浓厚，且缺乏熟练的小说技巧，根本不可能出版。受到打击的沃尔夫只得暂时搁置了梦想，回到纽约在一所大学教书授业。等手稿再次引起出版商的注意，已经到了1929年初。他终于签署了出版合同，并且生平第一次领取了500美元的支票稿酬。然而，他没有感到欣喜，而是倍感不安。于是找到那位合作的编辑——因发掘出海明威、菲茨杰拉德等作家而知名，且因与沃尔夫之间的恩恩怨怨于2016年被导演迈克尔·格兰达吉搬上银幕而广为人知的“天才捕手”柏金斯，问他能不能预言自己的书出版后会是个怎样的结局。柏金斯给他的回答是：这本书一定会找到自己的出路。

柏金斯安抚他心情的一句话，却不折不扣成了一句预言。作为一个年轻作家的处女作，《天使望故乡》甫一出版，即赢得可观的销量。当年的《纽约时报》书评赞叹说：“以小城沉闷的生活题材，写得如此生动有力，可以说是前无古人。”次年，美国首位诺贝尔文学奖得主辛克莱·刘易斯在受奖辞中盛赞《天使望故乡》“堪与我们最佳的文学作品相媲美”。他甚至预言，如果沃尔夫保持他在这部作品中的水准，“有可能成为美国最伟大的作家。”自此，沃尔夫和他的这部《天使望故乡》在世界文学界不胫而走，他在美国文坛的地位也因此奠定。此后，包括《时间与河流》等在内的长篇作品为沃尔夫赢得了更多的赞誉。

可惜好景不长，在一次旅行途中，因染上肺炎，沃尔夫于1938年9月15日去世，年仅38岁。在他身后给人们留下了无尽悬想，而他短短一生取得的文学成就却足以让后来者仰慕。威廉·福克纳出人意料地把他列入当代美国作家的前茅，凯鲁亚克视他为文学偶像。耐人寻味的是，最初被出版商很不看好的缺点，结构松散，情节冗长拖沓，过于沉迷于自我等等，日后却成了衬托他作为一个同时具备一切优点和缺点的天才作家的真实存在。

2

没有人知道《天使望故乡》出版前，沃尔夫的不安是否包含了对其中反映的真实生活可能引发争论的预感。小说发表后，即在他的家乡引起轩然大波。有个老太太写了八页冒火的信，扬言要把这个“无耻的作家”打一顿。另有一些人信誓旦旦，书中人物他们完全知情，因为现实中有原型。有一个情节是：石匠把珍藏多年的大理石天使雕像，卖给一位声名狼藉的妇女。不少人跳出来证明：当时交易的场景，自己完全记得，并且还是见证人！有意思的是，一家报馆居然派了记者和摄影师，跑到小镇上，在墓地照了一张巨大的神色凛然的天使像，说：这就是书名的由来。

争议源于小说饱含强烈的自传色彩。沃尔夫将许多自己大学毕业以前的生平资料和经历都融入了小说中，不仅他的家庭成员都一一在小说中出现，不少情节还直接取材于家乡的真人真事。与小说主人公尤金·甘特一样，沃尔夫也是在北卡罗来纳州的山区小城阿什维尔长大，都有一个贪杯的、做雕刻匠的父亲和一个贪财的、做地产投机的母亲，都有目睹关系亲密的哥哥去世的痛苦的经历，都做过报童，都在诺福克船厂里打过工。而书中涉及到的几乎所有的人物也都能在他的家乡找到原型。

正是这样一种始料未及的怪异的反响，沃尔夫不得不严肃地思考这样的问题：一位艺术家用来创作的素材究竟来自何处？如何才能算是正当地使用了那些素材？在小说后出的版本中，沃尔夫专门作了一个序言对此做了阐释。他认为，一切严肃的作品说到底必然都是自传性质的，而且一个人如果想要创造出任何一件具有真实价值的东西，他便必须使用他自己生活中的素材和经历。对此辩解，他的家乡人并不买账。此后的几年中，沃尔夫不断收到一些诋毁和辱骂的匿名信，致使他有七年不敢回老家。然而，悖谬的是，沃尔夫在他的家乡被骂的原因，事实上也正是他成功的原因，因为作家感知到人物的真实，甚至融入其中，以至于模糊现实和虚构的界限，这恰恰是小说成功的秘密所在。

沃尔夫没有因此改变创作路向。1935 年，经柏金斯编辑而成的第二部小说《时间与河流》出版。故事承续《天使望故乡》的结尾，尤金接受母亲供给他一年的学费，来到哈佛大学学习戏剧创作，结识了一个名叫斯达威治的朋友。两年后，他来到纽约大学任英语教员，去欧洲旅游期间遇上斯达威治和他的女友安恩。尤金爱上了安恩，安恩却钟情于斯达威治，但斯达威治不爱安恩。在与斯达威治争吵后，尤金回国在船上遇上了艾丝特·杰克并一见倾心。他满怀喜悦地回到美国。小说的故事情节与沃尔夫自身的经历可谓如出一辙。

3

恰如有评论所言，沃尔夫在写作时，他的题材只是他自己。放眼当时的美国，除惠特曼之外，再也找不到一个作家像沃尔夫这样宣扬自我，这样强烈地感觉到自我的重要性。正是在这个意义上，福克纳如是感慨：我敬佩沃尔夫，因为他竭尽全力把自己要说的话都说了，甚至情愿把文体、连贯性以及所有精确的原则抛开，希望把人类心灵的一切感受，真切地集中到一个针尖上。

沃尔夫去世后，他的另一个编辑阿斯韦尔从其遗稿中整理出两部长篇，一部是《网与石》　(1939)，另一部是《你不能再回家》(1940)。这两部小说同样也是自传性的，主人公则改名为乔治·韦柏。前者开头写韦柏的童年、家庭、大学生活和置身大城市的孤独感。后来主要写他与艾丝特·杰克的恋爱。如同现实中沃尔夫相恋的是艾琳娜·伯恩斯坦夫人——一个大他十七岁的道具服装设计师，艾丝特的年龄比韦柏也要大得多，且是有夫之妇。疯狂地相爱之后，即劳燕分飞。韦柏远赴欧洲散心。他在一家德国人开的啤酒店被痛打一顿，躺在病床上想回家，但是感到“再也不可能回家”。这恰恰是后者要表达的主题。韦柏从欧洲回到纽约，他回到家乡，发现家乡已经不是他童年时代平静的城镇，而是争夺买卖的场所，他感到一切已经不复存在，此时二战的阴影开始笼罩……

从这时开始，沃尔夫认识到自己有必要从自我中跳出来，去理解这政治的、社会的和经济的世界，和它交融，然后设法把它写进自己的作品中去。这种思想生动体现在他去世前所做题为《一部小说的故事》和《写作和生活》的两篇演说稿中。演说稿最终被结集命名为《一个美国小说家的自传》出版，成了这位担心过早写自传，然所写无非自己亲身经历和实际见闻的作家生命的绝响。

西格弗里德·伦茨：
永不谢幕的“德语课”

1

“当作家的个人经验和社会历史生活产生一定程度的重合时，我会不由自主地联想起西格弗里德·伦茨的《德语课》。”在与德国作家马丁·瓦尔泽的对话中，作家莫言称，《德语课》和君特·格拉斯的《铁皮鼓》、瓦尔泽的《迸涌的流泉》一样，用儿童的视角反思二战的历史。“这种写作视角影响了众多中国作家，包括我本人的写作。”当然，这些作品对他的影响不止于此。在一篇回忆文章里，莫言写道：格拉斯和伦茨对我的吸引力比德国这个国家对我的吸引力还要巨大，如果能见到他们，我想这会成为我的隆重的节日。

阅读《德语课》的经验对作家余华来说，则是一段温暖和百感交集的旅程。那时他在鲁迅文学院，“当时这部书震撼了我，在一个孩子天真的叙述里，我的阅读却在经历着惊心动魄。这是一本读过以后不愿意失去它的小说。我一直将它留在身边，直到毕业时必须将所借图书归还，否则就按书价的三倍罚款。我当然选择了罚款，我说书丢了。我将它带回了浙江，后来我定居北京时，又把它带回到了北京。”

同样是《德语课》，帮了阿尔巴尼亚作家伊斯梅尔·卡达莱一个大忙。写完《亡军的将领》的那一刻，他清楚地知道小说无法在国内出版，于是他想把这本书偷渡到西方。他的方法十分美妙，就是将书藏在书里——被小心撕下来的《德语课》的封面，贴在他委托朋友在印刷厂事先排版印刷出来的自己的“书”上。就这样，这部“书中书”顺利地混过海关检查，去了法国和其他更多的国家，后来也来到了中国。

这并不是一个德国版“墙内开花墙外香”的故事。事实上，《德语课》这部取材于德国著名画家埃米尔·汉森在纳粹统治时期被禁止作画这一真实事件的小说，于 1968 年出版伊始就成了畅销书，并进入德国中学课堂，真正成了“德语课”读物。也正是凭借这部小说，伦茨在德国文坛一举成名，且被誉为德意志民族的“心灵守护者”。作为与君特·格拉斯、海因里希·伯尔这两位诺贝尔文学奖得主并肩的当代德国作家，包括《灯塔船》《失物招领处》《激流中的人》《面包与运动》《空中有苍鹰》等在内的众多作品，为伦茨确立起在德国乃至世界文坛的崇高地位。2014 年 10 月 7 日，伦茨在德国汉堡去世，享年 88 岁。

伦茨去世一年多后，他尘封了 65 年之久的长篇《投敌者》于他的手稿中被发现。小说于 2016 年出版后，即成为德语文坛的重大事件，迅速登上销量榜首，并将于今年开拍电影。虽然在完稿之前曾广受出版商期待，但书稿完成之后，却因不符合德国当时的政治倾向而无法得以出版。小说故事叙述的是二战中一位普通的德国士兵两次“变节”的过程。战场上，他爱上了女游队员，却在无意间杀死爱人的弟弟，又毙了自己的姐夫。在死亡现实和道德良心的双重拷问下，他投降了敌方。后历经种种，苦撑到战后，他成为新政权中的一分子，却又一次变节，并开始又一次逃亡。种种矛盾撕扯着他的内心，他能不能得到爱人和亲人的谅解？怎样才能不成为一个罪人？与《德语课》一样，小说延续了伦茨一贯的主题：对战时人们职责与良心的追问。伦茨用心守护的“德语课”永不谢幕。

2

《德语课》讲述的故事并不复杂。那是二战刚刚结束的 1945 年。在易北河的一座孤岛上，少年西吉被关在感化院的单人囚室里，罚写一篇题为《尽责的快乐》的作文。往事纷至沓来：二战期间，他身为乡村警察的父亲，奉命恪尽职守地监视一位于他有救命之恩的画家，禁止其作画，他还要求当时才十岁的西吉也帮忙监视画家。然而，同情画家的西吉却背着父亲保护艺术品，把父亲撕碎的画恢复成原状，藏在一个废旧的磨坊“密室”里。

战后，禁令解除，父亲却仍然顽固不化地继续“履行职责”。一场莫名大火将磨坊里的画作付之一炬，西吉对父亲的怀恨与恐惧由此到达极点。而他偷藏画作的行为也终于被父亲发现，西吉被当作难以管教的少年犯送进感化院。在感化院中，他不断回忆起往事，作文越写越多，甚至不愿跨出囚室。他希望能一直写下去，继续体会履行尽职的快乐……

伦茨在书中铺陈出一段宛如成长小说的心路历程，他并不想通过一堂“德语课”来告诉读者关于二战的历史，而是试图通过二战的发生，去捕捉并揭示那些被逼现出的人性的邪恶。如果说二战期间父亲的“履行职责”已令人发指，战后他极端的行为更是发人深思。因为他无法面对一个现实，那就是他先前的“恪尽职守”在英军到来的时候，已经失去了其本身所具有的积极意义，已经不再是为人们所称道的优良品质，而变成了“犯罪的外衣”。这促使他做出一个选择，那就是只有继续执行禁令才能活得轻松一点，哪怕失去了所有的人。这就是西吉说的，“大人们不愿审判自己，而把烦恼（指的他自己）装上快艇送往少年教养院。”

西吉的想法显露着孩子气的天真，却道出了一个事实：具有拟神圣性的行为，如守纪律、负责任，当它缺乏了对更高内在良心的自省，它和邪恶的距离或许不会大过一张纸的厚度。但这是否意味着“尽职”本身是一种过错？显然，答案是否定的。如果德国人没有在非反动权力的领导下恪尽职守的话，那么就不会有今天日益强大的德国，就不会有今天令人钦佩的德意志民族。然而，面对隐性的邪恶，我们何为？这恰恰是伦茨写作的核心问题。

3

虽然没有确定的时代场景，伦茨写于 1960 年的小说《灯塔船》就探讨了一个如何面对邪恶的问题。有一艘海岸外的灯塔船，对船长而言，这已是他最后一次出海任务。船上的水手们眼见一条小船漂流出海，将其营救上了灯塔船。不料这些被救者却是一群劫匪。由于船长只想平安完成这次最后的出航，而且认为对劫匪采取任何行动也必将危及船员，因此对他们只是妥协让步。

由于灯塔船不执行任务，亮起灯号，过往船只即难免触礁或误走航道，于是劫匪也利用船长必须尽责的这个弱点加以威胁。善意换来邪恶，因循妥协鼓励了邪恶，船长的尽责观念使他沦为被劫匪胁迫的原因。最后是船员们在付出代价后采取一致行动，终于制伏劫匪而得以改变命运。

或许，作为一个富有道德责任感的作家，借由这部小说，伦茨想告诉我们的是邪恶之所以形成和出现是因为我们善良、姑息、懦弱，及另外许多自认正确的理由。如船长坚持的所谓必须承担的责任等，这些品质在平常时候可能是对的，但在面对邪恶时，它却成了邪恶得以主控情势的原因。而面对邪恶，我们必须自省、决断、团结，舍此别无他途。

伦茨的道德思考，在近年出版的《失物招领处》中得到了正面的表达。富家公子亨利·内夫不想在家族企业里寻找他的人生，宁可把自己的人生放置在铁路局的失物招领处。“失去”和“拥有”始终在人生的驿站进出，有人失而复得，有人懊悔终生。抱着游戏态度工作的亨利做下了桩桩错事，却在与失主的各种心情碰撞下逐渐找到了自我……

小说没有延续始终的故事，更多的是亨利在失物招领处工作以及与同事和失主交往的生活片段：亨利和同事宝拉的微妙关系，芭芭拉与费多尔淡淡的相互吸引，布斯曼父子的感人亲情……然而，即使是在看似波澜不惊的日常叙述中，伦茨的目光仍然没有离开对当今德国社会问题的思考。在他看来，纵使到了 20 世纪 80 年代和 90 年代，那种古老的种族歧视和敌视，仍然深深地藏匿在有些人的心灵深处。到了特定时刻，就会公开地以羞辱他人或者暴力欺凌他人的方式出现，这是邪恶的遗传和建制化，我们需要做的是时刻保持警惕并防患于未然。

如此，伦茨自然会被视为“对抗邪恶与不公”的作家，他的高度正义感和道德形象，也会被有意无意加以强调，但他实际上也有轻松幽默的一面。在写出《德语课》之前，他还出过一部短篇小说集《我的小村如此多情》。故事的主角尽是居住于伦茨虚构的村子苏莱肯里的平凡人物：嗜书如命的祖父哈米卡·薛斯、习惯下命令的阿芮法姑妈、英俊狡猾的阿列克·普赫，或是以奇特方式表达爱意的华德玛尔·格力章等等。伦茨仿佛潜入他虚构的这些父老乡亲的灵魂中，成为这些人物的发声筒，代替他们述说了这些他们亲身经历的事件。

虽然如德国重量级书评家马塞尔·莱希·拉尼奇所说，没有人希望被人在背后议论自己没有幽默感，然而在德国，也没有作家希望自己被视为幽默作家。伦茨并没有理会这种成见，而优秀的作家，自然应是如该书译者林倩苇说的那样，可以用严肃的笔调书写人类的历史过程，也能用简单的幽默描绘真实生活的忧喜。当然，总体而言，伦茨的作品写的是最普通的人，他们被置于一种特殊情境的压力之下做出艰难的抉择。而伦茨卓绝的道德关怀，使他的小说不止于日常生活场景的展示，而是从中不事张扬地揭示和提炼出生活的底蕴和哲理的意味，并上升到思考国家和民族命运的高度，由此产生强烈的艺术震撼。

本哈德·施林克：
不能承受的历史之重

1

在回忆早年阅读经历的文章中，作家毕飞宇谈到《朗读者》时，曾感叹道：如果小说仅仅是故事推进得漂亮，它充其量也就是一部引人入胜的读物，永远也上升不到伟大的高度。随着阅读的深入，尤其是到了第二章，小说的另一个核心出现了，那就是尊严。“我愿意把它理解成一部关于尊严的书。”和毕飞宇一样，国内很多读者正是通过旧译为《生死朗读》的这部小说走近本哈德·施林克的。

《朗读者》写了一个涉世不深的少年和一个饱经沧桑的中年女性之间的不伦之恋，看似又一个有关性爱和罪恶的畸情故事，在其性爱和罪恶的表皮下，讲的却是另一个更为深刻的故事。它隐含着战后德国第二代对战争的反思，更难能可贵的是故事并不流于简单的谴责。施林克说：“我不想把纠缠进施害者罪责的问题表现为仅仅是不同代人的问题，更不想表现为家庭内部的冲突……我想要揭示一个更具普遍性的问题。”

就像有评论指出的那样，《朗读者》通过米夏对汉娜既恨又爱的复杂情感的描写，艺术地再现了德国战后第二代人反思历史问题时徘徊于理智与情感之间的矛盾，展现出他们成长过程中所背负的历史十字架，以及他们审视父辈罪恶的独特视角。但对于这部小说，实际上还可以有其他各种读法。作家池莉说：《朗读者》向我们倾诉的是“另外的东西，是心之幽情，是人类对自己生存理由的质询，是对不规范情爱关系的探究”。有读者则从叙事学的角度指出：《朗读者》涵盖了多个模式化的故事原型。一个是“洛丽塔”的故事，一个是关于救赎的故事，一个有点诡异而时尚的影射“处女与野兽”的故事。

无可置疑的是，诚如作家曹文轩所说，这样的阅读效果得益于《朗读者》中悬疑手法的运用，更主要的却来自于作家对人性、对存在的深度把握。在侦探小说似步步推进的情节叙述中，小说给我们留下了太多无从释怀的难题，正是在对这些难题的求索中，我们读出了关于爱、尊严、性、两代人、历史等复杂的话题。

或因如此，《朗读者》才引起了施林克始料未及的轰动。小说自1995年出版以后，迄今已被翻译成25种文字，仅英语本的销量就近200万册，是战后继《香水》后卖得最好的德国小说。它是有史以来第一本登上《纽约时报》畅销书排行榜的德语书，在德国甚至成为中学讨论的话题，在美国，《朗读者》入选著名的“欧普拉读书秀”后，很快风靡北美，并形成全世界范围内的阅读话题。小说还在2008年被导演史蒂芬·戴德利搬上荧屏，一举获得金球奖和奥斯卡奖。

2

接受媒体采访时，施林克曾一再强调：《朗读者》不是关于纳粹或者屠犹的书。它是一本关于战后一代和战争一代之间的关于罪责的书，它关注的是道德、悬念和矛盾冲突。此言不虚，历史、罪孽的历史与个体、个人的责任，是施林克小说的一个基本主题。而这个主题，始终是紧扣对二战及二战给德国带来的无法抹去的民族伤痛的反思而展开的。与《朗读者》一样，他随后的小说《回归》和《周末》都是这种反思的结果。

《回归》有着类似荷马史诗《奥德赛》的结构，其传达的意识显然是现代的。

二战遗腹子德鲍尔幼年时偶然读到一部小说片段：一个德国士兵历经艰难从苏联战场逃回故乡，敲开家门，妻子怀中抱着孩子，旁边却站着另一个男人。成年后，对小说念念不忘的德鲍尔根据书中留下的线索，开始寻找小说的作者。种种线索指向一个在二战期间身份多变、战后不知去向的纳粹理论家。在儿子的追问下，德鲍尔的母亲终于揭开埋藏了数十年的身世之谜。当年的纳粹理论家此时已摇身一变，在美国成为名牌大学政治学权威教授德堡，并将当年的纳粹理论改头换面，变相为自己的罪行开脱。德鲍尔以译者和访问学者的身份来到德堡身边，一步一步逼近真相……

诚如《回归》所展现的那样，施林克小说严肃的主题之外，通常包裹着一层通俗的外衣。他笔下的故事往往有着某一个隐隐的神秘的开始，随着情节一步步扑朔迷离地发展，主人公均不由自主地纠缠进一团剪不断理还乱，摸不到头绪的纷繁之中。这种纠缠不仅表现在故事结构的层面上，也贯穿在它的思想内容里。通过这种纠缠，作家让世界呈现出它真实而复杂的面目。

他近年的新作《周末》同样如此。经历二十多年的牢狱生活后，约尔克被总统赦免释放。为庆祝他重获自由，姐姐克里斯蒂安娜在柏林郊区的房子组织了一个周末聚会，邀请约尔克的朋友参加。克里斯蒂安娜希望这是帮弟弟开始新生活的好机会，不过，对于参加聚会的人来说，心情复杂，往昔不堪回首。约尔克曾经是德国红军派成员，这个深受极左思潮影响、发端于西德六八年学潮的团体在 20 世纪 70 年代发展成暴力恐怖组织，在七八十年代制造了多起震惊世界的绑架、谋杀事件，约尔克正是这些恐怖事件的参与者。与约尔克的相聚，把似乎已远去的种种选择、评判又摆在了大家面前。

很显然，施林克面对处于特殊历史情境下的人物，并不流于简单的谴责。基于对法律和众多个案的深入了解，对人性、人和命运的深切关注，基于特有的穿透性目光和表现内心深处的才能，他总是极力抗拒任何简单的道德指控，对无所顾忌和理所当然的评判发出质疑。他显然不满于社会评判的某种僵硬和局限性，试图跨越不容“混淆是非”的法，故而借助文学细腻的、渗透的表现性，去冲破非即非的冰冷逻辑，去实现他作为法学家所无法实现的内心要求。

诚如施林克自己所说的：人并不因为曾做了罪恶的事而完全是一个魔鬼，或被贬为魔鬼；因为爱上了有罪的人而卷入所爱之人的罪恶中去，并将由此陷入理解和谴责的矛盾中；一代人的罪恶还将置下一代于这罪恶的阴影之中——这一切当然都是具有普遍性的主题。

3

施林克融文学与法理，哲学与思辨于一炉，且反思战争与纳粹主题的创作，或许会让我们想当然以为，他是和海因里希·伯尔、君特·格拉斯、西格弗里德·伦茨等一样，是德国重要作家群体中的一员。但实际上，他更可以说是一位业余作家。1944 年出生的施林克，最初从海德堡大学法学博士学位毕业，然后进入洪堡大学教授法律，一直担任的也是地方法院的法官。

正是在这个意义上，施林克的成功就像有评论说的，与其说归结于他是格拉斯那样超凡的“语言大师”，毋宁说他具有卓越的“跨越”之才。在今天日益多元化的世界，“跨越”的趋势全面渗透，交叉、融合的素质越来越显示出生命力。职业法学家施林克身上正突出地体现了这一现代品质。他既著法学论文，亦写侦探文学，亦作长短篇小说，在其法学的思考中透出浓浓的人性关注，在其文学创作中融进了对司法入微的反思。他的小说体现着一种难得的素质：一个善于观察、了解众多案例的法官对生活的贴近，一个严谨的法学教授强烈明晰的思辨。

但也因为此，用眼下流行的话说，施林克是法官里写小说最好的，又是作家里最懂法律的。书评人思郁一言以蔽之：读施林克的《回归》《朗读者》《周末》等小说带给我们一种印象，这位利用自己掌握的特殊领域的知识对德国历史进行反思的作家，缺少天才的才气，但是却一再用震撼人心的思辨能力撼动我们的神经。而文学在他的笔下更多是一种反思历史的手段，而不是审美冲动。他的短篇小说集《夏日谎言》里，有一篇《夜晚陌生人》，里面的人物说：“我早就不看纯文学了。哪有时间看呀?”

当然施林克主题性的写作，看似披着通俗小说的外衣，骨子里实则是纯文学的。在《夏日谎言》里，施林克围绕“谎言”这个关键词，书写了七个哀伤的小故事。一个女人突然发现自己多年来笃信的生活的意义已经不复存在，她开始寻找学生时代爱过的人，试图挽回自己曾经的决定。一个儿子为真正了解自己的父亲，踏上与父亲结伴的旅途。一个患上不治之症的男人安排着与家人共度的暑期，向生活做最后的告别。一个男人正在飞机上听着同机乘客剖白自己的生活，又怀疑听到的不过是堆谎言……在这些小说里，施林克虽然偶有触及历史，实则已经回归到了日常的生活，回归到了我们熟悉的那些话题，爱情、谎言、衰老、艳遇等等。他的另一部短篇小说集《爱之逃遁》，七个短篇也都同样涉及了爱的问题：道德、伦理、政治、自我逃离或背叛，在爱中溶解、销蚀、或喜或悲。与一般爱情小说不同的是，这些小说都有着较稠的浓度，人物之间的爱又和他们的生活紧密相联，或加重生命的砝码，或让人生走向虚无，或彻底改变人物命运。

但即便是写日常，施林克也脱不了思辩性。有读者道：在这一点上，施林克近乎米兰·昆德拉，昆德拉喜欢在读者面前扮演上帝的角色，过于聒噪悦耳，但施林克的小说更贴近大地，他在小说技术上算不上完美，却更为真诚。当然，施林克的作品之所以受到全球范围内的高度关注，并非因为文学技法上的创新，而是因为他的写作，植根于德国民族反思的大环境，并对此加以革新。当下，在德国国内，不少年轻人对第三帝国的旧题材的反思作品不再感兴趣；而另一方面大部分战争的亲历者正在老去，人们为反思文化的走向感到忧心。在这种状况下，反思文学必然走向新的发展和变化。

处在生活和成长环境迥异的老少两代之间，施林克不仅成功地将前辈的基本题材即对第三帝国的反思引向深入，而且深谙新一代的非政治素材，比如无处不在的情感缺憾和茫然迷乱。而在风格上，他和年轻作家一起将德国小说从“不好看”的成见中解脱出来，在通俗文学与高雅文学之间搭建了一座桥。当然，追求好读并不意味着放弃写作责任。“不仅要写作，而且还要在生活中承担某些使命，它们不是我自己给自己规定的，而是摆在我面前、我必须面对的任务，对人、事和所做的决定负责，这丰富了我的生活和写作。”施林克如是说。

弗·司各特·菲茨杰拉德：浮华布景后令人心碎的迷惘

1

那时，弗·司各特·菲茨杰拉德还年轻，正处于创作的巅峰状态。他志得意满地说，一个像我这样的作家，必须拥有绝对的信心以及对自己的幸运之星的绝对信仰。这样的坚信，随着时光的流逝变成了怀疑。1940 年，菲兹杰拉德临去世前，多次哀叹自己没有写出好作品来，认为自己的一生只是一个完全的失败，甚至报纸上发表的讣告也充满了对他不屑的语调，人人都认为他会消失在文学的地平线上。

出乎他自己，也出乎他同时代人的预料，菲茨杰拉德并没有在书架上被遗忘太久。他去世五年后，批评家爱德蒙·威尔逊编辑出版了他的散文集《崩溃》并附上严肃的评论文章，重新引起整个美国批评界的热切关注。如今他的书每年都卖出上百万本。1998 年美国蓝登书屋评选出“20 世纪最佳英语小说 100 部”，《了不起的盖茨比》位居第二，傲然跻身当代经典行列。同时，该书已经成了任何一个文选家在为美国 20 世纪的文学作结时都不可不提的重要作品。

而今，菲茨杰拉德并未走出当今文化生活的视线。或许，他不如推崇他的欧内斯特·海明威和村上春树那么声名卓著。但海明威在其回忆巴黎早年生活的回忆录《不固定的圣节》里，专门花了三个章节描写他与菲茨杰拉德的交往。而村上春树则称他为自己的“文学老师”，据说他把菲茨杰拉德的一篇短篇小说看了不下二十遍。

尽管菲茨杰拉德生前对电影极尽挖苦，认为电影不过是好莱坞的生意，或者是俄国空想家贩卖陈腐观念的工具。然而，在他死后，他的作品却屡屡被拍成电影。鬼才导演大卫·芬奇将他的短篇小说《本杰明·巴顿奇事》改编成《返老还童》，名声大噪。《了不起的盖茨比》也被曾执导过《红磨坊》的著名导演巴兹·鲁赫曼搬上荧屏。莱昂纳多·迪卡普里奥和阿曼达·塞弗里德的联袂演出，给观众带来了新的震撼。

菲茨杰拉德去世后，他和他妻子泽尔达·塞尔的真实故事，也被四处传扬。2007 年底，法国作家吉勒·勒鲁瓦以他妻子为原型的小说《阿拉巴马之歌》，还赢得了当年的龚古尔文学奖。对国内的读者来说，透过上海译文出版社推出的九卷本《菲茨杰拉德文集》，及浙江文艺出版社推出的十卷本《菲茨杰拉德作品全集》等，已然可以窥见这位作家的完整面貌。

2

通常，菲茨杰拉德被誉为美国“爵士时代的桂冠诗人”，这并不只是因为他准确地概括了爵士时代：“它是奇迹的时代，它是艺术的时代，它是不加节制的时代，它是讽刺的时代。”更重要的是，菲茨杰拉德一生的著述都以他所经历的生活、他所怀有的梦想、他所在的时代作为写作的叙事基础，他的每一部作品都触碰着“爵士时代”美国社会的脉搏。

1896 年 9 月 24 日，菲茨杰拉德出生于美国明尼苏达州圣保罗市一个商人家庭。他在中学时代就对写作产生了兴趣。17 岁时，他如愿考入著名的贵族大学普林斯顿，在那里结识了富有的芝加哥女孩吉诺娃·金，并在 1915 年圣诞节开始了自己的罗曼史。这段无果的恋情，造就了菲茨杰拉德日后对那些让人勾魂而实质浅薄的女性的迷恋和恐惧。在日后的长篇处女作《人间天堂》里，他生动再现了自己的这段经历：小说的主人公，是一个多愁善感、满脑子幻想的年轻人。他一心一意要“飞黄腾达”，娶一个漂亮的姑娘做妻子，可是由于他的家庭状况欠佳，漂亮的姑娘不愿嫁给他。由此，他“厌恶这个社会制度”，“盼望来一场社会革命，把我翻到社会的顶峰。”

写作这部长篇时，菲茨杰拉德业已放弃学业，开始了军营生活。在亚拉巴马的蒙哥马利附近驻扎期间，他爱上了 18 岁的南方少女泽尔达·赛尔，并与她订了婚。具有讽刺意味的是，他所在的部队还没有走出国门，战争就结束了，而他与泽尔达的婚约也随着一大叠退稿信而告吹。他只有“连滚带爬”地回到圣保罗继续写作，等待时机重新杀回纽约，“赚取”他的美人和社会地位。

1919 年，经修改后更名为《人间天堂》的手稿，终于被《作家杂志》录用，菲茨杰拉德的命运随之奇妙地发生了转机。美国文坛开始疯抢这个天才作家的作品，《时髦阶层》《星期六邮报》以及《作家杂志》一次性接受了他的九篇短篇小说。泽尔达也冲昔日被她抛弃的未婚夫笑了。1920 年，他们在纽约的圣·帕特里克大教堂举行了盛大的婚礼。这次失而复得的婚姻，使得菲茨杰拉德坚信金钱就是能将废墟变成圣殿的魔杖，而泽尔达就是他的童话公主。

当然，菲茨杰拉德从来没有忘记，泽尔达只是在他功成名就时才同意以身相许。这种潜藏的心灵阴影，在他此后的作品中挥之不去。1922 年，他的第二部小说《美与孽》出版，小说讲了一个有钱的年轻人，由于婚姻的不幸而导致感情和精神崩溃的故事。在三年后出版的《了不起的盖茨比》中，菲茨杰拉德再次融入了自己深切的人生经验。小说的故事由青年商人尼克·卡罗威根据自己的回忆娓娓道来。一战期间，盖茨比在军队服役时，结识了一位大家闺秀黛西，两人一见倾心。遗憾的是盖茨比没有钱，娶不起这位漂亮小姐，不久就随着军队到欧洲去了。黛西嫁给了富家子弟汤姆。婚后，汤姆另有所欢，黛西有时感到并不幸福。五年之后，盖茨比带了一大笔钱回来要与黛西重温以前的爱情，可是黛西不愿离开富裕的汤姆。最后，她听凭醋意大发的汤姆，设计陷害了盖茨比。

写作上的巨大成功，让菲茨杰拉德夫妇拥有了金钱和名望，他们活跃于纽约的社交界，挥霍无度，纵情地享受爱情、年轻的生命以及成功的欢乐。然而好景不长，1930 年 4 月，泽尔达精神崩溃，从此他的生活便充满了痛苦。为了支付医疗费用和女儿的学费，他在好莱坞担任编剧，并不时替流行杂志撰写散文、短篇小说，靠赚取不菲的稿费过活。然而，泽尔达因精神病多次发作被送进精神病院，他自己也因苦闷染上了酗酒的恶习，日子变得愈加艰难。

但他并没有停止写作。在疾病发作的间隙，在自己半醉半醒的午后，在眼睁睁看着妻子病入膏肓的床前，他创作出了他最后一部重要的作品《夜色温柔》。发表于 1934 年的这部小说戏剧性地再现了他与他妻子之间的感情纠葛，但并没有给他带来预想的希望。1936 年，菲茨杰拉德开始新作《最后一个大亨》，试图“逃向一个奢华浪漫，一去不复返的过去”，但未能完成。次年 12 月 21 日，他因心脏病过世于好莱坞的格拉姆公寓，年仅 44 岁。菲茨杰拉德最后埋葬在马里兰州洛克维尔市一座古老的圣玛利天主教堂的墓园。七年后，泽尔达在一家疗养院中被火烧死。菲茨杰拉德夫妇的金色传奇就此结束。

3

有评论指出，菲茨杰拉德小说的主人公几乎无一例外的是富人，是奇特的人，不普通的人，但小说的叙述者却总是普通的平民，他的观察角度既不是仰视也不是俯视，而是平视。那是一种置身事外的，超脱得近乎冷漠的平视。也正因为如此，虽然他总在不厌其烦地描写那些生活在美国“爵士时代”的有钱人的故事，但却丝毫不令人反感，相反的，在那些浮华的布景背后，总是荡漾着一丝令人悄然心碎的失落。

而如果仔细寻思一下我们置身的这个时代，泡沫经济、浮躁人群、年轻的迷惘、对物质的追求甚至对未来的赌徒式的期望……我们不难发现菲茨杰拉德的世界，离我们其实并不遥远。或许唯其如此，我们才更需要去阅读他笔下那诡异诗意的文学世界，感受一位逝去已久的“爵士时代”诗人的心声与祝愿。

托马斯·基尼利：我只是把一个真实存在的好故事讲述了出来

面对真实的历史事件，以什么样的方式走近它，书写它，对于写作者来说，无异于是艰难的抉择。无论是选择以虚构的方式加以呈现，以非虚构的方式再现，或以有争议的非虚构小说或自传体小说的方式来书写，写作者都像是在走着如美国诗人弗罗斯特在《未选择的路》中所预示的“不能同时去涉足的路”，而无论选择走哪一条路，都会在很大程度上影响并决定作者创作的面貌。

澳大利亚国宝级作家托马斯·基尼利就曾面对这样的抉择。他在一个极其偶然的机会，听到第二次世界大战期间，德国人奥斯卡·辛德勒冒着生命危险，倾注所有财力和智慧，营救数百位犹太人生命的真实故事。他犹豫再三决定把它写下来。同时，他考虑到辛德勒的故事是真实存在的，而且它本身就是非常棒的故事。作为一个作者，一个小说家，他所要做的努力就是把这个故事按照它原本那么好的程度讲述出来，他还考虑到所有的犹太俘虏都不想要自己的故事被误写，他决定追随杜鲁门·卡波蒂开创的非虚构小说的原则，或说是汤姆·沃尔夫开创的新新闻主义写作的原则，走了一条“人迹更少”的路，也由此注定了他一生都被贴上了“《辛德勒名单》作者”的标签。

两度入围布克奖短名单未果之后，基尼利凭这部小说获得1982年度布克奖。对于世界范围内的大多数读者来说，他们恐怕也只记得基尼利这部小说。要知道，已届82岁高龄的基尼利，在长达五十余年的创作生涯中，共出版了三十多部长篇、十多部纪实作品、四部剧本，还有相当数量的短篇小说。倘使再翻检一下基尼利历年来的创作，不能不惊讶于他创作题材的广博。在时间跨度上，他的创作上起中世纪，中经18、19世纪，一直到一战、二战，地点则从澳大利亚到法国、美国，从非洲到中东一直到北极，简直无所不包。当然林林总总的小说也有共同点，他写的基本上都是历史小说，或者以历史上的真实人物或真实事件为依托。

与此同时，多数读者是经由美国大导演斯皮尔伯格的同名电影，才知道有《辛德勒名单》的。但他们看过电影，却未必读过小说，也因此未能体会小说高于电影的匠心独运之处。但无论如何，就像基尼利自己于2017年5月18日在上海思南文学之家举行的以“在小说与电影中重建历史”为题的见面会上所说，对这部小说获布克奖，他一直心怀感激，因为获奖本身坚定了他作为世界级作家的地位。

1

基尼利是在1980年听说这个故事的。这一年的10月，根据他写于1972年的小说《吉米·布莱克史密斯的歌声》改编的电影，参加了在洛杉矶举办的澳洲电影展。作为原著作者，基尼利出席了影展开幕式。在影展结束后，他要回澳大利亚去，但在当时，澳大利亚不像现在这么繁荣，从美国回澳大利亚的飞机，一个星期只有三班，他只好在那里等待飞机。在这个过程中，他的手提箱出了问题，他就去洛杉矶比弗利山庄的一家皮具店去购买一个新的箱子。“我就在买箱子的过程中，和这个叫利奥波德·普费弗伯格的店主攀谈起来，他是一位‘辛德勒幸存者’。我们俩交谈久了后，他得知我是一名作家，就给我讲了辛德勒的故事。”

而此时，关于辛德勒的故事，普费弗伯格已经对着来来往往的人讲了47年。但这个在普费弗伯格看来应该让全世界都知道的故事，并没有引起足够的重视，只是他一厢情愿对这个故事保有坚定的信心。基尼利听后也只是觉得还行，有意愿把它写出来。随后，普费弗伯格把他带到皮具修理房间里面去，找出一个保存了47年的箱子。基尼利看到里面全是有关奥斯卡·辛德勒的原始文件，有辛德勒工厂里的人员名单、照片、纳粹冲锋队电报的复印件，还有辛德勒战后自己写的一些材料。他当时去犹太人联合疏散委员会，他跟委员会的人说，我救了那么多犹太人，你们应该救救我，我破产了。他写了一份文件，详细记录他用于拯救两个集中营里的犹太人所花去的费用，文件长20页，委员会找到一些幸存者来读这个文件，幸存者们说：“是真的，文件真实记录了辛德勒的花费和所做的贡献。”

多少年后，回想起看到这些资料时的情景，基尼利都能清晰地触摸到那种无以名状的恐惧。他不明白，为什么欧洲人当时会觉得犹太人就像病毒一样，必须要被赶尽杀绝，好像只有这样，才能够拯救欧洲的文明。普费弗伯格劝说他一定要将这个故事写下来，但是他回应说，他是一个澳大利亚人，不是欧洲人，而且他的祖父母都来自爱尔兰，他所在的地方，无论从哪个角度来说，也都距离当时发生的历史事件非常遥远。“但店主说，这不是正好吗？你的无关性使你和这些事情联系在一起的时候，毫无私心可言。”

某种意义上，正因为基尼利在看了这些资料后，开始喜欢上了辛德勒这个堪称十足的恶棍，同时又是个坚定的救星的谜一样的人物。同时也因为店主的这句话，基尼利开启了漫长的采访写作的旅程。他走访了散居在澳大利亚、以色列、德国、奥地利、美国、阿根廷、巴西这七个国家的50位“辛德勒幸存者”，他们当中有一个人曾经把德国指挥官阿蒙受审的文件从波兰语翻译了过来，在阿根廷，他采访到了辛德勒的遗孀。在普费弗伯格的陪同下，他还实地探访了书中几个重要的地方。在基尼利看来，他采访写作的过程，就是寻找真相的过程。为此，在经过18个月的时间，写出最初命名为《辛德勒方舟》的初稿之后，他还请了三四十人来读他的书稿。“他们当中一些人读完了全书，也有一些人只读了部分，我根据他们的意见，对全书进行了修订。这并不是写小说的正常流程，但是我所做的一切是为了保持书的真实性。”

事后想来，基尼利觉得自己写这部书，的确处在一个“正好”的位置。因为这个位置，他得以非常冷静地去写这个故事。在他看来，在写这样一个充满恐怖的故事时，用很多形容词是不合适的，它们反而无法表现出全部程度的恐惧。“哪怕你用到‘令人恐惧’‘惨无人道’‘令人羞耻’等种种词汇，就像我们现在形容对在叙利亚发生的事情一样，你都无法完整地表达出这种恐怖的情绪。”

也因为此，基尼利决定舍弃形容词来写作这部小说，他选择用一种干净、中立，以及非常冷静的态度，让他所写的事件为他们自己说话。与此同时，为了反映历史的真实，他宁可放弃小说的要素“对话”，仅用直白的“素描”，因为在他看来，“复制”对话容易失真，“无论如何，我要尽量避免虚构性的事件，因为虚构的事件将会贬低这份真实记录报告的价值。”

即便如此，基尼利所写的种种故事还是给他带来了噩梦。他写这本书是在悉尼，距离当时可怕的罪行发生的地方非常遥远。当时他住在悉尼海滨，离当时的冲浪圣地很近，有很多冲浪者在享受生活，他们当中很多人可能对二战毫无概念。基尼利选择这样的写作场合，是想让自己写起来身心愉悦一点。但噩梦还是发生了，即使在他停止写作后，噩梦仍然一天二十四小时都伴随着他。“这就是为什么这部小说写到一半的时候，我发生了一场危机，当时我感到没有信心把这部小说写完，而且对人性非常绝望。”

2

事实上，基尼利对人性感受到的远不止是绝望，更让他感到迷惑的是人性的复杂和微妙。正如该书译者冯涛理解的那样，辛德勒这个人本身，性格就非常丰富、非常矛盾，他是一个登徒子，他是一个资本家，他非常好色，非常好酒，他有男人所能有的很多的弱点，但就是这样一个一心追逐利润的人，怎么就变成了一个一心想拯救人的人，这正好是触发基尼利创作这本小说最大的出发点。“某种意义上说，这部小说的伟大之处，就在于基尼利把辛德勒这样一个丰富的、矛盾的性格呈现在大家面前。”

以基尼利自己的理解，辛德勒丧失了信念，面临失去信念之后带来的危机。“这简直像失去童贞一样。”基尼利说，或许正是基于这种危机引发的自我拯救，让辛德勒从花花公子变成了一个拯救犹太人的“不情愿的道德英雄”。“我所写的几乎所有男性人物都在内心深处有种惰性，他们要生存下去，但同时他们知道如何听从内心深处道德的召唤。虽然跟从召唤有很大的风险，甚至可能被毁灭，但是他们不得不如此。”

有意思的是，小说还塑造了另外一个丰满、立体的人物形象，亦即集中营的指挥官阿蒙哥特。这个人堪称小说里最大的反角，以基尼利在小说里的话说，他简直就是“辛德勒的一个黑暗兄弟”，因为两个人在个性上，甚至在长相都比较类似，两个人的爱好也很相似。他们都是性格非常外向，贪图享受的人，但就像冯涛质疑的那样，何以一个成为屠杀者，另外一个成为拯救者呢？在冯涛看来，这样的疑问，无疑击中了人性最复杂，也是最微妙的地方。

而要呈现这样的复杂与微妙，即使是对于斯皮尔伯格这样的大导演，也可以说是一个不可能完成的挑战，虽然他在一定程度上，正是为小说展现出来的人性吸引才决定拍这部电影的。基尼利回忆说，1983 年初，斯皮尔博格找到他，还有那位已经年迈的幸存者普费弗伯格。他们在一起吃了一个简单的午餐。而后，临近中国新年了，斯皮尔伯格电话邀约基尼利来环球影城来签约。这时，斯皮尔伯格刚刚完成他的新片《E · T》。合同签订后，基尼利就开始剧本创作。他写了一个篇幅很长的，非常纪录片化的剧本，给否决了。因为斯皮尔伯格的本意是希望剧本表现出辛德勒打动人心的魅力。斯皮尔伯格只好寻找新的编剧，但在更换了几个编剧之后，剧本依旧偏纪录片化。很快，10 年时间过去了，其间，基尼利又写出了五部小说、一部电影和一部戏剧，斯皮尔伯格也拍出了九部影片。而普费弗伯格则一直未曾忘记这部还未正式开始的电影。他每周都要给斯皮尔伯格打电话，催促他赶快拍摄这部电影。但他未必知道，斯皮尔伯格这期间拍过《太阳帝国》，讲述英国男孩子在日本集中营生存遭际的故事，虽然这部电影拍得不错，但影评人却不喜欢它，很多制片人对这部电影也并不看好，斯皮尔伯格因此感到非常沮丧，他准备打算放弃拍这种严肃主题的电影，而是去拍一些比较讨巧的娱乐性质的电影。普费弗伯格就对他说，这个世界上有太多毛茸茸的小玩意儿了，你不要再去拍，你必须拍这部关于人性的电影，才能获得奥斯卡奖。

其实，斯皮尔伯格也一直没忘记这个故事。1992 年，基尼利在加州大学教书。有一天，斯皮尔伯格打来电话，请他去环球影城共同举办一个有关电影制作的讲座。他对基尼利说他刚患感冒，他重读了小说《辛德勒名单》，认为他得拍它。一个计划被搁浅 10 年，基尼利其实已不看好这个事儿，他觉得，等斯皮尔伯格的烧退了，自然就退了拍这部电影的念头。不过，他还是去见了，他们讨论了有关辛德勒的动机，他们也讨论了电影是否拍摄和在哪里拍摄的问题。基尼利终于发现，斯皮尔伯格这回是要动真格的。不久，斯皮尔伯格带领《辛德勒名单》摄制组赶到了波兰。他第一次放弃了他惯用的电影特技，也没有请好莱坞影星主演，而是收集了大量的相关资料，请来了当年集中营的幸存者做副导演和顾问。基尼利曾向斯皮尔伯格主动请缨，希望出演一个监狱囚犯的角色，却遗憾“落榜”，“他最后还是说要由专业演员来演，所以我就和角色擦肩而过了。”但普费弗伯格应邀参加了影片的拍摄，1994 年，在第 66 届奥斯卡奖中，《辛德勒名单》夺得了最佳影片、最佳导演等 6 项金像奖。在参加完典礼后，普费弗伯格祝贺斯皮尔伯格获奖之余，对他说：“你看我当时是怎么给你说的!”

虽然如此，如果按 10 分为满分计算，基尼利给这部同名电影，也只是给出了 8.5 分的评价。基尼利坦言，自己很喜欢斯皮尔伯格在电影中的一些处理。比如，他用黑白影片的方式，很大程度上保留了作品类似纪录片的风格。还有，他在电影当中尽最大可能呈现了辛德勒很矛盾的动机，但他不太喜欢斯皮尔伯格对电影做出的一些非常感伤的处理，很情感化的处理，例如电影最后结局，辛德勒离开他劳工营的时候，他哭泣着说为什么没卖掉胸章。“斯皮尔伯格省略了另外一个令人触目惊心的事实，辛德勒没卖掉胸章，是因为辛德勒劳工营已经太过拥挤。曾经发生过这样一件事，辛德勒在那里造了两条很小的铁路，他在那里用两节车厢救了很多处于濒死状态的犹太人，当中很多人体重已经不足 40 公斤，虽然有些人没被救活，还有一些人被照料，恢复健康，但不管怎么说，这显示出辛德勒劳工营已经太过拥挤了。”

当然，基尼利能理解电影省略的处理，毕竟电影不可能有小说那么大的表现空间，事实上，斯皮尔伯格中意的《辛德勒名单》版本有 6 小时 30 分钟之长，但公开发布的电影是 3 小时 20 分钟，但即使是用他中意的版本，小说很多内容仍然会被删除掉。在基尼利看来，这是因为小说和电影有着完全不同的讲故事的方式，用电影讲述一个故事会更加花费时间。“例如，你读一个句子只需要五秒钟，但是你在电影里面，却需要十五秒到十六秒的时间来表现。所以，斯皮尔伯格拍这部电影的时候，省略掉了一些元素，他聚焦在辛德勒身上两个非常矛盾的特点之上。第一个是他作为救赎者的形象出现，拯救了他的奴隶一般的劳工的生命，另外一个方面，他又是想要利用他们奴隶一般的劳动来发财。”

3

不能不说，这样的省略，对于特殊时代背景下人性的表现来说是留有遗憾的。基尼利举例说，在电影当中，我们看到辛德勒后来建立的军工厂，一个弹壳都没有生产出来，因为辛德勒不想有任何人因为他所生产的弹壳而被杀死。“但我们要知道，当时犹太犯人其实是想要制造弹壳的，因为他们害怕党卫军发现工厂实际的制造状况就把它关闭了。还有一个不容忽视的事实是，辛德勒做黑市交易。”基尼利说，当时辛德勒手下有一个犹太人，善于做各种各样的假文件，他就用这些假文件去剥削当时被轰炸的其他工厂，通过这些伪造的文件，他在黑市获得了高级的酒、钻石、咖啡、食品等等各种各样的东西。“由此可以看出，辛德勒这个时候仍然像从前一样，是想要发财的，但是电影却没有时间展开来说。在战后的时光里辛德勒依然想做生意发财，但他再也没有发过财。”

在基尼利看来，还有一个不容省略的细节是，辛德勒曾经为德国的军情处做间谍。德国军情处当时正在监视党卫军的活动，党卫军是被派来大屠杀的直接执行者。奥斯卡从 1938 年开始担任这个间谍，到 1943 年的时候，他去了匈牙利，把当时发生在波兰的纳粹用毒气毒杀犹太人的事情报告给了同盟国的人。与此同时，正如作家小白所说，电影把辛德勒的故事描绘成一个传奇故事。但看了小说，我们就会发觉，实际在纳粹党卫军，甚至集中营的士兵里面，在德国工商业企业主里面，也有不少人选择站在了“善”的一面。“总的说来，电影给人有一种看传奇故事的感觉，而读小说的时候，你更感觉有一种直击人心的力量。”

或因如此，在看完斯皮尔伯格的电影后，我们还是很有必要读读基尼利这部同名小说。这不只是因为如基尼利所说，有许许多多的人死去，才成就了这本书，他在一定程度上心有负疚感，是一个作家存有的讲述欲望，让他把一个原本的好故事讲述了出来。还因为这部小说让基尼利希望，每个人都应能看到与己不同的个体，并深信彼此都是平等的人类。更因为基尼利由此更为确信作为一个小说家无可替代的价值，因为小说家并不依赖放映的长度，小说是一个超越“上厕所”的时间的存在，是一个空间非常大的所在。“在这里，你的写作可长可短。说起来，我宁愿做一个要去坐经济舱的小说家，也不要做一个电影制片人。”

科尔森·怀特黑德：
写小说就是给自己设问

《地下铁道》的故事不是以一个提问，而是以一个回答开始的："西泽第一次去找科拉谈北逃的事，她说不。"

对于美国作家科尔森·怀特黑德的这部现象级小说，也不妨从一个回答开始：你第一次去找某外国文学爱好者谈这部小说，他会说他听说了，但还没读过。

这般看似有点牵强的比拟，是因为小说有一个不同寻常的开头，同时也基于这样一个少见的现象：小说在还没正式上市前，就已经开始蹿红。这自然是得益于美国知名主持人奥普拉·温弗瑞的推荐。她在读完小说书稿后激动不已："我夜不能寐，心悬在喉咙处，几乎不敢翻下一页。"这本书被选为 2016 年 8 月"奥普拉读书俱乐部"的推荐书，美国 Double Day 出版公司也因此将原定的上市时间提前了 40 天。小说出版后第四天，就登上了《纽约时报》畅销书榜。

随后，这本书被时任美国总统奥巴马列入暑期必读书单中，奥巴马盛赞“精彩”“有力”，并不无深情地赞叹这部小说“让我们忆起发生在几代人间的奴隶买卖之痛，不仅在于这本书将其公之于众，还在于它改变着我们的思想和心灵。”有了两“奥”的推荐，《地下铁道》上架仅两周，便蹿升至《纽约时报》畅销榜首，此后稳居首位数周。再后来，这部小说又获得来自媒体的各种赞誉，并先后获 2016 年美国国家图书奖及第 101 届普利策奖。单看它火爆的程度，说这是美国图书界几年里难得一见的“传奇”也不为过了。

而在大洋彼岸的中国，中文图书界又趁势把这个传奇“复制”了一遍。在中译本还未问世前，各种渠道的宣传就已经铺天盖地。小说出版后，更是被炒得火爆。如此，我们确实有必要问问：《地下铁道》凭什么这样红？

混合了现实主义和寓言，是针对当代美国的声音

其实，从中文图书界得到的诸多反馈看，《地下铁道》也并非一片叫好声，倒是引来各式争议。概而言之，黑人女性题材小说引起轰动，在美国并非没有先例，小说揭示的那种“痛感”也不新鲜。即以获普利策奖论，更早前就有艾丽斯·沃克的《紫色》，小说开篇便是让人震惊的“父亲把我强奸了”，此后又有 1993 年诺贝尔文学奖得主托妮·莫里森的《宠儿》，耗费大量笔墨描写女奴母亲为了不让孩子重复自己的命运而杀死孩子的残忍过程。莫里森曾宣称，要“撕去奴隶制暴力上的面纱，不让白人心安理得地过日子，让他们知道痛是怎么回事”。

某种意义上也因为此，一些读者读罢中译本，并没有得到期待中的满足感。在某报开设的图书调查中，以 10 分为满分算，这部小说也只是得了 7.3 分的评价。也有读者读后表示，实在没法理解小说在美国得到如此好评，莫非是翻译未能传达出原著的微妙之处？翻译得

怎么样，自然可以另作评价，但小说之所以在美国本土受到热捧，却可以从普利策奖授奖语里看出一点端倪。这个授奖语称："小说聪明地混合了现实主义和寓言，将奴隶制的暴力与在神话中逃离的戏剧性融为一炉。这是针对当代美国的声音。"那问题就来了，既然奴隶制的黑暗历史在美国早已翻篇，为何却说《地下铁道》是针对当代美国的声音？

如果读过这部小说，大概能感觉到这样的授奖语绝非虚言。比如，美国警察误杀手无寸铁的黑人男子；又比如，美国一些政客时不时发表反移民暴言，激化民众的偏见与恐惧。这些在小说里出现的场景，在当下美国社会依然存在，不难引发读者的共鸣，就像福克纳说的"过去永远不会死，它甚至还没有过去"，这部小说，确能在某种意义上为当下黑人以及少数族裔所遭受的困境提供"历史依据"。但更重要的是，如怀特黑德在接受美联社采访时所说："我认为书中的白人至上主义是美国历史上的基本错误，而这种错误正在当今的白宫上演。"

不只关于奴隶制和"地下铁路"，也关于美国历史

倘是因此认定《地下铁道》是一部带有强烈讽喻色彩的政治小说，且认定其走红只是因为政治性因素，那就错了。

得益于各种推荐或其他因素，某部作品一夜爆红后不久即遇冷，确是常有的事。但这部小说红了大半年，有关小说和作者的各式新闻，至今仍活跃在社交媒体和各大新闻的头版上，有关书的各种关键词仍高居热搜榜，甚至出现在时政新闻的标题中。在信息爆炸的今天，一部"畅销小说"能有持续不断的影响和曝光，恐怕在一定程度上还是得归结于小说本身的魅力。

我们不妨先来回答一个问题，写的同一类型题材，作为后来者，

怀特黑德该怎样承受莫里森式“影响的焦虑”？事实上，怀特黑德在动笔前，确曾又一次读了《宠儿》。他想：“我已经有三十年没读《宠儿》了，让我来看看托尼是怎么处理奴隶题材的。”读了30页后，他就对自己说，“我完蛋了——莫里森他妈的是个天才，我可比不上她。”于是，他合上小说。好在这并没有将他吓退：“无论你在写什么——黑奴、战争、家庭——总有比你更聪明、更有才华的人写过了，并且比你写得更好。你只能希望你的主意和视角能带点新的东西进来。”

如其所愿，怀特黑德的确发现了自己的“主意和视角”，但很多人未必知道，他为把这点“新的东西”在写作里带出来，耗费了16年的时光。早在2000年，怀特黑德便产生了写《地下铁道》的想法。最开始，这只是源于他的灵光一闪，他要将停留在比喻意义上的“地下铁道”变成现实。这并不奇怪，当怀特黑德还在上学的时候，第一次听说这个名称，很自然就以为，那是一条真实的埋在地下的轨道，上面有火车车厢在跑。

事实上，美国历史上并不存在一条真的“地下铁道”。这个词最早约于1839年出自一名年轻奴隶之口，它特指18世纪形成，19世纪中期达到鼎盛的一个由秘密路线和安全屋构成的网路。据估计，有十万美国黑奴借由这一网路，在废奴主义者和盟友的帮助下，逃往禁止蓄奴的自由州，或邻国加拿大。一般说来，逃亡中的“停站点”叫“站台”，负责协助工作的叫“列车员”，“列车员”帮助黑奴躲避追捕的“猎手”。所以，“地下铁道”只是一个比喻，强调这一网路的秘密性，它并不一定是地下，甚至不一定是铁路，在后期，这一名词还可以指代帮助逃奴的废奴主义者。总之，它象征一条通往自由的小路。

当发现是这么回事后，怀特黑德感觉挺失望的。他抑制不住地想，如果地下铁道是真正的铁路，那会是怎样的呢？如果我们的主人公沿着地下铁道一路北上，穿过每一个州，而每个州都代表着美国历史发展的一种不同的可能性。“这样的话，南卡罗来纳州就会是一个家长制的白人中心的州，北卡罗来纳州则会是一个分裂主义的州，如此这般。而每次我们的主人公在一个新的地方下车出站，美国的历史就会以一种不同的方式重启。”

而“地下铁道”由历史到虚构的这种跃迁，诚可以说是怀特黑德小说构思的一次解放。他使用这个魔幻的设定，围绕它去写这个故事，他就不必如历史学家那样完全遵循真实的历史背景。“我以此写出来的，就不是一本真正意义上的历史小说，我也不会因此被某个历史小说家联盟给踢出门去。”这也意味着，怀特黑德可以对这段历史更为自由地做出自己的解读。“这本书就不再只是关于奴隶制和‘地下铁路’的，它也是关于美国历史的。”

怀特黑德给自己的这个设想迷住了，但当时他自觉还没有能力掌控这一主题。他是黑人，也是名副其实的高才生，但在做历史研究时，他发现自己对奴隶制所知甚少。所有学校的历史课本都像一条高速铁路，学生们坐在上面从一站到另一站，欧洲人刚刚到达美洲，就跳到了林肯，然后又跳到马丁·路德·金、“平权法案”，之前奴隶制的残暴、南方重建和种族隔离的艰难与冲突全都被略过。怀特黑德觉得，美国人潜意识里不愿意面对自己较为不堪的历史。

当然，并非所有美国人都不愿意面对这段历史。且不说艾丽斯·沃克和托妮·莫里森等作家写了揭露性的小说。诸如废奴主义者哈丽雅特·雅各布斯的《一个黑奴女孩的经历》，费格斯·博得威奇的《驶向迦南地》，还有弗雷德里克·道格拉斯的回忆录，曾经受奴役的非裔美国人的口述史等非虚构作品，都以各自的方式真实记录了这段历史。需要指出的是，20 世纪 30 年代，美国政府决定帮助人们重新开始工作，于是让作家采访一些以前的农奴。这些人的叙述大概有成百上千份，有的就三段，有的有十页长。无论是著作也好，还是这些记录寻常故事、日常生活、田野劳作的资料也好，事实上都为怀特黑德提供了大量的素材。

但怀特黑德还是怕去写这本书。为写这部小说，他做了很多笔记，他经常会回去翻看，但每一次他都觉得自己还没准备好，应该去写别的。他把它推迟得太久了，因为他不想面对一个无法把握的，令人害怕的前景，毕竟在他感觉里，凿入奴隶历史是一件恐怖的事儿。但他不得不说，这个把他唬得最厉害的灵感，他一直在躲避的灵感，正是他最需要写的东西。

于是，到 2014 年，怀特黑德终于正式动笔。而故事本身，也在他漫长的构思里发生了很大的变化。一开始，是一个男人独自逃亡，后来变成一个寻找孩子的人和一个寻找父母的孩子。等他动笔开写后，我们开头提到的那个答案便是这样展开的：生而为奴的少女科拉同意了同伴西泽的逃跑提议，再加上朋友小可爱，三人一起逃离了庄园。科拉接受这个提议，还因为她的母亲梅布尔在她大约 11 岁时逃离了庄园，再无音信。这对她也是一个激励。科拉借助“地下铁道”，像格列佛周游列国一样在各个州之间见识种种不公与荒诞，最后抵达北方，获得自由。而小说完成后得到的赞誉，亦如怀特黑德自己所说，“那些你摆脱不掉的念头，那些一直跟着你的念头，证明了其自身的价值。”

新的主意和视角，刷新了我们对于这个世界的认识

毫无疑问，怀特黑德所说的“念头”的最重要的价值，就在于小说独出机杼的创新。这不只体现在“地下铁道”历史与虚构之间的跃迁，还体现在小说独特的讲述方式与语言表述上。

恰如有评论所说，小说中科拉逃离兰德尔种植园的每一步都无法预知。这种强烈的不确定感包含了怀特黑德巨大的“野心”，小说以

最小的时间感——科拉逃亡的十个月，涵盖美国南北战争之前漫长而邪恶的蓄奴史以及充满逃亡者鲜血的逃亡史。更重要的是，怀特黑德如此专注于讲述逃亡，似乎他无暇顾及“控诉”，这使得他始终保持了一种冷漠和超然的态度。正如本书译者康慨所说，如果说《紫色》《宠儿》撕开了暴力的面纱，怀特黑德则是盖上了这层面纱，但隔着它，读者可以感受到冰山之下隐藏的庞然大物。

感受的传达，则有赖于怀特黑德“富有弹性的语言”，如《纽约时报》的书评人角谷美智子所说，他的语言结合了残酷的现实主义与民间传说的寓言性，融合了朴实与诗意。“正是这种语言让他以粗粝、震撼的力量传达了奴隶制的历史恐怖。”正因如此，怀特黑德就像有评论说的那样，以简约的叙事以及当代的思考把几乎是同时代的种植园和奴隶的故事讲出了新的节奏和内涵。

这样的“新”对怀特黑德来说理所当然。在他的理解里，写小说就是给自己设问。“理想情况下，通过写作，我能够弄明白世界是怎样运作的。”这位在《地下铁道》之前就因写了《直觉主义者》《约翰·亨利时代》等作品引起广泛关注的作家，也确实以他的作品，如约翰·厄普代克多年前说的那样，实现了写作的应尽之务，“它刷新了我们对于这个世界的认识。”

萨拉·沃特斯：
去吧，维多利亚的忧伤

1

2005年，伦敦。在一场颇为特殊的慈善拍卖中，英国女作家萨拉·沃特斯收获了1000英镑的最高拍价。拍卖并非为珍稀手稿，也不是为传世名画而设。却有点类似于当下在很多电影里穿插软广告的变相宣传，也很容易让人联想起法国作家大仲马当年把真实的酒店或客栈名写入小说挣外快的文坛轶事。

拍卖会拍的是，赢家的姓名在沃特斯的小说里客串的机会。就是这样一次蹊跷的拍卖会，却引来众多知名作家竞相参与，最终玛蒂娜·科尔拔得头筹，出现在沃特斯于次年出版的小说《守夜》里。也许这只是一场无厘头的闹剧，或是新书面世前出版商为赚足读者眼球而作的噱头。但很显然，这一切首先取决于沃特斯在英国乃至世界文坛上的赫赫名声。她被评为“20位当代最好的英语作家”之一；她的作品是英国影视界的“宠儿”，屡屡被 BBC 改编成热门剧集；即便在中国，她也有着众多拥趸，从书籍到剧集，都是网络下载的热门关键词。

尽管《守夜》是此次拍卖的主角，但沃特斯之所以格外引人瞩目，首先并不是因为这部小说，也不是同样以二战后为背景的《小小陌生人》，而是包括《半身》《荆棘之城》等作品在内的以英国维多利亚时代为背景的小说系列。媒体和评论普遍认为，她的系列作品，“笔触深邃、情节巧妙、人性刻画幽微，充满了维多利亚时代特有的压抑情绪和蠢蠢欲动的禁忌氛围。”

沃特斯凭借发表于 1998 年的处女作《轻舔丝绒》一鸣惊人，荣获贝蒂特拉斯克文学奖。但她的写作起初并非刻意为之。在成为作家前的很长一段时间内，沃特斯都是一名“读者”。阅读各种各样的文学作品一直是她的业余爱好，虽然她从小也爱写故事和诗，可“都是些俗套得要命的剽窃品，完全来源于当时的一些主要读物：志怪与惊悚故事，以及 Dr. Who”。那时，沃特斯并没有打算要把写作当成事业，她自认想成为考古学家。驱使她当作家的单纯的兴奋点则在于文学效果。“我会看着一本书，然后想：太精彩了！我也想写出同样的段子！”

于是大学毕业后，沃特斯在书店和图书馆工作了一段时间。随后即选择重返大学继续深造，选择的研究领域便是同性恋历史小说。侧重于历史的学习方向，使得沃特斯有机会接触了众多历史文献和传闻逸事。就这样，在维多利亚时期的“故纸堆”里浸淫了五六年后，1995 年顺利完成博士论文并取得学位的沃特斯，终于鼓足了勇气开始着手写作。而透过她细腻纯熟的笔触，维多利亚时代在字里行间，重现出一片压抑年代里华丽而又颓靡的奇特景象。

2

在沃特斯看来，维多利亚时代之所以有着如此特殊的魅力。某种意义上在于那时的社会已经具有现代都市生活的雏形，可又存在着许多如今看来完全不可思议的事情。

的确，站在现代人的立场，去遥望维多利亚女王统治的年代，那是英国历史上最欣欣向荣、充满机会的时期，工业革命、海外扩张……英国逐渐成为世界第一的经济强国。这就不难理解，为何在奥斯丁笔下，她所展现的生活总是温暖得犹如午后的阳光，闲散、舒适、等级有序却都彬彬有礼，串门、喝下午茶、聊天、骑马、乡村礼节、周末舞会、日常信件和桥牌等，似乎就是生活的全部。

尽管读者普遍认为，奥斯丁的小说就是维多利亚时期英国的世俗风情画。但实际上，她小说中的细节描述更准确地说，是再现了当时新兴的中产阶级特点，他们很富有、受尊敬、自尊且谦逊。但事情的另一面，恰如狄更斯在《双城记》中所说的“这是最好的时代，这是最坏的时代”。当时的英国，工人及社会底层却贫困且不幸，为了谋生，妇女和儿童都要受雇到艰险肮脏的工厂矿山去卖苦力。

这就能理解，沃特斯何以推崇那个时期的狄更斯、勃朗特姐妹等作家，却对无疑更具代表性的奥斯丁不置一词。和他们一样，沃特斯选择了中低层人群，尤其是女性作为切入和展开的视角。在她笔下，有被冷酷拘禁的中产阶级孤女，有苍白忧郁的女知识分子，有疯狂的女贼、女巫。她们虽然家境、地位各不相同，却具有同一种品质，那就是希望摆脱现在的生活，获得更好的处境。因此，为了提升身份，她们不惜铤而走险帮助女囚越狱，和男人一起行骗……

同时，沃特斯笔下的女性大多是同性恋。这当然和沃特斯自身的性取向有关，“那就是它在我生活中的样子。”而在维多利亚时代，同性恋显然会在社会上遭到排斥。这就意味着，她们更显边缘。沃特斯正是借助这一全新视角，带领我们走进一个又一个女孩子被命运或者欲望摆成的棋局。深深相爱的背后是必须或不由自主的彼此欺骗，命运和环境的无情之手往往能将一个人的内心拧得百般纠结，现实冷硬而平静，映照出的却得光怪陆离的人心世相……

3

当然这并不是说，沃特斯在自己的生活中遭遇过种种背叛和欺骗，从而到写作中去寻找释放和庇护。恰恰相反，她的成长可谓顺利。她1966年生于威尔士彭布罗克郡的内兰市，她的母亲是家庭主妇，父亲是炼油工程师。“我的家庭是颇为田园式的，非常安全且重视教养，父亲更是一个有惊人创造力的人，他鼓励我们自己去创造和发展。”

同样，沃特斯钟情于历史，也并不在于她希望借小说逃避现实。她深爱“重返过去”，但喜欢过去恰恰是因为在乎现在。因为在她看来，只有“回到”过去，才能明白自己是如何经过风风雨雨，幸存为今天这样的女性。“而且，这会带来一些特定的感受，比如说浪漫，在那时只代表着微妙的小动作、暧昧的亲密，我觉得那种浪漫很有力量，对一名作家来说，写那样的浪漫很激动人心。”

另一方面，“重返过去”意味着与现实拉开了距离。“这种距离感会帮助我，审视有意义的内容，置入恰当的语境。”这并不是意味着，过去就看起来更简单、明了。但很显然，要抓住当下现实的复杂性更是一个巨大的挑战。沃特斯做了这样的尝试。《小小陌生人》试图描述英国二战后由社会主义思潮带来的经济变革，《守夜》则写尽了人们对结束二战的渴望及战争结束后所经历的迷惘。

无论是重返遥远的历史，还是书写切近的现实，看似寻常的故事都被沃特斯赋予了新的形式。她的笔下回荡着 19 世纪哥特式小说的回响，也恰如其分地融入了悬疑、奇幻的因素，而一以贯之的则是沃特斯特有的气质和格调。诚如她自己所说的，尽管社会结构发生了巨大变化，但人性中的野心、欲望、失望……却始终没变，这正是她，也是所有小说家要探索和努力的方向。

基兰·德赛：找到稳定，再让自己返回动荡不安

这是一个因变化迅速，特别让人失去耐心的时代，基兰·德赛却格外经得起考验，她写作就像是用生命在雕刻时光，她把博尔赫斯《宁静的自得》的诗句当作了自己的座右铭：“我款款而行，有如来自远方而不存到达希望的人。”

写第一部作品《番石榴园的喧闹》，基兰·德赛用了三年，于1998年出版后，获得了不错的口碑。但她没有如很多人期待的那样两三年就有个动静，而是在纽约租了一间小屋，与世隔绝，甚至躲到墨西哥孤独地写作，一写就是八年，终于写成了她的第二部作品《继承失落的人》，在快完成这书的时候，她已经弹尽粮绝。家里的每一个人都责备她没有责任感，只有她的母亲阿妮塔一直支持她。

这部由1500页的篇幅删减到300多页的书稿，在寻找出版商时，却遇到了不小的难题，基兰·德赛遇到的每个人都对她说“不要”，直到2006年遇见了伯乐。同年10月，这部小说为她赢得了布克奖和

美国国家图书奖。她由此成了迄今布克奖历史上最年轻的女性得奖者，从而跻身一流英语作家的行列。

1

获奖那一刻，基兰·德赛向陪伴她创作的母亲阿妮塔表示了无尽感激。作为蜚声欧美的印度作家，阿妮塔本人曾先后于1980年、1984年和1999年获布克奖提名，却无缘最后的胜利。对她而言，还有什么比女儿赢得大奖更好的回报呢？

1971年出生的基兰·德赛，是阿妮塔的4个子女之一。在印度生活14年后，她随阿妮塔离开故乡，前往英国。一年后，她又移居美国学习和生活。阿妮塔曾告诉她不要选择作家这么艰辛的职业，但基兰·德赛终究无法拒绝笔杆子的诱惑，在她决意以笔为生时，阿妮塔给予了最大支持。这何尝不是一种继承？

当然，如果说基兰·德赛在现实里是继承成功的人，她在小说里写的却是继承失落的人。小说从一个叫赛伊的16岁孤儿的叙述开始。这个小女孩在父母死后被送去和祖父住在一起。她的祖父是一个退休的印度法官，在喜马拉雅山山脚下一所略显颓败的公寓里与老厨师一起过着孤独的生活。这位叫帕特尔的法官早年留学英国，在印度独立运动兴盛的时候，梦想成为印度统治阶级的一员。经过不屈不挠的努力，他改变了自己的命运，但时代的变迁让他遭受了另一种失败。

与此同时，远在世界另一边，老厨师的儿子比居则在充满机遇又变化莫测的美国纽约曼哈顿做着“掘金梦”，他有着与故土父辈远为不同的经历。为了摆脱贫困，他偷渡来到美国纽约，当了一名非法移民。在纽约的餐馆里打黑工，过着暗无天日的生活。比居最后毅然返回祖国，但一踏上国土就重新陷入了绝境。现实中的印度不仅有电脑神童，还有更多贫穷落后，以及一心想要改变命运的人们。小说中比居和赛伊的故事最终交织在了一起，长大后的赛伊爱上了她的家庭教师基恩，不幸的是，最后却眼睁睁看着基恩在尼泊尔地区自治叛乱中被肃清。

某种意义上，这是基兰·德赛在异国他乡回望印度时描绘出的景观。来到纽约后，她一度以为，自己应该写在纽约的移民经历，但她在写作中，却慢慢意识到，她不能放弃印度的生活。而且，她与故土的联系，实际上从未中断过。她在德里有家人，每年都会探亲，《番石榴园的喧闹》里就充盈着一切她所热爱的印度的事物，而她知道，这些东西都在逐渐离她远去。

岁月流逝，基兰·德赛越来越意识到她有必要记下这一切。有一天，她读到了一则关于印度圣人的故事，这位圣人曾经在树上居住直至死去。她由此动了创作的意念，开始想象围绕这个“住在树上的人”可能发生的种种，于是就有了《番石榴园的喧闹》。年过20的主人公桑帕斯厌倦了按部就班的工作，厌倦了家人的唠叨和家庭生活的压抑，他想逃离，但他选择的逃离方式令人错愕：他竟然爬上了郊外的一棵番石榴树，并且不理会任何人的规劝执意要在树上定居。可以想见，这会在他的小镇上引发怎样的骚动，相干的不相干的人都视其为异端，横加干涉。但是，阴差阳错地，一次偶然的机会让他被视为“什么都知道”的圣人，于是局面越发混乱，众人对他顶礼膜拜，而他的父亲则产生了借此发财的想法。最后一群顽猴加入，故事的大幕在喧闹中落下，而桑帕斯也不知去向……

这个富有喜感的故事看似情节荒诞，诚如书评人来颖燕所说，那些吵吵嚷嚷的画面淡去后，一种难以言喻的悲凉和耐人寻味的真实却会慢慢弥散开来。桑帕斯从小被视为“异类”，但他的被边缘和主动放逐，显现了他对于庸常生活的排斥，也强化了他对于自由的渴求，令小说充满了一种有节制的反讽和幽默。

2

对基兰·德赛来说，写作的过程，是对成长中的自己的一种回顾，“我在少年时代离开印度，去了更广阔的空间。写作在某种意义上是重返自己的童年。”

《继承失落的人》里写到的噶伦堡，就是一个真实存在的地方。基兰·德赛少年时代在那里住过，她也曾短期在噶伦堡的圣约瑟夫修道院上过学。“我姨母在当地的集市上行医，至今还住在那儿的一座老房子里，房子的上一任住客是个盲眼的英国女人，被佣人们遗弃，死在她的黄铜大床上，找到她尸体的时候，她已经完全被蛆虫吃了。”

而写这本书的时候，噶伦堡的部分，基兰·德赛就是在那里写的。她借住了一处在雨季空出来的房子。“那里的环境有种旷野之美，暴雨倾盆，大雾弥漫。那段时间我独自一人生活，走过一段至为艰难的路途，但途中风景也美丽，从此我领悟到了做一个作家的意义所在。”

基兰·德赛所说的意义，或许包含了通过写作找到自我，回到故乡的意涵。她曾说：“我的人生不是偶然。它是我继承来的。”她的小说里，也的确有不少印度生活的痕迹。而《继承失落的人》里那位郁郁寡欢的印度法官身上，就有她祖父的影子。她祖父年轻时曾在英国剑桥大学学习。和来自印度上层社会家庭的学生不同，他的家庭并不富裕，他曾站在街边路灯下学习英语。寄人篱下的异乡生活让他深感痛苦，浓重的印度口音更是从未改掉。“对他来说，把人生中不同部分拼凑在一起十分困难，他们甚至无法和自己的过去达成妥协。”

仿若她祖父的经历，定居纽约后，基兰·德赛也觉得自己与美国的诸多事物格格不入，她反而认为自己“越来越像印度人”，也越来越意识到，自己总是用一种非常不西方、非常印度化的视角在看世界。“我总觉得这种鸿沟在加大，前所未有的加大。”所以，虽然《继承失落的人》描述的时代正是她随母亲移居美国前后，其中部分故事发生地也在美国，但基兰·德赛无意刻画“美国梦”式的成功传奇，而是力图展示出一种真实复杂的移民人生。因为有东西方生活的经验，她太了解走在这之间的小道上的那些情绪，那种黑暗，以及那份担忧和恐惧了。

小说里有关美国的情节，大部分就来自于基兰·德赛遇到的那些来自不同国家的非法移民，她经常听到很多不同的故事。“在纽约，这些故事俯拾皆是。你只要和出租车司机聊聊天，就可以听到许多难以置信的故事，很多人疯狂地为了从一个国家到另一个国家奔忙着。他们从印度到沙特阿拉伯，到意大利，到德国，到危地马拉，越过边境进入墨西哥，或是进入美国。”

在基兰·德赛看来，如果她不是在印度长大的，她不可能写出《继承失落的人》，但如果她从未离开印度，或者没有上几代离开印度去英国的老辈人的回忆，她也写不出这些。也正因为她离开印度后，开始不断在西方与印度之间来回往返，她开始思考生长在印度的复杂性，思考她父母、祖父母几代人之间发生的巨变，而她本人的人生方向正是那些起伏动荡的产物与延续。

如今，基兰·德赛定居纽约，仍时不时回印度小住。她的老家位于印度首都新德里附近。当年，那里只是一座较为偏僻的小村庄，就像被定格在时间的一点，多少年也没有一丝变化。随着城市不断延伸，这里摇身变成了市郊的一块时尚地盘，咖啡馆、麦当劳、必胜客等一家挨一家矗立在街边。基兰·德赛并不为此欢欣鼓舞。在她眼里，迅速兴起的印度中产阶级过度沉醉于现有的成功，忽略了一些应该重视的东西。“为什么不想想不好的那一面?”她质疑道，“看看那些依旧贫困的大众，看看基础设施的匮乏……看看那些国际大公司周围有多少贫民区。”

当她这么说的时候，她内心想必有一种“浩荡的孤寂”。这也是她自己体会到的印度的特质，她的作品不论是喜感还是忧伤，也如来颖燕所说，内核都充满着这种特质。基兰·德赛从小的成长经历，让她与印度文化保持着一种疏离又切近的距离，而这样的距离又赋予了她反思和理解印度文化的特殊视野。

3

或许也正是源于这种原生性的孤寂，在作为移民的生活过程中，基兰·德赛一直努力去寻找生活的平衡、心理的平衡。曾经有一段时期，印度等一些亚洲国家经历了殖民的历史，来自不发达国家的移民在进入美国的过程中，也忍受了一些屈辱，比如移民申请身份中的每个环节，某种程度上会受到来自发达国家的屈辱，这种屈辱会很不舒服。但基兰·德赛也明白，这并不是一个完整的过程，它存在于生活中的一点一滴。“我亲身感受到的东西会在我的写作上有所体现。”

有意思的是，基兰·德赛最喜欢的创作空间是厨房。她曾就读于本宁顿学院，此后又在哥伦比亚大学学习写作。为了写书，也曾暂停学业。“我不能一边上学，一边写作，更不能在一种写作车间的氛围下创作一部小说”，而她喜欢在厨房里写作，是因为距离食物够近。“写一会，吃一块饼干，再写一会，吃一个冰淇淋，这是对个人努力写作的一点‘奖赏’，我觉得这是一种完美的平衡。”

这在某种意义上，也是对基兰·德赛创作的一个形象化的阐释。因为，稳定与动荡，平衡与失衡，本就是在她生命中并存的一种悖论。在基兰·德赛看来，对于一个小说家来说，如果能够找到稳定的位置，当然是很幸运的。“但是小说家更需要不断调整修改，把自己重新放置到那个动荡不安的世界里去。”

彼得·凯里：
说吧，澳大利亚的记忆！

1

1967 年，带着对国内环境的失望和对朋友奔赴越南战场的忧伤，年轻的彼得·凯里离开澳大利亚来到欧洲。他周游各国，不断积累素材。大部分时间侨居伦敦，一边以广告业为生，一边进行业余创作，在国内多家文学期刊上发表。

这看似一次寻常的欧洲之旅，对于凯里而言，却无疑有着特殊的意义。在发表于 2003 年的长篇小说《我的生活有如冒牌货》中，他讲述了一个诗人造假的故事。20 世纪 40 年代末，澳大利亚墨尔本的凝滞而狭窄的文学出版圈子里，一个名叫克里斯托弗·查布的狂妄的诗人，决心暴露一下澳大利亚在文学方面的贫乏，于是他把一家文学杂志当作了自己进攻的对象。他提供了一些令人信服的现代主义诗歌，声称它是工人阶级天才鲍勃·麦克科尔的作品，而他那直白而充满活力的描写两性的诗歌在其在世时却被人忽视了……

某种意义上，小说中诗人的“恶作剧”，体现了凯里本人对澳大利亚文学的不满。尽管去欧洲之前，在作家巴利·奥克利和莫里斯·卢里的影响下，他阅读了贝内特、贝娄、纳博科夫、凯鲁亚克和福克纳等人的实验性作品，并由此打开宽阔的文学视野，但这并不足以让他感到慰藉，直到去了欧洲。更重要的是，作为在新兴移民国家成长起来的作家，他深切意识到澳大利亚民族身份的复杂性。而只有厘清这一脉络，他才能切实找到自己坚实的写作根基。以此看，这也是一次不同寻常的寻根之旅。

三年后，凯里回到澳大利亚。很难说只是一种巧合，他回国后创作，并于 1974 年结集出版的短篇小说集《历史上的胖子》，使得他一举成名。而此前他创作的《接触》《无用的机器》《沃格》等长篇小说都因种种原因没能顺利出版。1979 年，凯里发表第二部短篇小说集《战争罪行》，得到更为广泛的赞扬，人们认为他的作品使澳大利亚小说为之增色，称他为具有国际色彩的作家，“终于使澳大利亚脱离顽固的狭隘地方主义角落”，走向“新的广泛性和复杂性”。

而今凯里创作成就斐然。他先后出版了十一部长篇小说，两部短篇小说集，五部非小说作品，被翻译成二十多种文字，并凭借长篇小说《奥斯卡与露辛达》（1988）、《凯利帮真史》（2000）两度获布克奖。迄今为止，只有 2003 年度诺贝尔文学奖得主、南非作家 J. M. 库切曾经享有这样的荣誉。凯里已然成为继澳大利亚民族主义文学奠基者亨利·劳森和现代主义文学巨匠帕特里克·怀特之后又一位举足轻重的文学大家。

2

如同澳大利亚这个国家的历史：18 世纪 70 年代成为英国殖民地

后，陆续有大批英国流放犯定居，他们逐渐取代当地土著成为主要居民。1931 年，澳大利亚结束英国殖民统治的历史，成为英联邦内的独立国家。尽管如此，凯里仍然坚决主张废除英国女王在澳大利亚的形式统治，为此还婉拒了伊丽莎白二世的亲自接见。但凯里正视澳大利亚的历史创伤，在他的大多数小说里，笔下的人物总是从英国而来，他们不管是留在澳大利亚，还是最终选择离开，都在这片新土地上演绎了荡气回肠的生命之歌。

《奥斯卡与露辛达》的故事发生在 19 世纪中叶的英格兰。男女主人公是一对可爱的赌徒，奥斯卡是一名虔诚的牧师，露辛达则是富有的女继承人，在自英国开往悉尼的轮船上，两人因赌而结缘，从此命运缠绕在了一起。两人身份不同，却都是现实社会的不适应者，却由此萌生了诚挚的爱情。为表达对对方的感情，他们进行了一场奇特的赌博。奥斯卡请露辛达建造一座玻璃教堂，由自己送往波特郡，赌注是双方的全部财产。按照预想，无论输赢他们都将赢得彼此的爱情，然而残酷的命运却和他们开了个巨大的玩笑……

取材于真实历史人物的《凯利帮真史》，其主人公内德·凯利是爱尔兰人，因为父亲触犯了英国法律而被流放，被迫移民来到澳大利亚。凯利从小就勇敢机智、善良厚道，同学落水后不惜冒死相救。虽然他还小，但为了让家人过得好一点，凯利白天在农场干活，晚上去俱乐部打拳挣钱。哪怕如此的本分，凯利希望靠自己的汗水老老实实生活的梦想还是破灭了……一名警察企图侮辱他的妹妹，凯利忍无可忍，打伤了那个警察，悲剧终于发生了。

相比而言，在发表于 1997 年的长篇《杰克·迈格斯》中，凯里对澳大利亚寄予了希望。杰克·迈格斯是英国人，年轻时被流放到澳大利亚，服刑期满后，在当地开砖瓦厂发了财，于是返回伦敦寻找他曾经帮助过且已成为英国绅士的“养子”。但“养子”忘恩负义，躲了起来。当迈格斯历经艰辛，终于找到他时，他却把枪口对准了恩人。一场冲突后，迈格斯携同救他的女佣人梅西逃离伦敦，回到澳大利亚，最后儿女成群，事业有成。

迈格斯从青年时代离开伦敦到澳大利亚，再从澳大利亚回到伦敦，最后又回到澳大利亚，这是一个寻根的过程，同时也是一个寻找文化身份的过程，这之间产生的冲突，实质上是帝国与殖民地之间的冲突，是新旧文化身份的冲突，而这可以说是凯里以澳大利亚为背景的历史小说共同的主题。

3

自 1990 年应纽约大学之邀任住校作家以来，虽然身为澳大利亚作家，凯里却已定居纽约 20 余年，这使得他的创作更多带上了美国色彩。发表于 2008 年的长篇《他的非法自我》，其主要故事场景就发生在美国。20 世纪六七十年代，美国青年学生以“反对越南战争”为口号掀起一股革命浪潮，震撼了美国社会。富家女苏珊和“民主社会学生联盟”的领袖大卫相爱，生下儿子切，交由苏珊的母亲抚养。苏珊在执行一项危险任务前，希望见儿子一面，于是通过地下组织请其同学——大学教师黛尔将切带来相见。就在母子即将相见时，黛尔发现，苏珊被炸身亡，而她自己也被美国警方追捕。黛尔带着切逃亡澳大利亚的热带雨林，遇到了一群嬉皮士，他们开始了亡命之旅……

两年后出版的《主仆美国历险记》，基本上可视为一部地道的美国小说。以 19 世纪法国政治思想家德·托克维尔为原型塑造的奥利维尔和另一位主人公鹦哥儿，一个是法国贵族，表面上被派往美国考察监狱制度，实则为了保命而奔向新世界；另一个是英国印刷工的儿子，一心想成为画家，却时不我与，成了奥利维尔的仆人，负责监视和保护他年轻的主人。随着主仆二人在美国的旅行中时分时合，他们在爱情与政治，监狱与艺术世界中沉浮。

事实上，不管是着眼于澳大利亚本土，还是把关注的目光转向美国，凯里基本上写的都是历史小说。不同的是，他以写实的笔法构建荒诞的故事，总会渐渐延伸出寓言的色彩来。他虽然写的是历史题材，关注的却是现代人生存的困境。就像有人指出的那样，凯里小说中的人物往往是极为孤立的个人，面对强大的社会制度感到无能为力，常落入现实的陷阱而难以自拔。正因为此，“凯里的小说读毕，也正是探究我们自身的存在的开始”。

科马克·麦卡锡：

路的尽头，希望留驻

1

科马克·麦卡锡为人低调，离群索居。这位近年诺贝尔文学奖的有力竞争者，且以写美国西部题材著称的作家很少与媒体接触。偶尔接受采访寥寥几句一准是让人久久回味的“奇谈怪论”。有一次，他谈到自己特别欣赏“动荡不安、危机四伏的生活，没什么比在旅途中见到能置人于死地的动物更有趣了”。看似“语不惊人死不休”的耍酷姿态，恰是他生活和创作的真实写照。他大部分时间都在路上奔波流徙，小说里的人物也是在路上时时面临惊心动魄的生死较量。

这就不难理解何以他把出版于 2006 年的小说命名为《路》。故事发生在一场核战争毁灭地球之后。一切都被摧毁，世界昏暗无光。十年过去了，地球成为一片灰烬的废墟，动植物绝迹，少数幸存下来的人同类相食，或者孤独地挣扎求生。在这种荒凉绝望的境遇中有一对父子，儿子出生在大浩劫之后。他们仅剩一支手枪和一发子弹。父亲告诫儿子不要轻易使用子弹，如果遇到危险就用仅剩的子弹自杀。没想到孩子的母亲却不堪忍受生命的残酷而拔枪自杀。为了躲避长冬，他们必须往美国南方海岸迁移，于是他们踏上了漫漫长路……

《路》甫一出版，就好评如潮。除了在《纽约时报》畅销书排行榜上持续风行并获得普利策小说奖外，还于数月之后在苏格兰摘得詹姆斯·泰特·布莱克纪念奖。美国最负盛名的电视女主持人奥普拉·温弗瑞在她的读书节目上，把它作为父亲节最好的礼物推荐给读者。同年，《纽约时报》评选出过去 25 年最伟大的 25 部小说，麦卡锡的成名作《血色子午线》位列第三。到了 2008 年初，科恩兄弟根据他同名小说改编的电影《老无所依》在奥斯卡电影节上斩获包括最佳影片、最佳编剧在内的四项大奖，麦卡锡的影响与日俱增。

尽管对麦卡锡的评论，一直存在两个极端。美国文学评论家哈罗德·布鲁姆把他与托马斯·品钦、菲利浦·罗斯、唐·德里罗并列为美国当代四位一流的小说家。更有人赞誉他是海明威、福克纳的唯一继承人和“小说之王”。而前不久去世的罗斯在获得 2007 年第一届“国际笔会/贝娄奖”后，在随后两年以评委身份先后推荐麦卡锡和德里罗，并读了《血色子午线》和《大都市》，他不无自谦，古怪而哀伤地说：“读他们，让我觉得自己很普通。”然而，也有人认为他的创作靠模仿和拼凑重述了康拉德等伟大作家的文本，是美国小说史上最大的赝品。但不论是褒是贬，麦卡锡在美国文坛都独树一帜、不可低估。

2

在任何意义上，《路》都不是以浪漫和豪情俘获读者的公路小说。如果有相似之处，只在于皆有“酷”的风格。体现在麦卡锡小说美学上的这种“酷”，首先在于他屡屡写到死亡的主题。据《纽约时报》对他进行的一次难得的采访，他对那些不涉及生死问题的作品相当不以为然，甚至说：“对我来说，那不是文学。”

确如其言。在麦卡锡的每一部作品中，几乎看不到沙龙聚会、诗歌朗诵、打情骂俏、戏剧表演，有的只是暴力、残酷和死亡。他的早期小说大量笔墨写到恋尸狂、性变态和残杀儿童，《血色子午线》更被称之为“文学史上所能发现的野蛮行径的集大成者”。小说取材自真实的历史故事，19 世纪中期的美国西部得克萨斯州同墨西哥的边界，一帮受雇于当地政府的雇佣军在美国得克萨斯州与墨西哥边界驱赶屠杀印第安人，他们剥下印第安人的头皮拿去换金子。这就是小说里 14 岁的牛仔男孩在离家出走后目睹的“真实世界”。

如此世界，更准确地说是麦卡锡的小说世界是黑色的，甚至带有几分“原始”的味道。然而要是仅仅凭借他小说里发散出的浓浓血腥味就将他判为惊悚小说家，就难免落入武断的陷阱。这不仅在于，麦卡锡的小说主题通常极为复杂，难以一言而尽。更在于他描写血腥、黑暗的场景并不以追求感官刺激为最终目的，他更愿意表现的是人性——深藏在灵魂深处的人性以及在绝境中人性本能的灵光一现。恰如批评家斯蒂芬·夏维罗所言，麦卡锡的小说常常“以一种偏执的细微去探索无限的宏大与遥远”。

体现在《老无所依》中，尽管猎手莫斯和他妻子，最终还是无法摆脱冷酷变态的齐格命丧他手，但警探贝尔毕竟尽自己所能用法律保护过他们。而在“边境三部曲”里，几个牛仔少年漫长的旅程，同样充斥着暴力和死亡，然而更多的却是对人生的探求，以及对神灵之存在意义的询问。《天下骏马》讲述 20 世纪中叶，二战后的美国得克萨斯州，牛仔少年约翰·格雷迪和罗林斯不甘于大工业的侵袭及家乡牧场的丧失，纵马南下墨西哥，追求新田园生活的一系列甘苦交杂的经历。《穿越》则叙述了另一个牛仔比利·帕勒姆，自少年时代起从最初为了搭救一匹母狼开始，在四年间三次骑马穿越美墨边境，同时亦是穿越见证生死之界的故事。

第三部《平原上的城市》的故事更为复杂。格雷迪偶遇年轻美丽的墨西哥妓女玛格达莱娜却失之交臂。他一次次穿过国界，终于找到她并双双陷入热恋。当他计划营救她偷越国境进入美国时，玛格达莱娜却惨遭杀害。他自己也在与敌人的一场血腥决斗中因身受重伤而死。麦卡锡并不只是要讲述带有西部风情的恋爱故事，他同时隐晦地展示出美墨战争结束多年后遗留下来的难以弥合的伤痕。一切似乎都在表明，战争终会过去，但它所留下的伤痕却是持久而难以超脱的。

3

虽然麦卡锡以写美国西部题材著称，但他早期的作品多的是对美国南方风土人情的描绘。1965 年至 1979 年间，他创作了四部南方小说，都因情节抽象，主题晦涩，地方色彩浓厚等原因，没有引起太多关注。

直到 20 世纪 70 年代中期移居得克萨斯西部美墨边境城市埃尔帕索，转而致力于对当地下层人民特别是西部牛仔生存与奋斗的描写后，他的作品才开始受到读者欢迎和评论界的赞誉。他也似乎在西部大自然中找到了真正的归宿。在他笔下描绘的动人史诗里，既有噩梦般的屠杀、令人震颤的暴力，又有优美如画的田园诗和轻柔平和的安魂曲，被评论家称为“地狱与天堂的交响曲”。

的确，麦卡锡钟情野外生活，游历得克萨斯、新墨西哥、亚利桑那各州、田纳西州，随之他笔下所呈现的尽是西部边境的荒凉生活。在他的作品里，兽类，甚至日月山水都是人类的观察者。它们无处不有、无时不在地审视着人类的行为——人类的坚韧、求生以及愚蠢、邪恶与残暴。他笔下的牛仔少年，在成长为坚强的男子汉的过程中，相伴随的只有孤寂空旷的荒山野岭，严峻刻板的边地居民，沉重简短的三言两语，石破天惊的性命相搏。唯一的亮色是，田园诗般的风光，生死一线时的肝胆相照，以及对英雄的惺惺相惜。或许在他看来，只有经历这样的磨炼，人才能真正分辨出善恶美丑，男孩才能成长为男人。

而麦卡锡之所以屡屡把小说中的人物推到极端恶劣的生存环境，与其说是要展现亘古如斯的恶，不如说是在考量人的本能情感及做出的道德抉择。麦卡锡说，世界毁灭并不可怕，可怕的是人们丧失了希望与信念。就像他在《路》中表示的，有一种东西，“连死亡都灭它不掉”，那就是希望。也因为此，直至来到海边仍不见希望，直到疾病已将死神带到身边，小说里的父亲仍然鼓励孩子去寻找好人。“天涯再远，也有走到的一天，而只要有人在身边，就能找到比天涯更远的希望。”

陈舜臣：
他对中国的热爱有养育草木的阳光一般的温暖

对于陈舜臣，作为同学、同行加挚友的司马辽太郎做过这样的评价："能让日本人真正了解中国历史的，只有陈舜臣。"2015 年 1 月 21 日，这位享有"中日文化交流桥梁"之誉的中国台湾裔日本作家，在日本神户病逝。享年 91 岁。

在司马辽太郎看来，陈舜臣这个人，存在就是个奇迹。陈舜臣了解、热爱日本，甚至对于其缺点或过失，也是用堪称印度式慈悲的眼光来看待。而且，他对中国的热爱有养育草木的阳光一般的温暖。再加上略微脱离了中国近现代的现场，在神户过日常生活，也成为产生他观察与思考的多重性的一个要素。"最令人感到惊奇的是，他对中国的爱与对神户的爱竟不乖离，合而为一。"

1

事实上，陈舜臣作为一个奇迹般的存在，正是源于他独特的身世。从某种意义上说，他的一生就如有评论指出，是一部书写当代中国人在日本的历史小说。陈舜臣祖上从河南颍川南迁到福建泉州，再搬到台湾，后移居日本，却没有因此忘记故土。在河南有陈家墓地，碑上刻着“颍川”字样。在陈舜臣的泉州老家，至今也供着东汉时期劝诫“梁上君子”的祖先陈寔的牌位。

陈舜臣出生在神户，二十来岁时，日本战败，台湾光复，他从日本人又变回中国人。他读大阪外国语学校时，和司马辽太郎同校。司马辽太郎学蒙古语，陈舜臣学印度语。他本打算留校做学问，可在当时的日本，非日本人在国立学校的前途到讲师为止，当不上教授。陈舜臣也直到 1990 年才重新加入日本国籍。虽然日本生，日本长，陈舜臣却抱有强烈的中国人意识。

很显然，中国文化的深厚积淀，加上日本文学的熏陶，这两者的结合使陈舜臣的作品有别于一般的中国作家或者日本作家。这就不难理解，何以是他开创了日本文学里中国历史小说的先河，且他的创作与后起的田中芳树、宫城谷昌光、酒见贤一、冢本青史等众多日本籍“中国历史小说作家”的创作，始终保持着很是不同的面貌。自 20 世纪 60 年代末推出长篇巨著《鸦片战争》以来，陈舜臣出版了《小说十八史略》《太平天国》《秦始皇》等历史小说，一次次掀起日本读中国史的热潮。《中国历史风云录》等数部代表作也已经在国内翻译出版。

诚如旅日学者李长声所言，日本小说家写中国故事大都盯住唐代以前，例如三国，恐怕也因为那时日本还处于原始状态，笔下只好把历史的久远上接到中国，而陈舜臣的文学功绩更在于写中国近现代史，尤善写近代史。其中最有代表性的作品，当属《甲午战争》。正是在这部小说里，陈舜臣表达了“甲午战争是中日之间不幸历史的原点”的历史观。

《甲午战争》以袁世凯、李鸿章、日本的竹添进一郎、朝鲜的金玉均为中心，描写战争前夜的中国近代史，书名直译为“大江不流”。陈舜臣在随笔里写到这书名的由来：“当时中国人把对于时局的焦躁表现为‘山睡江不流’，我要铭记这句话写下去。”陈舜臣说的这句话，出自谭嗣同的五言律诗《夜泊》：“月晕山如睡，霜寒江不流。”这表明他要用淡淡而娓娓的笔致，描写垂老的晚清怎样被青春萌动的明治日本打败，更捕捉那个时代的气氛，写出当时中国人的闭塞感。

小说还有个副题，照搬汉字是“小说日清战争”，而亮出“小说”这两个字，某种程度上是因为，在陈舜臣看来，有必要把小说与史实严加区别，更不能像一些学者那样，故意把故事与历史搅在一起，以取悦于大众。当然，陈舜臣正是将历史小说化，才使得他的作品，成为日本人最爱看的中国历史读本。

2

而陈舜臣的历史小说，之所以受到读者欢迎，更在于他在其中融入了推理的元素。他走上文坛之初，叫响的也正是推理小说。那是1961年。帮父亲经商十多年，陈舜臣用汉文写商业尺牍，但他并不甘于这种枯燥的生计，并写起了推理小说《枯草根》。何以他一出手就写推理小说？这得从他上大学时的阅读说起，那时他读的英语教材便是福尔摩斯的《柯南·道尔探案集》，也是从其中，他得到启发。他觉得，任何小说都含有推理要素，而从日本小说史来看，今后受欢迎的也非推理小说莫属。而当其时，他的长女患病，他在病床边阅读推理小说消除困意，如此便自然而然写起了推理小说。

值得注意的是，在小说里，陈舜臣即是以在日中国人为视角，描写了这个特殊的群体，这在当时的日本文学中尚属新鲜事物，其附加价值是全盘否定了诺克斯的“推理小说十诫”中最无理的第五条“侦探小说中不能有中国人”。小说出版后赢得了广泛赞誉，并得到第七届“江户川乱步赏”，紧接着，他又陆续发表了《三色的家》《弓的部屋》《玉岭的叹息》和《孔雀之道》等。后两部小说为他赢得了第 23 届日本推理作家协会奖，使他成为日本推理小说史上首位三冠王。

以有论者的阅读印象，陈舜臣早期的推理小说即已带有浓厚的中国历史色彩。比如他最脍炙人口的短篇推理小说《方壶园》，密室被杀者居然是唐代诗人“诗鬼”李贺的朋友，而破案者则是李贺的从弟。照进陈舜臣小说的，常常便是这样的唐时明月。“从甲午中日战争时代的《大南营》，国共内战时期的《九雷溪》到抗战时的《来自相册》和莫卧儿王朝时的《兽心图》。陈舜臣的推理故事在中国历史中纵横来去，中国的场景和日本的本格诡计，融合得奇妙又自然。”

3

如是，陈舜臣此后写中国历史小说，便有意识地把历史题材与推理手法结合起来。在陈舜臣看来，历史小说就是作者依据史料的推理虚构的混血儿，历史时代要靠资料及其他来把握，而把握的方法终归不外乎推理。他以写《甲午战争》为例表示，“我写作时是中立的，尽管难免感情上的碰撞，但更多是根据史料记载，运用作家的推理，尽可能地去展现当时的真实历史。”

作为华裔，陈舜臣自然会较多思考中日之间的文化差异问题。有论者指出，没有任何作家像陈舜臣那样用在不同文化、不同民族夹缝中生存的刻骨铭心的生活体验去深入思考的。远观中国历史以及历史命运带来的漂泊感，恰恰成为陈舜臣作品的精妙根源。陈舜臣说：“我自 1972 年以来，几乎每年都要去中国旅行。那份热爱中国的情感也随之与日俱增，而且极大地影响了之后我的很多作品。”

虽说如此，对中国的热爱，并不妨碍陈舜臣对事关中国的问题做出客观冷静的判断。十多年前东亚盛行“儒教圈繁荣”论，有不少学者认为，儒教导致了东亚的繁荣，陈舜臣则在《儒教三千年》中表示，繁荣不可忽视殖民因素。殖民带来的异质文化的强行闯入，经过多年便会盘踞于此。“虽然原住民拥有本地文化，但同时也不得不接受另一种文化。正是二种文化的碰撞带来了空前的活力。”

希拉里·曼特尔：

写历史小说的魅力，就在于把破碎编写为完整

一部描写法国大革命的历史小说，美国一家权威报纸给它写的评语是“可以更小说一点”，这说明小说在史料方面的严谨，已经到了让人惊叹的地步。要知道历史小说最为人诟病的，并不是小说性不强，而是有违历史事实的编撰和虚构。由上海译文出版社于 2016 年 6 月推出中文版的《一个更安全的地方》就是这样一部小说。而作者，曾凭借描写克伦威尔的历史小说《狼厅》《提堂》两度摘得布克奖桂冠的英国作家希拉里·曼特尔，写这部小说的时候还只有 25 岁。

1

那时，曼特尔还是一个寂寂无闻的新人。此前一年，1973 年，她从谢菲尔德大学毕业，拿到法学学士学位。这一学历看起来本该有远大前程，事实上却不足以让她从事律师工作，因而曼特尔毕业后在一家老年医院做社会福利工作，后来又到一家百货商店做销售员。其

间，她阅读了很多大革命相关的书籍和史料，并像是要迫切给自己找“一个更安全的地方”似的开始了小说的写作。

不确定曼特尔写这部小说，纯粹是出于对法国大革命这段历史的兴趣，还是在写作中隐含了她未曾表明的心志。小说主人公，法国大革命三巨头——丹东、罗伯斯庇尔和德穆兰，起初从事的都是与法律相关的工作。曼特尔源于她的学业，也可谓与律师行业心意相通。而这三巨头初到巴黎时，就像曼特尔初到伦敦时一样寂寂无闻，丹东与德穆兰都在同一家律师行工作，而德穆兰与罗伯斯庇尔是路易大帝高中的同学，友谊深厚。德穆兰无疑是三人关系的纽带，正是通过他，丹东和罗伯斯庇尔才相识。要不是风云际会，这三个原本平凡的年轻人，恐怕做梦都想不到他们日后会成为大革命中翻云覆雨的重要人物。

至于曼特尔，她在写作的初始，也没碰上什么好运气，更想不到日后会获布克奖，并且刷新该奖的纪录。她是该奖历史上首位两度获奖的女性作家，同时也是继2003年诺奖得主、南非作家库切和澳大利亚作家彼得·凯里之后第三位两度斩获该奖的作家，但她当初携这本小说在伦敦寻找出版机会时，却是处处碰壁。她将书稿寄给出版社，自己写推荐语说“这是一部历史小说，不是历史传奇”，但出版社大概连推荐语都没仔细读完，给她的回复是“我们不出历史传奇”。

现在往回看，只能说这家出版社，真是太轻率，也太没眼光了。曼特尔写这部小说正是有意识地避开“戏说”的窠臼，竭力避免把它写成传奇。在2016年7月11日于上海民生现代美术馆举行的小说首发分享会上，评论家小宝就不由感叹说，这部小说几乎避开了所有戏剧性的场面。“比如写马拉之死，前一页还是马拉在辩论，后一页就是‘一个凶手靠在墙上’，刀光剑影的场景她都不去写。”

问题是摈弃了“戏说”，小说怎样做到引人入胜？曼特尔自有其过人之处。正如有评论指出，历史小说是一种不易驾驭的文类。对于以虚构人物为主角的小说，主人公什么时候会登上权力的巅峰，什么时候会面对悲剧的灭亡，读者要看到结尾才能猜得出谜底，而历史小说的答案早已写得清清楚楚。以《狼厅》为例，小说故事结束于1535年，此时克伦威尔正沿着“光荣之路”大步迈进。在1540年，他站在了断头台前，随着刽子手的手起刀落，有关他的故事将印上“全剧终”的字样。但从历史上清楚了解了人物命运轨迹之后，为什么我们还会被历史小说描绘的故事深深吸引？关键就在于细节。在《狼厅》里，曼特尔正是用她细微处敏感的笔触，带我们走进了赫赫有名的都铎王朝的历史纵深。

小说丰富的细节则来自曼特尔对史料的阅读搜集。体现在《一个更安全的地方》的写作上，曼特尔不只是读历史文献，她写这三个革命家，她还通读他们和自己姐妹、情人、女友保留下来的日记、通信还有回忆录。不止于此，小说里的很多对话，也是一字不改地来自史料，而史料中原话无法衔接需要作者去填补的地方，曼特尔也力图站在这些历史人物的立场上去想象、还原对话。正是在这一点上，评论家汤惟杰认为，这本小说可以补充很多人对法国大革命的认知，“中国读书界大家都知道法国大革命对世界史的影响，很多人并不清楚这段历史的细节，曼特尔这部小说用很多真实的史料细节，弥补了这一缺失。”

2

显然，只有从独特的叙事视角看出去，一个个耐人寻味的细节才不至于成为散落的珍珠，而是形成一个有机的整体，并赋予小说以生机和活力。在《狼厅》里，曼特尔有意摈弃过去时，通篇使用现在进行时，以在小说中形成身临其境的现场感。曼特尔在写第一段文字的时候，就进入了克伦威尔的头脑和身体，如此给人感觉，她对这个人物可谓感同身受。虽然如此，在曼特尔看来，这并不代表她跟这个人物很像，或是无法跳出来观察他，并无条件同意他一切的所作所为。“我对他感同身受，是我的职业使然，这是我的手艺，我的本职工作。事实上，在小说里，我努力不去评判他。我努力悬置评判。”

这样一种写作的意识，在《一个更安全的地方》里其实已经有所体现，这部小说里，过去式是很模糊的概念。曼特尔把自己定位为一个身临其境的观察者，她就在小说中人物的身边，这使得小说中的场景转换有时并不是完全按照顺序或者逻辑，也就导致进入小说有一定的困难。作家小白表示，曼特尔的小说严格恪守这种独特的方法来写，读到很多地方会觉得情节接不上，但要反复去看，一旦找到叙述视角，整个小说突然一下子贯通了，这也正是阅读曼特尔的乐趣。

而阅读曼特尔最具挑战性的地方，则在于她对已有公认的历史人物的颠覆性书写，这同样是由于叙事视角使然。比如，人文主义学者托马斯·莫尔的形象，向来是极其正面的，在《狼厅》里却不是。这是因为小说是从克伦威尔的视角出发去看莫尔的。也因为此，曼特尔不觉得自己对莫尔的刻画是不公平的。由于这本书的关系，她选择做莫尔的“敌人”。在曼特尔看来，写历史小说未必一定要立场中正。“如果你从人物角色的视角看问题，你就不可能反映客观中性的事实。你看到的世界将同小说人物所看到的一样。有太多人对此感到迷惑，但一部不偏不倚的历史小说会是一部枯燥无味的小说。”

虽如此，曼特尔却不会偏离史实给人物“翻案”。比如对罗伯斯庇尔这个人物，她所做的只是，带着极大的兴趣去研究，去丰富这个形象，而不是在任何意义上去加以美化。对这个“不可腐蚀之人”，曼特尔在书中特意描写了他的一个生活细节：罗伯斯庇尔每天早上起床后都会梳洗整齐，戴上领结，即使一天都不出门也会如此正装。同时，正如小宝所说，曼特尔写丹东和德穆兰，在第一和第三人称之间是有交替的，有时候有内心独白，但她写罗伯斯庇尔，基本没有内心独白。曼特尔这种视角的选择，事实上已经代表她对这些历史人物的臧否。

某种意义上说，曼特尔独出机杼的历史小说写作，源于她独特的历史观。她有一句座右铭：精彩的历史和戏剧之间不存在冲突。在曼特尔看来，历史并不总是完美的，历史中涵盖了太多繁琐的细节。对于创作者而言，史实有时显得破碎，不方便直接编写。“如果你是上帝，你可以让历史更有趣点，但事实是，创作历史小说的魅力和技巧就在于把破碎编写为完整。”

这不仅体现在曼特尔对史实的处理上，也体现在她对历史人物的把握上。就拿托马斯·克伦威尔这个人物来说，在英国，民间历史界和史学界对其持截然不同的态度，如此，这个人物给读者的印象是破碎的。曼特尔尝试做的，便是让两个阵营走到一起，这样就有了一部新的克伦威尔“传记”——它以其模棱两可性跨越两界，从而使得很多人对这个人物有了更为完整的理解。

曼特尔之所以能做到这一点，得益于她对这个人物持续几十年的研究。幼年接受罗马天主教教育时，她第一次看到克伦威尔这个名字。克伦威尔是所有事件的中心，但在大多数小说和戏剧中，却是居于次要地位，在其中也一直是个反面角色。然而，克伦威尔的重要性，在她看来是显而易见的。如果不理解他，不好好思考他，就无法理解早期都铎的历史，而如果不理解都铎王朝，就不会理解英格兰历史的发展。曼特尔希望自己有朝一日能超越通俗历史和小说中对他的负面描写。在她看来，虽然克伦威尔心狠手辣，但同时期的亨利八世和其他政客也非善类，要能摈弃偏见，重新审视克伦威尔，就会发现他有勇有谋、坚韧不拔、乐观豁达，还有一段值得分享的故事。也因为此，她想把克伦威尔置于舞台中心，把众人的注意力聚焦于此人。所以，她刚开始写作时，就想写一本关于克伦威尔的小说，但那时她知道她还没准备好，但写了几本书，也积累了一些能够实现最初的计划所必需的写作技巧之后，她感觉她期待的合适的机会正在到来。

而曼特尔等写短篇小说《刺杀撒切尔》的机会，却是等了三十一年。1983 年 8 月的一天，曼特尔从她在温莎的房子卧室窗户往外瞧，看见刚刚做完眼科手术的玛格丽特·撒切尔在对面医院的花园里蹒跚走过，她立刻用拇指和食指比划成手枪，目测着距离，心想："如果这里站的不是我，而是另外一个人，撒切尔已经死了。"到了 2014 年，刚被授勋为大英帝国勋爵的曼特尔终于把暗杀的想法"付诸行动"，写了这部小说。她申明，自己漫长的等待，并不是为了等待撒切尔过世，而是要解决小说的技术问题——毕竟，小说不是靠着个人感情就能够写就的。

但换句话说，这篇小说的确融入了曼特尔很多的个人感情，曼特尔脑中也的确浮现过"刺杀"的念头，且一直挥之不去。期间她尝试了很多次，但怎么都写不出来。在《暗杀》快要成型却缺少一篇小说时，她对自己说，"我必须写出它来，否则我就不出门。"所以，她写撒切尔就没了写克伦威尔时的那种客观，小说里的不少语言也带上了人身攻击色彩。这当然是有原因的，曼特尔的确觉得撒切尔令人厌恶。撒切尔信奉货币主义理论，上台后进行了大刀阔斧的改革：私有化、控制货币、削减福利开支、打击工会力量。而英国在"撒切尔主义"的主宰下，经济上的不平等现象越来越严重，社会地位和其他领域方面的不平等也随之加深。对这些政策及其后果，很多像曼特尔这样的左翼知识分子都感到深恶痛绝，而曼特尔最无法原谅的是，作为第一位女首相，撒切尔刻意模仿男性，采取铁腕的保守主义政策，从而让女性在公共生活中的位置倒退了。在接受《新共和》杂志采访时，曼特尔更是直白地说：撒切尔“毁了这个国家，我讨厌她。”

如此，正如该书译者黄昱宁所说，在习惯于低调行文、绕着圈子说话、在厚厚泡沫塑料里藏软刀子的英国文坛，曼特尔这种泼辣的文风独树一帜，实在“很不英国”。而早在《刺杀撒切尔》引起争议以前，曼特尔就曾经在大英博物馆发表演讲，称凯特王妃“就像用特定布料拼接的洋娃娃”，“是没有独立人格的橱窗模特……唯一意义和目的是生孩子。”由此引起轩然大波。

当然，短篇小说并不是曼特尔常常涉足的领域，只有在创作大部头历史小说的间隙，她才会写几个短篇。收入了《刺杀撒切尔》的《暗杀》也是她这十一年来的第一部短篇小说集，却也未尝不是回荡着曼特尔作为一个擅写鸿篇巨制的历史小说家的声音：“正如你所知，撒切尔夫人一直活到终老，然而……”“历史永远会有别的可能。”但曼特尔设计的这种可能性，可想而知引起了英国舆论的轩然大波，甚至BBC也因为意图将小说录制为有声睡前故事而受到了牵连。撒切尔的生前密友兼前公关顾问贝尔勋爵称之为“恶心的头脑写出的恶心的故事”，并呼吁警方对曼特尔展开调查，理由是她公开承认了谋杀的动机和意愿。

这位入选时代周刊“2013年最具影响力100人”的作家，提醒这些批评的声音说：这是一篇小说，暗杀的是已经去世的人。她还声称：“铁娘子本人不会害怕强硬的政治观点，也不会害怕说出自己的想法，那么，她也不会指望一个小说作家就此退缩。”

3

无可疑议的是，自从选择走上创作之路后，曼特尔确乎不曾退缩过。虽然起初对于她来说，选择做一名小说家的唯一原因，就是因为错失了当一名历史学家的机会。《一个更安全的地方》被拒出版后，她觉得有必要先在写当代题材寻求突破。1985 年，她发表处女作《每天都是母亲节》，自此正式走上文学道路。在发表了一些小说积累了一定知名度后，1992 年，压在箱底已快 20 年的《一个更安全的地方》才得以出版，并获得《周日快报》奖。

此后，曼特尔还陆续发表了《变温》《爱的考验》《黑暗深处》等写当代题材的小说，但她的写作重心已转回历史小说的创作。2009 年，《狼厅》获布克奖、全美书评人协会奖，销量逼近丹·布朗《失落的秘符》，此后她又趁势写下“克伦威尔三部曲”的续集《提堂》和《镜与光》。

而曼特尔的生活经历，也对她写历史小说产生了重要影响。《刺杀撒切尔》里，刺客假装水暖工进了女主人公家中，寻找角度枪杀撒切尔，而女主人公很快识破了他的身份并决定协助他。而早在曼特尔八岁那年，一个名叫杰克·曼特尔的房客也住进了她家，并渐渐取代了父亲在母亲生活中的角色。在随后的一次搬家途中，父亲不知所踪，全家人从此改姓曼特尔。曼特尔因此“一直责备我自己到底做错了什么”。年龄稍长，她又患上了精神疾病，住进了精神病医院，大把吃各种各样的药，留下了后遗症。1977 年，她与身为地质学家的丈夫前往博茨瓦纳生活，遭受了病痛的折磨又无法得到确诊，查阅医书后才意识到自己可能患有严重的子宫内膜移位，这个诊断随后得到了伦敦医生的认可。限于当时的医疗水平，一场手术让她丧失了生育能力，持续的类固醇治疗则让她身材开始变得臃肿。在自传《气绝》中，曼特尔坦言，疾病使得她必须在孤独中工作，从而培养了她的耐心和内向性。同时也促使她跳出自己的皮囊，站在房间角落里看自己。在曼特尔感觉里，她这样看自己，看到的不是悲痛，而是荒诞。而带着疾病写作，就好比是在玻璃瓶里工作，可以看到外面的世界，却不在其中。

我们看历史又何尝不是如此？我们能看到历史自己却不在其中。而曼特尔的卓绝之处，便在于她不在其中，却以她的写作带给人身临其境的感觉。对于曼特尔来说，写历史小说，就像是走进茂密的森林，其中有许多分叉的小径，你不太确定要去哪，也不确定究竟要走哪条路，你唯一能做的就是你得不停地走，保持警觉。慢慢地，你会看到一些能够记住的特征，但你永远无法真正到达目的地。旅途本身就是意义所在，迷路是其中的一部分。与此同时，你的小说往往是以问题始，也以问题终。“作为一个优秀的历史小说家，你能做的只是，希望读者从全新角度深刻地了解历史，并意识到自己所触摸的只是历史的冰山一角。”

辑二　日常

爱丽丝·门罗：
人类的关系和心理之谜，就是文学的本质

爱丽丝·门罗得知自己获得2013年度诺贝尔文学奖时已是清晨。其时，她正在加拿大西部的温哥华岛，而诺奖委员会宣布结果时，正是当地时间凌晨4点。媒体和诺奖委员会都联系不上她，只好给她在东部的家里电话留言。加拿大另一位文学大家玛格丽特·阿特伍德在推特上说，我的电话都快被打爆了，爱丽丝，赶快接电话啊！

最终，是门罗的一个女儿从睡梦中叫醒了她。门罗说："我完全没有想到。你知道，我来到西部，是要处理很多家务事，我没有留意诺贝尔，直到最近。"门罗说："获得诺贝尔文学奖，这就像是人们的那些个白日梦，可能会发生，但很有可能不会发生。我知道我有赢的希望，但从来没想过会得奖。"

门罗成了诺贝尔文学奖历史上第13位获此殊荣的女性作家，也是首位出身加拿大的诺贝尔文学奖得主。瑞典文学院给出的颁奖理由是：门罗被称为"当代短篇小说大师"，以其精致的讲故事方式著称，

清晰与心理现实主义是门罗的写作特色。在接受采访时，门罗一度语带哽咽，她说："这感觉真是太美妙了！我无法描述，无法用言语形容。"

1

在门罗获奖之前的好些年里，她一直是诺贝尔文学奖的热门人选。不过，几乎没有人能确定一个一生只写短篇小说的作家能否获得诺奖。而最终，诺贝尔文学奖没有让她成为遗珠。

门罗获奖后，很多博客与微信都将"爆冷"作为标题和关键词。而国内即使是专业的文学圈，对这位在欧美文坛有着巨大影响的短篇小说女作家也知之甚少。门罗的小说集除了《逃离》及散见于《世界文学》等专业期刊的零星篇章外，几乎从未得到翻译与引进出版。中国社科院文学所所长陆建德认为，这可能跟国内更重视长篇小说，而不太看重短篇小说有关。"当时出版社决定引进第一部时，也没想到她会获奖，只是非常喜欢她的作品，以为值得推荐给国内读者。"

事实上，在很长时间里，对短篇小说的漠视，可以说是世界性的文学潮流。早年接受《巴黎评论》采访时，门罗曾透露自己的困扰，她非常害怕自己留下的只是一些短篇故事，她当时认为只有写出长篇小说，自己才会被当成作家来看待。因此在写作之初，她也曾希望能写出长篇小说。直到很多年以后，她才对自己为何选择短篇小说这样的写作形式有了更深的体悟。她说："我想让读者感受到的惊人之处，不是'发生了什么'，而是发生的方式。稍长的短篇小说对我最为合适。"而今年在和《纽约时报》的访谈中，她表示自己终于释然了。"我想我现在能够接受自己只是写下了这些短篇小说这件事了。"

在门罗的理解里，短篇小说就像一个一个的房间。"你走进去参观一个房子，里面有一间一间的房间，你住这个房间，拐到那个房间，然后再走到另外一个房间。你这边走走，那边转转，观察房间和走廊间的关联，然后再望向窗外，看看从这个角度看，外面的世界发生了什么变化。”这也表明了她的观点：看世界，或许有新的角度，而文学可以帮助人们重新认识世界。

瑞典学院永久秘书皮特·英格伦评价道，“短篇小说一直处于长篇小说的阴影中，门罗选择了这种艺术形式，她将它很好地开垦，接近完美。”而安·克洛丝，这位为门罗做了 30 多年编辑的资深出版人则说，门罗小说精确的描述和活泼的文笔，让她短篇的内涵可与许多长篇媲美。“跟许多伟大作家一样，字里行间蕴含着无比丰富的言外之意。”

某种意义上也因为此，门罗表示：“我觉得，我得奖对于短篇小说来说意义非凡。我希望人们能意识到，短篇小说是重要的艺术形式，不是随意写写，直到你有素材去写一部长篇。让短篇小说还原它本来的地位。”

2

但很少有人知道，门罗为写作付出了怎样艰苦的努力。37 岁那年出版第一本小说集《快乐影子之舞》之前，她曾花了 15 年时间用来思考和阅读。无数次地给出版商寄出小说手稿，但这些手稿都在几周后被退还到了她的邮箱。

早年接受国内一本文学杂志的访谈时，门罗谈到自己许多早期的创作，是陆陆续续地在孩子的呼噜声旁，或等待烤炉的间歇中完成的。当她 20 岁结婚时，她讨厌被当作一个“小妇人”。21 岁时，她就有了大女儿。在怀孕期间，她一直像疯了一样写作，因为觉得有了孩子，自己就再也不能写作了。“每次我怀孕都刺激着我要在孩子还没有降生之前完成大部头的作品。但实际上，我从没有完成过任何大部头的东西。”

门罗坦言，写作是她年轻时最艰难的地方。那时，没人认为她具有自己独特内在的东西，她也从来不向人述说言论、思想。“但从某种意义上说，这也挺不错，因为那时我并没真正做好写作的准备，只是‘排练’而已。如果我 25 岁时就通过出版小说迅速证明了自己，那说不定倒是件糟糕的事情。”

那时，她梦想过要写出“伟大的小说”，但这些都只是梦想而已。当她 28 岁，意识到自己很可能永远也成不了一个好的作家的时候，她开始变得消沉。她说：“我作为一个家庭妇女，被认为是一个 B 级或者 B-级的妻子。而当我有时间拿起笔写作的时候，有时却连一句话都写不完。这让我变得经常焦虑，这种情况也让我感觉到压抑无法呼吸。我的职责是做好一个家庭主妇以及孩子的母亲，周围的人也以我在这两方面的表现来评判我。”

逐渐地，她停止了对写小说的忧虑，开始在书店工作，情况得到了好转。她说：“曾经沉浸在孩子的世界里让我失去了自信，而在书店的工作让我感到在这个世界上我还算得上是一个有用的人。”当她发表第一本小说集时，她藏了 6 本在楼下那个装一些不常用的东西的橱柜里。她解释道：“这并不是因为害羞，而是我的作品被公开后的一种恐惧。”一周之后，当她一个人在家的时候，她强迫自己拿出一本小说读了起来。“我从头读到尾，感觉还不错。”她说。

3

在写第二本书《女孩和女人们的生活》的时候，门罗要照顾四个孩子。“因为我女儿的一个小朋友和我们一起住，我还要每周在书店帮两天忙。”那时，她试过一直写到凌晨一点，然后第二天一早六点起床，“我记得自己曾想，这太可怕了，我可能要死了，我会心脏病发作。然后，我想，就算我死了，我也写出了那么多页的东西。他们会明白这个故事如何发展。那是一种绝望，绝望的竞赛。”

实际上，在此后漫长的写作生涯里，门罗变得不再那么焦虑，她逐渐养成了良好的习惯。她每天早上都写，一星期七天。“一般我从早上八点钟开始，上午十一点左右结束。剩下的时间我就做其他一些事情。除非我正在对作品做最后的润色或什么的，那我会希望持续工作一整天，中间只稍稍休息一下。我每天对自己的写作页数有个定量，我强迫自己完成。这和年龄增长有关。人们变得强迫自己做某些事情。”

门罗也强迫自己走路。她每天走五公里。“如果我知道有哪一天我没有办法走那么多，我必须在其他时间把它补回来。我留意到同样的事情也发生在我父亲身上。你是在保护自己，这么做会让你觉得如果你遵守所有好的规矩和习惯，就没有什么可以打败你。”

虽然如此，越是到了晚年，门罗越是为自己有可能停止写作这个想法感到惊慌。“就好像我一旦停下来，我可能会永远停止写作。我脑子里可是储存了一堆的故事。不过，写作不仅需要你有个故事，也不仅仅是技能或是技巧，还需要有写作的激情和对自己所写的东西的信念，没有它，我无法写下去。”

2001 年，门罗做了心脏手术。她更加意识到，所有事情都会有失去的可能，包括以前填满她生活的主要内容。“或许，应该坚持下去，做些什么来避免它发生。某些原因导致一篇故事失败，故事失败了，但你对于写这个故事的重要性没有失去信心，这才是危险所在。这可能是一头野兽，藏身于老年人心里的最深处——你对于值得做的事情也失去了感觉。”

她似乎只是想着让自己的日子更长一些。她和第二任丈夫，也是她大学时代的校友，地质学家杰拉尔德·弗雷姆林住在他从小就在那里出生的房子里，这是一座白色的木屋，周围种满了胡桃木和雪松树。耐人寻味的是，当初她曾努力想逃离她成长的地方，但她现在住的房子位于一个叫克林顿的小镇上，离她成长的地方也只有 20 英里。而她对荣誉也更加淡然。“现在已经过了享受金钱的时候，你不可能用曾经的青春年华来享受如今的财富。”

但写作依然让她为之着迷。在大多数的清晨，她会在餐厅的桌子上写作 3 个小时。她的写作灵感来自于在她心中萦绕了好多年的一些思绪。她经常在长椅上开始打字写作，她也不再纠结第一稿读起来会怎样，而是在写完初稿之后再写第二版。她说：“我就是在写故事而已。在某种程度上，第二版就是初稿的升华，让我强烈地感觉得到故事似乎在真实地发生，而不是由我在写作推进，因此我总是写了又改。”她有一种怕自己变得松弛和迟钝的恐惧。

她总是自己吓自己，认为这最新的书将是她的绝笔。在一次出版发布会的采访中，她说她将停止写作，但是四年后，《逃离》出现在了书店的书架上。这中间发生了什么呢？爱丽丝说：“很长一段时间里，我都在考虑在我力所能及的情况下进行一些写作，然后找一个舒适的没有写作压力的地方颐养天年，这样我或许会变成另外一个完全不同的人。但让我自己也感到惊讶的是，这一切都没有发生，虽然我人变老了，但是我的思维还是和以前一样。”

2012 年，她出版了最新小说集《亲爱的生活》，并宣布封笔。然而，获奖后接受例行采访时，她表示，获奖或许会让她改变封笔的主意。“我坚持写作好多年了，我大约 20 岁就开始写作和出版书籍，不停出版，但我实在工作太久了，我想也许自己该放松放松了。”但写作毕竟是一件很困难却让她非常着迷的“工作”。“我知道因为专注于写作，我错过了一生中很多美好的东西，但是写作让我充满了幻想，让我觉得有事可做。”门罗如是说。

4

事实上，门罗获奖出乎很多人的预料，不只是因为她写的短篇小说，还因为她的写作与政治完全无涉。《纽约时报》评论称，门罗是一个面目模糊、难以定义、非政治化的作家。“瑞典文学院的这个抉择，在英语世界里迎来了欢呼，是近年来英语写作的一个短暂安慰。她的那些深入展现人性和心理的作品，更接近于纯文学写作。”

几十年来，门罗以稳定的高水准小说作品为许多著名作家所爱戴，并被美国犹太作家辛西娅·奥齐克称为“当代契诃夫”。和契诃夫相似的是，门罗的许多小说写的都是平凡小镇上的普通人物，书写他们的爱情、婚姻生活，以及平静的生活中突如其来的心理与情感顿悟。同样，她的作品中也没有太多戏剧化的情节，而是集中捕捉人物微妙的心理变化与情感成长。

在青年作家张悦然看来，正因为门罗的小说无关什么政治背景，读她的作品才不会有那种难以进入的焦虑感。“读有些作家的作品，你得了解其背后政治、宗教等很多背景，你会觉得你必须得了解那些，才能够进入他的作品。不然你会有特别的焦虑。但是门罗写的只是一些特别普遍的人和人之间的感情，她可能发生在任何地方。你无须很多了解，只要进入就能懂得。”

而门罗的作品里，也很少有彻底的、尖锐的对抗，她的作品充满了和解和包容的姿态。有评论认为，门罗小说中的主人公总是在试图理解自己的生活，理解自己与世界的关系。“阅读门罗的小说，正是与主人公一起，去获得这些理解，进入一个在我们的日常生活中不常进入的感受与反思的空间。随着故事的发展，我们总会在一个不经意的时机接受震动与顿悟，似乎解开了生活中某些隐隐困扰我们的谜团。而一些谜团解开后，永远会有更多的谜团在前面等待着你。”

在接受一家视频网站采访时，门罗这样描述自己，“我并不是真正的知识分子，我只是一个普通的家庭主妇。没有什么其他的东西可以吸引我，所以我没有像很多人那样被太多东西干扰。”获奖后，她对自己的成功也非常谦虚，“我想或许我在文学方面成功，是因为我没有其他的天赋。”

事实上，门罗这么说，也并非全然是谦虚之辞。她的莱德劳祖先们就有一种“将自己的生活变成故事并且讲给别人听的欲望”，她在文学方面的成功，或许部分源于她从他们那里继承到的基因。门罗，原名爱丽丝·安·莱德劳，1931 年 7 月 10 日出生于加拿大安大略省的温厄姆镇。在难以归类的“小说＋回忆录”《岩石堡风景》中，门罗回溯了她的家族史，由此我们得以知道，她的祖辈是在 1818 年从苏格兰移民到加拿大的。他们移民的目的是获得土地。她的祖父母拥有自己的土地，但他们希望唯一的儿子罗伯特·莱德劳能成为一名医生、律师或者工程师。但门罗的父亲并未如父母所愿。

在一篇叫《劳碌一生》的小说里，门罗讲述了父亲逃离失败的故事：罗伯特天资聪颖，在乡村小学里表现出色，于是父母把他送到镇上去读中学。很多人都认为他会沿着这条道路一直走下去，但他却铩羽而归，他终究没有能力改变自己。1925 年，罗伯特买了一对银狐，开始以养殖狐狸、出售毛皮为生。他用这种方式解决了自己的身份困惑：既不必前往城市，也没有回归为常规意义上的农民。值得一提的是，和在 1818 年的客轮上对着陌生乘客聊起祖先生活的老詹姆斯·莱德劳一样，罗伯特也继承了追溯家族史的癖好。他写过一本回忆散文《祖父们》记录父辈的生活。门罗回忆说，她的父亲还将一些散文发展成了短篇小说发表。相比而言，门罗来自于贫穷家庭的母亲，一名叫安·克拉克的女子，却完全靠着自己艰苦卓绝的努力成了一名教师。如若当教师在当时不算是穷人家女孩子的最好出路，她或许还会拥有更好的职业生涯。

毫无疑问，门罗同时也继承了母亲拼搏的精神，虽然出身于一个偏远小镇，但和父亲不同的是，她靠接受教育改变了命运，实现了对家乡的逃离。和许多优秀作家一样，门罗很早就开始了写作。1950年，在西安大略大学读书时，她发表了第一篇小说《阴影的维度》，期间，她兼职当过女招待、烟草采摘人和图书管理员。1951年，为了结婚，她从上了两年的大学里辍学，与第一任丈夫詹姆斯·门罗结婚后，她在几年间生下了三个女儿：瑟拉、凯瑟琳和詹妮，二女儿凯瑟琳在出生后的15个小时内即夭折。

1963年，门罗夫妇搬到维多利亚市，创办了一家书店，并取名“门罗书店”。她一边帮助丈夫照看书店，一边潜心钻研写作的技艺，并在1968年出版了第一本小说集《快乐影子之舞》，一举拿下了加拿大最高文学奖总督奖。1972年，门罗和詹姆斯的婚姻宣告终止。她回到了安大略，并成为西安大略大学的驻校作家。1976年，她嫁给了自己大学时代的校友、地质学家杰拉尔德·弗雷林，他们搬到了安大略省的克林顿镇，两人的婚姻一直延续，直到弗雷林于今年4月去世。在2012年宣布封笔之前，她一直不断写书，却很少参加文学活动。她就像普通的家庭妇女一样，走在街上也未必有人能认出她是一个享誉国际的知名作家。

当然，这也没什么可奇怪的。门罗在《岩石堡风景》里追溯到的最早的祖先威廉·莱德劳，出生于17世纪末，人称“威尔·奥法普”，要从平常看也只是一个普通的男子，却“以善于奔跑，身手敏捷，体魄健壮著称”，他的能跑善跑，使得他的作家外孙给他写的墓碑铭文里，也给出了“当代无出其右”的评价。在门罗眼里，他实在“可以算是不列颠群岛上最后一个创造了神话的普通人”。要这么算，门罗自己也可以算是一个在加拿大创造了神话的普通人，这不仅在于单只是凭跑回苏格兰住了几个月，在公共图书馆的地方志中找到了“莱德劳们”的一些信息。而称得上准确一手资料的东西，只有几块埃特里克的墓碑、沃尔特的航海日记和书信，以及老詹姆斯曾在美国报纸上发表过的几篇文章，再加上自己的想象，门罗就让“被称为家庭历史的部分虽然被扩张为小说，但又始终待在历史叙事的框架之内。经过如此这般的发展之后，两股溪流靠得越来越近，最终似乎汇入了同一河床之中。”，如此便完成了一部史诗般的家族史作品。

与此相仿，门罗不过是写了一些普通家庭主妇的故事，却最终为她捧得了诺奖。而所谓的家庭妇女，在门罗的早期创作中，是一些刚刚进入家庭生活的女孩子，为爱情、性、背叛、孩子等苦恼；到后期，则是在中年危机和琐碎生活中挣扎的女性，但她们都有着欲望和遗憾，有着强大和软弱之处。而门罗所有小说的主题，几乎可为其2001年出版的小说集标题完美概括，那就是：仇恨、友谊、礼仪、爱与婚姻。

也因为此，门罗一度被贴上了“家庭主妇”的标签。有评论说，她的作品太过家庭化，琐碎而无趣。一位男作家曾对门罗说：“你的故事写得不错，但我不想跟你上床。”门罗则轻蔑地回击：“谁邀请他了？”于是，以这个男人为蓝本，门罗写了一系列角色：他们狂妄自大，压榨别人或者被亲朋好友、女性朋友嘲笑长相以及碌碌无为。

门罗被视为一个主妇作家，某种意义上还因为，她并非那种非常强的女权主义者。张悦然表示，门罗写女性，并且在为女性争得一些权益或自由，但是她并不特别强烈。“她的作品里，始终有男权的阴影，那里面的女性还没有完全得到自由。她要的只是一点点的空间，并不是那种彻底的颠覆，她其实还是在说女人在男权社会里面怎么样得到自己的自由和空间，怎么样与这个世界相处。”

因此之故，她笔下的人物即使有一点点局限的行动，也常常是不彻底的。在小说集《逃离》中，一个感觉不受丈夫尊重、厚待的女孩，一直策划出逃，并终于在年长的邻居太太的鼓励下决定坐车逃往温哥华，开始全新的生活，却在只走了一个小镇后就匆匆折返。逃离似乎改变了一些什么，同时却探测出有一些东西无法改变，也不会改变。

5

《纽约客》杂志评论道："门罗是这样一位作家，不管她的书变得多么流行，她仍然是'我们的'作家。"其深层的意思，正如有评论指出的那样，隐含了门罗那些震撼心灵的作品，总是能抵达更多人的愿望，以及某种作家与读者间的私人而亲密的情感。"这种情感如此本质、直接而强烈，并不会因为它被更多人分享而失去其亲密性，并有所折损。"

在陆建德看来，门罗像任何一个真正的小说家那样能够进入别人的世界，她从来不把自己限定在单一的情绪世界里。相比而言，不少女性作家总是过多关注自己，只是讲自己的故事。"因为你只关注自己，就引不起读者更多的共鸣，从而很容易造成他们的审美疲劳。所以，女性作家真要写出好作品，既要有个人性，还要有一种非个人性的东西。"

正因为此，瑞典文学院终身秘书彼得·英格伦表示，门罗有能力对人类做出绝好的描述。她的作品除了故事吸引人，人物形象鲜明，也常有"含泪的笑"这类已往大师笔下的重要因素之外，还另有一些新的素质。英国的《新政治家》周刊曾在评论中指出："门罗的分析、感觉与思想的能力，在准确性上几乎达到了普鲁斯特的高度。"有的批评家则高度评价她在探究人类灵魂上的深度与灵敏性，进而表示，她的作品都有很强的"浓缩性"，每一篇四五十页的短篇，让别的作家来写，也许能敷陈成一部几十万字的长篇小说。

门罗的“浓缩”还体现在，她小说的表面之下，总是潜伏着一种阴森朦胧的悬念。《逃离》一书的译者、翻译家李文俊表示，门罗在小说里描述着种种人生痛苦，这些痛苦并不是在表面。“就好像加拿大这么一个地大物博的国家，表面上看起来很平静，其实内在每个人有每个人的痛苦，她写出了对人类的了解。”

也因为此，美国作家乔纳森·弗兰岑表示，门罗是极少数能让他相信“小说就是我的信仰”的作家之一。“阅读门罗让我静静反省自我的人生：我做过怎样的决定，我做过怎样的事，我是个怎样的人，我将怎样面对死亡。”印度裔美国女作家裘帕·拉希莉的评价更是一语中的。她说，门罗的作品证明，人类的关系和心理之谜，就是本质，是文学的动力。

乔纳森·弗兰岑：
小说应该帮助人们面对社会问题和人生困境

1

乔纳森·弗兰岑是谁？如果二十年前这样问，那并不能说明什么。那时，尽管弗兰岑已经凭处女作《第二十七座城市》摘取了“怀丁作家奖”；因了第二部作品《强震》，他被《费城询问者》奉为“继西奥多·德莱塞、马克·吐温以及辛克莱·刘易斯之后的伟大的美国道德家”，《纽约客》在 1999 年评选 20 位 40 岁以下最值得关注的年轻作家中也有他的名字，但在其时的美国文坛，弗兰岑依然算得边缘。然而今天，同样的设问却可能会招来质疑的目光。他发表于 2001 年第三部长篇《纠正》甫一问世就引来好评如潮，并赢得了当年的美国国家图书奖和 2002 年的普利策奖提名，弗兰岑的声誉由此蒸蒸日上。《时代》周刊首席书评人列夫·格罗斯曼宣称，弗兰岑并非最富有或最著名的美国在世小说家，但你可以宣称——我就会宣称——他最具雄心，亦属最佳之列。更夸张一些的甚至认为，凭借《纠正》，弗兰岑就能步入美国文学大师的行列。

时间似乎印证了这一评价。2010 年 8 月，美国总统奥巴马在麻省科德角玛莎葡萄园度假时，不小心在当地知名的“葡萄串”书店获得了弗兰岑继《纠正》后时隔九年推出的《自由》的试读本，谁知竟引发了沸沸扬扬的“总统先读”事件。此事被热炒后，弗兰岑随即被请上《时代》周刊的封面，成为“伟大的美国小说家”。在这之前，近 20 年来，登上《时代》封面的在世作家唯有恐怖小说大师史蒂芬·金，那是在 2000 年 3 月，史蒂芬·金更多还是因为转向电影制作的转向才被《时代》关注。其实，不仅是《时代》，因为新作尚未出版即已炒得火热，这位一夜之间热得发烫的作家最近还频频成了《GQ》等时尚杂志封面人物。

弗兰岑声名鹊起，却未能躲过随之而来的争议。有一段小插曲，说的是当年《纠正》热销时，脱口秀女王奥普拉·温弗瑞曾将《纠正》选入她的读书俱乐部，但弗兰岑怀疑她的阅读品味，担心自己上了节目会变成“烂大街”的知识分子，于是双方翻脸，奥普拉的节目取消了对弗兰岑的邀请，这让他错失了不少在大众面前的露面机会，却也反过来使得奥普拉重新审视了自己的节目。不过，在《自由》出版之后，两人冰释前嫌。弗兰岑也终于接受了奥普拉的访谈。实际上，这没什么可大惊小怪的，弗兰岑对大众传媒一向抱有戒心，早在 1996 年，弗兰岑就曾向其宣战，呼吁要以社会小说的方式捍卫严肃文学的尊严。不仅如此，这位由美国本土一手打造起来的作家还一度“恩将仇报”，激烈地抨击了美国的种族主义历史，并称美国“几乎就是个流氓国家”。同样被热炒的还有弗兰岑的生活逸事，在 2010 年英国举行的《自由》新书首发式结束后，他的眼镜居然在光天化日之下被人顺走了，并留下字条索要 10 万英镑的赎金。有好事者，不禁猜测倘使这副“美国大作家”的眼镜出现在 ebay 上，一准能卖个好价钱。

对弗兰岑的迅速蹿红，自然有很多人不以为然。一些评论家直言这是一个“美国大玩笑”。畅销小说女作家乔迪·匹寇对《纽约时报》盛赞弗兰岑的做法大为不满，公然指斥该报对“白种男性文学宝贝”的偏爱。英国《观察家报》则分析了《时代》以弗兰岑为封面人物之举的潜意识，即，以给弗兰岑的这份高誉，来调适该刊长期以来忽视文学的负罪心理，仿佛在说：请记住，同胞们，还有严肃文学这档子事；这阵子我们大都没怎么搭理它，可它确实挺重要的呢！

事实上，在这个严肃文学日益失去市场、而无论是评论家还是读者对何谓好的文学越来越莫衷一是的时代，美国迫切地需要树立新的文学偶像，用以填补索尔·贝娄、诺曼·梅勒、厄普代克、塞林格等文学大腕离世后留下的巨大空白。强力掀起的弗兰岑热，可以说是这种情绪的一次大爆发：小说没死！至少弗兰岑还活着！出生于伊利诺伊的有着中西部背景的弗兰岑和他几年前自杀身亡的好友戴维·弗莱士·福斯特一道，成为了这样的偶像。以至于不久前离世的菲利普·罗斯也不由说道：“在我之后的几代人中，有大约 20 多位伟大的美国小说家，最伟大的是弗兰岑。”如今对于“美国文坛谁最厉害”这个问题，最安全的答案便是弗兰岑。然而，当代英语小说界的最高奖项布克奖于 2014 年对美国作品开放以后，弗兰岑于下一年出版的长篇《纯洁》，却出人意料地没能入围。

2

《时代》的报道将一些没能“与时俱进”的美国小说家，比做与海獭一样生存遭到威胁的物种。一些海獭从认知上讲是天性乐观的动物，它们不用担心自己的未来，尽管这些海獭的生存已经受到附近发电厂的威胁。在旁边看着海獭并羡慕它们，并且自愿与“海獭式作家”站在同一队列的作家中就有弗兰岑。

这么说是因为，不论是在《纠正》，还是在《自由》中，弗兰岑一反美国小说写作中分工越来越细的趋势，写的都是大视野、全景式的，略显老式和过时的“家庭”小说。他热衷包罗万象的生活题材，描写当下美国人的生存状态。他笔下的人物不过是普通人，他们无法解决自身的困境，尤其是没法处理好父母和子女的关系，由此，爱与痛、控制与对抗、伤害与悔恨的情感故事一幕幕上演。

反映在“9·11”世界贸易中心崩塌前一周出版的《纠正》中，小说没有跌宕起伏的情节，也没有大灾大难的变故，有的只是对平凡得不能再平凡的芸芸众生的细节呈现。伊妮德·兰伯特在经历了近50年为人妻为人母的生活后，准备享受一下生活的乐趣了。不幸的是，她丈夫艾尔弗雷德因帕金森氏症而身体每况愈下，几近糊涂，而他们的儿女早已离家并拥有自己独立的生活。老大加里，看似一切如意，但患上了抑郁症；老二奇普丢了表面上稳固的学术职位，在新岗位上又是一塌糊涂；最小的丹妮丝逃脱了一场灾难性的婚姻，却把自己的青春美貌耗在与一个已婚男人的恋情上。伊妮德试图把在外生活的3个孩子齐聚到家中，过一个团圆的圣诞节，但最终却发现这个看似和谐的家庭已经陷入了分崩离析。

写这样一部小说对弗兰岑来说，显然是一次巨大的消耗，这不仅在于写作本身——期间，他一直在拼命工作，一周七天，从不停歇，哪怕是休息一天都会觉得特别有罪恶感。这部小说也可以说是对他之前那段人生危机的创造性转化：在30多岁时，弗兰岑一度生活困窘，父亲得了阿兹海默症，此后父母相继生病离世——他拼命工作的部分原因就在于，他太想向他父母证明自己了。紧接着是和前妻的婚姻分崩离析，对自己的文学追求深感怀疑。而凭《纠正》一举成功后，他花了一年在世界各地宣传。他无力马上开始写新的长篇，转而用四年写了两部散文集。而写《纠正》的时候，他和新女友住在一起，她和她的家人让他喜欢上了观鸟。这或许都只是理由，重要的是，在弗兰岑看来，《纠正》有一种特质，哪怕他只是用和它有点相似的笔调去写，都觉得自己无法写得和以前一样好了。

摆在弗兰岑面前的问题是，关于他的中西部的童年，他的父母，他们的婚姻，还有他自己的婚姻，在某种意义上，都被他改头换面写进了之前的小说里，接下来得写点什么呢？等时间慢慢沉淀下来，他觉得可以重新探访那些旧材料并做得更好，于是就有了《自由》。小说依然讲述的是一个美国家庭的故事，开篇即是中年中产夫妇沃特和帕蒂·贝尔格伦德遭逢危机。两口子本来是明尼苏达州圣保罗市栅栏街小区邻人眼中的模范夫妻：年轻漂亮，事业有成，育儿有术，有知识，有文化，知人情，懂环保，不仅知道怎么回收电池，而且会教训片警做好分内工作。可一俟迈入新世纪，沃特——环境律师，单车上班族，爱家好男——竟然与破坏环境的煤老板沆瀣一气，欺压百姓；好脾气的帕蒂变成了母老虎，隔三岔五对老公疯狂嘶吼；未成年的儿子乔伊看不起父母，离家出走到讨厌的共和党邻居宅内，与小女友同住。曾经的模范家庭似乎在一夜间崩塌了。难道是人到中年，路注定会越走越窄，理想远在天边，现世只剩下一次次的屈服。自由何在？

弗兰岑如是解释写作这部小说的初衷。他说："在我们的国家，人们几乎拥有了他们想要的一切自由。但为什么拥有自由并没有让我们变得更快乐？"或许问题不在于拥有多少自由，而是怎样理解和使用我们所拥有的自由。但更成问题的是，对"自由"一词的理解向来都暧昧不清。弗兰岑坦言，他首先会把政治自由——例如结社的自由，发表个人观点的自由等等，和个人自由区分开来。因为人们谈到自由时，有时说的是政治自由，有时说的是个人自由。"人们常犯的一个错误是，他们常常想象如果没有任何外部关系，如果没有责任，如果脱离了某段婚姻或是父母的束缚人生会很好，但这和真正的自由差得很远。”

事实上也是如此，《纠正》中的三兄妹得到了他们想要的自由，但他们的人生却变得一团糟。《自由》里的帕蒂一步步陷入绝望，也不在于她没有自由，而是拥有了过多的自由！正如书评人吴永熹所说，在弗兰岑以“家庭关系”为核心主题的小说里，年轻一代总是试图通过远离家庭、对抗父母来界定自己，重塑自己的人生，却发现“纠正”上一代人的错误远非自己想象中的那么容易；他们用想象中的方式追求自由与幸福，却发现自由与幸福的关系远比预想中棘手。而家庭归根到底也绝非那个我们认为的，能拥有全然的自由的领域。

如此看来，弗兰岑所说的自由，是对我们想当然以为的自由概念的一种“纠正”。而他《自由》的写作，也可谓如书评人朱白所说，是对无限度地利用荒诞离奇的社会新闻写作的一种“纠正”。有别于后现代主义小说徒劳地打捞无用的信息碎片，也有别于无力刺破生活表面的众多现实主义小说，弗兰岑用近乎史诗般的语调去描述所谓的鸡毛蒜皮，以审视王宫秘闻的深情和好奇去洞察平凡家庭里的一桩桩平地惊雷或鸡鸣狗盗之事，却洞察了这个时代某种层面上的真相。

3

要单只是看《纠正》和《自由》，弗兰岑是一个自身故事的慷慨讲述者，他擅长写家庭关系，并改头换面——“戴上属于一个完全不同的人的面具，去做在写一个和我很像的人时做不到的事”——将个人私生活写入小说里。事实并非如此，他早期的两部长篇《第二十七座城市》(1988)和《强震》(1992)中，前者讲述的是一个来自孟买的女警官在美国圣路易斯卷入政治阴谋的故事，后者则是写一对年轻夫妻探索一家公司的不当操作与波士顿地震之间的因果联系。以弗兰岑自己的说法，尤其是他的第一本小说带有一定的科幻和奇幻元素。虽然他很早就知道了写作应该来自于个人，但他花了十五年时间才真正体会它，才停止去写这种带有表演性的小说。

事实上，只有等到在为写《纠正》绞尽脑汁时，弗兰岑才意识到：前进的唯一方式是追本溯源，重新去体会自己早年生活中那些尚未释怀的时刻。他给自己设定的任务是“塑造出与我相距甚远的人物来肩负我的人生重担，但又不让小说淹没在与我太过相似的人物角色之中”。《纠正》获得成功，使他相信只要联通个人与社会，就能让自己的写作在读者中间引起广泛的共鸣。而在《自由》里，他一如既往琐碎地讲述一个美国中产阶级家庭的故事，也是因为他相信如今的美国，就像托尔斯泰时期的俄罗斯一样，是世界的中心，足以用一个家庭来承载广阔的时代主题。不过，弗兰岑曾在不同场合申明，虽然他使用了有自传性质的素材，但因为掩饰得太过巧妙，这两部小说在技术上是“反自传体”的。

但无可疑义的是，弗兰岑在这两部小说融合了自己家庭生活中的一些真实体验。弗兰岑成长在道德标准严苛的家庭里，父亲很冷漠，母亲有点骄横，如同《纠正》里那个最为叛逆的小儿子，他相信“孩子总是要以对抗父母的方式定义自己”。他也因为对抗，选择了最不被父母看好的文学创作，又在浪漫感性的冲动下过早地踏入婚姻，但他与结婚 14 年的作家太太瓦莱丽·康奈尔之间，却如同他在小说里写的那样，充斥着令人窒息的绝望气息。他在自传性散文集《不适之地：个人史》中写道：即使是非常琐碎的口角之争，最后都会发展成两个人“趴在各自房间的地板上长达数小时，等待承认伤害已经造成”的结局。同时因为他的前妻也是一位作家，似乎是为了避免触及“共有拥有的材料”，他在婚姻中写的所有东西，也是严格地“反自传性”的。以此看，弗兰岑就像唐·德里罗在给他的信中所写，小说写作本身就是一种实现“个人自由”的方式，而通过写作得到的荣耀地位和不菲身家，又使得他以更为“任性”的方式实现自由。

体现在《纯洁》里，他不再只是把设定在家庭里面，而是铺开到几个大洲，贯穿几十年的时间。小说开篇，23的女主人公普里蒂·泰勒，她厌恶自己的名字——“普里蒂”意为“纯洁”——于是自称“匹普”，她住在位于奥克兰的一个废弃屋里，欠着十三万美元的学生贷款，日子过得非常艰难。她急于找到自己的父亲，幻想着父亲能帮她还掉贷款。所以当一个年轻的德国激进主义分子，建议她参加一个“阳光项目”的实习时，她跃跃欲试。而所谓“阳光项目”是一个类似于维基解密的机构，运营者安德里亚斯·沃尔夫则是一个和阿桑奇、斯诺登一样富有魅力的人，匹普可以利用这个团队的软件来搜索她个人需要的信息。由此，小说涉及匹普的家族史、黑客和职业泄密者，背景亦由今日美国延展到南美洲和柏林墙倒塌前的民主德国。小说从本质上看，正如有评论所说，是对人类互动层面上秘密与谎言的测试，普丽蒂的昵称匹普与狄更斯名著《远大前程》里的英雄匹普同名，也显然不是一个巧合，而是带有了某种反讽性：小说所有的人物都有着隐秘的动机，没有人是纯洁的。就像在《自由》里，没有人是完全自由的。

由此可见，弗兰岑并不是一位19世纪的小说家，虽说他在宏大叙事及精神探索上继承了19世纪杰出小说家的传统；弗兰岑也很难说是与约翰·厄普代克、约翰·契弗等一般代表上世纪70年代知识大众品味的作家，虽说他的写作在反映兄弟姊妹间的对抗、代沟和虚伪的资产阶级地位与当下美国不稳定的道德观念之间的冲突方面，就像他们那样使人想到人类荒唐事物的永恒性；从本质上说，弗兰岑也不是约瑟夫·海勒或库尔特·冯内古特那样的幽默作家，虽说他在描摹消费文化的荒唐与粗暴时体现出的富有讽刺意味的想像力和自然流露的同情心，给人感觉与他们之间有着某种渊源关系。但弗兰岑的确有着和前辈作家一样的野心，一种从他自身所处时代的整体生活中提炼出某种普遍真理或困境的野心。如吴永熹所说，他虔信能从自身所处时代的整体生活中提炼出一种普遍真理来。

或许弗兰岑是倒退着行走的，带有维多利亚时代特点的，有着某种“大视野”的，力图写出那种涵盖一切，能探讨“我们现时的生活”的小说的海獭式的作家。这或许能解释，弗兰岑为何总是选择用很难解释清楚的“纠正”“自由”“纯洁”等抽象的字眼来作书名。以弗兰岑自己的说法，他取这样的书名，只是在选择故事、角色、情境的时候，能强迫自己选择一个核心概念。而在写故事时，主要是靠的直觉，跟着故事脉络迈进的直觉和跟着角色前行的直觉。与此形成鲜明对比的是，弗兰岑写评论文章却是锋芒毕露的。在 2002 年出版的文集《如何独处》的前言中，他申明，他关切的问题只有一个，那就是“在嘈杂纷扰的大众文化中如何保存个体性和复杂性，即如何独处”。或者如青年翻译家孙璐所说他关切的核心问题只在于，在高科技多媒体和消费主义盛行的时代，严肃文学如何生存，严肃作家如何立足，独立自我又如何坚守。弗兰岑找到的答案是，严肃文学的生存出路在于创作他所谓的“悲剧现实主义”社会小说，不求拯救混沌的社会现状，只为完成对现实世界的真实再现，以无法避免的悲剧感完成亚里士多德主张的“心灵荡涤”。而对于写作而言，最重要的是，沉浸在“我最熟知的事物、最喜欢的角色和场景的写作快乐中”，真正确立属于自己的风格。

从更大的背景上看，自现代主义成为主流以来，作家们把注意力更多地转入内心，注重表现潜意识和非理性，不屑于外部的真实。弗兰岑反其道而行之，强调当今网络、媒体、娱乐和技术当道的社会，小说应该帮助人们面对重大的社会问题和人生困境。就像他在《纯洁》临近结尾时写道："秘密是一种力量，金枪是一种力量，被需要也是一种力量。力量，力量，力量"。而如果说弗兰岑的职业生涯也告诉了我们什么道理，那一定是：小说在今天依然可以充满力量。

理查德·耶茨：用平缓、清冷的调子完成对生活的终极定义

1

不是纳博科夫那样的语言杂技家，也并非博尔赫斯那样想象力任意翱翔的寓言家，甚至算不上是一位特立独行的知识分子，比如布罗茨基、比如索尔仁尼琴，理查德·耶茨还是被蹊跷地归入了受人尊敬而又悲哀的少数一族：作家中的作家。他生前备受褒扬，同时代的美国作家斯蒂伦、冯内古特和罗伯特·斯通称赞他“为一代人代言”；他所著书的封面上，罗列着田纳西·威廉斯、多萝西·帕克等人的赞扬；在小长篇《女人男人在一起》中的谢词中，理查德·福特说得更为直接：我希望记下我对耶茨的长篇与短篇小说的感激之情。

就是这样一位作家，耶茨好像从一开始就获得了足够的尊敬。1961 年，他的第一部长篇小说《革命之路》一炮而红，和《第 22 条军规》及《看电影的人》一起进入国家图书奖的决赛名单。作为从

20 世纪 30 年代到 60 年代后期美国主流生活的编年史记录者，能跟他匹敌的唯有约翰·契弗。并不短暂的写作生涯中，在所有主要报刊上，他的作品一直受到好评，四部长篇均被“每月一书”读书会选中。但诡异的是，耶茨的这些书中，没有一本的精装本销量超过 12000 册。

这似乎仅是“遗忘”的开始。如果说他在世时，作品无人问津，那么他去世后，则几乎完全消失。在挤进大型超市的成千上万本书中，没有一本是他的。偶尔在二手书店，会找到一本《复活节游行》的读书会版或者《好学校》的品相不好的第一版，他的中期作品，如《天意》或者《扰乱平静》，更是难觅踪迹。

历史终于和耶茨开了一个巨大的玩笑。他去世七年后，美国知名作家斯图尔特·奥南在《波士顿评论》上发表长篇评论《理查德·耶茨的失落世界》，此后，文化界掀起了一次小小的耶茨高潮；紧接着，布莱克·贝利写了颇有深度的传记《耶茨：悲剧性的诚实》；2008 年 12 月，由曾获奥斯卡金像奖的导演山姆·文德斯根据其同名长篇改编的电影《革命之路》公映。莱昂纳多·迪卡普里奥与凯特·温斯莱特这对“银幕恋人”于《泰坦尼克号》“沉没”之后的再度合作，让成功来得如此自然。

在电影背后，一桩文学事件发生了：耶茨一夜之间成了美国家喻户晓的作家。这足以让人感到欣慰，却未尝不包含更大的辛酸与悲凉。一个在同辈中如此深受尊敬，一个能如此打动读者的作家，他的书却完全绝版，而且消失得如此之快，这是为什么？一位影响了诸如雷蒙德·卡佛、安德烈·杜波依斯这样的美国文学偶像的作家，一位在行文和角色选择上如此直截了当、毫不含糊的作家，人们怎么会对他一无所知？又怎么能对此无所作为？

2

原因或许没想象的复杂。没有人喜欢失败，即使是经历暂时的失败，最终也期望着收获精神上的胜利，就像海明威《老人与海》中载着鲨鱼骨架回到海岸的圣地亚哥；也没有人喜欢无望的孤独，并在彻底的孤独和绝望时，让人在自己的伤疤上再撒上一把盐。

然而，耶茨不屑于回避现实的困窘，更无意用虚假、甜腻的糖果讨好读者，只是一如既往用他平缓、清冷的调子来完成自己对生活的终极定义，一如他在接受采访时所说，我想我对成功的人士不太感兴趣，我想我对失败更感兴趣。

《革命之路》讲述的就是这样一个关于失败的，让人极度不开心的故事。20 世纪 50 年代，一对普普通通的中产阶级夫妇。丈夫弗兰克大学毕业后做了公司里的小职员，整天为生计忙碌；妻子爱波相夫教子，是业余剧团不成功的演员。革命山庄的生活看似圆满平静，实则波涛汹涌。仍有些浪漫梦想的爱波不满足于现状，建议全家迁往巴黎。弗兰克知道后很是兴奋。但恰在此时，他得到宝贵的晋升机会，爱波也再次怀孕。大好前途当前，弗兰克背叛了当初的想法，并设法要妻子留下。但他的计划被戳穿，爱波与其大吵一番后，决定流产。因为私自堕胎引发大出血，她孤独地死于某个清晨。深受打击的弗兰克搬到城里，成了没有灵魂的行尸走肉，却仍然逃不出革命山庄邻居们无数双势利眼的包围。

这就是典型的耶茨风格：故事如此的惨淡，有的只是平常人生的“无望的空虚”，其中容不下半点的温情脉脉。如果说，《革命之路》中还出现过威勒夫妇对去巴黎开始新生活的憧憬，而到了《复活节游行》中，耶茨则连一点虚幻的希望也不给，除了现实还是现实，平淡而无情。

小说主要将视点聚焦在两姐妹的人生命运和婚姻生活上，姐姐萨拉在父母安排下早早结婚，但妹妹爱米莉却以优异成绩考上大学，并追求个人精神自由。看似两人生活轨道截然不同，但最终却殊途同归，萨拉的婚姻看似牢固安稳，却最终被妹妹知晓她一直屈服于拳头和暴力；爱米莉有过一段短暂婚姻，但随后却只和一些心仪的男性周旋，对婚姻不再抱有任何幻想。

如此灰暗的基调，在《十一种孤独》中达到了高潮。十一种孤独，十一种失败的人生。这些生活的局外人，他们想要进入某个世界，却总是遭到拒绝。《万事如意》却事事不如意，新嫁娘的吸引力甚至比不过老友送的一只旅行包，女孩子只能哀怨地独守空房。《自讨苦吃》里的小职员害怕被解雇、终日惶惶不安、冷汗淋淋，只能在记忆中可怜巴巴地回味着曾经美好的初恋时光。《旧的不去》里，老病号回到离开多时的家，却发现那里不过是一个完全陌生的世界。

耶茨的作品总有着一种契诃夫式的忧伤和宿命论，散发出一种卡佛式的绝望和动人。与契诃夫一样，他对凡庸生活有着深刻的洞察。人物的塑造，看似极为轻描淡写的几笔，却隐含着心理动机和情节推动的内在关联。但与契诃夫不同，他绝不在介绍人物身份或环境气氛上浪费笔墨，而且在场景转换中自如地展现他超凡的艺术功力。同样，他笔下的故事几乎与卡佛的小说如出一辙，却没有卡佛小说中意想不到的冷幽默，也没有卡佛小说结尾留给人的一线希望。

3

仿佛他笔下那些心怀梦想、对生活迷茫的人物，决绝地承认了孤独，却不放弃微薄的希望，在贫瘠的生命里仍不忘做“体面的失败者”。没有人像耶茨那样出色地定义了美国焦虑时代的失落感，但这注定了他的落寞。酗酒、抽烟、疾病缠身、穷困潦倒，生前从未大红大紫，死后难逃被遗忘的命运，耶茨的一生正是他文学创作的最佳写照。

1926 年，耶茨生于纽约的扬克斯市，3 岁那年父母离异，适逢经济萧条，艰困中陪伴他的除了母亲的酗酒恶习与歇斯底里的咆哮之外，还有她高声朗读的《远大前程》。这一切似乎提前告知了耶茨的一生，自始至终的贫困，自始至终与文学难分难解。他参军去了法国，像许多 20 世纪 50 年代的作家一样，经历过战争，但不幸在军队中染上肺炎，治疗康复后，从德国退役，回到纽约，并在此结婚。

自此，他开始持续写作，但从未成功。《纽约客》拒绝了他的所有投稿，唯一一次例外是其逝世八周年后为纪念他而发表的短篇小说《运河》。然而，正在他用文字建筑自己的文学之家时，现实中的家倒塌了，与妻子的关系破裂，妻子带着女儿从伦敦回到美国，暂时分居，1959 年正式离婚，两个女儿的抚养权归了妻子。

此后，耶茨都是孤单一人生活。生命中的最后一年他在波士顿，到过他家的学生、同事看到简陋的房间无不为之动容：一张桌子上放着台打字机，冰箱里只有咖啡、啤酒和波旁酒，墙上是女儿的照片。两盏微弱的小灯，到处是踩死的蟑螂，碗橱里还有脏兮兮没洗的锅。然而，就是在这样艰难的处境里，写作却从未停止，直到生命终了。1992 年 11 月，耶茨死于肺气肿及并发症，年仅 66 岁。

让-菲利普-图森：
写作中，我是个寂静的观察者

1

“拍电影是个庞大的工程，不如先从写作开始，它同样可以提供满足感。”假如不是受法国导演特吕弗所著《我生命中的电影》中这句话的启发，而今已然成为“新新小说”“极少主义小说”代表人物的比利时作家让-菲利普-图森，将给我们呈现怎样的生活图景？答案或许只有谜一样的图森自己才知道。成名后被问到早年的创作，他总是以一成不变的口吻说道：我喜欢的是足球和电影。大学毕业，我想从拍电影开始自己的职业生涯，但是对一个一没钱，二没知名度的愣头青而言，这仅仅是个梦想。

于是，图森遵从大师的建议暂时搁置电影梦，着手把自己的剧本改成小说。他毫不犹豫地长时间加工他的作品，尝试用各种方式、各种人称描述同一事件。5 年之后，他终于有勇气将自己的处女作寄给出版社。遗憾的是，他收到的总是拒绝信。转折出现在 1985 年。他的第二部小说《浴室》在遭到无数拒绝之后，被午夜出版社的老板热罗姆·兰东看中。幸运的图森终于"站在了巨人的肩膀"之上。此前，午夜出版社的图书从未能够既叫好又叫座，《浴室》打破了这种惯例，引起评论界和读者的一致好评，并创造出一天卖出 55000 册以上的奇迹。

从此，图森"扶摇直上"成了文化批评界的宠儿，他的书被翻译成 20 种以上的文字，他在日本的影响不亚于当红的影视明星。据说，当他走进博物馆时，连看门人也能叫出他的名字。他也终于能够借着酒兴在给新小说家排名时，当仁不让地把自己和另一位小说家艾什诺兹并列，排在继贝克特、杜拉斯、罗伯·格里耶和西蒙之后的第四位，当然他也实现了自己当初拍电影的梦想，只是迄今为止他拍的 3 部电影作品：改编自同名小说的《先生》（1990 年）、改编自《照相机》的《塞维利亚人》（1993 年）及唯一不是根据自己的小说改编而专门创作电影剧本的《溜冰场》（1998 年），声誉都赶不上他的小说。

尽管如此，他终究没能实现当一名足球明星的梦想。在出版于 2006 年的小说《齐达内的忧郁》中，他却过了一把"足球"瘾。从他那声"齐达内的忧郁就是我的忧郁"的呼喊中，不难听到当年福楼拜"我就是包法利夫人"的回响。小说演绎了 2006 年柏林世界杯的夜晚，法国球员齐达内一头撞向意大利球员马特拉齐的事。就是在那个柏林的夜晚，图森深刻地感受到齐达内的忧郁，暴力的忧郁和艺术的忧郁血脉相通。他说，我就是齐达内。

2

当然，作为小说家的图森不只是"齐达内"。在小说中，与其说他意图阐释齐达内的惊世一撞，不如说在阐释自己笔下或者是自己的生活方式，那是在疲惫和压力带来的迷醉状态中选择的逃逸。这恰如他在小说《自画像》中所呈现的，在这些自画像中，他扮演了各种各样的角色，有时是作家，有时则是普通的旅行者。图森总能找到一种契合那个地点的特殊的镜子，从一些细小而有趣的细节出发，进而更加奇特地观察自己。

小说《浴室》一开始，作为第一人称叙述者的“我”就躺在浴室里，无所事事，胡思乱想，过着一种平静的抽象生活。他经常几个小时地观察浴室里的一条裂缝，毫无结果地想发现这条裂缝的进展。有时，他又试图获得其他的经验，在一面小镜子里盯住自己的脸，同时盯住手表上移动的指针，但他的脸上毫无表情，从来就是毫无表情。这种寂静以至无聊的“毫无表情”，同样漫溢在随后的小说《照相机》《电视》《迟疑》中，及至以日本为写作场景的《做爱》依然讲述的是发生在东京一家旅馆内的静态的故事。直到在以中国为故事背景的《逃跑》中，小说才“动”了起来。人物场景始终在移动：在火车上、在摩托车上、在飞机上，甚至在奔跑中。用图森自己的话说，这便是他所追求的、称之为“激情能量”的永不停止的运动。

纵使有此种变化，小说主人公们的忧郁和冷漠却是一贯的。他们漫无目的地游荡，却时不时地被一些细节纠缠，那些被夸大了的无足轻重之事最终让他们陷入了焦虑之中：世界或是浓缩于一间仅仅几平方米大的浴室——这一空空如也、再平常不过的地点；或是被填进人们每日相对以至万念俱灰的物品——电视机里。也正是在这个意义上，崇尚贝克特和卡夫卡的图森给“新小说”找到了一个出口，它不再只是在文本内部试验，又重新回到了关注人类存在的困境上。

3

有评论称：图森的小说中有一种让人着迷的世界观，它既不是乐观的，也不是悲观的，而是恰如其分地表现了一种存在。这种存在——即人与世界的关系——并不是今天才有的，但却是在今天才被揭示，它的新颖在于它超越了一般的反应论和表现论，并且以简洁的方式使小说回到了艺术当中。

对图森来说，小说的简洁有如中国的书法艺术，看似简单的一笔，不过就那么一挥，但书法家却要为此付出一生的精力。确乎如此，对写作，图森有着近乎神圣的苛刻。处女作《先生》便是修改 8 次后完成的。他把写作比作建造房子，必须一块砖一块砖地垒起来。垒的过程中，有时他后退两步，看看整体效果，再决定放上第三块砖还是将第二块砖取走。“有时候我越是工作，保留的东西越少。”

而在出版于 2009 年，与《做爱》和《逃跑》构成微妙的“三部曲”的《玛丽的真相》里，图森通过对自然景象、人物心理和感官等细节的详尽描写，展现了“缺失美”在小说创作中的重要价值。“我”深深地爱着玛丽。可是，玛丽在东京邂逅了艺术品收藏家、赛马爱好者让-克里斯托夫后，却喜欢上了这个殷勤体贴而又彬彬有礼的绅士，离开了“我”。不久，让-克里斯托夫在一个炎热的夜晚意外死亡。在那个酷热难耐、雷雨交加的夜晚，玛丽和让-克里斯托夫之间到底发生了什么？她爱的到底是让一克里斯托夫还是“我”？发生在赛马查伊尔身上的灾难究竟意味着什么？厄尔巴岛的一场大火，能否消除存在于“我”和玛丽之间在心理和生理上的距离？图森说：“小说中最动人的地方就是缺失美。”

不仅如此，图森在小说中刻意抽离政治、经济、文化的宏大背景，小心翼翼地避免触及意义，很显然，在图森看来，现实既不是充满意义的，也不是毫无意义的，它存在着，仅此而已。不过在这里，我们也应当给巧合留出一席之地，正是因为各种巧合、奇遇，现实才成为被关注的和诗意的。

或许，这正是避免触碰意义的图森从另一个角度在谈论所谓“现实的意义”。恰如在《齐达内的忧郁》中，图森最后得出了一个有悖常理的结论——齐达内撞人的动作没有发生过？因为现场没有人看到，我们是通过电视画面得知的，那么究竟什么才是事实？当媒介执着于当时马特拉齐到底对齐达内说了什么的时候，图森却让我们思考：虚构与现实哪个更接近真实？

威廉·格纳齐诺：日常生活也可以很深刻

“生命只不过是个长长的雨天，而身体是一把给这天用的雨伞。”即使没有通读小说《一把雨伞给这天用》(2001)，印在扉页上的这段文字，也足以引起读者浓厚的阅读兴趣。

作为2004年度毕希纳奖得主，一位具有“仁慈灵魂、不屈不挠、注意观察和倾听这个时代”的幽默作家，自该小说受到德国电视节目《文学四重奏》大力推介并由此热销后，威廉·格纳齐诺一跃成为一名不折不扣的文学明星。

格纳齐诺的声誉也随之传到了中国，随着该书和《爱的怯懦》《女人、房间、一部小说》等作品中文版的相继推出，国内读者开始争相阅读格纳齐诺，有关“雨伞”的各种譬喻，更是遍布网络世界。

1

小说讲述的故事非常简单，简单到可以用“琐碎”“无聊”“沉闷”这样的字眼一言以蔽之。故事的主角是一位鞋子测试员，整天穿着高级半成品鞋在街头晃悠，为厂商撰写试穿心得。女友最终因为受不了他得过且过的生活态度，刚刚离开他。而他虽然受过高等教育，拥有别人看重的才华，却因为找不到对生命的认同，始终觉得自己像个高级半成品鞋。

尽管作为一名小职员，他的工作重点理所当然应该就在“行走”这件事上，但细心的读者不难从他的表现中看到：他并没有将全副心思放在对鞋子的感受上，而是放任思考依着城市带给他的画面无目的地闲逛。

由此，依循着他的“观察”，我们看到了老在想法子维持门面的旧朋友，怀抱梦想但屈从现实的旧情人，在故事里从未真正现身却占据着回忆的前女友；相伴而来的还有天启似脱口而出的人生哲理、狂想剧般的生死画面、时而自负时而自怜的反复心态等复杂的人生况味。格纳齐诺恁是用这种卑微但自我中心、嘲讽却不失怜悯的叙事语气，东一角西一块地为我们拼凑出一幅穷极无聊却极富诗意的生存景象：沉重但一转头就变得轻盈，实际却无处不透露着荒谬。

事实上，对小人物生存感受细致入微的体察和关注，几乎贯穿了格纳齐诺整个小说创作的过程。在写于 1977 至 1979 年间的三部曲《阿布沙菲尔》《摧毁忧虑》《错误的年代》中，格纳齐诺着力刻画的主人公阿布沙菲尔，就是一个格格不入的办公室小职员。他不满一潭死水的乏味生活，又拒绝接受“文化工业”提供的消费品，决心尝试一些“越轨”行为，例如充当“皮条客”，然而生性极度敏感的他，又为此担惊受怕，于是历次滑稽可笑的“冒险”都只是虎头蛇尾，最终患上了精神病，不得不住院治疗，在这里，他开始反思自己的生活。此后，格纳齐诺创作的《痕迹、夹克、房间、疼痛》（1989）、《女出纳们》（1998）等小说，主人公无一例外都是陷入自我认同危机的小人物。

这一特点在他随后发表的《爱的怯懦》（2005）中达到了另一种极致。“我”——一个中年老男人靠在大学里讲课谋取营生，其课堂内容围绕即将到来且无可避免的世界末日展开。但是，这在日渐垂老的他看来根本不是什么了不起的问题。他一连数载自顾自地跟尤迪和萨德拉保持着暧昧不清的关系，而且这两个女人彼此并不知道对方的存在。但是，他终究要努力使自己的生活步入正轨，这就意味着必须在她们之间做出选择。但是，他越是期待尽快做出决定，情况就越是棘手。

格纳齐诺就这样轻松地跳出了那些人们臆想中的世界末日这一重大问题，将生活置于作品中心，不动声色地将日常生活中的混乱阐释为合情合理的事情，即使被披上“神圣”面纱的爱情也未能幸免。

2

尽管 22 岁时，格纳齐诺就发表了一部带有强烈自传色彩的处女长篇《拉斯林大街》，故事描写一个中学生渴望摆脱种种束缚、获得自由的梦想。这部小说并没有引起多少反响。然而，时隔多年，他另外一部堪称自传的小说《女人、房间、一部小说》（2003），却为他获得了极高的声誉。

小说描写一个年轻人如何通过观察周遭的世界，而逐渐进入文学的殿堂。17 岁的魏甘德在离中学毕业还有三个月时，被学校开除。忧心忡忡的妈妈带着他四处求职，一次次失败后他成为物流公司的学徒。偶然的机会，他又被当地报纸聘作临时记者，这样他开始在双重生活中穿梭：白天，他搬运发货。夜晚，他采写新闻。这个一无所有的梦想家，原本只盼望人生能拥有三样东西：女人，房子和一部自己写的小说。但随着好朋友的自杀，他又坠入生活的迷雾……

和小说中的魏甘德一样，生于 1943 年的格纳齐诺也是以记者身份开始作家生涯的。他曾供职于讽刺文学刊物《赦免》，最初即作为讽刺编年史作者及日常生活的精确观察者为人们所熟知。也正是曾经身为一名记者的职业敏感，让数年后成为职业作家的格纳齐诺仍然保持“观察”的习惯，并在自己的业余生活中一以贯之。与其作品中的人物相似，格纳齐诺本人深居简出，显得落落寡合。他平时最喜欢做的事就是阅读和散步，而这两个爱好恰是他实现“观察”的最好方式。

在格纳齐诺看来，只有“观察”才是文学创作的出发点，通过冷静和细致的观察，作家才能揭示人们在日常生活中忽视的东西。由是在他的小说中，那些敏感神经质的主人公也都是些出色的观察者，对人，对人所置身其中的物无不投上一道“旁观者”的灰色目光。尽管在一些普通读者看来，这些小人物的“观察”只给格纳齐诺落下了“沉闷”“无聊”的名声，且让他在相当长时间里，文学声名只限于小众的文学圈子。不过，很多评论家却说：格纳齐诺正是凭借这些以小人物为主角的小说，完成了一部“当代德国的心理历史”，从而出色地描绘出了“日常生活中可笑的荒诞”。

3

对一直关注德语小说的读者而言，格纳齐诺的出现或许还有另一层“深义”：他在某种意义上以一人之力改变了德语文学的“版图”。在我们的印象中，德语文学总是摆脱不掉一种与历史事件相互牵扯、影射的沉重，即使它们深刻到极致，也难免招致晦涩难懂的异议。但格纳齐诺却以看似轻松、随和的笔调，描画出了一个糅合光明与阴暗的灰色世界，讽刺但忧郁、轻浅但深情，在随兴的行走步伐之间，引领读者仔细地品尝生命的每个细节。

反观当下很多中国作家的创作，有批评家指出：中国的小说写得都太大了，野心勃勃，思想境界太过于叱咤风云、风尘仆仆，缺乏人生中那些轻微叹息着的形而上部分。然而，格纳齐诺的小说，写的尽管只是一些生活的细节、琐事，却从生活的内部给我们呈现出了一个总是给各种意义遮蔽的“生活世界”，更伴随着来自于人生和日子深处的古老的怀疑、无聊、孤独感、轻佻、忧郁。又有谁能怀疑这样的作品不够深刻？

雷蒙德·卡佛：
请你跳个简约之舞，好吗？

1

据说，在美国，如果问普通读者，谁是继海明威之后最受推崇的短篇小说家，答案通常是一度不为国内读者熟知，却早在英美文坛“一石激起千层浪”的雷蒙德·卡佛。尽管读过卡佛的人众口一词说：比起海明威在巴黎“流动盛宴”般的放荡，卡佛的一生显得实在太过平淡。

卡佛异域他乡的知音村上春树则称：卡佛的文学地位大概也就介于不算伟大却足够优秀的考德威尔和斯坦贝克之间。不过他的名字会在美国文学史上留下应有的位置，他留下的六十五篇短篇小说中，最少也有六篇被当作经典永远地阅读下去。

2018 年，卡佛逝世三十周年。三十年前的 8 月 2 日清晨，卡佛因肺癌死于家中。据一个流传甚广的说法称：卡佛临终前每天都静静地坐在家里的门廊上，望着院子里栽种的玫瑰花出神。弥留之际，他告诉第二任妻子、诗人苔丝·加拉赫说：自己是多么喜爱契诃夫的小说。同样被记录下来的还有他对妻子说的另一句话：宝贝儿，我们已经被载入史册。

很多人为卡佛感到惋惜，苦苦奋斗半生，终于脱离贫困的生活，且已经开始在文坛上迎来盛名，却英年早逝。不过如果卡佛地下有知，或许并不引以为憾。直到现在，与他相伴度过晚年的苔丝依然让他的书房保持原来的样子，打字机里还夹着雪白的纸页，仿佛一直在等待谁来敲打出那最初的一行。

2

一个鲜为人知的文坛轶事说的是，卡佛的小说《保鲜》发表以后，引来某评论家的笑话：主人公因为冰箱坏掉就惊慌失措实在太搞笑，打个电话找人修就行了嘛。卡佛回答：可能这个评论家没有注意到有人是花不起钱请人来修冰箱的……一百年前，契诃夫就开始写这类被生活淹没的人了。

被生活淹没，对那些养尊处优的作家未免显得夸张；但对青年时期的卡佛，这不折不扣是每天都要面对的残酷现实。卡佛 1938 年出生于美国俄勒冈州一个锯木工人的家庭，高中毕业后就开始打工。他 19 岁结婚，已经怀孕的妻子玛丽安·伯克当时只有 16 岁。这对年轻夫妇在不到 20 岁的时候就已经有了两个孩子。他们因生活所迫不断搬家，居无定所。卡佛热爱文学，年轻时却未曾做过任何与写作有关系的工作。因为养家糊口压力很大，他和妻子靠一些七零八碎的工作挣钱。他曾替药房送货、在加油站给人加油、在医院里打扫卫生、在公寓小区打杂，甚至还替人摘过花。打工之余，也在大学里选修了一些写作课程，在此期间遇到了对他写作生涯有影响力的老师——作家约翰·加德纳。在沉重的生活压力下，他尝试写作，终于发表了几篇短篇小说，找到了一些在学校里教写作课的工作，并于 1976 年出版了第一本有影响力的小说集《请你安静些，好吗?》。

多年后回忆写作生涯，卡佛曾说，自己大多时候的境遇与四十多岁写《北回归线》时的亨利·米勒相仿，在一个借来的房间里写作，随时都可能不得不停下手中的笔，因为自己坐着的那把椅子稍不留心就被人偷走。正是这种窘迫感，让他明白只有把书放下，才能改变自己的生活。同样，也正是明白这个朴素真理，他才可能在写作的间隙，拼命挣得一份生活下去的可能性。

这种窘迫境况下的写作，让他成了美国平民话语的代言人：我自己就是这些劳动着的穷人中的一分子，他们是我的人们。他笔下的人物大部分是那些蓝领阶层的“穷白人”——推销员、侍者、理发师、清洁工等等。他们大多穷困潦倒，对生活充满困惑；他们总在担心房租，孩子，以及家庭生活上的问题……另外，时间的急促也导致他只能写短篇小说，而且大多数的篇章是那种简之又简的语言，淡淡几笔素描点缀成的无力的生活画面。

笔耕多年，且日益向成功迈进。不幸的是，卡佛却于 20 世纪 60 年代末染上了酗酒的恶习。随着写作上日渐成熟，他的酗酒问题却越来越严重，以至于最后整日与酒杯为伴，无法写作。家庭经济也同时出现问题，他本人的健康也受到威胁，曾因酒精中毒多次住院，卡佛的人生轨迹走到了最低点。

直到 1977 年 6 月 2 日，卡佛终于停止酗酒，开始被他称作“第二次生命”的生活。他获得更多的经济资助，找到稳定的工作，与第一任妻子玛丽安正式分手，开始了和苔丝的共同生活。

1983 年，卡佛出版小说集《大教堂》，同样是在贫困和无聊状态中挣扎的人们：酗酒，烂醉，没完没了地开着电视，婚姻大多不幸的灰暗生活。但是相比早期作品的调子阴冷，语言枯瘦，而显出丰润饱满，一丝温情和亮色，以及令人动容的乐观。苔丝说：是生活境遇促成了我丈夫的“转向”，他的创作才达到了顶峰。过去他太累了，现在身心都得到了自由。而后来成为当地一名教师的玛丽安，终于站出来为自己辩解：没有我们曾经共同承担的家，雷蒙德单身的生活也许更颓废，我们的家不管好坏，至少给了他一个可以回家的地方。

3

人们总喜欢对海明威和卡佛做这样的比较：语言如出一辙的简单、清晰、准确，有意为之的重复，近乎日常生活的节奏，善于留白的大师手笔。海明威更为浪漫，他对笔下的人物更“仁慈”：写一个身陷孤独的老人，他也会给他安排一个“干净明亮的地方”，让他喝上几杯；写一个即将被迫堕胎的年轻女子，他也会给她安排一个车站旁的小酒馆，让她坐着欣赏远处“白象似的群山”。

卡佛就残酷多了。他的主人公大部分不敏感甚至感情迟钝，看不见沉浸在带有任何诗意的气氛中，总是困惑、颓唐、不知所措甚至彻底消沉。唯一的浪漫，在于这些普通人的普通生活往往被某一件异样的事情打乱，他们有了这种异样的感觉，并且能隐隐预感到自己的生活可能变得不同。

然而，这就是卡佛的写作立场。对待普通日常生活的题材，或所谓的“俗事”：他认为在我们过的生活和我们写的生活之间，不应该有任何栅栏。于是，卡佛用普通但准确的语言，去写普通的事物，并赋予这些普通的事物——管它是椅子，窗帘，叉子，还是一块石头，或女人的耳环——以广阔而惊人的力量。

卡佛写底层生活，形容自己是不成功者生活的见证人，但他的小说漫不经心又暗含忧伤的味道十分契合中产阶级读者的心理需求。由此，谈论卡佛俨然成了小资们的“接头暗号”。同样悖谬的是，对卡佛逝世二十周年的纪念，美国人与其说关注他的身世、作品，不如说更热衷于他的小说成就，有多少应归功于一个名为戈登·利什的编辑的传闻：正是利什的“深度编辑”，造就卡佛极简主义的写作风格。且不说卡佛小说集《我们谈论爱情时都说些什么》出版前，其中很多小说几乎都被利什做了大幅度的删改，类似“把你的脚放我鞋里试试”“你们为什么不跳个舞?”等短句式的标题，均出自他的手笔。随着卡佛名声渐隆，他终于无法忍受利什的“剪刀笔”，两人的关系宣告破裂。

据说，在保持了长久的等待之后，苔丝声称：出版更多卡佛作品“未经删改版”的恰当的时候已经到来。此话一出，便引来一片嘘声。不少人质疑，她这样做是强化还是削弱卡佛的文学形象？而更重要的是：卡佛是否需要她这样的证明？对于多数读者来说，我们更关心的或许只是：谈论卡佛时，我们该说些什么？

博胡米尔·赫拉巴尔：
最重要的是生活、生活、再生活

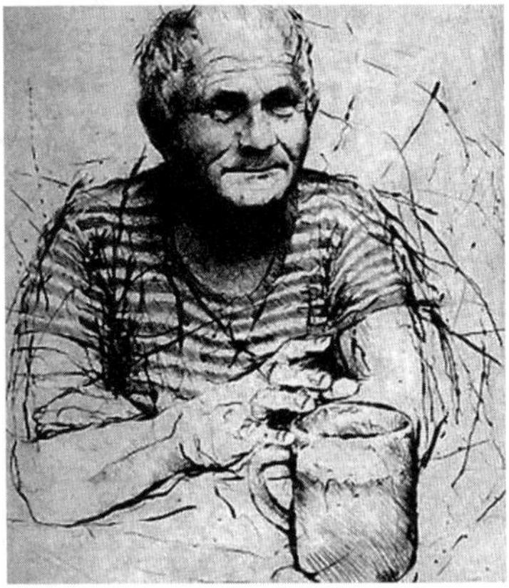

1

1949 年，博胡米尔·赫拉巴尔离开宁布尔克老家，来到布拉格。在老城广场“铃铛屋”租住一段时间后，他搬到利本尼区堤坝巷 24 号，一个由废弃工厂车间改成的大杂院，穿过与贫困潦倒的茨冈人共用的院子，才能去到厕所和洗澡间，还得提着桶到外面去打洗漱用水。在这里，赫拉巴尔一住就是二十年。他晚年的“生活秘书”托马什·马扎尔寻访堤坝巷，听曾在那里居住的人们说，赫拉巴尔从钢铁厂回来，老远就听到他五音不全的歌声。其中有一位道，他妈妈曾与赫拉巴尔比邻而居，听到赫拉巴尔的歌声，他妈妈总是说：“你们听呐，博士回来了！”

赫拉巴尔拥有法学博士头衔，却并不喜欢法学专业，只是于 25 岁那年在老家的约瑟夫·莫如达私人公证处当过不到一年的助理，此后他干过仓库管理员、列车调度员、保险公司职员、商品推销员，也都和法学无关。来到布拉格后第二年，他自愿报名到克拉德诺钢铁厂参加合同期为两年的义务劳动，和他一起辛苦劳作的，除老工人外，还有从前的教授、工厂主、银行经理、律师、男女囚犯等等各式人物。以他自己的说法，他这样选择，是因为在写作之前，必须将自己置身于他不喜欢的境地，一个让他感到不顺心、不痛快、力不从心的地方。

出于意料的是，在钢铁厂工作期间，赫拉巴尔发现自己竟然如此热爱那里，热爱那些生活在底层的工人们，他非常喜欢聆听他们的谈话，并为他们所呈现出的粗犷的美感到震惊。在那里，他看到和听到真正根本的东西和语言，不无感恩地说："就像是上帝的恩赐，现实的粗鲁与狂野之风直接冲我吹来。"许多年后，赫拉巴尔在美国斯坦福大学演讲时坦言，只有在自己导演之下的生活才有价值。他的"自导自演"，实则标示了他"惩罚自己，同时又净化自己"的成长过程。他说："知识分子通常只是知道而已，而一个普通人却有着深刻的常识体验。"

显然，赫拉巴尔倾慕的中国诗歌，老子、叔本华的哲学，以及凯鲁亚克、杰克·伦敦等美国作家的创作等等，深深影响了他对生活和写作的理解。这般潜移默化的学习让他认识到，"最重要的是生活、生活、再生活，观察人们的生活，不惜一切代价参与任何地方的生活。"也是在这样身体力行的生活中，赫拉巴尔"学会了理解别人，学会了观察自己周围的人和事，然后才进一步深入到自己的内心，在那里找到那比平常平庸的实际情况更能反映现实的虚构故事。"

由此，赫拉巴尔的写作由多愁善感的抒情转变成聚焦普通人的写实。他说："最大的英雄是那个每天上班过着平凡、一般生活的普通人；是我在钢铁厂和其他工作地点认识的人；是那些在社会的垃圾堆上而没有掉进混乱与惊慌的人；是意识到失败就是胜利的开始的人。”1952 年春，他写了第一部短篇小说《雅尔米卡》，反映一个给钢铁工人送饭的未婚孕妇的生活与命运，从此走上现实主义之路。

但赫拉巴尔没能一直在钢铁厂干下去，1954 年遭受了严重的工伤以后，他到布拉格焦街 10 号废纸回收站当了一名打包工，成天与论吨称的废纸打交道，比在钢铁厂时还繁忙艰辛。在这里，赫拉巴尔结识了曾经的举重运动员、撑杆跳高和橄榄球运动员英特希赫·贝乌格特，并以他为原型写了短篇小说《布拉希尔伯爵》，二十年后，他三易其稿，改写成小说代表作《过于喧嚣的孤独》。

2

也是在这期间，赫拉巴尔的五个短篇被诗人、剧作家克拉什发现，并在其与诗人希夏尔合办的杂志《到处是生活》上刊载。克拉什为赫拉巴尔在废纸回收站极度缺乏写作时间感到不安，并为改善他的处境奔走呼告，但赫拉巴尔安于这样的处境，却终于没能继续干下去。回收站不顾与作协基金会签订的合同规定，对他每日工作半天，写作半天的日程多方刁难，并解除了与他的劳动合同。赫拉巴尔由此结束废纸打包工的生涯，开始在利本尼的诺依曼剧院当了一名舞台布景工。

转眼已是 1962 年，赫拉巴尔申请到“艺术家医疗保险与津贴”，由克拉什介绍成为一名“自由职业作家”。此时，捷克文化领域迎来了较为宽松的政治环境，一些之前在文学领域沉寂或被禁止的创作主题开始重新活跃起来，赫拉巴尔也和米兰·昆德拉、伊凡·克里玛等作家一起“浮出水面”。1963 年，赫拉巴尔 49 岁，终于出版了他的第一本书，短篇小说集《底层的珍珠》。书一面世便大受读者和批评家欢迎，并获当年出版社奖，“因为他们找到了一本完全不同于以往的书。”赫拉巴尔那些放在抽屉里的作品开始逐渐获得出版，在捷克文坛声誉日隆。

只是好景不长，1968 年捷克斯洛伐克被苏联军队占领之后，文化环境再度紧张起来，米兰·昆德拉等移居国外。赫拉巴尔由于拒绝表态支持被占领，他的书遭到下架销毁，根据他作品改编的电影被禁映，并且被作家协会开除，虽然景况很不乐观，但赫拉巴尔深知自己离不开母语，离不开他生于斯长于斯的环境，依然留在了捷克。整个七十年代，他离开布拉格，到近郊克斯科的林中木屋生活，写作虽有波折，却并未中断。马扎尔说：“在很长时间里，他的作品就是写给自己看的。”

到了八十年代，赫拉巴尔的作品陆续解禁，获国内国际奖项达 30 多个，并于 1994 年获诺贝尔文学奖提名。他身后结集成 19 卷合集，在捷克国内畅销不衰。他的 77 种书，迄今以 27 种文字在世界各地的 33 个国家发行，多部作品被改编为话剧和电影，与小说《严密监视的列车》同名的电影获 1966 年奥斯卡最佳外语片奖，根据《售屋广告：我已不愿居住的房子》改编的电影《失翼灵雀》获 1990 年柏林影展最佳影片金熊奖。赫拉巴尔更是在捷克国内读者中拥有难以撼动的绝佳口碑。以翻译家高兴的说法，他近乎是一个国民作家。“如果你在捷克坐出租车，和司机说到你特别喜欢赫拉巴尔，读过他的很多作品，那个司机很可能会直接给你免单。”捷克著名的杂志《周刊》也曾就“谁是捷克最伟大的 50 名作家”做过问卷调查，结果赫拉巴尔仅次于《好兵帅克》的作者哈谢克，排名第二。要知道，这个名单里还有卡夫卡、昆德拉等享誉世界文坛的名字。

赫拉巴尔最初为中国读者认识，源于 1993 年《世界文学》推出的，长达十万多字篇幅的赫拉巴尔专辑。此后经由编辑龙冬的大力引荐，赫拉巴尔的作品开始以单行本的方式，陆续与中国读者见面。今年，继中国青年出版社、北京十月文艺出版社出版他的部分代表作中译本后，花城出版社推出包括《雪绒花的庆典》等在内四部最新中译本。在2018年8月26日闭幕的第二十五届北京图博会上，几家出版社联合为这位昆德拉口中“我们这个时代最了不起的作家”，捷克人眼里“他们国家最具捷克味的作家”举办了“北京遇上布拉格”交流会、“生活在此刻”分享会，赫拉巴尔再度引发颇多关注。

对于大器晚成的赫拉巴尔来说，他或许格外珍惜迟到的荣誉，但他不曾因为荣誉改变自己。成名后，他生存条件有所改善，生活却一如从前，写作也是一如既往。作为一个谜一样的作家，赫拉巴尔的生活与写作，自始至终都是如评论家韩敬群所说“浑然一体、互相生发”，以至于喜欢他和喜欢他的作品简直就是一回事。这在某种意义上是因为，如马扎尔所言，赫拉巴尔写只是因为他喜欢写。“他很纯粹，只是特别享受写作的过程。他说，他通过写作才知道‘我是谁’。”

3

事实上，“我是谁”是赫拉巴尔经常自省的一个问题。他有一本书，汇集了他谈生活和创作的多篇文章，题目即为《我是谁》。赫拉巴尔作品中译本主要译者之一刘星灿感慨道：作为一个既胆怯怕事又愤世嫉俗的人，既谦卑自责又指点江山著书立说的人，赫拉巴尔反复自问：“我是谁?”该是意味深长的。

如其所言，七十岁那年，赫拉巴尔开始写作传记体三部曲《婚宴》《新生活》和《林中小屋》，他别出心裁地以他妻子艾丽什卡，即书中碧朴莎的眼睛来看，并联系他的朋友和生活来抖搂他从思想灵魂乃至生活细节中的各种毛病、癖好、恶习甚至丑事。诚如赫拉巴尔自己所说，写一本诋毁自己的书，不仅需要勇气，而且需要有张厚脸皮。何况他是生性腼腆、动不动就害羞脸红的人呢。

赫拉巴尔写书“诋毁”自己，并非因为他有自爆丑事的癖好，而是有现实的缘由。马扎尔透露说，关于赫拉巴尔与官方文化的态度，在当时的捷克一直都有争议。因为天赋才华，因为作品的影响力，赫拉巴尔备受知识分子同仁和读者的尊重，同时，他也是官方收买的对象，而对于官方，他的态度是暧昧躲闪的。与昆德拉、克里玛等对当时严酷的政治环境做出直截了当反应的作家相比，赫拉巴尔显得太胆小了，他无所适从，只要看到小说能够刊登、能够出版的希望，就不厌其烦地根据编辑的意见修改小说。他甚至给当权者写信，为了重新进入文坛。对这样的举动，连他的妻子都说：“你真是个胆小鬼，这可不光彩!”

然而，就是这个胆小鬼，非但没有在事后像很多别的作家一样，回避自己曾经做出的妥协，倒是以他一贯的坦荡作风，把修改前后的图书版本公之于众，以致招来更多的诋毁和打击。而这个可爱的作家，在生活中但凡遇到倒霉事，第一反应则往往只是躲闪。马扎尔说，他仿佛只能在下里巴人的人群中取暖，只能靠着热气腾腾的酒馆烟雾延续自己的思考，把自己的喜怒哀乐、爱恨褒贬都隐藏在身边人的故事中。如此，就像书评人付如初说的，赫拉巴尔只能是作家，而不是思想家或社会活动家，也因为此，时过境迁后，我们会发现，赫拉巴尔这唯一的作家身份，倒是让捷克文学在深刻的思想刻度之外，又获得了深刻的审美刻度。

赫拉巴尔确乎是审美的，这与他的成长环境有关。作为一个非婚生子，他虽然从小不知生父是谁，却备受养父的宠爱。他的母亲则乐观开朗，迷恋戏剧，以至于他常常觉得她不是妈妈，而是姐姐。在由写于 1982—1987 年间的《一缕秀发》《甜甜的忧伤》《时光静止的小城》三部作品合成的另一部“传记体三部曲”《河畔小城》里，赫拉巴尔不无忧伤地回忆道，在这对可爱的父母眼里，世界上根本没有什么叫做真正的烦恼。后来，单身的贝宾大伯来到他家，这更是一个乐天知命的人，见多识广，喜欢到小酒馆找姑娘们跳舞，也喜欢讲故事，永远像个长不大的孩子。赫拉巴尔视他为精神上的父亲，创作中的缪斯，他在不同的书中不厌其烦地写他。大伯去世后，赫拉巴尔把他生前经常说的一句话印在了讣告上："这个世界美得让人发疯！并不是说它真是这样，而是在我的眼里它就是这样！"

这诚可谓赫拉巴尔的写作自况。和贝宾大伯一样，赫拉巴尔在劳作之余，也喜欢去小酒馆，他不是去跳舞，而是听人们说话。1994年，时任美国总统克林顿出访捷克，请捷克总统哈维尔介绍认识赫拉巴尔，会见地点就应赫拉巴尔要求选在了他常去的金虎酒馆。也是在小酒馆里，赫拉巴尔听克拉什说到"巴比代尔"，是捷克诗人、翻译家沃尔赫利茨基最先发明了这个词，赫拉巴尔则以他的作品让它变得广为人知，他出版于 1964 年的短篇小说集《巴比代尔》，让"巴比代尔"

这个词开始了纸上的旅行。

《巴比代尔》里有一篇《钻石孔眼》，写一个盲女透过钻石孔眼看到了一个美好无比的世界。她期盼着手术复明，还邀请与她萍水相逢的几位旅客，在她复明后，与她一起到总统府布拉格宫参加舞会。诸如盲女等底层人物的豪放开朗、诙谐风趣，与现实生活构成了鲜明的反差，也由此格外映衬出他们处境的悲惨。但我们不由不为他们既来自现实，又充满了夸张、戏谑、怪诞和幻想的述说，以及他们用这些述说勾勒的，如汪洋大海般无边无际的美丽幻景所感染和倾倒。

4

概而言之，赫拉巴尔近乎以全部的写作，塑造了"巴比代尔"群像。这是一群躺在“时代垃圾堆”之上的底层劳动者，他们普通、平凡甚至有些粗糙，却对生活满是强烈的感情、善于从中寻求欢乐，并以带有布拉格式的幽默与嘲讽滔滔不绝地述说。赫拉巴尔对这群“巴比代尔”投注了全部的热情，他说：“所有这些普通的、看去很平凡的人，对我来说都是衡量一切东西和事件的准绳。”

在赫拉巴尔眼里，这些“巴比代尔”保留了初恋般的眼眸。“所以我和他们称兄道弟，水乳交融。我认为，那些人和画面蕴含了面包的酵母，我的故事就像我们每天食用的面包，用自古生长于这块土地的谷物糅合而成，只是，在面包边上我搁了一把实用的小刀，它不仅面包需要，人类的命运也需要，那就是写作。”也因为此，赫拉巴尔的写作充满浓厚的生活气息。捷克人说，米兰·昆德拉的文章过于深邃，读起来有沉重感；而赫拉巴尔则像是啤酒馆里坐在你桌子旁的熟人，将无数奇特的故事娓娓道来，幽默而富有哲理，这才是纯正的捷克味道。

当然，这不是说赫拉巴尔是地道的民间艺人，仰赖民间资源进行写作。事实上，如作家、编剧过士行所说，赫拉巴尔是一个大知识分子，他只是不愿像博尔赫斯等作家那样靠知识写作，也不愿意站在知识分子立场上写作。但他兼具了知识分子和民间艺人的长处。付如初说，赫拉巴尔用普通人的常识体验给文学作品增加细节和温度，用知识分子对美和哲学的感悟驾驭这种体验。也正因此，无论赫拉巴尔写的人物多么粗俗和卑微，他笔下的格调都是体面而高雅的。他从那些文化不高、生活在时代乃至语言边缘的“巴比代尔”那里，收集大量的俚语、隐语、反话和人们在小酒馆里交谈时那种只可意会、难以用语言传达的谈话方式。为了更准确地描写出这些人物的真实生活境况，他甚至开创了一个更为大胆的方式：在作品里留下文法与修辞上的各种错误。在编辑他的《时光静止的小城》的书稿时，针对文稿中的数百个错误，他的女编辑说："这是赫拉巴尔风格的魅力所在。我们得忍住别去改动它。我们要是一改，这本书就会失去它的魅力。"

有别于赫拉巴尔大多数用非书面语写成的作品，赫拉巴尔三易其稿写成，最终于1989年出版的《过于喧嚣的孤独》，却用了抒情而又优美的书面语。这部赫拉巴尔坦言自己看了都要"感动得流泪"的"忧伤叙事曲"，通篇是废品回收站打包工汉嘉的独白。汉嘉以讲述"love story"的口吻，写一个时代的终结和另一个时代的开始。在苏联占领时期，已经在回收站工作了35年的他面临着机器取代人工的改变，他开始回忆自己的爱情经历，回忆在废品中的阅读。他安之若素地跟废品和老鼠生活在一起，不停地阅读"废品"，捡拾精神能量，克服内心的悲剧感。赫拉巴尔深沉地说："我为写这本书而活着，并为写它而推迟了死亡。"

正如有评论所说，《过于喧嚣的孤独》构成了一个诗歌、哲学、自传的三角形。这本书也可谓并不擅长思想的赫拉巴尔的总结之作。在小说里，赫拉巴尔将老子和耶稣做了对比："我看到耶稣是个浪漫主义者，而老子是古典主义者的，耶稣有如涨潮，老子却私退潮，耶稣像春天，老子则是寒冬，耶稣体现的精神是爱邻居，老子则是空灵的最高境界。耶稣在不停地登山，而老子已在山顶。耶稣神情激动一心要改变世界，而老子却以返璞归真勾勒他的永恒，与世无争。"

毫无疑问，相比耶稣，赫拉巴尔更倾心于老子的意境。大学期间，赫拉巴尔即开始研读老子的《道德经》，他读的是1920年鲁道夫·德沃夏克翻译的版本。据马扎尔回忆，在钢铁厂工作时，赫拉巴尔曾经将《道德经》藏在工作围布下、衬衫里，然后用了两年时间将它全部背诵下来。后来到了晚年，更是每日必读。"他把这本翻得残破不堪的书时刻带在身边，去世前在医院的那段日子里，他甚至还在背诵老子的一些名言。可以说，这是他遗物中唯一的收藏品。"

或许在赫拉巴尔眼里，老子既有弱者的幽默、智者的通达，还有东方式的圆融和深刻，所有这些气质，诚如付如初所说，跟赫拉巴尔塑造的“身处底层而眼望高处”，身处极度灰暗之中又能够通过“钻石孔眼”看到美的“巴比代尔”有一脉相通之处。赫拉巴尔在“天道”和“人道”之间，找到了自己的立足点；他笔下的“巴比代尔”则在悲剧和喜剧中间，找到了自己的安身之处。

5

赫拉巴尔置身于时代的边缘，他的生活与创作也可谓别样的“非主流”。他写下的也似乎只是些小故事，笔下的人物多卑微如一粒草芥。昆德拉却说，如若有人要为苏联占领捷克斯洛伐克结束后的时代命名，它必得称之为赫拉巴尔时代。

这看似有点费解，实则有其道理。这不仅在于如作家邱华栋所言，赫拉巴尔虽然他写的是小人物的命运，折射的却是家国情怀与民族命运。也不仅在于，像青年评论家季亚娅指出的那样，赫拉巴尔底层生活的自我设计，并非中国作家作为旁观者的“寻根”。他笔下的底层，也不能等同于中国语境里的底层。“他的底层，是与波西米亚精神相联系的底层，一种与艺术创造紧密联系，甚至把生活艺术化，并从中寻找能量和爆发力的底层。他的底层是中欧思想传统里开出来的花。”还在于如止庵所说，赫拉巴尔的入手点非常低，但他抵达的却是，关于人类的共同感受，也就是说，他从一个仰视的角度入手，最后却能俯视我们这个世界。“如果说，哈谢克对这个世界一笑置之，卡夫卡把这个世界像一块大石头似扛在自己的脑袋上，赫拉巴尔则兼有两者，他的疆域何其辽阔。”更何况，赫拉巴尔就像过士行说的那样，不同作品之间风格差别之大，不由让人怀疑不是同一个作者写的。当然赫拉巴尔写作一直在变化，不变的是把自己的生活经验，把自己经历的，还有在小酒馆里听到的一切转化为文学，也因此他称自己是“时代的记录员”。

以赫拉巴尔取材于自身经历创作的《温柔的野蛮人》为例，小说没有完整的故事，只是像拼贴画一样，通过许多记忆的片段，呈现出他与好友弗拉基米尔·包德尼克和埃贡·蓬迪之间相处的点点滴滴。这其中的故事，正如该书译者彭小航描述的那样，有的荒诞诡异，有的激情洋溢，有的充满无奈，但所有这些故事组合在一起，就如一面多棱镜般，反映出真实的捷克斯洛伐克社会。

在他以二战前后捷克为背景的《我曾侍候过英国国王》里，赫拉巴尔则以说书人的口吻，讲一个涉世甚浅的小个子餐厅服务员，一直有着一种低贱的自卑感，偏偏不时遭到不公正的贬低、怀疑、诬蔑和威胁，因此在任何场合下都要与他无法达到的偶像比个高低，以便将来也能成为有钱的旅馆大老板，这个愿望在财产被没收的百万富翁拘留所里富有嘲弄意味地实现了，但其他百万富翁也没将他视为他们中的一员。最后，他只落得个“回归大自然”，与猫狗羊驹为伴，修一条象征他一生的永远修不好的路。

倘是通过这个表层的故事，我们还将看到小说最本质最重要的另一个层面，即当时的社会与政治事件。小说主人公因阴差阳错与一个原为体育教员后在德军服务的德国姑娘结婚而得以闯进纳粹的人种培育中心，纳粹伤员疗养院等纳粹的后院、内部，得以近距离看到当时耀武扬威、东征西讨、不可一世的纳粹法西斯鲜为人知的一桩桩惊人、吓人的内幕实情。由此，赫拉巴尔通过一个餐厅服务员的经历见闻，展现了长达半个世纪的捷克社会生活的画面。

话虽如此，赫拉巴尔实则不只是他自己谦称的“时代的记录员”，他超越了他的时代。这一方面在于如止庵所说，赫拉巴尔以他的写作，维护了纯文学的高贵性。在整个世界都沉落了的时候，赫拉巴尔一直在那里，他在一个相当的高度上，保持了捷克文学的延续性。“赫拉巴尔很长时间里都是写的抽屉文学。我们或许也有作家这样写，但时过境迁，人还活着，但作品已经死了。”而在另一方面，就像高兴说的那样，赫拉巴尔进行的不是那种自私的写作，它包含了救赎的精神，包含了人类的关怀，这种救赎和关怀是流淌在他的血液当中，并不是刻意为之的。从这个意义上讲，赫拉巴尔为时代写作，同时又超越了时代。

或许正因为赫拉巴尔自觉到人生而有罪，他所处的时代又有很多艰难困苦，他的快乐与幽默，也就多了一份沉重的基调。而作为“一个悲观的乐观主义者和乐观的悲观主义者”，赫拉巴尔据说不是在酒馆，就是在去酒馆的路上。他自己戏言，这是因为“人在东欧，没法儿清醒地活着”，我们不难听到其中的弦外之音。赫拉巴尔还说：“到了最后，我抵御恐惧的唯一办法就是我的文学。”

在收录于《绝对恐惧：致杜卞卡》里的《绝对恐惧》一文中，赫拉巴尔记录道：一位丹麦记者问他，为什么他没有像其他作家那样去监牢里受苦？他回答道：自己先前已经遭受过“缓慢、系统而温和的折磨”，而且“直到今天都在担惊受怕”。这是一种“与生俱来的担心畏惧”。因为母亲未婚先孕，他的外祖父用猎枪指着她的腹部，威胁要打死她。家族威权带来的“那种恐惧从此和我相伴，当年他透过我母亲的子宫而被我感觉到了”。

1988 年，赫拉巴尔妻子艾丽什卡去世。不久后，赫拉巴尔相识于堤坝巷 24 号的挚、大提琴演奏家友马利斯科也去世了。赫拉巴尔陷入了极度的虚空和无助感。也是在这一年的夏天，一位热爱他作品的美国姑娘艾普蕊·吉福德走近了他的视野。金虎酒馆里的愉快交谈、克斯科林中小屋的六日相处。美国各大校园的巡回演讲，以及次年布拉格发生的一系列重大事件，促成赫拉巴尔写了《致杜卞卡》的系列书信集，这让他暂时走出了封闭孤独，并以全新创作状态再次抵达更为虚空的巅峰。这些信陆续完成于一九八九年到一九九一年，在赫拉巴尔生前从未作为真正的书信寄出，只是零星登载于某些作品集或单册印本中。

赫拉巴尔在生命的最后几年里，每天都会不辞劳苦独自搭乘公交车到克斯科的林中小屋，去看他的猫咪们，有时候给它们带些牛奶、香肠和肉。他曾在写于 1975 年的《小汽车》里写过他们，还写道，冬天他担心猫咪们冻死，被猎人射杀，但开春后猫咪们又过盛繁衍，不得不消灭几只。被他消灭的爱猫们，始终困扰着他，直到他遭遇一场车祸之后，愧疚与悔恨才得以消失。而那些活着的猫或猫的子孙们，每天上午十一点会走到车站去迎接他，大老远就认出他来。赫拉巴尔坚信天堂里一定有猫。他如此爱猫，以至于相信猫能预卜未来的不详之兆。在生命中最后的日子里，他说，爱猫用失神的眼睛望着自己即将熄灭的眼神。

1995 年 3 月，赫拉巴尔写下了生命中的最后一小段话：我跟着天意走，现在就只写着玩儿，写完后就不会再看了。我已经对自己写的东西不感兴趣了，我要写的东西已经写完了。“如今我到达了虚无的顶峰。”1996 年底，赫拉巴尔因患关节炎、脊背痛住进医院。次年 2 月 3 日，即将病愈出院时，他从医院五楼的窗口坠下。这一年，他 84 岁。一颗纯洁如处子的灵魂就这样陨落了。

安娜·卡瓦尔达：

生活是艰难的，然而快乐也无处不在

当安娜·卡瓦尔达（又译安娜·戈华达）怀揣着炽热的文学梦想，四处投稿却屡屡被拒的时候，这个名不见经传的法国女教师一定没有想到，有朝一日自己会成为红遍整个法国的畅销书作家。

就像我们事后所知道的那样，她的第一本短篇小说集《我知道有人在什么地方等我》的文稿“漫游”过十几家出版社，却没有被一个编辑看好，直到1999年初，一家毫不起眼的小出版社 LeDilettante 看中并出版了这部小说。

之后的热销程度让曾经收到过文稿的出版社都痛恨自己有眼无珠：半年销售量超过150万册，连法国前总统希拉克的夫人阿尔贝纳特也公开声称自己是卡瓦尔达“粉丝俱乐部”的一员。

1

这还仅仅只是开始，卡瓦尔达之后的写作道路更是让人刮目相看。2002 年，她推出了长篇处女作《曾经深深爱过》，继续受到“粉丝”的狂热追捧。之后，2004 年，长篇《在一起，就好》再度掀起了“卡瓦尔达热”：连续 130 周停留在法国畅销书排行榜的前 10 名，在法国国内销量接近 200 万册，全欧销售总量过 400 万册，媲美同期全球热卖的《达·芬奇密码》。小说由法国新浪潮时代的老导演克劳德·贝利搬上银幕，取得骄人的票房成绩。

当很多读者以为卡瓦尔达难以再超越这个创作巅峰的时候，仅仅沉寂了四年，今年 3 月，她携新鲜出炉的长篇《慰藉》（又译《幸福需要等待》）归来，小说一上市就引来铺天盖地的书评。不到一个月销量直接跃过 30 万册，在《费加罗报》的畅销书排行榜上，连续数周排名第一，总销量超过 500 万册。

再也没有人会怀疑，卡瓦尔达凭自己的写作创造了法国当代文学写作中的一个奇迹，也成就了法国出版界无法解读的“卡瓦尔达现象”。

每部畅销书都是一个传奇。随着作品的热销，人们对作者的兴趣也与日俱增，安娜·卡瓦尔达是谁？熟悉法国文学史的读者，难免会有这样的期待，或许她是当年畅销女王萨冈的一个翻版：17 岁的萨冈，以六周时间写成小说《你好，忧愁》，轻易在欧美两地暴红暴紫。之后纵情狂赌飙车，抽烟酗酒、染上毒瘾，每一个小小的举动都会引起明星般的轰动；又或许她是另一个杜拉斯：扑朔迷离的情感历程，自由飘忽的性情文字让一代又一代“杜拉斯迷”沉湎其中，欲罢不能。

2

然而，对卡瓦尔达抱有如此期待，并欲借此洞悉其作品畅销的秘密，注定是徒劳的。她的经历简单得不能再简单。我们所能了解的也仅止这些：1970 年，安娜 · 卡瓦尔达出生于一个普通人家。她的生活，一如她的小说，家常，琐碎，少有大起大落和峰回路转。如平常的法国女子一样，成年后不久就顺顺当当嫁给了一个不知名的兽医，之后离婚，现在她是一个穿着家居服在家写书带孩子的离异妈妈，成名至今 20 年无绯闻。

我们还可以约略从采访过她的记者那里了解到：作为一个名副其实的“美女作家”，卡瓦尔达不喜欢一切抛头露面的场合，讨厌摄影镜头，接受采访都只用电子邮件，除了作品一概免谈。她那点少得可怜的文学资历似乎也不值一提，从索邦大学拿到文学学士文凭后，她一直死心塌地地充当文学青年，热爱一切可以在白纸上写字的机会，连为朋友写求职信、为家人写聚会感言这类事情也乐意包揽。成名后的卡瓦尔达依然简单，早在 2008 年，有人就为她算过一笔账：从 2004 年以来，她至少已经赚进 3200 万欧元，可她依然住在靠近巴黎的小镇默伦，过着几乎隐居的生活，只是换了一幢漂亮的大房子，买了一辆高尔夫小车，为两个孩子请了保姆，而这在法国顶多只是中产人士的标准。

卡瓦尔达始终游离于当代法国主流文坛之外。她声称自己不想进入文学圈，也不是所谓的知识分子。或许正是因为这个原因，尽管她的作品在法国大红大紫，主流作家们依然无视她的存在，对法国文学的凋敝大发感慨。

一如她的为人，卡瓦尔达的作品同样“波澜不惊”，它们关注的只是普通人的日常生活。陌生的男女街头相遇调情，而好事却意外被搅了；怀孕妇女满怀喜悦地等着孩子出世，却发现肚子里是个死胎；梦想当作家的女人在出版社表示无法出版她的作品时突然瘫痪不起（《我知道有人在什么地方等我》）；一对典型的法国小资——24岁的玛蒂尔德中断了学业，放弃了工作，生活陷入一团泥潭，失去了目标和方向，却找不到人倾诉心声。直到有一天，她把钱包丢在了咖啡馆里，从此结识了一个人。26岁的扬是个研究生，以优异成绩毕业，却找不到工作，也不知道机会何时才会来。有时，他甚至想从塞纳河跳下去。直到有一天，经历与楼上邻居的一次邂逅。两个人都试图从结识或邂逅一个人后，决定改变自己的人生。(《更好的人生》)；四个男女青年——卡米耶，曾经是很有才华的艺术家，如今却再也没有勇气提笔作画；费里贝尔，守着外祖母遗留的偌大公寓，个性温厚，却有社交障碍；弗兰克，厨艺了得，个性不坏却有点自命不凡，被费里贝尔收留住进了公寓里，每周去看望住院的外祖母波莱特；波莱特，患有阿尔茨海默病，生活仅存的期待就是外孙弗兰克每周由远而近的摩托声响，但在外孙面前她总是强忍泪水，从不抱怨。他们一同住在巴黎埃菲尔铁塔边一处巨大的奥斯曼式公寓里，这些看似绝缘的人物因了一些特殊的机缘有了各种各样的冲突，最终他们学会了彼此包容和谅解，和谐相处在同一个巴黎屋檐下（《在一起，就好》)；47岁的建筑师夏尔定居于巴黎，事业有成，却无法处理与家人关系日渐疏离的难题，直到有一天，他突然得知昔日童年好友亚历克斯的母亲阿努克意外去世，由此开启了过往种种痛苦不堪的回忆。他决定离开巴黎，前去寻找好友亚历克斯，期望能够打开心中的结。他背负着沉重的过去，遇见了奇女子凯特，走进她奇幻的世界，他们在彼此身上寻找能靠岸的港湾与慰藉。(《慰藉》)。

卡瓦尔达一反自法国新小说派兴起后，纯文学作家们对故事的摈弃和肢解，或通俗作家们对制造充满浪漫与奇遇的故事的乐此不疲，也显然有别于萨冈、杜拉斯们，对叛逆、破坏和不同寻常的人生的向往，有意无意让作品蒙上恍惚迷离的神奇光影。她用近于口语的文字呈现普通人的日常生活：职员、士兵、兽医、小资、工程师、青年男女，他们就像我们的朋友、家人，抑或是同事，我们在街上、商店里、写字楼里随时都会碰到，他们的故事也只在我们的“咫尺之间”。

3

同时诚如法国女演员奥黛丽·塔图所言，“从她的小说里我看到的是生活中那一缕阳光，而不是生活里的黑暗和残酷。”卡瓦尔达力图通过她的故事，告诉我们生活是艰难的，充满了悲剧，然而快乐也无处不在。读她的小说，会让我们感觉到在这样一个生存空间越来越逼仄的年代里，人们在情绪倾泻之余，内心深处依然会奢望那一点点来自他人的善意和抚慰。

由此之故，流传甚广的“文坛掌故”如她小说中叙述的故事一样真实可信：一位当医生的女士在一次聚会上，说到卡瓦尔达的小说，说着说着就哭了起来，因为她在书中找到了自己的影子，她也像书中的人物一样，曾经被抛弃，后来又得了癌症，多次想轻生，最后，是友情和亲情拯救了她。

有评论者对卡瓦尔达小说的魔力做出解析后称：她用小说的形式，安抚法国人的不安。这碗心灵鸡汤，慢火炖熬，味道纯正，不会让自视颇高的挑剔的法国读者把它归入文学快餐，在畅销的名义之下，她的小说仍然是一道能满足各个阶层读者的法式大餐。

然而对于多数读者而言，与其去做这样的揣测，还不如学卡瓦尔达去见证平凡的力量。可以想见的是，卡瓦尔达对当下法国日常生活的关注，洞悉了人生在世无法超越的悲剧性的荒谬的生存处境，是对当代法国人灰色灵魂的深邃透视。这种关照生活的高远和穿透灵魂的力量，不仅给人强烈的艺术震撼，对中国当代作家的创作同样有着鲜明的启示意义。

约翰·欧文：
让虚构如个人记忆般栩栩如生

好故事是好作品的必要条件，可谓写作的基本常识。唯其如此，当我们看到美国当代作家约翰·欧文在不同场合不厌其烦地强调故事在小说写作中的重要性时，多少会读出一点复杂的况味。“我是一个19世纪传统的追随者，那时候主题思想很重要，性格在情节过程中发展，主人公和我们一同成长。”“作家的任务就是身历其境地设想每一件事，使虚构也能如个人记忆般栩栩如生。”在出版于1998年的长篇小说《寡居的一年》中，欧文还借角色之口重申他的创作观，书中一位成名作家宣称：“一本小说不企图解释任何事，就只是一个故事。”

在现代主义、后现代主义等先锋实验写作盛行的时代，欧文反其道而行之，以“传统”的写实主义手法，编织一幅幅关于纷繁复杂的现代世界的立体图景，却获得了众多名家的交口称赞。读者常把他与狄更斯、塞林格等重量级作家相提并论；于2007年过世的美国“黑色幽默”代表作家冯内古特生前曾称其为“美国最重要的幽默作家”；日本作家村上春树也将他视为终身的文学偶像。村上曾公开表示：“读欧文的书会上瘾，他的读者都变成了瘾君子。”不仅如此，他亲自翻译过欧文的小说《放熊归山》和《盖普眼中的世界》。1984 年，村上已凭《且听风吟》在文坛上崭露头角，欧文则已经非常有名，总是忙得团团转，村上为了采访到他，特意去了欧文每天跑步的中央公园，最终以边跑边聊的形式完成了采访。在多年后出版的《当我谈跑步时，我谈些什么》里，村上春树写道：“我们大清早一同在公园里跑步，谈了很多话。当然无法录音，也无法记录，不过在清新的空气中，两个人并肩跑步的愉快记忆，却仍旧留在我的脑海里。”

而以普通读者论，有宣传语称，从纽约到巴黎到东京，谁不爱约翰·欧文？虽有夸饰之嫌，却也不无道理。他曾三次入围美国国家图书奖，最终凭《盖普眼中的世界》于 1980 年击败约翰·厄普代克，将该奖一举拿下。由于作品戏剧性强、情节精彩细腻，欧文还搭上了好莱坞的“顺风车”，多部作品被改编成电影。经他亲自改编、米高梅电影公司发行的同名电影《苹果酒屋的规则》（又译《总有骄阳》），于 1999 年拿下奥斯卡金像奖改编剧本奖。他迄今写了十余部小说，几乎每部都登上过《纽约时报》畅销榜，还曾蝉联该榜长达 25 周，据统计，他的文字被翻译成 35 种语言，畅销全球 40 多个国家长达 50 年，销量破 1000 万册。近年，包括《为欧文·米尼祈祷》《新罕布什尔旅馆》《绞河镇的最后一夜》等中译本陆续出版，也似乎预示着欧文有不因时间流逝而弥散的特殊魅力。

1

因为故事的复杂微妙，即使用最精练的语言复述欧文小说的故事，都需要很大的篇幅，于是我们能看到的有关欧文作品的介绍，都逃不开大段大段对其故事的转述。然而通读欧文几部小说后，我们就会发现他的题材其实有着很强的局限性、自传性。作品中通常有一座大宅、一个无父的孩子，总是有婚外恋，总是有个作家。故事通常发生在新英格兰，有着古怪的配角及道德理念。无怪乎他的作品被形容成一幅“常春藤名校气质的费里尼式世界图景”。

但环境的局限性并不妨碍欧文和读者沟通，故事元素的雷同也不会有老调重弹的单调。欧文的独特就在于，他能够利用有限的空间来讲述各种人性的故事，赢得五湖四海读者的共鸣。《为欧文·米尼祈祷》里，一个叫欧文·米尼的先天不足，却资质过人的侏儒，在一场少棒联盟赛中阴差阳错打死了镇上最富人家的私生子，也是他最好的朋友约翰的母亲，此后在经历了一连串极不寻常、惊悚离奇的事件之后，以勇气和行动证明了奇迹的存在，也让约翰重拾对信仰的坚持，归根结底讲述的是人的信仰问题；《新罕布什尔旅店》是关于一个美国新罕布什尔州家庭三代经营旅馆的悲喜剧，讲述的是如何面对心底的阴影和手足之情；《苹果酒屋的规则》里，身为孤儿的荷马，生活在美国缅因州的圣克劳兹孤儿院。孤儿院的拉奇医生将自己的医术悉数传授给荷马，包括当时尚不为法律允许的堕胎手术，但荷马却向往医术以外的东西，渴望学习生活的准则，跟随前来堕胎的坎蒂及男友华力一道离开孤儿院后，发生了一系列悲欢离合的感人故事，但小说的核心，则是与堕胎有关的社会问题……无一例外地，在欧文的小说里，经历过种种惊险和奇怪的遭遇，主人公始终没有放弃对理想、对家庭、对爱的热情和追寻。

《寡居的一年》讲述的故事也不例外，小说里的每位成员都有些“反常”，他们一直在现有生活之外寻求另一种可能：母亲玛丽恩为忘却丧子之痛和丈夫的背叛，与比自己小二十岁的少年埃迪擦出火花；父亲特德一边创作古怪的儿童读物，一边流连于各色女人的怀抱；少年埃迪迷失在忘年恋的激情中，从此无法爱上比自己年轻的女性；4岁的小女儿露丝，则在父母间破碎的关系以及对死去哥哥的想象中，挣扎着长大，渐渐成为一名作家。这年，露丝41岁，已是位单身母亲。在这独居的一年里，她第一次遇见真爱，也突然理解了父母的选择，理解了在自己身上发生的一切。

以此对照，再来看看《盖普眼中的世界》。故事的主轴是一个叫盖普的男人，他有个出身豪门望族的名人母亲珍妮。珍妮是未婚妈妈，她一手扶养盖普长大，并花了许多精神扩展盖普的视野，甚至花钱让他和妓女一起过夜……乍一看，这和《寡居的一年》讲的是两个截然不同的故事，但两部小说的主要角色都是作家与编辑、拈花惹草的父亲和一群苦闷的弃妇，父母为了弥补在车祸中失去的儿子而生育的女儿，年长妇人与年轻男孩通奸……重复出现的元素不胜枚举，使人无法相信这仅是巧合。

其实，在《盖普眼中的世界》里，欧文对自己作品的这种特性，做了很好的示范。盖普给孩子讲床边故事，一个故事可以有无数个版本，只要听众提出质疑，讲故事的人就随时修改。对欧文而言，“真实”取决于听到的人是否相信。欧文回忆说，这部小说出版后，那些失去了孩子的人们写信给他，告诉他他们也失去了一个。但实际上欧文并没有失去任何孩子，他只是一个富有想象力的父亲，他讲述的故事却总是让人们信以为真。实际上，我们生活在今天八卦、假消息充斥的世界里，天天有“罗生门”上演，早已见怪不怪。欧文高明的是，对他而言，“变动不居”不仅是人生的真相，也是一件趣味无穷的玩具和阅读乐趣的来源。

当然，要当真以为欧文只是单纯到给我们讲述一个好玩的故事，就像因为欧文的一些小说有向狄更斯致敬的痕迹，就认定他代表了美国文坛重归现实主义传统的势力一样，很可能是一种误读。在青年翻译家但汉松看来，欧文这部所谓的“半自传体的成长小说”高明之处在于，他借盖普这个人格面具以自省：作家成长过程中那不可自遏的传记冲动是否伤害了文学创造本身？因为从书中的批评家海伦之口中，我们知道，“记忆”在给予作家原初的表达冲动之后，往往容易让当事人陷入到一种对个体创伤的沉湎中，从而对社会范畴的更大悲剧选择性失明。在欧文看来，文学创作不应该只是叙述作家自己的生活，也不只是用于自我疗救，而是得运用生活的经验作为写作表达的素材，实现记忆和想象的平衡。

2

但无可疑议的是，欧文的确擅长讲故事，但就是这样一位讲故事的能手，小时候却患有严重的阅读困难症。欧文作品的题材多涉及失踪的孩子或缺席的父母，这显然也与他自身的经历有关。他 1942 年生于美国新罕布什尔州的艾克斯特。在他出世之前，父母离异，6 岁时，他的母亲再婚，其丈夫领养了欧文。于是，欧文跟着母亲和当历史教师的养父长大成人。他从未见过自己的生父，也不曾萌发过寻找生父的念头。

欧文小时候性格内向，所以学业平平，但他很早立志要当作家。在写作生涯之初他认为自己缺乏天分，但他强迫自己重写，决心要成功。在新罕布什尔大学学习期间，他结识了年轻的南方作家约翰·杨特，两人的交往进一步增强了欧文从事文学创作的信心。不久，他获得一笔去欧洲学习的奖学金，他选择了地处维也纳的欧洲研究学院。这段求学经历为他的长篇处女作《放熊归山》积累了宝贵的素材。

1981 年，欧文与第一任妻子离异。在他母亲看来，经历了婚姻不幸的欧文应该能够理解她与他生父之间的恩恩怨怨，于是交给他一扎信件和剪报。欧文从中了解到，二战期间，他的父亲曾经服役于美国陆军航空部队，奔赴亚洲战场作战，可不幸的是，他驾驶的飞机在日军占领下的缅甸上空被击落，他和其他的机组成员下落不明，直到四十天之后，他们才奇迹般地徒步抵达中国。父亲这段死里逃生的不寻常经历被欧文写进了《苹果酒屋的规则》中，顺理成章地成了故事主人公华力·华辛顿的英雄之举。

父亲的这段经历也以另一种变奏的方式，被欧文写进了《绞河镇的最后一夜》里：1954 年，厨师多米尼克和儿子丹尼在伐木营工作。一天晚上，当厨师与身形魁梧的印第安女人简摸黑做爱时，他的儿子、少不经事的丹尼误闯进来，听到激烈的床板声和呻吟声，以为父亲遭到熊的袭击，于是用铁锅狠狠地打了“熊”，简意外身亡。父子二人被迫踏上了逃亡之路。简的情人，警官卡尔也开始长年不辍地追查他们的下落。小说跨度长达 50 年，以主人公父子的人生际遇为主线，从侧面反映了美国半个世纪以来的社会变迁。

用欧文自己的话说，为写这部小说，他构思了长达 20 年的时间，却因为最后一句话的迟迟没有着落而没有开始创作，直到有一天听到鲍布·迪伦的《愁肠难解》，灵感迸发，才开始了漫长的写作。为了让小说中反复出现的伐木技术、厨艺等背景营造得更加真实可信，欧文不光请教了相关的专业人士，还翻阅了不少的专业书籍。仿佛是对父亲来到中国的一种替代性想象，小说里也展现了很多中国元素：开餐馆的中国兄弟、随处可见的中国菜和中国调料……

3

很显然，遵循传统的写实主义创作路数，有助于欧文在小说中传达出足够丰富复杂的社会内容，但要是他仅止于对写实主义文学传统的亦步亦趋，我们也着实很难想象他能取得如此之大的创作成就。在欧文的写作技法中，最让人惊叹的是小说的布局。在他的几乎所有作品中，他都能娴熟地运用分叙、插叙、补叙等技巧，在大起大落的场景之间游刃有余地来回穿梭，驾轻就熟地操纵着画面的切割与连接、情节的转折与拼合以及主题的阐发与过渡。

无怪乎中国台湾作家张大春通读其作品后发出这样的慨叹：较诸他心仪的前辈狄更斯，欧文更绵密、大胆地运用这种岔题、插叙的手法编就一种19世纪写实主义大师们所无从想象的“乱针绣”般的布局，让一个烦琐复杂的现代世界有了属于它独有的叙事风格。

有意思的是，在世界范围内，包括我国，不少作家的写作都凸显了这种回归传统的趋势，这是否意味着在小说技艺的求索创新之后，文学写作又“退回”到了原点，诚如欧文所反复强调的那样：“好故事是好作品的必要条件。”

佩内洛普·菲茨杰拉德：
一个人可以在一生的任何时刻开始写作

作为当代英国小说界最优雅、鲜明的声音之一，佩内洛普·菲茨杰拉德在世界文坛的闪亮出现，见证着一个文学的传奇。这位 60 岁才开始文学创作的英国作家，1977 年出版了小说处女作《金色孩童》，此后的二十余年间，几乎每推出一部作品，都会在英语文学圈内外掀起不小波澜。

直到 2000 年去世，佩内洛普共创作了九本小说。《书店》《早春》《天使之门》获得 11 次英国布克奖提名，并最终在 1979 年因《离岸》获得布克奖。她最受欢迎的小说《蓝花》在 1995 年曾经 19 次被媒体评为年度最佳图书，还赢得美国国家评论奖。她所著的《夏洛特·缪》等传记，同样因其独特引人关注。

1

因罕见的大器晚成，佩内洛普生前免不了被问及：是什么促使你在晚年拿起笔来写作？对此类提问，她讳莫如深，偶尔谈到也只是淡然地说：在早年的岁月里，我是能够写但没有写，我认为一个人可以在一生的任何时刻开始写作。

可以确定的是，从佩内洛普提笔写作的那一刻起，就注定了她的与众不同。她不曾有强烈的功利心，意图通过写作改变自己的生存状况；不曾怀有惊世骇俗的野心，想要写一部《追忆似水年华》那样的鸿篇巨著；也不曾有前辈或同时代本国女作家夏绿蒂·勃朗特、简·奥斯丁、艾略特或莱辛那样满怀自我和社会表达的渴望和诉求。或许，她最大的愿望，仅仅是经由回忆，记录下生活中那些细小琐碎的瞬间，聊以打发漫长的英国黄昏。

由是，即便“书店”这样一个看似庸常的事物，绝少有人想到借以做小说的主题，更少有人会径直用做书名，佩内洛普却信手拈来，并据此给我们描绘出一道并不寻常的风景。主人公弗萝伦丝，瘦小而不起眼，靠着丈夫微薄的遗产过活，和所有的哈堡居民一样的孤僻。但是她与他们不同之处在于，她想要寻求一种生存的“意义”：在这个几乎被世人遗忘的海岛小镇开一家书店！这无疑使封闭、守旧、拒绝任何改变的小镇掀起了巨浪，嘲讽、打击、阴谋随之而来，在重重的压迫之下，她理所当然地失败了。破产只是最现实的一个结果。她更感觉羞愧的是：她生活十年的小镇并不需要一个书店。

或许，换一个作家，换一种写法，小说的故事会同样被讲述得风生水起。佩内洛普显然没有这样的意图。她笔下的一切，都如《书店》这个书名本身一样波澜不惊。她也没想给小说赋予深刻的思想内涵：书中的这位妇女，其实不懂书，更谈不上有什么深厚的文化修养。她要开书店，也仅仅是早年曾在一家书店工作过，熟悉其中的流程而已。然而，作家那闲散、讥诮、幽默和简洁的笔调，她对自然环境和人物心理体会入微的把握，对藏匿于日常生活中的诗意的捕捉，对市井阶层的刻画，乃至弥漫于整个故事中的一种理想主义的感伤基调，却让人读后，留下挥之不去的深刻印记。

这种“印记”固然源于作家特殊的天赋，及阅尽世事沧桑后的冲淡心态，也同样离不开她的生活经历。事实上，和小说的主人公一样，佩内洛普也开过书店，无论在规模上、形态上，还是经营志趣上，和小说中的“书店”都有异曲同工之妙。而且，她本人的经历也如同“书店”一样优雅、简单。

佩内洛普生于1916年，祖上皆为英国国教地方主教。1939年，她于牛津大学的索默维学院毕业，在随后的几十年中，她从事过许多不同的职业。在二战期间为BBC电台工作，后来做过文学杂志编辑、书店老板和多所学校的教师，二战期间，她邂逅爱尔兰士兵戴蒙德·菲兹杰拉德，并与之成婚，1976年戴蒙德去世。佩内洛普绝少提及这段婚姻生活，然而，奇怪的是，丈夫的死亡成了一个契机，使她动笔写作，直到2000年去世，她传奇的写作生涯才落下帷幕。

2

许是阅尽人生百态之后，佩内洛普更加明白：最终，留在我们记忆中的往往不是轰轰烈烈的大事，而是生活里那些极为细小的琐事，一句话，或是一个场景。由是，她的些微经验和感悟经由内在的提升，总能生发出一个个意趣横生的故事。小说《离岸》的写作，即源于她作为一个船居者的极其短暂的经历。而离开在牛津大学的学院生活，她也很可能不会投入写作《天使之门》。在此后《人的声音》《在弗莱迪那边》等小说中，她以一贯隽永细腻的风格，将看似严肃沉重的主题融入其纤细微妙的笔触，淡然平和中诠释出她对生活和世界的观察和感受。

倘若沿着这条创作路子走下去，佩内洛普或许会成为一个常规意义上的杰出小说家。可她却在古稀之年选择了改变，原因很简单：提笔之初，她仅仅是想通过回忆，表达一己的生活感悟，在这几部作品以后，她觉得已经写完了个人的生活，必须去寻找别的经历，必须出击，“我要倒退回禁忌和社会压力更强大的时代，潜心研究人生的困境。我深信人类的这些困苦现在依然存在。”

发表于 1984 年的传记《夏洛特·缪》标志着她的创作出现转折。作品以如今已被遗忘的英国乔治王朝时期（1714—1830）的女诗人夏洛特·缪为传主，展现了她命运多舛的一生。此后，佩内洛普抛弃了自传的体裁，不再将目光盯在家乡的那一角。在随后的几部小说中，她把故事的发生地搬到了异国他乡：革命前的俄罗斯，意大利的佛罗伦萨，18 世纪晚期德国的萨克森……

随着故事发生地的转换，她还将自己的写作引入情感世界的新领地。许多场景已不是以前作品中单纯的毁灭，而是令人毛骨悚然的惨状。一只幼熊在孩子们的晚会上表演，它浑身上下着了火，我们能听见它像孩童一般嚎叫（《早春》）；诗人诺瓦利斯的未婚妻、14 岁的苏菲在没有麻醉的情形下动手术，外科大夫在她瘦小、丝毫不加抵抗的腹部上举起了明晃晃的手术刀（《蓝花》）。佩内洛普也在小说的艺术形式上作了探索。原先固定的时间框架变得富有弹性，一些章节刚开始便立即收尾。全知叙述者一统天下的局面被打破，传统的写作方式羼入了乔伊斯意识流的火花……然而，作家对所表现的生活却自始至终保持了一种温和而幽默的态度。

在佩内洛普看来，生活是一种毁灭性的力量，对大多数人来说，它是不折不扣的灾难。而她之所以要用喜剧性的笔调来描绘那些悲剧性的场景，就是要给人以勇气和慰藉。由此，在她的作品里，故事内容有其可怕的一面，但它们依旧是喜剧——恰恰是这种内在的张力，构成了她作品吸引读者的一个重要缘由。

正是在这个意义上，有评论家称：为什么要读佩内洛普呢？答案非常简单，因为相比英国文化传统中的许多作家，读她的作品是一种全新的体验，非但如此，即使和世上所有作家相比，她也是那样的卓尔不群。

辑三　即刻

阿尔贝·加缪：
活着，在荒谬中反抗

1

“没有什么比死在路上更蠢的了。”阿尔贝·加缪说。命运之神却开了个玩笑，偏偏让他死于车祸。1960 年 1 月 4 日，他坐在米歇尔·伽里马的汽车上，路经维尔布勒万小镇，眼看就要进入巴黎大区。突然，汽车一头撞在路边的悬铃木上，加缪被抛向后窗，脑袋穿过玻璃，当场死亡。时钟永远地停在这天的 13 点 54 分。其时，不过刚刚下了一场毛毛雨，路面有些湿滑。五号公路的那一段平坦而笔直，9 米宽，三车道，当时几乎没有车辆通过。

加缪罹难的消息，当天成为欧美各大报的醒目标题。时任法国文化部长的作家马尔罗这样对他盖棺论定：“二十多年来，加缪的作品始终与追求正义紧密相连。”曾经和加缪反目成仇的萨特也表示了沉痛的哀悼。而波伏瓦即使服下已长期不服的安眠药也无法入眠，冒着初春寒冷的细雨在巴黎街头徘徊……

然而，作为一个始终与文学沙龙、文学名人、荣誉、勋章保持距离的作家，加缪在世时，却常被痛恨他的人贬低，孤独之时他总对身边的知己说："但愿他们了解真正的我。"多年后，越来越多的人研究他的著作与思想，他的成名作《局外人》也一再重版，印数突破千万册。相比萨特身后声名的式微，时下的法国颇为自豪地把加缪尊为伟人，连来自右翼政治派别的时任法国总统尼古拉·萨科奇也提议，把加缪的遗骨迁到巴黎的先贤祠。

这一提议遭到了加缪后人和法国左翼阵营的反对，在 2010 年加缪逝世五十周年时，关于提议的讨论一度上升为法国热门的政治问题。赞同者称，作为一个对法国做出杰出贡献的知识分子，加缪遗体理当迁入先贤祠受万世景仰。加缪落葬法国南方的普罗旺斯，墓极简，碑石小而粗粝，仅以大刃凿出姓名与生卒年，连月份与日期也略去。在反对者看来，这种孤独、寂寞也许恰是加缪所期待和欣赏的。加缪的儿子若望·加缪即表示，父亲一向远避功名，绝对不会愿意住进先贤祠供人膜拜。

赞同也罢，反对也罢，纷纷扰扰的背后，凸显的却是一个日渐淡漠和疏离的加缪形象。加缪是谁？一个"巴黎的弃儿"——于贫困和苦难的家庭长大，经过奋斗攀上荣誉的巅峰，却始终饱受萨特和其他右翼知识分子冷眼的"局外人"？一个寻找真实声音的伟大作家——《局外人》《鼠疫》《第一个人》等赫赫有名的作品的作者？一个至死都不愿意把自己归入存在主义思想流派的存在主义哲学家——因在《西绪福斯神话》《反抗者》等著作中对"荒谬"和"反抗"的激扬，被人奉为圭臬的道德偶像？

2

在 1954 年为自己的第一本书，薄薄的《反与正》写的再版序言中，加缪开宗明义说的就是“贫穷”，他说：“贫穷对我来说从来就不是一种不幸：光明在其中播撒着它的财富，甚至我的反抗也被照亮了。”的确，在获得诺贝尔文学奖之前，加缪一直是贫穷的。幼年的加缪，家里甚至没有一张写字的桌子。然而，贫穷使他懂得了“自由”。

加缪1913年11月7日生于第一次世界大战前夕法属阿尔及利亚的蒙多维，父亲是欧洲的侨民，母亲是西班牙血统。加缪还不满一岁时，父亲在马恩战役中阵亡，使他“从来没有与那位素不相识的父亲哪怕是从理论上接近过”。加缪的母亲沉默寡言、目不识丁，抚养着两个儿子，住在一套小公寓里，没有厕所也没有自来水。母亲纯洁沉默的自尊心深深影响了儿子，他努力正视贫困带来的羞愧。多年后，他提到母亲曾说：“我们有爱，就算话说完了，也不是一片寂静。”

多亏了两位老师的鼓励，加缪进了法国的高中。在那片当时属于法国现已独立的土地上，加缪当上记者和剧作家，开始写作。1942年，他前往巴黎，开始为《巴黎晚报》工作，然后在伽里马出版社做编辑，秘密地活跃于抵抗运动中，主编地下刊物《战斗报》。在这个时期，加缪不躲避任何战斗，他反对歧视北非穆斯林，也援助西班牙流放者，又同情斯大林的受害者……许多重要作品如小说《局外人》《鼠疫》，哲学随笔《西绪福斯神话》和长篇论著《反抗者》都在这个时期出世。1957年，加缪获得了诺贝尔文学奖，他才买了生平第一套像样的房子。

看似一个普通的“励志”故事，加缪的人生体验，却绝非“励志”那般单薄。在法语文学研究专家、《加缪全集》的主编柳鸣九看来，正因为加缪从一个在文化上、精神上赤贫的底层之家走出来，在文化状态实践了“从零突破”，加缪才成为加缪。清贫的生活状况，使他受到多方面的历练，直面“生存的压力”，最终使他成了一个充满活力的智者，而非“在书本中讨生活的书斋学者”。更重要的是，正是贫穷和苦难的人生，形成了他的荒诞和反抗意识的萌芽，当然还有对爱和自由的执着追求。恰如苏珊·桑塔格在《反对阐释》中所言：没有哪个现代作家，像加缪那样唤起了爱。

3

这难免给人一种矛盾的印象。加缪成名作《局外人》的主人公默尔索便似乎是冷漠的化身。从参加母亲的葬礼到偶然成了杀人犯，再到被判处死刑，他对一切都无动于衷，冷漠、理性而又非理性的存在着，以至于作家马原把加缪这种孤寂性的隐喻式叙写，最终归结为加缪对自身的冷漠。

其实不然，默尔索的冷漠与其说是冷漠本身，还不如说是他洞悉了人类生存荒诞境遇之后的一种彻悟。这种彻悟，在《鼠疫》中的里厄医生那里得到了升华。他不再如默尔索那样对一切都漠不关心，而是与不知从何而来的瘟疫展开对抗，而且在斗争中，他看到爱情、友谊和母爱给人生带来的一线希望。

毫无疑问，在加缪那里，“小说从来都是形象的哲学。”蕴含着哲学家对人生的严肃思考和艺术家的强烈激情，这同时也成了为人诟病的因由。普林斯顿大学法国文学教授大卫·贝罗斯直言，加缪并非20世纪最具创新意义的法国作家，塞利纳和佩雷克在小说艺术史上都远比加缪重要。“作为小说家，加缪无法与雨果、大仲马和左拉比肩，亦非更大范围内的国民象征。他之所以扬名，系因其道德上的坚定性，他的常识，以及他对‘简单化’的拒绝，这些都是我们应当继续光大的价值观念。”

与此形成鲜明对照，加缪作品对中国的影响则主要体现在他的小说美学上。自20世纪80年代被译介到国内以来，加缪的文体风格影响了一大批作家。谈到《局外人》的写作技巧，作家马原至今感触犹深。他说：整个小说，加缪写得冷静至极，从始至终不显露出一点激动情绪。语言丝毫不露声色，多用短句，几乎看不出人物的思考，甚至有些啰嗦，但所有的细节都有意义——始终都是绝对的冷静与克制。而加缪的思想和道德观，他那些充满二元反讽张力的话语："死亡是最终的放纵""凡墙皆是门""人生越没有意义越值得过"则更像是一种知识标签，并未能真正融入中国知识分子的灵魂。

有论者认为，与很多思想者不同，加缪"行"胜于"思"，他关注的是人如何在世，并因此以身作则，用坦诚和人道主义来抚慰这折磨人心的艰难时世。然而，无论是他的小说还是戏剧，或是哲理随笔，都看不到逻辑的一贯性，处处隐含着矛盾，致使后人难以效仿。但正是这种矛盾性赋予了他的作品一种复杂的深刻。

究其实，加缪或许并未试图给人们一种指引，他所做的一切只是给人们绝望中的支撑，就像他自己说的：诞生到一个荒谬世界上来的人唯一真正的职责是活下去，是意识到自己的生命，自己的反抗，自己的自由。

E.L.多克托罗：
很多小说进入居室，我则一直留在门外

E. L. 多克托罗一直抵抗历史小说家的标签，虽然他的小说大多以美国历史上的各个时期作为背景，但多克托罗有自己的理由，他坦言，如果说他的一些小说写到了什么历史背景，那只是纯属偶然，有什么小说不写到一定的历史背景呢，小说不都是写的过去发生的事情？不止于此，多克托罗似乎有意要与恒久的历史唱对台戏，他喜欢把自己当作一名"即刻"作家。

当然这只是戏言。多克托罗更可以说是美国国民作家。在长达半个世纪的职业生涯中，他发表了十二部长篇小说、三部短篇小说、一部舞台剧以及诸多时评文章。虽然算不上高产作家，但他的作品却颇获好评，并为他包揽了美国几乎所有重要的文学奖项。他和菲利普·罗斯、托尼·莫里森、约翰·厄普代克等文坛巨匠一起赢得了"20世纪下半叶美国最富才华、最具创新精神和最受仰慕的作家之一"的美誉，作品被翻译成三十多种文字。

鉴于多克托罗之于美国文坛的重要性，有出版社在其代表作《大进军》的扉页上一言以蔽之："E. L. 多克托罗是一个国宝。"2015 年 7 月 21 日，他因肺癌并发症在纽约逝世，享年 84 岁。次日，时任美国总统奥巴马在推特上向他致敬，称"多克托罗是美国最伟大的小说家之一，他的书教会了我很多，世人将永远怀念他"。多克托罗是多年来诺贝尔文学奖的热门人选。如今，他与这个奖永远擦身而过了。

1

虽然多克托罗不认为自己是历史小说家，但他写得最多，产生最大影响，且最为人熟知的，却是他的历史小说，他的作品就像有评论指出的那样，如时间胶囊一般封存住美国历史的不同切片：《拉格泰姆时代》中五光十色的 20 世纪初叶，《世界博览会》与《比利·巴思盖特》中的 20 世纪 30 年代，《大进军》中的南北战争……

不可否认的是，多克托罗写历史并非有意为之，而是他成长的背景使然。他 1931 年出生于纽约布朗克斯，在纽约长大，他的好几本书都设定在纽约，但他从不觉得纽约是他写作的"地域"，自然他也从不认为自己是像威廉·福克纳或薇拉·凯瑟那样的"地域作家"。

这是因为在多克托罗看来，纽约是一个变动不居的地方，事物永远在变化，你每一次转身都会有一幢旧楼被拆掉，一幢新楼拔地而起，每一个代际都有来自不同国家的移民在移民社区扎下根来，它从来不会给人以一种永恒的感觉。而那些有着浓厚地域色彩的"南方作家""西部作家"，他们的写作却都依赖于一个地方所提供的稳定性。以此看，多克托罗书写纽约，处理的主要是不同的年代，更甚于一个固定的地点，正因为此，一段历史时期之于他，恰如一个地理区域一样能成为他很好的构建小说的支点。他说："福克纳有他在密西西比的一块地，而我则有 20 世纪的某个 10 年，它会给我想要讲述的故事提供边界。”

然而多克托罗孜孜以求的却是打破边界，即使是被视为其童年回忆录的《世界博览会》（1985）也不例外。小说以20世纪30年代的美国社会为背景，当时正值经济大萧条时期，作为居住在纽约的犹太移民第三代，主人公埃德加以孩童的视角描述了他成长过程中遇到的人与事，描述了1939年纽约世界博览会的空前盛况，记下那一时期纽约社会生活和犹太家庭生活的实录。有意思的是，除自述外，小说还穿插了母亲罗兹、哥哥唐纳德、姑妈弗朗西斯的叙述。虽然多克托罗用了这些亲人的声音，就像是他做了关于他们的口述史记录一般，其实这只是他的虚构。

而口语体恰是多克托罗的擅长，他在小说里把各种声音组合在一起，用意不只是为叙事进程提供某种节拍或者延宕，更是意欲在当今机械复制的时代复兴传统的“讲故事”的技艺。当然，多克托罗并不是简单地讲故事，他在文学实践中往往故意打破文类界限，将成长小说、自传、侦探小说、犯罪小说等融于一体，他还故意打破精英文学与通俗文学之间的界限，将多声部叙事、悖论、戏仿、拼贴等后现代派写作技巧灵活运用于小说，如此他又被称之为后现代派作家。

2

要据此以为多克托罗甘愿被戴上“后现代派作家”的标签，那就大错特错了，他戏谑道，自己不知道这派作家是个什么样子。他不仅不把自己归于此列，他也不认为他的前辈约瑟夫·海勒是后现代派作家。在他看来，海勒在小说中首创性地用荒诞手法揭示美国空军内部争权夺利、上级压制下级等腐败现象，无非是故事情节发展使然，而他采用许多后现代派写作技巧，也只是为了小说叙事的需要。

事实上，多克托罗如此辩解，不如说是为了“越轨”的需要。他很早就意识到，想要当一名好作家，就必须要有一种“越轨”的感觉。而只有敢于蔑视规则，挑战礼法，他才能在不受束缚的自由中找到真理。“如果我在‘越轨’，这意味着我的思想是自由的，只有拥有这种感觉时，我才感到自己的写作是成功的。”

20 世纪 50 年代，多克托罗自部队退伍后在一家电影公司找到了审读员的工作，他的任务就是大量读书，看看有没有可以被改编成电影的故事。当时西部片非常流行，所以他需要阅读大量西部类型小说，并为公司高层撰写评估报告。在此过程中，他产生了写一部关于西部小说的反讽之作的想法，并以此写了一个短篇，他的上司读过后，认为这是一篇很不错的小说，建议他不妨扩展成长篇，他照做了。有意思的是，写着写着，小说就越出了原有的轨道，他没法再以原先准备好的廉价材料去炮制一部俗套的商业类型小说，他必须努力写出一部真正值得阅读的作品。这本最初的“越轨之书”，即为《欢迎到哈德泰姆斯来》。

小说于 1960 年出版后获得成功，不仅让多克托罗坚定了自己当作家的信念，也让他在“越轨”的路上越走越远。他在历史小说中，将历史人物与虚构人物混合在一起，或展开恢弘的想象，构建发生在历史人物身上的故事；他在纽约系列小说里，让半自传体的“我”，在他笔下真实的纽约社会里自由穿梭。但他的“越轨”也有失败的时候。1966 年，他出版了第二部长篇小说《大如生活》。其中写到纽约出现了比帝国大厦还高的裸体巨人，但对这样的“越轨”，读者并不买账。

帮助多克托罗赢得文坛地位的是他发表于 1971 年的第三部小说《但以理书》。多克托罗选择 20 世纪 50 年代初轰动全球的罗森堡夫妇因所谓“间谍罪”被处死的真实政治事件作为全书故事的核心，引起了美国广大读者的共鸣。它仿佛是 20 世纪 60 年代美国社会的缩影，巧妙地展示了美国政府卷入越南战争，迫使大批青年去当炮灰，草菅人命专断独行的弊病。次年，该书荣获古根海姆奖，奠定了他的作家地位，并在1983年被改编成同名电影搬上银幕。《卫报》将这部小说称为“杰作”，他本人也因此被《纽约时报》评为“一流的美国作家”。1975年，多克托罗出版《爵士时代》，该书堪称他的代表作，在美国《世纪文库》评选的20世纪百部英文小说榜上名列第86位。

实际上，多克托罗不仅在写作方法上会“越轨”，他笔下的人物也常常是喜欢“越轨”的人。他们过着某种极端的生活，或是处于文明的边缘，而多克托罗的奇崛之处，就在于他能经由自己的笔，让这些边缘人物焕发出神话般的夺目光彩。他根据一则真实报道写成的长篇《纽约兄弟》，就是一个很好的例子。故事的起源很简单，一对古怪的兄弟在大都市过着隐居的生活，去世时却成了报纸头条，因为他们家里的每个房间，从地板到天花板都堆满了一生收集起来的东西。多克托罗一直不能忘记这则新闻，他带着把它们写成小说的想法和感情过了许多年，有一天他发现自己写下了这样一个句子：我是霍默，眼盲的弟弟。这时他才意识到他要开始写关于科里尔兄弟的故事了。不过，他对他们的症状的医学层面不感兴趣，他是将他们当作“神话”来对待，这对古怪的囤积垃圾的兄弟，由此成了美国文明的收集者。有意思的是，小说以小人物来隐喻大历史，多克托罗却没有扩展和渲染，而是压缩。在故事结尾，多克托罗正如有评论所言，不是把故事推向高潮，而是用最后几句极度悲伤、恐惧的句子，直接把读者推下了悬崖。

确乎如此，多克托罗似乎变着法儿在挑战读者的认知，他不屑于去迎合读者。他反映美国南北战争时期社会生活的长篇小说《大进军》，围绕着南北战争的最后一战展开。然而指挥这场战役的谢尔曼将军，林肯总统和格兰特将军，并不在小说的中心位置，越是实际深入小说的腹地，就越会发现处于小说中心的，是一些在他笔下鲜活起来的、充满人性的普通人。多克托罗通过这样一部气势磅礴的小说，要表现的则是无数被美国南北战争卷入国家暴力的普通人的生活。

而多克托罗这么做，并不只是出于叙述“越轨”的需要，而是包含了另一层深意：他要揭示出美国社会内在的悖论。他的成名作《拉格泰姆时代》（1975）以三个具有代表意义的家庭作为主线，描绘了美国20世纪初到一战爆发前的芸芸众生相。虽然这一时期被称为进步时期，史学家们也总是颂扬文明光鲜亮丽的一面，多克托罗却更多关注与繁荣共生的种族矛盾、移民危机、性别歧视等社会问题，他感兴趣的不是广为人知的主流历史，而是历史上那些被湮没的声音与事实。

3

诚然多克托罗的写作，立足于美国社会，他显然有着更为宏大的追求：即对于人类生存与发展的深刻思考。他于2014年年初推出的新作《安德鲁的大脑》，以神经系统科学家安德鲁与其精神治疗医师的一系列对话为框架，通过追述他在两次婚姻以及在政府任职的人生经历，意在对如今流行的“历史终结论”思想加以批判。

在小说里，多克托罗还借安德鲁的口吻，探讨了人的认知、记忆，包括人隐藏于内心深处的灾难记忆。在多克托罗看来，如果人们能弄清楚人的大脑如何形成思维，如何产生思想和情感，以及我们的主观生活等问题，将是一个了不起的智力成就。但同时也会给我们带来危险，因为假如我们理解了大脑如何运作的每个细节，那电脑就可以仿制我们的大脑和意识。“如果这种事情发生了，那就是自青铜时代以来我们所生活的这个神秘世界的终结，我们也将不再需要用各种故事来解释人类的生活。那将是个大灾难，如同小行星撞击地球一样。”

多克托罗的思考贯通古今，常给人天马行空的印象，但他在任何意义上都不是一个耽于幻想的作家。他抵抗历史小说家的标签，却对传统的历史小说进行过深入的研究。他在小说里运用很多后现代派的写作技巧，总体给人感觉却极尽写实。为了写出变革时期美国拉格泰姆音乐似的社会氛围，在《拉格泰姆时代》里，他甚至在语言上也进行了变革，运用大量互不关联的短语略句，给人一种类似切分音节拍那样的跳动感。而他对自己笔下每个历史时代的忠实描绘，正如有评论指出的那样，实在不亚于塞尚对一盘桃子的忠实，其精细程度表现在甚至连当时人们的居室布置、服饰爱好都描绘得一丝不苟。

作为一个喜欢时时“越轨”的作家，多克特罗的每部小说都有变化，不变的是他对西方社会小说传统真正意义上的继承。他不像如今大多作家所做的那样局限于叙述个人生活，而是像他崇尚的狄更斯、雨果、西奥多·德莱塞、杰克·伦敦等作家那样，深入外部世界，力图记录和表现一个时代。他说：“近年来小说进入居室，仿佛户外没有街道、公路和城镇。我则一直留在门外。”

阿兰·罗伯-格里耶：他唯一确定的思想就是怀疑

法国新小说派代表作家阿兰·罗伯-格里耶，于2008年18日凌晨因心脏病在法国西部城市卡昂的一家医院病逝，享年85岁。对他的逝世，法国总统萨科齐办公室在一份官方声明中说："毋庸置疑，随着罗伯-格里耶的去世，法国的知识分子史和文学史上的一个时代已经终结。"

格里耶反对传统叙事，他被认为是世界上最重要的先锋作家之一。这名文坛"坏孩子"的辞世，在中国文学界产生了强烈反响。2005年他访问中国之际，与之有过一次座谈的作家余华表示："罗伯-格里耶称不上伟大，但非常独特。他的去世标志着法国新小说作家的时代悄然结束了。"

1

20世纪50至60年代，以罗伯-格里耶、娜塔丽·萨洛特、米歇尔·布托、克洛德·西蒙等为代表的一批新作家公开宣称与19世纪现实主义的文学传统决裂，探索新的小说表现手法和语言，描绘出事物的“真实”面貌，刻画出一个前人所未发现的客观存在的内心世界。法国文学评论家称他们为新小说派。虽然最后是克洛德·西蒙获得了诺贝尔文学奖，但毋庸置疑，在为新小说开拓未来道路的过程中，格里耶是一个导向者，在理论上，更是一个真正的奠基者。

“小说被贬为次要的艺术只是因为它固守过时的技巧。”在评论集《未来小说的道路中》开头，格里耶这样惊世骇俗地挑战巴尔扎克们，这遭到同行和整个评论界口诛笔伐。1963年，罗伯-格里耶最重要的文学评论集《为了一种新小说》出版，格里耶运用其异类的思维方式对传统的小说创作观念进行了非难，试图为未来的小说发展指出一条新路。

在随后发表的《自然、人道主义与悲剧》一文中，格里耶进一步阐明了他“物本主义”的艺术观点。在这种观点的主导下，在格里耶的前期作品中，不见了以往小说中不可或缺的中心人物，作品从头至尾是对景物的冷静、细致、反复以至繁琐的描写。小说的情节降到了极其次要的地位。

不过，格里耶似乎没有把这种特性坚持到底，进入20世纪60年代以后，在他写的《幽会的房子》等作品里，其风格出现了某种变化。物的地位降低了，人物形象变得清晰了，色情与暴力的场景取代平淡冷漠的琐事描绘。

罗伯-格里耶最具代表性的作品当属1953年出版的第一部小说《橡皮》，小说讲一个发生于24小时之内的、枪击与死亡之间的故事。作家借侦探故事揶揄传统现实主义善于制造的“真实幻觉”。在小说结构上，他打破了按时间顺序发展情节的格式。

除文学创作外，罗伯-格里耶也是法国“新浪潮”电影的重要战友。他创作了大量电影剧本，其中包括著名的《去年在马里安巴》，后被阿兰·雷乃搬上大银幕，获1961年威尼斯电影节金狮奖。

法国文学专家柳鸣九在评价罗伯-格里耶时称：他的身上无疑结合着超人与俗人两个方面。作为一个作家，他显然是富有才情的，他把自己的才能用得其所，致力于摆脱传统文学的窠臼，探索新路，追求独创性；从纯文学的角度来看，格里耶不幸地还具有另一个方面。尽管他主张文学的写实应该摆脱人的主观构想、主观色彩，主张要达到纯粹的真实，但是他的创作却并不能摆脱他个人的色彩，为使自己的写作尽快得到社会的承认，他经常赋予自己的文学实验品以某些吸引读者、招徕观众的成分，在作品中加进一些提味的作料。

由此，侦探、凶杀、暴力与色情等因素，无论在他的文学作品《橡皮》《窥视者》等，还是在他的电影作品《去年在马里安巴》《不朽的女人》等中随处可见。在某种意义上，也正是这些所谓的“消极”因素，使他错失了诺贝尔文学奖。

但这并不影响他的读者、观众对他的积极评价。电影导演贾樟柯提及罗伯-格里耶编剧的《去年在马里安巴》，心中充满感激之情。他认为这是每一个热爱电影的影迷必看的法国“新浪潮”代表作。电影评论家崔卫平也表示：“他的影片我印象很深，镜头很独特，很有尊严，显示了极高的文化高度。”

2

“外国对我的书感兴趣，就像对波尔多葡萄酒、干酪和香水等其他特别尖端的法国产品一样。”生前，在一些公开场合，格里耶谈到自己的作品为何在法国之外如此畅销时作如是表示。他去世后，法国《世界报》对他作出评价，称他是“20世纪后半叶最伟大的作家之一——可能也是在法国之外最知名，却最不得法国人喜爱的作家”，可谓切中肯綮。

而格里耶在法国之外的知名，使得他经常应邀去世界各地旅行。事实上，他的确热爱旅行。在汇集其长达半个世纪的叙事小作品、小说和电影的作品集《旅行者》的序言中，他声称自己把旅行视为撬动整座青铜——他曾经如此形容他的写作目标——的支点。而他和他的妻子卡特琳娜就相识于旅行途中。那是1951年夏天，在创作《橡皮》的时候，他写到第40页时便卡住了。“我从《战斗报》上看到了一则组织学生去土耳其旅行的小广告，随后凭着一时的冲动离开了布雷斯特。”在火车上，格里耶认识了长得像孩子的卡特琳娜，他们结婚了，并有了重回伊斯坦布尔的电影《不朽的女人》。

格里耶夫妇也曾三次携手来中国“旅行”。这自然是源于格里耶和中国颇为深厚的渊源，他的作品几乎都被译介到了中国。1979年，他的小说《窥视者》最早在1979年出版，可以说是法国“新小说”在中国最早的出版物。20世纪80年代初，中国翻译研究界对法国“新小说”进行了系统的翻译介绍。格里耶的《橡皮》、西蒙的《佛兰德公路》是中国创作界、评论界后来每每谈到“新小说”时必定要引述到的两部作品。

于是，1984年，格里耶第一次应邀来中国访问。翻译家余中先回忆道，他陪格里耶夫妇游故宫，从三大殿溜达出来后，他们坐在一个石阶上歇脚。格里耶看到不远处坐着一老一少，便认定那是师徒俩，那老先生是个搞艺术的。余中先瞅了个空，上前与那个戴草帽的老头搭讪，问到他供职何处，他果然说他是山东某师范学校的老师，教绘画。“格里耶的眼睛实在够‘毒’。”

这并不奇怪，格里耶出名，就出名在于他对物的纯客观描写，对物的准确记录。余中先说，格里耶写小说时描写物体时特别细致。如明暗、色彩、位置、距离等视觉艺术概念，在他的笔下以细而又细的描写体现出来。“由于观察的细微，格里耶能独具慧眼，把常人视而不见的东西细细地状写出来，甚至还把它与它所引起的联想、想象、幻觉混起来写，写得以假乱真，使人难辨真伪。”

有意思的是，在生活中，格里耶却习惯把事情分得清清楚楚。1998 年，格里耶第二次访问中国，出版策划人陈侗陪同格里耶夫妇在海南旅行。一天早上，他托翻译告诉格里耶，说他想利用每天吃早餐的机会给他提一些文学上的问题。翻译很快回来，说格里耶认为这是一个愚蠢的想法。这让陈侗大惑不解，并有些感到伤了自尊。直到两年后，他去诺曼底的城堡拜访格里耶，谈话中格里耶主动提到那次的翻译，陈侗便顺势问起早餐时提问的那件事。格里耶耸了耸肩膀告诉他，那时，翻译并没有完整传达他的意思。他的本意是，吃早餐就是吃早餐，讨论问题就是讨论问题，两件事不能混在一起。

此后，2005 年，格里耶最后一次访问中国。他应邀在北京参加第 12 届国际图书博览会，并与余华进行了座谈。谈到自己的写作，格里耶说，他用的都是法语里正常的语法。“如果把我的每句话单独拿出来，你会看到语法结构很简单。我可以说：我写的文字与加缪的文字是处于同一层次的语言。可是有些人即使看懂了字面，却不知道小说里到底发生了什么，因为我说出来了一些，隐藏了一些。”

格里耶这么说，是因为在他看来，他的不好懂，不好理解，和他面对这个世界时觉得难懂是一致的。有些作家理解了这个世界，然后以写作帮助你理解世界，巴尔扎克就是一个典型。“我正好相反：我写作是因为我不了解这个世界，从专业角度看，我没有受过专业训练，我是农学工程师——当时我在研究非洲水果的一种病，在研究中，他忽然问自己：我到底在干什么？我是谁？于是跑去写小说了。有时候读者说‘你的书到底说什么，我不明白’，我说‘我也不明白’。”

确乎如此，就像陈侗说的，格里耶对很多事物都保持怀疑，他唯一确定的思想就是怀疑。陈侗说：“对于中国文学界，罗伯-格里耶最初的影响来自他独特的文学结构、形式、样式，这给中国的写作者带来很大的新奇。但后来他的影响更多体现在其思想深度。格里耶不属于任何一个确定的立场。”

3

格里耶在文学世界中选择孤独，却被世界奉若神明，虽然大部分人并不能将自己的耐心坚持到书的一半，而格里耶也乐意享受这样的名声。事实上，的确有许多仰慕他的人却并未读过他的作品。在回答类似的提问时，格里耶习惯用安迪·沃霍尔的话来作答：“我主要是由于我的名声才出名。”

事实上，恰如法语文学译者袁筱一所说，格里耶不是那种等别人来定义自己的作家。他一边定义自己一边写作，一边构建他的文学主张，一边将之完全实践在自己所控制的小说领域。“正是因为这样的原因，格里耶成为实际上拥有最少读者，然而却拥有无上知名度的法国当代最重要的小说家之一。”

但让格里耶高兴的是：在他生前，读懂他作品的人越来越多。他说：我有很多读者来信，当然有不少像是疯子写来的，我还是能看出真正的读者。他同时表示：“作为作者，我讲述的是我不理解的一个世界，因此我不承认读者真正读懂了我、读懂了这个世界。”

在关于后期小说《反复》的一次访谈中，格里耶说：“这部小说比我之前的书更难懂，可后来我却发现它拥有众多的读者，尤其是年轻读者。我觉得实现了自己年轻时的梦想：要改变人们的阅读习惯——因为在读的都是年轻一代的人。”

格雷厄姆·斯威夫特：体验生活中每一时刻、每一地点的“真实”

1980年，31岁的英国作家格雷厄姆·斯威夫特出版了长篇处女作《糖果店主》，小说围绕主人公威利一天的生活展开，这一天恰好是他离家出走的女儿多萝西的生日。在超负荷的工作中，威利不时回顾过往生活的点点滴滴，幻想着女儿突然回到家里，发现自己的父亲已经去世，从而化解对他的怨恨。那时的斯威夫特多半没想到，这部不为人关注的初试啼声之作，其实已经预示了他此后写作中反复出现的主题：专注于对复杂的家庭关系和上下辈间巨大的隔阂代沟的探讨，在历史和记忆的追溯中层层展开对真相的“破解”之旅。

历经三年的沉寂，《水之乡》的出版终于为斯威夫特带来广泛声誉，小说问世不久即获久负盛名的布克奖提名。《水之乡》以东英吉利沃湾沼泽地带为背景，主人公汤姆·克里克是位中学历史教师。他独辟蹊径，抛开教科书中干巴巴的死历史，向学生们讲起了一个个只属于他自己的人生故事。而以学生普莱斯为代表的年轻一代对过去毫无兴趣，他们质疑学习历史到底有何用？在人类正面临着核武器毁灭性大戮杀的威胁之时，空谈历史意义何在？因此，为了弄明白自己的人生遭际，汤姆重述了自己的人生故事，他构建自我，而在构建的过程中意识到“也许历史只是讲故事而已”。然而，他同样深深意识到，或许只有历史这一宏大叙述才能填塞人类的真空，驱散我们对黑暗的恐惧。而所谓对历史的构建，这一切叙述的形成，其实是我们理顺人生，保护自己，抵御混乱的有效手段。

直到1996年，他的第六部长篇《杯酒留痕》力挫群雄，夺得当年度的布克奖，斯威夫特才最终奠定自己在当代英国文坛的重要地位。此后他的每一部新作都引起人们的关注。迄今，他的作品已被译成近三十种文字，在世界各地拥有一大批热心读者。而他最负富盛名的《水之乡》和《杯酒留痕》被成功改编成电影，更是赢来观众的热烈追捧。

1

从表面上看，《杯酒留痕》讲述的是一个十分简洁的故事：三位工人阶级家庭出身的老人——保险员和赌徒雷、殡仪员维克和拳击手莱尼——遵从他们共同的好友杰克·道兹的最后“杯酒留痕”，乘着他的养子文斯驾驶的梅塞德斯牌汽车，从伦敦南部百慕德赛的一家酒馆出发，向肯特郡的玛该特进军，把他的骨灰撒向大海。而埃米，身为杰克的遗孀，却拒绝与他们同行，她踏上了另外一段旅程——赶去探望患有智障的五十岁的女儿琼。往日的时光随着两段旅途缓缓流向远方……

小说主要由杰克的三位好友叙述，其中雷不仅叙述自己的故事，而且也叙述了以旅行途中经过的地名为标题的章节。包括文斯、杰克的遗孀艾米、文斯的妻子曼黛和杰克本人在内的其他叙述者的声音，则俨然构成了一部高低起伏的交响乐。乍一看，人们不难想到，小说深受美国作家福克纳的影响。然而在承认这一联系的同时，斯威夫特也反复强调了自己作品的独特性。他说，要描写与遗体密切打交道的人们，你很难不想起《我弥留之际》这样一本题材相同的经典小说，但是一个如此基本的、普通的故事，如此亘古永恒的故事，你同样也可以说它不属于任何作家，它是一个应被一遍又一遍地重复叙述的故事。

的确，这个看似被重述的故事，与其说是对《我弥留之际》的模仿，不如说是斯威夫特一贯历史与记忆主题的变奏。小说一开始，死亡就没了惯常对终结的恐惧，而是成了新的开始；葬礼也一扫平常缅怀死者的悲痛与阴霾，成了狂欢的旅行。小说中无处不在的怀旧情绪，代表了作者对历史的怀念与尊重，但更重要的是，它其实触及到了斯威夫特最核心的道德关怀：对历史的召唤与铭记并不是一味地沉迷于对过去的纠缠，也不是总幻想着到达目的地；相反，人生应该关切的是此时与此在，体验生活中每一时刻、每一地点的“真实”。

2

相比《杯酒留痕》的明朗，斯威夫特的多数作品都呈现出一种沉郁的基调。他小说的主人公原本和平常人一般，有婚姻有家庭，有老人有孩子，生活在风平浪静中。往往是一个变故。使他们一下子觉得自己被冲击到风口浪尖，于是对事物产生了怀疑，变得郁闷消沉，进而开始偏执、粗鲁，以至于影响自己及他人的正常生活，甚至从此改变人生态度。

他的长篇新作《明天》即是一部反映现代英国社会家庭生活的小说。故事开始于 1995 年的一个仲夏之夜。在伦敦一个中产阶级的家庭中，一家人正在睡觉。丈夫麦克经营着一家大众科学出版公司，妻子保拉是一个搞艺术品买卖的商人。他们有一对双胞胎孩子，凯特和尼克，明天就将是他们的 16 岁生日。这一夜，在丈夫和孩子的鼾声中，只有妻子保拉辗转难眠，陷入了无尽的沉思，因为她答应孩子们，在他们的生日那天要告诉他们一个重要的秘密。而这个秘密的揭示可能给这个一向在外人眼里的幸福家庭带来空前的大变动……因为，麦克并不是这两个孩子真正的父亲。

其实，在早年的短篇小说《儿子》中，斯威夫特已然对“保拉们”对真相的惧怕做了思考。小说中科斯塔基和他的老婆安娜带着失去父母的养子阿多尼，从战火纷乱的希腊移民到英格兰，开了一家希腊小餐厅艰难糊口。看着养子慢慢成年，夫妻俩却没有勇气把收养的真相告诉儿子。生活平静安宁，但科斯塔基心里总是有疙瘩，觉得这个秘密即将保守不住，他惶惶不可终日，既害怕又无奈地等着这一天的到来。然而，本以为刻意的、好心的隐瞒并不等于事情没有发生，而事实的揭露反而带来更具毁灭性的打击。

3

唯其如此，我们才能理解为何在写于 1981 年的长篇《羽毛球》中，斯威夫特最终让主人公普兰提斯放弃了对所谓真相的锲而不舍的探求。在政府机密档案部门工作的普兰提斯被他的上司奎恩安排调查一档与其父亲有关的卷宗。在调查过程中，普兰提斯怀疑父亲在 1944 年得以成功逃离盖世太保囚禁的马丁大庄园监狱，并不是出于他的机智英勇，而是他出卖其他三个英国间谍后换来的个人自由。在痛苦的怀疑中，普兰提斯再次仔细阅读了父亲的战争回忆录，希望在父亲书中的字里行间找出答案，证实父亲叙事的可靠性。然而，就在可能揭示事实的材料呈现的时候，他烧毁了所有有关父亲的档案记录……

斯威夫特如此执着于“其中却有某种顽强而使人震撼的东西”的讲述，或许还源于他的一个心结。在 1993 年接受采访时，他曾说：我出生时第二次世界大战刚刚结束，我的小说还留有 50 年代的痕迹——当我还是个孩子时，人们在我周围散播着各类英勇的神话故事。对我们这些小说家来说，我们的任务就是破除这些神话。然而，随着神话的轰然崩溃，又该如何承受？斯威夫特并没有给出答案。

这并不奇怪，或许在他看来，小说最重要的就在于它模棱两可的含混性。“小说家要探讨的并不是非此即彼，而是既此又彼。小说有多种多样的可能性、矛盾和悖论——正如大家所知，这一切就是人生的真实经验。”

村上春树：
每个人都有属于自己的一片森林

在村上春树《挪威的森林》里，永泽对渡边君宣称：对死后不足三十年的作家，原则上是不屑一顾的。他一语道出自己的理由：不是说我不相信现代文学。我只是不愿意在阅读未经过时间洗礼的书籍方面浪费时间。人生短暂。

2017年，《挪威的森林》日文版初版三十周年。如果是永泽，对这本书会有怎样的评价，他会不会也在原则上不屑一顾？何况，村上春树是活着的作品畅销不衰的作家之一，近年屡屡因“陪跑”诺贝尔文学奖成为热门话题，今年年初还推出了继《1Q84》之后又一部多卷本长篇小说《刺杀骑士团长》。

不管怎样，即使是以再严苛的标准，一个作家能历经三十年依然炙手可热，一本书能历经三十年而始终畅销不衰，且如村上春树“御用”翻译家林少华所说，即使昆德拉、马尔克斯、海明威和杜拉斯，即使他们声名远播的《生命不能承受之轻》《百年孤独》《老人与海》

《情人》好像也很难比得上村上春树和他的《挪威的森林》。如此，也诚可以说是经受住时间的洗礼了。

回到《挪威的森林》，听永泽的高谈阔论后，渡边君在头脑里算了一下："可是菲茨杰拉德死后只有二十八年呐！"永泽回答道，那有什么，才差两年。像菲茨杰拉德那样的杰出作家可以网开一面嘛！

或许，对《挪威的森林》，我们也是可以网开一面的，虽然不必过早把它看成是不朽的经典，但要能洞悉其畅销不衰的奥秘，至少对当下阅读、写作乃至出版都有启发性意义。而实际上，有关这本书的谈论已经太多，以至于我们不得不感慨，对于这样一本似乎仍有着不解魅力的作品，我们还能说些什么。

1

林少华在最开始翻译《挪威的森林》时，也算是对它"网开一面"的，这倒不是因为不屑一顾，而是因为直到翻译这本书时，他对于村上春树的了解还是一片空白。

《挪威的森林》日文版出版一个月后，也就是 1987 年的 10 月。林少华刚刚开始在日本大阪市立大学的留学生活。他回忆说，那时，他一门心思想当像那么一回事的学者，写两三本学术专著，"往桌面上一打，把周围的同事吓得半死。"所以，即便是每次去书店都见到"一红、一绿"上下两册《挪威的森林》各带一条金灿灿的腰封，摆在进门最显眼的位置。即便是他明知这本书当时已经红到万人空巷，无人不看的地步，他也是不看的。他调侃道："当时不看的，大概也只有我这个日后成为这本书译者的人。"

当然，林少华选择视而不见，也不只是因为他想当学者，还因为他想当研究日本古典文学的学者，虽然他在本科和研究生都读的日本文学，但他并没有决定研究日本现当代文学。所以，吉林人民出版社出版的一本季刊杂志《日本文学》，曾出过一期村上的专题，里面有两三个短篇，当时他也没怎么注意。

转眼到了 1989 年 12 月，林少华回国两个月后，日本文学研究会的年会在广州召开。于今年 9 月过世的李德纯老先生，把他拉到漓江出版社一位小编辑面前极力推荐《挪威的森林》，告诉他如果翻译出来，市场前景将会有多么“美妙”。林少华想，当学者诚然美妙，但在很大程度上是以钞票的美妙为前提的。那时，他也的确想弄几个钱补贴家用，瞒着老婆寄给乡下的父母，至少改善下自己的行头。他就怀着这种既不美妙，却也未必多么猥琐的复杂心态接受了这项翻译任务。在翻译过程中，林少华不由感叹“日本还有这么好玩儿的小说”。

如今回想那时的翻译，林少华觉得和村上春树写《挪威的森林》时的情境倒颇为相似。村上春树当时住在罗马郊外一座低档的旅馆里，林少华则蜷缩在暨南大学一栋教工宿舍单元套间的角落里。“那年广州的冬天格外阴冷，借用村上春树的说法，就好像全世界所有的冰箱全都朝我大敞四开，全世界所有的冷雨都落在了广州的草坪。只是我放的音乐，一不是‘挪威的森林’，二也不是村上春树在写这本书时放了一百二十遍的‘佩伯军士寂寞的心俱乐部乐队’。我放的音乐是中国古琴曲《高山流水》《渔舟唱晚》《平沙落雁》。我虽然不懂爵士乐，但古琴曲里那种哀而不伤，乐而不吟的超越日常凡俗性的旋律，却也非常适合我当时的心境，让我很快在村上春树的世界里流连忘返。”

就这样，林少华开始了和村上春树的“二十年长跑”。他眼看着《挪威的森林》如何从不入流的“地摊女郎”变成陪伴小资白领们出入星巴克的光鲜亮丽的“尤物”，进而升格成半经典性世界文学名著。他也眼看着翻译村上春树从开始不那么受待见的冷门变成日语文学翻译领域炙手可热的大蛋糕，进而引发围绕村上春树翻译风格等展开的诸多争议。虽然如此，上海译文出版社及该社文学编辑室编审、村上春树作品系列编辑沈维藩一直坚持用林少华的译本。在沈维藩看来，开“林家铺子”，着实是因为林少华文笔好，能赢得读者的心。“有的人从纯翻译的角度，认为林少华译得不太忠实。但我们出的是小说，不是教科书。林少华懂得文学应该怎么翻译，他能用漂亮的汉语把它译出来。”

自然，林少华有自己独到的翻译理念，也可以说是他翻译村上春树作品的心得体会。他说，文学翻译不仅仅是语汇、语法、语体的对接，而更是心灵通道的对接、灵魂剖面的对接、审美体验的对接。“换句话说，翻译乃是监听和窃取他人灵魂信息的作业。我倾向于认为，一般翻译、非一般翻译和好的翻译的区别就在于前者对着皮毛转述故事，后者窃取灵魂信息，为重构审美感动。”

2

事实上，上海译文出版社坚持把“林家铺子”越开越大，归根结底还在于林少华的翻译固然有一些争议，不可否认的是，他迄今翻译的包括《挪威的森林》在内的 40 余本村上春树作品，总体而言都产生了不错的市场反响。

该社副总编辑吴洪援引相关数据表示，译文版《挪威的森林》于 2001 年推出后，当年印数就达到 47 万册，此后，该译著一直在中国畅销书的榜单上，迄今它的印数已经达到 450 万册，每年的重印数在 30 万册左右。“它的重版印次由于版本的丰富，现在要统计都比较困难了。我们出版了平装版、精装版、纪念版、电影版和俱乐部版等等，大概有六七个版本。这本译著也被旅美学者李欧梵列为 20 世纪对中国影响最大的 10 部文学名著之一。”

与此同时，村上春树的其他作品也随着《挪威的森林》的走红开始热销。吴洪表示，从2001年到2008年，该社几乎囊括了所有村上春树的作品，计四十余部，有长篇、短篇、随笔、插图本、小品等。“在这七八年的时间里，译文社共出版村上春树的作品累积近五百万册，今天这个数字翻一番，接近一千万册，随着他的新作《刺杀骑士团长》面世，突破一千万册只是指日可待。”

确乎如此。据该社编辑透露，这本小说自上架开始，几乎以每两秒一本的速度销售，三十五万的初印数目看起来没有什么压力。小说到底讲了什么呢？“我”是36岁的专业肖像画画家，结婚六周年纪念日前，妻子毫无征兆地提出已有外遇，要求离婚，于是“我”独自离家开车在外游荡了一个半月，最终应好友雨田政彦之邀，住进小田原郊外山间其父雨田具彦的旧居兼画室，期待通过环境的改变调整心情。就在搬家后不到八个月的时间里，奇妙的事件发生了。雨田政彦帮“我”介绍了山下绘画班任教的工作，“我”和班里的两位人妻先后成了情人，经神秘邻居免色的精心策划，和班上的少女真理惠也建立了密切联系。雨田具彦是日本画画家，“我”搬进那栋房子后不久，意外在阁楼发现了他那幅不为世人所知的大师级作品，即为“刺杀骑士团长”，而《刺杀骑士团长》同时也是莫扎特的歌剧《唐璜》中的一幕情节。由此，“我”被卷入一系列不可思议的事件。

在小说里，村上春树把南京大屠杀的历史作了画作的背景。雨田具彦在维也纳留学期间，正是希特勒意图吞并奥地利之时，作为那段历史的见证者，他参与了刺杀纳粹高官的行动，行动败露后，被遣送回国，他的犹太女友被送入集中营。而此时，他的弟弟雨田继彦，一位学音乐的大学生，被征兵派去了中国，参与和见证了南京大屠杀。战争结束后，雨田继彦深受战争创伤的刺激，割腕自杀身亡。深爱弟弟的雨田具彦受到了双重打击，开始潜心创作了《刺杀骑士团长》这幅画作，把他对历史的愤懑，对战争狂人厌恶情绪通通通过这幅画作宣泄了出来。

村上春树在小说中对这段历史毫不讳言，“日军在激战后占据了南京市区，在那里杀了很多人……至于准确说来有多少人被杀害了，在细节上即使历史学家之间也有争论，但是，反正有无数市民受到战斗牵连而被杀害则是难以否认的事实。有人说中国死亡数字是四十万，有人说是十万。可是，四十万人与十万人的区别在哪里呢?”联系到日本右翼分子总是以具体数字有争议为由，来淡化大屠杀的性质，甚至否认南京大屠杀作为史实的真实性，正如林少华所言，这可以说是击中日本右翼分子要害的一问。“因为这一发问的言外之意就是，难道可以说四十万人是大屠杀，而十万人就不是大屠杀吗?”以林少华的理解，这体现出村上春树对于暴力、战争、历史等议题的独特的思考，也表明他的历史认识已经从史实认知层面进入政治层面、现实层面，表现出了一个人文知识分子的担当意识。

事实上，这不是村上春树第一次在书中谈到南京大屠杀这一话题。《奇鸟行状录》里面，他就对二战时期，日本军在亚洲大陆的暴行进行了正面的描写，其中包括南京大屠杀。村上春树通过间宫中尉之口揭露了日本侵略者在中国犯下的罪行：“我们日本人在满洲干得也不例外。在海拉尔秘密要塞设计和修建过程中，为了杀人灭口，我们不知杀了多少中国人。”不仅如此，还有“在南京一带干的坏事可不得了，我们部队也干了。把几十人推下井去，再从上边扔几颗手榴弹。还有的勾当都说不出口。”小说里，村上春树用“拧发条鸟”这一隐喻式的事物将集体记忆和个人记忆紧密联系了起来。

当然，有关南京大屠杀的历史并非小说的中心，之所以会引发我们对画作与历史之间互文关系的探讨，则在于我们对这段历史有特殊的敏感性。而小说里孤独的中年男人的设定，以及画家与其中一位女子的性关系并非是自然愉悦的，而是充满了肉体上的痛苦和障碍。另外，包括离异、晴雨异常、远避凡世的山谷，漫不经心的性爱关系，漠然之下包裹的伤痛，等等，都是典型的村上春树作品的元素。诚如书评人思郁所说，这些因素很容易让人联想到《挪威的森林》，也让人不由想到，村上春树要写的或许并非一个“杀人事件”，而在等待读者揭开这个表征世界之下掩埋和隐藏的人之为人的本质和真相。无面人何时再来？他又将带来什么？读者期待的古典音乐元素又将在故事中演绎怎样的曲调？

3

为什么村上春树在不同的作品里“老调重弹”，却依然能引发我们强烈的兴趣？更不可思议的是，他几乎每部作品都能畅销。我们要问的是，他的作品，尤其是《挪威的森林》的影响何以始终延伸着，即使过了三十年依然有其不曾消退的影响力？

这也正是林少华反复思考的问题，也是他在为该书几个不同版本所做的译序里着力阐明，且似乎在不同阶段都带给他新的发现的问题。在林少华看来，村上春树受欢迎，一方面得归结于其独特的风格。“他的作品简洁、明快、清爽、流畅，而又独具匠心，韵味绵长，没有传统日本小说那种无病呻吟的拖沓，那种欲言又止的迂回，那种拖泥带水的滞重。日语这种‘粘着语’在他那里变得如此洗尽铅华，且有一种不无顽皮的孩子气，读来甚至产生一种生理上的快慰。”

而另一方面，以林少华的理解，村上春树作品似乎包含了某种破译心灵密码、沟通此岸世界至彼岸世界的神秘力量。“正如部分读者来信所说，我们平时语言动作所表达的心灵深处的感受连其十分之一都不到。对于潜在的部分，我们往往急于表达却又苦于没有门路，而村上营造的情境恰恰传导了我们这部分感受，或者说撬开了包拢我们的厚厚的硬壳，使我们的灵魂获得释放，产生一种此岸世界电路与彼岸世界电路瞬间接通时进入澄明天地的惊喜之情。”

即以村上春树继《东京奇谭集》后时隔9年推出的短篇集《没有女人的男人们》为例，小说名为“没有女人”，实则处处与女人有关。以书评人黑玉辉的阅读感觉，无论是《驾驶我的车》里的舞台剧演员家福，还是《独立器官》中的整容医生渡会，或是《木野》里的调酒师木野，虽然离开了女人，可还是弥漫着止不住的想念，那是对往事的回忆，有对自己懦弱的痛恨，也有对爱人离开的惋惜。也因为此种心绪，更显男人们的“孤独”。以此看，虽然被女人离弃的男人是故事的中心，但拥抱着孤独感的表现才是小说想表现的重点。年轻时的孤独可以事后修补或挽回，但超过了一定年龄，孤独就成了近似孤绝的东西。

虽然这么说，带有很大的主观性，但这部短篇集，确如日本文学研究专家岳远坤所言，在某种程度上映射了当下的现实。他以自己翻译的那篇《山鲁佐德》举例道，一个男人在一个远离大陆的孤岛上，与外界的唯一联系就是有女人来找他，但当那个女人离开他后，他就与世界完全隔绝了。“这是非常极端的现象，但和日本社会当下年轻人心理趋向自闭化很相像，不婚比例和离婚率越来越高，整个社会都蔓延着一种孤独感。”倘是借用普林斯顿大学授予村上荣誉博士的评语，村上春树“以文学形式就日常生活的细节做出了不可思议的描写，准确地把握了现代社会生活中的孤独感和不确定性”。

可以确定的是，村上春树的作品，就像林少华说的，传达出了现代人的焦虑、苦闷、迷惘、困窘、无奈和悲凉。相比而言，《刺杀骑士团长》里有了一点变化。小说结尾，“我”提议回到妻子身边和不是自己的孩子生活在一起。孩子都上了幼儿园，主人公仍然不知道这是谁的孩子。小说的最后这样写着，“我深深疼爱着这个小小的女儿，珍惜和她在一起的时光，至于她生物学上的父亲是谁或者不是谁，对于我怎么都无所谓，那是不值一提的琐事，并不意味着因此会发生变更。”

在林少华看来，这是村上春树对作品结尾手法处理的一种创新。“村上春树在接受媒体采访的时候说过，他说我的小说几乎全是开放式结尾不了了之，或者说故事是在开放中结束的。这回我觉得有必要来一个闭合感觉。”以林少华的理解，对任何男人来说，接受这样一个孩子不大可能是无所谓的，因为这至少关乎我们男人的尊严。而村上春树一向把个人尊严看得高于一切，这是村上春树文学一个很明显的主题。“但他发现了比尊严更重要，更宝贵的东西，那就是爱、悲悯。或者他开始认为只有把爱和悲悯作为情感和灵魂的底色、基调，才能够使无论男人还是女人获得真正的尊严。这是村上春树文学主题又一次不大不小的跨越。”

无论如何，诚如林少华所言，村上春树点化了我们的情感方式和生命态度。他的小说为我们在繁杂多变的世界上提供了一种富有智性和诗意的活法，为小人物的灵魂提供了一方安然憩息的草坪。“读村上春树，我们会觉得是在读自己，是在叩问自己的心灵，倾听自己心灵的回响。”

要换一个角度看，《挪威的森林》的意义，或许在于如历史学家袁伟时所说，这本书里体现了对于个人主体性的尊重和张扬，逐渐形成社会共识和风潮后，将有助于推动多元化社会的形成。由是，村上春树在《挪威的森林》日文版初版后记中声称的“一部极其私人的小说”，就有了更具广泛性的价值。而他的所有作品里，都可以说有《挪威的森林》的回响。在这部堪为经典的小说里，村上春树如是写道：“每个人都有属于自己的一片森林，也许我们从来不曾去过，但它一直在那里，总会在那里。迷失的人迷失了，相逢的人会再相逢。”

辑四　行旅

勒·克莱齐奥：

用温和的方式抵抗，并且“远离”这个世界

2017年5月12日，2008年诺贝尔文学奖得主、法国作家勒·克莱齐奥出席了在南京开幕的“中国江苏·扬子江作家周”。在以“梦与探险”为题的演讲中，他直言人类要敢于梦想，敢于探险。在他看来，无论人类文化遗产多么丰富，梦之自由都是构成人类平衡的宝贵财富之一。“梦是生命最自由的表达，因不受理性摆布，其探索愈加困难。”

事实上，他本人就是这样一个“将多元文化、人性和冒险精神融入创作，善于创新、喜爱诗一般冒险和情感忘我的作家”。瑞典文学院在当年的颁奖公告中即称，勒·克莱齐奥是“文学新领域的开拓者，他的作品具有诗意般的神秘，它是旧习俗的死亡，新生命的诞生，探索着在当代文明掩盖下的人性，他的作品标志着现实主义和现代主义的交融”。

1

尽管时任法国总统萨科齐在 2008 年 10 月 9 日发表的公报中，对勒·克莱齐奥不吝赞词："作为一个了不起的旅行者，他在全球化的世界里，体现出了法国，法国文化以及法国价值的影响力。"勒·克莱齐奥却不见得就会"买账"，他并不讳言自己在法国感觉更像一个"被流放的人"。

在一特定场合，勒·克莱齐奥曾说："在我成长的过程中，我一直告诉自己，或许我真正的家乡在别处。有一天我会去到我的家乡，了解那个地方。因此，在法国的时候，我一直觉得自己像一个'局外人'。但在另一方面，我热爱法语，或许法语是我真正的故乡。但就法国这个国家来说，老实说我并没有认同感。"

这一说法无关爱国热情，更多源于他独特的经历。1940 年，克莱齐奥生于法国海滨城市尼斯，母亲是英国人，父亲是法国人，他的整个家族都与毛里求斯有着不解之缘，好几代人受到当地民俗、饮食、传说和文化的熏陶。克莱齐奥童年的大部分时光，是在尼斯的后方、在德国占领军和纳粹的阴影下度过的。8 岁那年，他踏上了去非洲的旅途，去寻找战争期间在尼日利亚行医的父亲。正是在这次为时近一个月的旅行中，他开始了最初的写作，其"创作成果"就是一本名为《程途旅行》的书。

23 岁那年，克莱齐奥的长篇处女作《诉讼笔录》在与龚古尔奖失之交臂之后，荣膺勒诺多大奖，就此蜚声法国文坛。而这本叙述流浪汉边缘生活的小说，从此也成了他流浪的起点。他后来一生都在旅行。除了经常去毛里求斯岛和罗德里格岛之外，年轻时他对南美有极为浓厚的兴趣，在 1969 年到 1973 年间，他每年都要在墨西哥住一段时间。

事实上，南美的风情、传说与文化也给他的作品带来了越来越多的异族情调。此后，他干脆把自己的生活分成了法国、美国和毛里求斯三个部分，足迹更是遍布世界，从日本到南美，从非洲到南亚。而他的旅行印记，也清晰无误地投射在作品中，小说主人公所经历的那些文化冲撞，也正是他亲身经历的写照。

2

在步入文坛之初，勒·克莱齐奥的写作充满了这样的笔调："有那么多东西在摇晃，在说话，在涌动。到处都是，那么多的机器。电动剃须刀，电动弹子房，混合搅拌器，电扇，冰箱和电子计算器……"这种细腻地描绘物质的手法，像极了20世纪60年代轰动一时的"新小说派"。

事实上，当时的勒·克莱齐奥，也确实和罗伯-格里耶等新小说派的重要人物都有交往，但他后来却始终没有"皈依"新小说派，即使被公认为"新寓言派"的代表作家之后，克莱齐奥也始终与这一流派保持着距离。

作为一个特立独行的作家，勒·克莱齐奥的创作一如他漂泊不定的行旅生涯，始终游离于集团、流派以及时尚的边缘。他的作品，无论是《诉讼笔录》《寻金者》还是《战争》，总是以边缘世界为背景，以流浪者、儿童、逃犯等漂泊不定的边缘人物为主角。这些人物的存在，以一连串的迁徙建构起来，漂泊则是他们自由的标记。他的作品也由此反映出他对原始部落、消逝的古老文化的关注。

在写够了异域风情之后，他中年之后的作品更多地转而探索童真世界，以及自己的家庭历史。诸如《金鱼》《流浪的星星》等，更关注心理空间，向着自然与人这两个"宇宙"同时进行宏观与微观的探索。在近年出版的《乌拉尼亚》中，他还试图在作品中营造出一个乌托邦模式，建立起一个理想社会，消除等级与贫富差别，使每个人都能在其中找到自己的位置，展现各自的手艺和学识。

很显然，勒·克莱齐奥通过自己的创作，向读者展示了与我们生存的世界完全不同的一种境界。但是，和很多古典作家对文字的认识以及对文字所寄予的希望所不同的是，他并非要逃向文字的象牙塔里拒绝认识这个社会，反而是一直在“用温和的方式抵抗、并且远离这个让人越来越无可适从的世界”。以至于有一种评论说，勒·克莱齐奥在进行的，或许是一场对这个世界的“战争”。

3

但勒·克莱齐奥显然很适应中国。获诺奖那年，2008 年 1 月 28 日，勒·克莱齐奥来北京领取人民文学出版社颁发的“21 世纪年度最佳外国小说奖”。该社一位编辑回忆说：“他穿了一身西服，有点皱，可能是旅途劳顿没来得及打理，人很清瘦，很精神，一双丹凤眼显得很冷静很深邃，仿佛有一种洞穿生命的力量。最让人称奇的是，他脚下居然穿着一双凉鞋！要知道，当时北京的天气还很冷呢！”

事实上，这已是克莱齐奥第三次来到中国，距他第一次来访已整整过去了 10 个年头。和前两次的悄然而至一样，他的这次北京之行同样没有引起中国媒体的关注，正如他的作品在中国不受重视一样，研讨会上没有一位普通读者和媒体，场面颇为冷清。事实上，他的《诉讼笔录》《流浪的星星》《金鱼》等六部作品从 20 世纪 80 年代就开始被国内译介出版。

然而，正是在这次乏人关注的北京之行的获奖感言中，克莱齐奥透露了自己深厚的中国情结。从青年时代到现在，他对中国始终保持着很高的热情。他回忆说：1967 年，中法两国恢复了外交关系，当时他还是一名刚应召入伍的新兵，希望能通过民事活动的方式来服兵役，于是他申请加入在中法两国交流合作协议框架下的由法国派往中国的第一批年轻人的队伍。

勒·克莱齐奥至今还能回忆起当时的急切心情，他在等待法国外交部的决定。他的家乡尼斯的天空在他的眼里看来，好像也焕发出了别样的光彩。“就如同我看过的曹雪芹写的《红楼梦》里的古老版画一样。当然，我对现代的中国一无所知，但是我买了一本中法词文对照的字典，用这个办法来学习，还有一本中国的书法教材。”可惜他的申请没有获得批准，这件事长久以来成为他的一大遗憾。

而现在，勒·克莱齐奥可以说是中国的常客了。获诺贝尔文学奖之后，勒·克莱齐奥答应南京大学的邀请，于 2013 年开始在这里上课，每年上三个月，全校本科生都可以报名。翻译家许钧回忆说，当时报名的人数非常之多。第一次就有 198 人选课，可教室不够大；第二年又换到一个大教室，有 400 人选课，可教室还是不够大，但如果人数再多，勒·克莱齐奥就会很累。“我要求凡是选他课的学生最后都要交作业，交的每一份作业都要他批阅，而且在每一份批阅的材料上要打分还要写评语，这是一项很不容易的工作，勒·克莱齐奥却不辞辛苦做到了。”

在许钧眼里，勒·克莱齐奥是一个永远不重复的人，表现在他上课上，他每年讲的内容都不一样，而且每一次上课他都有讲稿。“第一年上的课是‘文学与艺术的非线性阐释’。他认为文学与艺术不是线性发展的，在每一个时代都会出现最高峰，在人类的历史上艺术无论是哪一个民族，无论在哪一个时代都会出现自己的高峰，每一个时代的高峰都是相望的。第二年他上的是‘文学与电影改编：艺术之互动’，这就是符号性的转化，艺术界的互动。第三年他上的是‘守成与流变：世界诗歌的欣赏与阐释’。他在课上竟然讲解中国唐诗，让学生能够一起来翻译、学习。2016 年，他回到了自己的老本行，讲的‘小说的叙事：小说的历史与变迁’。2017 年，他还要给我们讲另外一个题目。在这个过程中，他给我们打开了一个又一个世界，所以南京大学曾经获得过一个全国高等教育优秀成果特等奖，这其中就有克莱齐奥的一份功劳，他这才是真正的素质教育和人文教育。”

讲课之余，勒·克莱齐奥还去了中国各地旅行。许钧告诉他应该去看一看中国四大名著作者的故乡。有一年，他带着勒·克莱齐奥来到施耐庵的墓前，两人恭恭敬敬站在施耐庵的墓前拜了三拜。之后，许钧又带他去看了罗贯中的故乡。再后来，许钧又带着他去了莫言的家中，去看看莫言九十多岁的老父亲，看看在莫言结婚之后写作的土屋。“那扇门大概有一米四到一米五这么高，勒·克莱齐奥低着头走进土屋，看到那裸露的墙面和泥地，他告诉我：‘这时我才发现莫言写的字为什么那么富有力量。’后来一位记者将克莱齐奥进屋的那一刻拍了下来，并把它交给了莫言，下面写了一句话：‘高贵的法兰西人低下了高卢的头。’而莫言说：你不能这样写，而应该写‘那是最温柔的一瞬’。”

勒·克莱齐奥难能可贵地保持着学习中国文化和中国文学的兴趣。“对我来说，它代表了东方思想的摇篮。阅读中国的古典文学，鉴赏中国的京戏和国画对我产生了很深远的影响。”他说自己尤其喜欢中国现代小说，比如鲁迅和巴金的小说，特别是老舍的小说。“我发现老舍的小说中的深度、激情和幽默都是世界性的，超越国界的。”勒·克莱齐奥还曾给《四世同堂》的法文版写了名为《师者，老舍》的序言。热爱归热爱，克莱齐奥不忘指出：尽管中国文学的创作力量不可低估，但目前在世界文学领域的影响力确实有限。

安德烈·马尔罗：

除了把自己的一生作为主题，我别无选择

在出版于1943年的《阿尔腾堡的胡桃树》中，法国作家安德烈·马尔罗借主人公万尚·贝尔吉之口说："人的意义不在于他隐藏了什么，而在于他做了什么。"其时他在圣夏芒韬光养晦。及至到了晚年，一切已尘埃落定，他对人这样说："人不是他所藏的一切，也不仅是他所做的一切。"

尽管马尔罗是一个很有争议的人物，有人评论他是"三分之一的天才，三分之一的虚假和三分之一的无法理解"，但有一种说法是为人广泛接受的：20世纪，法国比他更有成就的政治家大有人在，但没人取得像他那样高的文学成就；比他更有成就的文学家也不乏其人，但没人经历像他那样传奇的一生。在政治和文学两个领域纵横捭阖，马尔罗把自己的生命深深地刻进了法国的历史。

作为法国文学史上的一位传奇人物，马尔罗多姿多彩的一生，留下了许多引人入胜的话题。传记作家安德烈·莫洛亚精辟地概括道：

马尔罗的生平就是他的代表作。或许还可以换个说法，除了把自己的一生作为主题，马尔罗别无选择。

1

此话不假。很多年后回望青年时代，马尔罗曾说：人生好比一个市场，在那里可以买到一些有价值的东西，但不是用钱去买，而是用行动。的确，马尔罗固然重视书本知识和前人的经验，但他认为，对于一个作家来说，更重要的是个人的生活体验。因此，首先要有行动，然后才能产生出伟大的作品。

马尔罗令人眼花缭乱的传奇生涯，当始于1923年10月。那年，他和新婚妻子克拉拉怀里揣着一张来历不明的官方介绍信，乘船来到当时仍在法国统治下的柬埔寨。动身前夕，他翻阅了大量有关东方文化的资料，因此，一踏上高棉的土地，便直奔吴哥窟附近的丛林，伙同临时雇用的向导兼翻译，用锄头、锯子、杠棒肢解了七块巨石拼成的佛像浮雕。

不巧的是，雕像运抵金边，他便接到拘票。经长达七个月的审理，他被金边法院以“盗窃文物”的罪名判刑三年。马尔罗不服，向西贡法庭提出上诉。获无罪释放的克拉拉只身回国，在巴黎奔走呼吁，惊动了文学界的知名人士，纪德、莫里亚克、伽里玛、阿拉贡、布勒东等联名为他鸣冤叫屈。出版商贝尔纳·格拉塞看准时机，向他建议，预支三千法郎稿酬，订立三部书的出版合同。还说：“干吧，第一部书交稿日期愈快愈好，想一想那么多作家给你带来的宣传效果！”就这样，马尔罗写出了《王家大道》。

那时，在墨西哥股票投资中荡尽家产，一心只求摆脱经济困境的马尔罗大概没有想到，他异常丰富动荡和戏剧性的经历才只是刚刚开始。此后，他曾驾机寻找传说中萨巴女王故都，在暴风雨中体验着死亡临近的滋味；冒着生命危险，他奉戴高乐之命前往圭亚那和安的列斯群岛处理全民公决问题；他曾参加国际纵队，在西班牙内战中为共和国一方浴血奋战；二战中他化名“贝尔热上校”，领导游击队打击德军，并指挥军队参加了解放阿尔萨斯的战役……

2

文学和艺术自然而然成了马尔罗传奇经历的延伸。他在 1935 年出版的小说《轻蔑的时代》中，记录了第二次世界大战造成的骇人听闻的可怕情景；在 1937 年完成的名著《希望》中，他用华丽的抒情般的语言，生动地描写了在西班牙追求抗战胜利的斗争岁月；66 岁时写就的《反回忆录》，则生动记录了与各个领域著名人物，如纪德、戴高乐、尼赫鲁、毕加索、高尔基等人的密切交往。

反过来，马尔罗也用行动赋予了文学和艺术新的价值理念。在他看来，小说是“体现人类悲剧最优越的形式”，文学成为战胜命运的手段。由此，不难理解，他的小说为何总是关注历史上的重大事件，在回忆录里则做得更彻底，他几乎没留下任何个人私生活的印记，只是记录了那些人类命运攸关的时刻。原因最简单不过，在他看来，群体命运远远高于个人悲欢，“面对未知领域，某些梦想比起回忆更有意义。”

有一则轶事，或许很能解释马尔罗生前身后为人所“诟病”，同时也让人为之着迷的一个缘由。他的一名女性崇拜者对他提起《反回忆录》时虔诚地说：大师，这本书堪称完美，只有一点欠缺，毛泽东的谈话口气太像你本人了。这位读者所言非虚，1965 年夏天，马尔罗的确作为戴高乐总统的特使访问了北京，并在访问中接受了毛泽东的会见。这次会见约半个小时，并有刘少奇在场，当时只是泛泛交换了几句外交辞令，话题还没有深入就匆匆结束。然而在回忆录中，马尔罗却了用了 85 页的篇幅夹叙夹议，论古道今，写成了像本世纪两位革命巨人兼哲学家海阔天空的畅谈，言语之间充满了对毛泽东的推崇与景仰。

他一生只到过三次中国，除去晚年的那次访问，1925 年 8 月，他在外国统治下的香港和澳门逗留了四五天；第二次他周游世界，时间在 1931 年 5—12 月，中途曾在广州、上海、北京三个城市游览，后来又去了哈尔滨和满洲里，没有留下多少关于他访问广州和上海的记录。

然而就是这两次可说是浮光掠影的中国之行，让他写出了一生中最为重要的两部作品：《征服者》和《人的境遇》。无论从主题和内容来说，作品呈现的都与当时的中国现实不相符合。为了吸引世界的注意力，马尔罗把柬埔寨的故事移到了宜于波澜壮阔演出的中国舞台。他从西贡和堤岸的经验出发描写广州和上海，把卡蒂纳大街的走私贩子说成是外滩的冒险家，把湄公河三角洲和西贡港口的社会动荡改编为上海街头的工人起义。

但这并不妨碍作品在法国和西方被当成一种真实来加以接受。《人的境遇》这部以 1927 年上海工人的第三次武装起义和蒋介石“四·一二”大屠杀为背景的小说，甫一出版就在法国读书界和评论界引起了强烈反响。以致在短短的时间内，书店的橱窗便摆出第 25 次印刷本！这部轰动一时的作品还获得该年度重要的龚古尔奖，本来不大出名的马尔罗也一跃而跨入“法国第一流大作家”的行列。

3

恰如法语文学翻译家马振骋所言，马尔罗虚构的“真实”，为他带来了荣誉，自然也少不了一些麻烦。1937 年，处于流亡中的托洛茨基就在《工人斗争》一文中，对马尔罗不了解中国革命却大发高论颇有微词。法国共产党理论家罗杰·加罗迪撰文说："广州起义即使不是挑衅，至少是轻举妄动，导致工人阶级遭到戕害，这要归罪于他(马尔罗)。"然而，马尔罗生前宁可背这个"黑锅"，也不愿以"不在现场"为自己轻松开脱，任凭别人在他的历史上涂抹传奇的色彩。

1976年11月23日，马尔罗在巴黎逝世，纵使再乐意背黑锅，他也不能阻止别人在他过世后揭开它。2001年，适值马尔罗百年诞辰，距其遗体被迁入先贤祠，成为继伏尔泰、卢梭、雨果、左拉之后第五位供人瞻仰的伟人已有五年，一个署名奥利维埃·托德的学者，就在其出版的皇皇700页的传记中感叹道：马尔罗乐于构建或任凭别人构建他的神话，将一些想象的才能和功绩归于自己名下。"他的父亲就好说大话，而儿子则更胜一筹。"

这似乎并不是什么了不起的缺点。波伏瓦在自传体作品《回顾》中说到马尔罗，"望着一样东西，老老实实说出看到了什么，这种做法对他来说太没意思了，他不会这样谈，他必须再想到另一样东西。"在马尔罗看来，世界的本质是思想。他虽然是历史中的一个身体力行者，最终却是以心灵和想象去触及历史的。所以在他笔下，与其说历史是真实的记忆，倒不如说是创造。

圣艾克絮佩里：
飞行给我提供了一个认识这个世界的角度

1

“我看不到我住的教堂了，我穿上衣服，为一个死去的神效力。”在去世前两年发表的《战争飞行员》中，圣艾克絮佩里似乎已经预见了自己的死亡。1944 年 7 月 31 日，这位在 20 世纪法国文学史上特立独行的作家，出发去格勒诺布尔—昂贝略昂—安西地区执行他的第十次侦察飞行任务，就此“神秘失踪”。

如同他充满艰苦和危险的飞行员生涯，他在飞行座舱里的写作，他生前与妻子龚苏萝有些孩子气的、既心心相印又互相折磨的爱情，圣艾克絮佩里的“死亡之谜”为他传奇的一生定格。

更具传奇色彩的，或许还有他写的《小王子》。这篇“写给成人世界的童话故事”自 1943 年首次在美国纽约出版后，迄今已被翻译成 100 多种语言。作为世界上除《圣经》以外可能被翻译最多、发行量最大的作品，它屡屡被改编成话剧和电影，盛演不衰，还被印成邮票和各种旅游纪念品，甚至还曾作为50法郎的图案。在很多西方国家，它被选入教科书，成为青少年的必读书籍。在法国本土，《小王子》更是在战后肩负起了种种与其厚度不太相称的重任。法兰西民族一再重读它，宣扬它，依靠它，希望以此摆脱战争失利的阴影。

自1979年，《小王子》真正开始它的中国之旅后，国内的读者或许不知道圣艾克絮佩里这个拗口的名字，却不会无视“小王子”的卡通形象在自己生命中的存在。《小王子》造就了圣艾克絮佩里，却使得他的另外一面被遮蔽掉了，甚至那可能是更为重要的部分……

2

飞机发生故障后，飞行员“我”迫降在荒无人烟的撒哈拉沙漠，结识了小王子，慢慢了解到他的经历和哀愁。小王子抛下了他的星球和“玫瑰”在宇宙漫游，他一路寻找，一路成长，领悟到人生最本质的道理……一个并不复杂的故事，何以会引起世界各地读者的强烈共鸣？

在法语研究专家黄荭看来，《小王子》的好处就在于它简单而隽永，很少有谁可以用那么少的文字说出那么多的心事，其实人生就那么简单，简单得让你觉得可怕，它强调的只是一些本质的、显而易见的道理，唯其平常，才能让全世界的人接受，也因其平常，这些道理都容易在生活的琐碎里被忽略，被湮灭，被视而不见。

或许并不仅仅是如此，尽管看似一部童话作品，但我们细读之后，就会发现《小王子》其实是一部“隐蔽的自传”。如果说书中飞行员的故事很容易让人联想到作家的童年生活点滴和他1935年底在利比亚沙漠飞机失事的经历，那么小王子的故事就是作家的内心历程，折射出他对世界和人生的种种朴素的认识和感悟：关于爱情、关于友情、关于信任、关于忠诚、关于幸福、关于责任……

1900 年，安托万·德·圣艾克絮佩里出生于法国里昂一个传统的天主教家庭。作为贵族的后裔，他具有一种遇事洒脱的特殊气质。1912 年 7 月，在安河度假的飞行员加布里埃尔带着小安托万首次飞上蓝天。“你当超脱于自身之外，并且要走得更远，登得更高，直到看见群星已在你的脚下。”尼采的话一下击中了青年圣艾克絮佩里的心。1921 年，圣艾克絮佩里应征入伍，被编入斯特拉斯堡第二飞行大队，担任机械修理工。但他给自己既定的位置不在地面，他向往蓝天，满心期待在云上找到他的信仰，找到灵魂飞升的醉意。为了成为一名军事飞行员，他自费修习了价格不菲的飞机驾驶课程，先取得民航驾驶员的合格证书，随后获得军事飞行证书，从此和飞行结下不解之缘。

如果说飞行给圣艾克絮佩里提供的是肉体感性的飞升，那么写作就是诗人灵魂智性的翱翔。早在中学时代，圣艾克絮佩里就迷上了阅读和创作，曾先后写过短篇小说、亚历山大体诗歌、文学随笔和几个短剧。尤其是当他在巴黎读预科班准备报考海军军官学院期间，姨妈雷特朗吉夫人介绍他认识了当时文学圈里几位著名作家，其中就有比他年长 31 岁的纪德，很快这位文坛前辈就成了青年圣艾克絮佩里文学上的良师益友。

1926 年，进入拉泰科艾乐航空公司后，圣艾克絮佩里先后驾驶过邮运飞机和法航班机。一年以后他被委任为里奥德奥罗海湾朱比角的航空站指挥员。在此期间，他利用夜深人静的空闲，伏在两只汽油桶架着一块木板搭成的桌子上，写成了他的第一部文学作品《南线邮航》。

3

有评论称：圣艾克絮佩里的主要文学功绩，在于他开辟了许多新的富有诗意的主题，如：航空、沙漠、地球空间、星星、宇宙等。这一切都源于他的飞行经历。

确实如此，对他来说，飞行不仅是一份职业，也是一种生活方式，一种存在的必需。且不说，奠定他作家地位的两部小说：《夜航》(1931) 和《人的大地》(1939)，直接就是飞行旅途间歇创作而成的，他 1941 年至 1942 年在美国暂居、远离飞行生活的两年间写的作品《战争飞行员》《给人质的一封信》和未完成的长篇《堡垒》等，同样关乎自己的飞行生涯。

《夜航》写三架班机黑夜中同时从三个方向朝布宜诺斯艾利斯飞去，其中一架卷进暴风雨中坠毁的过程。读者阅读时感到自己随同飞行员在天马背上，穿越雪虐风饕的高峰、汹涌澎湃的涡流、瞬息万变的天空，绝望地在银河中寻找地球。纪德为这部书写了一篇出色的序言，称作者在一个犬儒主义盛行的时代，提出“人的幸福不在于自由，而在于对责任的承担”。

此后，纪德敦促他再接再厉，写一部“不要是一个完整的故事，而是一种……一束花、一堆锦缎，不受时空的限制，一个个篇章写出飞行员的感受、激情、思想，类似康拉德给海员写《海的镜子》式的著作。”隔了 8 年，圣艾克絮佩里才向纪德和读者献出一串八株花的花束，起了一个被公认为极贴切的好书名《人的大地》。这是形式介于小说与散文的集子，共分 8 章，每章独立成篇，都有一个主题，各章之间血脉相连，从航线说到同志、飞机、飞机与星球、绿洲、沙漠、沙漠中心，最后归结到人。在随后未竟的遗作《堡垒》中，圣艾克絮佩里则对理想、人性、道德、幸福等最本质的形而上的问题作了深刻的探究。

圣艾克絮佩里从来都不认为作家是他的职业，从他的作品中，我们就可以看到，飞行给他提供了一个认识这个世界的角度，他所有的体验转化为了文字，可以想象，如果他没有在天空的体验，是不会有我们现在所看到的他的文字。他不能做专职作家，他不属于坐在屋子里挖掘内心的人，他不是普鲁斯特式的作家。他的作品让读者觉得很神奇，其实这都是他的亲身经历，是他生活过的，他感受到的，读者之所以对他的生平感兴趣，也许是因为那里有作家的原始素材。

有评论认为：作为那些身体力行的伟大作家中的一员，圣艾克絮佩里证明了一点：真理从来不是预设的起飞点，需要一条历尽艰辛、需要用生命去开拓的航线。而与其说他用行动实践了尼采的道德理想，不如说完成了一次更具考验的返航——正是在出生入死的高空，在无数“恐怖而永恒的瞬间”，这位天生的冒险家得以在人们丢弃和遗忘的角落，在琐屑、习见的日常里触摸质朴的本质，并构建他壮丽的文学大厦。

多丽丝·莱辛：人类无非是生活在剧院里，早晚都在不停地看戏

2013 年 11 月 17 凌晨，2007 年诺贝尔文学奖获得者、英国作家多丽丝·莱辛逝世，享年 94 岁。出于隐私方面的考虑，她的家属并未透露她去世的原因。接受《卫报》采访时，她的出版商哈珀·柯林斯公司英国负责人查理·雷德梅因说，“多丽丝·莱辛是一个很有吸引力的作家，有智慧，有热情，为了自己的信仰敢于战斗。她是我们这一时代的伟大作家之一。”

从上世纪九十年代开始，莱辛就出现在诺贝尔文学奖候选名单上。她是从 1901 年诺贝尔奖颁发以来的所有奖项的第 34 位女性获奖者及文学奖的第 11 位女性获奖者，也是诺奖得主中年龄最大的一位。这样的“之最”或许可以继续开列下去：她生于伊朗、长于津巴布韦，可谓度过了“最疏离”的童年；她 13 岁就辍学，说她是诺奖得主里接受学校教育“最短暂”的作家也不为过；她抛弃过两个蹒跚学步的孩子和两任可怜的丈夫，不期然间成了“最狠心”的妻子；她也

可能是继 TS 艾略特之后“最喜欢猫”的诺奖得主，有关她的照片，居多都是抱着一只猫，单只是为猫她就写了三本书；这其实不算什么，写猫的三本在她五十多本作品的总量中只是沧海一粟，以致于诺奖授奖词称，很可能没有其他哪一位得奖者积累了如她那样丰硕的成果，她俨然是一位“最高产”的作家；而当诺奖委员会新闻主编亚当·史密斯打电话采访莱辛，问她对于授奖辞有何感想时，莱辛回答道：“您瞧，我真不明白当他们写评语时脑子里在想些什么。我的意思是说，他们面对着令人吃惊的一大堆五花八门的作品，要确切地加以概括，是相当困难的。您想是吗?”没错，授奖词就说了：我们漫步穿行莱辛作品的大文库，在那里不存在指示不同部类的标签，任何体裁划分都没有意义。那些或厚或薄的书脊后盈溢着生命和行动，拒绝任何分类或强加的秩序。所以，莱辛还毫无疑问，是有着最大的写作“跨度”的作家。

莱辛写作如此高产，且如此热衷跨界，最可能的原因，或许只是因为她太热爱写作了。在接受采访时，她说：“对我来说，写作是我非做不可的事。如果不写作，我就会发疯。我不能不写作，也许我真有什么不对头的地方吧。”但她怀疑文学能推动社会进步。她说：“一开始，作家可能希望通过文学来改变社会，但后来，社会没有改变，他就有一种失败感。其实问题很简单，作家为什么要觉得自己能改变社会、能改变任何事?”

1

好在写作至少可以改变莱辛自己。瑞典文学院颁奖词称：“莱辛用怀疑、热情和构想的力量来审视一个分裂的文明，其作品如同一部女性经验的史诗。”事实上，莱辛自己曲折的一生，就称得上一部史诗。1919 年 10 月 22 日莱辛出生于现在的伊朗，父母都是英国人。

1925年，她跟随父母搬到英国在非洲的殖民地南罗得西亚（现属津巴布韦）生活，此后二十余年家境贫困，在那里度过了大部分童年和青年时光。15岁时，因眼疾辍学，莱辛在家自修。16岁开始工作，先后当过电话接线员、保姆、速记员等，丰富的生活阅历成了她创作的取之不尽的源泉。1939年至1949年，莱辛经历了两次失败的婚姻，育有3个孩子。

莱辛可称得上是一位真正的旅者，即使在晚年，她依然保持着环球旅行的习惯。无论是在中东、南非还是伦敦，都有她的家。这恐怕也跟她曾经四处漂泊的个人经历有关系。她厌恶那种一成不变的生活。“当你回首我的生活的时候，你可以回到20世纪30年代。”2006年，在一次接受采访时，莱辛表示，“那时候你可以听到所谓‘永恒的希特勒’或者‘墨索里尼万岁’，对于那个年代的人来说，这些似乎都将是永远存在的。不列颠的日不落帝国，可能没人能够想到也会最终走到尽头。所以，谁能够相信永恒的存在呢？”

尽管上了年纪，但莱辛身上确实有一种不服老的可爱：为了保持身材，她要喝低卡可乐，也最爱看八卦电视节目。她可能还是在大型知名社交网站上拥有个人网页的最年长成员。根据她时常更新的个人网页上介绍，莱辛喝酒但不抽烟，是个“自豪的母亲”，并“很高兴以互联网这一新生的工具与大家交流，这对我这种老人家而言，实在是太神奇了。”

就在获诺奖前一天，她还曾登陆网站，并加了她的第151个网友。能成为莱辛的朋友，网友都感到十分荣幸，得知莱辛获奖的消息，她们也第一时间给她送去了祝福。但那时或许莱辛自己都还不知道这个消息，她出门买菜去了。两小时后，她迈下出租车，左手拿着手提包，右手拎着塑料袋，正要进家门，却看到门口围了一大群手拿照相机、肩扛摄影机的人。此时，她还以为是剧组在拍电视剧。莱辛坦诚地说，我从来没想过能拿到诺贝尔文学奖。

2

谁又能想到呢？1949 年，莱辛带着一个儿子移居英国时一贫如洗，据说她全部家当就是皮包中的一部小说草稿，这正是使莱辛一举成名的《青草在歌唱》。农场主迭克·特纳之妻玛丽·特纳与黑人男仆摩西斯有了私情，黑白主仆区分“都被这人与人的关系消解了”，这种关系显然为殖民地种族歧视准则所不容，前来接管农场的英国青年马斯顿发觉他们偷情后，怒斥摩西斯滚开，玛丽也违心地喝斥摩西斯，这让摩西斯感到自己的人格尊严受到了侮辱，心中燃起了复仇的怒火。他深夜潜入宅院，杀了玛丽。玛丽死后，他坦然挺身受刑。

莱辛通过这样一个情杀案件揭示了殖民地种族歧视的丑恶本质。小说出版后五个月内再版七次，引起了很大的社会反响。此后，莱辛还以非洲殖民地生活为背景写了一些作品。出版于 1957 年的散文集《回家》，记录了莱辛故地重游的观感。对于非洲殖民地早期生活印象，莱辛始终梦魂萦绕，挥之不去，在 1992 年的散文集《非洲的笑声》和 1994、1997 年发表的两卷自传《在我的皮肤下》和《行走在阴影下》这些晚期作品中，都有深切的回忆和表述。

而莱辛最受关注的，显然是以现代妇女所面临的困境和她们寻求自身解放的道路为题材的小说。莱辛作品研究专家瞿世镜表示，在这一题材的写作中，莱辛在艺术形式技巧上大胆实验，并且试图揭示人物心理活动的更深层次。此类作品包括著名五部曲《暴力的儿女们》(1952—1969)，表现中老年家庭主妇悲惨命运的《黑暗前的夏天》(1973) 等，其中最著名、也最富争议，被普遍认为是“以纯女性角度讨论种种现实世界严肃问题的成功先河”的代表作品则是出版于 1962 年的《金色笔记》。小说中女主人公安娜·伍尔夫有五本笔记本，记述了她对非洲、对政治、对与男人关系、对性等问题的思考。这部结构复杂的作品中充满了理性与情感、现实与过去、政治与人性间交织缠绕，但莱辛以自己的才气和笔触将这一切完美地纳入小说的范畴。

小说问世后震动了文坛，赞誉和诋毁几乎同时降临。赞誉者称之为“20 世纪诠释男女关系的、为数不多的杰作之一”，且因为莱辛以大胆笔触表现了女性追求独立的内心矛盾，曾被戏谑为“世界文学里的第一块丹碧丝”。而诋毁者则认为是狭隘思维和偏激思想的混合产物。推崇者早在上世纪 70 年代中就认为，她理应获得诺贝尔文学奖，而某些诺贝尔奖评委却冷冰冰地表示，也许莱辛“一生都不会被瑞典皇家文学院提名”。

耐人寻味的是，虽然小说被视为女权主义宣言，莱辛却矢口否认。她在小说序言中申明，她的目标是以 19 世纪欧洲文学大师们为榜样，创作一部全面描绘时代精神和社会道德气候的力作。她郑重其事道：“我觉得妇女解放运动不会取得多大成就。原因并不在于这个运动目的有什么错误之处，而是因为我们耳闻目睹的社会上的政治大动荡，已经把世界组合成一个新格局：等到我们取得胜利时——假如能胜利的话，妇女解放运动的目标也许会显得微乎其微，离奇古怪”。

由此不难理解，当女权主义信徒在《金色笔记》的感召下汇成洪流后，莱辛却讥笑那些出于宗教狂热而反对男人的女性道：“如今的很多女性自以为是、伪善，看她们在电视中对男性多么粗鲁和傲慢。我惊骇地听到女性对男人的块头所说的某些话，真令人反感，我反对所有打击男人的行为。”莱辛这么说，是因为男性与女性是矛盾的对立与统一，就像她在《金色笔记》序言说的，人们相互之间都可以在对方身上看到自己的影子，因为他们你中有我，我中有你，互相引起思考，相互促成各自的行动。也正因为如此，瞿世镜分析道，安娜在尝到“自由女性”滋味之后，反而再想找个男人重组家庭，向对立统一的整体复归。但是，在一个四分五裂的时代，整体性已经消失，她已无从复归。这不仅是安娜的悲剧、女性的悲剧，也是时代的悲剧。这不仅是女性危机，也是整体性社会危机。

莱辛确乎是一位具有辩证思维、追求对立统一理想境界的人道主义者。她反抗男权社会，也反对将“反抗男权”这一行动视为“政治正确”。她曾公开宣称：避孕药片和省时设备如洗碗器作用要比意识形态更大。但她之所以饱受争议，恰因为她是个“意识形态化”的作家：早在罗得西亚她就积极投身反殖运动，还参加了英国共产党，却在1956年“匈牙利事变”后公开退党，因此一度在左、右翼阵营都饱受争议。由于她的坚定反种族隔离立场，1956年被南非当局禁止入境，直到1995年，白人政权垮台，76岁的她才重踏上南非土地。

然而，当评论家由此认定莱辛会成为政治偶像时，她却抽身而退写起了科幻，在《幸存者的回忆》(1974)等长篇小说中，他用寓言、幻想形式来显示人类所面临的危机，并且预言世界的未来。而在于2007年夏季问世的《裂痕》中，莱辛借罗马帝国历史学家之口，讲起了人类起源的神话。莱辛写的这类题材，也正是她为人诟病的地方，莱辛获诺奖的消息公布后，美国批评家哈罗德·布鲁姆就批评道：“莱辛过去15年的作品不具可读性，是第四流科幻小说”。但在青年翻译家但汉松看来，莱辛后期转向光怪陆离的科幻题材创作，看似糟蹋文学声誉的越界行为，但更可以说是莱辛刻意为之。她希望书写的本就是一种超越性的思想小说，科幻也正好赋予她关于苏菲主义的神秘表达。

当然，在莱辛总体创作中，占很大比重的还是文风简洁的现实主义风格的作品，每部小说针对一个社会现实问题，小说的结构和风格则由题材来决定。瞿世镜举例表示，小说《简·索默斯日记》(1984)

写独身妇女的困境，《好恐怖分子》（1985）写环境保护主义者的斗争，《第 5 个孩子》（1988）写一个怪诞而令人震惊的青少年暴力故事，散文集《风儿吹走了我们的话》（1987）支持阿富汗民族独立斗争。《又来了，爱情》（1996）写老年人的感情纠葛。

无怪乎颁奖词称，莱辛与伟大的十九世纪叙事传统息息相通，但我们也可以把她的作品视为揭示二十世纪人行为方式的教科书。但莱辛与美国作家格特鲁德·斯泰因斯一样，将声誉看成一种身份，而身份意味着读者的期待和干预。这种外在的禁锢是莱辛警惕并反感的。或许正因为莱辛的“百无禁忌”，她才会如颁奖词里所说的那样，“虽然莱辛有如一片起初抗拒勘探的大陆，她却从来不曾认为世界过于复杂因而不可能被更明晰地认识。”

3

尽管已届高龄，莱辛依然关注文学的前途和命运。有人问她，网络一来，小说作为文学的一种，存活条件有多少？她回答说：“小说和其他文学体裁无论如何不可取代。以小说来说，一书在手，去到那里都可以自由取出阅读。但，在电脑上就无此方便和可能。文学之好，好在方便，放进书包，倒在床上，尽享阅读的快感和乐趣。”她也以对比的方式提到：“说文学或小说坏话的人是出于妒忌心。他们自己想写而写不出、写不好，索性毒舌诅咒文学已没前途。”

莱辛也以她的广泛阅读和观察，为世界的“文学地图”规划方向、设定坐标。她说：“小说的写作手法，总是在变。在过去 20 年中，它的风格是从南美的魔幻现实主义一路下来，除了有科幻小说、太空小说、黑人小说和妇女小说等，现在甚至还出现了电脑小说，我想尝试进入，可个人电脑应用不行，我也敢于预言，未来小说是另一个新的品种，我叫它为‘新闻小说’。小说的未来，是充满各种变数和希望，它有极强的时代、社会适应能力去不断寻求突破和创新。”

谈及怎么写作？使用文字处理机？电动打字机？鹅毛笔？手写？莱辛在受奖词中说，这些都不是问题，实质的问题在于，当你写作时，你找到空间了吗？找到那种应当围绕你的空间了吗？进入那种空间，它就像是一种倾听的形式，专注的形式，于是词语，你故事里人物将要讲的词语就来了，思想——灵感就来了。在莱辛看来，如果一个作家不能发现这种空间，那么诗篇和故事可能就会流产。作家们相互谈话时，他们所讨论的经常与这种想象中的空间有关，这是另一种时间。“你发现了它吗？你正紧紧地抓住它吗？”

也因此，莱辛表示：在写作上对周围环境的观察极为重要。她说：“想象力和观察力最好是自小培养，许多作家在童年时有过紧张、压力的经历和阶段，在困难重重的环境中，他们早已学会察言观色，这正是形成一个作家的最好锻炼。我常感觉奇怪，有些人可以对周围发生的一切事件和物件视而不察。其实，我们是生活在一个剧院里，每天早晚都在不停地看戏。”

格雷厄姆·格林：
窥探事物的“危险边缘”

1

有一则轶事说的是，有一次，格雷厄姆·格林在巴黎参加一个宴会，不知什么时候，他忽然感觉有只手搭在了自己的肩上。他听到一个操着西班牙语的男人说：我是你的忠实读者，格林先生。格林随即转身，发现马尔克斯站在面前。

马尔克斯的话，看似对格林的恭维之词，实则是他的肺腑之言。他曾说，当世作家里，我最佩服的有两位：威廉·福克纳和格雷厄姆·格林。他从大学起就沉迷于格林的小说，“格林是我读得最多、最认真的作家之一。我喜欢他所有的书。”在拿到诺奖后，马尔克斯也是第一时间感谢格林：“如果我没读过格林的书，我不可能写出任何东西。虽然把诺贝尔文学奖授给了我，但也是间接地授给了格林。”甚至有人戏称：马尔克斯除了忙着写作，就是对格林花式表白。

这不足为奇，除马尔克斯外，威廉·福克纳、V. S. 奈保尔、J. M. 库切、威廉·戈尔丁等其他诺贝尔获得者，也不约而同将格林视为精神偶像和导师。而在格林于 1991 年，以 87 岁的高龄辞世时，英国作家金斯利·艾米斯不由感叹道：全世界今后都会怀念他，时至今日，他一直是活在世上最伟大的小说家。但悲催的是，格林的一生，堪为“陪跑”诺奖的一生，假如诺贝尔文学奖增设“最多提名”奖项，获此奖的将非他莫属。这位充满传奇色彩的英国作家，一生共获 21 次诺奖提名，却始终无缘诺奖。而据 2017 年公开的诺奖档案显示，1967 年，亦即格林最接近诺奖的那一年，格林和阿斯图里亚斯、博尔赫斯一道进入最后的三人角逐，最后胜出的是阿斯图里亚斯。但报道显示，时任诺贝尔奖委员会主席安德斯·奥斯特林十分推崇格林，称其为“一位卓有成效的观察家，他的经验不仅涵盖了外部环境的全球多样性，更重要的是，也涵盖了精神世界、人类良知、焦虑梦魇等神秘的层面”。而奥斯特林对于两位拉美作家的评价则是，阿斯图里亚斯“过于囿于他的革命题材”，博尔赫斯“精雕细琢的艺术过于独断而且矫揉造作”。

虽然奥斯特林表示，格林的名字会为我们的获奖名单增光添彩。始终为格林愤愤不平的诺奖评委拉斯·福塞尔更是痛心地指出，没有把诺贝尔奖颁给格雷厄姆·格林是一个巨大的错误。但格林得不到多数诺奖评委的青睐也是事出有因：有说是因为格林当过间谍，写过间谍小说；有说是其中一位叫做亚瑟伦·德奎斯特的评委对他有敌意，也有其他会员认为，他更多是个娱乐作家而非严肃作家。

但实际的情况是，就像英国作家伊恩·麦克尤恩于十三岁那年读了格林的《布莱顿棒糖》后说，他从格林那里学到最重要的一点就是：一部严肃小说也可以是一部令人兴奋的小说，历险小说竟也能同时成为深刻的理念小说。事实上，格林也曾把自己的小说分两组，分别标明为“正经小说”（严肃小说）和“娱乐小说”（消遣小说），但这个玩笑没开太久就宣告放弃，原因很简单，即便由他本人来分类，这两者也从未泾渭分明过。而作为格林的拥趸，一向阅读严谨的评论家唐诺也以他对格林作品的通读和精读证明道：格林再阴暗再严肃的小说都一样有着可堪读者享乐的好看故事和情节；同样的，再轻松再顽皮的作品，也都深沉专注。

某种意义上，正因为格林不是那么通俗或娱乐，他在很长时间里远不如毛姆在中国家喻户晓。正如书评人何适之说的那样，两位经常被放在一起比较的作家，确乎在生活和创作上有着极高的相似性：两人都曾经在战争期间从事过情报工作，并在卸任之后根据各自的生活经验，写成间谍题材的小说；两人皆是那种爱好四处旅游的人，因此小说的故事背景很多都被设置在世界各地；还有两人也都不是那种“有灵感才动笔”的作家，他们生前著作等身，而且作品题材几乎都涵盖小说、剧本、散文游记等；最重要的一点是，他们都不同程度的被评论家们言之凿凿地确定为“模糊了严肃文学与通俗文学边界”的代言人。

话虽如此，毛姆可比格林通俗多了。更何况毛姆除了是优秀的作家，还是一位商业头脑相当发达的“产品经理”，他熟知读者在特定阶段内的阅读口味，而格林却似乎不精此道。诚如何适之所说，人们似乎很难从格林的小说作品摘抄出如毛姆一般对人物角色的“毒舌”点评来，就像我们可以毫无顾忌把毛姆的经典句子冠以“毛姆X大毒舌语录”的标题，同样的情况放到格林这里却行不通。

这么说有些道理，但事实并非全然如此。翻译家傅惟慈于1980年翻译了格林的重要作品《问题的核心》，次年秋天，他获得一个旅英机会，有幸与格林在他的伦敦住所短暂会晤。此后不久，格林就托他妹妹伊丽莎白·丹尼斯把他的十余本著作寄到傅惟慈在伦敦的一个好友家。1986 年，傅惟慈去英国执教，并于次年第二次会见格林，对他谈到策划一套 20 卷本《格林文集》的设想，格林慨然应诺为文集作序，并提出他心目中的入选篇目。但因傅惟慈直到 1988 年年底才回国，第二年春夏之交又适逢国内不平静，出版文集的事就被搁浅了。换言之，要当时就能顺顺当当推出《格林文集》，格林会不会早一些在中国受到欢迎呢？

已知的是，译林出版社曾出版过格林的几部小说，并没有引起太多的关注。早在八九年前，谷歌、百度网上键入“格雷厄姆·格林”，搜索到的资料更多是一位名不见经传的电影演员的生平介绍。这两年，情况终于有了变化。继 2008 年上海译文出版社推出“格林文集”八卷本后，译林出版社再版了五部格林作品，之后外研社又出版了六部格林作品，再加上其他出版社出的零星作品，傅惟慈当年出 20 卷本《格林文集》的愿望可谓已经达成。更重要的是，随着 2017 年格林的小说《恋情的终结》在网络上走红，以及由上海读客图书推出的新版，面市不到一个月销售即突破 10 万册，并位居亚马逊新书榜榜首的业绩，这位集间谍，环球旅行者、天主教徒、预言家等多种身份于一身的作家终于在中国火了！

2

或许有必要补充一句，格林活了，讲真是拥有过一段惊世骇俗的爱情，或擅长写偷情的格林火了！其实，这部小说本就很火，无非中国读者后知后觉罢了。小说先后五次改编成电影和歌剧。1999 年版由拉尔夫·费因斯和朱丽安·摩尔主演，获奥斯卡、金球奖、英国电影学院奖数十项提名。其他改编电影还有：1955 年，爱德华·迪麦特雷克执导、黛博拉·蔻儿主演的同名电影，并入为戛纳电影节主竞赛单元。2011 年，印度宝莱坞也根据这部小说改编成电影《爱无止境》。2011 年，意大利乐队 Daisy Chains，发行一张致敬格林的专辑，并用书中第一句话“故事没有开端，也没有结尾”为名，其中第二首歌曲就是小说的同名歌曲，《恋情的终结》。2012 年，小说还由科林·费尔斯献声录制成有声读物。

作为格林一生中最具自传性质的小说，也是首次用第一人称写就的小说，《恋情的终结》中很多细节，都是从格林写作时正在进行的恋情中直接取来的。小说讲述二战期间的英国伦敦，作家莫里斯爱上公务员亨利的妻子萨拉。一次意外事件导致萨拉不辞而别，莫里斯在恨和嫉妒中度过了两年。两年后，他们再次相遇，当初那段感情中炙热的爱、恨、猜疑、嫉妒、信仰，再度折磨着莫里斯。

小说中的莫里斯，某种意义上就是格林，而萨拉则是凯瑟琳·沃尔斯顿，小说题献里的 C，格林一生中最重要的情人。凯瑟林出生在纽约一个富裕的家庭，十八岁时，她出入意料地和才认识三天的英国工党上议院议员亨利结婚，因为她想要摆脱她的父母，而结婚是最好的出路。婚后不久，她随丈夫来到英伦，在伦敦社交界引起层层波澜。1946 年，凯瑟琳 30 岁，是五个孩子的母亲。格林 42 岁，已经写了《斯坦布尔列车》《权力与荣耀》等 7 本书，是一位有名的作家。格林于 1927 年娶了薇薇安，一个虔诚的天主教女子，并因此改信天主教。薇薇安一开始便声明对“那事儿”不感兴趣，并在与格林育有一子一女之后宣告分居，但他们并没有离婚，部分原因在于天主教不允许离婚，格林便改由长期的偷情来替代。战争期间，伦敦受到德国空军轰炸，格林因为躲在凯瑟琳家中逃过一劫，薇薇安得知后长叹一声，他的不忠救了他的命。不过，薇薇安似乎从未走出被格林抛弃的阴影。1991 年格林去世后，她重游旧地，走进格林住过的一间卧室，看到床被调头了，上面散放着枕头和睡衣，说：“他回来之前要准备好这些。”

说回到 1946 年，凯瑟琳写信给格林，说因为受到他小说的影响，打算皈依天主教，想请他做自己的教父。格林答应了，但洗礼那天，他有事不能前往，便让薇薇安出面代替他。薇薇安回家后向他描述了这位美丽的新教女，格林便安排与凯瑟林见面，去的就是他小说中的那个餐馆，点的就是他小说中的那份牛排洋葱。在小说里，格林写道："有没有可能因为一碟洋葱而产生爱情，但是确实，我就是在那时爱上了萨拉。"格林也是如此，说他对凯瑟琳一见钟情也不为过。

以写过好几篇格林的随笔文章，后来辑成《话说格林》一书出版的书评人恺蒂的描述，格林写《恋情的终结》时，便无意隐瞒这段恋情，这在当时让凯瑟林的家人非常愤怒。格林之所以这样做，也许是因为他想让人们知道他们的关系，也许他要这本小说作为他们爱情的证明，但也许是他对默认了这层关系的亨利表示歉疚，因为小说中的莫里斯是个妒嫉心极强，极自私的，很不可爱的角色，但那个丈夫，虽然无趣，却是善良、宽容、无私的，正像凯瑟林的丈夫，是一位真正的绅士。亨利也是打一开始就知道凯瑟琳与格林的关系，格林常常去他们家作客，亨利都是对他以礼相待。格林不喜欢孩子，所以他们的孩子都被打发得远远的，格林从来不读别人读过的报纸，所以递到格林手中的报纸都是平整的，刚刚熨好的。与格林热恋的同时，凯瑟林并没有怠慢丈夫，她还是与丈夫手拉着手坐着一起听收音机，他们也从来没有分居两个卧室。格林是她的情人，而丈夫则是她最好的朋友。而格林是个无法在一个地方呆的时间太长的人，他总是在旅行。凯瑟林只要家中的事务走得开，也总是陪格林一起去度假。但在度假时，凯瑟琳并没有忘记亨利。有一次，她在给亨利的信里写道："早上八点半喝咖啡后格林开始写作，写到十一点钟，会写完一千字，他写作时，我就坐在花园中读书。"这时，格林正在写的就是《恋情的终结》。由此可知，格林写作此书时，并不是写在他真实生活中的爱情故事将要结束之日，而是写在他热恋之时。

但这般的爱情总有结束之日，在与格林相恋时，凯瑟琳一边享受与格林的激情，一边放不下丈夫的宠溺，而且还像格林一样也有其他情人，但是格林的游戏规则是他可以有其他情人，却不允许凯瑟林对他不忠。格林因此嫉妒到发狂。他软磨硬泡，甚至拿刀架在脖子上，强迫凯瑟琳和自己结婚。格林的妒嫉心和占有欲最终让凯瑟林认识到逃离才是唯一的出路。他们的恋情结束于一九五九年，凯瑟琳移情别恋一位出家的教士，但是他们继续通信，在给格林的最后一封信中，凯瑟琳写道："在我的生命中，没有第二个像你一样的人。"凯瑟琳病重住院，拒绝格林来看她，因为她年轻的容貌已逝，倒是亨利每天守在她的床边，直到生命的最后一刻。凯瑟林于 1978 年去世后，格林曾写信给亨利致哀。凯瑟林最后独自安葬。而亨利和格林都是一九九一年去世的，相去三个星期。我们不由不想，会不会也因为这段经历，格林小说中的主角如唐诺所说，大都和有夫之妇有染，而且被戴了绿帽子的丈夫也总是对情敌有莫名的好感。在他的另一部小说《名誉领事》里，主人公福特纳姆不但被普拉尔戴了绿帽子，还因为后者被卷进一起绑架案中，而福特纳姆并未因此改变对普拉尔的欣赏，并且自始至终都将其视作自己的儿子，最后还为这个使自己遭逢大劫的人鸣不平。

如此这般的叙述，会让我们以为《恋情的终结》不过是因格林的花边新闻而闻名，要这样就难以理解为何福克纳将之评为："我这个时代里最真实也是最感人的长篇小说之一，在任何语言里都是如此。"与他同时代的英国作家伊夫林·沃称赞，格林极好地描写了他对情人丈夫的关系，从怜悯，到恨、嫉妒、蔑视的转变，女主角一如既往的可爱。美国作家约翰·欧文则称："《恋情的终结》是我读过最寒冷刺骨的反爱情小说，可怜的莫里斯！可怜的莎拉！可怜的亨利！"

至于小说对作家的创作产生了何种直接的影响，则不妨看看马尔克斯是怎么说的。他说："我曾以极大的兴趣阅读过《恋情的终结》。我从这部书中借用过一只船，这是大主教的船，我把它用在《一桩事先张扬的凶杀案》这部书里。"而小说对爱情中种种情感的描写是何等细腻就不用说了，唐诺一言以蔽之，即使放眼人类整个文学史，都没有任何人比格林更会写偷情。而且，格林还有办法把琐细的男女之事搬上盘，联结上轰轰然的历史大事甚至成为关键，举个例子，在《喜剧演员》中，男主人公布朗正是怀疑满口大话的琼斯少校上了他的德国大使夫人情妇，才借力使力把琼斯弄上山打游击，最终加剧了革命镇压，害死了琼斯，也让自己再回不去太子港，从而流落到多米尼加成了滑稽的殡葬业者。还有，在《文静的美国人》中，英籍记者弗勒因痛恨美国特工派尔偷走他的越南情妇凤，设计让这个年轻天真的美国人中伏遇害，丧生共产党之手。

无怪乎美国作家约翰·厄普代克称道格林："情感和敏锐的观察力、令人不安，如同在宗教审判者的注视下。"耐人寻味的是，厄普代克何以读出了"令人不安"？会否是因为格林把自己的躁郁症也投射到了小说里，格林童年时在学校遭受霸凌，抑郁的他曾多次企图自杀，书籍成了唯一的避难所。成年后，他满世界游历，与各路主要人物谈笑风生，作品一部接一部亮相，更受多位文坛巨匠推崇。同时，他又与妻儿疏离，患有两极性精神病，在狂躁与抑郁之间来回打转。也因此，于格林而言，写作是精神疗法的一种形式，"有时我很好奇，那些不写作、不谱曲、不画画的人如何能够逃脱疯狂、抑郁、恐慌与惊惧的魔爪，因为这一切都根植于人类所处的境遇之中。"而即便是写作也没法让格林摆脱这些境遇，遇到凯瑟琳时，他正患有躁狂抑郁症，也因为此，格林对凯瑟琳有着精神和肉体上的双重依赖，与凯瑟琳在一起的 13 年，可谓格林一生中最平静的一段时光。

格林的“令人不安”，应该还与他是一个天主教教徒有关。以厄普代克在为《权力与荣耀》所作的英文版导言里考证，格林于1926年，亦即他22岁那年，在诺丁汉皈依天主教，当时是通过特罗洛普神父主持完成的，而这位神父本人在皈依天主教之后，按照格林在回忆录《生活曾经这样》的说法，一直“受到某种内心的冲动驱使要成为神职人员”。当然格林不见得有这种冲动，他之所以改宗，是为了能娶作为天主教徒的薇薇安。更何况，他在1938年写道，“我无法过独身生活”，而为了遵循天主教不离婚的教义，他后来宁可同妻子分居并冒风险偷情也不脱离婚姻，也不以为有必要脱离。不过格林的严肃小说里，通常都会有一位神父，容易犯错，却又无可指摘地恪尽神父的职责。总之，而就写作而言，厄普代克认为，最初在约瑟夫·康拉德和约翰·巴肯影响下写作的格林，就已经将他编织惊悚情节的高超天分，与其以轻快笔法表现的病态敏感熔为一炉，兼具高度智识和激情，而且严谨地展示出他一直未曾厌倦的天主教激情。格林也确乎如南非作家库切所说多从天主教观点考察作品中人物的生活，因此经常被认为是天主教作家，甚至有妇女写信给他要他组织一支天主教十字军向被封锁的西柏林进军。但实际的情况是，格林终其一生都对宗教表达出一种强烈的疏离与厌恶。

无可疑义的是，格林就像库切在为《布莱顿硬糖》英文版导言中写道，小说家必须有宗教意识，或至少必须意识到人生都有犯罪的可能性。如果没有这种意识，小说家是无法正确描绘人生的。而且，在格林眼里，邪恶在现实生活中常常过于强大，以至于“恶在人间畅通无阻，而善却不能再在世间漫步。”这正是他的作品的基本基调。也因为此，扎迪·史密斯感叹，在格林那里，通往善的道路并不真实存在，通往或多或少的邪恶的道路倒有千百万条。“越来越少的小说家会着力于区分好人和坏人，而格林则大师般地进行了多重区分：那些将邪恶与残酷、无情和恶毒的愚蠢区分开来的纤微界线。他的主人公们置身于一个被一丝不苟地校准的道德系统。他们不同程度上都失败了。”

由此，经由这些人物的失败，格林试图告诉人们：在这个冷酷而充斥罪恶的时代，救赎已经成为了一种彻底的幻想。至于如何克服这种来自骨髓深处的道德焦虑感呢？他给出的答案是：爱。去爱，是人类在荒诞而痛苦的世界上最后的倚仗。以此看，格林的小说在某种意义上，就像何适之说的有着强烈的精神性，这样的精神性被他巧妙得包裹在表面看来通俗甚至有些猎奇的故事背景下。伍尔夫曾评论陀思妥耶夫斯基的小说里“有灵魂”。格林的小说也大抵如此。

3

然而，格林的“有灵魂”，并非困于斗室，或安居一隅的“有灵魂”。他在任何意义上都不属于那种在书房里闭门造车的作家。

1934 年，也就是 30 岁那年，格林徒步旅游利比里亚，据此写了游记《没有地图的旅行》，这预告了他日后的出走生涯，往后，他的长篇小说用唐诺的话说，便一直由行走的脚、凝视的眼睛和书写的手所联合完成：被公认为其代表作的《权力与荣耀》是以他于 1938 年 3、4 月在墨西哥度过的两个月经历为基础创作的，在这两个月中有五个星期，他独自一人、精疲力竭地穿梭于南部塔巴斯科和恰帕斯两州；《问题的核心》写荒原般的西非；《文静的美国人》写冷战时期的越南；《哈瓦那特派员》写哈瓦那的情报站，《喜剧演员》写“医生”爸爸独裁统治下的海地；《麻疯病人》写非洲正中心的刚果；《一个自行发完病毒的病例》写殖民地时期的刚果；而晚期的《吉诃德大神父》写西班牙。这些异国的背景，就这般依托当时的现实政局，巧妙地进入了格林开阔的写作视野。

少为人知的是，格林也曾于1957年4月随一个代表团到中国三周，他的行程完全是安排好的，没有自由活动的空间，而且他也非常不喜欢同行的几位学者，所以格林对这次中国之行的印象并不好。而且，他当时受英国外交部以及天主教会之托打探有关胡风集团和天主教徒的情况，也是一无所获。不过，虽然他没在小说里“涉足”中国，很多年后，却在1985年5月27日的《时代周刊》上撰文谈到了近三十年前的那次中国之行，文章的题目即为《花丛中的一根草》。

格林行踪如此之广，他足迹所及的全数土地的总和，实际上已差可比拟殖民鼎盛时期的英国了。在长达六十六年的创作生涯中，格林共出版了六十一部作品，其中包括长篇小说23部，还有中短篇集、游记、散文、剧作等。格林在这些作品里全数记录了自己的足迹，也由此构建了他的“格林之国”。在唐诺看来，作为一个外来者，格林较之于康拉德有着先天的优势。因为格林出生晚于康拉德，他对他涉足的那些遥远国度就有了更多的理解。而就格林自己来说，他不像康拉德那样只停留在船上港边远远瞻望那些国度，而是背起行囊上岸，探入内陆，和当地人一样的定居生活，一样承受政治、社会和经济体制统治的风险，乃至于最终不留情的迫害。如此，格林自然就多了一些切肤的深刻体验。

但不能不说，格林的深刻，还得归功于他的间谍生涯。当然了，在英国，作家当间谍并不是什么稀罕事，在格林之前，毛姆曾任职于一战期间的英国军情部门；在格林之后，当代间谍小说家勒卡雷则在冷战开始时进入陆军情报处。而英国秘密情报部门看重作家这个群体也自有道理。既然出身好、社会关系好的绅士，再加上有一定的学校和军事方面的背景，就可被信赖来玩“这种游戏”，作为绅士阶层的一个重要组成部分，作家当间谍又有何不可呢？毕竟他们身上也有重大的优势。比如，他们普遍拥有超乎常人的观察力和想象力，再加上他们的职业不容易遭受怀疑，有较多的空闲时间，有丰富的海外生活经验或驳杂的知识……

话虽如此，格林的情报生涯还是多少有些非同寻常。1924 年，当格林还是牛津大学的学生，在一次偶然的机会中读到一本名为《战败》的书，书中描写的故事便激发了他对间谍生活的兴趣。当然，他之所以钟爱间谍小说，执迷于所谓“事物的危险边缘”的，在一定程度上，和他少年时的经历有关。上中学时，他就读的学校校长正是他的父亲，这是一个严厉得有些粗暴的男人，被同学们称为“暴君独裁者”。而格林时不时发现，自己身处两难的境地：对父亲忠诚则背叛伙伴，对伙伴忠诚则背叛父亲。他，像极了一个可悲的双重间谍。

不过，格林真正当间谍还要等到 1941 年，那时他的妹妹伊丽莎白已经在为英国军事情报六局（MI6）工作，经她的介绍，格林也加入了进去，当时 MI6 正在物色人选到塞拉利昂的西非办公室里工作，格林因为曾与表妹去过利比里亚，对西非熟悉，所以正好合适。当然被派到塞拉利昂的首都弗里敦之前，他先是被派往尼日利亚拉各斯接受了为期三个月的间谍训练，学习编码和译码技术。期间，除了训练之外，格林的另一个任务就是每天早上七点钟驾车前往市区为营地购物，并顺便从警察局长那里领取密码电报。回到营地后，格林立即破译这些电文，然后利用这些电文起草回电和报告。在这三个月里，他还凭坚强的毅力，利用不多的空余时间，写出了令自己扬名于世的间谍小说《忧虑重重的内阁》。培训归来后，他就去了弗里敦做特派员，上级组长是后来成功叛逃苏联的“鼹鼠”菲尔比。格林的工作并不繁忙，每天早饭之后，先去集市逛逛，然后去警察局取伦敦发过来的密码电报，回到家里后根据密码书解密，回答有关问题。他的工作应该还包括雇用培训当地线人，从他们那里收集情报，向敌方提供假情报等等。

无论如何，间谍工作的特殊性，决定了它是一个审视人性最奥妙最细微之处的绝妙解剖台，而由一个间谍的个人命运，更可以引申出对整个人类处境的终极追问。事后证明，这段秘密工作生涯的确对格林的创作产生了重要影响。且不说他写了一本地道的，情节环环相扣，险情重叠相生的间谍小说《哈瓦那特派员》，并在其中塑造了一个颇为窝囊的反英雄形象伍尔摩。他其他一些重要作品里也有间谍的印记：《人性的因素》的主人公就是双重间谍，这个人物身上也多少有一些菲尔比的影子，格林把小说寄给了其时已身在莫斯科的菲尔比。此前，菲尔比出版了自传体小说《我的无声战争》，格林也为小说的英译本写了序言。此后，格林的《一支出卖的枪》和《密使》也是写的涉及国际政治和追踪罪案的故事。

而格林在小说里频繁地涉足国际政治，其实与大英帝国正不可避免地走向衰败有关。因为帝国体系面临不可避免的松动乃至瓦解，英国人从“日不落帝国”的迷梦中清醒，“羞愧和绝望的悲观主义”由此扎根于格林与同时代精英的思想之中。正是在这样的背景下，格林创作了《文静的美国人》，也正是这部作品标志着他的天主教信仰开始动摇，政治取代宗教成为反映小说人物矛盾意识的框架。不仅如此，这部日后被拍成电影并产生广泛影响的小说，还为他赢得了“预言家”的美誉。在小说里，格林不仅成功预言了美国陷入越战的泥沼而不能自拔，还预言了美国对外干涉的其他愚蠢行为也注定要失败。由此，好莱坞于2001年重新改编这部小说，并再度受到观众的热烈欢迎，不能说仅仅是个巧合。

不管怎样，格林的写作确乎是挺国际的，但要是对照当时热衷于搞文体试验和花样翻新的写作潮流，他又似乎不是那么国际。唐诺感叹道，格林不只写这么多小说，他还像十九世纪伟大的写实小说家那样子书写。他的小说视野宽广，格局恢宏，敢于碰触西欧小说业已遗失近百年的大题目，包括一场战争，一次政变或革命；而且格林始终执着于实相，认真创造人物，构思情节，让想象力在具体的世界之上奔驰。这让“格林之国”显得格外名副其实，然而这样一条少有先锋味道的，简明质朴的叙述道路，在当时看来多少欠缺了一些“小说创新的精神”。这也在一定程度上使得格林作品的价值，在很长时间里没有被正确地评估。悖谬的是，某种意义上，恰恰是格林的“不合时宜”，凸显了他的作品的重要价值。他的探索热情表明了他“积极介入”的立场：文学应该发挥其固有的社会功能。他选择异国的时政背景，也并非为了猎奇或哗众，而是于大动荡大变革中，折射人类曲折跌宕的进程。在格林看来，他的写作就是要向读者传递他对于不确定的人类命运，对于这个充满危疑和彷徨的世界，对于人性与道德矛盾冲突的思考。因此，他把写作技艺全力投入于谋篇布局和情节转合，来放大小说的可读性和感染力。无怪乎有评论家称：“格林拥有一切技巧，却永远关注主题。”

维多利亚·希斯洛普：
爱很困难，但爱不可摧毁

有的作家特别关照内心世界，侧重写自我的体验。有的作家则偏好异域的生活，他者的故事。维多利亚·希斯洛普显然属于后者。作为一个地地道道的英国作家，她写作的一切却都是发生在希腊。

1

一切看似命中注定。当她 15 岁那年，第一次来到希腊，就立刻爱上了这个地方，“就像中国是东方文明的摇篮一样，希腊也是西方文明的摇篮，我很难解释这种感觉，但是我在希腊找到了一种归属感、一种家的感觉。”更为奇妙的是，如希斯洛普在 2015 年 3 月 24 日中华艺术宫举行的“《岛》中文版 100 万册纪念暨《日出酒店》阅读分享会”所透露，到了希腊，不时碰到有人问她是不是希腊人。“我说不是，但他们坚持说，你祖母肯定是希腊人，因为你看起来太具有希腊特征了。”

然而，一直等到三十年后，希斯洛普才写下第一个发生在希腊的故事。此前，她是一名记者，曾为《星期日电讯报》《妇女与家庭》等媒体撰写专栏文章。此次以作家身份访华的希斯洛普坦言，当自己45岁左右时，仍然认为当记者，写下自己看到、听到的事实，就是一件很开心的事情，但当她第一次踏上斯皮纳龙格岛的时候，她感到火花在心中冒起，她希望运用想象力讲述一个故事。“如果我还是一个记者的话，我处理的事情可能是枯燥的，有关表格，有关事实，有关各个历史时期，有关居住在那里的土耳其人的故事，以及与事实相关的数字。但是，当我写小说的时候，我就能从更加人性的角度讲述一些东西。”

2

某种意义上说，不是希斯洛普选择了写发生在岛上的故事，而是岛上的人和事，“要求”她把他们的故事写下来。这是一块曾让整个欧洲谈虎色变的禁地。在长达50余年的历史中，斯皮纳龙格岛都是希腊所有麻风病人的放逐之地，生活异常艰辛残酷。这座岛的旅游指南上这样写道：“斯皮纳龙格，曾为威尼斯人的防御工事，后被土耳其人占领。1903年至1957年间，为麻风病隔离区。”希斯洛普瞬间被这段文字迷住，她决心为这座荒废之岛写下一段浪漫又悲情的故事。“我要写他们如何被迫与家人分离，如何赤手空拳创建属于自己的小小的社会。”

希斯洛普的处女作《岛》由此诞生。在大作云集的2006年，《岛》凭借作品的实力，一举超越《达·芬奇密码》《追风筝的人》《哈利·波特6》，荣登英国畅销书排行榜冠军，她本人也获得了2007年英国国家图书奖最佳新人作家奖。2009年，《岛》出版简体中文版，目前中文版销量也达110万册。而通过这部小说，希斯洛普要传达的理念是，人生会有一些污点，人们常常会因此给一些人排斥在外。“我想传递的是，所有人都一样平等，不要随便给人贴上标签。”

正是在写作《岛》的时候，希斯洛普下决心不再做希腊的“族外人”，她开始学习希腊语。“通常语言是交流最大障碍，我想进入希腊人内心，更好了解他们所思所想。”当她做了这个决定的时候，认识她的人都说这不可能做得到，因为希腊字母和英语所使用的罗马字母完全不同。但希斯洛普从字母表开始学习，每周花四天学习希腊语，到现在，她已经可以用流利的希腊语对话。而学会希腊语，最明显的好处，是她可以坐下来和希腊老人聊天了。“他们住在乡村，完全不会说英语，懂希腊语让我终于能听到第一手故事和人生经历了。”

学了希腊语后，对希斯洛普的创作产生了何种影响，我们不得而知。可以确定的是，继《岛》获得很大成功后，她又陆续写出了以希腊为背景的长篇小说《回归》《线》，及短篇小说集《小镇的甜品屋》。而她于去年推出的长篇小说《日出酒店》，仍然继续关注希腊，不过将视角转向了塞浦路斯这一兵家所争之地。小说以地中海东岸的城市法马古斯塔为故事发生地，描写了一座城市的悲伤史，两个家庭的幸存史，以及一段纠结一生的错爱。

恰如有英国媒体所指出的，希斯洛普特别擅长以历史事件为背景，描写小人物的故事。而当主人公在这些历史背景里活动的时候，我们看到的就像作家孙甘露所形容的那样，不仅仅是个人的命运，实际上看到的是一个地区，一个国家，也可以讲是一个历史的命运。塞浦路斯岛五分之四的居民是希腊族塞浦路斯人，1974 年，塞浦路斯岛遭受土耳其入侵，整个小岛北部几乎全部被占领。直至今日，小说故事发生地法马古斯塔成了一座空城，曾居住其中的四万居民全数逃离，他们再也没有回家。希斯洛普到访法马古斯塔的时候，她看到的就是这样一座空城，但这座城市遗留下来的建筑里，仍然有过去的幽灵游荡，仍然留存着曾经居住在那里的人的记忆。“土耳其人入侵时，所有人都要离开，但激发我想象的正是，如果有人不能离开呢？虽然这样的事没有发生，但如果这个事情发生了呢？”

似乎是出于记者的职业特性，希斯洛普特别喜欢描写这些不同寻常又不为人知的故事。而为了让故事读来可信，尤其需要她对小说里写到的细节，有精准的把握。

希斯洛普坦言，自己在写作不同年代的故事时，会做大量的历史考证，让自己回到当时的情景。“当你写小说里的人物如何讲话、如何吃东西时，你要努力去做研究。”同时希斯洛普也会通过丰富的想象，努力还原当时的时代背景，以及人们的所思所想。“我会尽最大的努力让我的小说是可信的，我要通过写作来说服读者，让他们知道这就是现实。”

3

当然，希斯洛普最想通过她讲述的希腊故事说服读者的是，在希腊历史中，我们能找到人类精神的力量。“在《线》里，我写了差不多一百年的希腊历史，包括西浦战争，希腊被德国占领，内战、独裁甚至地震。这一切都是希腊的遭遇，但在极度的困难中，希腊最终还是挺过来了。”而在希斯洛普的理解里，使得希腊得以挺过来的有勇气，坚持不懈的力量，自然还有爱。某种意义上，这也正是她的书为何广受欢迎的一个重要原因，英国《卫报》评价道，希斯洛普总是在史诗般家族传奇和不可预测的历史冲突当中，让人感受到爱，不管是什么样的爱。

的确如此，在希斯洛普讲述的故事里，她总能让人从生活被毁又被重建、爱情被毁又重生的希望的纠葛中，让人感受到生命的悲伤，而即便在最悲凉的情节里，也始终能让人看到希望。希斯洛普坦言，自己喜欢大团圆的结局，虽然明知这会落入俗套，但俗套里往往包含真理。“我是很乐观的人，所以我相信爱，我知道爱很困难，但我相信爱不可摧毁。我还想说的是，爱不是情人节浪漫的想象，爱是一个概念。同时，爱，男女之爱，不同族群之间的爱等等，会给我们带来很多的东西。所以从过去到现在，我一直相信爱，相信爱的力量。”

辑五　越界

V. S. 奈保尔：

观“世间之路”，寻“抵达之谜”

1

V. S. 奈保尔喜欢旅行。早在上世纪六七十年代，在他的出生地特立尼达这个西印度洋的小岛外，他还走遍了加勒比海地区、印度、南美、非洲、伊朗、美国、巴基斯坦和马来西亚。他的美国朋友保罗·索鲁写的《维迪亚爵士的影子》，就以戏剧性的生动笔法记录了他们周游世界的足迹，这本以奈保尔作传，甫一问世就闹得沸沸扬扬的书副题即是：一场跨越五大洲的友谊。事实上，正是基于这些旅行的见闻和所做的相关研究，奈保尔写出了《大河湾》《信徒的国度》《印度三部曲》等一系列久负盛名的虚构与非虚构作品。2018 年 8 月 11 日，奈保尔在伦敦家中逝世，离 86 岁生日只差六天，这位世界游历者走完了生命的旅程。

奈保尔最后一次出现在公众视野里，是在 7 月 8 日傍晚泰晤士河畔伦敦南岸中心举办的布克奖 50 周年纪念特别活动——“金布克奖”的颁奖典礼上。他由妻子娜迪拉·奈保尔推着轮椅一同上台。娜迪拉代为发言：“奈保尔少年时就立志成为作家，他说是‘写作找到了他’，但一开始也无计可施，他找不到出版商、代理人能理解他作品的原创性和文学性，然而他坚持不懈，没有任何怨言。终其一生他都在找寻‘词语’，他经历过艰难世事。肯尼亚作家恩古齐·瓦·提安哥曾讲奈保尔是‘作家中的作家’，但他也想做读者的作家。他从不模仿别人，坚持‘用词必须极其小心’，坚持最复杂的思想要用最简单的词来表述……”

诚如其言，奈保尔十一岁时，就产生了当作家的愿望。这一抱负的荒谬之处在于，那时他对于自己将要写些什么几乎毫无头绪。在出版于 2003 年的自传性随笔集《康拉德的黑暗我的黑暗》里，奈保尔坦言，自己小小年纪就有如此愿望确实不同寻常，但也没什么了不起。他听说书画收藏家们很早就开始收藏事业了，著名导演山亚姆·班尼戈尔曾说，他六岁时就决定要当电影导演。当然，奈保尔要当作家，也因为他想逃离特立尼达。殖民地生活的琐碎和激烈的家庭争端让他感到压抑。他预感到，在更广阔的世界中，人们会因为他们自身而得到欣赏。

然而，凭着殖民政府的奖学金去牛津求学后，奈保尔发现：“我在错误的时间来到英国，想发现我在幻想中所创造的英国……我是来得太迟了。”他说得没错，他没赶上第一次工业革命的激情，没赶上宪章运动的豪迈，也没赶上日不落帝国的辉煌。更重要的是，他意识到：这一切可能从没存在过，只是通过历史书写，它们才变成一个个奇迹时刻。多年后，他写道：“经过一番奋斗我才来到英国，但它又不是我的世界中心，我被骗了，而我没有别的地方可去。”

事实上，在牛津大学求学，对奈保尔以后的写作产生了重要影响。一方面，这期间，他同样渴望成为作家的父亲西帕瑟德·奈保尔，坚定了他百折不挠走文学之路的信念。就像《毕司沃斯先生的房子》中的主人公毕司沃斯先生一样，西帕瑟德最终没能成为作家，书生气使得他在特立尼达当地人社区中显得格格不入，死时债务缠身，年仅 47 岁。但他在生前对奈保尔寄予了极高的文学期待，就读于牛津大学期间，父子之间保持通信，探讨文学创作。这些书信后来被整理成《奈保尔家书》出版。在其中一封家书里，西帕瑟德鼓励儿子“不要害怕成为一名艺术家”，并教导儿子说：“除了你自己，不要去讨好任何人。只须考虑你是否准确地表达出了你想表达的东西，不要卖弄，带着无条件的、勇敢的真诚。你会创造出自己的风格，因为你就是你自己。你必须做你自己。一定要真诚。一定要把自己必须说的作为目标，并且说得明白晓畅。要发自内心地写作，而不是为了脸面。”

也是在求学期间，奈保尔遇见了对他产生很大影响的专业课教授——《魔戒》的作者托尔金。托尔金告诫年轻的奈保尔，不能单纯地模仿毛姆，没有原创性的作家是毫无前途的。要知道，奈保尔父亲非常推崇毛姆的创作技巧，也经常和儿子交流怎样学习毛姆写作。巧合的是，奈保尔出版于 1959 年短篇小说集的《米格尔街》获得了毛姆文学奖，毛姆本人亲自为他颁奖。这本该是让奈保尔父亲引以为傲的事情，但他已于六年前病故。他当然也没能见证奈保尔获诺贝尔文学奖。

很长时间以来，奈保尔都相当尊敬父亲的文学观念，甚至于高估他的文学成就，直到晚年才开始认真反思父亲的文学追求。75 岁时他出版了另一部自传性随笔集《看，这个世界》，在其中他终于直言父亲的种种不足，同时忍不住惋惜：“根本不存在有可能接纳我父亲的……写作传统，他早年经历的那么多痛苦，在另外一个社会有可能造就他成为一名作家的素材，始终未能见天日。”

2

设想一下，如果奈保尔和他父亲一样终其一生没能走出特立尼达，他或许也没能打破殖民地边缘身份带来的束缚，又何谈在写作上获得成功。正因为此，《米格尔街》结尾，叙述者“我”要离开“生活如此绝望，每个人却都兴高采烈地活着”的米格尔街时，奈保尔写道：“我离开他们，步履轻快地朝飞机走去，没有回头看，只盯着眼前我自己的影子，它就像一个小精灵在机场跑道上跳跃着。”

但奈保尔在英国的生活和创作之路实际上并不“轻快”。从牛津大学毕业后，奈保尔住地下室，因为移民身份在找工作时，他饱受歧视，连续应征20多份工作都没能成功。饥寒交迫中，他曾经开煤气自杀不成，一度靠第一任妻子帕特里夏教书才勉强维持生计。而在写作上，他一开始也不顺利。17岁那年，他开始写一部长篇小说。次年到了牛津大学后写完后，他拿给一个朋友看。听朋友说读后想到伊夫琳·沃，奈保尔感到受了重创，但他不得不承认，他朋友说得对。

只有等到成为BBC的“西印度之声”广播员并为《新政治家》杂志做书评，奈保尔才算开始了自己的文学生涯。奈保尔试图找寻自己的声音，不借用任何人，也不去装腔作势，而是完全自己的口吻写作。为此，奈保尔在很长时间里陷入了困顿之中，直到有一天，他终于找到了“那属于我的声音的源头”：“我父亲写下的故事和一部1554年出版的西班牙流浪汉小说《小癞子》。正是这两个截然不同的源头哺育出了我的作品，最终发展成真正属于我的原创风格。”

1957年，奈保尔完成于两年前的长篇小说处女作《通灵的按摩师》出版，却迎来了恶评。有位牛津的教授点评说，这部小说是来自一座殖民岛屿的风味小吃，根本花费不了多少力气。这让奈保尔多年后回想起来还郁愤难平。由此可以想尽，奈保尔努力摆脱模仿、追求原创，固然是为了找到自己的声音，在更宽泛的意义上，则如评论家王敬慧所言，体现了奈保尔作为第三世界的移民、世界的流散者对后殖民时代的思考：孩子模仿父亲；父亲模仿毛姆；来自第三世界的次文化移民模仿着第一世界帝国人民的生活方式；伦敦人也在模仿着“伦敦人”这样抽象的概念，人们都生活在模仿之中。在出版于 1967 年的小说《模仿者》中，主人公从小岛走出，到伦敦学习，为了模仿欧洲人，他改变自己的名字，观察周围人的生活方式和习性，可是不论怎样模仿，他还是一个徘徊于边缘的外国留学生而已。这诚可谓奈保尔对于自己该如何走出模仿的羁绊和故乡的束缚的省思。

摆在奈保尔面前的挑战，还有怎样找到一生的写作主题。奈保尔曾不无感慨地说：“一位作家的半生工作……就是发现他的主题。而我的问题在于我的一生有太多变迁，充满了动荡和迁徙。从外祖母位于印度乡间的宅邸，那里的仪式与社会生活仍然接近印度乡村；到黑人的西班牙港和它的街道生活，还有与前两者形成强烈反差的殖民地英文学校的有序生活；再到牛津、伦敦和 BBC 的自由撰稿人写作室。若要谈及我试图踏上作家征程的努力，我不知道该把目光投向何处。”

所幸童年记忆和对特立尼达生活的回忆，让奈保尔暂时找到了主题，但他很快就发现如果只依赖回忆的话，很可能不久后他就无法写下去了。毕竟记忆是可以穷尽的，何况他的记忆不过是那有限的十多年的时间。他需要转向，而生活也正好给他提供了这种机缘：1961 年，奈保尔从特立尼达和多巴哥政府那里获得一笔赞助，去加勒比海地区旅行，这期间了解了很多他曾置身其中的殖民地文化，并于 1962 年出版首部非虚构作品《重返加勒比》。

同在这一年，奈保尔去他祖先的故土印度住了一年时间，这次印度之行将他的生命一分为二。奈保尔日后说道：“关于这两次旅行的书令我到达新的情感领域，赋予我此前从未有过的世界观，而我的写作技巧也得以提高。当时，我已经能够将英国和加勒比海写进我的小说里，那对我来说曾经很难。我也能够写小岛上其他种族群体，而那是之前的我根本做不到的。”

3

正如有评论所说，“旅程”一词在他人也许仅是隐喻，而在奈保尔，却是真实的写照。2010 年，他出版了最后一部书《非洲的假面剧》，这同样是他旅行的“记录”。2008 年 3 月至 2009 年 9 月，已届高龄的奈保尔来到非洲，从大陆的中心乌干达启程，一路走过加纳、尼日利亚、象牙海岸、加蓬，最后来到南非。而在四十二年前，1966 年，奈保尔也曾作为一位驻校作家来到乌干达，并在东非待过八九个月：坦桑尼亚一个月，肯尼亚高原差不多六个星期，剩下的时间都在乌干达。在记忆与现实交错中，奈保尔终于写出了这本挖掘非洲人信仰的书。

此后，奈保尔告别了写作，但旅行并未终止。2014 年，他携夫人娜迪拉来到了上海。在 8 月 11 日上海思南公馆举行的“奈保尔新书首发式”上，娜迪拉情不自禁道：奈保尔爵士已经 82 岁了，但是我们还是希望能够得到新的灵感和启发，也许他能够为中国之行再写一部新的作品。中国读者自然不会放过这一期许。奈保尔回应道：“也许我不能写一本关于中国的书了，因为中国是一个非常巨大的国家，需要认真的体验，需要认真的观察，需要很多的知识，但是现在我没有这些东西。”

奈保尔来中国来得太晚了，他没有写中国，我们也无从推测他对这次中国之旅有怎样的印象。但纵使奈保尔如很多人期望的那样是预言家，或如他自己所言是“只要认真写作，写现在就意味着在写未来”的大作家，他在当时也没法预言自己能不能写一部中国的作品。这不仅在于他年事已高，精力受限，还在于他没有在旅途中写作的习惯。早年只有在回到伦敦郊外威尔特郡乡间“茅舍”时，他才在一片静得出奇的环境中创作出一个动荡不安的世界来。他需要一种审美意义上的距离。在接受记者采访时，奈保尔如是说：“有了这种距离，你才能对你的经历进行不仅是地理、历史意义上的，更是感情、美学意义上的沉淀和升华。”

即使回到居住地，奈保尔通常也不是马上就开始写作。1962 年，他首次踏访印度，平生第一次发现在自己所置身的这个祖父辈生活过的家园里，他与周围人在相貌上相差无几，在待人接物与内心世界方面，却有着天壤之别，他没能与印度融为一体，只是感觉被印度以及他在印度看到的一切彻底“粉碎”了。起初他并没有感到，这次旅行将让他写出日后让印度人爱恨交集的《幽黯国度：记忆与现实交错的印度之旅》。“有整整三个月我什么也没有做。我面对着有可能要把安德列·多伊奇预付的 500 英镑定金还给他的局面。终于有一天，我打开一本练习本，在两张纸上写下所有打动我的东西，加上一些小标题，我看着它们，我形成了一个轮廓，或多或少就按照这个轮廓写下去。”

或因如此，奈保尔对他期待已久的中国之行，并没有抱写作上的期待。在他看来，一旦对一个地方有了期待，就会看不见要看的东西。“我只是过来，然后观察就可以了。”由于年事已高、身体虚弱，奈保尔并没有如读者预想中的那样侃侃而谈，他的言语之间，也不见被媒体大肆渲染地那般桀骜和锋利，但他坚毅而深沉的眼神却透着力量，让你不由联想到体现在他写作上的那种无与伦比的观察力。而奈保尔正因为，将严正的观察能力和逼真的叙事艺术结合于作品之中，“驱使我们去认识那被掩盖的历史的存在”，赢得了 2001 年度诺贝尔文学奖。

首发式上，学者止庵提到奈保尔出版于 1979 年的长篇小说《大河湾》里有个总统，这个书中至关重要的角色，手握权力，不可一世。然而，在书的结尾，这位总统众叛亲离。而在现实中，这个角色的原型真的倒台了，但无论在小说里，还是现实中，这个国家所有的问题，却没有因为总统的倒台而得到任何的解决。娜迪拉由此想到，为写作《非洲的假面剧》去乌干达旅行时，接待他们的许多政治家和知识分子，都对奈保尔说，他在《大河湾》里写的，正是这之后他们这个世界所发生的事情，他简直就是一位预言家。当止庵问他："你是一位预言家吗？"奈保尔断然否认道："不，我是一个观察家，仅仅是观察。"

4

对于奈保尔而言，写作最为重要的，除了观察，还是观察。在《印度：受伤的文明》里，他写道："人若不能观察，他们就没有观念；他们只有执迷。人若生活在本能的生活里，那就像是一种不断模糊着过去的集体失忆症。"

有必要指出的是，奈保尔所做的并非习见的观察。这么说，首先是因为他的观察建基于天赋的直觉之上。以奈保尔自己的说法，他写作从来都没有深思熟虑的计划，也从不依循陈规，他完全凭的直觉。在题为《两个世界》的诺贝尔奖获奖演说中，奈保尔声明，自己一直信任直觉。在写作时，他总是完全不知道书中的事情将如何发展、接下来又该写什么。他依赖自己的直觉寻找主题，并且凭直觉写下去。因为直觉的写作方式，以及写作素材令人迷惑的本质，让他觉得，每本书都像是一种恩赐。也因为，直到落笔的那一刻，他都不知道会写些什么，他总是觉得，自己或许还没开始就已经失败，终其一生为这种焦虑感缠绕。

而奈保尔深刻体认的“无根”之感，或许又强化了他的直觉与观察。奈保尔声称，他在这个世界上缺乏位置，无所依归。“流放”对他而言没有任何隐喻意味，就是字面所指。他没有立场，没有祖国，没有社区，完全是一个个体。“我的世界破碎无序。我永远也做不到像海明威那样去写巴黎，因为我心里清楚三十年代一个像我这样出身的人绝无可能去到巴黎，就在这样简单的层次上我已经被拒绝”。他也在《模仿者》《半生》等作品中，讲述着自己的精神孤独和“被拒绝”，诺奖授奖词也像是印证了奈保尔的自白：“奈保尔是一个文学世界的漂流者，只有在他自己的内心，在他独一无二的话语里，他才真正找到了自己的家。”

因为“无根”，也因为以语言为家，奈保尔无需臣服于某个中心、某种利益，使得他得以把最真实的感受直言不讳地表达出来。在《重返加勒比》里，他浓墨重彩揭示当地社会、历史、文化、人性的深层纽带，书写他看到的社会问题，却很少描述当地的沙滩海景和风物人情。他多次访问印度，写出还包括《印度：百万叛变的今天》一书在内的《印度三部曲》，也不是为的表达百感交集的返乡之情，而是以锋利之笔描写印度社会的落后愚昧。他把印度这样一些处于过渡期的国家称为“半生不熟的社会”，并声明：“我不为印度人写作，他们根本不读书。我的作品只能产生在一个文明自由的西方国家，不可能出自未开化的社会。”他游历非洲国家，写出了《大河湾》与《非洲的假面剧》，也并非展现非洲的美景，而是呈现那里四处弥漫的绝望，并让读者深切感受到，文本中所描述的所有故事其实可以发生在世界任何地方。

奈保尔没能如人们期待的那样，为那些曾经被西方压迫的地方代言，反倒是像个十足的欧洲中心主义者，不遗余力地揭露那些地方的原始、愚昧和落后，可以预见会引来了很多的批评之声。有些左翼人士甚至把他称为“前殖民地的背叛者”，一度对《大河湾》赞赏备至的文化批评家爱德华·萨义德批评他有关伊斯兰教的文字“不仅带有侮辱性，而且愚蠢”。奈保尔作品的台湾版中文译者李永平，也忍不住表达了对奈保尔的抵触情绪，认为奈保尔可以批评自己的国家和民族，但他以典型英国人的姿态，批评得起劲时数典忘祖，太不厚道。学者梁文道也在纪念文章里唱反调道，早期的奈保尔，作为第三世界移民后代而产生的那种模棱两可的身份认知和焦虑，构成了他成为一位出色作家的核心。但后期的奈保尔越来越缺乏同情心，越来越欠缺理解世界的耐性，太急于要下判断，而他所作出的判断背后，其实往往缺乏坚实的根据，有时候甚至让人觉得他根本不知道自己在说什么。奈保尔的文字里，也缺乏为我们所熟悉的现当代文学的先锋精神。

但话说回来，作为一个从第三世界走出来的作家，明知整个世界在政治上都对第三世界持平等、尊重、保护的姿态，却能反戈一击不留情面地批判第三世界，这本身就需要极大的勇气。诚如有论者所言，同为世界级的后殖民作家，且共享英国文坛“移民三雄”的美誉，石黑一雄已然是英国社会的绅士，萨尔曼·拉什迪的小说更倾向于魔幻色彩，唯有奈保尔的写作一直在挑战后殖民社会的现实。

5

如此说来，要是奈保尔的写作带有某种局限性，那也是源于他自身，而非与外界达成的某种妥协。奈保尔的一生，不论是写作、还是对社会问题的思考，都在努力构建具有特色的自我。诚如英国传记作家帕特里克·弗伦奇所评价的，奈保尔的“道德轴心不是白种欧洲文化，也不是伊斯兰教创立之前的印度教文化，也不是任何其他擦身而过的文化，他的道德轴心是内在的，是他自己。”

这就决定了奈保尔无比自我，为了写作奋不顾身的自我，乃至无视其他“规则”的绝对自我。他声称：“别人怎么看我，怎么说我，我完全没有兴趣，根本就无所谓，因为我是为这个叫文学的东西服务的。”而很多作家，恰恰是太在乎“别人怎么看我”，他们与其说为文学，不如说是为文学以外的东西服务的。也因为此，书评人王宝民说，奈保尔那种专心致志的在场、抛弃体面的坦诚、不沾利益的态度，以及从中体现出来的职业精神，尤其值得中国作家学习。但实际上就像他说的，中国作家太会为人处事，太懦弱、太势利、太虚荣、太不把作家这个职业当回事儿。他们时刻保持体面光鲜，待人接物滴水不漏，左右逢源，不发脾气，没有愤怒。他们可以跨界政商娱乐，将自己那一点点才华最大限度利益化。

相比而言，奈保尔太不会讨好人，也太刻薄了，因此在文学圈惹下了很多口舌官司，1986 年，尼日利亚作家沃莱·索因卡获得诺贝尔文学奖，成为非洲第一位获奖的作家。奈保尔听到这个消息后问：“他有写过什么吗?”并且补充说，诺贝尔评委会跟以往一样，“从一个伟大的高度上向文学撒了泡尿。”英国作家安东尼·鲍威尔在奈保尔刚进入英国文坛遭遇不公平对待时，曾向他伸出援助之手。鲍威尔去世后，在应邀写的纪念文章中，奈保尔却说，他与鲍威尔的友谊之所以能够持续下去，大概就在于他不曾细读过鲍威尔的作品。而 2001 年，当他获得诺奖后，他居然在获奖感言里感谢妓女！只因为“在婚姻危机期间追求其他女人太耗费时间”。他的这番话，使得时任诺奖主席不得不赶紧发表声明：“我们评奖只看他的作品，不管他的人品。我们爱他的作品，但绝不跟他交朋友。”

奈保尔的人品的确受人诟病。终其一生，他孜孜不倦以特立独行的做派，为自己树立起众多负面形象：种族主义者、厌女症患者、欧洲中心主义者、殖民主义走狗、傲慢自大的背叛者。当获悉得诺奖时，他说："它的确给了我一个提升，但主要在于内心。这个奖来得太晚了，不足以改变任何事情。如果我50岁的时候得了这个奖，可能一切都会不一样。但是我得罪的人太多了。"

实际上，被奈保尔伤害的人，也被他伤得太深了。1955年，牛津大学历史系本科生帕特里夏·海尔违背父母的禁令和奈保尔成婚。她全力支持奈保尔追求文学梦想，为他几乎放弃了一切，奈保尔却没有扮演忠实丈夫的角色，在结婚之后不久就以需要很多生活经验和体验以获取写作灵感为由开始寻花问柳。1972年，奈保尔因为要写一篇关于阿根廷政局的文章认识了英裔阿根廷女子玛格丽特·穆雷玛格，从此经常公开去外地长期旅行，让帕特里夏备受折磨。但奈保尔没有选择与帕特里夏离婚，他需要她在文学的帮助。1977年，奈保尔准备写《大河湾》，他请帕特里夏来陪自己，说她不在场，这本书就无法继续。而帕特里夏也真的回来陪他，还在日记中详细记录了《大河湾》的创作艰辛。帕特里夏于1996年去世两个月后，奈保尔就娶了比自己小20岁的巴基斯坦新闻记者纳迪拉，当即让他的文学经纪人拿钱打发走玛格丽特。玛格丽特可谓命运多舛，在和奈保尔交往的24年里，她为奈保尔舍弃了丈夫和三个孩子，愿意忍受他在性爱方面的施虐倾向，还经常被打得鼻青脸肿无法出门。因为奈保尔窘困，一度为生计当了一个银行家的情妇。她三次怀孕，三次堕胎，后两次，奈保尔甚至都不付医药费。

如此种种行状，被一一记录在弗伦奇著的《世界如斯：奈保尔传》里。2008年，奈保尔授权弗伦奇，写了这部对他个人无疑会有负面影响的传记，奈保尔只字未改就同意出版了，他将真实的自己摊开在世人面前。他的开诚布公，或许是因为他内心已经强大到并不在乎暴露过去那些不堪的隐私，或许是表达一种生活历练后的谦卑，也或许是因为如有论者所言，并非只是出于诚实，还有忏悔的意味，尤其是对死去发妻的忏悔之意。奈保尔承认，自己的婚外情毁掉了妻子的生活，而他公开承认嫖妓的行为，更是把她逼上绝路。他说：“可以说是我害死了她。”奈保尔的坦白，或许还因为他秉承的生活理念。他曾在一九九四年所做的一次演讲中如是说：“作家的生活是个合情合理的探询对象，真相不应该被简化。”

无可异议的是，相比一般人本能地掩盖自以为羞耻的生活污点或瑕疵，并最大可能自我美化，奈保尔又一次表现了面对真实自我的非凡的勇气。这在他的生活与写作中是一以贯之的。奈保尔说，写作对他而言，是唯一高尚的职业。“它之所以高尚，是因为它关涉真理。你必须寻找不同的方法来处理你的经验。你必须理解它，你也必须去理解世界。写作常常是追寻深刻理解的斗争。这非常高尚。”

确如其言。在《大河湾》里，奈保尔塑造了一个学者，总统的导师雷蒙德，主人公萨林姆读到他一些论文的时候大吃一惊，因为这些文章只是政府告示和报纸摘抄的拼凑。雷蒙德似乎从来没有去过他写到的任何地方，也没有和任何人交谈，更别奢望他能深入社论的背后理解事实的真相。实际上，正如娜迪拉所说，奈保尔在现实生活中经常碰到类似的雷蒙德，他们写了大量的作品，但全部都是垃圾。而作为雷蒙德的对立面，奈保尔从不认为作家在写作上可以投机取巧，在

诺奖受奖演讲中，他坦承自己并不认同普鲁斯特所谓“写作靠天赋”的说法，认为“写作靠的是运气和辛劳”。足够辛劳的人，有时确实能换来一点好运气。当然才能是必不可少的，有足够的才能，才能辛劳有所收获。奈保尔就有自己行之有效的研究和观察方式。也正是这种独特的观察方式，造就了他独一无二的写作。

以荷兰作家伊恩·布鲁玛的理解，奈保尔找到了新的途径去观看、描述世界，特别是非西方世界。他听人们说话，不光是他们的观

点，还有他们的语调，他们对词汇的精确选择，甚至他们的闪烁其辞。他的双眼同时记录下一切，服装、姿态、表情、那些能让他进行精准白描的物理细节。然后他那警觉、从不感伤、对浪漫主义矫情充满怀疑的大脑会对这些细节观察进行过滤。“奈保尔的声音都是个人化的，因他从个人经验中抽取材料。他最为执迷的就是如何找到自己的声音：不断探索他在世界中的位置，一种独特的视角，一个写作罗盘。他把经历，旅行，对物理世界的细致观察，对理念、历史、文化、政治的尖锐分析变成了一种艺术。”

当然，奈保尔在揭露后殖民国家社会真相的同时，也不吝展开对其社会形态、社会心理的深入剖析。同时，他深沉地关注这些国家的前途与命运。但他拒绝过多的情感投入，而是保持一种审慎的距离。于是就出现了止庵提到的《大河湾》里独特的叙事景观：小说叙述者，在非洲谋生的印度裔杂货店店主萨林姆，既是一个经历者又是一个感受者。这种双重视角，把萨林姆这个小人物和一个非洲大陆的大的背景结合在了一起。萨林姆的身份、处境、经历和命运看起来无足轻重，透过他，或者说透过奈保尔赋予他的经历、感受，我们却看到了一部伟大的史诗。

6

而就文学技艺而言，奈保尔的贡献或许还在于，如诺奖颁奖词里称赞的，他创造了一种独特风格，“使得区分虚构和非虚构的樊篱不再那么重要”。

在奈保尔的文学世界里，虚构与非虚构并没有判然有别的界限，以致他对小说的判断也如此暧昧不明：“小说是编造的东西，这几乎就是它的定义。但同时，它又应该是真实的，来自生活的，即小说的一个要点是，小说来自对虚构的部分抛弃，或者说，透过虚构作品看到了某种现实的话，这部作品就是小说。”他同时还说：自传可能失真，现实可能移位，但小说从不撒谎：它使作家暴露无遗。”

奈保尔的写作之所以如此具有独创性，也正在于如有评论指出，他能特立独行于各种文学流派和主义之外，将所有文学形式融会贯通，形成自己独一无二的风格。如是，奈保尔的小说也更多是写实、考察和虚构的完美融合。他写于1994年的长篇小说《世间之路》副题即是：连续性的片断或插曲。这意味着这部小说介于“历史”、“小说”和“自传”之间，有着明显的碎片、片断性质，更有着更为松散和开放的结构。而从这些相互分离而又有内在联系的系列故事里，我们依稀能辨认出后现代主义文学的印记，也能听到19世纪西方叙事性散文的回响。

以评论家石海峻的理解，这种独特的文体，渗透了后殖民主义美学思想的影响，它深深扎根于奈保尔作为一个后殖民作家的心理体验和从政治学的角度对流亡生活所进行的细察。用奈保尔自己的话说，小说作为一种固有的形式已不足以反映被殖民统治打乱了的世界，他打破小说和散文之间的界限要表明的只是他对世界发展的看法。而这个看法，究其实指的就是这个世界里，他再也不可能有自己心灵中安宁的家了，也无怪乎他说，伟大的作家都描写高度组织化的社会。但他拥有的只是一个被打乱了的世界，他注定无法分享那些经典作家的好运气。

他出版于1961年的成名作《毕司沃斯先生的房子》，就呈现了这样一种错位。生活在特立尼达的印度婆罗门摩罕·比斯瓦斯渴望拥有一套自己的房子，在尝试了广告招牌画家、记者等各种工作之后，他最后取得了成功。然而对小说中的儿子阿南德来说，房子或家却早已失去了意义。这诚可谓奈保尔的自况，还在牛津读书时期，奈保尔就写信给家里说：他宁死不回特立尼达，并发誓要用英国人的语言来打败英国人。而他的困惑就在于，他不相信殖民者，也不相信被殖民者。他认为殖民主义是不公正的，原先的殖民国家也无法重现昔日的辉煌，同时他又认为特立尼达等前殖民地国家不仅落后，而且愚昧。因此，特立尼达的独立就像毕司沃斯有了自己的房子一样，并没有因此获得真正的独立和自由。

何处才有真正的自由？在出版于 1971 年，并获当年布克奖的中短篇小说集《自由国度》里，奈保尔通过三个相互关联的叙述者探讨了这个问题。小说里有几个错位的人物：一位印度厨师来到了美国，一位西印度群岛青年来到举目无亲的伦敦，两位白人来到充满敌意的非洲国家。他们脱离了自身文化之根，却没能和所处环境的文化政治背景相互融洽。他们是流离失所者，他们的“自由”，也只能是一种漂泊无根的自由。在小说里，奈保尔借英国漂泊者之口说道：“就目前而论，国籍是什么？就是我自己。我认为自己是一位世界公民。”

但这个所谓的“世界公民”，在奈保尔看来，也无非是“绝望、失败以及通常意义上的无知”所导致的产物，是一个人“被抛弃出去、不能面对他的现在也不能面对他在世界上的地位”的反映，他充其量只是在这个世界上漂泊无根的游子。而这种“无根性”恰恰是他最重要的特质和优势。恰如同为诺贝尔文学奖得主的土耳其作家奥尔罕·帕慕克在其回忆录《伊斯坦布尔》中所说，那些杰出的移民作家都因曾设法在语言、文化、国家、大洲甚至文明之间迁移而为人所知。“离乡背井助长了他们的想象力，养分的吸取并非通过根部，而是通过无根性。”

然而正因为无根，奈保尔才像他极其推崇的英籍波兰裔作家康拉德一样，一生也没有停止对“根”的寻找。在英国社会和英语语境中，他一直在试图寻找一个可以安身立命的角落。而在某种意义上说，正是他持续不断的写作，构成了他游移不定、气象万千的“自由国度”。也因为此，奈保尔说，构成他写作的最主要的原因和动机，就是因为，作为一个作家得写书，而且得一直写书。而他深刻的经历与丰富的人格构成本身就是一部写不完的书。在发表于1987年的小说《抵达之谜》中，奈保尔如是说：“常人与作家原本是同一个人，但这是作家的伟大发现。认识到这一点，要花多少的精力，要进行多少的创作!”

2004年，奈保尔完成小说《魔种》并宣布封笔。虽然之后，他还出版了《看，这个世界》和《非洲的假面剧》，但评论普遍认为，这是奈保尔最后一次以自己的方式看待西方之外的生活。整个故事仿若“流浪汉小说”，靠主人公威利的双脚、双眼和双耳，把东西南北的那些人、那些经历贯穿起来。就像奈保尔自己说的，这部小说联结起他曾生活过的不同的世界，并对他的文学生涯作了一个总结。

以受“流浪汉小说”启发作为开端，又以写“流浪汉小说”作为总结，一辈子都在旅行的奈保尔可以释然了。至少从47岁，也就是感觉到自己成功的时候开始，奈保尔就一直在絮叨自己的死亡。写作对他而言既是“神圣使命”，也是重负，死亡则是解脱。“晚上入睡前我不禁常常幻想自己的死亡场景，非常有画面感，非常暴力”他时常想象自己死亡的样子，并计算余生还能写多少作品，他的计算总是错误，他也比自己预想的多写了好几本书。而他晚年养的那只叫奥古斯都的猫，都已经死了，它活了13年4个月又6天，死后被火化，骨灰装在一只小小的骨灰盒里，放在奈保尔的卧室内，一直陪伴着他。

如今，奈保尔也去世了。他如愿摆脱一切的束缚，获得了自由。他妻子娜迪拉说出了他的遗愿：不管我们谁先死，总有一天会相继离世，那样就有三个骨灰盒，我们的后人把三个骨灰盒里的骨灰合在一起，撒一点在英格兰威尔特郡，其余大部分带回印度，撒入恒河、亚穆纳河、萨拉索沃蒂河的三河交汇处。“根据印度教的信仰，如此一来就能获得涅槃，灵魂不再转世重生，你将获得自由。”

萨尔曼·拉什迪：
文学该有“创世”力量

1975 年，萨尔曼·拉什迪 28 岁，出版了长篇处女作《格林姆斯》，书名取自古代波斯神话史诗中一种非常会讲故事的智慧神鸟。在这部篇幅不大的小说里，故事发生在一个长生不老的印第安人身上，在寻找生命意义的旅程中，他遭遇了种种古怪奇特的人和事，一路的见识和思想滋长，最终使他发现了一种人生的智慧。那时的拉什迪多半没有想到，此后他鲜有提及的这部初试啼声之作，其实已经奠定了他写作的基调：基于印度文化的魔幻性和传奇性，用一种狂欢化的叙事语调和语言风格来讲述离奇的人间百态，而他本人更像是那只会讲故事的智慧神鸟的现代转世——作品所具有的巨大争议性，和他人生遭际的传奇色彩，这位英籍印裔作家给我们构造了一个当代文学的神话。

他的第二部长篇《午夜之子》于 1981 年出版后好评如潮，《泰晤士报》有人撰文称：“自从阅读过《百年孤独》以来，还从没其他小说像它这样令人惊叹。”小说连续获得了包括英国文学最高奖布克奖、英国艺术委员会文学奖、1993 年的“25 周年布克小说奖纪念奖”，2008 年“40 年最佳布克奖”等在内的多项大奖。也正是这部小说为他赢得了广泛的国际声誉，使他和加西亚·马尔克斯、米兰·昆德拉和君特·格拉斯等世界级文学大师并肩。作为当代英国文坛上的领军人物，他还被誉为是“后殖民”文学的“教父”，又有人把他和奈保尔与石黑一雄并称为“移民三杰”。

拉什迪的生活和他的小说里的人物一样颇具戏剧性。多年来，围绕他的话题、新闻不断。他的出名不只是因为他的作品，更是因为 1989 年 2 月 14 日情人节那天，他在自家门口收到了一份意外的“礼物”：伊朗当时的最高精神领袖霍梅尼判定他的小说《撒旦诗篇》亵渎了伊斯兰先知穆罕默德和《古兰经》，号召全世界穆斯林对他和他的出版商处以死刑，并一度将悬赏金额从 200 万美元提高到 520 万美元，号令人人得而诛杀之。

此后，拉什迪告别了自由，不得不在英国警方的严密保护下，开始了长达九年东躲西藏的隐藏生涯：保镖，秘密住址，旅馆窗子里铺着的防弹毯子，漫长的国际谈判……这段经历被他写进了于 2012 年秋出版的回忆录《约瑟夫·安东：回忆录》里。为何叫约瑟夫·安东？是因为英国警方要求他从此埋名隐姓，出行住店皆须使用化名。警察问他打算叫什么？他想到了自己最喜欢的两个作家：约瑟夫·康拉德和安东·契诃夫，就从他们的名字里造了这个奇怪的姓名。但他一直觉得这名字不舒服。“我觉得对读者来说，它也许能让我在那些年里深深的异类感和不适感带上些戏剧化的色彩。”

最艰难的日子长近 10 年，拉什迪头顶假名，与警为伴，东躲西藏，但仍然坚持写作，并连续恋爱与失恋。好在到了 1998 年，因为伊朗方面的“谅解”，拉什迪总算开始在一些国际文学活动上公开露面，虽依然心有余悸，但他似乎并不甘于寂寞，无论是私生活还是每次出版新书，都会继续掀起不小的波澜。近些年来，由《羞耻》打前站，除《撒旦诗篇》外，拉什迪的《午夜之子》《佛罗伦萨的神女》《摩尔人的最后叹息》等小说都已陆续由国内出版社引进出版。面对这位期待已久，终将揭开神秘面纱的作家，我们在谈论他时，又该说些什么。

1

同为英籍印裔作家，2001 年度诺奖得主奈保尔向来语出惊人。说到“拉什迪事件”，他一言以蔽之：这是拉什迪作品的最极端的文学批评形式。如此评论不无讽刺、挖苦的意味，却道出了一个事实：拉什迪的作品之所以充满争议，很大程度上源于他对现实政治的积极介入。早在 1982 年，在一篇题为《想象的家园》的文章里，拉什迪便展示了他作为一个有着高度政治意识的作家机智而犀利的一面：“作家与政客是天然的对手，他们在同一领域里进行争夺。小说是拒斥那种官方政客版展现真实的一种方式。”在写于 1984 年的另一篇文章里，他进一步强调说：“如果作家们把描述世界的营生拱手让给政客们，那将是历史上一个巨大而可耻之极的弃权行为。”

他的成名作《午夜之子》，标题来自于尼赫鲁在印度宣布独立于英国殖民统治的“午夜宣言”，主角萨里姆是印度 1947 年 8 月 14 日宣布独立的午夜之后出生的一千个孩子中的一个，这一千个孩子们有一定的魔力，萨里姆有一个巨大的鼻子，他能看穿人类的内心和灵魂。在此书中，拉什迪采用印度史诗如《摩诃婆罗多》《罗摩衍那》中讲述故事的传统方式，让主角萨里姆·西奈在走向人生终点之前向女伴博多讲述自己的家史。

显然这部从 1975 年——当时正值印度总理英·甘地在全国实行

“紧急状态法”——开始创作的作品，讲述的并不是一个普通的家族故事。小说时间跨度长达六十二年，覆盖的地域包括克什米尔、德里、孟买、巴基斯坦和孟加拉国等地。这半个多世纪在印度次大陆发生的种种重大政治事件，例如1919年4月英军在阿姆利则对手无寸铁的印度人的大屠杀，印度独立前的宗教冲突，印巴分治，中印边界冲突，巴基斯坦政变，孟加拉战争，乃至英·甘地的铁腕统治等无不在书中得到了反映。拉什迪心知肚明：“很明显，这是一场罕见的危险赌博。”果然，因为对当权者进行了辛辣的讽刺调侃，小说被印度当局禁止在国内发行。

拉什迪并没有因此停下前进的脚步，他转而马不停蹄地进行下一轮“文学赌博”，即创作关涉巴基斯坦独裁政治的长篇《羞耻》。出版于1983年的这部小说，明显地影射了巴基斯坦动荡不安的近代史。故事环绕哈拉帕及海德两个家族的恩怨情仇展开：伊斯坎德·哈拉帕40岁时，放弃荒淫生活，成为“不完全的”巴基斯坦的平民总理。拉查·海德，军人，受伊斯坎德提携成为高级将领。伊斯坎德相信他不会制造麻烦，后来却在一场政变中被海德推翻。为报复伊斯坎德对他的羞辱，海德把伊斯坎德处死。因小说影射巴基斯坦前总统齐亚·哈克以及著名的布托家族，该书不仅在巴基斯坦遭禁，他本人也被指控犯有诽谤罪。

小说惹起的风波一部比一部大，拉什迪不仅“不思悔改”，而且变本加厉。5年后出版的《撒旦诗篇》终于让他真正尝到名声的“苦头”。这部曾获当年怀特布拉德奖提名的小说，通过一位电影演员亦真亦梦的经历，反讽了伊斯兰教的起源，他的这一破天荒的举动，多年后还被与他激烈论战的惊险小说作家、《巴拿马的裁缝》的作者勒克瑞引为“笑谈”：“这个世界上没有什么人为或自然的法律允许一个人亵渎一个那么伟大的宗教”，“我是更担心企鹅出版社的女孩子们在拆封他的书时会被信封炸弹炸掉双手”。

这位“不改悔的惹事者”也偶有疲惫的时候，近年的小说《佛罗伦萨的神女》出版后，在其文学经纪人安德鲁的办公室接受《泰晤士报》专访时，拉什迪表示：“我用了半辈子的时间趟政治的浑水，后果有目共睹，我真是受够了。”他停了一下，微微一笑道：“但也不担保永远会这样。”

作为“一个不折不扣的政治动物”，道义、责任、使命感使拉什迪的创作始终充满了政治激情，他不仅把敏锐的触角伸探到印度和巴基斯坦，还延伸到英国社会为代表的西方内部。早在 1982 年，拉什迪就在一篇题为《英国内部的新帝国》的文章中，对英国社会歧视外来移民的种族主义行径进行了猛烈抨击，他还大胆地就当时英国首相撒切尔夫人的新帝国论调进行斥责。2005 年，他又在公开场合尖锐批评布什政府的对外政策助长了恐怖主义。

2

西方当代作家中，将小说乃至自身与社会政治紧密联系在一起的不乏先例，如萨特、索尔仁尼琴等，拉什迪自然也不例外。同样不可避免地，他有时也被简单地归为质疑宗教或反体制的小说家。因此，他的几乎每部小说问世，都会引起针对某一特定国家、民族干涉和亵渎的指责。然时隔多年我们回头看常会发现，其实拉什迪更关注的是文明，及古往今来不同文明背景下人类悲欢的冲突与交集，但人们总是没法容忍他的作品如一面镜子，照出自己置身其中的文明存在的残缺和狭隘。

即使在被指写“艳情历史”的《佛罗伦萨的神女》中，拉什迪讲述五百年前辗转流离于肉欲双城——印度莫卧儿帝国首都和文艺复兴时代的佛罗伦萨、呼风唤雨的一位东方大美女的遭遇，凸显的同样是他一贯的东西文明冲突的主题。在拉什迪看来，迷信与专制并非东方独有，启蒙和人文主义亦非与生俱来的西方传统。每种文明都兼具美好与丑陋，仁爱与残暴。恰如书中的莫卧儿情人所说："这也许正是人类的祸因，不是因为我们彼此多么不同，而是我们如此相像。"

拉什迪对东西方文明的这种看似悖谬的深刻洞见，源于他童年和少年时代的经历。1947 年，印度和巴基斯坦实行自治的那一年，拉什迪出生在印度孟买一个穆斯林家庭。他祖父是一位著名的乌尔都语诗人，父亲则是一个信仰伊斯兰教的穆斯林商人，对文学也有着很强的鉴赏力。因为家庭富裕，他从小过着充满幻想的轻松日子。1961 年，还在上中学的拉什迪就被父亲送到了英国求学，英国教育令他受益匪浅，同时也让他体会到一个"殖民地来的有色人种"遭受的种种歧视，当时的大学校园充斥的美国式反叛则令他深为着迷。就在他求学期间，父母搬家到了巴基斯坦。在剑桥大学获历史学硕士学位后，拉什迪带着对西方世界的爱恨交织回到巴基斯坦，遭受到前所未有的冷遇，被视为一个中了西方毒害的"外来户"。在这个穆斯林占大多数的国家，他只待了不到一年，就带着迷茫回到了英国。

因为生活背景的多重性，拉什迪在文化上始终处于一种"边缘"的地位，这使他能以一种全新的视角来审视自我、观察世界。当被问到他究竟是英国人还是印度人，抑或是印度出生的英国人，拉什迪的回答是，我认为没有必要在其中进行选择。在他看来，依照国籍或护照来判定身份的提法，本身就喻示着一种危险：以为世上存在一种"本真"的东西。"其最荒诞之处就在于：它完全错误地以为存在一种纯粹的东西，一种可以利用的未经融合的传统。对此信以为真的只有那些宗教极端主义分子。"

正是这种对本真和纯粹的质疑，拉什迪得以以穿越东西方文化界限的"文化骑墙"姿态，展开他别开生面的"政治批判"，在他的作品中没有“文学是民族性”的表达。他天然地对人为的界限表示警惕。出版于2002年10月的《越界》，即对国界疆界，各种人为的界，例如柏林墙等做出了反思和批评。他倡导“混质”“互动”，力求在创作中构筑一个庞大、复杂、肉感、色彩鲜艳的文学世界，但悖谬的是，在他的小说中，殖民者和被殖民者、宗教和世俗等元素的对立，却是如此的清晰、分明，不存在任何黑白之间的中间地带。

3

谈到南非作家库切的代表作《耻》时，拉什迪曾说：“这本书无疑满足了一部伟大小说的第一要求：它有力地创造出一个地狱般的未来图景，把它附加在经过我们处理的想象世界之上，从而加大了我们认为它会出现的可能性。”他或许想说的是，文学不应该止于复制一个世界，更应该有一种“创世”的力量。这种力量，自然要求作家在具备把握现实能力的同时，更得拥有飞升腾越的想象之翅。

这同样也是拉什迪反驳奈保尔“小说过时论”的一个重要理由。奈保尔认为小说的时代已然过去，只有报告文学那样的非小说作品才能抓住当代世界的复杂性。拉什迪质问道：难道小说家就不能以他的想象力，突破定域性的限制，在男女之情的展开过程中，将不同地域之不同人物的命运绞合起来，并层层卷入大世界的波谲云诡？

对拉什迪来说，小说故事就像民间传说中“故事海”的水，具有一种超自然的能量。他创作于隐藏时期的《哈伦和故事海》的主人公拉希德，正是凭借这种天赐的神水重新获得了说话和讲故事的能力。“在小说这一理想世界中，各种互相冲突的语言频频聚首，借助张力和对话，小说不仅把彼此水火难容的各式人物，还将互不相干的历史年代，社会状况乃至东西文明等统统汇聚一处，‘展示人类生活的真实一面。’”

和小说一样具有超凡力量的，或许还有爱情。2001 年，拉什迪推出带有其浓重个人生活色彩的小说《愤怒》。小说的主人公是一位 55 岁的历史教授，名叫索兰卡。他出生在印度孟买，后在剑桥求学。索兰卡非常富有，对洋娃娃有着孩童般的热爱。为此，他放弃剑桥的教职，当起了动画片制作人。随着他创造的名叫“小脑子”的洋娃娃走红，教授本人也成了炙手可热的电视明星。然而他终于对自己的明星身份感到厌倦，婚姻的不如意更让他痛苦难耐。他终于抛下妻儿，远渡纽约，却又很快在那里与年轻美丽的妮拉堕入情网。

小说灵感来源于他的第四次婚姻：在纽约的一场名人派对上，他和 1971 年出生于印度新德里，打小在美国长大的印度模特美女帕德玛·拉克希米一见钟情。当时拉什迪和他的第三任妻子英国作家兼出版商伊丽莎白·威斯特仍维持着婚姻关系。2000 年初，拉什迪搬到纽约曼哈顿，这对被伦敦的文学圈誉为佳偶的夫妻自此日渐生疏。婚姻仅维持了一年即告终结。

这场婚姻同样好景不长。就在拉什迪埋头创作《佛罗伦萨妖女》的紧要关头，拉克希米向拉什迪提出分手，“那就像一颗原子弹掉在了你的起居室里”。即便是这声孤独的叹息，我们依然能从遥远的拉伯雷的《巨人传》和塞万提斯的《堂吉诃德》那里听到轰然的回响。

石黑一雄：
繁华落尽，记忆留痕

1

如果你在 1979 年的秋天遇见石黑一雄，你会发现很难给他一个准确的定位，不论是社会定位还是种族定位。那年，他二十四岁，五官很日本，但与那个年代大多数你在英国碰见的日本男人不同，他长发及肩，还留着一对弯弯的悍匪式八字须。从他讲话的口音里，你唯一能分辨出的就是：这是一个在英国南方长大的人，时而带着一抹懒洋洋的、已经过时的嬉皮士腔调。如此等等。要是向他提起日本，问他关于日本文化的问题，他或许会宣称自己对此一无所知，因为自从五岁那年离开日本起，他就再未踏足那个国度，甚至都没有回去度过一个假。

这是 2017 年诺贝尔文学奖得主、英籍日裔作家石黑一雄在他题为《我的二十世纪之夜，及其他小突破》的获奖演说里的一段“自述”，实际上是换了人称后的转述，既然石黑一雄已经道出了这样的由衷之辞，除了改头换面加以引用，我们似乎也没有更好的选择。他接着说道，二十岁的时候，他就已经立下了成为摇滚歌星的明确打算，而所谓的文学志向就是这一年秋天，在经历了疯狂的伦敦岁月后，他背着旅行包，带着吉他和一台便携式打字机，来到英国诺福克郡的一个名为巴克斯顿的小村庄，呆在一个像是经典的作家阁楼的小房间里，直面那超乎寻常的清幽与寂寞，才浮上心头的。因为那时从肯特大学毕业后，他刚刚得知自己被东英吉利大学学习创意写作课程录取了，所以匆匆草就了两个短篇，其中一篇写的是一个可怕的自杀契约，另一篇写的是苏格兰的街头斗殴。但他觉得这两篇写的都不好，于是另开新篇，这次写一名少年毒死了自己的猫，背景同样设定在当今的英国。然后，一天晚上，也就是呆在那个小房间里的第三或是第四周，他发现自己开始以一种全新的、紧迫的热情写起了二战时期的日本，写起了长崎，他出生的那座城市。

对当时的石黑一雄来说，这实在是出乎他的意料。因为那时的情况不像现在，但凡是有多元文化背景，渴望成就一番事业的年轻作家几乎会本能地在创作中“寻根”。但那时，萨尔曼·拉什迪还默默无闻，名下只有一部已经绝版的小说。“多元文化”在英国的大爆发虽然已是一步之遥，也仿佛是咫尺天涯。石黑一雄怀疑虽然感觉自己发现了一个重要的新方向，却也担心自己是不是应该赶快回到写英国本土题材的轨道上来。他犹豫再三，决定将这篇小说分发给大家看，结果无论是他的同学，他的两位导师马尔科姆·布拉德伯里与安吉拉·卡特，还有小说家保罗·贝利，都对他的这部作品给予了坚定的鼓励。而如果小说没得到那么正面的反应的话，石黑一雄或许就再也不会碰任何有关日本的题材了。于是，在 1979 冬天到 1980 年春天的四五个月里，他就在那个房间里写长篇处女作《远山淡影》，他把这部作品同样设置在长崎，在原子弹落下后从核爆中走出的那些岁月。此时，他发现自己对创作不以日本为背景的小说，已是意兴阑珊。

要以此推论，石黑一雄像是经历了一次情节翻转，转身就成了一个“寻根”作家。实际的情况并不是这样。尽管有着日本和英国的双重文化背景，他并不总是写以移民或国族认同为主题的小说。他似乎也并不赞同读者和评论家从他的小说中去找寻日本文化的神髓，或梳理出后殖民理论的印迹，相反倒是有意无意隐去作为亚裔的族群认同，而更以“不知家在何处”的国际主义作家自许。但不可否认的是，石黑一雄的创作即使无关家国、故土情怀，也始终弥漫着感伤的回忆。

而回忆之所以在石黑一雄的创作中占据如此重要的位置，一方面或许是有关他的童年记忆。石黑一雄于 1954 年 11 月 8 日出生于日本长崎，他父亲是一名海洋学家，受雇于英国北海石油公司。2008 年在接受《巴黎评论》采访时，石黑一雄说，他母亲很日本，但他父亲不是典型的日本人，他是在上海长大的，有一种中国人的特征：遇到麻烦时会微笑。自从五岁时跟随父母迁居到英国后，石黑一雄得以成为居住在英国乡下郊区的亚洲孩子，并逐渐地和周围的白人文化融合。但与此同时，他在家中却又和父母一起过着另一种生活。因为他父母最初的打算是一年后就回日本，或者两年，也就是说，在英国度过的头十一年里，一家人永远都在准备着“明年”回国。因此，他父母的心态一直都是把自己看作旅居者而非移民，他们也一直认定石黑一雄会回到日本开启成人生活，因此一直努力维系他的日式教育。这使得石黑一雄远在起了用文字创造虚构世界的念头之前，就已经忙不迭地在脑海里构建一个细节丰富、栩栩如生的“日本”了，虽然很长时间里，他的身体从未回过日本一次，但这反倒使得他对那个国度的“回忆”与想象更加鲜活，更加个人化。

另一方面，回忆如无所不在的旋律在石黑一雄的小说里回旋，或许也源于他在创作上的自觉追求。《远山淡影》于 1982 年出版后，他是颇引以为豪的，但到了 1983 年的春天，一种挠心般的不满感开始露头。问题就在于，他的这部长篇和他应约而写的首个电视剧本太相似了。相似点不在于主题素材，而在于方法和风格。他自然会想到，如果小说带给别人的体验与看电视大同小异，那么这样一部小说又有什么创作的必要呢？如果文字小说不能提供给读者某种独有的、其他媒介无法呈现的东西，那它又怎敢奢望能对抗电影和电视的力量呢？也是在那时，石黑一雄害了一场病毒感染，卧床休息了几日。等到他捱过了病痛的高峰期，不再整天昏昏欲睡了，他发现被褥中折磨了他好一阵子的那件沉甸甸的东西，居然是普鲁斯特的《追忆似水年华》第一卷，他读后就被“序言”和“贡布雷”两部分完全迷住了，而他从中获得的最大的启发，事实上就是回忆和联想。或许正是从那时开始，石黑一雄把回忆提升到了主体的高度，而他获得的成功又坚定了他的写作理念：回忆，也只有回忆，才能让小说自由出入于欧亚文明之间，在这个多元文化碰撞、交流的现代世界中，激起人们的普遍共鸣。

2

当然不只是记忆，还有记忆的变奏。石黑一雄作品的题材何其丰富多彩，其实都埋藏了一条共同的主线，便是：帝国、阶级、回忆，以及童真的失落。早年的创作自不必说，出版于 2015 年的《被掩埋的巨人》同样如此。石黑一雄将故事伪托于英国后亚瑟王时代的传说。不列颠人埃克索夫妇出门寻子，路遇两位屠龙骑士：不列颠亚瑟王骑士高文，和撒克逊人维斯坦。他们所要讨伐的母龙魁瑞格常年喷吐一种能致人失忆的迷雾。旅途中，由于海拔渐高迷雾趋薄，加之交谈与行动上的磨合，众人的记忆开始复苏——原来所谓亚瑟王留下的两族和谐共存的历史遗产完全是假象，真实状况是不列颠人通过迷雾掩盖了屠杀撒克逊人进而取得统治权的血腥事实。于是众人在屠龙问题上产生分歧，最终以拔剑相向收场。

就像有评论指出的那样，小说看似一部奇幻史诗，石黑一雄其实只是借了这层外衣，而他要探讨的是一个沉重的话题：民族与个人面对历史宿怨时应当如何在记忆与宽恕间做出抉择。而记忆与宽恕，的确是石黑一雄创作后期最偏爱采用的叙事方式。1999 年 10 月，石黑一雄应德国诗人克里斯托夫·霍伊布纳代表国际奥斯维辛委员会之邀，参观了这座前集中营，那年他 44 岁。在此之前，他一直将二战以及那场战争的恐怖与荣耀看作是他父母那一代人的。但在这时，他忽然意识到，要不了多久，许多亲眼见证了这些重大事件的人就将离开人世了。记忆的重担就由此落在他这一代人身上，但作为一个向大众讲述故事的人，他是否肩负着一项到那时都不曾意识到的责任？这责任是否就是向一下代尽已所能地传递父母辈的记忆与教训？他发现自己给出的是一个没有准备的回答。虽然他经常写那些在遗忘与记忆之间挣扎的个体，但并不曾写一个国家或一个群体该如何面对同样的问题。也是从那时起，他开始以一种截然不同的方法构建小说。比如，他出版于 2005 年的长篇《莫失莫忘》（又译《千万别丢下我》）。小说透过克隆人卡西的回忆，缓缓展开她住在海尔森学校的童年岁月，那是一个不复重现的世界，唯有留存在卡西的回忆之中。经由回忆，卡西不但是在重新确认自我，认识他人，经历启蒙，同时也在缝合起生命中不经意散落的时时刻刻。

显然，石黑一雄无意与科幻小说作家并置。在小说中，没有关于人类与克隆人可能爆发的冲突等在科幻小说中习见的情节，人类的世界也只是作为背景存在。石黑一雄着力凸显的是，在不可违逆的既定命运下克隆人的心路历程，以及他们的尊严与责任、希望与挣扎。而且，他也没有把克隆人作为他者，而是作为人类世界不可分割的一部分。

由此，小说写的是克隆人的心灵世界，却是以人类置身其间的缺陷重重的世界为背景，写尽了生命的脆弱与无常，以及人对存在与命运的超越。在小说的结尾，卡西与她的“同伴”汤米终于重拾爱的勇气，即使爱的到来，为时已晚，但它不是一时的肉体激情，它是灵魂上永恒的平和与宁静，也是任何人都不能带走的回忆。

而在获 1989 年度布克奖的长篇《长日将尽》(又译《长日留痕》)中，回忆得到了异样的呈现。整个故事从表层上看是一次旅行，它同时也是历经世事的男管家史蒂文斯进入自己过去生活深处的旅程。史蒂文斯服务于达林顿府三十余年。在此期间，他一方面尽力使自己成为男管家中的杰出人物，追求这一阶层所特有的“尊严”，与此同时，他也付出了很大的代价，他不得不冷漠地处理父子亲情，盲目忠实于其主人达林顿却无视后者一度与纳粹交往甚密、甚至帮助极右势力的现实。这种盲目也使他甚至失去了与心爱的女管家肯顿小姐的情感。

出于史蒂文斯特殊的经历，在讲述自己的感受与想法时，他会不可避免地替自己辩解。此时，作者讥诮的声音就在字里行间流露出来。如此，史蒂文斯正儿八经地说着自己的陈年旧事，作者的“伴奏”却使得他的“正儿八经”失去了应有的效应，从而回忆在严肃中不经意间透出了幽默的基调。同样，史蒂文斯尽管因为过于坚守“职责”而错失了人生中最重要的时刻，他仍然坚持认为自己从“职责”里找到了“尊严”。这当然令人怀疑，但他的寻求依然有其庄重之处，其中隐藏着的不仅仅是一个个体的悲剧，同时也是历史和时代的悲剧。

事实上，这种悲剧的虚无感，在石黑一雄的作品中一以贯之。他的处女作《远山淡影》（1982）讲述了二战后长崎一对饱受磨难的母女的故事。她们渴望安定与新生，却始终走不出战乱带来的阴影，最终以母亲成功移民，而女儿自尽作为悲情结局。此后获惠特布莱德文学奖并进入布克奖短名单的《浮世画家》（1986）生动展现了曾经显赫一时的浮世画家的回忆与思考。直到二战日本的战败，他才恍若大梦初醒：原来整个日本民族的过去竟是在为一种荒诞虚幻的理想献身，他的艺术理想也真如其名称一样毫无根基，虚浮于世。

在石黑一雄看来，因为大多数人始终无法跳出自己的小天地来知人论世，因此常受到无法理解的力量操控。我们误以为自己在坚守职责，到头来却常会发现自己站错了位置。此时人生已然耗尽。但这并不意味着绝望。因为我们受挫却依然寻找理由让自己感受某种乐观因素。也因为此，石黑一雄认为，人类在真正的绝境中挖掘希望的能力既非常悲怆又相当崇高。“我是说，人们在困境中寻求勇气是何等的令人惊奇。问题只是，生命消逝得太快。”

同样是回溯性叙事，出版于2000年的《我辈孤雏》（又译《上海孤儿》）无疑更能凸显石黑一雄宽阔的写作视野。小说的背景为1937年被日军包围中的上海。当时整个世界都处在动荡不安之中，第二次世界大战一触即发。主人公班克斯幼年在上海生活，后因父母失踪而回到英国，如今已成为英国上流社会有名的侦探，但他心中一直存着关于父母下落的谜。为了解开这一心结，他重新回到上海，在今日的战火与昨日的回忆中展开了调查……

对于石黑一雄而言，更重要的是，这部作品体现了他创作“国际化小说”，即适合各国读者阅读的小说的意图。在小说里，他的笔触在曾经号称“日不落帝国”的英国首都伦敦和“冒险家的乐园”的上海之间来回穿梭，同时巧妙地将东西方文化置于20世纪30年代上海外国租界这样一个特殊的场景中，展现东西方的相遇与碰撞，以及不同种族的人生百态。

3

石黑一雄跨文化的视野和经验，关乎他特殊的文化背景和血缘出身自不待言。尤值一提的是虽然告别了曾经的音乐梦想，但音乐依然在他的创作中留下了深刻的印记。无怪乎得知石黑一雄获诺奖后，拉什迪说，自从读了石黑一雄的处女作之后，就喜欢和佩服他的作品。他还特别谈到“他还会弹吉他、作曲。碾压鲍勃·迪伦。”

在获奖演说中，石黑一雄坦陈，写《长日将尽》时，有一次，他听美国歌手汤姆·威兹用一种飞流直下的宣泄，唱起了一首叫做《鲁比的怀抱》的歌，让他感受到一个将情感压抑了一辈子的硬汉，在无法战胜的伤悲面前终于低头了。于是，他选择推翻他笔下的英国管家会坚守住自己的情感防线的决定，而是让他在“我必须精心选择的时刻”，在他的盔甲裂开一道缝，从而流露出一种巨大的、悲剧性的渴望。石黑一雄说，除此之外，他不止一次地从歌手的声音中得到过其他至关重要的启迪。他指的并不是唱出来的歌词，而是演唱本身。因为歌唱的人声能够传达复杂得超乎想象的情感混合物。他从他们的声音中捕捉了某种东西，然后对自己说：“啊，没错。就是这个。这就是我在这一幕中需要捕捉的东西。”

的确如此，从石黑一雄的作品里，常常能读到一种音乐的调性，有些作品则贯穿了音乐的元素。他出版于 1995 年的长篇小说《无可慰藉》里的主人公瑞德，就是一位钢琴演奏家。他应邀来到中欧一座不知名的城市，以期通过钢琴独奏会的形式，帮助人们解决某种无法言状的危机，重新找回这座城市的文化重心。但随着故事的发展，我们发现如该书主要中文译者郭国良所说，瑞德不仅没能帮助他人，自己反而如跌入兔子洞的爱丽丝，深陷困境，无可慰藉。

在同样以音乐为线索的短篇小说集《小夜曲：音乐与黄昏五故事集》(2009) 里，石黑一雄也没有给读者带来慰藉。小说集由五个看似独立却又相互关联的故事组成。故事的主要人物都同音乐情牵相关：郁郁不得志的餐厅乐手，风光不再的过气歌星，孤芳自赏的大提琴手，为求成功被迫整容的萨克斯手等等，多是对音乐一往情深，对生活却满腹牢骚。诚如有评论所说，这五篇小说借音乐人生这个主题，表现了作者一贯的对现代人生存状态的反思：理想与现实的差距，命运的嘲弄，才华的折磨，以及庞大社会机器控制下被压抑的情感。

倘是通读这部小说，我们发现故事发生的地点几经转换，从意大利的匹萨店到马尔文山伦敦的一处公寓，再到奢华的好莱坞酒店。单看这一点，也足以看出石黑一雄"国际化小说"创作的特点。但这样的创作实践难免招来追逐全球化的"时尚"的质疑。对此，石黑一雄不以为然。在他看来，这个世界已经日益变得国际化，作家们也越来越意识到自己面对的是全球的读者。只有把目光投向国外，面向全球，不只是拘泥于本土，创作出来的作品才会更触动心弦，颤动全人类的心弦。

正是在这个意义上，石黑一雄认为，尽力突破地域疆界，写出对于生活在任何一个文化背景之下的人们，都能够产生意义的小说，才是一个作家应该矢志努力的方向。"如果小说能够作为一种重要的文学样式进入到下一个世纪，那是因为作家们已经成功地把它塑造成为一种令人信服的国际化文学载体。我的雄心壮志就是要为它作出贡献。"

不止如此，石黑一雄认为，我们还必须拓展一般意义上的文学界，囊括更多的声音，第一世界文化精英的舒适区以外的声音。他说，我们必须更加勉力地搜寻，从迄今为止尚不为人所知的文学文化中发现宝石，不论那些作家是生活在遥远的国度还是生活在我们自己的社群中。我们还必须格外小心，不要将“何谓优秀文学”定义得过于狭隘或保守。因为，下一代人定会用各式各样崭新的，有时甚至令人晕头转向的方法来讲述重大的、绝妙的故事。

对石黑一雄来说，在我们这个机遇多多，又困难重重的时代里，文学显得尤其重要。这不仅在于，图书业、电影业、电视业、戏剧业等许多庞大光鲜的产业都是围绕小说建立的。更为重要的是，小说可以娱乐，有时也可以传授观点或是主张观点。“但对我来说，最重要的一点在于，小说可以传递感受；在于它们诉诸的是我们作为人类所共享的东西，超越国界与阻隔的东西。”

附　录

石黑一雄获2017年诺贝尔文学奖，瑞典文学院给他的颁奖词称，“他的小说具有强大的情感力量，揭示了我们与世界虚幻的连接感之下的深渊。”我以为简练、精确地概括出了石黑一雄创作的总体特点。

辨析的是，颁奖词里所说的“强大的情感力量”，并非我们想当然以为的那种澎湃、磅礴的情感，或是狂放肆意、不可抑制的激情。恰恰相反，石黑一雄表达情感非常收敛和节制，也因此，他的行文总给人一种静水深流、从容淡远的感觉。从这一点上看，石黑一雄虽然自称很少读日本文学，但他的作品却带有日本文学的印记，就像有评论说的，他的叙述在吸收英文写作的长处之外，也融合了日本式的哀愁和精微的气质和气韵。这一点在《长日将尽》里可谓表现得淋漓尽致。当然这部分原因在于，石黑一雄选择了写英国管家这个特殊的角色。在这个角色上，似乎比较能找到东西方文化，或日英文化之间的契合点。但要是考虑到一个日裔作家把一个异域人物塑造得如此成功，就不能不感佩石黑一雄卓绝的叙事才能。要知道很多移民作家同样写异域人物，他们书写的视角、立场，却难以超越国界，更谈不上把他们写到铭心刻骨。从这个角度，可以说石黑一雄的写作为“越是民族的，越是世界的”这句老生常谈注入了新的内涵。

而即使在表达男女感情上，石黑一雄也是极为克制的。在他的作品里，看不到如村上春树笔下那般随性而至的快餐式的爱情描绘，《长日将尽》里的男管家史蒂文斯，就因为近乎盲目的克制，错失了与心爱的女管家肯顿小姐的情感，弥漫于小说字里行间的那种饱含爱意、却欲言又止的复杂情感，让人读后回味悠长。我想，石黑一雄偏好写父辈的，或与当下有着一定时空距离的故事，且把不少故事的背景设置在一战、二战期间，或某个假定的未来，会不会也包含了这样的用意？试想，如果他写的是过度性自由、性解放的当下，这样的叙述或许就缺乏说服力，还不如村上春树的描绘更显真实。

那么石黑一雄这种“强大的情感力量”来自何处？我觉得很重要的一方面，来自于他的回溯性叙事。石黑一雄几乎所有的小说，都用了回忆的视角。即便是写克隆人的《莫失莫忘》和披着奇幻史诗外壳的《被掩埋的巨人》也不例外。很显然，回忆会过滤掉一些不必要的杂质，让浮面的激情深潜，会揭示出一些不真实的假象。但回忆本身也是带有欺骗性的，所以对往事的探寻近似于对自我与周围世界的探秘，情感的力量一点点从这寻寻觅觅中浮现出来。

所以，说石黑一雄是“回忆旧事的圣手”是一点都不为过的。不能不让人叹服的是，他对过往情景的描绘，能精确到一草一木，每一个乡村的角落，城市的街角，还有主人公的神经末梢。正是通过精雕细刻的这一个个细节，他营造出了一个时代的强烈氛围，他作品中积蓄的情感，也与这种氛围密切相关。这一点，中国读者读他以1937年被日军包围中的上海为背景的小说《我辈孤雏》会有特别的体会。

可以想尽，石黑一雄在写每一个作品之前，是下了很大功夫的。这也可能他作为并不高产的作家，作品质量却非常均匀的一个重要原因。

这种“情感的力量”，我觉得还来自于石黑一雄从不预设立场，就像他自己说的，他在小说中从不以寻求任何清晰的道德观为目标，他喜欢勾勒突出人之为人的某张特定的面孔，而并不想指手画脚地说不要这样做，不要那样做。因为这样，石黑一雄得以穷尽人物情感的所有复杂性与可能性，并因此赋予其强大的力量。《长日将尽》里的史蒂文斯，作为一名追求完美的男管家，追求这一阶层所特有的“尊严”，同时为此付出了相当的代价。他不得不冷漠处理父子亲情，盲目忠实于其主人达林顿，却无视后者一度与纳粹交往甚密。而石黑一雄借由史蒂文斯与主人之间这种错综复杂的情感联系，让这个人物充满了张力。

我想，正是因为石黑一雄写作从不预设立场，而是绝对服从于人性表达的需要，使他得以揭示出“我们与世界虚幻的连接感之下的深渊”。从石黑一雄的写作观看，他实际上尤其注重建立“与世界真实的连接感”。他提倡并践行的“国际化小说”，也是指的这样一种作品，它包含了对世界上各种不同文化背景的人们都具有重要意义的生活景象。这一点倒是契合瑞典文学院常任秘书长萨拉·丹纽尔斯对石黑一雄的评价。她说，他是一位非常完整的作家。“他不会往旁边看，他发展出了自己的审美世界。”

但涉及作品的深层意蕴，石黑一雄或许也意识到，这种连接感从内里有其虚幻性，揭开表面的真实，就是深渊。这在他的作品中也有体现，如克隆技术本当为人类造福，但《莫失莫忘》里，克隆人的出现意味着人类的异化，克隆人也必会遭遇身份认同的危机。《被掩埋的巨人》里，亚瑟王留下的两族和谐共存的假象被撕破后，众人不得不以拔剑相向收场。

虽然在这两部小说里，石黑一雄写的是假定的故事，却未尝不是对现实的影射。比如眼下世界成了交往和联系更为紧密的地球村，却并不能掩盖国家与种族之间依然存在裂痕的事实。而看似一体的欧盟其实也充满纷争，石黑一雄成长于斯的英国脱欧就是一个例子。当然，我举这个例子，无意于说石黑一雄获诺奖受了政治的影响。因为无论从什么角度考量，石黑一雄获奖都说不上有什么争议。

J.M.库切：

所有的自传都在讲故事，所有的创作都是一种自传

据说，2003年度诺贝尔文学奖得主J. M. 库切一生中独独对两样东西痴情不改：一是自行车，一是自传。

库切喜欢骑车进行长途运动，是他难得的公开的秘密，在南非开普敦期间，该城每年一度的自行车赛里都少不了他的身影。他还是个修道士般勤奋自律的素食主义者，不喝酒、不抽烟、不吃荤，每天早晨伏案写作至少一小时，周末也不例外。说到自传，1984年就任南非开普敦大学英文系主任，库切就职演说的题目是《自传里的真实》；2003年，他在美国芝加哥大学社会思想委员会教授“自传”。

显而易见，如果说，骑自行车让库切健康，并直至近年都保持堪为美好的体形、气质。自传则满足了他喋喋不休的自我倾诉。库切热衷于将自己隐在文字之中，诺贝尔奖评审委员会就曾指出：“库切小说中一个基本的主题就是根源于南非种族隔离体制的价值观，在他的小说中，其个人的情绪到处可见。”他自己也曾在一次接受采访时坦

陈："所有的自传都在讲故事，而所有创作都是一种自传。"

1

由此，想要真正了解库切，最好的，似乎也是唯一的途径便是阅读他的作品。也正因为此，由浙江文艺出版社于 2017 年出版的《J. M. 库切传》的作者、南非传记作家 J. C. 坎尼米耶在该书前言中不由感慨道，对于像库切这样的作家，研究他生平是否有意义是一个悬而未决的问题。

但事实的情况是，库切的生平确乎很值得研究。这不仅在于如该书中文译者，库切研究专家王敬慧所透露，库切是一个特别注重自己私人空间的作家，他生活低调，不喜欢抛头露面，不喜欢谈论自己和自己的作品，也很少接受采访，有记者开玩笑说，大概只有动物保护机构才能得到采访这位素食主义者的机会。据说库切刚得诺奖的那几天，南非媒体都苦恼于如何想方设法采访库切而不得。

有据可查的是，有导演曾想把他的《内陆深处》改编成电影，并于十几年前花好几个星期的时间与他一起写剧本，但其间他说过的话还不到一牛车。他说，你若问他一个问题，回答往往要在半个小时后。如果你问，你觉得这样写好不好？库切总是不语，但千万不要以为无声就是默许，因为半个小时或是一个小时后，他会回头来说："不，这样不好。"另据开普敦社交界的女主人们说：若是请库切出席晚宴，他就像是一个巨大的黑洞，可以把整个房间的生气都给吞下去。

实际上对库切的此等怪癖，实在犯不着莫名惊诧。对于多少作家趋之若鹜的布克奖，他都不愿意出席颁奖典礼，他两次获该奖，却未亲赴伦敦领奖。人们曾一度猜测他可能也会拒绝出席当年在斯德哥尔摩的诺贝尔文学奖颁奖典礼。很多年里，中国出版社多次邀请库切来华未果，他终于答应参加2013年4月于北京举行的第二届“中澳文学论坛”。有人预测他发言不会超过五句话，没想到他竟做了将近十五分钟的演讲，这诚然可以视为他对中国读者的礼遇，让人不禁联想到年轻时，他曾怀有一个中国情结：20世纪80年代时，他从IBM离职，确曾给中国大使馆写信说想到中国教英语，只是被阴差阳错地拒绝了。

无怪乎王敬慧感慨，这一次，库切坦然地把他的人生全部交给了他所信任的传记作家坎尼米耶，我们面对的将不仅是一部传记，也是一个全球范围内少见的出版事件。而以库切多部作品的中文译者文敏看，真正的库切和表达出来的库切、叙述出来的库切，究竟有着怎样的真实关系是一个哲学问题。她认为从《库切传》的出版来看，库切是希望将自己的作品和真实的自我做一个切割。当然，从了解库切生平的角度，要说该书还有什么意义，或许不在于我们从中得到了很多不为人知的细节，而在于如王敬慧所说，我们终于明白库切为什么不愿谈论自己。

2

不止于此，对于学习库切写作的作家，或热爱库切作品的读者，就像评论家德里克·阿特里奇说的，当我们去探讨库切的生活与小说之间的联系时，或许可以比较清楚地窥看到，他的小说是怎样从他的个人经验与困惑中编织出来的。

这样的“窥看”，不妨从读他的自传体小说三部曲开始。《男孩》和《青春》是库切两部各自独立而互有关联的作品，前者叙写主人公10岁至13岁时在南非的孩童生活，后者是他大学毕业后到伦敦谋职的一段经历。

体现在《青春》这部小说里，库切本人的年龄和履历都跟书中的主人公相吻合，至于那里头的诸多细节是否也是作者所亲历，或许可以参照这本传记，但如评论家云也退所言，因为库切的人生和作品太一致，这本传记就少不了循环论证的嫌疑：拿人生来论证作品，又从作品来反证人生。

在《青春》里，库切写“他”19 岁到 24 岁几年间的生活经历，一个南非大学生跑到伦敦做了计算机初级程序员，朝九晚五的公司职员，饭碗不用担心，却还是很郁闷。由于生性缺少热情，干不成大事也惹不出乱子。他也需要被爱抚的感觉，但性爱从来没有给他带来生命的光辉，只是在吞噬时间和精力……

与此相对照，库切本人大学毕业后离开南非到了伦敦，和主人公约翰一样，做了一段时间的计算机程序编制员。1965 年他到美国得克萨斯州立大学攻读文学博士，研究爱尔兰小说家和剧作家、荒谬派戏剧的主要代表塞缪尔·贝克特。尔后，库切到纽约州立大学布法罗校任教。1973 年他因参加反对越南战争的游行被捕后，离开美国重回南非。从 1977 年开始，库切开始发表小说，凭 1980 年出版的《等待野蛮人》，他的名声开始越出南非。

而在三部曲的第三部《夏日》里，库切索性写自己死后，传记作家文森特通过采访他人眼中的已故作家“库切”来构建一个多面甚至不堪的自己。库切就如有评论所言，仿佛一个俄罗斯套娃深度中毒者，不断给叙事加括弧，括弧，再括弧，直到括弧本身成为叙事难以分割的一部分。而所谓“自传体”的最大证据，就是小说的主人公叫“约翰·库切”，并且里面的若干情节完全有出处，不但在库切的以往小说均可找到相关情节，更可以直接对照库切的个人简历。

即便不是自传体，库切其他小说里的一些主人公也跟他个人的经历高度重合。《凶年纪事》里，主人公和库切一样，是居住在澳大利亚的年迈南美裔作家。《伊丽莎白·科斯特洛：八堂课》里，年近七旬的女作家作品不多却很有影响也有点像库切本人。若是参照早年的欧洲经历，作为作家在英语世界中的边缘身份，等等。我们甚至可以把科斯特洛视为库切的部分替身。

饶有趣味的是，小说里科斯特洛获得了一项文学大奖，儿子陪着她去领奖，但她对这项殊荣很不以为然。她说，你们所授奖的这些书，过些年后人们将不再阅读，将被人遗忘。也应该如此，因为我们应该减少留给子孙们的负担。关于颁奖仪式，她更觉得是多此一举，说："我应该告诉他们不要麻烦举行什么发奖仪式，直接把支票寄给我就行了。"这近乎是库切借小说人物道出的心灵自白。

某种意义上，科斯特洛正如有评论指出，是库切的另一个自我，人们读她的观点，也正是在读库切的观点。她说，我是一个作家，我写我所听到的东西。我是一个秘书，记录不可见的世界，我是许多个秘书中的一员，这是我的使命：一个擅长听写的秘书。对给我的东西，我无权审问或指责，我只是写下这些文字，然后去试验它们是否准确，我是否听错。"我有信仰，但是我并不相信它们。"

3

事实上，我们可以相信库切在小说里真实地表达了自己，却不能认为他写的就是他自己。相反，他和他塑造的人物之间，总有一种不对称的关系。

以女作家科斯特洛为例，别说她和库切年龄性别不同，按文敏的看法，库切据有巴赫金所说的"外在立场"，对世界的观察也远比她透彻。"库切的策略是让科斯特洛去替他嚷嚷，让她去面对驳诘、冷落和各种尴尬场面，借着女作家那份偏执劲儿，库切毫无顾忌地将自己对工具理性的批判引向较为极端的方向。"

或因如此，无论在自传体小说，还是别的小说里，库切惯于选择第三人称叙述。他之所以这样做，以这本传记所示，是因为他需要距离，距离带来安全和放松的感觉，以及审视自我的可能。诚如云也退所言，库切那个被始终压抑的“我”，也只能借由另一个人之笔以“他”来表达，而且，这个人必须跟他一样，有着“书写一个人物来让他不朽”的热切需要。比库切大一岁的坎尼米耶，恰好契合了他的这一需求。这也是为什么在结束全书时，坎尼米耶不由感慨“理解库切就是理解自己”，而坎尼米耶还没看到该书英文版出版便于 2011 年底去世了。

可以想尽，库切或许如云也退所说，在坎尼米耶身上看到了一些令自己戚戚然的地方：他们各有各的写作人生，而这段人生，在 21 世纪的第一个十年里也同时遇到了老龄和疾病的终极考验。库切回望自己的前尘岁月，也必然会感受到时间带来的复杂况味，他先后经历了多次沉重打击。第一任妻子菲丽帕·朱贝死于癌症，儿子尼古拉斯意外坠楼身亡，爱女吉塞拉在 1989 年罹患癫痫。种种不幸的遭遇，都让他苦行僧似的写作，带上了类似自我救赎，乃至自我疗伤的意味。

这般自我救赎的意味，体现在《彼得堡的大师》里，库切将尼古拉斯比作陀思妥耶夫斯基早夭的孩子巴维尔，他想象这位文学大师如何搜寻帕维尔生命最后几个小时里的行踪，以克服自己的悲伤。也因此有评论说，这部小说是澄澈的，这种澄澈或许来自库切对文字有力的节制和叙述上的冷静，但它也是动情的。也许这种动情来自一个作家对另一个作家深深的敬意。库切对陀思妥耶夫斯基父子关系的书写，寄予了他内心的情感。“这种父与子的二元对话关系不仅是血缘上的，更是精神上的，充满现实和隐喻的色彩。”

确乎如此，库切风格各异的作品，富有现实针对性的同时，都有着很强的隐喻性，就像他最具代表性的小说《耻》，借由南非白人教授戴维·卢里因的遭遇，库切意欲探讨越界是否可能。无可疑义，任何事物之间都各有其界限，强行越界，必然会付出一些代价，但交流和沟通本身就预示着越界的可能，问题只在于我们得怎样遵守界限，又该怎样逾越界限？库切对此并没有给出解答。而他那些更具寓言性的小说，无论是《等待野蛮人》《迈克尔·K的生活和时代》，还是近年的《耶稣的童年》《耶稣的学生时代》，某种意义上说，都是他多元思想的呈现。

要阐明库切的思想无疑是困难的，相对可行的方法无过于把他从思想的云端拉回到地面，从而引发公众对库切的兴趣。浙江文艺出版社围绕《J. M. 库切传》一书在上海和杭州两地的宣传，分别以《J. M. 库切：当然，我不吃肉》和《论诺贝尔文学奖得主的自我修养与成长》为题，未尝不是包含了这样的用意。评论家李庆西说，读《库切传》最深刻的感受，在于能读到库切无论从自身人格，到哲学认识等方面都有着极高的修养。“从这部传记，还有库切的作品中可以看出，他非常聪明，不仅聪明，还特别刻苦，有了这两项，才有了我们看到的库切。”他所说的这个库切，当然不只是作家库切，还有作为思想者的库切。

《伊丽莎白·科斯特洛：八堂课》第一章里，科斯特洛参加颁奖活动时，有记者请她谈谈自己“主要的思想是什么”，她上来就跟记者兜圈子，“我的思想？我有义务带来思想吗？”在文敏看来，这也许正是库切的自我警示。“库切给读者带来的不是思想本身，而是思想的存在方式。”

迈克尔·翁达杰：
以诗意抵抗真实的残酷

1

“小说是一个大口袋，它可以容纳任何东西，只要你找到某一种方式把它们架构起来。”在与爱尔兰作家科伦·麦肯的对话中，迈克尔·翁达杰的这句话，可以作为他在创作中注重文体实验的注解。尽管，他声称自己从未打算做一个实验作家、或过度专注于小说文体。说他的写作过于激进，则是因为当下的小说看似前卫，其实依然非常保守。“既然二十世纪的绘画与音乐都经历了种种激进的变革运动，小说又有什么理由仍停留在相较固定的形式？”

正如他自己所想，作为在诗歌与小说领域，都形成自己独特风格的作家，翁达杰最大限度地对传统进行了反叛和颠覆。在小说中，他打破了与其他文学体裁的阻隔，将诗歌、笔记、传记、医学档案、病史记录、新闻报道等融入其中；他同时还颠覆了小说创作的传统套路，呈现给读者一种“非小说”的文学图景。而这似乎恰好印证了他复杂的血统。

翁达杰 1943 年出生于斯里兰卡一个富裕农场主家庭，他的身上流着荷兰人、僧伽罗人和泰米尔人等多个民族的血液。他在父亲的大茶园里度过无忧无虑的童年；11 岁时，他跟随母亲来到英国伦敦，在那里读了小学和中学；1962 年，他从英国来到加拿大，在多伦多大学就读并获得了文学硕士学位，此后主要在多伦多一所大学教授英语文学。

如此，翁达杰作为跨文化和跨国界的“无国界作家”群中的重要一员，写作一种“世界小说”，便是理所当然。他“跨文体”的写作给图书分类带来了麻烦，有的机构只是粗略地将他的作品分成“散文”与“诗歌”两类；不同的文学史家将他的同一部作品分列于“回忆录”和“小说”门下。他独特的写作实践，同样也给读者带来了阅读的挑战，有意思的是，这并不妨碍他作品的畅销。

1992 年，《英国病人》让他获得该年度布克奖，根据此书改编的电影更是包揽了 1996 年奥斯卡的 9 项大奖。时隔 26 年，2018 年，该小说获颁“半个世纪以来布克奖最佳作品”。在 7 月 8 日于伦敦南岸举行的布克奖 50 周年纪念特别活动——“金布克奖”的颁奖典礼上，翁达杰坦言，自己写完这部小说后就再也没有重读过。“我一刻都不相信这是最好的作品，尤其是参与角逐的有奈保尔这样的大师，或《狼厅》这样的杰作。”

某种意义上，这是翁达杰的谦辞。虽然他极富独创性的创作，不可避免地引来一些争议，但无可否认的是，他杰出的叙事艺术拓展了小说的疆域。也因为此，有评论认为，翁达杰以其独特的文学成就，达到了堪与翁贝托・埃科等后现代派小说大师并肩的重要地位。

2

据说，翁达杰喜欢使用笔记本写作。他通常会手写完成最初三四稿，有时还用剪刀和胶带，对段落、甚至整个章节剪剪贴贴。他的有些笔记本，里页叠着四层稿纸。对于他来说，写作似乎并不是什么难事，他要做的工作主要就是整理和重写语句，因此他简直没法理解文思堵塞是为何故。当然，这并不意味着他的写作如何不同凡响，这种癖好，却关联着他独出机杼的写作手法。翁达杰总能以一种饱含激情和诗意的笔触，用一种文化杂汇的微妙组合，将虚构与事实、抒情与机智、反讽与幽默、诗歌与小说、新闻与笔记等等，完美地融为一体。

出版了两部诗集后，翁达杰开始了小说和其他文体的实验。1970年，他出版了一本跨文体的作品《小子比利作品选集》，假托美国历史上出现的草莽英雄、左撇子枪手小子比利的作品集的名义，运用多层结构和后现代的拼贴手法，把历史传说、作家想象杂糅在一起，探讨了美国梦的暴力特征。六年后，他推出长篇处女作《经过斯洛特》，小说以爵士乐先锋、吹奏短号的查尔斯·巴迪·博尔登为主人公，他嗜酒成性，与两个女人有瓜葛，被死亡的恶梦所困扰，以致 31 岁时发疯。从零零落落的事实中，翁达杰重构了这位爵士乐殉难者起伏跌宕的一生。

更激进的文体创新，则始于 1982 年发表的《世代相传》。在这部追述自己在故乡斯里兰卡成长过程的回忆录里，翁达杰一反传统小说的线性模式，将时间、地点、章节结构统统打乱，重新编排，并僭越文体界限，以民谣、诗歌、照片、地图、采访记录、录音材料、档案等夹杂其中。文体革新，为这部小说赢得了“后现代编史元小说”的名声。五年后，翁达杰出版了《身着狮皮》，书名取自于古代巴比伦的神话传说史诗《吉尔伽美什》，说的是英雄吉尔伽美什在朋友死去之后，独自披上狮子皮浪迹于荒野之中。在这部小说里，翁达杰首次真正触及加拿大题材。移民后裔帕特里克·刘易斯二十世纪二十年代从加拿大偏僻林区来到多伦多，在这个跃动、混杂的城市里，他靠搜索一位失踪的百万富翁和挖掘安大略湖底隧道谋生。在此过程中，他先后爱上了两个女人——其中一位是富翁的情妇，另一位则是她的闺中密友。帕特里克生命中的这两个女人都有着最奇特的神秘特质，让他痴迷，赋予他力量，使他平凡的人生发生了巨大改变。这部小说为翁达杰赢得了“立体主义”小说家的声誉。

在此后的《英国病人》中，翁达杰的小说艺术得到了近乎完美的呈现。“金布克奖”评审之一、斯里兰卡裔英国小说家卡米拉·山姆西评价说，很少一本小说像《英国病人》这样，它就像是进到你的皮肤里，而且不断地让你去重读，还总给你新的惊喜和收获。“这部作品在史诗感和亲密感之间无缝衔接，这一刻你看到的是无垠荒漠，下一刻你看到一个护士把一片李子放进病人的嘴。语言精巧，结构漂亮，每一页都渗透着人文主义气息”。

如其所言，小说以一种优美而抒情的笔调，营造了一个在二战末期，已渐渐远离战争的弥漫着朦胧诗意的“心灵田园”。生活在这如画“田园”中的四个人，来自不同国家，有着不同的民族与文化背景。加拿大籍哈娜的生父、继父与生母皆为了建设英国殖民地而受伤致死；卡拉瓦吉欧为英国做谍报工作而被德军截断双手；印度锡克教徒基普内心极度痛恨英国殖民主义；来历不明的“英国病人”奥尔马西伯爵在战争中受到严重烧伤。小说紧扣殖民主义和战争暴力下的精神创伤，试图通过跨民族、跨文化、跨历史的“超越性理解”，寻求“灵魂之伤”和“生命之缺”的治疗与救赎。

事实上，翁达杰笔下的主角，无论年龄、性别，大多抹去了国籍与身份，流浪他乡。比如，他的小说《猫桌》写的是，上世纪五十年代初，一个十一岁的男孩从科伦坡乘上了开往英国的轮船。他被安排坐在了离船长及达官贵人们最远的“猫桌”上——跟一群“无足轻重”的成人和两个男孩坐在一起。轮船横渡印度洋，跨越苏伊士运河，进入地中海，在甲板的自由空气中，男孩们开始了一场又一场的冒险。同时也有其他的事物吸引了他们的注意：一个男人跟他们聊爵士与女人；一个男人为他们打开了文学世界的大门；男孩美丽又难以捉摸的表姐艾米丽成为了他的知己，第一次让他“保持一定距离”地审视自己，第一次感受到强烈的欲望；还有一个每天晚上出来放风的犯人，让这趟旅程变得神秘起来……

然而，翁达杰出版于2000年的《安尼尔的鬼魂》，就像小说译者陶立夏所说，却是写的是回归与坚守，法医安尼尔受国际人权组织派遣，回到祖国斯里兰卡调查因内战而愈演愈烈的人口失踪案。此时的科伦坡被恐怖与悲伤笼罩，政府自负虚荣，“每种政治观点都有它自己的军队撑腰”，市民无故失踪，不计其数的尸体被焚烧、藏匿和掩埋。随着无名尸骸身份的确证，屠杀的丑行暴露于天光之下：一个挖掘黑暗的故事。或许，每个人心里都存在着一个需要被拯救的世界，他们默默地构想着自己的拯救之途。拯救的意愿把他们紧紧连接起来，而不同的方向却让他们最终走上了不同的道路。

3

如果说，在翁达杰的这四部长篇里还能依稀勾画出故事情节的完整面貌，在《遥望》中，这种勾画本身或许就是一种误读。小说书名“DIVISADERO”来自西班牙语，有两重涵义，其一为“分隔、分离”，其二为“远观、遥望”。正如书名所预示的那样，小说奇怪地“分裂”成两个部分，如果说它们之间有什么关联，只能说，这两个部分是互相“遥望”的。

加利福尼亚北部的农场，父亲和女儿安娜，养女克莱尔和养子库珀生活在一起，生活平静，但正在长大的孩子们内心波涛涌动。十六岁的安娜和库珀之间的私情被父亲发现，安娜出走，成了一个文学研究者，到法国乡村研究已故作家塞古拉的生平，库珀成了一个赌场牌手，克莱尔成了一个公设辩护律师的助手。多年后，克莱尔遇到了库珀，但库珀很快就因遭受殴打而丧失了记忆。而安娜与他们失去了联系，她在法国遇到了一个叫拉斐尔的吉他手……

就如支离破碎的情节所呈现的那样，小说的结构不是线性的，而是块状的，像是几个完全不同色系的色块，被并置于画布之上，互相之间或有重叠，或有冲撞与呼应，它们之间并没有时间的逻辑关系，就像一部时空交叉的电影，读者唯有依靠自己的想象和敏悟，才得以建立一种可能的“整体”。

然而，如同翁达杰的其他作品，《遥望》中复杂错乱的创作艺术，并没有淹没他敏感的心灵。小说里尼采的箴言重复响起：“有了艺术，我们才不会被真实的残酷所毁灭。”很显然，翁达杰的创作并不是为艺术而艺术的样本。相反，它以艺术抵抗真实的残酷，以诗意慰藉创痛的心灵，正因为此，他的诗意与关切才如此震撼人心。

扎迪·史密斯：难以尽言的繁复之美

1

扎迪·史密斯被誉为“新千年第一部伟大小说”的长篇处女作《白牙》，于2000年甫一出版即震惊文坛；在《时代》周刊于2006年评选的“年度全球最具影响力的100位名人”中，她甚至击败了时任英国首相布莱尔等人，成为唯一上榜的英国人；她迄今创作的三部长篇三次入围布克奖，并各自斩获诸多文学奖项；有人把她与后殖民文学“教父”萨尔曼·拉什迪相提并论，推举她为“种族、年轻、女性”的代言人。

所有这一切，似乎都表明她的名声实际上已经盖过了很多前辈同行。她自己并不这么看。在许多场合，她都反复强调，在英国现当代文学的世界里，她还只是一个初出茅庐的懵懂少年；她的成就还不足以掩盖她的欠缺；她的思想还远不及他的前辈同行们那般深邃；她才刚刚上路，还在跌跌撞撞地摸索着前进。她还不惜痛批自己的作品。当很多人都对《白牙》大声叫好的时候，她自己却在“阴阳怪气”地说，这部作品出自少年老成、故作姿态者之手，“书中一些片段如杂草丛生，不堪一读。”她还说，“我怀着写一本巨著的巨大野心，但是我不认为它就是那本巨著。”

这看似矫情，实际上却道出了扎迪自己的困惑：她的确认为自己的作品不怎么样。在接受一本女性杂志采访时，她说：“我不认为自己是个原创作家。”这话看似令人费解，却也并非无迹可寻。比如，她发表于 2005 年的长篇《关于美》，就明显有模仿前辈作家E. M. 福斯特的《霍华德庄园》的痕迹。小说故事集中在贝尔赛和吉普斯这两个家庭之间的纠葛上，且不说泛泛的叙述风格有着明显的福斯特的影子。小说的结构安排，两个完全不同的家庭之间的冲突和剪不断理还乱的关系，其他一些细节上的戏仿等等，更是直追福斯特小说的精髓。

事实上，扎迪从不讳言她对福斯特的崇拜与尊敬。从《看得见风景的房间》到《霍华德庄园》，她每每谈起，赞美和仰慕之情总是溢于言表。不止于此，她还常常对同辈作家表示钦佩。说到他们，她总能列出一串长长的名单：拉什迪、麦克尤恩等等，并且对他们各自的优点如数家珍。她还曾笑言，在着手创作《白牙》之前，她正忙着抄写模仿马丁·艾米斯的作品。言下之意，这部小说也受艾米斯的影响。2007 年，她编辑出版了《他人的书》这部带有一定学术气息的书评集。在其中，她向那些她所尊敬的同行前辈们一一表示了敬意。

2

从某种意义上说，易于让人联想到美国作家杰克·伦敦同名著作的《白牙》，也可谓扎迪对查理·狄更斯、托马斯·哈代等英国前辈作家的致敬之作。扎迪的严密、雕琢、丰沛以至于芜杂和啰嗦，的确让人想到了这几位大作家，也让人想到19世纪的英国文学。《德伯家的苔丝》《呼啸山庄》，这些名著所体现的经典精神在小说中得到了继承。

小说以幽默诙谐的笔法，将不同种族的信仰与文化的交叉和交锋，几代人之间心理与沟通的断裂和错层，以及长达百年的时代差异与历史荒诞，宏大凝重而又举重若轻地浓缩于种族混杂、文化多元的几个街区之间，刻画出一幅复杂辽阔的后殖民图景，一幅世纪末的“英国写真”。三个北伦敦的家庭构建起这个奇妙故事的基本骨架：阿吉一家、萨马德一家和马库斯一家——生活的艰辛、沟通的障碍、文化的冲突、宗教的隔阂，种种错综复杂的日常生活和矛盾就这样被编制在了一起，无怪乎有评论家称其为极繁主义的写作。然而不能不承认的是，这种看似庞杂混乱的生活却正是我们当下生活的真实写照。

扎迪显然对此有深刻的体认。紧接着发表的《签名收藏家》(2003) 非但没有像当下流行的写作那样变得简约，而是趋向于包罗万象。小说有着更大的地理和文化跨度，且关乎宗教、种族、伦理、写作、城市、娱乐业、名气、商业化社会、同业竞争、家庭、爱情、友谊等等主题。故事讲述了一位有着一半华人血统和一半犹太人血统的亚历克斯-李从向各类名人索要签名的普通粉丝发展到靠收藏名人签名然后转卖为生的故事。由于他的执着，他竟然做到了许多签名收藏者们梦寐以求，却很难实现的事情——得到了他的偶像的亲笔签名。

有意思的是，《签名收藏家》还融合了丰富的中国元素。主人公亚历克斯-李有着一半的中国血统，其父是地地道道的中国人；而书的下卷十章是以禅宗画师廓庵《十牛图》中每幅图命名，每幅图的显现，都暗示了亚历克斯的寻根行程。扎迪还在小说中非常娴熟地引用了许多禅宗公案，对《五灯会元》《高僧传》的解读充满机趣，对“阴阳”以及中医的一些描写也极为生动。

当然，这样的融合，无关理解中国，而只是服从于扎迪个人性情和小说主题表达的需要。实际上，对于很多西方作家而言，他们对中国的浓厚兴趣，并不在于他们真正想理解中国。对于博尔赫斯来说，正因为看不透中国，他才如此着迷中国。而卡夫卡对中国这个遥远东方国度的神往，多半只是希望借助想象逃离布拉格令人窒息的环境。某种意义上，想象“中国”为他提供了一种写作、创作和精神自由的机会和可能性。

相比而言，扎迪的中国想象展现了不同的景观，就像有评论指出的那样，在她的小说里，中国已经没有了殖民时代哈哈镜式的神秘、古怪、离奇。中国元素大多是实证式的，是平面镜像反映。很显然，中国正在逐渐挣脱“猎奇”的窘迫与误读，比较正常地进入西方的视域。

而有别于《白牙》，《签名收藏家》也体现出了扎迪在写作上的一些创新。尽管小说的故事是繁复的，叙述语言却出乎意料地简洁了起来，某些部分有着明显的魔幻色彩，颇有拉什迪的印记，而速记符号以及每章标题下方的关键词索引和趣味盎然的小插图，更是有着实验的色彩。更重要的是，小说杂糅了一些很少为前辈作家烦心的种族、宗教等问题，尤显“另类”，有些“后现代”，又有些“存在主义”的味道。如此，扎迪饶有生趣的描写，让本来颇为沉重的主题似乎也格外轻快了起来。

但无论如何，繁复依然是扎迪写作的一贯风格。也因此，她的第四部曾入选 2012 年美国《纽约时报》十佳图书的长篇小说《西北》依然是繁复的。故事发生在伦敦西北区的一个小镇威尔斯登，一处名为考德威尔的政府统建房区块。小说中的四位主人公：利娅·汉威尔、娜塔莉·布莱克、菲利克斯·库珀和内森·博格尔都生长于此，又都在成年后选择离开，尽管在精神上从未停止过对考德威尔的依恋。利娅嫁给一个非洲裔的法国人米歇尔，她和丈夫之间有着一种又爱又恨的关系。她不幸暗中怀了孕，却对外人保守着秘密。当一个她在学校时认识的瘾君子从她这里骗取一些钱财的时候，她的家庭生活受到了动摇。她的密友娜塔莉是一名律师，但她对自己的成功的成年生活的态度却越来越充满了矛盾。她们的同班同学内森保持着年轻时代粗鲁男孩的本性，另一个朋友费利克斯原来是个瘾君子，现在却力图改邪归正从新做人。但在一次在地铁的偶然相遇过程中，内森与费利克斯发生了冲突，并且用匕首刺进了后者的身体。第二天，在和利娅一家聚会闲谈时，娜塔莉听说昨晚临近街区发生的凶杀案，凭着律师的直觉，她立刻拿起电话向警方报案。小说以丰富的语言表现力呈现出一个真实的伦敦西北区的生活场景，将各种复杂的人际关系和情感纠葛交织在一起。

同样有别于扎迪之前的小说，《西北》以碎片拼贴、非线性时间的方式组织故事。为何在繁复的同时，不同的小说又各有各的面貌，扎迪觉得很难给出理性的回答，但一般来说，主题决定形式，而她也着实不喜欢重复同样的写法。具体到写作，扎迪说，通常在写一本小说时，她并没有计划好的故事大纲，通常只是有一个细微、模糊的想法，然后她会尝试寻找一定的笔调、口吻去表述。这个过程可能会很久、很艰难，但一旦找到准确的调子后，接下来就水到渠成了。就像画家，在画第一笔前，要在调色板上找到准确的色调，那可能需要漫长的时间。

不管怎样，倘是慨而言之，扎迪就像有评论说的，是那种天生就能从大城市的喧嚣芜杂中听出交响合唱的作家。有时，她的这种超能力甚至在一些规模更小的作品中表现得更为集中和充分，比如那部最早发表在2013年的《纽约客》杂志，后来以单行本形式出版的短篇小说《使馆楼》。以有英国报纸的说法，这部小说好比是一台智能手机，尺寸玲珑却内藏乾坤。该书译者黄昱宁以为，这话大抵说的这个短篇的单位信息量远超平均水准，却又组织得自然妥帖、井井有条。故事背景还是发生在威尔斯登的一个街区，街上的住户多半是富庶的阿拉伯人。非洲裔姑娘法图是一个巴基斯坦中产家庭的住家保姆，没有工资，也几乎没有可以自由支配的时间，除了每周一上午偷偷使用这家人的会员入场券，从街的一头走到另一头，到一个高档健身中心游泳。这段短短的旅程，可谓法图艰辛生活中的亮点。小说照例要起波澜。这户人家的孩子出了一点意外，恰巧被法图化解。但救命之恩反倒打破了主仆关系原有的平衡，法图面临被无端解雇的命运……

诚如黄昱宁所说，这是扎迪创作中一篇具有示范意义的短篇小说。扎迪本人也非常偏爱它，坚持要将它作为一个独立的作品出版，而非归入任何一个短篇小说集。它在一个标准短篇的容量中嵌入了中篇小说的结构，又以娴熟的技巧和广阔的视野，使读者得到类似于长篇小说的阅读体验。扎迪以小见大，透过法图的遭遇，我们既对现代大都市的痼疾感同身受，又会在这位新移民越来越清晰而坚定的自我认知中看到些许微茫的希望。正如小说里这条短短的街道，承载着族裔、阶层之间的碰撞，顿时也成了整个伦敦，乃至整个世界的缩影。

3

尽管扎迪的小说有着何其繁复的构思，其核心主题却往往是：边缘文化之下身份的探求。以《签名收藏家》而论，亚历克斯是成功的，他成功地吸纳了影像消费主义时代的惠赠，并把它发挥到了极致。然而，他仍然是边缘的，因为他的家庭，也因为他特殊的身份，这造成了他自我认同的模糊与不稳定。正是在这个意义上，有评论指出，亚历克斯的执着收藏癖和他对女星亚历山大的狂热追寻，实际上是边缘向中心的攀附，是无声世界向有声世界的求援。

虚构的小说世界里有着扎迪真实生活的印记。1975 年 10 月，扎迪出生于伦敦西北布兰特区的一个工薪阶层聚居区。她的母亲是一位于 1969 年移民到英国的牙买加人；而父亲哈维·史密斯则是地道的英国人。扎迪 6 岁就开始写诗，创作短篇小说。她也喜欢私下里唱歌跳舞因为非常怯场，不喜欢在人前表演。虽然没有成为舞蹈演员或歌手，但这样的爱好，让她有一双灵敏的耳朵，也让她的写作变得更有节奏感。等到上了中学，扎迪把绝大部分课余时间都用在阅读和交友上，还抽过大麻。当她告诉老师自己想申请剑桥时，老师直接告诉她这想法太荒谬，太不切合实际。

然而，她果真如愿来到了剑桥大学研究英语文学。在剑桥国王学院，她整天沉浸在小说的世界里，从她喜爱的作家如福斯特、塞林格和冯内古特那里学习写作的技巧和审美情趣。趁着业余时间，她还曾靠在酒吧做爵士乐歌手打工赚钱。1997 年，《白牙》的创作构思，引起了英国出版界的注意。最终，哈密希·汉密尔顿公司通过竞拍，成功获得小说的出版权。此后，足足有两年时间，扎迪闭门锁居、埋头写作。小说出版后一炮而红，扎迪最终走上了专业文学创作的道路。

在扎迪看来，这也是她烦恼的开始。而所谓的烦恼一方面是通过她的创作体现出来的。比如《西北》里主人公娜塔莉·凯莎，竭尽全力挣脱原本的出身，可她的成功在她的家人眼中却被视为某种背叛。这源于扎迪的切身经验或是她的深入体察。她明白对于成长于移民家庭中的孩子，在接受教育的同时，却和家人离得越来越远，甚至变得像陌生人，这或许是因为，从父母的角度讲，这是他们做出的巨大牺牲，他们为孩子的前程而献出了自己与孩子间的纽带。这样一种复杂的关系里，扎迪以为，藏着几分动人而哀伤的味道。”另一方面是媒体对《白牙》的过分反应让扎迪觉得难以承受。她希望可以继续乘地铁，希望拥有正常的生活。她不喜欢被人盯着看的感觉。当她意识到公众对她过分的关注，很大程度上是寻找一个多文化主义的代言人，她更是无法承受。她如是辩解，实际上，她并不是人们所想的身上包含了多种文化，因为她只有一半牙买加血统和一半英国血统。

也是在这个意义上，扎迪强调不宜把她等同于她笔下的人物。她坦言，自己不是那种经常思考我是谁或我不是谁的人，虽然塑造的人物时常受困于其中。而且，在他人眼中有明确的身份和定位，也只是一个开端，并不能解决人生中实际遇到的难题。“我可以说我自己是英国人、黑人、女人，这些是客观事实，但这些事实对我起不了太大帮助，不能教会我怎么在这个世上生存和立足。我觉得如何在这个世界上生存和立足，才是更基本的、超越‘我是谁’的存在问题。”

附　录

很快我就会老去，只有写作不变

——习惯说“不”的扎迪·史密斯

在任何意义上，扎迪·史密斯都称得上是一位罕见的具有偶像效应的作家。

由于其出众的外形，在英美，她是“年轻、美貌、女性”的代名词，但在接受媒体专访时，扎迪坦言，对自己长相并不是很有自信，或许是她从来就没有那么在意。每次媒体提到她的外表时，她都会拒不开口。她对此也很无奈：“当你打扮得漂漂亮亮去参加舞会时，当然会觉得开心，但这种开心是私人的，我认为没有向媒体公开的必要。”

的确在公开场合，扎迪通常给人一种拒人于千里之外的感觉。搞签名售书活动时，她很少跟书店店员们交流。出版社接到许多投诉，说她为人粗鲁，令人厌恶，是个反社会角色。扎迪为自己辩解说："我都算有表达能力的作家了。多数我认识的好作家都像有'社交残疾'一样，根本一句话也不说。"

其实，扎迪之所以拒绝，很多时候是因为她比较害羞，她甚至在说话时都不敢跟对方进行目光接触。正因为种种误解，2006年，她的小说《关于美》荣获"橘子文学奖"。该奖的一位组织者就忧心忡忡地表示，她担心扎迪会拒绝完成身为得奖人应尽的义务——接受媒体采访、拍照和参加电台节目。

事实上，扎迪的拒绝不是没有道理的。很少有其他作家像她那样受到媒体和公众如此严苛的对待。她说："我只是太天真了。写《白牙》的时候，我刚从剑桥毕业，什么都不懂，却要接受所有人对我的审查，真的太恐怖了。那时我才二十二三岁，我以为和记者开开玩笑，说一些荒谬可笑的话是无伤大雅的。当我发现实际上并非如此时，我开始拒绝所有媒体的访问。"

她同样拒绝追随者。总有十五六岁小作者急不可待地拿出他们墨迹未干的所谓作品去寻求她的指点。在她看来，这是一种非常令人感到沮丧的陋习，年轻人总喜欢盲目追随所谓的名人指引，他们想着出名，尽早出名。"但名气并不会让人开心，所以根本不值得羡慕。"更重要的是，扎迪深知，文学创作是一个漫长的过程，需要不断地积累、不断地练习，需要有一种甘当学徒的隐忍。

但扎迪并不拒绝年华逝去。与一般女性不同，她甚至感到很兴奋。她说："很快我就会老去，媒体的注意力会转到其他年轻女孩身上。到了那时，我还会继续写作，只有写作是不变的。"

辑六　介入

亚历山大·索尔仁尼琴：
"摧毁"道德权威，带来了文化水准的下降

1970年度诺奖得主、被誉为"俄罗斯的良心"的作家亚历山大·索尔仁尼琴没有等到即将到来的90岁生日，2008年8月3日，这位一生坎坷、历经磨难的老人，因心力衰竭在莫斯科的家中安静地离开人世，享年89岁。

索尔仁尼琴的告别仪式在8月5日举行，次日，他的遗体遵嘱被安葬在斯顿科伊修道院墓园。对他的去世，俄罗斯总统梅德韦杰夫当天就发去唁电，俄罗斯总理普京则在声明中称："索尔仁尼琴的去世是对全俄罗斯的沉重打击。"

包括美国总统布什、法国总统萨科齐在内的世界各国领导人对索尔仁尼琴的去世表示了哀悼。萨科齐赞扬他是"20世纪俄罗斯最伟大的良心之一"。布什的唁电表示，"悲痛非常"。前苏联总统戈尔巴乔夫把索尔仁尼琴称为"一个有着独特命运的人"，并称他的名字将存留在俄罗斯历史中。

索尔仁尼琴的去世也在世界文坛激起了强烈反响。诺奖获得者、南非作家戈迪默称，索尔仁尼琴的去世是文学界的“巨大损失，但幸好他留下了这么多杰出的著作，它们将永世地流传下去”。而另一位南非诺奖得主库切则称他是“一个有着无尽勇气的人，他是托尔斯泰无可争议的继承人”。

“永恒的持不同政见者”

去世前一年，在接受德国媒体采访，回顾自己的一生时，索尔仁尼琴说道：“随着时间的推移，我的观点也在逐渐改变和完善，但我一直相信，我的所言所行从未违背自己的良知。”诚如中国社科院俄罗斯文学研究会秘书长刘文飞所言，“索尔仁尼琴一生讲真话，是一个永恒的持不同政见者。无论是在前苏联还是流亡西方，乃至最终回到俄罗斯，索尔仁尼琴始终保持了自己作为一个异见者、批判者的本色”。

索尔仁尼琴的创作始于二战后不久开始的“铁窗生涯”。身为炮兵上尉的索尔仁尼琴因在与友人的私人信件中，对斯大林“不敬”而被逮捕。在信中，他称斯大林是“满脸胡子拉碴的家伙”，因此被判处 8 年徒刑，发配到劳改营改造。走出劳改营后，他又被当局下令送到哈萨克斯坦的偏远山村流放 3 年。在劳改营中，索尔仁尼琴开始创作《癌症楼》和《第一圈》等小说，作品的主题只有：斯大林、古拉格、苦难和不公正。

随着赫鲁晓夫的上台，整个社会环境开始松动，索尔仁尼琴把中篇小说《伊凡·杰尼索维奇的一天》投给《新世界》杂志，主编特瓦尔多夫斯基看到小说之后预感到一位大师的诞生，但不敢擅自刊登这部作品。在赫鲁晓夫的干预下，小说得以发表。这部苏联文学中第一次描写劳改营生活的小说给索尔仁尼琴带来了巨大声誉，另一个“托尔斯泰”“陀思妥耶夫斯基”“契诃夫”的光环落在他头上。

赫鲁晓夫倒台后，索尔仁尼琴的作品被禁止出版，当局指责他是叛国者，并没收他所有手稿。即使如此，索尔仁尼琴在1967年5月作代会前夕写了一封公开信，要求“取消对文艺创作的一切公开和秘密的检查制度”，他曾写道，一个人如果不诚实就是撒谎，“作家和艺术家有能力做得更多——粉碎谎言。”不久之后，他在国外出版了小说《癌症楼》和《第一圈》。

1970年10月，索尔仁尼琴因“在追求俄罗斯文学不可缺少的传统时所具有的道德力量”而获诺贝尔文学奖。1974年2月12日，因叛国罪被捕，次日被驱逐出境，从此开始了这段长达二十几年的异国逃亡者生涯。

同年，索尔仁尼琴因《古拉格群岛》的出版而名动天下，成为《时代》杂志封面人物，甚至整个西方将其表彰为“自由斗士”“苏联的掘墓人”。对此，索尔仁尼琴的答复是什么呢？1978年，他受邀在哈佛大学发表演讲，语出惊人，他称西方文化“虚弱而堕落”，欧美民主并不是“普世价值”。

20世纪90年代，索尔仁尼琴归国之后，获得了前所未有的尊荣，但他并没有改变自己“异议者”的本色，拒绝接受一切权力和公职，甚至拒绝领取叶利钦颁发的象征俄罗斯最高国家奖章的“圣安德烈勋章”，对叶利钦推行的改革也大为不满，并且处处讲些政治不正确的话。对于苏联的“四分五裂”，他大为不满，抱怨现在“俄罗斯人处处受欺负”；对于俄国传统，他忧心忡忡，声称“俄罗斯忘记了自己的身份、传统”；对于东正教，则担心“外来宗教冲击”。

2007年俄罗斯国庆节那天，索尔仁尼琴接受普京亲自颁发的2006年度俄罗斯人文领域最高成就奖——俄罗斯国家奖，但这并不意味着索尔仁尼琴选择了妥协。在会见普京时，索尔仁尼琴表示：“在我的生命尽头，我希望我搜集到并在随后向读者推荐的、在我们国家经受的残酷的、昏暗年代里的历史材料、历史题材、生命图景和人物将留在我的同胞们的意识和记忆中。这是我们祖国痛苦的经验，它还将帮助我们，警告并防止我们遭受毁灭性的破裂。”

“一个难以猜解的谜”

1994 年，当索尔仁尼琴结束了 20 年的流亡生涯回到祖国的时候，大概没有想到，自己在国内赢得迟来的荣誉的同时，却遭遇了迅速被遗忘的命运。虽然回国后的索尔仁尼琴获得了无数荣誉，但与此同时，他晚年所写的那部《崩溃的俄罗斯》，发行量不过区区五千册，而他希望回到俄罗斯传统的一次次谈话，人们更是充耳不闻。似乎，世界对索尔仁尼琴的认知，已经完全停留在《古拉格群岛》的时代。索尔仁尼琴的去世，给世界留下了一个寂寞而令人困惑的背影。

生前，对自己回国后迅速被忽略的尴尬遭遇，索尔仁尼琴发表过看法。他说：“我被当成道德权威，但我不知道人们是否还需要道德权威。20 世纪的一个重要主题就是毁灭各种道德权威，每个人都做他想成为的那个自己，不要什么道德权威，其结果就是整个文化水准的下降。”俄罗斯诗人叶夫图申科则认为，索尔仁尼琴这位作家的出现，在很大程度上就是一个政治事件，他“在走出文学的圈子后就没有能再回到文学中来”。或许正是因为他没有再回到文学中，而是停留在了政治的层面上，那么当对手消失了，他也就随之消失。

事实上，对索尔仁尼琴所获巨大声誉的争议从来都没有停息过，有人认可他作为一个伟大思想家的崇高地位，但对他的文学成就颇有微词。更有人认为他获诺奖更多是对他作为一个自由斗士及持不同政见者的肯定和赞赏。但谁都没法否认索尔仁尼琴作品中所散发出来的崇高的理想主义精神、人道主义光芒，也不能不承认他是一个伟大的作家。不过，无论在俄罗斯国内，还是西方，人们都没有对索尔仁尼琴表示足够的理解。《纽约时报》称：他被视为抵抗前苏联威权的伟大作家和英雄，但同时他好像反对其他一切：民主人士、世俗论者、资本主义者、自由主义者和消费者。

在国内学者张晓波看来，对索尔仁尼琴的误读，来自于对他写作立场的漠视。“索尔仁尼琴反前苏联基于的立场，并非所谓的启蒙运动之后的‘人权’，而在于东正教本身的‘人道主义’。索尔仁尼琴抨击西方文化堕落，亦非他落伍，而是期望从斯拉夫派传统救世方案中构建新俄罗斯。索尔仁尼琴回国后大谈‘大俄罗斯’，说些不合时宜的沙文主义论调，潜台词仍旧是‘莫斯科即第三罗马’。”由此，我们不难理解，在1996年发表的小说《在转折关头》中，索尔仁尼琴肯定斯大林是伟大人物，赞扬斯大林发动了“伟大的向未来的奔跑”。言下之意是对曾经一度强大的祖国的解体，充满了惋惜之情。颇具反讽意义的是，正是在斯大林的命令下，索尔仁尼琴才有了8年的牢狱之灾。而在最近几周内进行的一次“到底谁是最伟大的俄罗斯人”的网上投票中，斯大林成为冠军的有力争夺者。

有学者指出：索尔仁尼琴是一个难以猜解的谜，他的孤独更是不为人理解。“而他的逝世，则不过是活化石正式成为化石的过程而已。看着晚年的他一次次获奖，看着他去世之后梅德维杰夫总统和布什总统的迅速反应，我们知道，索尔仁尼琴已经完全成了一种象征。”

随着索尔仁尼琴的去世，人们重拾起对他作为20世纪不可忽视的一个灵魂象征的深刻记忆，真诚地赞扬他作为一名作家的良知和道德勇气，同时也都不乏对人类今天的处境进行反思。在这种时候，我们与其献上更多的溢美之词，不如扪心自问：索尔仁尼琴遗留给世人的精神遗产极其丰厚，我们做好理解、吸收和研究的准备了么？在人们普遍认为这是一个精神浮躁的年代的前提下，我们还有足够的耐心阅读索尔仁尼琴么？

瓦连京·拉斯普京：
他的道德探索，
牵动着俄罗斯人不变的“乡愁”

2006 年 5 月 22 日，时逢“中国俄罗斯年”，瓦连京·拉斯普京应邀来中国访问，参加在北京外国语大学举办的“中俄作家论坛”。当与会的人民文学出版社社长发言结束后，把一束红色鲜花献给他，已示对他发表于 2003 年，并获当年度第三届 21 世纪年度最佳外国小说奖的小说《伊万的女儿，伊万的母亲》的激赏，并表示对他的敬意时，拉斯普京不无幽默地答谢道，尽管他是男人，尽管很少有人给他献花，但他也是爱花的，他说，这是他一生中得到的最大一束鲜花，恐怕也是得到的最后一束鲜花。

这诚然是拉斯普京的幽默之叹，却道出了他对自己来日无多的感慨。近年，拉斯普京罹患疾病，一直在苦苦与病魔斗争。2015 年 3 月 14 日，在距离其 78 岁生日还有一天之际，这位“俄罗斯灵魂的守护者”永远搁下了手中的笔。

3 月 15 日，俄罗斯总统普京就拉斯普京去世向其亲属表达深切和诚挚的慰问。普京称，他十分欣赏拉斯普京的创作才华，并将永远铭记与他的长谈。普京还于 18 日参加了在莫斯科基督救世主大教堂举行的拉斯普京遗体告别仪式，并献花致哀。

作为贯穿俄语文学的苏维埃时期和后苏维埃时期的作家，拉斯普京的创作，折射了近 50 年俄语文学的发展进程。虽然，在“换了人间”的当今俄罗斯文坛，苏联时期的走红作家大多风光不再，一些新的文学弄潮儿应运而生，而拉斯普京却岿然不动，他始终是俄语文学的中心人物之一。这或许是因为，在索尔仁尼琴去世后，拉斯普京替代他成了俄罗斯文学的灵魂人物，也或许是因为，作为一位纯粹的俄罗斯作家，拉斯普京的创作延续了托尔斯泰、陀思妥耶夫斯基笔下人物的道德思索和俄式性格，饱含“俄罗斯情愫”，牵动着俄罗斯人不变的“乡愁”。

1

几年前，拉斯普京就立下遗嘱，死后将归葬故乡伊尔库茨克，并与 2006 年死于空难的女儿玛丽娅和 2012 年病逝的妻子斯维特兰娜合葬在一处。他的家乡于 19 日为他举行了隆重的葬礼。作为俄罗斯乡村小说的领军人物，这位地道的西伯利亚人一生都在写西伯利亚农村的风土人情和世态变迁。

1937 年，拉斯普京生于一个农民家庭，少年时代在安卡拉河畔的阿塔兰卡村度过，后入伊尔库茨克大学文史系学习，1959 年毕业后从事新闻工作，1961 年发表处女作《我忘了问廖什卡》。此后，他陆续写出以西伯利亚为背景的《最后的期限》（1970）、《法语课》（1973）、《活着，并且要记住》（1974）和《火灾》（1985）等有着广泛影响的小说。

正是凭借这些小说，作为西伯利亚的“文化原住民”，20 世纪七八十年代，拉斯普京与万比洛夫和阿斯塔菲耶夫构成“西伯利亚文学的三驾马车”，为最早形成于沙皇时期，以十二月党人诗歌、陀思妥耶夫斯基的《死屋手记》、契诃夫的《萨哈林旅行记》等为代表的西伯利亚文学赋予了崭新含义，并将生态意识以及与之相关的人的精神生态保护问题凸显了出来。

其中最具代表性的作品，当属拉斯普京发表于1976年，带有浓厚“寻根”意味的中篇小说《告别马焦拉》。小说着重描写了一群在马焦拉岛上世代居住的村民因为修建水电站而被迫离开故乡的心路历程。以达利娅为代表的一群老人们说什么也不想搬离他们世代居住的这片土地，而以克拉芙卡为代表的新一代青年们却热切盼望着去新的城镇享受现代化的生活。两代人的冲突实际上是人们在人类历史进程中守护与放弃、怀念与忘却、回望与前瞻等诸种矛盾对立的具体体现。然而达利娅最终妥协了，她不得不同意搬迁，不得不自己点燃了世代居住的老宅。老人们竭力想保全的并未留存下来，在现代化的进程中，美好的生活却成了阻碍发展的累赘，因此它必须被毁灭，被撕破，呈在人们面前，令人唏嘘不已。

小说里挽歌式的叙述，反映在拉斯普京的生活中，则是他决绝地对传统价值的捍卫。拉斯普京的家乡邻近贝加尔湖，他对其有着天然的感情。早在20世纪60年代初，他就积极支持肖洛霍夫保护贝加尔湖。当报社拒绝刊登他控诉冷酷无情的工业给农民和环境带来严重危害的文章时，他便放弃了新闻工作，改用小说的形式来鞭笞破坏自然的思想。他那直言不讳的批评，也为他招来了极端的报复。1980年冬，在住所伊尔库茨克公寓的外面，他被五个人用凶器捶打，几近死去，侥幸活过来后，他的眼睛几乎失明了一年，脸部经过多次的整容手术。虽然如此，他依然没有改变大胆直言的个性，更没有因受到威胁而离开自己的国家。

或许，正是这种与生俱来的正义与热情，及卓绝的艺术天分，拉斯普京，恰如俄罗斯作家扎雷金所说，几乎没有起跑，一下子就作为一个真正的语言艺术大师进入了俄罗斯文学的版图。他的小说语言朴实清新，心理刻画细腻传神，他在俄罗斯农村散文中取得如此重要的地位，以至于时至今日，不谈拉斯普京，就不能真正地议论今天俄罗斯的，以及前苏联的散文了。

2

拉斯普京擅长描写西伯利亚的农村生活，却并不局限于描写和展示农村的日常生活。在任何意义上，他首先是个进行精神和道德探索的作家。恰如有评论所言，他的每一部小说，都是通过其所描绘的农村生活，提出当代社会生活中某些具有普遍意义的问题，思考人类生活中一些永恒的命题。

成名作《为玛利娅借钱》（1967）即已表现出拉斯普京深刻的社会忧思，他从道德角度去发现和表现当下人们不断出现的精神危机，这部小说确立了他一生创作视角的定位。在继之而来的创作中，他的社会忧思一部胜似一部。在《最后的期限》中，拉斯普京着力刻画了一生辛劳、忍辱负重的老人安娜的形象。这个平凡而普通的女性，为了抚养众多的子女，无私地奉献了毕生精力。在民族危亡的关键时刻，她深明大义，献出了3个儿子，丈夫也在前线积劳成疾，过早地离开了人世。然而，面对重重困难和一个个沉重打击，她没有退缩，没有消沉，没有抱怨，而是用她那孱弱的双肩，肩负起生活的重担。她只知奉献，不思索取，即使到了体弱多病的晚年，也尽量不给子女添麻烦。她的子女们却没有继承她身上所体现的劳动人民的传统美德，在物欲横流的现代社会中变得感情贫乏，道德低下。拉斯普京由此怀着深深的忧虑谴责了背叛故土、抛弃传统的种种丑恶现象。

及至近年，拉斯普京依然执着于道德思考和灵魂拷问。《伊万的女儿，伊万的母亲》有一定的代表性。老伊万的女儿和小伊万的母亲塔马拉·伊万诺夫娜的未成年女儿遭到强暴，在诉诸法律的过程中，遇到种种阻力。她在绝望之际铤而走险，潜入检察院开枪打死罪犯，自己也锒铛入狱，一个四口之家几近毁灭。伊万诺夫娜维护尊严的道德勇气，不能不令读者为之动容。拉斯普京通过伊万诺夫娜等俄罗斯妇女，传达自己一生追求的人与人、人与社会如何和谐相处的思想，并充满道义地指出，人应对自己的精神和道德的堕落负起责任。

3

显然，拉斯普京的道德思索，并非无根的空想，而是牢牢扎根于俄罗斯的社会现实。无论是苏联时代，还是后苏联时代，他的创作始终不曾偏离对俄罗斯社会的关切。为了表达这种关切，相比小说，政论文等其他体裁，无疑来得更为直接而有力，虽然这没有像小说那样，给他在世界范围内赢得很高的声誉。

事实上，就拉斯普京的创作体裁而言，他的开山之作也并非小说，而是政论文章。1957 年，拉斯普京在伊尔库茨克报纸《苏维埃青年》上发表《没有工夫苦恼》，有俄罗斯学者形象地把这篇文章比喻为安加拉河上发出的“第一声呐喊”，而其政论特征，即“苦恼”，始终隐含在他日后的中短篇小说中。

到了 20 世纪 80 年代，拉斯普京小说的政论特征越加明显，他的小说《火灾》被公认为“政论体小说”。在这部小说里，拉斯普京以政论家的激情描写了某仓库因管理无序引发的火灾，而各色人物面对这一灾祸所持的不同态度，再次揭示了日益迫近的精神危机和社会危机，向全社会敲响了“火灾”的警钟。

进入90年代，尤其是苏联解体以后，拉斯普京似乎意识到仅凭小说创作已很难写出“痛苦而又勇敢的真实”，他对社会现状和人的道德滑坡忧心如焚，这也促使他重拾特写与政论体裁，写下了一系列有关道德、生态、文学问题的特写和政论文章。在他看来，俄罗斯文学过去从来离不开政论文章，今后也不可能离开政论文章。

在近年出版的题为《这灾难绵绵的20年》的访谈集里，拉斯普京更是历数20年来俄罗斯绵延不断的悲剧，包括议会议员被枪杀、政权多次更迭、车臣战争、“库尔斯克号”沉没、百姓居所和地铁大爆炸，还有俄高层官员丑闻不断、土地被出卖、人口在锐减、犯罪率猛增、俄罗斯文化与道德沦丧，及至俄罗斯大小河流干涸、土地沙化，等等。对于拉斯普京而言，俄罗斯当下的生活，毕竟有很多尖锐的问题值得探讨。

虽然如此，拉斯普京依然钟情于小说创作。他于20世纪90年代，发表了一系列小说，从不同的侧面描写了俄罗斯社会的巨变，以及人民在生活上和心理上所承受的苦难。这些作品或关注俄罗斯社会转型期弱肉强食，贫富两极分化问题，如《下葬》《突如其来》；或关注道德信仰问题，如《女人间的谈话》《在医院里》；或关注生态环境问题，如《农家木屋》《傍晚》等。拉斯普京凭借这些作品，生动地展现出一幅当今俄罗斯社会全景图。

而就拉斯普京创作的艺术特质而言，其卓绝之处还在他的创作，如俄罗斯文学研究专家刘文飞所言，具有某种综合性或是跨题材性。这在拉斯普京最具国际声誉的小说《活着，并且要记住》里，有着最为突出的体现。这部描写西伯利亚安卡拉河畔阿达曼诺夫卡村普通农民生活的小说，被视为典型的“乡村散文”；但因为男主人公安德烈·古西科夫是一位“逃兵”，又常被归为“战争文学”；而小说通过安德烈和其妻子纳斯焦娜这两个人物的悲剧，意欲探讨的家庭和祖国、幸福和责任等问题，则指向了更具超越性的“道德题材”。拉斯普京能在同一部作品里包容多样的文学诉求，使得他笔下的世界如此丰富、如此独特。

钦吉斯·艾特玛托夫：
他在该选择寂静的时刻，趋向了热闹

2008年6月10日，前苏联作家钦吉斯·艾特玛托夫在德国逝世，享年79岁。之前，诺奖得主、土耳其作家奥尔罕·帕慕克访华，在演讲中被问到他对艾特玛托夫的看法时，帕慕克曾表示："他在土耳其也很受欢迎，我读过他的小说，但我更喜欢他早期的作品。那是人类生活的精华，纯真且简单……我觉得他有资格得诺贝尔奖。"然而，问答的双方恐怕都没想到，仅过了几个星期，话题的主人公就溘然辞世。

据悉，艾特玛托夫是在观看电影时病倒的，影片改编自他的小说《一日长于百年》。5月19日，因被诊断为肺炎和肾功能衰竭，他被送往纽伦堡医院治疗。艾特玛托夫逝世后，他的祖国吉尔吉斯斯坦当即宣布，6月14日为国悼日，巴基耶夫总统对国家电视广播公司下达总统令："对人民作家的葬礼进行现场直播。"俄罗斯总统梅德韦杰夫和总理普京也致唁电表示哀悼，普京称他的去世是"我们所有人巨大的无可弥补的损失"，"我们会记住这位伟大的作家，思想家和人道主义者”。此前，2008 年被宣布为吉尔吉斯斯坦的艾特玛托夫年。

对于只有 500 余万人口的吉尔吉斯斯坦，艾特玛托夫是当之无愧的“国宝级”人物。他曾三次获前苏联国家文学奖，一次获列宁奖，他的十二部中篇小说无一例外地被拍成电影或电视剧，有的还被改编成歌剧、芭蕾舞剧，这在前苏联是绝无仅有的现象。艾特玛托夫的重要价值，更在于他把吉尔吉斯斯坦带到了世界文学的前列。据联合国教科文组织 1997 年的统计，他的作品已被译成多种语言，在一百多个国家发行，甚至一个世界上总共只有 4 万多人的民族——萨阿米人也用本族语言出版过他的小说。在德国，据说几乎每个家庭都至少有一本他的作品。而在我国，除了汉语，还有维吾尔族语的译本。

1

艾特玛托夫对中国有着深厚的感情，他特别推崇与他同一民族(中国称柯尔克孜族)、90 岁高龄的史诗演唱者居素甫·玛玛依，并准备在方便的时候去新疆拜访他。经有关方面的协商，他去世前不久，两人的晤谈事宜已得到新疆维吾尔自治区党委宣传部和外办的正式批准，正在与吉国文化部进一步商谈细节，没想艾特玛托夫溘然辞世，终为憾事。

早在上世纪 50 年代，艾特玛托夫的成名作《查密莉雅》就被翻译刊登在《世界文学》上。他出版于 1970 年的《白轮船》引入中国后，则成了几代读者的“手抄书”。作家路遥在《平凡的世界》里，便曾谈到这部小说里提到的，一首关于爱耐塞河（叶尼塞河）的歌。事实上，许多中国作家在谈到自己的阅读书单时，会不时提到他的名字。艾特玛托夫多部作品的译者、翻译家谷兴亚表示：他的站位很独特，立足本民族，直面苏联的现实，眼观全世界。写作技巧上可以看到他接受了现代派影响，有魔幻现实主义、意识流，将过去、现在、未来有机地结合起来。后来他长期生活在西欧，视野进一步开阔，看问题看得更尖锐了。

作家张承志在写作之初，遇到的作家就是艾特玛托夫，“我读过一些他的作品，开始于《群山和草原的故事》，止步于《断头台》。给我印象最深的是他作品中那些对天山腹地高山牧场及其住民的抒情，我因为有多年在东部天山调查的体会，因此对他的西部天山描写目瞪口呆。”他的作品也让作家杨显惠推崇备至。他说：“我几乎读了能找到的艾特玛托夫的所有作品，他的作品也的确深刻地影响了我的写作。直到 20 世纪 90 年代，我才摆脱了艾特玛托夫对我的‘纠缠’。”

作家迟子建多次访问俄罗斯，却因为艾特玛托夫长时间住在欧洲无缘见面。她说：“晚年的艾特玛托夫，在文学上有点失去了阵脚。大概这与他后来人生的选择有关，他在该选择寂静的时刻，趋向了热闹。艾特玛托夫的死，可能意味着那片土地上，最后一位文学神父离去。”学者林贤治显然更欣赏早期的艾特玛托夫，“后来他的小说有了很大的转变，和他生活的时代和国家拉开了距离。他经历过斯大林的肃反和大清洗，但在作品里很少看到他的立场和态度。作为作家他回避了他的社会责任，没有触及他生活的时代和社会的本质问题。”

如其所言，艾特玛托夫在后期作品中很少明确自己的立场和态度，但没有停止自己的艺术探索，他在写作中加入了诸如科幻、神话等元素。但无论如何，艾特玛托夫仍然是个有重要地位的俄罗斯式经典作家。从这个意义上来说，或许，他的逝世标志着一个时代的离去，传统俄罗斯古典主义书写方式就此终结。

2

20 世纪 50 年代，艾特玛托夫还是一个二十多岁的青年，在 1958 年 8 月，苏联《新世界》杂志上发表了他的中篇小说《查密莉雅》。

小说在“解冻”不久的苏联文坛和广大读者中间引起热烈反响，获得广泛的赞誉。小说发表后的第二年，法国作家阿拉贡就将它译成法文，称其为“世界上最优美的爱情故事”。从此，这位青年作家跻身于前苏联一流作家的行列。

中国社科院外文所俄罗斯文学研究室主任石南征表示：“艾特玛托夫是俄罗斯现实主义文学新潮环境成长起来的一代，作为少数民族作家脱颖而出。他的作品既保留了丰富的民族特色，又吸收了俄罗斯传统文学的气息，具有现实主义传统，而弥漫小说的那种浓郁的诗情画意，即使在世界文学中也是很独特的。”

而在《白轮船》里，艾特玛托夫这种独特的写作风格，可谓得到了淋漓尽致的体现。小说通过一个七岁孩子的悲剧性故事，把富有寓意的神话、孩子五色斑谰的幻想与严酷的现实紧密交织在一起，深刻揭示了人与自然、善与恶的重大社会问题。七岁的孩子和外公在护林所相依为命。男孩在“长角鹿妈妈”传说的熏陶下日渐长大，他常常带着望远镜，在山头眺望白轮船，船上有他素未谋面已组建了新家庭的爸爸。一天，鹿又重新造访了这座山林，男孩和外公兴奋不已。但姨夫奥罗兹库尔逼迫外公射杀了长角鹿妈妈，大摆鹿肉宴。那天晚上，外公因羞愧，醉酒瘫在了泥地里。男孩受到刺激，决定去白轮船上找他的爸爸……诚如有评论所说，一个虚幻故事的破灭，或许只是成长必须的阵痛，但对于一个民族，这却是有深层的含义的。善的弱小与恶的强大间强烈反差，对大自然、对传统的崇敬与人们对自然的破坏和毫无顾忌冷酷对照，是作者给我们描述的真实。

艾特玛托夫由此在 20 世纪 80 年代前苏联文坛达到了个人荣誉的巅峰。在有些评论家看来，他的成功归功于“出奇制胜”，相对当时随处可见的英雄主义、伤痕文学，他早期作品写的都是普通人的故事，把硝烟弥漫的战场和英雄留在了远方。他擅长写景状物，草原和天山湖泊在他笔下美轮美奂，在苏俄文学刚解禁那段时期，让人耳目一新。也有评论家认为他坚持的双语写作是他成功的法宝之一。要知道，吉尔吉斯 1924 年才有新创的书面文字，在这以前还没有书面文学。艾特玛托夫曾说："我是用吉尔吉斯文和俄文两种语言来写作的。如果我的作品是用吉尔吉斯文写成；那我就要把它译成俄语，反之亦然。我从这两方面的工作中得到了极大的乐趣。这是一个作家非常有趣的内部工作。我确信，这能使你的风格更加完美，使你的语言更富有形象性。"

此后，他的创作发生重大转向，后期小说《一日长于百年》《断头台》等思考的是民族，更多是政治和意识形态之外的人类命运问题，但再也没有重现早年的辉煌。后来，他基本放弃了文学创作，作为戈尔巴乔夫的朋友，前苏联时期他是驻卢森堡大使，去世前是吉尔吉斯斯坦驻卢森堡、比利时和荷兰的大使。

艾特玛托夫有很深的诺奖情结。20 世纪 80 年代中期，诺贝尔奖委员会曾把他列入获奖候选人名单，他曾邀请该委员会的成员参加在他的故乡伊塞克湖畔举行的活动，试图用盛情的款待换取他们的选票，但终究与诺奖擦肩而过。

3

艾特玛托夫声名鹊起，是在前苏联经历二战后的十年。他和拉斯普京等作家一起，以反思战争创伤为突破口，给前苏联文学打开了一个全新的窗口。就文学成就而言，艾特玛托夫是战后苏联文学的集大成者之一。

一如他一夜成名的离奇经历，艾特玛托夫此后的创作，打下深深的时代烙印。而与国家政治与政党政策的紧密关系，更使他备受瞩目，也备受争议。

在他发表于 1980 年的首部长篇《一日长于百年》的前言中，艾特玛托夫在谈到小说主人公时说，叶吉盖“与他所处的时代有着最密切的联系，他的本质恰恰在于他是时代的产儿”，因此他的遭遇“集中了时代的特征”，而构成小说另一条主线的“科幻情节”，艾特玛托夫虚构科学幻想故事的意图，也不过是在“合作”“共处”的外衣下，配合苏联霸权主义的外交路线。

此后六年，他推出三卷集长篇《断头台》，出版伊始就招致文学界的激烈批评，然而就在《断头台》面临被评论界拒绝的危险时，前苏联总统戈尔巴乔夫以最高领导人的身份为他投了赞成票，随即该长篇风靡苏联，究其实，戈尔巴乔夫支持《断头台》的主要原因就在于小说表现了他的“新思维”。戈尔巴乔夫成为苏联首任总统后，邀请艾特玛托夫加入由 12 人组成的总统委员会，不久他又任命艾特玛托夫出任驻外大使。或许正是有鉴于此，质疑艾特玛托夫作品价值的评论家大有人在。

时代变迁对艾特玛托夫创作的影响是显而易见的。随着苏联的解体，他遭遇了创作危机。1993 年 1 月 13 日，艾特玛托夫在俄罗斯《文学报》发表了《致一位青年作家的信》，他在信中透露了困扰他思虑和久未发表作品的原因。他认为祖国的“文学正经历着痛苦、破灭和新偶像出台的时期”，“过去的文学被活埋在历史的大坑里了”，“人们的心态变得如此复杂与冷酷，以至于过去那种幼稚的善恶哲学对他们已毫无影响”。

于 20 世纪 80 年代末，和艾特玛托夫成为朋友的原《世界文学》主编、翻译家高莽回忆说，艾特玛托夫承认，文学发生如此的蜕变，他没有做好足够的准备。但他将努力发现和开辟自己的道路。“这是一件痛苦的事，需要很多时间适应。”但不知出于什么原因，艾特玛托夫似乎没有给自己留出适应的时间。他此后出任驻外使节，把更多精力投入到了政治活动中。

斯韦特兰娜·阿列克谢耶维奇：

她把非虚构写作提升到了一个新的高度

2015年诺贝尔文学奖得主，白俄罗斯作家斯维特兰娜·阿列克谢耶维奇被称为一位“非凡的”作家。她的“非凡”不仅在于，在诺贝尔文学奖的历史中，她是唯一以全职记者身份获奖的作家，也是继哲学家伯格森、数理逻辑学家罗素、历史学家蒙森、英国前首相丘吉尔之后极少数凭非虚构写作获奖的作家之一，而且距1953年丘吉尔以《第二次世界大战回忆录》获奖已过去了半个多世纪，她的获奖将非虚构写作重新拉回人们关注的视野。

她的“非凡”还在于，她把非虚构写作提升到了一个新的高度。在写出第一本“太像记者写的”书《那时我正要离开村庄》，并被禁止出版后，阿列克谢耶维奇找到了一种完全属于自己的文学风格：她做采访，然后以文学手法将采访记录升华，从而形成了一种独特的文学体裁——文献性的“口述史”。也正因为此，她的写作恰如瑞典文学院给她的授奖词中所说：“以多样化的书写方式，记录我们这个时代的苦难和勇气，成为不朽的纪念。”

2016 年 8 月，阿列克谢耶维奇访问上海。在上海书展国际文学周上，她如是说到她和前苏联，还有当下俄罗斯当局者之间的矛盾：“他们喜欢神话，我正好要拆解神话。”无可疑义的是，30 多年来，阿列克谢耶维奇一直致力于为见证前苏联冲突和苦难的幸存者写作。而在首次出版于 2013 年的《二手时间》里，她用口述采访的形式，记录下苏联解体后 1991 年到 2012 年间普通人的生活。在这二十年间的转型时期，俄罗斯社会并不像外界看到的那般光鲜亮丽，反而在普通人的眼中，他们的生活因各种冲突而变得支离破碎。

关键词一：真实

以一般的理解，非虚构写作就是写生活的真实。但生活诚如评论家李敬泽所说，并不是先在地拥有比虚构或小说更多的“真实”，“真实”永远涉及人对世界的认识和判断，而这个认识、这个判断本身，就存在纷繁的矛盾和分歧，这使“真实”变成了一个极具难度的目标。因此，真实是更需要人的身体和头脑全力以赴的斗争。也因为此，“如何讲述真实”成了非虚构的核心问题。

某种意义上，阿列克谢耶维奇是以反“真实”的书写来抵达真实的。她曾说：“我越是深入地研究文献，就越是深信文献并不存在。没有与现实相等的纯粹的文献。”这是因为很多文献里，记下的都是官方所定义的真实，而亲历大事件的小人物的带血的真实，却往往是被轻易隐去的，然而真实也未必是亲历者所能接受的。1989 年，她写苏联对阿富汗发动的战争的《锌皮娃娃兵》出版后，一些阵亡士兵的母亲们，无法接受自己的孩子参与了一场残暴而无意义的战争的事实，一次次把她告上法庭，甚至声称不需要她笔下的真实，她们有自己的真实。毕竟有太多人习惯从自己的视角看待问题，不愿面对所谓的真相。

对此，阿列克谢耶维奇有非常清醒的认识。她说：“有时候，我们对于自己的过去感到愧疚，我们拒绝相信有些事情真实的发生过。”虽然理解这种感情，但她依然执着于还原历史的真相。“或许艺术并不都是真实的，但在我的故事里，谎言绝无立足之地。”她真实的“还原”，使得她的作品里“每一页都是奇异而残忍的故事”，也使得她的这种非虚构作品，在很多人看来，比虚构的文学更让人觉得不现实、荒谬和非常态，更让人觉得难以置信。

为了这般还原历史真相的写作，阿列克谢耶维奇一般都会采用不同的方法去找采访对象。在《二手时间》里，她的想法是寻找每一个可以找的普通人，通过每次四个多小时的交谈，用录音机录下交谈过程，回去再进行整理。而在她感到采访对象讲述的问题非常重要时，她会连续很多天天去找他。“当我在写书的时候，我的家就变成了仓库，堆满写书的材料。”而她正是从材料出发，处理纪实文学写作中必然会碰到的真实性和戏剧性的冲突，以此求得历史的真相。

阿列克谢耶维奇写下的这些让人难以置信的真实，给她带来了不小的麻烦。她完成于1983年的第一部作品《战争中没有女性》整整两年后才得以发行，原因是她被指控“反苏联”，在当时，这样的罪名很有可能给她带来极其严重的后果。她也因此丢掉了自己的工作，她工作的杂志社认为她的想法如同外星人一样奇怪。因为独立报道和批判风格，她的新闻活动曾受到政府限制。1992年，她在政治法庭接受审判，后因国际人权组织的抗议而中止。她还曾被指控为中情局工作，电话遭窃听，不能公开露面。2000年，她受到国际避难城市联盟的协助迁居法国巴黎，直到2011年才回到白俄罗斯明斯克。

面对这些噩梦般的经历，阿列克谢耶维奇从未表现出恐惧，依然坚持还原最真实的历史。从这个意义上说，她的得奖，与其说是像

《纽约客》评价的那样为“纪实文学的胜利”，不如说是真实的胜利。而阿列克谢耶维奇写书写真实，从来不是为了激起仇恨和报复，她说，她希望人们在了解历史的真相后依然能对世界充满爱，毕竟是爱将我们带到了这个世界上。

关键词二：个体

所谓“文学是人学”，文学自然是写人的文学，非虚构写作同样如此。但写人并不意味着就是写独立的生命个体。事实上，很多“人”都在“集体”“爱国”“自由”等宏大命题的遮蔽下，失去了独立个体的意义。

从《战争中没有女性》开始，阿列克谢耶维奇就与官方意识形态保持了距离。尽管这部作品关注了默默受苦的女性群体本身，已经表现了战争的残酷，但她还是觉得与苏联军事文学的正统走得太近，似乎书里一切的苦难因为卫国战争的胜利都具有了意义。直到写出《锌皮娃娃兵》，她才觉得自己的写作成熟了。因为，在男性的战争文学叙事中，英雄主义、自我牺牲和浪漫情怀占据了大部分的篇幅，所谓战争的残酷，也只是很多主流价值的作料，而《锌皮娃娃兵》通过对最真实的生命，包括人的脆弱的书写，完全展现了战争的荒诞与无意义。

确乎如此，阿列克谢耶维奇一直以来更为重视普通人身上的历史。她写发生在普通人身上的故事的时候，也从不认为他们是“小人物”。“我们都是普通人，每个人都有机会，都有自己的发展方向。”她曾思考：为什么我们有古拉格，为什么我们的痛苦换不来自由，为什么我们不能建设一个理想的社会主义？恰好正是普通人在讲述他们经历的时候，她知道了一些答案。因为这样，她觉得自己的纪实文学题材的真实性，是经过数百人的手写的，并非是她一个人完成。

但阿列克谢耶维奇在写作上付出的辛劳，是普通人所难以想象的。以她出版于1997年的《切尔诺贝利的回忆：核灾难口述史》为例，仅仅是采访，她就用了整整三年时间，她采访了切尔诺贝利核电站反应堆爆炸的幸存者，包括第一批到达灾难现场的摄影师、医生、当时的政府官员、被迫撤离的人等等。而她使用的方法近乎笨拙而简单，她所做的就是等待，“然后持之以恒地记录，直到她的眼睛与耳朵协调一致，直到有故事的那些人想好了怎么讲述他们的经历，然后她才会将他们的故事变成我们的。”

为了保持记录的原始性，阿列克谢耶维奇的写作还秉承了极简主义的风格。《锌皮娃娃兵》里通篇没有中心人物，没有结构，标题都是类似“一位母亲的话”“一位司机的话”“一位中士侦察兵的话”这种格式。而她的不同寻常之处，也正在于她在书里通过将无数个体的声音精心编排在一起，让我们对二战、阿富汗战争、切尔诺贝利事故等重大事件，乃至苏联与后苏联时代有了更深刻的认识。

有必要指出的是，阿列克谢耶维奇显然也继承了俄罗斯文学的传统。她坦言，俄罗斯的文学家、哲学家都影响了她的世界观和看问题的角度。她十分崇敬古典作家托尔斯泰和陀思妥耶夫斯基，还有写集中营题材的沙拉莫夫。“如果没有对以前的俄罗斯文学的吸收、体验，我可能不会写她之前写的东西。

因为不屈服的写作，阿列克谢耶维奇获诺奖后，也被认为是索尔仁尼琴的继承者，小索尔仁尼琴。对于这个比较，阿列克谢耶维奇笑着说：“如果我不谦虚的话，我会说，是的。但我很谦虚，很诚实，我就做好自己的小事。”而诺奖至于她的一个重要意义在于，她得到的奖金能让她获得自由，她也确实收获了这样一份自由：成立一个俱乐部，用奖金去资助年轻作家写作，并希望全世界的人都能帮助他们。她的这一做法，是为了帮助解决俄罗斯的诸多文化问题。

就她个人而言，她将继续她的写作。在关于“爱”与“两性”的新作中，阿列克谢耶维奇强调生活和家庭的价值，强调男性和女性也都在讲述各自的“爱”。而在另外一本关于老年的书中，她试图寻找俄罗斯和白俄罗斯的人们在逐渐老去中失去的东西，以及揭示老人们很快就要消失在黑暗和土地之中的事实。阿列克谢耶维奇说：“俄罗斯的问题是急于向过去告别，但对未来没有清醒的认识。一个人要没有未来，很快会变得焦躁。最主要的是，就会没有对生活的希望。”

关键词三：情感

与很多非虚构写作一样，阿列克谢耶维奇的作品给人以冷静客观的面貌。曾有人问她，她何以能顶住普通人心理无法承受的压力写出这些作品，她回答：“我是独自行进的，我完全是属于另一个时代的人。”简言之，她仿佛来自另一个时代，冷静客观地记录着这个时代的声音。不同的是，通过记录这些声音，她就像瑞典皇家学院常务秘书萨拉·丹尼尔斯描述的那样，给我们展现了情感的历史和心灵的历史。

的确，阿列克谢耶维奇波澜不惊的记录下面，隐藏着普通人最为真实的情感，而这种情感是需要时间沉淀的。这就可以理解，她为何总是在大事件发生过一段时间后才开始写作，比如《战争中没有女性》写于卫国战争胜利后 40 年，《切尔诺贝利的回忆：核灾难口述史》写于惨剧发生 15 年后。因为她不只记录时间和事实的枯燥历史，而是要写一部人类情感的历史，记下在经历历史时人们的想法、理解和记忆。对于阿列克谢耶维奇来说，没有记忆的人，只能产生恶。

而对于人性的恶，阿列克谢耶维奇现身说法道：斯大林时期，一个妇女被逮捕后，她对邻居说请照顾我女儿。过了 17 年，这位妇女回家后，她的女儿已经称她邻居为“妈妈”了。后来，档案解密，这位妇女得知原来当年举报她的人竟然是她邻居。这一切让她无法相信，于是最后选择了自杀。借这个故事，阿列克谢耶维奇表示，“恶”无处不在、无时不在，而她也会从文学、艺术角度去思考人们对邪恶现象的抗拒。

正是通过对普通人情感的探究，阿列克谢耶维奇触动了人的内心深处，而她记录的特殊处境里人们的情感，也有着复杂多样的面貌。在她写的《二手时代》里，她书写的对象不再限于局部战争和核电站，而是扩大到了苏联解体之后的俄罗斯。相比于她之前的创作，读者可以明显地感觉到受访人在心态上的不同。他们不再悲痛，却流露出冷漠、虚无和失望的情绪。大部分人的讲述都遵循“过去……现在……”的结构，对这段历史和自己的国家怀着爱恨交加的情感。阿列克谢耶维奇更多让受访者倾诉内心感受，却不掺杂她作为一个作者的主观的分析。

由此她创作的作品，正如有评论指出的，作为作家的她，其存在感是较弱的。虽然她以一己之力，披露了被官方隐瞒的大量事实，但人们记住了事实，就很可能会忘了她。而有朝一日档案公开，战争与核泄漏的真相进入常识领域，还有多少人会为了“文学之美”去读她的书？但可以肯定的是，阿列克谢耶维奇着力“记录”的人类的情感，却会为她的作品赢得更为久远的回响。

君特·格拉斯：他打破禁忌，留给了世界一个不屈服的背影

对于1999年度诺贝尔文学奖得主、德国作家君特·格拉斯，有人做过这样的表述："全世界都在读他的书，唯独在德国，他受到敌视。"的确，在自己的祖国，格拉斯总是能够掀起激烈的争论，他的每一部作品都是毁誉参半，成为德国各种文化矛盾和政治势力交锋的话题。

2015年4月13日，87岁高龄的格拉斯于德国小城吕贝克的一家医院去世，他又一次成为德国乃至全世界关注的"话题"。而这一次，即使对他有过尖锐批评的德国媒体，亦是发表长文悼念。德国之声在文章中表示，"格拉斯一生打破禁忌。他的逝世令德国失去了一位斗士和最有影响力的声音之一。他将作为一位不屈服的作家留在人们的记忆中：他的积极参与、反抗精神以及自身的争议都对当今德国产生了影响。"

德国外交部长斯泰因迈尔表示"非常悲痛"。德国社民党主席加

布里尔说："我们失去了一名伟大的作家，失去了一名为民主和和平而奋斗的战士。"许多德国网民在新闻网站留言，称"德国又失去一名伟大的时代先锋"，希望"君特·格拉斯安详入眠"。

1

这一看似悖谬的现象，很大程度上源于格拉斯发表于2006年的自传《剥洋葱》。尽管作为德国左翼知识分子阵营的旗帜性人物，他此前就曾因发表反对1990年德国的统一，还形容民主德国的"合并"是联邦德国的殖民行为等言论，一再刺激德国知识界和民众敏感的神经。

在《剥洋葱》里，格拉斯透露自己曾在青年时代为纳粹党卫队效力，招致文学界、评论界、史学界和政坛人士强烈批评，一时成为知识界的众矢之的。一些评论称，"道德法官"竟是"纳粹帮凶"，"格拉斯无疑是个伪君子。"

为此，格拉斯不得不为此做出声明。当时刚刚过了80岁生日的格拉斯表示，正如其在自传中所说，他只是向军方提交了服役书，但最终加入党卫军并非出于个人意愿。声明中，格拉斯说："15岁的时候，我自愿加入国防军。事实上，我希望服役于潜艇部队或者坦克部队。""但最后我被招募进党卫军并非出于我的积极加入，只是在1944年秋天，我收到来自党卫军的一纸服役书。""常被忽略的一点非常清楚和简单：我不是自愿加入党卫军的。"

但格拉斯并没有因此推卸责任。在小说《铁皮鼓》中，从3岁之后就不愿长大的奥斯卡说道："我只是一个孩子，我不能为我所做的一切承担责任。"而格拉斯则以自己的生活与创作提醒人们担当责任，"切不可以为把所有的罪恶推给希特勒一个人就万事大吉。"

在接受德国著名节目主持人乌利希·魏克特的采访时，格拉斯反省道：自己参加党卫队，虽然没有做出有据可查的犯罪行为，但要是再年长二至三岁的话，他也完全有可能会陷入犯罪泥潭。“没有人敢保证自己会不参加进去，至少我不敢保证我自己。”

2

格拉斯的忏悔无疑是真诚的，但他时隔60多年后才说出真相，诚如作家沃尔特·科波夫斯基所质疑，这样的忏悔是不是来得“有点晚了”。有人甚至心存怀疑：他的忏悔，是不是在为自己“刷油漆”？

以德语文学研究专家孟钟捷的理解，格拉斯之所以不谈自己16岁时那段不光彩的经历，反过来反映了他作为个体的一种道德选择，即加入党卫军是一种耻辱，进而也反映了德国社会在看待纳粹历史时的坚定立场。“无数个如格拉斯那样战时有过糊涂之举而战后清醒认识到纳粹过去之恶的人，或许都曾对自己的历史讳莫若深，而对外却无比勇敢地站出来反省民族问题。尽管今天的人们可以指责他们掩盖了个体的罪恶，但他们此举又何尝不是一种带血的补偿呢？”

极而言之，很可能是青年时期这段经历，促使格拉斯对德国纳粹罪行进行彻底的反思。在为其自传所做的声明中，格拉斯还补充表示：“我知道那是耻辱，我也把它视为耻辱，60年来一直如此，并力图修得善果。它定义了我后来作为作家和公民的行为方式。”

1927年10月16日，格拉斯出生在现今波兰境内的格但斯克，那个地方又叫做但泽。有一段时间，由于犹太人的关系，德国人是被禁止前往当地的。日后在与萨尔曼·拉什迪交流时，格拉斯把但泽称之为“一个失去的故乡”。“我俩一致认定，但泽属于一种遗失的东西，因此要求一种‘占有性’的写作，因为文学的魅力就在于，可以通过作家的笔触，将已经消失的东西描摹得栩栩如生。”

经历过一段不长不短的“学徒期”后，1955 年，格拉斯以诗歌初涉文坛，他的《睡梦中的百合》在南德广播电台举办的诗歌竞赛中获得了三等奖。与此同时，格拉斯开始创作剧本。此后，格拉斯才开始长篇小说创作之旅。1959 年，格拉斯出版《铁皮鼓》，一举奠定了他在战后德国文坛的地位。《铁皮鼓》之于世界文学特别是德语文学的重要性，还可以从德国《时代报》做的一份“我们的经典”评选结果中可见一斑。共有 5 万名读者投票参与的该评选中，排在第一位的就是《铁皮鼓》，紧随其后的才是歌德的《浮士德》。而小说被拍成同名电影，更使其获得了全球性影响。

此后，格拉斯一鼓作气，接连出版了长篇小说《猫与鼠》(1961) 和《狗年月》(1963)，他将这三部虽然在内容和故事情节上各自完全独立、但故事都发生在但泽的小说，命名为自己的“但泽三部曲”。三部曲的着眼点，都在清算二战期间德国纳粹给世界人民和德国自身带来的伤害。这在格拉斯此后创作的《比目鱼》(1977)、《相聚在特尔各特》(1979)、《母鼠》(1986)、《铃蟾的叫声》(1992)、《辽阔的原野》(1995) 和《我的世纪》(1999) 等作品中一以贯之。

可以说，在格拉斯的身上，20 世纪德国的命运已经变成了他必须去面对和清理的时代命运，也是他自身的命运。在这一点上，他丝毫不给德意志民族留情面。1991 年，格拉斯接受《巴黎评论》采访，谈及自己对德国纳粹历史的持续关注。他说：“如果我是瑞典或瑞士作家，我可能会更加过分地胡搞，写几个笑话等等，但因为我是德国人，我不能这么做，我没有其他选择。”

3

因为是德国作家，格拉斯也别无选择地继承了德国文学的叙事传统。他的《铁皮鼓》假借 17 世纪德国作家格里美尔豪森的《痴儿西木历险记》的形式，在内里却充满了现代主义小说的荒诞感、黑色幽默和社会批判意识。

事实上，格拉斯的小说都有着黑色幽默和嬉闹夸张的特点，他经常以动物作为一本书的核心象征和意象来结构小说，比如：比目鱼、癞蛤蟆、猫、老鼠、狗、蜗牛、螃蟹等等，用以强调和比喻德国 20 世纪被遗忘和忽略的历史情境。

正是基于拒绝遗忘，格拉斯自创了一种将“往昔”“现今”“未来”合三为一的词“昔今未”。这代表了他的历史观，即过去不会就这样过去，吸取历史教训是为了悲剧不再重演。与此相应，他小说中的主人公也从来不是所谓“历史的创造与主宰者”，而是必须“承受与遭遇历史”的小人物，他要“从下往上来看历史”。换言之，在格拉斯看来，文学的职责与功能恰恰在于，记住这些所谓“历史的代价与牺牲品”，让历史的伤口永远保持新鲜。

或许，在格拉斯眼里，写作即是对试图冲淡一切的、不断流逝的时间的反抗。他这样理解特奥多·阿多诺“在奥斯威辛之后，写诗是野蛮的”的禁令。他说：“我们仍然在写作。我们靠心中的承担来写作。唯一的路径是我们可以绕着这句禁令走。无人有保持沉默的欲望和能力。引导迷路的德国走上正道，引导它从田园诗中，从迷茫的情感和思想中走出来，这就是我们的责任。”

马里奥·巴尔加斯·略萨：
不是为生活而写作，而是活着为了写作

与其他诺贝尔文学奖得主一样，头顶这一光环，必然引来世人瞩目。马里奥·巴尔加斯·略萨于 2011 年 6 月 12 日抵达中国，在为期九天的访华日程里，公开露面只有两天时间，所到之处都受到了明星般的礼遇。

6 月 14 日、17 日上午，他分别在上海外国语大学和中国社会科学院，做了相同内容的题为“一个作家的证词”的演讲，在众人灼热的目光“审视”中，为自己心中的文学做着“证词”。14 日下午，他在上海戏剧学院新空间剧场，参加“阅读的赞颂——略萨作品朗读会暨文学交流会”，现场朗读了他本人最喜欢的作品《酒吧长谈》片段，并与作家叶兆言、孙甘露及读者对谈、交流。

17 日下午，他应邀赴北京塞万提斯学院参加一年一度的“西语日”，与中国的西语爱好者见面，并为“19216 公里”故事大赛得主颁奖。主办方透露说，尽管公开与媒体、读者见面的时间，只占其访华日程的一小部分，略萨还是觉得安排了太多活动，这让他感到有些“盛情难却”。

1

略萨来访引起的反响是不言而喻的。他曾说，从没想到自己写的故事能到达遥远的中国，而事实上，现在不仅到达了，还引发了狂热追捧，就连众多作家都为能一睹其风采而激动不已：在上海，被主办方安排跟略萨对话的叶兆言称自己“上台后大脑就一直处于空白状态”，并笑称把准备好的提问和发言遗失在了来上海的火车上；王安忆则临时更改了自己的出访行程，安静地坐在台下聆听略萨朗诵作品。在北京，莫言、刘震云、阎连科等作家及西语文学翻译家、学者，在与其交流后，纷纷要求签名留念。而中外文化记者伺机而动苦求专访，出版商则仗着这枚“大牌”开始了奇货可居式的挑挑拣拣；更有众多粉丝托关系求入场券，甚至苦守在略萨的车旁淋雨三四个小时要签名求合影……

这不免让人联想起略萨十五年前的首次访华。那时的一些印象，只散落在少数几位和他见过面的西语译者的记录里，更多的细节至今仍不为外界所知，因为他坚持“以一个纯粹的旅游观光者的身份，来细细品味中国古老文明的风情韵致”。当然，即使以到访的外国作家身份出现，略萨也未必会引起中国读者的强烈兴趣。直至成为诺奖得主之前，他的作品除了影响小部分作家创作之外，在中国图书市场上一直没什么销路。于 2009 年 8 月引进出版了略萨四部作品的上海译文出版社甚至爆料说，他们之所以出版略萨，起初是不得已而为之，本来是想谈马尔克斯《百年孤独》版权的，但对方的代理人说要先出略萨之后再谈，“作为条件，略萨被签下，一下四本……出门前，代理还追问是不是可以再出略萨新书……”

事实上，早在20世纪60年代，略萨就和马尔克斯等作家一起，被视为当今世界文坛硕果仅存的文学大师之一。1967年冬，略萨和马尔克斯第一次见面以后就结下了深厚友谊。有段时间他们都住在西班牙巴塞罗那，两家人交往甚密，马尔克斯甚至是略萨二儿子的教父。不过1976年，两人在墨西哥电影院里动了拳头，此后便分道扬镳，其政治分歧尤其明显：马尔克斯向左走，一直都是卡斯特罗的好友；略萨向右走，一度作为右翼势力的候选人参选秘鲁总统。

对于这次不堪回首的“肢体冲突”，两人此后都讳莫如深，马尔克斯更绝——为了不说出实情，一直不出回忆录第二卷！他说：“如果我写第二卷，就要说出某些我不想说的、很不好的私人交往。”好在此事发生三十年后，他们共同的好友摩亚以《鼻青眼肿的可怕故事》为题详述了当时的情景，世人借此得以一窥个中情状。摩亚说：“那天，拉美各国艺术家和文学家在电影院参加电影研讨会。之后，马尔克斯向略萨奔去，刚喊出‘马里奥’，一记重拳狠狠打在他脸上，略萨怒骂：‘你对我老婆做了些啥，有脸跑来向我问好?!’”

此番略萨访华，同样避而不谈与马尔克斯之间的恩怨。但他并不讳言对《百年孤独》充满个人趣味的溢美。“那是马尔克斯的一个转变，在整个世界都引起了反响。这在现代小说中是非常特殊的一个现象，因为各种各样的读者都喜欢读它。很显然，马尔克斯让全世界看到了拉丁美洲的文学。”

当然略萨获奖，也让世界再次聚焦拉美文学。他的生活也因此发生了很大的变化。“大家觉得我可能要受到称赞，但我变成受难者了。很多人特别是新闻界根本没有休止地要来采访你，不让你安静地生活，不让你好好地工作，有些问题我不想回答，可你还是不得不应对。有时候真想逃到岛上去生活，在没有记者的地方生活。”尽管略萨一再抱怨获奖剥夺了作家的隐私，但他还是坦承：“它给你带来的好处是，让你被世界知道，作品被翻译成更多语言，这对一个作家来说非常重要。”

显然，获奖并没有让这位已届75高龄的大作家“迷失”。他谦逊地表示，希望历史能证明，诺贝尔文学奖评委会颁给他奖没有搞错。在他看来，诺贝尔文学奖，跟其他奖项一样，评委会也会有搞错的时候。“有的作家比如海明威等都是众望所归，但也有一些作家与这个奖项根本不相匹配。第一个文学奖获得者是法国作家，你肯定不会看他的作品，我觉得也不值得读。那个人叫苏利·普吕多姆。当时和他竞争的是列夫·托尔斯泰，但组委会却把奖给了他而不是托尔斯泰。其实，很多人完全是应该得这个奖的，比如博尔赫斯，但他没得。托尔斯泰没拿奖，博尔赫斯也没得奖，现在给我奖了，我确实觉得有点难为情。”

略萨的谦逊让人动容。这并不影响他毫不避讳地说出自己对文学和写作的很多看法。在他看来，写作就福楼拜所说，是一种生活方式。“作家不是为了谋生而写作，而是为了写作而生活。如果有人能以此谋生当然更好，但是通常来说，作家本身的创作欲望就是他活着的一种体现。”略萨直言，一个作家如果总是被人夸赞、有奖金、有政府补贴的话，会很危险。“因为他的创造性就会丧失。碰到困难的时候，你必须战胜困难，这些困难的存在是有好处的，能使创作的精神发挥出来，这是非常好的、强大的力量。精彩杰出的作品都是从困难中诞生的。”

2

确如其言，略萨的一些好作品，正是从困难中诞生的。1958年秋，在西班牙马德里梅嫩德斯·佩拉约大街上一家名叫“小蜗牛”的酒馆里，略萨开始写作《城市与狗》。其时他年仅22岁，已经结了婚，生活的重负几乎压得他喘不过气来，为了生计他有时不得不兼做几项工作。尽管此前他已写了一些作品，中篇小说《挑战》还获《法兰西杂志》组织的秘鲁短篇小说比赛奖，为此还得到了到巴黎旅游15天的奖励。不过，此时文学对他来说还只是一种业余爱好，照他的话说，虽然他“把文学看得比世界上的任何东西都重要，但从未想到过有一天会成为作家”。

作品完成的时间是1961年冬，地点在巴黎的一处顶楼里。出版的过程并不顺利。手稿像鬼魂一样从一家出版社转到另一家出版社。最后，在友人的帮助下，在巴塞罗那诗人卡洛斯·巴拉尔领导下的塞依斯·巴拉尔出版社出版。小说引起的反响是始料未及的。秘鲁政府在军界的压力下，宣布该书“亵渎了伟大的军队和爱国主义感情”，应该焚烧。军队特别在故事背景发生地布拉多士官学校举行焚烧仪式，并且对略萨口诛笔伐。但出乎秘鲁政府预料的是，焚烧反而成为加快该书传播速度的一个动力。《城市与狗》迅速被译成二十多种文字在世界各地出版流传，给年轻作家带来了广泛的国际声誉。1962年完成，出版后立刻轰动西语世界，当年就获得了西班牙“简明丛书”文学奖，且迅速被译成二十多种文字在世界各地出版流传。

自此，略萨觉得自己从穿短裤时即怀有的“将来要当作家”的梦想，已然变成现实。但那时他多半没有想到，正是这部小说与《阿尔特米奥·克罗斯之死》《跳房子》和《百年孤独》一起将拉丁美洲文学带进爆炸时代，他也因此与后三部小说的作者卡洛斯·富恩特斯、胡利奥·科塔萨尔、加西亚·马尔克斯并称为爆炸文学的四大主将。此后，略萨便不断以他非凡的想象力和新颖的叙事技巧使全世界读者着迷。正如《波士顿环球报》指出的，他的包括长篇小说、短篇小说、剧作、随笔和报刊文章等在内的众多作品已经为他确立了在当代伟大作家中的地位。

多年以后，在接受记者采访时，略萨曾说，写作是我的生活方式，是我觉得更好、更能保护自己抵御不幸困扰的方式。在流传甚广的《给一个青年小说家的信》中，他同样援引福楼拜的话：写作是一种生活方式。换句话说，谁把这个美好而耗费精力的才能掌握在手，他就不是为生活而写作，而是活着为了写作。

此话信然。早在长篇处女作《城市与狗》中，他便以小说中的主人公阿尔贝托自况，给自己画了这样一幅自画像。阿尔贝托，为人不卑不亢，不欺负弱小，也不容强者欺负。在捍卫尊严和个人合法权利方面，他绝对不放弃斗争。他时而生活在社会上层，时而与来自社会底层的黑人、混血种族学员住在同一宿舍；他既看到了上层社会的伪善、欺诈和糜烂的生活，也了解了贫苦阶层的悲惨处境。这两个极端他都不能接受，因此宁肯躲进文学天地，去抵挡“城市”喧嚣和“狗”们的狂吠；因为文学为个人的反抗提供了武器，也提供了施展的空间。

凭着这种“不妥协”的写作姿态，在此后的二十多年里，略萨把笔触伸向广泛的社会现实。由5个人的故事“结构”而成的《绿房子》，以妓院“绿房子”的兴衰串联起20世纪20年代以来秘鲁北部长达40年的社会生活史；《潘达雷昂上尉与劳军女郎》一反战争文学的传统模式，写秘鲁某边防上尉潘达雷昂奉密令，招募一些女郎，组成一支劳军队以慰难耐兵营生活的兵士，其中上尉向他的长官报告劳军队的组建和工作情况的几章，完全用公文形式写成，反讽笔调跃然纸上；《世界末日之战》则通过对农民起义首领“劝世者”、封建贵族卡纳卡纳布拉沃爵、欧洲“革命者”加里雷奥·加尔三个主要人物形象的刻画，对拉丁美洲的悲剧历史做了艺术性的思考。

1990年，在参与秘鲁总统大选的角逐中，略萨最终败给另一位总统竞选人藤森。日后，在回忆录《水中鱼》中，他反思道：“现在看来，没能获胜意味着一种精神解脱，可当时真是刺痛了我的心。因为我为此整整苦干了三年。”然而，正是此次败选，让他坚定了对写作的信仰，“作职业政治家得有欲望，而我从来没有过。是的，我对政治感兴趣。我认为它应该使人产生兴趣，我要设法通过我的写作参与政治。”

因为人生经历与创作，都和政治有着紧密的联系。略萨此次访华，也被不可避免问到与之相关的问题。略萨表示，文学与政治的关系是全球作家所面临的问题，文学不应成为政治的宣传工具，作家也不能指着当下的政治题材来生活，但文学创作不能回避政治。在略萨看来，好的文学，使得读者不满足。他觉得世界应该更好。正是因为这种不满足，使得我们要求一个更完整的、更好的、更不同的现实社会。“所以，在任何时代，文学都不是消遣。它是社会文明、特别是人类发展的组成部分，它还需要具备批判精神，能为社会的进步作出贡献。”

3

虽说如此，实际上，在很长一段时间里，略萨似乎放弃了用文学改变“时代和社会”的初衷，转而投入写作惊世骇俗的情爱小说。《继母颂》写一个小学生与自己的继母有染；作为《继母颂》续篇的《情爱笔记》，写与继母有染的孩子最终设法使父亲和继母破镜重圆。取材于他自己亲身经历的《胡利娅姨妈和作家》则写了一位18岁的青年与姨妈恋爱结婚的故事……

正因为略萨笔下的胡利娅姨妈实在太有魅力，孙甘露戏言自己读过这部小说后就一心想成为书中的男主角。而这个男主角差不多可以说就是略萨本人，一个同样很有魅力，很有“范儿”的作家，无怪乎阎连科拿他的外在形象打趣。阎连科笑称，之前有15位美女给他打了电话，让他跟略萨说，世界作家中第一的“老帅哥”就是略萨，请把众人的爱带给他。全场一片大笑，略萨之后也笑着回道，对他的个人形象在中国女性中的反响，他非常激动，也带给中国女性朋友问候。“要是早知道在中国我有这么多女性崇拜者，那我早就到这里来生活了。”

打趣归打趣，略萨并没有停留在情爱的艺术天地“乐不思蜀”。作为一个有着强烈社会责任感的作家，恰如他在谈到自己的记者身份时所言，“我不赞成那种让作家完全封闭在自己的幻想和想象中的主张。我对这类作家敬而远之，我可不想成为那种作家。不！对我来说，文学非常重要，但它应该是一种从经历中吸取营养的东西。我需要至少有一只脚站在街上，站在世界上，站在正在孕育的历史中，所以我一直在写文章，一直在评述当前的大事。”

2000 年，他出版了《公羊的节日》。阔别祖国 35 年的乌拉尼娅回到了故乡多米尼加共和国。35 年前整个多米尼加共和国处于冷血独裁者特鲁希略的统治下，乌拉尼娅的父亲卡布拉尔正是这位独裁者的得力助手。35 年后，卡布拉尔已老，他行动不便更是丧失了语言功能。乌拉尼娅的姑妈不能理解为何乌拉尼娅从不曾探望自己父亲，面对质问，乌拉尼娅缓缓诉说起三十多年前那些美好的回忆，那些政治阴谋，还有那个毁了她一生的秘密……通过乌拉尼娅的见闻，小说再现了拉美最血腥的独裁统治。

时隔三年，略萨又以《天堂在另外那个街角》回到了历史题材。小说取材自法国著名画家保罗·高更及其外祖母——社会活动家弗洛拉·特里斯坦的生活原型。在略萨笔下，这对从未谋面的祖孙观念上几乎水火不容。弗洛拉对残忍和剥削极为敏感，为工人和妇女的权利四处奔走，高更早年过着优越的生活，中年逃避家庭责任，一心从事绘画；弗洛拉有着强烈的勤奋克制的清教徒色彩，高更却狂放不羁、纵情声色；弗洛拉看不起那些逃离社会，跑到天涯海角建立小伊甸园的人，这却是高更与凡高共同的梦想，是他与凡高分手之后生活的重要主题。

然而真正决定祖孙二人命运，让二人迥异的生活经历发出回响的，既不是时代也不是观念，而是他们骨子里那种不安分的性格——对那个不容易亲近的天堂的执着追寻。一个向着平等公正的社会，一个朝着不被现代文明污染的原始伊甸园，两位人物回应着法国诗人兰波的那句话："生活在别处。"也像兰波一样，成为了死在"路上"的追寻者。略萨就这样在对乌托邦思想的描述和探讨中，寄予了自己对文学和现实的关怀和思考。

在略萨看来，如同堂吉诃德挺起长矛刺向风车，文学在某种程度上成了现实生活的替代品，是对生活难以满足的野心的安抚。对现实的怀疑，无疑是构成文学存在的秘密理由。也正是在这个意义上，在文学日渐式微的当下，略萨依然张扬阅读。"通过阅读塞万提斯、莎士比亚、但丁或者托尔斯泰，我们得以互相理解，也正是从他们的作品里，我们学到了人类的共同精神。"虽然如此，略萨同样不无忧虑地警示道，当下社会无孔不入的商业元素，使得文化也被物化、商品化。"这是文化危机的根源所在。"

西蒙娜·德·波伏瓦：
我一生都在用灵魂探索

“女人不是天生的，女人是后天形成的。”当60年前，西蒙娜·德·波伏瓦喊出这句口号的时候，她大概没有想到，这句话几乎颠覆了整个社会对女性的传统价值观，成为一代女权主义运动的标语。这个被法国前总统密特朗冠以“法国和全世界的最杰出作家”之称，一生却笼罩在伴侣萨特阴影下的法国思想家、现代女权主义运动的奠基人，于2008年1月9日迎来了百年诞辰。

颇有戏剧性的是，尽管一生笼罩在萨特的阴影之下，可相比三年前萨特的百年诞辰，此次纪念波伏瓦的热闹程度却有过之无不及。且不说《新观察家》《观点》《快报》《费加罗报》等法国各大媒体唇枪舌剑，吵得不可开交；在学术界，围绕她生平及著作的国际研讨会让学者们马不停蹄；在出版界，以《海狸的战争》为代表的书籍相继出版，各种电影和DVD陆续发行，其中附赠系列DVD的书籍就超过了半打；在建筑界，塞纳河上一座新桥以波伏瓦的名字命名；

在政界，更是有官员将她的名言印上政府新年贺卡……一个伟大女性的百年诞辰，让法国社会再一次集体发热。这似乎从另一个侧面印证了当地一家媒体的评论：这是因为，现在的法国比任何时候都需要巨人。

1

事实上，波伏瓦的影响力在她生前就已经波及了整个世界。1986年4月14日，波伏瓦于巴黎去世，对于她的各种美誉便纷纷而至。而当时的法国共产党总书记马歇的话更让人记忆深刻："波伏瓦远不同意共产党人的所有观点，她同我们的争论是毫不动摇的，但我代表法国全体共产党员向她致意，因为她始终代表着我们社会进步思想发展的一个重要时刻。"

铸就这一"重要时刻"的，无疑是波伏瓦一系列引起广泛社会影响的作品。其中，使她闻名世界的当属被尊为西方妇女"圣经"的《第二性》（1949）。在这本"有史以来讨论妇女的最健全、最理智、最充满智慧"的书中，波伏瓦以涵盖哲学、历史、文学、生物学、古代神话和风俗的文化内容为背景，纵论了从原始社会到现代社会的历史演变中，妇女的处境、地位和权利的实际情况，探讨了女性个体发展史所显示的性别差异。她还用卢梭《忏悔录》式的笔调坦诚率真地自我剖析，将自己作为"一种特殊的女性状态"，在四卷本回忆录中"暴露给世人"。由此，她揭开了妇女文化运动向久远的性别歧视开战的序幕。

让波伏瓦始料不及的是，《第二性》一经出版就迎来众多恶毒狂怒的攻击，而诸如"性冷淡""淫妇""慕雄狂患者""女同性恋者"等恶骂之声更是不绝于耳。有些朋友对此书也表示很不理解：加缪责备波伏瓦使法国男子显得滑稽可笑；梵蒂冈当即宣布《第二性》为禁书；右派认为它败坏道德，左派也对它持批判态度，《行动》杂志登了一篇攻击波伏瓦的文章，配的竟是一个女人同一头猿猴紧紧抱在一起的照片；而由于《第二性》中专有一章谈到流产问题，萨特的《理智之年》、波伏瓦的《他人的血》也有这方面的内容，甚至常有人找到波伏瓦当时所在的《现代》编辑部，或是直接到她家里，索要做人工流产的地址。

当然，除了攻击者外，也有一些为《第二性》辩护的朋友。然而，无论赞同还是反对，这一切都不能阻止波伏瓦将自身作为反传统、追求个体独立的典范，不加粉饰和修改地奉献出来。与众多批评形成鲜明对比的是，这部谈女性的书非常畅销，第一卷出版后头一个星期就卖出了22000册。1952年《第二性》译成英文后，在美国一版再版，成为美国当年最畅销的书籍，后来又被译成各种文字，为波伏瓦赢来了巨大的国际声誉。

与萨特一生的创作相仿，文学同样是波伏瓦阐释其哲学思想的重要载体。长篇处女作《女宾》(1943) 作为一部非同凡响的爱情小说，讲述了一男二女在独特的组合关系下的独特的感情纠葛。小说并非一般意义上的三角恋故事，而是三个男女共同的性爱生活。波伏瓦避开此类主题惯用的心理分析和手法，而向读者展现了存在主义小说的模式，特别提出了“他人”这个存在主义关注的重要问题。

在紧接着《第二性》推出的小说《名士风流》(1954) 中，波伏瓦着力书写了刚刚过去的一个时代，即二战即将结束到结束后不久的那些岁月。在小说中，波伏瓦以遒劲有力的笔触，深刻地展现了二战后法国知识界彷徨歧路、求索奋进的一群众生相。波伏瓦还通过小说主人公迪布勒伊对失败的总结，提出了知识分子在当代社会政治斗争中道路与作用的问题。她通过对同时代精英怀着善良的愿望投身严峻的现实社会，却处处碰壁的事实的揭示，从而对他们所谓的“时代使命”给出了否定的回答。

2

对于波伏瓦的百年诞辰，媒体的关注点一直更多聚焦在她生前备受争议的生活方式上。一些激进的媒体，甚至把波伏瓦描绘为抽烟、酗酒，私生活混乱的形象。然而，不管媒体的此类炒作有怎样的合理性，波伏瓦的个人经历的确比任何文学虚构所能达到的程度更丰富、更复杂、更精彩。诚如萨特所评价的那样：她叙述自己的方式同时也是谈论他人的途径。波伏瓦的作品，因其与她在那个年代的生活和思考的紧密联系，可以说是她个人经历的一种写照。

1933年，在卢昂教书的波伏瓦，认识了比她小九岁的奥尔嘉。她不仅担负起辅导奥尔嘉学业的责任，而且征得其父母同意，在生活上监护奥尔嘉。后来奥尔嘉又通过波伏瓦结识了萨特。他们逐渐形成了一种“三重奏”的关系。这种关系正如波伏瓦在回忆中所说：“今后，我们不再只是一对情侣两个人，我们将成为三人行‘三重奏’。”然而，这种“三重奏”关系只维持了很短时间，就出现了危机，波伏瓦试图借此发展出一种新型的人和人的关系的努力即告失败。这段经历却被写进了《女宾》之中。

《第二性》作为波伏瓦第一部深具国际影响的理论著作，则是她在地狱般的生活磨炼中写成的。正是在这本书的写作期间，萨特在美国邂逅了法国女人多洛莱斯，两人陷入情网，在巴黎共度良宵。当时波伏瓦在美国忍受着心灵的孤独，这时她认识了美国作家纳尔逊·阿尔格伦，这个男人给寂寞的波伏瓦带来了快乐。然而，在波伏瓦想回巴黎的时候，萨特却让她住在巴黎郊区，因为多洛莱斯和他难舍难分。这时，波伏瓦在享受自己的“自由”时，感觉到自己是个“被虐者”。“突然之间，我发现自己就是一块石头，钢刀正不停地劈在石头上，啊，这就是地狱。”

由此，她从自己的问题引发开去，联系到了女性身上普遍性的情况：父亲对母亲的不忠给母亲带来了一生的痛苦；十多年来那些她遇到的女性，无一在传统的婚姻生活中享受到真正的幸福；而她自己庆幸找到了自己的终身伴侣——萨特，她在接受萨特在外面寻花问柳的同时，还得忍受社会的种种非议。正是这些让她明白，在这个社会中，女性属于从属地位，受到男性的歧视和社会的束缚，妇女根本没有独立可言。正是这些思考，让她萌发写作《第二性》的想法，以此来唤醒女性。

二战前后发生在《名士风流》中那些“风流名士”身上的故事，同样取材于波伏瓦自身的经历。波伏瓦立意要写的就是法国战后左派知识分子群的生活，而她与萨特正是这样一个知识分子群的中心。于是，在她这部小说里，萨特与她以及他们周围的一些知识分子的影子就不可避免地要不时闪现。在小说主人公迪布勒伊身上，我们可以看到不少萨特的成分；至于安娜，则明显地凝聚了波伏瓦自己的心理感受，安娜与美国作家刘易斯的爱情故事，则很显然就是波伏瓦从1947年到1950年与阿尔格伦之恋的翻版。

3

“我所希望的一切都没有改变。”1976年，《第二性》发表25年后，波伏瓦在接受媒体采访时曾作如此表示。如其哲学思想所历经的波折，她一生的经历和创作都充满了悖谬色彩。从21岁结识萨特到死后与其合葬一穴，他们之间的故事可谓是伴随法国存在主义思潮的绝佳配料。他们并不同住，也允许对方有情人，唯一的条件是必须保持绝对的坦诚，要毫无保留地跟对方坦白发生过的所有细节。然而悖谬的是，萨特去世以后，波伏瓦却再也没有可能进入萨特生活过的房间，就连拿自己的私人用品也不被允许。因为萨特生前把自己的文学遗产全部交由养女继承。波伏瓦面对的不仅是遗产的争夺（尽管她不在乎这些），更是一种男权的威慑。

尽管作为女权主义理论的奠基者，波伏瓦理所应当受到女权主义者的拥戴，但事实却并非如此。在接受媒体采访时，1968 年 5 月运动后建立妇女解放组织的安托瓦奈特·富克毫不掩饰自己对女权主义的失望。“人们把她供奉起来，就像供奉一头神牛。他们站在她身边，像卡扎菲身边那些女保镖一样满怀警惕。”她进一步说，“如果说女权主义就像波伏瓦那样追求像一个男人，那我绝对不是女权主义者。”

在记者娜塔莎·普洛尼看来，现在与波伏瓦所说的时代已经不同，女性已经完全可以控制生育与否，这不再是不平等根源。“女性与其再把目光聚焦在已经失去意义的堕胎权上，不如去努力寻求政治和职业权利的再分配。”社会学家爱莲娜·泰瑞则认为：“对波伏瓦来说，家庭是压抑的，但今天的女性却想当妈妈。”另一个变化是，“对于今天的夫妻来说，最大的危机是离异频繁。而在 20 世纪 50 年代恰恰相反，他们面临的难题无论如何都不能离异。”

时至今日，即使波伏瓦思想的忠实追随者，也不能不承认一个事实，在大多数人眼里，波伏瓦及萨特所张扬的，不过是一种无法企及的生活方式、一种标志、一种符号而已。如今文学家、艺术家、社会学家、女权主义者在谈论她，同性恋者在谈论她，而她在政客们的话语中出现的频率也越来越高，这些其实并不能充分证明波伏瓦思想的威力，或许更在于人们感叹于当下的无力，才纷纷扬起过去的大旗。

然而正如有论者所指出：且不说诸如“没有家庭的女人是不完整的”“没有做过母亲的女人是不完整的”之类男权中心主义的思想观念，在当今社会依然根深蒂固，印证着波伏瓦思想的深刻洞见。至少就波伏瓦而言，她用终身未婚，终身未孕证明了“女性不是只能成为妻子和母亲”。

而对今日那些或因精神独立，或因情感洁癖，或因不愿妥协，或因其他种种主动或被动地，让单身成为自身存在状态的少数女性群体来说——波伏瓦是一种力量，也让她们相信：只要有“自我”在，那么，一切“应该”都可以不在。或许正是在这个意义上，法国作家奥雷利·费利佩蒂说：“波伏瓦是性感耀眼的明证。对我们这一代来说，她依然指引着方向。”

苏珊·桑塔格：
让我们一起悼念，但不要一起愚蠢

1

“苏珊·桑塔格坐在主席台上，被记者的各种问题围追堵截，从科索沃战争到全球化问题。她刚下飞机，看起来一点儿倦意都没有，词锋犀利，得理不让人。”在《卡夫卡的布拉格》一文中，诗人北岛写到这位颇具英雄传奇色彩的女作家给他留下的深刻印象时，曾做如此描述。尽管只是寥寥数语，却传神地凸显出桑塔格好争善辩的性格特点。

当然，桑塔格远不止此。自她成名以来，有关她的介绍、描述、评论如此之多，牵涉的主题范围如此之广，几乎让人没法定义哪一个才是真实的她。她被誉为“美国公众的良心”，与西蒙娜·波伏瓦、汉娜·阿伦特被并称为“西方当代最重要的女性知识分子”；她的文学创作涵盖小说、剧本、评论、专著；她拍过电影、导演过戏剧；她担任国际笔会美洲中心的主席，受邀做过威尼斯电影节、纽约电影节的评委；她被大众传媒包装成一个文化偶像，成为家喻户晓的“明星”，然而在光彩夺目的光环之下，她作为孩子的母亲，却终身没有固定的工作和收入，买不起医疗保险，有时甚至要为房租发愁……

2004年12月28日，桑塔格因患骨髓增生异常综合征之并发症在纽约与世长辞。2008年年底，上海译文出版社赶在这位伟大女性的逝世纪念日前后，推出了她的最后一部随笔集《同时》。在该书“前言”中，桑塔格的儿子戴维·里夫表示：《同时》作为桑塔格的“最后一部”随笔集，她的“最后一本书”，将不可避免地被视为一次总结。“我认为，这本书收录的随笔和演说，颇能代表母亲最关注的很多问题——政治的、文学的，知识的、道德的——尽管绝非所有问题。”

2

知母莫若子，确如戴维所言：作为一位深入诸多领域的独创性的思想家，桑塔格在很多方面的创见是没人能及的，没人具备的，或是没人尝试的。在英语世界，她被誉为“大西洋两岸第一批评家”，从1964年开拓性的论文集《反对阐释》，到1980年的《在土星的标志下》，包括另两本开拓性的专著《论摄影》和《疾病的隐喻》及其续篇《艾滋病及其隐喻》，论文集《重点所在》和可视为《论摄影》续篇的《关于他人的痛苦》，直到最后以《同时：随笔和演说》作结。其谈论主题从法国结构主义人类学、法西斯主义，色情文学、电影、摄影到日本科幻片，乃至当代流行音乐，笔锋所及都得风气之先，充满睿智、卓见。

桑塔格获得广泛国际声誉的另一半则来自她作为公共知识分子的政治参与。2001年，“9·11事件”之后，她立即投稿《纽约客》杂志，直言此事件是“对一个自称的世界超级强权的攻击，是特定的美国联盟及其行动所遭受的后果”。如此评论引起轩然大波，其中有《新共和》杂志刊登文章质问：拉登、萨达姆和桑塔格的共同之处是什么？答案是：他们都希望美国毁灭。但随着冷静之后的思考，越来越多的人开始对她表示认同。

类似之举还出现于1968年，越战正酣，桑塔格却受邀访问河内。她反对美国的全球霸权，但在1993年她几乎是孤独地呼吁，美国和西方国家应该对南斯拉夫的种族冲突进行人道干预，为此她甚至在战火纷飞的萨拉热窝导演荒诞派戏剧《等待戈多》。在过去30年中，她为许多遭到政治迫害的流亡知识分子呐喊，从被霍梅尼通缉的《撒旦诗篇》的作者拉什迪到苏联与东欧的流亡作家：达尼洛·基什、泽巴尔德、奥尔罕·帕慕克……桑塔格不仅仅通过写作不断地探讨问题，引导甚至逼迫读者进一步思索，而且以自己一生的活动构成了触目的“桑塔格现象”，发人深省。

3

尽管桑塔格的广泛声誉来自她的文论，还有她对政治的持续关注和介入。不过1966年，33岁的桑塔格移居纽约时，她的梦想是成为一个专门写小说的作家。而且，恐怕那时的她，并没有想到自己会至死不渝坚持这个梦想。且不说，1963年，她就发表了第一部长篇小说《恩主》。小说以梦为中心，描写“我”——希波赖特——一个法国大学生做梦、析梦并按照梦的导引去生活，梦的非现实性质导致了一种飘浮感。她更是在生命的最后十年，把最主要的精力献给了小说创作。

1987年，桑塔格在《纽约客》上发表了关注艾滋病患者境遇的动人杰作《我们生活的方式》，讲述一群纽约人得知友人感染艾滋病后，自动表现出的迥然相异的连锁反应。由于其写作手法的别具匠心，以及作家自然流露出的对艾滋病患者的同情之心，这部作品在1999 年入选《20 世纪最佳美国短篇小说集》。

此后，1992 年，桑塔格发表了第一部历史小说《火山情人》。小说以意大利那不勒斯为背景，描绘 3 个英国男女之间浪漫的情感故事。虽然这部书问世后风行一时，名列《纽约时报》畅销书排行榜达两个月之久，书评界却普遍冷淡相待。然而，这丝毫没有影响桑塔格继续探索用小说的题材再现历史人物故事的信心，8 年后问世的《在美国》可以看作是她以实力回应书评界的一部巨作，但该书也给她惹来一场文墨官司。

这部小说以 19 世纪移民美国试验乌托邦理想的波兰女演员海伦娜·摩德耶斯卡为原型，再现了早期欧洲移民在新大陆的人生遭际。小说出版后不久，就有一位图书馆研究员指控桑塔格涉嫌剽窃。那位读者反复比照相关图书后得出结论，这部 382 页的小说中至少有 12 个段落与 4 本摩德耶斯卡传记内容雷同，有些句子甚至一模一样。这种指控给桑塔格带来了麻烦。不过也正是该书最终为她赢得了 2000 年度的全美图书奖。个中原因并不复杂：小说毕竟是一门虚构的艺术，摩德耶斯卡这个人物只是给作者提供了一个框架，使其创造力和想象力有了一个坚实的基础和依据。小说的细节、主人公的情感和价值观毋宁说是作者自己的。

1933 年 1 月，桑塔格出生在纽约一个富裕的犹太家庭。5 岁时，生父因肺结核死在中国。她 3 岁就能读书，在读罢杰克·伦敦的小说《马丁·伊登》之后，立志成为作家。她 16 岁入读芝加哥大学，第二年上了社会学讲师菲利普·里夫的课，内容是卡夫卡。她迟到了。下课时，28 岁的里夫问她叫什么，十天后两人成婚。生子大卫时，她年方 19。

她后来又就读于哈佛和牛津，浪迹于巴黎，1958 年离婚，转年带着“70 美元、两箱行李，还有一个 7 岁的孩子”来到纽约，开始单身生活。由于拒绝接受前夫的赡养费，她为求糊口，开始疯狂写作。1964 年，31 岁的桑塔格在《党派评论》杂志上发表《坎普札记》，一举成名。两年后，收入此文的文集《反对阐释》出版。其间，她在纽约的一次座谈会上宣称：“白种人是人类历史的癌。”一语惊人，从此扎根于纽约的文化沙龙。

时过境迁，桑塔格成名时代释放出的解放能量如今已经烟消云散，她独创的生机勃勃的“坎普”文化最终也会沦为枯竭的、可怜的流行名词，她的一些当时引发争论的观点也会受到新的挑战。不过，桑塔格作为一个独特的文化存在，她最为重要的意义在于反对陈词滥调，反对教条的概念，反对类别标签式的见解，而这对于我们的时代如此至关重要。

有评论家进一步指出：随着桑塔格的逝去，她的那些“外部举动”也不应该仅仅被当作惊世骇俗的情节加以传颂，而更应该刺激我们思索：在这样一个非先知的时代，知识分子如何具体地介入社会生活，重新建立自己的英雄主义精神传统。用桑塔格自己的话来说：“让我们一起悼念，但不要一起愚蠢。”

纳吉布·马哈福兹：
文学是对现实的变革

1

去世前一年，通过向朋友口授的方式，1988 年诺奖得主、埃及作家纳吉布·马哈福兹创作了最后一部描述来世的短篇小说集《七重天》。在为该作品举行的一个宴会上，接受美联社记者采访时他说："我深信，在我死后，我会得到好的报应。"此话信然。生前马哈福兹即被认为是"阿拉伯文学之父"，他于 2006 年 8 月 30 日去世后，更是备极哀荣：埃及为他举行了隆重的国葬，时任总统穆巴拉克亲自为他送行。这句堪为"自传的回声"的话，也未尝不可以看成是他对多年前那次遇袭事件的一种回应。

1994 年 10 月的一个黄昏，在其开罗住址附近的一条街道上，马哈福兹遭到了一个伊斯兰原教旨主义激进分子的袭击。当时 82 岁的他正准备从汽车上下来，凶手从花篮里抽出暗藏的折刀刺伤了他的脖子和右臂，经过抢救虽得以脱险，但马哈福兹从此右臂瘫痪，再也不能用手写作。事后这名年轻人称马哈福兹的小说亵渎神明，认定他是一个反叛伊斯兰的作家，必欲除之而后快。

引发此事件的原因，可以追溯到马哈福兹初版于 1959 年的小说《我们街区的孩子们》。在这部被认为是 20 世纪伟大的现代寓言小说里，他全景式、史诗式地书写了街区的开拓者老祖父杰巴拉维及其数代子孙的救世故事：杰巴拉维，一位有如神明，仿佛永生的神秘人物，在拓土建街之后，便深居简出，与世隔绝，却掌握着世俗的权力与遥远的真理。他允诺所有的子孙都享受到继承权，过上好日子。子孙们把获得继承权作为实现幸福的唯一途径，于是继承权成为世代争斗的焦点……

小说以象征主义的手法，通过发生在街区的故事寓意整个人类社会历史的演进过程，反映了以摩西、耶稣、穆罕默德为代表的先知时代直至此后的科学时代，人类为追求幸福、实现理想而坚持不断的努力。作家在借创世传说表达“人经受磨难是神的意愿”，借先知传说阐明“神不管人间事”后，又在象征科学的后代人阿拉法特的故事中，给予宗教蒙昧主义致命的一击：让象征神灵的老祖父杰巴拉维死去。

尽管小说若干年后被诺贝尔奖评委会赞为“非同寻常”，然而最初在《金字塔报》连载时，宗教保守势力和部分文人认为其中含有明显的渎神内容，纷纷写信投诉，要求将作者送上法庭。官方迫于压力，在连载结束后即将此书列为禁书，小说单行本十年后才得以在黎巴嫩出版。

此后，马哈福兹并没有受到过分冲击。直到他于 1988 年获诺贝尔文学奖，这部小说再度引起危机。伊朗精神领袖霍梅尼因拉什迪创作的《撒旦诗篇》，对其发出追杀令时，马哈福兹含蓄地表示反对，并肯定作家创作的自由，从而引发了极端分子对他更进一步的仇视心理。艾资哈尔的一位长老随之作出宗教判决，扬言“如果我们在小说刊出时杀了马哈福兹，就不会有今天的拉什迪了”。

对小说引发的种种争议，马哈福兹生前并没有做出明确回应，只是在临终前向艾资哈尔大学提出解除禁令的请求。含有忏悔之意的此举，招来了一些反感宗教势力干涉文学创作的埃及作家的口诛笔伐，小说家贾麦勒·哈依塔尼就明确表示：“马哈福兹寻求艾资哈尔监督的做法创下危险的先例……这有悖于埃及知识分子的立场。”

2

回忆童年生活，马哈福兹常会提到一个场景：那时我们还住在拜特·葛迪，我家的房子旁边就是广场，广场上有许多英国士兵。父亲告诫我们不许打开楼上靠广场一面的窗户，因为英国兵会怀疑人们从那儿袭击他们。“有一天，我趁父母不在家，便打开窗户看英国士兵换岗，模仿他们的说话和动作。猛一回头，发现父亲正怒气冲冲地站在面前，他一把拉开我，关上了窗户。”

这场景无意中透露出了一个事实：马哈福兹的整个青年时代，是在英国殖民者的统治下度过的，当时埃及正处在法鲁克国王统治下半封建半殖民地社会状态。这样的社会背景激发了他的民族自尊心和爱国热情。他早年创作的历史小说《命运的嘲弄》《拉杜比斯》和《底比斯之战》，就借古喻今，反映了埃及人民反对殖民统治的强烈愿望。

当马哈福兹感到历史小说已无法表达自己的内心感受时，便毅然转向反映现实的社会小说，描写当时的埃及知识分子在西方文化冲击下的彷徨和疑惑，成了贯穿他这一时期创作的核心内容，其中最典型的当属他创作于 1956 至 1957 年间的“开罗三部曲”。这部包括《两宫间》《思慕宫》和《怡心园》三部长篇在内的巨著，通过描写开罗商人阿卜杜·贾瓦德一家三代的遭遇与变迁，反映了从 1917 年至 1944 年埃及革命前夕这一时期整个埃及的风云变化和社会风貌，刻画出当时形形色色的人物群像。在家族第二代中，作者着力刻画的小儿子凯马勒走过的心路历程，无疑是马哈福兹个人精神世界的真实写照：自幼的家教使他笃信宗教，但激烈的时代变革、来自西方的新思潮和对哲学的研究，动摇了他对宗教的信仰。对真理、科学的追求与传统价值观念的矛盾，理想与现实的差异，常使他感到苦闷、迷惘，从而陷于感情、信仰、精神的危机中。

“开罗三部曲”的问世，标志着阿拉伯现实主义小说的成熟，确立了马哈福兹阿拉伯文学宗师的地位。埃及文学评论家纳加什写过一段著名的评论：“马哈福兹对于我们阿拉伯人来说，犹如狄更斯之对于英国人，托尔斯泰之对于俄国人，巴尔扎克之对于法国人。”此后，尽管马哈福兹创作颇丰，“三部曲”所达到的艺术成就却已然是空谷绝响。

3

借“开罗三部曲”中女革命者苏珊之口，马哈福兹曾说过一句意味深长的话：写文章，清楚、明白、直截了当，因此是危险的，上边的许多只眼睛正在盯着我们。而小说则有数不清的花招，这是一门狡猾的艺术。

作为一个“狡猾”的小说家，马哈福兹从莎士比亚、尤金·奥尼尔、易卜生、斯特林堡等西方文学大师那里汲取营养，他的阅读视野中也不乏福克纳、帕索斯、乔伊斯等现代派作家，但他很坦然地说：各种现代写作技巧从来没有让我乱了阵脚，很难想象我曾受乔伊斯的影响，虽然我很早就读了《尤利西斯》，但当提笔写作时，我把一切都抛之脑后，我走的还是现实主义的路子。

马哈福兹对现实主义的坚持，究其原因在于他认为文学是对现实的变革，而不是一种简单的描绘。作为一位具有强烈参与精神的社会批判家，他对国家、民族，乃至世界、人类的命运有着强烈的忧患感和使命感，现实主义由此成了他最好的表达方式。他笔下的故事都发生在他从小长大并与之息息相关的开罗，他通常通过描绘家族故事来反映埃及社会的现实。

由于政治和现实的复杂性，马哈福兹往往利用不同的表现手法、不同的艺术形式表达自己的种种见解。但对埃及境外的读者而言，与其说关注他小说的创作手法，不如说更看重他的“家族小说”，为我们呈现了另一种生活经验，给予我们不同的视野，让我们熟悉阿拉伯世界的传统与现在、生活与智慧，从而更为宽广地思考生存。

有论者指出：马哈福兹最独特和重要的价值，或许就在于通过他的写作告诉人们，人生的意义在于积极地承担社会责任；如果一个社会成员以独善其身的态度，仅仅关注自身的道德完善，这本身就有悖道德的准则。由此不难理解为何在他的小说中，那些最终获得拯救的人物，都是一些直面社会不公的利他主义者。

瓦茨拉夫·哈维尔：生活在真实中

1

多年后，回想起和瓦茨拉夫·哈维尔的“邂逅”，同为捷克作家的米兰·昆德拉写道：那是1975年春的某一天，在布拉格国家剧院对面的斯拉维亚咖啡厅外面，一位朋友把一捆翻得很旧了的打字稿交给我，并嘱咐我读完后再传给别人。当天晚上，我坐在家里读起了这份稿件，心中带有一种只有做些叛逆事情才能引起的兴奋。“这是一封写给捷克总统胡萨克的信，信的日期是一九七五年四月八日，署名为‘作家瓦茨拉夫·哈维尔’。”

写这封信时，哈维尔在一个啤酒厂打工，早晨五点钟就要起来滚啤酒桶。1968年苏军入侵后，和许多当时的知识分子一样，他被打入了社会的最底层，他的剧本也被判了“死刑”不能得到上演，但他没有忘记作为一个公民和知识分子应该肩负的社会责任。在信中，哈维尔描述了当时捷克社会在表面繁荣稳定之下潜伏的道德和精神危机：在人们高涨的消费热情背后，是精神和道德上的屈从和冷漠。他指出，这种情况对于一个民族整体上的伤害是久远的，在暂时的稳定背后，付出的将是未来某个时刻的“超额税款”。

两年后，一个叫做“宇宙塑料人”的摇滚乐队的几名成员被捕，依据当时捷克已经加入赫尔辛基人权条约的事实，哈维尔和他的朋友们发起了一场签名营救运动，呼吁这个国家已有的宪法得到落实。先后在同一份文件上签名的有两千多人，这就是所谓“七七宪章运动”，哈维尔是其中的三名主要发言人之一。这次行动给他带来了三次牢狱之灾，前后被关押近五年。正是这一事件，促使他更深入地思考政治和社会问题。他写下《无权者的权力》《政治与良心》等大量文章。最后也是最长的一次坐牢期间，他只被允许给妻子写信，这些信后来汇集成《给奥尔嘉的信》，成了他反极权思想的闪亮篇章。

1989 年 10 月的“天鹅绒革命”，最终把作为“公民论坛”主要领导人物的哈维尔，送上了总统的宝座。此后 13 年间，他经历了 1992 年捷克和斯洛伐克分裂的痛苦和煎熬，见证了国内、国际社会的风云变幻。然而，他终究不能忘记戏剧创作。卸任总统后四年 2007 年，他推出新剧《离开》。这部他于 20 世纪 80 年代之前便开始动笔，直到十数年后几经修改才告完成的剧作，讲述了一位国家高官搬出一直据有的公家别墅前后发生的故事。剧作于 2012 年 5 月 22 日在布拉格首演后，即引来好评如潮。

因在戏剧创作上取得的重要成就，哈维尔于 2010 年 6 月获颁该年度弗朗茨·卡夫卡奖，从而成为该奖于 2001 年创立以来继菲利普·罗斯、耶利内克、品特、村上春树等之后的第十位得主。有评论称哈维尔的《离开》其实是一种“回归”。2011 年 12 月 28 日，哈维尔逝世。此次离开，却意味着他不再归来。

2

哈维尔的文学生涯，始于1963年创作的《花园聚会》。故事发生在某个国家里，当局决定取消清洗办公室，一个建设部门的就职办公室担负此项任务，但是清洗办公室坚持认为这是不可能的，只要有东西需要清洗，那么只有清洗办公室能够胜任。主人公是个野心家，他因为对于造成这种困境的争论和阴谋所做出的巨大贡献而得到升职。在这部剧作里，哈维尔展示了一种尖锐的政治讽刺、帅克式的幽默和卡夫卡的深度。这种典型特色在他以后的作品中一以贯之。

同样是揭示官僚主义体制的阴暗世界，两年后推出的《备忘录》围绕着一种新的官方语言的引进和推广而展开。某机关组织的领导人格罗斯无法读懂这种语言的备忘录，然而所有事务都必须用它来处理，他的助理巴拉斯利用这点取代了他。翻译部门一位年轻打字员喜欢格罗斯，非常同情他，决定打破规定，为他翻译这份备忘录。由于这个变故，格罗斯得以重返办公室，巴拉斯卑躬屈膝地坦白了他的罪行，保住了助理的位置。当他发现正在引进另外一种新的官方语言的时候，他决定不再受这个罪了。当因破坏规定而被开除的打字员来请求他的帮助时，他发表了一篇捍卫人的价值的讲话……

很显然，哈维尔创作于20世纪60年代的这两部戏剧，主要是想揭示出社会机制以及被这些社会机制所压垮的人之境况，而正是捷克当时在政治上的极权统治使得人民的生活呈现了高度扭曲的状态。哈维尔讲了一个日后被广泛引用的水果商贴“全世界的无产者联合起来”的标语的故事。在他看来，这个看似简单的标语之后却掩盖了水果商的恐惧，他被编织进了无尽的意识形态之网，它只能用口号来掩盖自己的唯命是从，也掩盖了权力的可鄙基础。

经历了牢狱之灾后，哈维尔发现自己被“结构”排斥，从而成了一个与之对抗的异议者。相应地，他在剧作中试图探索这种境况，并用不同的方式去研究它，于是并产生了关于瓦涅克的系列剧，这三个独幕剧最终导致了《凄凉的慢板》的诞生。此后不久，许是对异议者只会把自己经历作为创作内容的说法的抗议，哈维尔开始另辟蹊径，他的写作随之进入了更广阔的天地。

尽管，哈维尔的剧作有着鲜明的政治倾向性，但不尽然只是作为一种反极权的政治武器而存在。在他看来，极权主义的一个显著标志就是故事的消失，因为它采取了一种扼杀生命和生活的方式：它使得生活和人的生命通过慢性的、不流血的、静悄悄的方式死去。而故事则像生活一样丰富，充满了可能性和不可预测性，有故事存在的社会必然不断有新事物出现，有非预定的事物发生，这正是一个社会、一个人拥有梦想的标志。由此不难想见，文学天然的反极权性，正是他如此倾心于剧本创作的原因所在。

3

围绕昆德拉和哈维尔关于“签名”这一行为的歧见，中国知识界曾有过一段广泛的争论。

昆德拉作品《生命中不能承受之轻》中的主人公托马斯被要求在一份声明上签字，抗议苏联占领期间的捷克傀儡政府虐待政治犯。作为一个当然的反对专制的自由主义知识分子，托马斯不愿意在声明上签名。或许在昆德拉看来，签名实际上只是一种媚俗，最后他选择了流亡，于“距离的美感”中发出他独有的幽默和反讽。

对此，哈维尔则作出了迥然不同的选择。他认为，必须签名，不管签名能不能收到什么实际的效果。他清醒地知道，政府并不会把要求改善政治犯待遇的签名看作一回事，签名很难真正改善政治犯的实际待遇，但他认为，签名体现了一个知识分子在严酷的现实中自我承担的勇气，同时能够让那些在牢狱里受难的人们感受到精神上的支援，使他们意识到，自己并不是孤独的。也因为此，他在许多份反极权的文件上签名，纵使因此备受牢狱之苦而无怨无悔。

这同时也关乎哈维尔对于荒诞的独特理解。当被问到作为一个荒诞派戏剧家，他如何看待荒谬感和戏剧创作的关系时，哈维尔非但没有把荒谬当成先天消极，甚至应当严加斥责的东西，而是格外强调了意义与荒谬的互补性：荒谬即缺乏意义，这种感受愈深，对意义的追求就会愈积极；没有同荒谬的经验作殊死搏斗，就没有要追求的东西；有了对于意义的内心深处的渴求，就不会被无意义所伤害。

而反抗荒诞，也就意味着作为单独存在的个体要敢于直面来自制度和意识形态的恐惧，敢于秉承自己的一份良知坚定地“生活在真实中”。因为在哈维尔看来，假如社会的支柱是在谎言中生活，那么真实必然是对其最根本的威胁。鉴于此，有论者指出：在很多中国作家的理解里，荒谬是世界的常态，这成了他们选择逃避，求得宽慰的理由。在这个意义上，我们有必要不断重复哈维尔的告诫：正是荒谬的经验，为我们打开了新鲜、锐利而有洞察力的眼界，这将使我们直面真理，并通过它的怀疑能力衡量出意义的真实分量。

诺曼·马内阿：
“在家的流亡”，意味着永远的流亡

1

如今在世的东欧作家中，恐怕没人能像罗马尼亚作家诺曼·马内阿那样被贴上如此之多的标签：“卡夫卡的继承者”“流亡知识分子”“反极权主义作家”……没人能像他那样具有如此之多可以互为比照的作家资源，昆德拉、哈维尔、赫拉巴尔……

当然，也很少有作家像他那样无可争议地得到大批当今世界顶级作家的认可和赞赏。且不说，正是因了 1983 年诺贝尔文学奖获得者、德国作家海因里希·伯尔的大力推介，才有了其作品在西欧的首次翻译和出版，在众多折服于其作品文学力量的作家中，不乏奥克塔维奥·帕斯、君特·格拉斯、奥尔罕·帕慕克、伊姆雷·凯尔泰斯等其他诺贝尔文学奖得主，还包括了菲利普·罗斯、克劳迪奥·马格里斯、埃内斯托·萨瓦托等世界级作家……

2008 年 3 月，吉林出版集团有限公司结集出版了马内阿的代表作品：长篇小说《黑信封》、回忆录《流氓的归来》和随笔集《论小丑：独裁者和艺术家》。有专家称：马内阿作品得以在中国出版的意义，绝不亚于 20 年前昆德拉在中国的出现。这不仅意味着我们将首次读到这位对多数读者而言还非常陌生的东欧作家的作品，同时诚如作家孙甘露所说，这次出版，从某种意义上而言，让 1989 年柏林墙倒塌以后的东欧文学版图在中国读者心目中完整地建立起来。

马内阿于 1936 年生于罗马尼亚布科维纳省的一个犹太人家庭，5 岁就被关入乌克兰的纳粹集中营，但他活到了德国战败。1945 年春，值二战结束，他与家人返回罗马尼亚。从集中营回到祖国，马内阿万分珍惜正常环境的生活，他拼命学习，满怀激情地拥抱共产主义理想和社会主义建设，一直保持了最优等生和共产主义青少年积极分子的地位。高中毕业后，尽管热衷文学，他还是上了布加勒斯特的建筑学院。但文学热情最终压倒了当工程师的梦想。1966 年，他开始在罗马尼亚当时最有影响的文学先锋杂志上发表作品。从 1974 年开始，他弃理工而全力从文。在 1974 年至 1986 年间，他已发表了包括长篇小说、散文、短篇故事等各种体裁在内的大量文学作品。此后他被当时的齐奥塞斯库政权驱逐，在 1986 年被迫离开祖国，在西柏林盘桓一年后，方到美国，从此长居纽约。

残酷的集中营经历和极权社会的政治迫害，促使马内阿和许多有过相似经历的作家一样，用文字见证恐怖和历史。不过，与他们不同的是，马内阿显然并不满足于对专制和暴政做简单和肤浅的揭露和控诉。如果说，1992 年在出版《论小丑》时，马内阿是一个睿智的斗士，由于情绪冲动，措辞激烈，某些地方处理得有失刻薄；当 2003 年写作回忆录《流氓的归来》时，66 岁的马内阿已显得非常平和。在回忆录中，他奋力抵御了在类似著作中常见的“伤害论”与“犹太人区的染疾”，使其笔下的“记录”呈现出殊为难得的精神特质。

2

或许正是这种清明和理性，使马内阿拥有了卓尔不群的政治洞见和文学气度。他没有把东欧的整个垮台看成是一种报应，相反面对风暴过后的罗马尼亚，他没有得意忘形，反而充满了担忧："我们想知道，那些写于战后东欧的文学还能剩下什么，这些文学能否在没有约束的氛围里找到新生的力量？我们还想知道，西方的消费社会会不会很快把东欧变成世界闹剧的一部分？电视会不会淹没所有的文化生活？金钱文化会不会比谎言的文化更难对付？"

而对于把自己驱逐出国的齐奥塞斯库，当他在纽约获悉其暴毙时，他的直接反应是震惊：因为齐奥塞斯库的死亡，并没有经过民主和公开的审判，"我无法接受这种没有审判的死亡，这一事件对未来的罗马尼亚是个不好的先兆。"

无法确定1986年以后的流亡生涯，对马内阿产生了多大的影响。在一些公开场合，他声称：如果当初选择留在祖国的话，尽管可能会面对更严峻的环境和挑战，但毫无疑问他会在写作上取得更大的成功。而在《流氓的归来》这部自传作品中，他写道，曾有位罗马尼亚女诗人谴责他逃离自己的国家："不管发生什么，我们都得生活在这里，我们要在自己语言环境里，坚持到最后。"他的回答是："但是为了写作，我们首先得活着。坟地里满是不能再写作的作家。他们留下来了，在坟墓里，他们不再能写了。"在坚持与流亡之间，马内阿毅然选择了后者，我们无法判断这两者之间谁更具有道德上的优势，但是我们却清楚，只有去远方，他才能说出真相。

不仅如此，马内阿的"流亡"显然还有更深层的意义。他自认为是个爱国主义者，因为爱国，他坚持认为自己可以摆脱"那种狭隘的犹太人观念"，然而，罗马尼亚共产主义的当权者也好，右翼民族主义者也好，他们同时指着他，告诉他“你是个犹太人”，并借机把造成罗马尼亚困境的责任推卸给他的民族。这样，马内阿既孤立于犹太人圈之外，又不被他的罗马尼亚同胞接纳。而正是这种极其难堪的经历，让他得出一个核心观点：即所谓“在家的流亡状态”。“在家的流亡”，意味着他将永远是一个流亡者，注定无可归属，由此使他甚而弃绝一种归属感。

事实上确乎如此，即使到了西方以后，他也觉得自己不属于西方。或许，正是这种强烈的拒绝归化的倾向，使他明知在美国继续用罗马尼亚语写作，将意味着生活的艰难、作品没有读者、长时期的默默无名，也没有像昆德拉一样选择用异域的语言进行创作，然而也正是这种在完全陌生的语境中依然故我的坚持，让我们真正领略到了一个流亡作家的风范。

3

当惨烈的政治风暴不复存在，“流亡”作为一种特定的生存境况，将有多少存在的价值，也越来越受到人们的质疑。事实上这种怀疑并非是一种责难，对当下的一些作家来说，流亡都只是一个形而上的标签，一种姿态，甚至有些当年流亡到西方的作家，正是借他们在母国的“苦难”来建立自己的功名。由是，那些依然贴着流亡文学标签在全世界畅销的图书总变得面目可疑。

正是在这种背景下，马内阿的“流亡”凸现了其独特的价值。有评论指出：马内阿的存在不仅昭示着“流亡”，精神上的“流亡”，将是真正的知识分子的宿命。它还让我们意识到：独裁和极权主义的暴君统治仍然在人类的生存中根深蒂固，而全球化在某种意义上来说，正是另一种极权主义的暴政。尽管这个世界貌似已经进入了一个文明、民主、平等、自由和繁荣的时期，但我们依然得警惕任何以物质、以自由、以繁荣、以所谓真善美的名义同化我们所处世界的企图。

赫塔·米勒：
写作是证明自我的唯一途径

“我非常吃惊，真无法相信我获奖了。”现年 56 岁的德国诗人、作家赫塔·米勒，恐怕根本没想到自己会在包括以色列作家奥兹、美国作家菲利普·罗斯、日本作家村上春树等在内的众多热门候选人中脱颖而出，把 2009 年度诺贝尔文学奖收入囊中。

在颁奖词中，诺贝尔奖委员会称赞米勒的作品“兼具诗歌的凝练和散文的率直，描写了一无所有、无所寄托者的境况”。据悉，米勒是诺奖历史上第 12 位获得文学奖的女作家，也是继波兰女诗人维斯瓦娃·辛波丝卡 1996 年获诺奖之后，又一位以诗歌摘取文学桂冠的女性。

关键词一：政治

瑞典文学院在授奖公告中称“赫塔·米勒文学中的道德动力使之完全符合诺奖标准”。显见的所谓“道德动力”，指的是米勒对于罗马尼亚特殊政治时期的批判和揭露。舆论也普遍认为，米勒获奖与她始终如一的政治立场大有关系。然而，获奖当晚接受媒体电话专访时，这位惊诧于“这个奖怎么会落在我头上”的作家声称自己“从一开始写作，就是写给我自己的”，并表示：“刚开始写那会儿，写作于我并不重要。谋生才是第一位的。”

此种说法看似悖谬，对米勒而言却也自然。究其因在于自我与政治，更像是她自身经历和文学生涯的一体两面。米勒 1953 年 8 月 17 日出生在罗马尼亚巴纳特一个德语小镇，父母是罗马尼亚境内讲德语的少数民族。她的父亲在二战期间为德国党卫军效力。1945 年，大量罗马尼亚人被流放到苏联，米勒的母亲就在其中，她在如今的乌克兰境内某个劳动营工作了 5 年。1973 年到 1976 年，米勒在罗马尼亚蒂米什瓦拉一所大学学习罗马尼亚和德国文学。在大学期间，她加入了旨在反对当时罗马尼亚领导人齐奥塞斯库统治的巴纳特行动小组。完成大学学业后，米勒在一家机器工厂当翻译。由于拒绝充当秘密警察的线人，她被工厂解雇。

1982 年，米勒出版“处女作”短篇小说集《低地》，小说在罗马尼亚遭到审查。两年之后，她在德国发表了未删节版本，同年在罗马尼亚发表《暴虐的探戈》。在这两部小说里，米勒通过讲述一个讲德语的小村庄的生活，揭露了政府对各种各样的“异己”——少数民族、异见分子、不服从者等的迫害。由于她多次对罗马尼亚政府提出批评，并且担心秘密警察的侵扰，1987 年，她和丈夫——同为小说家的理查德 · 瓦格纳前往当时的西德定居。

罗马尼亚集权统治下的生活经历令米勒终身难忘，尽管已离开故国 20 余年，然而压迫与流亡、放逐与极权始终是她小说和诗歌的主命题。她的作品较多着墨于社会底层的现状。小说《约会》是关于一个在服装厂工作的女工，把小纸条放在来自意大利男人的西装里，写着“娶我吧”。《人是一只大野鸡》则讲述了罗马尼亚边远地区的一个巴纳特人申请出国，遭到罗马尼亚官方的各种刁难，女儿被乡村教会长老强暴，这个可怜人历经艰辛离开故乡，已经没有足够的心力去返回故土。在随后的《单腿旅行》中，米勒更是将远离故土的沉痛感发挥到极致，罗马尼亚移民伊蕾妮不仅有着“家国两殇”的隐痛，而且所迁移之地亦非乐土，西柏林的资本主义社会让人无法融入。由此，米勒不仅像过去那样宣布了“对故乡的死刑”，而且也宣布了对“挣脱痛苦”这种追求的死刑。

米勒最负盛名的长篇小说当属《宝贝》。在这部小说里，贫困山区的女大学生费尽心力向上爬最终被等级序列的官僚奸杀，另一位迷人的美女则通过不断出卖朋友而赢得“生活西方化、计谋东方化”的丛林式生存的胜利。其后她发表于1996年的小说《风中绿李》则讲述了一群从小长大的朋友的故事，有学生、老师和工程师。他们在独裁政权下崩溃，最后选择了自杀。书中以第一人称的方式回忆童年经历，构成了一段段叙述几位死者的故事。在2009年出版的新作《呼吸摆动》中，米勒以她母亲的经历为蓝本描写了流放到苏联的罗马尼亚人的生活。

关键词二：语言

“井不是窗也不是镜子。向井里望久了，常常会望进去。那时，外公的脸就会从井底升起，停在我的脸旁。他的双唇间是水。”这是米勒小说《黑色的大轴》开头的一段文字。这部短篇小说发表在2001年第6期《译林》杂志上，这是迄今为止国内为数不多的米勒作品译介之一。此外，1992年第1期《世界文学》曾做过米勒的小传，该杂志还于2003年第5期发表过她的一个小短篇《一只苍蝇飞过半个森林》。

尽管目前国内对米勒作品的译介少之又少，但她文笔的灵动、诗意，从仅有的文字中可见一斑。译林出版社总编办主任袁楠回忆说，尽管米勒的大部分作品她都没有看过，但她的语言驾驭能力给她留下了深刻的印象。“她的语言是出奇地精确，据说她是查着字典写文章的。她的文字不属于晦涩难懂的一类，而是非常有韵味，其蕴含的文学价值不可小觑。”

北京大学德语系教授李昌珂这样概括米勒的写作特点：“她的作品是一种自白文学，主要还是以回忆往事、反思历史、描绘那些失去家园的被压迫者的命运为主。”他认为，隐喻、转喻、象征、暗示这些含蓄的表达方法使她的作品与众不同。

对自己的写作特点，在一次题为《感觉是如何自我虚构的》的演讲中，米勒坦陈，正是严格的审查迫使她学会了复杂的语言攻守策略：陌生化的段落建构、意象的扭曲式表达、心理状态衍生式通感，如此种种使得她不得不与那些明快清晰的文学“绝缘”，她更是拾起法国诗人波德莱尔以降的“丑学”传统，将一种沉重的阴郁感发展成一种宏大精确的美学。也正是在这个意义上，今年 6 月新上任的瑞典文学院终身秘书彼得·恩隆德表示：“我认为，在米勒的作品中有一股难以置信的力量，她拥有非常独特的写作风格。”他接着说道，“你只要阅读了半页，就马上知道这就是赫塔·米勒。”

书评人唐学鹏进一步指出，米勒文学所代表的“价值无从依存”、挥之不去的阴郁感以及不断滋长的“绝望美学”因诺奖而加冕，这不仅是对其作品文学价值的认可，更是当下新的冷感时代形态的一种隐喻。“相比米勒小说语言具有的无可匹敌的质感、奇幻及穿透力，当你看到‘汉化’后诸多诺奖小说的苍白，你不由不感佩她的文学之美。”

关键词三：跨文化

有专家对近年的诺奖得主做出比较后表示，近年来的诺贝尔文学奖仿佛成了跨文化另类作家的乐园：自 2000 年至今，10 位获奖者中有 7 位具有跨文化特质，几乎每位获奖者均有“另类作家”色彩，而最近 3 位获奖者均是“跨文化另类作家”——具有津巴布韦情结和血缘的英国作家多丽丝·莱辛、具有毛里求斯血统和美洲作家特性的法国作家勒·克莱齐奥，当然还包括米勒。

米勒幼年生活在一个罗马尼亚德语社区中。多年后她回忆说，自己第一次接触到罗马尼亚语时已经 15 岁，在她生活的地方没人讲罗马尼亚语。之后她又移民到一个德语国家，所以对德语和罗马尼亚语两种母语，她一直有非常复杂的感情。“我的罗马尼亚语水平一般，我相信罗马尼亚语最美的部分是我在轿车厂干活时学到的日常用语。”“罗马尼亚的比喻更加肉感，直截了当。那种直接的形象比我的母语德语更适合我，这是我想学罗马尼亚语的主要原因。但我的罗马尼亚语词汇不那么丰富，词汇贫乏就很难表达自己。因此我一直使用德语写作。”

在北大德语系教授潘璐看来，米勒作品体现出来的显然不只是语言的碰撞，“她本是西欧后裔，却出生在东欧；经历了社会主义和资本主义两种不同的政治制度，这种经历让她可以更好地展现两种不同文化背景的冲突和融合。”很显然，在中东欧这块多种语言和文化交锋的地方，米勒的获奖再次证明了跨文化写作难以尽言的巨大魅力。

生活在跨文化的语境里，也注定了米勒的“无所适从”。在罗马尼亚的时候，她是讲德语的少数民族；到了德国，她的身份又是罗马尼亚的移民。这些因素，无形中加大了她寻找归属感的难度。因此她说“写作，是唯一能证明自我的途径”。而在一些评论者看来，即使获奖，米勒也无法掩盖自己作品的小众特点——她的头脑，还生活在那个意识形态对立的时代，她的文学世界，依然充满无家可归的迷茫和绝望。

凯尔泰斯·伊姆雷：他被“选中”来发现隐藏在奥斯威辛背后的警示

“一部以奥斯威辛为主题的小说，如果不能让读者感情受伤，那将是一种耻辱。”2016年3月31日，被誉为“奥斯威辛灵魂代言人”的诺贝尔文学奖获得者、匈牙利籍犹太作家凯尔泰斯·伊姆雷在患多年帕金森综合症后，于匈牙利布达佩斯家中去世，享年86岁。

当日，匈牙利总统阿戴尔向这位让读者“感情受伤”的作家家人发去吊唁信，对其一生及作品给予高度评价。阿戴尔说，凯尔泰斯的作品写的是对自由和幸福的渴望，所有人都应该感激他的勇敢和一贯的诚实。他说，凯尔泰斯敏锐而又准确地看清了独裁的本质和非理性的时代，知道只能用心灵的自由去承受外部自由的缺失。他教会我们不要忘记痛苦的过去，因为它属于我们共同命运的一部分。

1

凯尔泰斯1929年出生于布达佩斯一个犹太木材商之家，1944

年，15岁的他因犹太身份被送进波兰奥斯威辛集中营，后又转往德国布痕瓦尔德集中营，1945年随着纳粹政权的覆灭而重获自由。1948年高中毕业后，凯尔泰斯先在一家报社作记者，该报改变性质后遂被解雇。他从1953年开始尝试文学创作，最初发表的作品多为轻歌剧和戏剧，直到1960年才开始撰写他的第一部小说《无命运的人生》。该书的出版一度在匈牙利遭拒，1975年才得以面世，但反响平平。1985年小说的第二版推出后，开始在文坛上渐有起色，而该书真正受到文坛的重视则是在1995年再次被译成德语之后。此前的二十年里，凯尔泰斯一直靠翻译大量德国文学、哲学名著养家糊口。2002年，凯尔泰斯获诺贝尔文学奖。

与许多经历了“二战”浩劫的犹太作家一样，凯尔泰斯文学写作的重心也是70年前犹太人遭遇的那场厄运。他就像一个“早产的老者”，从20世纪60年代一开始写作，就知道了自己的使命，此后他将用文字表述奥斯威辛。凯尔泰斯说：“只要我想构思一部新的小说，总会想到奥斯威辛。无论我在思考什么，总要思考奥斯威辛。即便我所讲的完全是另一回事，但实际上还是奥斯威辛。”凯尔泰斯最重要的作品是带有鲜明自传体色彩的《无命运的人生》《惨败》和《给未出生的孩子做安息祷告》三部小说，后来推出的《清算》则作为补充，构成了以描写奥斯威辛集中营大屠杀阴影下犹太人悲惨命运为主题的四部系列小说。这些小说，尽管内容各不相同，但实际上都从各个不同角度传达着同一个主题——大屠杀，他说：“在我的作品中，大屠杀从来无法用过去时态表现。”

2

但与其他作家同类题材的写作不同，凯尔泰斯的风格，正如其作品译者之一，华东师范大学德语系教授宋健飞所说，具有极为典型的后现代派特征。凯尔泰斯擅长以内心独白的意识流手法，于时空交错之中，把各种支离破碎的画面无序、零乱地组合在一起，呈现于读者眼前。作品内容往往充满了悖谬和荒诞，读来极易让人疑惑。如《无命运的人生》中的少年，虽身陷纳粹集中营，却对里面发生的一切并不反感，他不仅自然地接受了命运的安排，偶尔还会产生某种让他重返社会后依旧怀念的幸福感。凯尔泰斯在谈到这段磨难时也表示："奥斯威辛也给了我最强烈的幸福时刻。你无法想象躺在集中营医院时的那种感觉，以及当你从不堪重负的体力劳动中获得 10 分钟休息的时候，如此接近死亡也是一种幸福。"

凯尔泰斯这种反常变异的写作手法，使得他的主要作品被贴上了"平静的大屠杀文学"的标签。以宋健飞的理解，凯尔泰斯将残酷的事实如同日常生活的场景娓娓道来，要告诉人们的是，当这种恐怖已被人习以为常、司空见惯到了对其麻木不仁甚至深感幸运的地步，那才是最残酷、最恐怖不过的事情。"他深信读者的感情一定会为书中看似无情、冷漠的描写所伤害，一定会对故事叙述者毫无怨言地逆来顺受而拍案而起。而这正是他想获得的效果。"也因为此，他批评《辛德勒的名单》的导演斯皮尔伯格对奥斯威辛一无所知，认为其影片画面虚假，人物不可信，把人类历史上前所未有的事件拍成了一部平庸失真的电影，其原因就在于，这部电影没有伤害观众的感情。

有意思的是，凯尔泰斯是从集中营走出来的作家，但他有很多作品是在德国完成的，还受到了德国文学的基金支持。不仅如此，凯尔泰斯精通德语，酷爱德国文化，可以用德语自由写作。获诺奖后，他和第二任妻子长期在柏林生活，直到 2012 年因家庭的原因不得不回国定居。凯尔泰斯曾对其作品中文译者余泽民谈到集中营经验："不久前，在斯德哥尔摩，有位女士问我：你为什么偏偏选择柏林？我没有直接回答她，而是说：'那代人已经死了，我不能把他们的罪过归到下一代身上，而是应该帮助他们正视历史。'" 正是通过这段谈话，余泽民更加理解了凯尔泰斯。在他看来，奥斯威辛于凯尔泰斯，与其说是一个让他憎恨和恐惧的地方，不如说是一个思考的起点。"大屠杀是一种人类文化，他不把对纳粹德国的恨泛滥到今天的德国人身上，也是因为德国人深刻反省了二战中的罪孽。"

3

相比而言，凯尔泰斯对匈牙利的感情更为复杂。在日记体文集《船夫日记》的续篇《另一个人》中，凯尔泰斯写道："我们不能在自己当过奴隶的地方体尝自由。我们必须离开这里，必须去很远很远的地方。但是，我做不到。"在余泽民看来，这句话准确表达了他与跟自己祖国间的矛盾关系。少年时代，凯尔泰斯被"弱智"的祖国送进奥斯威辛；青年时代，他被专制的祖国剥夺了个人命运；壮年时代，他经历了屡次退稿和被迫的喑哑；老年时代，虽幸遇改革，但当他作为"匈牙利作家"被邀请到德国讲学时，自己的政府却表示他不能代表他的国家。而凯尔泰斯的矛盾，正在于匈牙利并没有像德国那样，对自己国家曾经犯下的罪孽做深刻的反思。但即便如此，凯尔泰斯从未想过要离开匈牙利，即使在出名后，在一次次出国讲学之后，他还是怀着惊悸回到家乡，因为他想通过"这种陌生的语言——我的母语，来理解那些凶手"。

而凯尔泰斯的伟大之处正在于，如《世界文学》主编高兴所说，他对奥斯威辛不仅停留于控诉，还上升到深刻的反思层面。"一般有集中营经历的人会不断控诉、沉迷于暴露苦难，但凯尔泰斯把奥斯威辛集中营看成是整个人类的堕落，对人类整体进行深刻反思。"也是在这个意义上，凯尔泰斯告诉我们，奥斯威辛作为一种人类文化，将会与人类共存下去；所以，我们要学会如何在奥斯威辛中幸存，在大屠杀中幸存。凯尔泰斯说："如果用目的论的眼光审视奥斯威辛的话，那么你显然相信你自己的生命是有意义的。也许你会干脆这样认为，上帝之所以使你幸存，是因为他选中了你来发现隐藏在奥斯威辛背后的警示。"

辑七　诗性

T. S. 艾略特：
时间流逝了，他依然在

1

T. S. 艾略特来了！或许只有经历过 20 世纪 80 年代文学辉煌的人，才能真正懂得这一声“来了”所包含的深刻的文化意味。

评论家张新颖至今记得，艾略特的作品是伴随着停在复旦大学食堂前的小卡车而来的。“记得吗？那时候袁可嘉主编的《外国现代派文学作品选》，是用车拉到复旦校园来卖的，中午食堂前围了一群人抢购。光是用这种方式，书就卖了 1 万册。”对于书中的选本译者，他也是记忆犹新：《普鲁弗洛克的情歌》用的是穆旦的译文，《荒原》是赵萝蕤重新修订的译文，“后来漓江出版社诺贝尔文学奖获奖作家丛书里有了裘小龙等翻译的那本厚厚的《四个四重奏》，我好几个同学有一阵子书不离手，不断地在书页上画条条杠杠、波浪线、三角符号”。

在评论家严峰看来，以今天的眼光看，这种热情有很大问题，当时言必称艾略特，可是大家读来读去也就是《荒原》，引来引去也就是一句“四月是最残忍的月份”。后来谈到对艾略特的研究，其实也只是说他的保守、“去个人化”“传统与个人才能”“客观对应物”，都是一些刻板化的，带着那个特定年代的痕迹的东西。“但另一方面，它又是非常有意义的。因为这构成了我们一种文化的养分，一种集体无意识。”

2012 年 6 月，五卷本《艾略特文集》由上海译文出版社出版。文集几乎囊括了艾略特作为诗人、评论家和剧作家所撰写的全部最优秀、最有价值的作品，同时也囊括了卞之琳、李赋宁、汤永宽、裘小龙、张子清等众多翻译与研究大家的精彩译作。诚如出版人赵武平所言，从 20 世纪 80 年代起，大家就想读艾略特，读全部的艾略特，盼了 20 多年，艾略特终于以更加完整丰富的面貌来了！这一声“来了”更让珍藏着那个激情燃烧的年代的记忆的人百感交集。

带着“一声叹息”与会的严峰如是感慨：在这样一个文学不断被边缘化，诗歌尤其边缘时候，见到这样一套书，有最好的翻译，最全的资料，可谓万事俱备，遗憾的是他终究还是迟到了。“真有一种‘恨不逢君未嫁时’的感觉，在我们最渴望看到艾略特的时代，我们看到的是零零碎碎的，充满了浮夸的那种片段式的阅读，当好东西来了，我们的激情消退了。很多事往往就是这样。当你满心希望读到的时候没能读到，可以读到的时候却没那么多人想读了。也许一万个人里有一个人读，对文学和诗歌而言就还有希望。”出版方更是明了当下不容乐观的文学环境，就这样一套“梦想之书”，只首印了 5000 套，他们还是十分担忧“能不能卖出去都不知道”。

2

如是担忧或许是多余的，因为艾略特从来不曾过时。2009 年，英国广播公司组织了一次网上投票，请听众和观众推举“全国喜爱的诗人”（不包括莎士比亚），艾略特排名第一，约翰·多恩紧随其后。这说明，艾略特的诗学价值已经泽及最普通的大众读者阶层。而在20世纪20年代初期，也就是艾略特刚出道的时候，他的诗作只有极少数文学艺术界的前卫人士才能欣赏。

这些能欣赏的“前卫人士”中，自然也包括了现在为我们所熟知的徐志摩、孙大雨和以穆旦、卞之琳等为代表的九叶派诗人。张新颖说，追溯艾略特与几代中国诗人的关系，把它们连缀起来就是一个很长的动人故事。很少有人能想到，艾略特在1922年发表了《荒原》，六年后徐志摩就写了一首副题为“仿T.S.艾略特”的诗《西窗》。此后过了两年，也就是1930年，又有一个人，他在纽约，在俄亥俄，然后回到中国，写了一首四百行的长诗，叫《自己的写照》。“他本来计划写一千行的，但是只写了四百行，写这个长诗的青年人就是日后当了复旦大学外文系教授的孙大雨。这首诗是完全艾略特式的，今天读来依然震撼。”

后来成了翻译家的王佐良，在写于1947年的一篇文章中，曾这样描述艾略特的影响：“在许多下午，饮着普通的中国茶，置身于乡下来的农民和小商人的嘈杂之中，这些年轻作家迫切地热烈地讨论着技术的细节。高声的辩论有时伸入夜晚：那时候，他们离开小茶馆，而围着校园一圈又一圈地激动地不知休止地走着。”穆旦于1949年赴芝加哥大学读英文系研究生时，成绩单上排在最前面的一门选课就是：T.S.艾略特。张新颖这样解释这些青年人刚接触到艾略特等现代主义诗人的诗歌时的那种兴奋和沉迷：“这些诗击中了他们在动荡混乱的现实中所感受的切肤之痛，并且磨砺着他们对于现实的敏感，启发着他们把压抑、郁积着的现实感受充分、深刻地表达出来。”

新中国成立后很长一段时间里，艾略特在中国成了一个反动文人，腐朽的现代派，但作为一种潜在的写作影响，他依然惠及了北岛等朦胧诗诗人的写作。在严峰的理解里，朦胧诗中有很多新时期的浪漫主义的成分，但在北岛的诗中也出现了去浪漫化的痕迹。“比如他的《白日梦》，写的‘在秋天的残暴之后，十一月被冰霜麻醉，展平在墙上’，可以说是从《普鲁弗洛克的情歌》里照搬过来的。艾略特这样写道：‘让我们走吧，正当朝天空铺展的黄昏，好似病人麻醉在手术台上。’我很高兴在北岛这里，看到艾略特不死，九叶派不死。北岛那个时代那么艰难，还能将这些薪火相传，能把这个脉络续上。我们这个时代难道就甘心让它永远失落了吗?”

3

而这个脉络之所以能接续，最重要的原因实际上还在于艾略特诗歌的时代感。“文集”主编、艾略特研究专家陆建德，在为“文集”所做的序言中，特别引用了艾略特在1930年为约翰逊博士两首诗的合订本作序时写到的话，“不管人们愿意与否，他们的感受性是随时代而变化的，但是只有一位天才人物才能改变表现的方式。很多二流的诗人之所以是二流的，就是因为他们缺少那种敏感和意识来发现他们与前一代人感觉不同，必须使用不同的词汇。”事实上，艾略特就是一位改变了他那一代人表现方式的“天才人物”。

艾略特曾在1950年发表过一次题为《但丁对于我》的演讲，他解释什么是诗：“新诗的源头可以在以往被认为是不可能的、荒芜的、绝无诗意可言的事物里找到；我实际上认识到诗人的任务就是从未曾开发的、缺乏诗意的资源里创作诗歌，诗人的职业要求他把缺乏诗意的东西变成诗。”

让张新颖感到惊讶的是，20世纪70年代，东方歌舞团的一个人写信向穆旦请教怎样写诗时，穆旦做出的解释和艾略特的诗歌见解几乎一模一样，连表达的意象都特别相像。“要知道那个年代，穆旦不可能读到艾略特的这个演讲。所以这样的相通可以给中国新诗带来多大的改变。不过，一直到今天为止，我们理解新诗的时候，还是会把诗想象成一个浪漫的、风花雪月的吟诵，那就比 20 世纪 40 年代都不如了。”

或许正因为此，当艾略特以全新的面貌来了，激发我们的不该只是重温一遍《荒原》第一节的开头：“四月是最残忍的月份，从死去的土地里/培育出丁香，把记忆和欲望/混合在一起……”而是对艾略特的整体理解及对其诗歌理想和精神的重新领悟。因为只要回到内心的本源，直到今天你一定还能清晰地感受到，在我们的时代里，艾略特依然在。

W. H. 奥登：
每一片土地，都是值得怀疑的土地

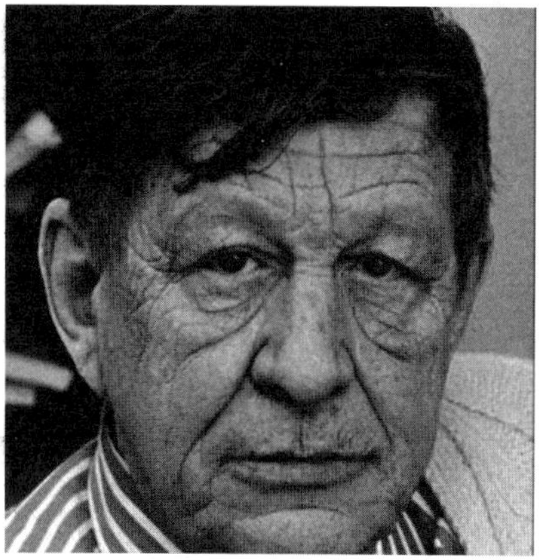

1

卓越的诗人，召唤同样卓越的诗人给予恰如其分的评价。比如二十世纪最伟大的诗人之一 W. H. 奥登，虽然因特殊的缘由——1965年，奥登和萨特、肖霍洛夫一起进入了诺贝尔文学奖的最后一轮。因为他二战后加入美国籍，而美国小说家斯坦贝克两年前刚刚获奖，奥登终被排除在外——与诺奖失之交臂，有关他的杰出成就，却有约瑟夫·布罗茨基、谢默斯·希尼、德里克·沃尔科特等诺奖得主做出长达数万字的论述，且皆已成为诗歌评论史上的经典。

布罗茨基最早在一本题为《从勃朗宁到现今》的翻译成俄文的英国诗选中，读到奥登的诗。那首诗叫做《地点不变》，其中写道“没有去得比火车终点站或码头更远的人，/会不去或不送他的儿子……”。诗句所揉合的否定式外延的独特句法使布罗茨基大为震惊。

此后，每当他铺开稿纸，这个句子便会像幽灵一般纠缠着他。后来，布罗茨基被捕入狱。他在服刑期间再次“遭遇”奥登。那是一本原文的英语诗选，一打开便是奥登的名作《悼念叶芝》。像“水银柱跌进垂死一天的口腔”这样宛若天成的佳句，使布罗茨基再次领略到奥登的精湛技艺，他更为诗中体现出来的无比的思想深度而折服。

对奥登的无比推崇，成了布罗茨基命运的分水岭。当他被驱逐出境，并选择用英语写作。他自称，这纯粹是为了使自己更亲近“二十世纪最伟大的心灵”：奥登，也就是“为讨喜一个影子”。他还说，即使被视为奥登的模仿者，“对我来说也仍然是一种恭维”。1987 年获诺贝尔文学奖后，在受奖言说中，他对奥登表达了无限的敬意。布罗茨基最后一次见到奥登是在英国诗人史蒂芬·史班德的家中。在用餐时，由于椅子太低，女主人用两卷《牛津英语词典》给奥登当坐垫。日后布罗茨基回忆道，那是“我看到唯一一位有资格用那两卷词典当坐垫的人。”

2

试图洞悉奥登诗歌奥秘的人，通常都会读布罗茨基的《析奥登的1939 年 9 月 1 日》。这不仅在于布罗茨基抽丝剥茧分析奥登的逐行评论，其论述之精湛，赢得诸如希尼“是对作为人类一切知识的清音和更美好的精神的诗歌所唱的最伟大的赞歌”的高度评价。更在于这首诗里，包含了对奥登诗歌与人生的深刻理解。

1939 年，奥登和他的同性情侣、著名作家衣修伍德离英赴美。他的这一行动，受到包括仰慕者在内的许多同胞的指责。因为他以写作战争诗歌和谴责法西斯主义闻名，却在英国反法西斯战争前夕离去。奥登的这一选择，似乎可以找到很多解释。他的传记作者汉弗瑞·卡彭特说，奥登过了几年田园诗般的日子后四处旅行，他确乎试图找到某种理想，也想与欧洲拉开距离，以便客观地审视它，但他做不到。然而，回英国也找不到答案。但他想要“赌得大一些”，来开阔自己的经验，让世界来充实其思想，去美国就成了自然而然的选择。

在布罗茨基的理解里，对美国语汇的迷恋才是促使奥登移居美国的重要原因。以奥登在英国获得的崇高荣誉，他的前景就是加入文化权贵的行列，这就意味着他的诗歌创作资源面临枯竭。他需要从不同来源、不同层次、不同时期的英语中汲取营养。“很自然地，像他这样一个常被指责为在《牛津英语词典》中搜寻古词僻字的人，不大会忽视美国所提供的机遇。”移居美国后，奥登的诗句里多了不少美国词汇。“他几乎在着迷地将那些美国词掺进不列颠词汇之中，通过诸如‘下等酒吧”和“粗俗的城”这样一些词，他的语言结构——以及整个英语诗歌的语言结构——都明显地富有生气了。”

确乎如此，奥登的诗总是在叙述一段旅程或一次调查，或是字面的或是隐喻的。旅行深刻地改变了他对许多问题的认识，他的信仰也发生了剧烈变化。从早期对弗洛伊德心理分析的皈依，到后来转向马克思主义历史哲学，而以基督教神学为最终依归。结果是他写出一系列长诗，其中《双重人》探究了人类的境况，并给予基督教的回答。《暂时》表现了教徒和人文主义者的心理及所处的窘况。随着诗集《阿喀琉斯之盾》的出版，奥登的诗歌创作进入了最后一个高峰。他的写作也完成了从最初拒斥传统到最终与其完美融合的圆满旅程。

3

而在 1938 年春天，奥登曾到过中国战场，留下了值得反复品味的《在战争时期》组诗，影响了整整一代中国诗人。这年的 2 月 16 日，奥登与衣修伍德抵达香港。此后近四个月，他们辗转于中国各地，一路经过广州、汉口、郑州、徐州、西安、南昌、金华、温州、上海，采访过战事前线，也见过蒋介石、周恩来等政界要人。回国后，他们就中国之旅做过几次讲座，还分别以诗、文写下中国见闻，合著成《战地纪行》一书于1939年3月在英国出版。

事实上，奥登来到中国，与其说是对中国感兴趣，不如说是因为对战争题材有着近乎死亡本能的偏好。来中国之前，他就去过内战如火如荼的西班牙。而奥登之所以关注战争，更深层的原因在于，他一直关注人类的处境及人在命运制约下的反应和选择，从中探索人类在极端处境下最本真的心性。

从1940年代开始，奥登就对中国现当代诗歌创作产生了重要影响，他的名作《悼念叶芝》由穆旦译成中文后，传诵一时。近年，奥登为中国读者认知，更多源于他的诗歌《葬礼蓝调》曾在电影《四个婚礼和一个葬礼》里被深情朗诵。

尽管如此，奥登在国内的知名度，却远逊于与他齐名的叶芝和艾略特。叶芝的诗很早就被大量译成中文，《当你老了》等诗歌的翻译脍炙人口。而《荒原》刚刚被翻译过来时，正好碰上1980年代的思想启蒙运动，对当时中国知识分子产生巨大影响，艾略特也因此被国内读者广为接受、认识。

在诗人桑克看来，奥登的诗堪称诗坛的“尤利西斯”。“奥登是20世纪最渊博复杂、难度最高的诗人。他的诗歌的‘不可’翻译，注定他难以‘流行’。”桑克表示，如果说艾略特的诗真实反映了20世纪特别是战后西方的社会现实，奥登的诗歌则更具有未来性。“奥登不是集大成者，但是个开创性的诗人。他生活在20世纪，却属于21世纪，读他的诗歌会让我们更有共鸣。”

某种意义上正是受了奥登的影响，1940年代九叶派诗人没有像瓦莱里、里尔克、艾略特、叶芝那样走向纯粹超验的、先锋的、颓废的、形而上的、神秘主义的、极端个人化的写作，而是坚持回到艺术与人生的关联。而他们所持守的社会关怀和政治化取向，也使得他们的诗歌创作体现出一种奥登式的反崇高、反浪漫、冷静超然的现代气质，从而没有流于普罗文艺和抗战诗歌的英雄主义的浮夸。

4

毫无疑问，奥登并不属于因信仰而变得确信的诗人。而他皈依基督教，毋宁说是因为不确信而力图让自己有所信仰。诚如有评论所说，奥登无论写什么，他的一只眼睛永远盯着文明，看他或他的主题所处的地方是否安全，所立足的土地是否稳固。因为，每一片土地，可以说，都是值得怀疑的土地。如果说，这一节诗是优美的，其优美在于这种字里行间的不确信。

也因为此，他的诗歌就其主要特色来说，是反讽的，间接的，非个人的，甚至是反诗歌的。自 1930 年代与牛津大学的伙伴戴・刘易斯、麦克尼斯和史彭德一起以左派文人的姿态亮相诗坛开始，他就善于把数学、自然史、地理学、气象学、考古学、神话学、礼仪、烹饪等知识源流引入诗歌。他的处女作《诗集》里，就经常出现“高压线”、“涡轮机”等缺乏“诗意”的景观，矛头直指现代工业社会，开英国一代诗坛之新风，并因此被称为“奥登派”或“奥登一代”诗人。奥登的诗歌可谓大众文化、当下事件与方言口语的奇妙结合。他总能在结构句法、双关语、多语种幽默混搭，乃至俚语土话、低俗字眼的使用中有新的创造，并在每一个创造中引发出诗歌的新方向。

某种意义上，这源于他的家庭背景和个人教育。奥登 1907 年生于约克郡。父亲为医生，母亲是护士，家庭氛围是科学而非文学。十六岁之前，他的兴趣也是科学，他最喜爱的事物是机器与矿山。1925

年入牛津大学攻读文学时，他也广泛阅读心理学。如此深厚的积累，大大扩展了奥登诗歌的表现领域。而他也有能力经由琐碎的、非诗意的事物，用明显私人性的象征和语言，确立起艺术与人生、诗人与社会的关联。他的诗歌诚如布罗茨基所言，从开始到最后，都闪烁着活跃的智慧，以致后辈在进入成熟期之后依然能从中获得启悟。

1973年秋天，在维也纳的一次诗歌朗诵之后，奥登因心脏病发作突然去世，闪耀在他诗歌中的理性之光和爱的勇气遂成绝响。就像他在《19世纪英国次要诗人选集》序言中所说，成为一个大诗人必得多产、广度、深度、技巧、蜕变，而在观察人生和风格提炼上显示出的独一无二的创造性，更使他的诗歌在不同的年代都能给人以深刻的启发，而这恰恰是我们今天要重读奥登的理由所在。

附　录

纳博科夫的“傲慢”与奥登的“偏见”

同为二十世纪的大作家，弗拉基米尔·纳博科夫和W. H.奥登无论身世和思想都有太多的不同，但前者根据其离开故国俄罗斯后于1940至1950年代在美国斯坦福大学等高校开设的文学课程整理和编辑而成的文学讲稿三种，后者的散文集《染匠之手》，却有显而易见的共同之处：某种意义上这都是他们为谋求生计而作，但较为全面地反映了他们的文学价值观，以及独特的切入文学的角度。他们的所思、所感，正应了纳博科夫一本访谈集的书名：独抒己见。而且他们核心的关注点虽然是文艺，却未尝不是折射出了他们在二十世纪中的全部重要经验。

在《染匠之手》前言里，奥登坦然道，关于我们的文明，一个令人伤心的事实就是，诗人只有通过写作或谈论关于自己诗艺的东西，而不是通过写下实际的诗，才能赚到更多的钱。由此，如果说奥登写下的所有诗歌都是为了爱，他写受托的散文作品，包括收入其中的他以牛津大学诗歌教授身份发表的演讲录，则是为了赚钱。但实际上，就像该书译者、诗人胡桑所说，这只是奥登一个谦虚的说辞，他真正的用意还是想在散文里面把思想呈现出来。“而且这也是奥登特别看重的一部作品，动用了他能动用的所有思想资源和文学资源，在里面几乎可以说，他实践了本雅明的理想，用引文去写作。”

纳博科夫自然是很少用引文的，他也没那么在意所谓的思想。而且他特别强调，他切入文学的唯一视角就是他对文学的兴趣，也就是说，从艺术的永恒性和个人天才的角度来看。因此，他认为陀思妥耶夫斯基相当平庸，理由就在于他在陀氏作品里体味的陈腐的说教与“被美化的陈词滥调”。在《俄罗斯文学讲稿》写托尔斯泰的章节里，他写道：“托尔斯泰是俄国最伟大的小说家。撇开他的前辈普希金和莱蒙托夫不说，我们可以这样给俄国最伟大的作家排个名：第一，托尔斯泰；第二，果戈理；第三，契诃夫；第四，屠格涅夫。这很像给学生的论文打分，可想而知，陀思妥耶夫斯基和萨尔蒂科夫正等在我办公室门口，想为他们自己的低分讨个说法。”

诚如书评人晓林子悦所言，纳博科夫对托尔斯泰的赞美，隐现他对昔日的眷念，因为托尔斯泰与他父亲相熟，这位白胡子小个儿老头是他幼年幸福时光里的一个影像。他对托尔斯泰的欣赏也隐含了他们在文学观上的默契。纳博科夫说，托尔斯泰“永远执着于没有时间限制的属于全人类的重要问题”。在1969年接受《时尚》杂志采访时，纳博科夫说道：“一个傻瓜也能明白托尔斯泰有关通奸的态度，但要欣赏托尔斯泰的艺术，好的读者就需要想象。”

但在这部讲稿里，纳博科夫把更多篇幅给了陀思妥耶夫斯基，他讲解了陀思妥耶夫斯基《罪与罚》《白痴》等五部作品，而给予托尔斯泰的却只是《安娜·卡列尼娜》，以及一部中篇小说《伊凡·伊里奇之死》。纳博科夫还批评道，《堂·吉诃德》属于很早、很原始的小说类型，整体结构和情节都是粗糙的，它的文学地位是被强化的、不断叠加演绎的结果。但他还是用长达二十余万字的《〈堂·吉诃德〉讲稿》来分析塞万提斯和他的这部不朽作品。

这难道仅只是为了投合学生的趣味，并因此乐得向学生展现他眼中的“反面教材”？毕竟，曾经富有的纳博科夫移居美国后境况大不如前，凭《洛丽塔》成名之前，都颇为拮据。他需要靠在大学里讲课维持生活。事实未必如此，可以肯定的是，无论讲述哪个作家作品，诚如晓林子悦指出，纳博科夫都努力给学生提供有关细节以及细节之间联系的确切信息，以及感性的火花。“在纳博科夫眼里，没有感性的火花，一部作品就没有生命。”

奥登的见解颇为不同，他更倾向于删除一些不必要的联系。他说：“一首诗必须是一个封闭体系，但是，在我看来，体系化的批评会纳入一些死气沉沉甚至错误百出的东西。在对自己的批评文章进行润色时，只要有可能，我就会将它们删减成笔记，因为作为一个读者，我偏爱批评家的笔记本胜于他的论文。”

虽然如此，奥登却希望人们逐篇地阅读这些笔记，因为这些笔记章节的秩序是经过深思熟虑的。奥登也的确非常重视读者，他曾经说过，即便他那些看似抽象而非个人化的诗歌，也都在尝试与读者建立某种交流；他认为他的读者都是独立个体，他可以倾吐衷言，也可以与他们面对面地交谈，读者并非集体性的大众，他也不是从一个知识或权威的超然位置来发表演讲。

相比而言，纳博科夫看似特别高姿态，他近乎有意与读者对抗。在 1964 年接受杂志采访时，他说：“我的写作只取决于唯一的读者——我的自我。”三年后，接受《巴黎评论》访谈时，纳博科夫又说，“我不关心公众道德”，人物不是作家的傀儡，写作不需要处理思想，“最好的观众就是他每天在剃须镜中看到的那个人”。

以此推论，纳博科夫像是个标高独立的诗人，奥登倒更像是个更具日常性的作家。纳博科夫说：“风格是一个作者的习惯，是将这个作者区别于其他任何作者的特殊手法。”他最有名的一句话，莫过于他在《文学讲稿》里声明的“风格和结构是一部书的精华，伟大的思想不过是空洞的废话”。但奥登却说T. S. 艾略特“是个非常特殊的诗人，不可模仿”。所谓不可模仿，以诗歌评论家朵渔的看法，无非是风格上的独创性过于明显，模仿即死亡。

因此，如朵渔所说，奥登宁可往回走，着迷于恢复传统的诗歌形式，在一个守成的位置上开拓自己的天地，而不是顺理成章地去做一个“现代主义的继承人”。不同于艾略特，奥登更加看重诗歌的可交流性，“没有与人交流的愿望，不会成为艺术家，只会成为神秘主义者或疯子”。朵渔表示，为了达到一种普遍的交流状态，奥登倾向于一种“轻”写作，他的语言很直接并接近普遍的表达。当然，纳博科夫看似一个不妥协的现代主义者，实际上也是文学传统的坚守者，看他推崇狄更斯、福楼拜等传统作家的创作就可想而知了。

不拘一格如纳博科夫，或许会赞同奥登在《创作、认知与判断》一篇里提出的一个说法，在别人的眼里，如果一个人写下一手好诗，那么他就是诗人。而在他自己眼里，只有在为一首新诗做着最后的修订时，他才是诗人。在这一刻之前，他只是一名潜在的诗人，在这一刻之后，他只是一个停止写诗的普通人，也许永远停下了。也就是说，奥登每一次写诗都在诗人与普通人之间转换。纳博科夫同样如此，在写作之外，他更是一个喜欢捕捉蝴蝶和收集蝴蝶标本的普通人，他的不普通在于他从中领受了很多启发。在他看来，和捕捉五彩斑斓的蝴蝶一样，领悟文学之美，同样应当着力于捕捉特殊性所带来的愉悦。

费德列戈·加西亚·洛尔迦：
在一滴水中，找寻他的声音

1

“对艺术，从来都必须付出代价。”当费德列戈·加西亚·洛尔迦写下这句被广泛流传的名言时，这位声名卓著的西班牙诗人一定没有想到，多少年后他将为自己的写作付出生命的代价。

1936 年 7 月 17 日，西班牙内战爆发。8 月 16 日，洛尔迦被捕。反动势力长枪党宣布的唯一罪状是：“他用笔比那些用手枪的人带来的危害还大！”两天后的凌晨，他被转到格拉纳达西北方山脚下的小村庄，和一个中学老师及两个斗牛士一起关在旧宫殿里。紧接着，他们被押上卡车来到山脚下的一块空地上。在破晓以前，一阵枪声，时年 38 岁的洛尔迦和他的三个同伴倒在橄榄树林边。

诗人不幸遇害，引起了全世界的关注，他的声名迅速传遍每一个文化角落。在中国，诗人北岛记得，他最早读到戴译《洛尔迦诗抄》

是在 20 世纪 70 年代初。当“诗抄”气喘吁吁传到他们这批诗人手中时，曾引起怎样的激动。洛尔迦就这样一度笼罩了北京地下诗坛：方含的诗中响彻洛尔迦的回声；因了洛尔迦，才有芒克失传的长诗《绿色中的绿》。顾城的诗里更是落满了洛尔迦的光与影。在一篇“诗话录”里，顾城写道：洛尔迦的谣曲写得非常动人，他写哑孩子在露水中寻找他的声音，写得纯美之极。“我喜欢洛尔迦，因为他的纯粹。”

或因如此，即使在诗歌式微的当下，洛尔迦也从未被忘却。当人们回顾起西班牙内战以及佛朗哥长达 40 年的独裁统治这段苦痛的历史时，几乎没有比他的死更让人痛彻心扉的了。在佛朗哥独裁期间，直到 1953 年，在严格审查下其部分作品才得以解禁。1975 年佛朗哥去世后，洛尔迦的生平和死亡才开始被允许公开讨论。近年，在阿尔法卡镇南部一处半个足球场大的乱葬冈，西班牙格拉纳达大学的考古及历史学家们开始了挖掘工作。几十年来，人们一直怀疑洛尔迦的遗骸正是被埋藏在此，如今他们要将诗人的尸骨挖掘出来，重新完好地埋葬入土。

对此，洛尔迦家族内部意见并不统一。信奉无政府主义的斗牛士加拉迪和教师加林多赞成挖掘遗体，其他人却一致反对。洛尔迦家族基金会主席、洛尔迦的侄女劳拉表示，“我们从不在乎确切的埋葬地点，我们只是希望他的栖身之地能得到保护。因为洛尔迦是个名人，我们视其为一个守护者，以保证所有其他受害者的遗体都不被打搅或遗忘。”

同样的争议，存在于普通西班牙民众之中。受制于佛朗哥留下的十分复杂的政治环境，在他死后，各政党达成了某种默契，不深究内战和佛朗哥时期的往事。随着西班牙经济和社会自由的逐步增长，大家更是回避讨论历史遗留问题。西班牙新生代正面临尴尬，他们曾被父母和祖父母告知佛朗哥的丰功伟绩，现在却很可能不得不接受截然相反的历史事实。

直到最近十来年，佛朗哥带来的这片死寂才渐渐难以抵御声讨历史的连绵呼声。那些关注大屠杀的书籍及纪录片得到出版和发行。然而，有个现象依然显示着以往的纷争：伫立在马德里的洛尔迦塑像，每天都有左派把一条红色方巾系在脖子上，而右派的人则去把它取下来。西班牙现代史上的这道伤口，仍在苦苦等待弥合的契机。

2

我们无从确证，洛尔迦是否在某种程度上因为他的非正常死亡，使得声誉迅速流传。可以确定的是，在与他一样堪称伟大的同时代西班牙诗人里，唯有洛尔迦在中国产生了广泛而深远的影响。这与他的传奇身世有关，更与在中国现代诗歌史上有着传奇色彩的雨巷诗人戴望舒有关。

戴望舒曾于 1933 年经巴黎赴西班牙旅行。这次旅行的重要收获之一，便是对洛尔迦的认识。感动之余，他挑选了洛尔迦诗作中的一部分，附了个简短的介绍，寄回祖国来发表在一家诗的刊物上。洛尔迦遇害后，戴望舒决定系统翻译他的诗歌，却因心脏病突发逝世，终未能全部完成。后来，经作家施蜇存整理，其包含了 32 首诗的遗稿才得以于 1956 年结集出版。

戴译诗作此后被系统收入 1983 年 4 月出版的《戴望舒译诗集》；1999 年 3 月，漓江出版社推出赵振江译诗，中间加入洛尔迦的照片、绘画，还附录了他的两部戏剧。近期，由赵振江翻译的《深歌与谣曲》《诗人在纽约》两部诗集由上海译文出版社出版。读者得以重温《梦游人谣》中的经典诗句："绿呵绿/我多么爱你这种颜色/绿的风，绿的树枝/船在海上/马在山中"

据说，戴望舒回国后曾和施蛰存谈起，洛尔迦的抒情谣曲怎样在西班牙全国为普通百姓传唱。“广场上，小酒店里，村市上，到处都听得到美妙的歌曲，问问它们的作者，回答常常是：费德列戈，或者是：不知道。”这不知道作者是谁的谣曲，往往出自洛尔迦之手。诗人的作品简洁明快、易于吟唱，于此可见一斑。

这在很大程度上源于，洛尔迦继承了“深歌”——一种古老的安达卢西亚吉卜赛民歌的传统。1921 年夏，洛尔迦厌倦了呆板的学校生活，常和朋友们到首都马德里阿拉汉伯拉宫围墙内的一家小酒馆聚会。而两年前，洛尔迦正是由于家乡的变局，在“九八一代”代表诗人马查多的劝告和朋友的怂恿，并在日后成为西班牙第二共和国司法部长和教育部长的雷沃斯的推荐下，才来到位于马德里号称“西班牙牛津剑桥”的寄宿学院的。在那里，以诗歌和散文创作初露锋芒的洛尔迦，第一次尝试写作剧本《蟑螂》，只上演一场就告永久落幕。

正是在这些聚会上，在古塔林立的吉卜赛人居住区，洛尔迦听到了在 19 世纪被弗拉明戈取代前广为流传的深歌的哭泣。这是他有生以来第一次被一种歌唱打动，“甚至战栗不止”。深歌的力量如此之大，出乎洛尔迦的预料，他发誓要组织一场深歌艺术节，在筹备的同时，他仅用 21 天时间就写出了包含 31 首诗的《深歌集》。1922 年 6 月 7 日，洛尔迦在格拉纳达一家旅馆朗诵了诗集。一周后，艺术节拉开序幕。参加比赛的歌手一一登场，响板迭起，吉他悸动。对于洛尔迦来说，这是和月亮和雨比赛，“正像太阳与阴影之于斗牛一样”。

1927 年，为纪念民族诗人贡古拉逝世三百周年，洛尔迦和朋友们举办了一系列活动，马查多、法拉、毕加索和达里等人都热烈响应。贡古拉三百年祭，促成西班牙诗歌“二七一代”的诞生。“二七一代”核心成员，除洛尔迦外，还有阿尔贝蒂、豪尔赫·纪廉，以及日后获诺贝尔文学奖的诗人阿莱桑德雷等。洛尔迦承继“九八一代”诗人代表马查多，及因肺结核死在佛朗哥狱中的诗人赫尔南德兹，使西班牙诗歌的精神命脉得以延伸。

从1928年春到夏初，洛尔迦忙于整理他的《吉卜赛谣曲集》。7月此书问世，获意想不到的成功，人们甚至能背诵吟咏。后获诺贝尔奖的阿莱桑德雷在贺信中写道：“我相信你那纯粹的无法模仿的诗歌。我相信你是卓越的。”其中《梦游人谣》，是洛尔迦的代表作之一。1928年7月，《吉卜赛谣曲集》问世后，获得了意想不到的成功，人们甚至能背诵吟咏。但是很快，他就越来越深地陷入难以调和的苦恼中，尤其是他的同性恋倾向，及由此卷入的与同性情人、青年画家萨尔瓦多·达利之间的情感漩涡，使他精神濒临崩溃，几乎到了要自杀的地步。1929年，达利和布努埃尔合作的电影《一条安达卢西亚的狗》也被他看成是对自己的恶意攻击，他迫切需要生活上的改变。

为了克服情感和创作上的危机，31岁生日那天，洛尔迦收到护照。他乘火车到巴黎，转道英国，再从那儿乘船去美国。在纽约，他住了9个月，写了大量的诗歌。按洛尔迦自己的话来说，他写纽约的诗像交响乐，有着纽约的喧嚣与复杂。在北岛看来，洛尔迦这一阶段的写作，显然不像他早期作品中那样得心应手，但它开阔了他对人性黑暗的视野，丰富了他的语言经验和意象光谱。这些诗作后结集为《诗人在纽约》，直到1940年才问世。

3

从纽约回到西班牙之后的六年，洛尔迦将主要精力投入了戏剧创作。他率亲自组建的“茅屋”剧团去各地演出戏剧，并创作出《血婚》《叶尔玛》等经典戏剧。而他组建剧团就是要“把戏剧搬出图书馆，离开那些学者，让它们在乡村广场的阳光和新鲜空气中复活”。

诗歌写作并未中断，1934年8月11日，洛尔迦本打算和剧团一起去北海岸的小镇桑坦德演出一周。就在当天下午，他的好朋友梅亚斯在斗牛场上受重伤，两天后不治身亡。10 月底，洛尔迦开始写他一生最长的诗《伊涅修·桑切斯·梅亚斯的挽歌》。“在下午五点钟。/正好在下午五点钟。/一个孩子拿来白床单/在下午五点钟。/一筐备好的石灰/在下午五点钟。/此外便是死。只有死/在下午五点钟。”

日后，回想起这首伟大挽歌的创作过程，洛尔迦说：“致命的‘在下午五点钟’这一句子像钟声充满我的脑袋，浑身冷汗，我在想这个小时也等着我。”洛尔迦似乎凭直觉预感自己的死亡。在此期间，西班牙局势急剧恶化。在朗诵排戏的同时，洛尔迦卷入各种政治活动。他谴责德国和意大利的法西斯暴政，在反对埃塞俄比亚战争的公开信上签名，为入狱的年轻诗人赫尔南德兹呼吁。

某种意义上正是基于此，洛尔迦赢得了西班牙人民的心灵。1936 年元旦，他收到从家乡寄来的有镇长和近 50 名村民签名的贺年卡，上面写道：“作为真正的人民诗人，你，比他人更好地懂得怎样把所有痛苦，把人们承受的巨大悲剧及生活中的不义注入你那深刻之美的戏剧中。”

的确如此，对社会、政治问题的正视，也未曾让洛尔迦片刻远离自己的美学立场。他有一种与生俱来的纯粹。这种纯粹里，有着他幸福童年的影子。少时的洛尔迦生活在温暖的家庭里，个性自由伸展。成年后，他把童年美化成田园牧歌式的理想生活。他从来不想长大，临去世前一年，他说：“还是我昨天同样的笑，我童年的笑，乡下的笑，粗野的笑，我永远，永远保卫它，直到我死的那天。”

保罗·策兰：
沉入塞纳河的启示之光

1

1947年12月，保罗·策兰在被追杀的最后一刻，逃离了罗马尼亚的布加勒斯特，和两年前抵达此地时一样，他只随身带着几本书和自己的诗稿，还有关于父母的记忆。他没有任何合法文件，付了很多钱给蛇头后，才得以偷渡边境。在日后策兰的记忆里，这是一趟“可怕的艰难之旅”，他睡在废弃的火车站，在匈牙利农民的帮助下，向目的地进发。在布达佩斯逗留一周后，他终于抵达了童年时代神往的城市——维也纳。

带着老师斯贝尔拜的介绍信，策兰拜访了奥地利文学界的名人巴塞尔，介绍信中称策兰是“德国新一代最有原创性的诗人”。在一次朗诵后，他写信给老师表达了自己的感激之情，因为在维也纳，有人称赞他是奥地利及德国最伟大的诗人。而在另一封寄往布加勒斯特的信上，他署名为“条顿母语的悲哀诗人”。如此截然不同的称谓，其实并非是矫情，只是说明了他当时处境的艰难。看似被夸大的声誉，让他在流亡的他乡获得了及时的援助。当然，这份“伟大的荣誉”不止是虚饰，同年 5 月发表于罗马尼亚文学刊物《同时代》上的一曲“死亡赋格”，已使他在一夜之间，冲上了声望的巅峰。

最初名为“死亡探戈”的《死亡赋格》写于 1944 年春。一天早上，在大教堂的铁栏杆旁，策兰为一位朋友朗诵了这首诗。后来策兰在此诗后标明“布达佩斯，1945 年”。说明这是他在家乡写成初稿，1945 年 4 月移居布加勒斯特才最后完成的诗篇。也是在此期间，他开始用由本姓 antschel 的罗马尼亚语拼法变化而来的“安切尔”作笔名。不久，他又将这名字的两个音节前后颠倒，成了“策兰”。他说，这样感到自己成了另外一个人。事实也是如此，这一在拉丁文里意为“隐藏或保密了什么”的名字，意味着此后不仅他的身世，他悲剧性的内心、甚至还有他的死，都将被置于痛苦而又扑朔迷离的背景下。

《死亡赋格》在战后德语诗坛引起的震动，致使流亡美国的犹太裔德国哲学家阿多诺终于收回了那句“奥斯威辛之后写诗是野蛮的，也是不可能的”的格言，因为“长期受苦更有权表达，就像被折磨者要叫喊”。之后，策兰出版了多部诗集，达到令人瞩目的艺术高度。由于他对语言的深度挖掘，对后现代主义诗歌的开创性作用，特别是美国语言派，更奉他为宗师。西方评论界普遍认为，策兰是有着重要影响的世界级德语诗人，只有伟大的里尔克可以和他相提并论。

在华文诗歌界，围绕策兰的诗歌曾引发一场激烈的争论。诗人北岛在《收获》杂志上撰文解读策兰，并对策兰诗译者尤其是诗人王家新的译文提出批评，引来王家新针锋相对的反驳。刚刚过去的 2010 年，策兰诞辰 90 周年，同时也是他辞世 40 周年，国内出现了新一轮译介策兰的热潮。继北岛、王家新等诗人的译介后，孟明翻译的《策兰诗选》也出版了增订过的简体字中文版，两个版本的策兰传记及研究专著《策兰与海德格尔》陆续出版，“策兰 11 卷集”也于 2011 年初开始陆续推出，国内读者已可以通过中文译作一窥策兰诗歌的生动面貌。

2

事实上，就在《死亡赋格》广为传播的同时，策兰已经开始了自己的告别。诗作被上演，被谱曲，被选入中学课本和各种诗选，在电台和电视台朗诵，非但没有让他感到欣慰，反而日益引发他对自身创作的怀疑和羞耻感，他后来甚至拒绝人们再把《死亡赋格》收入各种诗选。此后，他的写作没有再以对苦难的渲染来吸引人们的同情，而是通过对语言内核的抵达，以对个人内在声音的深入挖掘，开始了更艰巨、也更不易被人理解的艺术历程。

或许，阿多诺对奥斯威辛的反思，可借以解释策兰这种看似怪异的转向。对阿多诺来说，奥斯威辛之恐怖，不仅在于大规模屠杀的野蛮，还在于其过程中所表现出来的“理性”和文化的可怕变异。在阿多诺看来，西方整个文明和文化都应对此承担责任，不然它就会“倒退到野蛮”，甚或还会成为大屠杀的同谋。因此，奥斯威辛之后不是不能写诗，但写诗的前提必须是彻底的清算和批判——不仅对凶手，还有对文化和艺术自身的重新审视和批判。

基于同样的原由，策兰认为，在死亡的大屠杀之后，再用那一套“诗意”的语言，不仅过于廉价，也几乎是等于给屠夫的利斧系上缎带。因此，他要求一种更冷峻的、更事实、更“灰色”的语言，“它不美化也不促成‘诗意’；它命名，它确认，它试图测度被给予的和可能的领域。”他甚至从惯常的“美”的、“人类的”事物中转开，而从“无机物”语言、“死物的语言”、遗骸的语言、植物学、地质学、天文学、昆虫学的冷僻语言中去寻找和发掘。这使他的一些后期诗，初看上去就只是一堆破碎的“矿物碎片”，或一群怪异的幽灵般的词语。

也因此，策兰被称为“20 世纪最复杂、深奥的诗人”。他的复杂、深奥不仅源于他所面对的特殊历史状况，还源于他独特的“出身”和经历。1920 年 11 月 23 日，策兰出生在今天东欧乌克兰境内一个讲德语的犹太家庭。1938 年春，策兰高中毕业，德国军队进军维也纳。同年 11 月 9 日，他动身去法国上医学预科，火车经过柏林时，正赶上纳粹对犹太人的第一次大屠杀。他后来回首那一刻：“你目睹了那些烟/来自明天”那是欧洲犹太人生活终结的开始。

1942 年，策兰的父母被驱逐到纳粹集中营，并相继惨死在那里：其父因强迫干活致伤寒而亡，其母则更惨，纳粹的子弹击碎了她的脖颈。策兰在朋友的掩护下幸免于难，后被强征为苦力修筑公路，历尽磨难。战后，策兰才得以回到已成废墟的故乡。1948 年，以色列建国后，欧洲的很多犹太人都迁移过去；但策兰还是决定留在欧洲——他选择了定居巴黎。在给以色列亲戚的信中，他写道：“也许我是活到欧洲犹太人的精神命运终结的最后一个人。”

3

定居巴黎后，策兰的诗歌之路很快就黯淡下去。父母惨死及长期流亡造成的旧伤未愈，很快又添新的伤痛。他一直从事诗歌翻译，法国诗人伊凡·哥尔的遗孀克莱尔对他的翻译有异议，并进而公开指控他剽窃哥尔的某些德语诗。

1960 年前后，这种“剽窃”的指控达到高潮，纵然巴赫曼、恩岑斯·贝尔格、瓦尔特·延斯等著名诗人和批评家为策兰做了有力辩护，德国语言和文学学院、奥地利笔会都一致反驳这种指控，但是伤害已造成。策兰不仅感到自己成了诋毁的对象，甚至也成了战后德国死灰复燃的新反犹浪潮的牺牲品。1970 年 4 月 20 日，策兰从巴黎塞纳河桥上投河自尽。

此后，他的公寓门前，邮件堆了起来，妻子吉瑟丽向朋友打听丈夫是否出门了。5 月 1 日，一个钓鱼的人在塞纳河下游 7 英里处发现了他的尸体。策兰以这样一种非常沉重的方式，回答和了结了历史浩劫带给个体生命的重负。最后留在他书桌上的，是一本打开的荷尔德林的传记。他在其中一段画线："有时这天才走向黑暗，沉入他的心的苦井中，"而这一句余下的部分并未画线："但最主要的是，他的启示之星奇异地闪光。"

纪尧姆·阿波利奈尔：

你喝你的生命，像喝烈酒一瓶

1

1911年9月7日清晨，差不多往常送来牛奶的时刻，纪尧姆·阿波利奈尔家响起急促的敲门声。进来的是警察，亮出证件后，紧接着就是搜查、逮捕。罪名是窝藏罪犯，合谋偷窃，阿波利奈尔被直接送进郊区的一所监狱。日后，这位法国"超现实主义"代表诗人写道：我觉得从此进入一个处于地球外的地方，我将在那里消亡。

尽管这起著名的《蒙娜丽莎》失窃事件，仅在十天后就有了更明确的线索。阿波利奈尔得以摆脱嫌疑，并被当即释放，这一事件却深深镌刻进他的生命历程。

事情缘于一个名叫皮耶雷的小偷的"恶作剧"。他带着一件从卢浮宫偷来的雕塑来到报社，并声称知道《蒙娜丽莎》的下落。这条消息被刊登在第二天报纸的头条，着实把阿波利奈尔吓了一跳，因为他和画家毕加索曾向此人购买过几件同样来路的雕塑。阿波利奈尔赶紧找到毕加索，两人决定将赃物丢进塞纳河。他们将雕塑装进箱子，鬼鬼祟祟来到河边，由于人多眼杂，一直找不到弃赃的时机。回到毕加索的住处，思来想去，最终决定由阿波利奈尔把赃物交给《巴黎日报》，希望报社在不透露姓名的情况下，将这些雕塑还给罗浮宫。

然而，报社在收下赃物之后竟食言，把这件事作为报纸头条刊出。不久，阿波利奈尔就被逮捕。他原指望毕加索能站出来帮他说两句话，证明他和皮耶雷之间没有什么瓜葛，从而洗刷冤情。可当毕加索被带到审讯室的时候，竟一口咬定自己不认识眼前这位诗人。这一冰冷刺骨的“指认”像子弹一样击碎了阿波利奈尔的心。出狱后，他离开了原来的朋友圈，从此绝口不提和毕加索曾经的友情。

更沉重的打击还在于一年后他与画家恋人玛丽·洛朗森的分手。以当时的道德观，与警方和法庭的“牵扯”是很难洗刷的污点，洛朗森不能接受这个事实，两人原本就存在的某些感情裂痕变得无法弥合，最终走向决裂。这次分手，使得阿波利奈尔写出了最广为人知的诗歌《米拉波桥》——“让黑夜降临，让钟声敲响/时光流逝了，我依然在。”这首诗不仅成为法国现代诗歌史上的代表作品，还被永久刻在了巴黎米拉波桥桥头。分手后，洛朗森也未曾忘情于阿波利奈尔，1956 年去世时，她在遗嘱中要求将阿波利奈尔的情书放在胸口一起下葬。

1914 年，阿波利奈尔到并非他祖国的尼斯参加了军队，朋友们相信，这是他内心深处抹不去在巴黎坐牢的阴影，要用三色旗的荣誉去忘掉戴手铐的耻辱。1916 年，他在前线头部中弹受伤，治疗后退至后方工作。1918 年他患上西班牙流感，最终不治身亡，那天是 11 月 9 日，两天后，第一次世界大战结束。

有人说，如果假以天年，阿波利奈尔定然能立下更加令人瞩目的文学功绩。其实，他生前在众多领域取得的可谓光怪陆离的艺术成就，已足以令他不朽。他是“超现实主义”这一深刻影响了 20 世纪人类文化史的学术名词的命名者；他是带有浓郁探索色彩的现代派诗人，他的诗歌让后世的天才诗人保罗·策兰叹服；他是 20 世纪初巴黎前卫艺术群体的轴心人物，“发现”了立体派、未来派等欧洲现代艺术流派。他写诗、写文论、写戏剧、写短篇、写长篇，他甚至还著下在西方色情文学史上占有重要地位的长篇色情小说……

2

结识阿波利奈尔后不久，画家马克斯·雅各布即为他倾倒。这不仅缘于阿波利奈尔英俊的相貌，更在他落拓不羁的谈吐和举止。阿波利奈尔博学多才，天文地理、人文历史无所不知。他无论走到哪里都十分讨人喜欢。他时而拿出学者的姿态发表长篇大论，有时又像孩子一般发出平庸的傻笑，并以最不雅观的小丑似的滑稽动作向上流社会人士表示最美好的敬意；他时而也搞些恶作剧，在从路边糕点铺的柜台前经过时，将脚高高抬起往上面一搁，再放上个臭气熏天的响屁，拍拍屁股走人。

与其自由的天性相仿，阿波利奈尔赋予了诗歌无限的自由性。他不知餍足地追求形式的创新，渴望使用出人意料的词语和形象，有意躲避别人走过的路。《烧酒集》出版前夕，他索性删除全部标点符号，这在世界诗歌史上堪称破天荒的创举；在他逝世前出版的《图像诗》的一些诗歌里，他将诗句分散排列成奇异的图像，比如《下雨》这首诗就是歪歪扭扭从纸页上端竖着排下来几行字，以便模拟出雨丝的形状，这标志着现代诗在诗体与格律上的第一次彻底的解放。

当然，作为毕加索和立体派绘画的拥护者，阿波利奈尔的创新并非仅仅停留在形式的标新立异上。在他看来，视觉本能比诗意的洞察力所能达到的效果更为清晰。因此，视觉对他的萦绕更有一种美学和哲学上的根底。正是通过图像诗的诗歌视觉形象，阿波利奈尔与原始民们一样，以最贴近的方式探索着世界。在他的强调下，图像诗作为创造力的绝佳发挥手段，用图像和语词表达了诗歌的原初意义。

3

阿波利奈尔以诗歌闻名于世，却是从创作小说步入写作生涯。仿若对超现实主义文学主张的践行，他的小说同样充满超现实主义的奇特想象，且笔调极尽“黑色幽默”。他不少作品的构思都建立在科学幻想的基础上，在当时看来，绝对是超现实的，但在多年之后的现时代，一些情节却不无科学依据。

《奥诺雷·苏布拉克的失踪》描写骗子奥诺雷·苏布拉克具有与墙壁融为一体的拟态功能，令人联想起三十多年后马塞尔·埃梅的那篇在文学史上更为著名的《穿墙记》;《遥控感触》讲一个江湖骗子多尔梅桑男爵假借阿尔达维的名义把自己伪装成救世主弥赛亚，结果欺骗了成千上万善良而又轻信的人们，有意思的是，骗子所用的所谓“科学仪器”，即使在今天看来也属于高科技的产物;《过去与未来之王亚瑟》，则集科幻小说和历史小说特点于一体，很好地体现了阿波利奈尔结合“未来”与“过去”的文学尝试，小说结尾以史实的细节，使读者从2105年的伦敦又回到了20世纪初期的现实。

作为世界文学史上著名的“私生子作家”，阿波利奈尔的身世可谓黑色幽默的范本。他的真实姓名是维廉·阿波利那斯·德·科斯托维斯基，父亲是西西里岛王国军队的一位军官，母亲为教皇贴身侍卫中一个波兰军官的女儿。孩童时代，阿波利奈尔住在位于维伊奈的母亲家豪华的房子里，生活极尽奢华，来到巴黎后却陷入困顿。为了生存，他做过银行小职员、书店小伙计、家庭教师和记者。然而，他干得最多的事还是“伪写作”，为得到少得可怜的酬金，他替一些著名小说作家撰写在《晨报》上连载的爱情小说，还替一个大学生写过一篇关于革命时期作家的博士论文。

虽然被公认为是法国20世纪第一个大诗人，但直到去世前两年，阿波利奈尔才被获准加入法国籍。他从一战的炮弹堆中捡回一条命，却最终没能逃过流感这样一个小小微生物的魔爪！恰如《烧酒集》所预示的：你喝着这烧酒/烫得像你的生命/你喝你的生命/像喝烈酒一瓶/这瓶烧酒最终碎裂无声音。临一战结束前两天，时年38岁的诗人逝世，他身上覆盖着三色旗，被送往巴黎拉雪兹公墓。

奥·曼德尔施塔姆：诗歌是他“最后的武器”

1

在俄罗斯，如果要问谁是20世纪最具世界性影响的俄罗斯诗人，答案通常是声名长期以来得不到彰显的奥·曼德尔施塔姆。在他生前，“白银时代”代表作家安德烈·别雷就赞其为“诗人中的诗人”；一向以狂傲著称的1987年诺奖得主布罗茨基，在颁奖会的致答谢词中直截了当地说：曼德尔施塔姆比他更有资格站在领奖台上，他所做的一切将如俄罗斯语言那样长久地存在。尽管曼德尔施塔姆的诗作和声名，在他的时代里遭受了几近夭折和淹没的命运，但他的诗作一被“发现”，声誉便越出国界，却几乎没有人怀疑，他是当之无愧能与艾略特、里尔克、瓦雷里和叶芝等世界级大师并肩的人物。

2018年，是曼德尔施塔姆逝世80周年。1938年12月27日，诗人病逝于辗转斯大林集中营的途中，他的尸体和其他的死者一起，都像劈柴一样，被堆放在劳改营的墙边，然后成批地用车运出去，葬到营地的坑里。直到次年 1 月 30 日，他的遗孀娜杰日达收到邮局退回的包裹，才知道丈夫已离开人世；更具讽刺意味的是，无端捏造其罪证的巴甫科夫却于当天获得作家勋章。

多少年来，人们为曼德尔施塔姆命运多舛的一生唏嘘不已。不过，相比同时代的诗人，他或许还是幸运的，在这个世界上，他真正地爱过、活过，他的遗稿，经由娜杰日达像珍藏先人骨灰一样的悉心保护，躲过战乱和迫害，终于穿越历史黑暗的隧道与世人见面。回望当时及他消逝后的二十年里，他的名字几乎被彻底从苏联文学的记录中擦除，而现在，倘若在俄罗斯出版一本他的诗歌选集，将会在顷刻间销售一空。诗人的信念似乎已被证实：人们需要诗歌/它将成为他们自身的秘密/令他们永远清醒/并让他们沐浴在它呼吸之中的闪亮波浪里。

2

有一则轶事或许很能说明曼德尔施塔姆不谙世故的诗人天性。从某种意义上来说，也正是这种天性，使他最终葬送于严酷时代的滚滚车轮之下。1918 年春，诗人参加一次宴会，同时出席的还有契卡（全俄肃反委员会简称）的侦查员布柳姆金，当时的布氏拥有一种“绝对权力”，可以操控一般人的生死。宴会上有人找布氏干杯，只见他一副很忙的样子，答道：“等一下，我先填完逮捕证再说……西罗多夫，西罗多夫是谁？枪决。”笔尖一动，一个人的生命就此宣告终结。

看着如此冷酷的场面，平时胆小的曼德尔施塔姆终于抑制不住内心的吃惊和愤怒，突然冲了过去，把那名单撕得粉碎。冲出大门跑到街上后，他才意识到自己惹了杀身之祸。他在街心花园坐了一夜，第二天一早找人求救。后来，契卡的头儿捷尔任斯基接见了他，在听完汇报后当即决定逮捕并枪毙布柳姆金，孰料几天以后，布柳姆金却被放了出来，并满城寻找曼德尔施塔姆，诗人怕他报复，连夜逃往高加索，自此开始了漫长的漂泊。

诗人的这次“兴之所至”貌似一种冲动，往灵魂深处探究，却是他作为一个犹太人命运的象征意义，以及他个性的多重矛盾——易怒与胆小、冲动与谨慎、敏感与率直甚至多疑等导致的必然结果。

曼德尔施塔姆 1891 年 1 月 2 日出生于波兰华沙一个犹太家庭，童年和少年都在彼得堡度过，他的父亲是皮毛商人，作为中学音乐教师的母亲则是他最初的文学引路人。曼德尔施塔姆的诗歌天赋很早就得到前辈诗人、象征主义者安年斯基的赏识，但他迅速摆脱了象征主义的影响，与“诗人车间”的成员古米廖夫、戈罗杰茨基等人一起创立了“阿克梅派”，并成为他们中的“第一小提琴”（阿赫玛托娃语）。1913 年，曼德尔施塔姆出版了第一本诗集《石头》，奠定了他在俄国诗歌界的地位。

一战爆发后，曼德尔施塔姆因为身体差免除兵役，在彼得堡一个专门提供战争救济的机构工作，自 1915 年至 1918 年，他经常住在克里米亚。1916 年初，他和茨维塔耶娃在克里米亚海边相识，很快就坠入情网。直到他最终受不了女诗人狂热奔放的感情，于 6 月初从莫斯科逃走。1917 年在彼得堡，曼德尔施塔姆见证了“二月革命”和接踵而至的“十月革命”。次年，他随政府机构搬到苏维埃的新首都莫斯科。此后，许是出于诗人喜爱生活中的动荡、失落和奇遇的天性，他带着妻子在一个又一个城市之间旅行，在自己的朋友、崇拜者、诗歌爱好者那里住上几个星期或几个月，接着又向另一个目的地出发。

几年后，在自传《时代的喧嚣》中，曼德尔施塔姆曾说：“我和许多同时代人都被背负着天生口齿不清的重负。因此，仅仅是在倾听了越来越高的世纪的喧嚣之后，我们才获得了语言。”然而诗人并没有因为“口齿不清”而保持沉默，而“获得语言”的结果，只是迎来一次次无情的摧残。1920 年秋，他在乌克兰的滨海城市费奥多西亚被白军当作布尔什维克间谍抓了起来。当被关进囚房时，他近乎天真地对狱卒大声嚷道：“快放我出去，我生来不是蹲监狱的。”然而，命运似乎习惯于和人开玩笑，他的一生都和“逮捕”“监狱”结下了不解之缘。其后，他不仅坐过孟什维克的牢房，也坐过布尔什维克的牢房……

时代的波折给诗人的个人生活带来了悲剧，对他的诗歌创作却是一种可能的“福音”。诗集《哀歌》《第二本书》，中篇小说《埃及邮票》，回忆录《时代的喧嚣》等，及大量文论和诗论的先后问世，无可异议地奠定了他在当时诗歌界的崇高地位。更重要的是，除了普希金、勃洛克、帕斯捷尔纳克所代表的俄国本土诗歌传统外，他开创了另一个与欧洲诗歌更为密切，极具现实能量的新古典主义风格的传统。

3

“我们活着，感觉不到脚下的国家，十步之外就听不到我们的话语。”1933 年 11 月，曼德尔施塔姆写了这首冒犯斯大林的无题诗。他没有想到，仅过了半年的时间，自己就被扣上“鼓动反苏罪”的罪名，拘禁了起来。此类政治诗成了统治者日后对他治罪、逮捕、流放的根源。幸亏有阿赫玛托娃、帕斯捷尔纳克等朋友的斡旋和营救，诗人被从轻发落，判处流放沃罗涅日三年。在此期间他创作了著名的《沃罗涅日笔记》。但从此，厄运便一直笼罩着他。1938 年 5 月，解除流放不久，曼德尔施塔姆再次被内务部人员秘密逮捕，随后被判决流放到苏联远东的海参崴。数月以后，他在流放地神秘地死去。

有人为曼德尔施塔姆写那些与时代抵触的政治诗感到遗憾，如果他不写，或许能延续艺术生命，为世界留下更为宝贵的诗歌财富；更多的人，则有感于诗人的悲剧命运和他对极权的反抗，认为诗人站在世界文化的立场上，以欧洲的人道主义思想传统为依归，在全面专制和丧失理智的时代里，始终不渝地坚持追求自己独特的声音，何其珍贵。但太独特的声音，响彻在一个只需要一种统一声音的时代，终究是一种无可挽回的悲剧。

而对于视自由、平等与尊严为生命的曼德尔施塔姆来说，无论是对时代黑暗的认识还是对斯大林的讽刺，或许更多是出自他作为一个真正诗人的“本能”——对其置身时代的不公正进行怀疑和发言。从某种意义上来说，对社会的反抗与讥讽，或许并不是诗人的本意，他最想做的事是美的维护和重建，恢复一种来自于古希腊的朴素而纯洁的光芒。很显然，一个真正的诗人即使可以对彼时的专制保持沉默，却无法把自己信奉的诗艺美学的方向改弦易辙。

曼德尔施塔姆病逝后留下大量作品，诚如他自己所说，他的诗是他“最后的武器”，支撑着他完成“为人”的目标，人的尊严、人性的自由的体验与实现。他清醒地认识到自己这一代人的悲剧。关于自己，在《我在天空中迷路》一诗里，诗人写道：你们不要，不要把尖利而温存的桂冠戴到我的头上，/你们最好把我的心撕裂，/变成蓝天上一段段碎音……

维斯瓦娃·辛波丝卡：
我偏爱写诗的荒谬，胜过不写诗的荒谬

1

维斯瓦娃·辛波丝卡更愿意做个隐居者。这位 1996 年诺贝尔文学奖得主，正如同为波兰裔的诗人切斯瓦夫·米沃什所形容的那样，“害羞，谦虚，获诺奖对她是个负担。她在自己的诗里面静默，她不会把自己的生活写进诗里。”不过，辛波丝卡提前把墓志铭写进了诗里：“路人啊，请你从书包里拿出计算器，/为她的命运默哀一分钟。/一分钟就够。”2012 年 2 月 1 日，辛波丝卡在波兰古城克拉科夫于睡梦中去世，享年 88 岁。

辛波丝卡的诗富有美感和音乐精神，因此被称为“诗坛莫扎特”。她是第三位获诺奖的女诗人，也是第四位获诺奖的波兰作家。她的诗歌被译成 36 种文字，18 个国家出版过她的诗歌单行本。她出版于 1976 年的诗集《巨大的数目》，第一版一万本在一周内即告售罄，这在诗坛真算是“巨大的数目”。2011 年，波兰总统科莫洛夫斯基授予她波兰国家最高荣誉白鹰勋章，以表彰她对波兰文化的杰出贡献。对于诗人的去世，科莫洛夫斯基写道：“几十年来，她用乐观、对美和文字力量的信仰，鼓舞着波兰人。”他还表示，辛波丝卡是波兰精神的守护者。

不过，辛波丝卡在波兰境外知名度并不高。中国普通读者熟悉她，多是通过台湾漫画家幾米的漫画。在那部著名的作品《向左走，向右走》中，幾米引用了辛波丝卡《一见钟情》中的诗句：“他们两人都相信/是一股突发的热情让他俩交会。/这样的笃定是美丽的，/但变化无常更是美丽。”幾米多次坦言：“诗人辛波丝卡的诗总是给我创作的灵感。”很多中国读者，正是因为阅读幾米，爱上了辛波丝卡的诗歌。

2

作为一个更愿意安静生活的“隐居者”，辛波丝卡写过一首题为《隐居》的诗歌：“你以为隐士过的是隐居生活，/但他住在漂亮的小桦树林中/一间有花园的小木屋里。/距离高速公路十分钟，/在一条路标明显的小路上。”诗句显见地充满了反讽与隐喻。

这一特点也体现在诗人的写作生涯中。1923 年，辛波丝卡出生于波兰科尼克，8 岁移居克拉科夫，她在那里一直住到去世。在大学，辛波丝卡研究社会学和波兰文学，1945 年 3 月，她在《波兰日报》的青年副刊《斗争》上发表了第一首诗歌《寻找词句》，随后她相继在波兰报刊上发表诗作，并立即受到波兰诗坛的注意。1948 年，当她正打算出第一本诗集时，波兰政局生变，成为社会主义国家，主张文学当为社会政策而作，辛波丝卡于是对其作品风格及主题进行全面之修改。这部名为《我们为什么活着》的诗集，迟至 1952 年才得以出版。

诗集代表了她早期的创作特色，辛波丝卡也像二战后步入文坛的许多青年作家一样，充满了对法西斯战争的憎恨和对战后新生活的美好憧憬，诗作富于政治色彩。反对冷战，反对帝国主义等，都是她诗歌的主题。但与当时流行的标语口号式的政治诗歌不同，她的诗写得含蓄微妙，具有幽默讽刺的特点，因而深受读者的喜爱。但时过境迁，她这一时期的诗歌也成了他人贬低她早期创作成就的口实。1994年她曾被提名为波兰文学院院士候选人，在投票时却因为其在50年代曾写过具有社会主义现实主义内容的诗歌而被否决。

事实上，对于早期这段创作经历，辛波丝卡之后显然有无限的失望和憎厌。在1970年出版的全集中，她未收录其中任何一首诗作。后来，她对诗人和批评家爱德华·贺希说，“在我创作初期，我热爱人性。我想为人类做些什么。很快我意识到，我也做不到。”1957年，她与早期政治信仰和诗歌创作告别，活跃于团结工会一系列运动中，但这并没有影响到她诗歌的创作和发表，她总是小心翼翼地处理政治主题，甚至有意让诗歌远离政治。1954年出版的诗集《询问自己》多了爱情和传统抒情的内容。到了1957年出版的《呼唤叶提》，她真正找到了自己的声音，触及人与社会，人与历史，人与爱情的关系。

当然，这并不意味着辛波丝卡不再关心政治。在一首题为《时代的孩子》的诗里，她控诉了被卷入政治的日常生活：“我们都是时代的孩子，/这是个政治化的时代。/整日、彻夜，/一切事——你们的、我们的、他们的——/都是政治化的事件。”但严格地说，辛波丝卡称不上是“积极介入政治”的政治诗人——也因此她的书能逃过官方检查制度的大剪，得以完整的面貌问世——但隐含的政治意涵在她诗中到处可见。在诗歌里，她多半以日常生活经验为元素，透过独特的叙述手法，多样的诗风，锤炼出生命的共相，直指现实之荒谬、局限，人性之愚昧、妥协。

此后，辛波丝卡连续出版了诗集《盐》《一百个笑声》《只因为恩典》等。但在任何意义上，她都算不上是多产的诗人。在早期30年的创作生涯中，她只出版诗歌180首。据诗人自己说，她的诗之所以数量少，是由于“她房间里有字纸篓”，晚上写的诗，第二天早上一看不行便扔掉了。春天写的诗，往往躲不过秋天的考验。因此她的诗虽不能说字字珠玑，但多为精品。在《巨大的数目》之后，她有整整10年没有出版作品，直到1986年的《桥上的人们》，诗集里只有22首诗，然而篇篇佳构，各具特色，可说是她诗艺的高峰。

3

仿若辛波丝卡关心政治却不介入政治，她的作品对世界既全力投入，又保持适当距离。她关心妇女的命运，但不强调女性自由问题，她同情人们的不幸遭遇，但不过于渲染社会的不幸。她是个抒情女诗人，但爱情诗在她的整个诗歌创作中所占的比重不到十分之一，而且写得有别其他的女诗人，缺少热烈缠绵的情感更具理性。正如瑞典文学院在给予她的授奖词中提到的，在辛波丝卡眼里，“看似单纯的问题，其实最富有意义。”由此，“她的诗意往往展现出一种特色形式上力求琢磨挑剔，视野上却又变化多端，开阔无垠。”

确乎如此，辛波丝卡的诗艺看似单纯，却是千锤百炼的结果。因为，她清楚地知道，写诗注定是一趟永无终止的冒险。困难和挫败绝对压不扁诗人的好奇心，一大堆新的疑问会自他们解决过的问题中产生。不论灵感是什么，它衍生自接连不断的“我不知道”。在辛波丝卡看来，即使真正的诗人——也必须不断地说“我不知道”。“每一首诗都可视为响应这句话所做的努力，但是他在纸页上才刚写下最后一个句点，便开始犹豫，开始体悟到眼前这个答复是绝对不完满而可被摒弃的纯代用品。于是诗人继续尝试，他们这份对自我的不满所发展出来的一连串的成果，迟早会被文学史家用巨大的纸夹夹放在一起，命名为他们的‘作品全集’。”

辛波丝卡自觉这并不是一个诗的时代。“诗人们公然坦承走上写诗一途情非得已，仿佛对自己的身份有几分羞愧。在填写问卷或与陌生人聊天时，他们也较喜欢使用笼统的名称‘作家’，或者以写作之外所从事的任何工作的名称来代替‘诗人’。”但“存在的理由是不假外求的”。在《种种可能》一诗中，辛波丝卡对自己的价值观、生活品位、生命认知做了坦率的表白，她向世人宣告生命之多样美好以及自在生存的权利。因此，在不是诗的时代里，人们依旧写诗、读诗，诗依旧存活着，并且给我们快乐，安慰。辛波丝卡是懂得诗和生命的况味的，当她这样说：“我偏爱写诗的荒谬／胜过不写诗的荒谬。”

亚当·扎加耶夫斯基：
尝试赞美这残缺的世界

1979 年，亚当·扎加耶夫斯基赴德国柏林短暂居留。当他终于得以远距离反观祖国波兰的社会现实和自己走过的创作道路时，他开始感到自己之前所做的一切，似乎都只是某种精英分子的“空谈”，且不论他如何深地介入到人们的反对和抗议者活动之中，他们要求他的总是更多。他突然意识到：如此深陷一种“反对者的热情”，他在诗歌写作上的创造力会不会开始枯竭？扎加耶夫斯基由此萌生出一种强烈的愿望：成为“有别于异议者的异议者”。他不无幽默地调侃道：“拥有一份写着‘去过格但斯克造船厂’的个人简历当然很好，不过我没有。”

他是因获得一项诗歌奖出国的。本来，在国内的社会抗议运动中他是积极的参与者，并因此丢了工作，只得靠兼职一份天主教刊物的编辑及其他方式谋生。那时，作为在“新浪潮”这一非官方文学运动中涌现的主要诗人之一，他的文学起步在某种意义上，是成功地担当了为一代人发言的角色，而写诗的主要任务就是对政治制度进行大辩论，对那些空洞的修辞进行嘲弄，暗讽和戏拟。“我在二三十岁时写的很多诗，都不能完全表达自己的想法。我必须改变，这改变也是自然而然发生的。一方面我们的抗议获得了很好的效果；另一方面我的年龄也在增长，慢慢成熟起来，写的诗也就不会那么偏向于政治。”

如是，恰如日后在《漫游者》一首诗中写到的：“我孤身一人，但我并不孤独。”扎加耶夫斯基告别了仅仅是作为抗议写作的诗歌，而坚持在个人对世界外在的关注和内在的审视之间寻求一种平衡。但在波兰国内，他的转变却受到了很大的争议。他曾经的朋友朱利安·科恩豪塞尔批评他放弃了社会责任，改变了“集体的主题”，成为一个单纯的“抒情诗人”。“为了忘记冲突现在他让自己止步不前了。为了和沉默的事物亲密对话他让世界到达了一个凝固静止的状态。”

虽然如此，这一转变带来的诗艺的拓展，却为扎加耶夫斯基赢得了世界性的赞誉。欧洲思想研究专家托尼·朱特称他为大师级的诗人，米沃什、布罗茨基、桑塔格等对他赞誉有加。他曾多次获诺贝尔文学奖提名，囊括众多文学大奖，但扎加耶夫斯基毫无疑问是谦逊的。2014 年 3 月 30 日，因获第九届“诗歌与人·国际诗歌奖”，扎加耶夫斯基首次来到中国。在领奖时，他说：“我总是觉得内心有愧，我真的是一个如此伟大的诗人吗？我觉得诗人，可能在一瞬间闪现了某种的光；但更多的，我怀疑自己做得是否足够，是否能通过诗表现人的内心世界。”

1

某种意义上，扎加耶夫斯基于 2001 年“9·11 事件”后在《纽约人》上发表的诗歌《尝试赞美这残缺的世界》，集中体现了他竭力追求的“平衡”。“尝试赞美这残缺的世界。/想想六月漫长的白天，/还有野草莓、一滴滴红葡萄酒。/有条理地爬满流亡者/废弃的家园的荨麻。/你必须赞美这残缺的世界。”

纵使这世界是残缺的，依然要尝试着赞美。这确乎是一种矛盾。但正如扎加耶夫斯基自己在《多重性颂》里所说的那样，“诗生成于 \\ 矛盾之上但并不克服矛盾”在他看来，为很多当代诗人视为必须回避，负面的矛盾，恰恰是诗歌需要拥抱的。在此次获奖感言中，扎加耶夫斯基说：“诗歌仿佛建立在一条窄道上，一边是可怕的、非人道的东西，另一边是友好的、鼓舞人心的、崭新的、欣喜若狂的东西。诗歌激励我们，但与此同时也不允许我们忘记困难和痛苦。”

或许正因为此，这首写于“9·11 事件”一年半之前，也并非直接参与对其反思的诗作，却受到了美国民众空前的欢迎。据说，美国很多家庭里的冰箱上都贴上了这首诗，他也因此成为一位家喻户晓的人物。当然不能不注意到的事实是，扎加耶夫斯基诗歌的影响，并非只是时势的造就，更是源于精湛的诗艺。正如其诗译者之一李以亮所言，他的诗有着强烈的道德感、伦理感，同时有着很强的对审美超越、审美愉悦方面的追求，这两者在他笔下达到了精妙的平衡。

确乎如此，扎加耶夫斯基的诗，是对世界矛盾本质的呈现而非评判。在他看来，诗人必须超越纯粹思辨，而显示出他本原的生活。如和他同在休斯敦大学讲授创造性写作的但·莱芬伯格所说，扎加耶夫斯基相信自然的事实甚于观念，他总是“像谈论神秘之物那样谈论新洗的亚麻布或新鲜的草莓”。与此同时，虽然扎加耶夫斯基认为诗人处于一张错综复杂的矛盾之网的中心，但他从来不把这些矛盾推向极致的冲突，而是试图让它们之间达到某种富于创造性的和解。

这就不难以理解，桑塔格何以称扎加耶夫斯基的诗，是“对平静、同情，忍耐，对日常生活之宁静与勇气的赞美”。在《重点所在》一书中，桑塔格如是评价：这里虽然有痛苦，但平静总能不断地降临；这里有忧伤，但也有别人的才华所带来的让作家感到坚强的快乐；这里有鄙视，但博爱的钟声迟早会敲响；这里也有绝望，但慰藉的到来同样势不可挡。

2

对扎加耶夫斯基来说，写作诗歌是他继承波兰诗歌传统并力求有自己独特的创新的尝试，也是他不间断地表现民族历史和个人经历的一种尝试。

2004 年，扎加耶夫斯基获美国《今日世界文学》颁发的诺斯达特国际文学奖。在演说词里，他不无悲哀地感叹："事实上，我们这些活着的诗人，仍然还要可耻地下滑（写作）。在所有这些杰作后面！"他所说的这些杰作，正是切·米沃什、兹·赫伯特、维·辛波丝卡等杰出的波兰诗人独一无二的创造。这些杰出的诗人，为世界历史创造了一笔丰厚的文学遗产。对此，一向颇为自傲的诗人布罗茨基曾无保留地称赞道："现代波兰诗歌是 20 世纪世界文学最丰富的宝库。"

毫无疑问，扎加耶夫斯基正是属于波兰语中紧紧追随这些巨人脚步的诗人。如果说从赫伯特那里，他主要学到的是"反讽"，一种对于世界审慎质疑而富于幽默的态度，自米沃什身上他继承的就是"肯定"，一种对于历史和存在的信心，这种确信来源于直面、担当的勇气，来源于对真实真理的探索热情。至于辛波丝卡，他也不吝赞词道：她独具一派，是一个有大胆思维的女诗人。

某种意义上，扎加耶夫斯基也丰富了波兰诗歌文化的传统。这不仅在于，他自 1982 年以后旅居国外，却坚持用波兰语写作。"这并非一种英雄的选择，而是很自然的行为，因为诗人通过自己内心的经历、内心的生活来写诗，他写的是自己童年以来一直有记忆的东西。"

更重要的是，他让诗歌趋于“复杂”。从某种角度讲，他那些极具“复杂性”的诗歌，表达的就是与之相对应的“生活的复杂性”，而幽默则是一种有效的抵达路径。“而我喜爱诗之幽默，因为我将它看作诗人思想错综复杂的一部分。诗就像一幅地图。一幅好的地图给现实提供各种各样的参考，诗的幽默感则如同地图上的颜色，标示出森林或沙漠。”

作为一个极具现实感，也是一个富于历史感的诗人，扎加耶夫斯基坚持认为，诗歌在坚持过去的声音并与之结合，或是与其进行对话的同时，有必要对当下的生存做出新的反应。然而，年轻一代的波兰诗人，似乎走向了另一个极端。他们有了新的“偶像”，美国纽约派的口语诗人奥哈拉或阿什伯利。他们拒绝意义，玩语言游戏，也不再关心历史，不愿向那些诗歌大师致敬。扎加耶夫斯基不无忧虑地说：“如果他们能在接受我们遗产的同时，试着改变某些东西，或许比这样简单的拒绝好得多。”

3

扎加耶夫斯基是这么说，也是这么做的。他接受，同时试着改变。1945 年，出世刚满四个月的扎加耶夫斯基，被迫开始了生命中的第一次“流亡”，从他的出生地，如今属于乌克兰领土的利沃夫，到波兰境内西里西亚省的格里威策。而利沃夫，正是在二战即将结束时召开的雅尔塔会议上，在三巨头的商议里被划归了乌克兰。扎加耶夫斯基曾在克拉科夫著名的雅盖隆尼安大学学习哲学和波兰文学。1982 年，因个人原因，扎加耶夫斯基移居巴黎。在经历了超过四分之一个世纪的自我流放后，他回到了克拉科夫，他视此为自己的故乡。

显然，作为二战后出生的一代。扎加耶夫斯基未曾经历那个最为残酷的年代，但这个年代深深地留在他的记忆里。他那首被当作所有移民和流亡者的圣歌而广泛流传《去利沃夫》，就复苏了他对在婴幼时期被迫离弃的家园的回忆。写这首诗的时候，他 30 岁。他和一群年轻作家和诗人们来到利沃夫，城市的景象丑陋而破败，并不像是他魂牵梦绕的故乡，然而有一天，他和一个远房的表兄弟一起喝了点伏特加，仿佛打开了天眼，一个神启的时刻降临……

扎加耶夫斯基就如米沃什所赞叹的那样，写下了“对时间之流的沉思”。他“回忆”历史的疼痛，试着从中找到某种人性的东西，并将历史转化为抒情，转化为一种悲剧性的愉悦时刻。他唤起了人们对已逝的天真与美丽、虽不完美但已被理想化的过去的想象。“而此刻，每一天，总是，/匆匆，打包，/屏声静气，去利沃夫，毕竟/它存在着，安静、纯洁/如一棵桃树。它在每一个地方。”

阿多尼斯：
艺术是对一切事物的创造

1

“什么是语言？/是列车，/同时又是道路、旅程和抵达。什么是意义？/无意义的开始，/与终结……”2009 年 3 月 21 日，诺贝尔文学奖热门候选人、在世界诗坛享有盛誉的叙利亚籍黎巴嫩诗人阿多尼斯，携诗选集中译本《我的孤独是一座花园》来到上海。作为开场白，恰如他本人对诗歌所下的定义：诗歌即提问，它总在引发另一个提问。阿多尼斯以这种特殊的问答方式，用华丽的阿拉伯语颤音深情朗诵了长诗《在意义丛林旅行的向导》。这是 79 岁的诗人首次来中国旅行，也是他的诗集首次在中国翻译出版。此前，他已在北京与杨炼、唐晓渡等国内知名诗人做了深入对话和交流。

在诗歌交流会上，这位灰白长发、著作等身的“智慧老人”，面对众多诗歌爱好者的提问，比着手势，应对自如。他的回答不仅精辟，而且优美流畅如诗。“当哲学沉默时，科学迷惘时，当人类的一切知识因为不能解决面临的困难而不吭声时，只有艺术和诗歌有许多话说。”阿多尼斯认为，诗歌是所有言说者不能言说时，唯一的言说。当被问及“诗歌没落”时，阿多尼斯说：“如果一定要从数量的角度来评估诗歌的话，可以说今天诗歌面临的问题不是诗歌本身的问题，而是人的问题。今天读诗的人减少了，这并不是诗歌的过错，而是当下文化的错误。”

说到对中国文化及诗歌的观感。以诗歌的战斗性和现代性而闻名的阿多尼斯表示，印象最深刻的中国作家是鲁迅，他同时也很欣赏李白和屈原。作为当今阿拉伯世界最具争议的文化人之一，一位偶像破坏者、社会批评家，一位在思想和文学语言方面富于革新精神和现代性的诗人，阿多尼斯直言：变革和叛逆是诗歌的核心。他认为，现代性就是意味着变革，但是诗人只负责提出新的观念以及改变世界的观念，却不能改变世界。他同时分析了现代性危险的一面，是把文化变成时装，变成一种时髦。“艺术不能屈服于任何事物，不能被任何潮流牵着鼻子走。艺术是对一切事物的创造。”

2

60 多年前，叙利亚的穷学生阿里·艾哈迈德·赛义德·伊斯伯尔，在投稿的纸上，随兴署下了阿多尼斯这个希腊神话中掌管植物生死的神祇之名。他那时多半没有想到，此后，他的诗歌创作就走上了顺畅通达的旅程。

当被问到这样一个特殊的名字有何寓意时，阿多尼斯首先做了纠正。他说，以为阿多尼斯最早源于古希腊，是一个误解。其实，这个词来自古黎巴嫩，是黎巴嫩一条河的名字“阿多尼”。后来，这个词传到了古希腊，就演变成“阿多尼斯”。“我在读中学时，经常写诗，然后署上真名，向报社投稿，但没有人愿意发表。有一天晚上，读了‘阿多尼斯’的传奇故事后，得到启发，以此作笔名再投稿，居然就顺利发表了，而且这家报社此后不断刊登我的诗歌。”

阿多尼斯1930年出生于一个贫困的农民之家。因为贫穷，他13岁时尚未进入学校读书，但庆幸的是，父亲虽是农民，血液里却继承了阿拉伯民族对诗歌的热爱。在父亲的引领下，他进入了阿拉伯古典诗歌的奇妙世界。在学习、背诵古诗之余，诗才也逐渐展露。1944年，当时的叙利亚总统前往他家乡附近的塔尔图斯城巡视，少年阿多尼斯有机会对总统吟诵了一首自己创作的爱国诗歌，总统大为赏识，并当场允诺由国家资助他就读城里的法国学校。阿多尼斯入学后苦读法文，两年后便能阅读法国诗人的原文作品。

随后，他进入大学攻读哲学，并开始以“阿多尼斯”为笔名发表诗作。大学毕业后，他进入叙利亚军队服役，其间因为曾加入过左翼政党而入狱一年。1956年，发生了一件戏剧性的事情：他结束兵役后只身前往邻国黎巴嫩谋生，刚进入黎巴嫩国境五分钟，叙利亚便宣布全国总动员，同埃及并肩作战，抗击发动苏伊士运河战争的英、法、以三国。只不过短短几分钟的时间，叙利亚少了一名士兵，却多了一位诗人。

在黎巴嫩首都贝鲁特，阿多尼斯结识了诗人优素福·哈勒，两人意趣相投，共同创办了在阿拉伯现代诗歌史上具有革命意义的杂志《诗歌》，为阿拉伯先锋派诗人提供阵地。此后，他又担任另一份文学刊物《立场》的主编，并在黎巴嫩大学任教。出于对贝鲁特这个城市的热爱，他经申请获得了黎巴嫩国籍。1980年，阿多尼斯因黎巴嫩国内战争逃亡出国。十多年后，当他“卸下战袍”回到阔别十多年的祖国时，在贝鲁特受到了热烈的欢迎。然而阿多尼斯一离开贝鲁特，就破口大骂这座城市和他祖国的落后，结果又引起轩然大波。

诚如诗人特立独行的文化姿态在西方世界所引发的热切关注，他特有的多重身份也让他获得了一种更为清醒和开阔的国际视野，并据此在诗歌中，展开了对自己所处的国家、民族乃至这个时代境况的反思和批判。他为祖国蒙受的苦难而伤怀：“在这个灾难织就、鲜血铸成的时代，/每天都有一个颤抖的身体在太阳面前醒来。”也为诗人自身不被祖国所容而喟叹：“诗人啊，你的祖国，/就是你必定被逐而离去的地方。”他还为整个阿拉伯民族的不幸与落伍而忧戚、悲愤：“阿拉伯的大地是忧伤的，/她的忧伤是语言额头的皱纹。”与此同时，他并没有因为融入西方，就回避批判西方社会的政治和文化，声称自己和爱德华·萨义德一样，是“双重批判者”。

尽管诗人的创作以理念性见长，且与政治之间的紧密关联显而易见。当记者质疑他的名声在一定程度上依赖于其对本国文化、宗教、政治的批判，阿多尼斯断然给出了否定的回答。他说：艺术家的真正荣誉，当然来自于他们的创作，与政治无关，“事实上，所有伟大的政治都根源在于伟大的文化，只有对政治做最基础的、文化层面的批判，才可能改变政治形态”。

3

阿多尼斯赢得的巨大声誉，一方面固然来自他的诗歌创作，但他的诗歌读者多限于文化水准较高的诗歌爱好者；他主张变革、创新的诗学理论虽具有革命性，其影响也主要集中在文坛诗界。然而，他对阿拉伯政治、文化、社会作出的空前尖锐而深刻的批判，则对整个阿拉伯知识界产生了重大影响，也使他成为当今阿拉伯世界最具争议的文化人之一。

为了揭示阿拉伯现实困境的根源，诗人不畏其艰，深入考察了阿拉伯思想与文化史。在四卷本理论著作《稳定与变化》中，作为社会批评家的阿多尼斯指出：阿拉伯思想史的主要特征是“稳定”，这种稳定近乎“沉睡”，已成为妨碍阿拉伯人前进的桎梏；阿拉伯文化的真正价值在于其中长期受到排斥、处于边缘的“变化”因素；以“变化”超越“稳定”，是阿拉伯文化的希望所在。他还深刻解剖了阿拉伯政治现实，揭示了阿拉伯文化、社会与政治中存在的因循守旧思想严重，宗教蒙昧主义肆虐等诸多弊端。

在诗选集中译者薛庆国看来，阿多尼斯思想中质疑传统、抗拒权势、批判时俗、忧国忧民的意识，既和纪伯伦、塔哈·侯赛因、马哈福兹这些阿拉伯文学大师一脉相承，也和全人类的思想、文化精英遥相对接。他对阿拉伯社会文化的批判之尖锐和激烈，可以和鲁迅对中国传统社会文化的批判相提并论，两者同样具有振聋发聩、惊世骇俗的效应。正是这些激烈的批判与呐喊，在阿拉伯当代文化的死水中激起澜漪，让人们看到了阿拉伯文化变革与新生的希望。

鲍勃·迪伦：
跨界的“伟大的美国诗人”是怎样炼成的？

首先是一个诗人，而后是一个音乐家

2016年诺贝尔文学奖颁给了鲍勃·迪伦，很多人不约而同问道，一个民谣歌手凭什么配得诺奖？还有人不禁嘀咕：迪伦得了诺奖，是不是说崔健、罗大佑也配得诺奖？

崔健、罗大佑配不配得，我不知道。我只知道，迪伦获奖虽然出乎意料，却也在情理之中。迪伦是歌手，但不仅是歌手，更是一位出色的民谣诗人。用他自己的话说，他首先是一个诗人，而后是一个音乐家。“实际上，无论是死是活，我都是一个一般人。”他还说，一个真正的诗人，是不会告诉别人自己会写诗的。因为他写的是歌词，他也无需声明他会写诗。他曾出版过他的歌词合集《歌词：1962—2001》，而早在1971年，他就出版了一部超现实主义的小说《塔兰图拉》。他还是位传记作者，2004年，他的自传《像一块滚石》出版，登上《纽约时报》年度榜，还被提名美国国家图书奖，媒体将其与《在路上》相提并论，赞其写作手法直追普鲁斯特。2007年，普利策将特殊贡献奖献给他，尽管大家公认“迪伦不需要普利策，是普利策需要他”。

话虽这么说，自21岁那年，迪伦写下平生最著名的歌词《答案在风中飘》，像他这样一位具有很强的文学气质的词作者，究竟算不算一个诗人，这个问题就一直纠缠着他。1965年，一个记者当面向他问起这个问题，迪伦回答说：“我更多地把自己看作一个胡言乱语的人。”他的这一揶揄，与其说是他的实话实说，倒不如说是他为了平息争论所做的戏谑之语。

也是在这一时期，一些主流评论开始推崇迪伦在文学方面的造诣，有批评家称他为现代美国继卡尔·桑德堡、罗伯特·弗罗斯特之后最伟大的诗人。如此，即使迪伦不告诉别人他会写诗，别人也认为他是一个真正的诗人。有人干脆评价他是三流歌手、二流吉他演奏家，一流作曲人，还有最重要的，他是一位顶级诗人。

有意思的是，鲍勃·迪伦原名鲍勃·齐默尔曼，他在大学开始唱民歌时改名鲍勃·迪伦。不少人猜测他改名是为了纪念著名诗人迪伦·托马斯。而实际的情况是，他那时很少读书，还没读过托马斯的诗歌。他取这个名字，一半是因为喜欢一个美国电视节目中的西部英雄马特·狄龙，另一半是因为他觉得这个名字又好听又好记。成名后，迪伦找来一本托马斯的诗集读了一遍，他的评论是：“我俩的风格不一样。”

作为一个有着浓郁诗人气质的民谣歌手，迪伦自然不会写托马斯风格的诗，他也不是像托马斯那样经典意义上的诗人。要以T. S. 艾略特的说法，现代主义诗歌留下的最重要的精神遗产是：诗歌只做只有诗歌能做的事。在诗人欧阳江河看来，就在吉光片羽的原创歌词后面，是否隐藏了大的历史叙事，那个诗学和心灵的巨大的范畴而言，迪伦用民谣做的事，远比同时代的其他民谣歌手，也远比艾略特定义的精英诗人要广阔。“对迪伦而言，这个范畴，这个内在风景之精神场域，是由他与惠特曼、金斯堡、兰波、波德莱尔等现代诗人的深度联系构成的。”

这并非虚言。正是金斯堡最早给迪伦戴上了“顶级诗人”的桂冠。而在有些人看来，迪伦获诺奖也可谓向金斯堡等前辈诗人的致敬。金斯堡回忆说，他从印度回到美国西岸那会儿，有人给他放了张唱片，当他听到那首《暴雨将至》，他哭了出来。“我被他的修辞镇住了，这些诗词简直就像《圣经》箴言一样，撼动人心。”

鲍勃·迪伦使诗歌回归到它原始的传诵方式

事实上，也是金斯堡和另一位采访迪伦多次的英国记者 John Bauldie，于 1996 年，根据诺奖委员会要求筹建了“提名迪伦小组”，随后更多学界权威加入该小组。同年 8 月，戈登·鲍尔代表竞选委员会为迪伦正式提名诺贝尔文学奖。他向媒体宣读了金斯堡的推荐信：“虽然他作为一个音乐家而闻名，但如果忽略了他在文学上非凡的成就，那么这将是一个巨大的错误。事实上，音乐和诗是联系着的，迪伦的作品异常重要地帮助我们恢复了这至关重要的联系。”

要联系到现代知识系统中，歌词一般来说难登文学的大雅之堂，金斯堡的评语可谓惊世骇俗。如有评论所说，古典时期文学的范畴还相对模糊，理性主义主导下知识系统运作精确、严格、冰冷，文学的界定已非常清晰。这时候，一个民谣歌手突兀地闯进这个精密运行的系统之中，虽然会迎来极少数有识之士的欣赏，却很难在短时期内为文学界所普遍接受和认可。

迪伦对此有自己的评断。虽然，自 20 世纪 60 年代中期以来，外界对他的创作多有褒奖。1976年美国总统卡特在竞选活动中引用他的诗句，并称其为“伟大的美国诗人”；1990年，法兰西文学院向他颁发“文学艺术杰出成就奖”。但这些赞赏没有使他沦陷，他自我调侃道：“无论我到哪里，我都是一个60年代的游吟诗人，一个摇滚民谣的遗迹，一个从逝去时代过来的词语匠人，一个从无人知晓的地方来的虚构的国家首脑。我处在被文化遗忘的无底深渊之中。”

某种意义上，迪伦说得在理。自《像一颗滚石》出版后，他鲜有新作问世，以致他获诺奖，在一些人看来，也是诺奖委员会近年来标新立异所致。但在另一个意义上，恰恰是迪伦把一种文化，从遗忘的深渊里解救了出来。鲍尔在他的推荐信中，就强调迪伦在当今时代“使诗歌回归到它原始的传诵方式”，“在他的音乐诗篇里，他已经复活了游吟诗人的传统”。鲍尔竭力表明，迪伦的歌词只不过是回到了诗歌的源头。另一方面，他还申明迪伦的精神影响来自于波德莱尔、萨尔蒙和兰波，而他的歌词其实包含了大量的学院式文学文本，其作品中具有非凡创造性的象征主义足以和兰波、叶芝相媲美。“他的作品在整个世界被广泛地翻译、传唱，但它显然已经超出了‘通俗’艺术的界限。”

民谣无关雅俗，只是他探索世界的方式

而在迪伦，民谣无关雅俗，只是他探索世界的方式，诗意的歌词则是他作品中最核心的因素。实际上，也不妨把迪伦的自传看成是诗歌的延伸，是他用散文笔调写成的诗。也因为此，迪伦确如诺奖颁奖词所称“为伟大的美国歌曲传统带来了全新的诗意表达”。有必要强调的是，在自传里，迪伦袒露了自己疯狂的诗歌阅读：拜伦《唐璜》和柯勒律治《忽必烈汗》，兰波和布莱希特，喜欢T. S. 艾略特。他曾为爱伦·坡的《钟》谱上吉他曲，也曾以契诃夫的短篇小说为素材创作。

可以想见，迪伦并非横空出世的天才，而是于诗歌有自觉的追求。他写民谣，也是希望歌曲，像诗歌一样带他到某个不一样的、解放了的、看不见的共和国。而迪伦作为一个永远的不合作者和反抗者，追求的解放、自由，大体就像惠特曼所歌颂的自由，是那种对自由本身进行观念设计和行为规划的元自由。在欧阳江河看来，这种自由不仅要求对自己身心的完全支配，不仅要求思维的无止境扩展，也要求对抗和抵制的自由。实际上，迪伦的跨界，不只是写自传，还包括他的绘画，并不是他刻意为之，更可以看成是他对界限的跨越，体现了他对无拘无束的自由表达的践行。

由此观之，迪伦被授予诺奖，会促使更多人同时把他作为文学人士来对待，这也意味着他的歌词，他的自传，将被更为广泛地纳入文学的范畴来阅读和研究。迪伦的出现，正如有评论指出，无疑使得我们对于文学未来的想象，多了一分生动。要说文学是一种自由的表达，那么，在20世纪被吟唱的民谣，不也是让文学焕发新生命的一种伟大形式？答案在风中飘。

辑八　博识

豪尔赫·路易斯·博尔赫斯：为何读，如何读？

豪尔赫·路易斯·博尔赫斯写过一篇随笔《柯尔律治之花》。他在里面提到英国诗人柯尔律治不知道写于何年的一篇短文，柯尔律治是这么写，也很有可能是博尔赫斯这么写的，或者说至少是他重新叙述的："如果一个人在睡梦中穿越天堂，别人给了他一朵花作为他到过那里的证明，而他醒来时发现那花在他手中……那么，会怎样呢？"

如果说初遇博尔赫斯，你不禁会感受到"在睡梦中穿越天堂"的强刺激，那么当你醒来时看到他赠与的"那朵花"，大抵会如新晋茅奖得主、作家苏童那样看到博尔赫斯带来的"光明"，"它照亮了一片幽暗的未曾开拓的文学空间"。而这空间里充满了迷人的迷宫和陷阱，"一种特殊的立体几何般的小说思维，一种简单而优雅的叙述语言，一种黑洞式的深邃无际的艺术魅力"。

1

那是 1984 年，苏童正就读于北师大中文系，他在图书馆的新书卡盒里翻到写有《博尔赫斯短篇小说集》的卡片，找到了出版于前一年的博尔赫斯在中国大陆的这第一本译著。他至今还记得，书的封皮是黄色的。“坦率地说，我不能理解博尔赫斯，但我感觉到了博尔赫斯。”

事实上，从 20 世纪 80 年代过来的一批作家，不少都感觉到了博尔赫斯，也在某种意义上以自己的方式理解了博尔赫斯。如果他们读到美国作家约翰·厄普代克的这句话，多半也会感同身受。厄普代克说，博尔赫斯、马尔克斯、卡尔维诺，三人同样为我们做着完美的梦。梦总有睡醒的时候，而你看到的这朵会给你带来光明的盛开之花，也会是如博尔赫斯在同一篇随笔里提到的，由另一个英国作家威尔斯在《时间机器》里让主人公从未来带回的一朵凋谢了的花。

这或许是因为博尔赫斯，如这位主人公一般来自某个神奇的未来世界，他经过漫长的漂泊，归来时疲惫不堪，满身尘埃，以至于让读者感觉是过时了。当疯狂阅读博尔赫斯的狂潮在 20 世纪 90 年代中后期迅速褪去，博尔赫斯在中国成为了一位“过时的三流作家”。同为新晋茅奖得主、作家的格非，在他于去年出版的新书《博尔赫斯的面孔》里写道，当他被问到是否还在喜欢博尔赫斯，他坚定地回答说“是”时，他所在学校一个文学专业学生就充满同情地对他说：“你完了，彻底完了，竟然喜欢一个三流作家。”

是啊，时光已经不再停留在 20 世纪 80 年代了，而是一转眼来到了 90 年代末，博尔赫斯之花，看似已经失去了光华。而正是在 1999 年，浙江文艺出版社推出第一套中文版《博尔赫斯全集》，厚重的五卷本虽未包含博尔赫斯的全部作品，却第一次让我们站在了距离博尔赫斯的瑰奇世界如此近的地方。而博尔赫斯的版权继承人，博尔赫斯的遗孀玛利亚·儿玉，也只是收了5万美元的低价版权费，其中还包括了她自己在全集出版后那趟中国行的一切费用。全集编者林一安说，“博尔赫斯遗孀考虑的不是获利，而是让中国读者认识和了解这样一个作家。”

但这套书的销售并不如预期，其中自然有博尔赫斯热降温的原因，还有由海南国际新闻出版中心于1996年出版的、并未购得版权的三卷本《博尔赫斯文集》、挤占了本应属于《博尔赫斯全集》的市场的原因。浙江文艺出版社原副总编辑曹洁说，因为这些原因，首印的几千册卖得并不好，“后来每年都有加印，每年几千册，从未过万，一直到2008年版权到期。”在此后七八年的时间里，《博尔赫斯全集》在中国大陆几乎再也无法从书店里购买到，新一代热爱文学的年轻人一遍遍地在问着一个问题：“什么时候才能够买到《博尔赫斯全集》?”毕竟，这套原价150元的全集，已经在孔夫子网上，炒到了2000元的高价。

阅读博尔赫斯的热情，似乎又一次被唤醒。而《博尔赫斯全集》的接力棒，也终于在2010年被上海译文出版社接了过去。似乎是有意要考验读者的耐心，过了两年，上海译文出版社才对外宣布将再版全集，不料，一等又是三年……2015年，新版全集终于来了。新版依据埃梅塞出版社《博尔赫斯全集》权威五卷版本而来，除了对早前版本进行校勘，还收入了过去未在国内译介过的博尔赫斯与他人联合创作的幻想小说、散文及文论等，新增内容占全集至少三分之一。这套约40种的全集，第一辑推出16册，预计到2017年全部出完。无论如何，博尔赫斯单行本的出版让博尔赫斯迷们，终于不用再捧着厚厚的卷本埋头苦读了。

如此倒是应了诗人西川在谈到博尔赫斯时的断言。他说，任何一个作家如果卖得还不错，一定得死一次，有些人就死掉了，有些人如果死过一次之后又活过来了，那么他一定是一位伟大的作家。“博尔赫斯属于那种死掉几次，依然能活过来的作家。”今天，当很多人像当年期盼正版的马尔克斯一样期盼博尔赫斯全集的时候，我们理应回头看看这位作家为什么依然值得被期待、被等待，也理应再做一下展望，我们应该如何走近这位谜一般的“作家中的作家”?

2

某种意义上说，于 2015 年 8 月 8 日在上海中华艺术宫举办的《博尔赫斯全集》新书首发式及分享会，作家麦家、学者罗岗、书评人 Btr、诗人范致行等嘉宾，与读者共享的，就是我们为什么还要读博尔赫斯？又当如何读博尔赫斯?

在我们这个时代里，有铺天盖地的信息：微信公众号、推特、微博，但在博尔赫斯看来，这些信息根本就不重要，他曾提请读者，不用去读报纸，因为报纸写下来只是为了把它忘记，一百年出一份就够了。如此给人感觉，博尔赫斯是一个跟不上时代潮流的人，而实际上，博尔赫斯正如 Btr 所说，是一个领先于时代的人。他在短篇小说《博闻强记的富内斯》里，就“预言”了在互联网时代会碰到的许多现象，而小说里的主人公的处境，亦如当下我们的处境。也是从这个角度看，Btr 表示，博尔赫斯身上的现代性不用说了，他身上体现出的后现代性，甚至在‘后现代主义’这个词发明之前就已经存在了。“他是一个永远超越在时间之前的人，这也是为什么说现在读他不过时，因为他走得比我们早。”

当然，博尔赫斯只是以他独有的方式来表达他的超前，这种方式就是博尔赫斯式的叙述。博尔赫斯深知这一点，他曾说：“我知道我文学产品中最不易朽的是叙述。”事实上，也正是博尔赫斯的出现让中国作家意识到，原来小说不一定非要像狄更斯或巴尔扎克那样直线性地写，也可以像迷宫一样步步迂回着写，可以像“中国盒子”一样层层嵌套着写，可以“后现代”地写，还可以打通真实与虚构，高雅与通俗，换言之是打通一切边界的无边无际地写。

麦家坦言，自己初次读到博尔赫斯，就像爱美女一样爱上了他。他接受博尔赫斯的影响，主要却不在于博尔赫斯的写作方法，而是思考问题的方法。“要按照博尔赫斯的写法，是无法写长篇的。”但博尔赫斯为他开启了另一层文学空间。因为，博尔赫斯把通俗小说的题材写成了高雅文学。“侦探、间谍、盗马贼这种题材，是很多传统小说家碰都不会去碰的题材，因为那都是通俗小说的题材，但博尔赫斯就有本事去写，而且把它们写得很高雅。他告诉我一个道理，不在于你写什么题材，而在于你怎么去写。我以前一直不敢去写特工生涯，但看了博尔赫斯，我觉得可以用纯文学方式来反映。从这个意义上来说，是博尔赫斯塑造了我。”

而博尔赫斯式的思考是与他的叙述水乳交融的，借他自己的比喻，就像是“水消失在水中”。在罗岗看来，博尔赫斯被誉为“作家中的作家”，也不仅仅指的博尔赫斯影响了很多别的作家，同时也指他的写作方式，他在作品中写到了很多作家，也常常会写到别的作品，其中一些作品又可能是虚构的。“博尔赫斯还曾虚构了一套中国大百科全书，这套全书有着奇怪的分类，福柯就曾在他的著作里，引用过他的这个分类。这并不是说，博尔赫斯的分类就是正确的，他只是要告诉读者，我们原来那一套自以为理所当然的分类方法，是可以被重新质疑的。”

确乎如此，博尔赫斯教会读者怎样去怀疑我们的世界，同时他又赋予我们新的眼光去看待这个世界。西川举例道，如果我们寻思一下博尔赫斯跟过去的文学传统的关系，我们就会发现，在文学史叙事已经形成一套陈词滥调的时候，有他这样的人，文学史就会不断地在一个新时代获得新的意义。“博尔赫斯借给我们一个眼光，这个眼光就是深入地进入过去文学或者文化的秘密。”

3

然而我们该怎样借取博尔赫斯式的眼光？当然首先是阅读，最好是像马尔克斯那样阅读。马尔克斯曾说：“我在布宜诺斯艾利斯买的唯一的东西就是《博尔赫斯全集》。我把这套书放在手提箱里，随身带着，打算每天取出来阅读。”

问题是，当马尔克斯初次接触博尔赫斯那奇异多彩的世界时，是否也会像作家残雪所说的那样感到困惑？“那些突兀的对话，莫名其妙的转折，既有点像世俗中所发生的事又完全不像。”在残雪看来，很多读者都是停留于表面，用现实模式去“硬解”他那些迷宫，“这种读法当然就所获甚少。”或许正因为此，麦家建议读者从读博尔赫斯晚年口述，入手去读博尔赫斯。“这本小书，有点像成长记或者传记，文字比较朴实，读了它，会慢慢了解他成长当中一些文学的奥秘。”

实际上，博尔赫斯曾建议读者，从读诗歌进入来读他。他说：“我的小说，在一种意义上，是在我之外的。我梦想它们，塑造它们，记下它们；之后，一旦被散发而进入了世界，它们就属于别人了。我所独有的一切，我的朋友们好心宽容我的一切——我的喜爱与厌恶，我的嗜好，我的习惯——要在我的诗中才找得到，长远来看，也许，我的成败将取决于我的诗篇。”诚如美国学者斯塔伯所说，博尔赫斯在诗歌中比在任何其他形式的写作中，都更多展露出了自我。

或许，通过读博尔赫斯的诗，能触摸到如范致行所说博尔赫斯情感的那一个部分，而这种情感，很大程度上被他智力的强度所掩盖了。当然，诗人们读博尔赫斯可能读出另外一些东西，像西川说的，他跟文明的关系，等等。更重要的是，博尔赫斯可以作为一个极，来平衡我们的阅读。西川表示，博尔赫斯写虚构作品，但他表达虚构的时候，却极其严谨，有着数学般的精确，这一点跟他特别喜欢的另一个写起诗来汪洋恣肆的诗人庞德是正相反的。“他们同时存在的时候，对我就有一个特殊的含义，当我变得非常野蛮的时候博尔赫斯就会拉我一把，但是当我太拘谨的时候庞德就会拉我一把，所以这个东西在我这儿构成平衡。”

这种平衡之于麦家，则是另一种特殊的含义。他打比方道，如果说托尔斯泰和陀思妥耶夫斯基这样的大作家有点像锄头，而博尔赫斯则更像是一款匕首。“锄头有一定的实用性，可能我们也很容易去了解它，它也有巨大的力度，而博尔赫斯我觉得更像一把匕首，可能实用性并不是那么大，但它是世间最美的。我觉得我们既需要锄头，也需要匕首，这也是我们人生必须要经历的两种状态，一个是实用的，还有一个是务虚的，而完美的人生肯定是虚实交融的。”

而博尔赫斯的伟大，或许正是在于他的务虚。Btr 表示，博尔赫斯因为超越于他的时代，他的很多东西，却可以拿来解读很多的时代。“博尔赫斯会让我们这样一个混沌的时代变得更清晰，因为他关注的永远是那些更本质的东西。”要借用博尔赫斯在乌拉圭一次演讲中分析幻想文学时说的话，即是文学即使写的是幻想，也不是对现实的逃避，而是有助于我们更深刻复杂地理解现实。

詹姆斯·乔伊斯：
在他以前，
谁也不知道平凡究竟是怎么一回事

詹姆斯·乔伊斯的幽灵，在人类文明的上空游荡。这并非改编自马克思的名言，却更近似法国解构理论大师雅克·德里达的由衷之叹，他终其一生都没有停止阅读乔伊斯，而且每次写作，总有乔伊斯的幽灵在其中浮现。在《给乔伊斯的两个词：他战争》中，他还专门研究了被视为“天书”的《芬尼根的守灵夜》。

时隔73年，2012年，“天书”终于有了中译本。复旦大学中文系副教授戴从容耗费8年心血译出的第1卷90万字，由上海人民出版社出版。晦涩难懂的“芬尼根”一出场，就成了“挑战阅读极限”的代名词，如亘古如斯的爱情一般口口相传。

可以确定地说，除了译者，在中国几乎没有人曾读完《芬尼根的守灵夜》。这并不成为专家研讨、读者追从的阻碍，也不会招致你没有读完，就没资格品评的质疑。因为“你懂的”，《芬尼根的守灵夜》真的很难读，堪称“蜀道之难，难于上青天”的难读。乔伊斯为此付出的心血远超另一本意识流巨著《尤利西斯》，在作品完成时，他甚至说除了死之外没什么可做的了，并放言“这本书至少可以让评论家忙上三百年”。

这也难怪媒体对此“天书”的报道，不约而同用了出版社精心准备好的“爆料”。仅举一例，乔伊斯在书中创造了九个100字母长和一个101字母长的单字，最有名的是他用100个字母拼成的“雷击”一词，模拟雷声不断，由十多种不同语言中的“雷”字组成，每一种雷声都有其时代背景。《芬尼根的守灵夜》还夹杂有1000首左右的歌曲，大多取自歌剧、流行歌曲、民歌。小说的另一特点是时常离题，故事中夹杂着不相关的故事，甚至穿插广告，第64页至66页是最著名的离题，穿插了一个减肥广告以及一个1927年的美国案件。

1

尽管乔伊斯声称，这是一部给极少数读者阅读的小说，它却吸引了全球范围内数以千万计的读者。尽管他自言，小说里的谜团要花300年才能解开，但世界各地的乔学专家并没有因此减弱读解的热情。在2013年1月17日上海专门为此书举行的题为“向经典致敬”的研讨会上，作家王安忆、陈丹燕、孙甘露等表示，尽管还没有读完天书，但深信其价值。如此天书留给我们的问题，与其说是“要不要读，有何必要读”，不如说是曾被美国大批评家哈罗德·布鲁姆用做书名的“如何读，为什么读”。

王安忆坦言，阅读的时候就怕书难读，书的难度过高往往引发读者的不信任感。“当我翻这本书，我不断告诉自己这本书有价值，我应该信任它。我很难从书本身找到证明。但乔伊斯是一个可以信任的作者。他出身的家庭小市民背景是如此之强烈，却偏偏成就了他这样一个对生活高度敏感，感情非常细腻的人。他从平庸阶层出来，一定有很大的价值。我们一定不要放过它。我们要相信他，相信这在这本书里是有企图的，有意义的。”

读《芬尼根的守灵夜》之前，陈丹燕先读完了乔伊斯的另一本巨著《尤利西斯》。“那时我在都柏林旅行，置身于小说中的那个地理场景，读完了这部小说，我发现自己非常热爱这个作者。我知道他在日常生活当中是一个非常讨厌的人，但他从爱尔兰深厚的文化传统中得到滋养，在精神上成了一个非常伟大的作家。”陈丹燕坦承自己暂时没法看完这本“天书”。“但有了阅读《尤利西斯》的经验，我相信有一天，我肯定会把它看完。”

当拿到“天书”中文译本时，首先吸引孙甘露的就是它的版式。这部书大字号的正文和小字号的注释混合在一起。在他看来，正文部分几乎可以当作诗歌去朗读。“这本书就像交响乐谱，里面有主旋律，有不同的配器。你必须想象它是复合的，一个混响，混合在一起表现出来的东西。”但他表示，文字上的阅读确实有困难。“我提供一个建议，很多年以前有一次讨论《尤利西斯》的时候，一个叫爱德蒙·威尔逊的评论家表示，像乔伊斯这样的写作，是把理念当做事物来使用的。这是一种典型的处理梦境的方法。从这个意义上来讲，这本书他最大的特点就在于它无穷的想象性，它并不会给我们提供一个最终的答案。”

在评论家严锋的理解里，如果从网络文化背景去看，乔伊斯的语言一点都不陌生。“他所用的一种技巧就是对语言的故意误用，现在网络上大量使用谐音，故意把字写错的方式，都和这差不多。”正因为此，严锋建议用一种后现代的方式来阅读此书。“后现代的方式，其实就是网络阅读。它是回溯性的，集体性的，而且是一种再创造。如果我们上维基百科，就会看到网页上有不同的链接。现代的读者会比较习惯不断有干扰的阅读，也会从有干扰的地方再走回来。这本书就好比整个维基百科，我可能读不完它，但我不会怀疑它的伟大性。”

2

其实“天书”之难，难就难在乔伊斯将他的意识流技巧和梦境式风格发挥到了极致。他彻底抛弃小说情节和人物的传统构造方式，还采用了世界语言史上绝无仅有的“梦语”。戴从容表示，书中有50%的词语竟然是作者自造，而这些词的词源与近50种语言有关；同时用不合语法的方式任意排列，以营造视听效果，且每个词都可能包含多个含义，句子和结构更是颠三倒四不知所云，来去随意超出常情。无怪乎大作家萨尔曼·拉什迪感叹，乔伊斯用一粒沙，构建出了整个宇宙。不难想尽，倘若小说写作难到了极致，自然当得起拉什迪的这份赞叹。

然而远非所有人都买这个账。对乔伊斯的质疑，如同他成名后的历史一样绵长悠远。英国当代作家阿兰·德波顿就泛泛地宣称，作家不应该写“任何你在伦敦至爱丁堡直达航班上无法读完的东西”。这就难怪以《炼金术士》等知名小说惊艳全球的巴西作家保罗·科埃略终于按捺不住痛下决心攻击乔伊斯了。他曾告诉巴西的《圣保罗报》，作家如果专注于形式而不是内容便会误入歧途。“作家们老想着影响别的作家。有些书为祸甚巨，其中之一便是乔伊斯的《尤利西斯》，它是纯形式的。里面什么都没有。把它剥开来看，就是一堆杂碎。”如果他有幸读了《芬尼根的守灵夜》，他很可能会说：“把它捣碎了看，不过是一地鸡毛。”

不出所料，科埃略的言论激怒了许多人。《纽约时报》记者詹妮弗·舒斯勒径直说，这是历来对乔伊斯的最大诋毁。书评家斯图亚特·凯利则在《卫报》网志撰文激烈反驳：“他有权说出自己的看法，我也有权认为，他科埃略的作品是一盆令人作呕的自大狂杂碎汤，一坨神秘主义的大力丸，其智识、共鸣和语言的机巧，甚至还不如我昨天扔掉的那块放了一个礼拜的卡蒙伯尔奶酪。”事实上，科埃略不是第一个攻击乔伊斯的人，也绝不会是最后一个。“不管什么时候，只要出现了针对当代文学的逆流，对乔伊斯放冷枪就势不可当。”凯利说。

在戴从容看来，科埃略的这一番言说，恰恰反映出了当前阅读生活的一大顽疾。在这个读者至尊的时代，任何人都可以用没有感觉这类理由来嘲笑自己读不下去的作品。“当一个作家因为畅销而认为自己的感受可以代表整个世界的时候，这种嘲笑尤其可怕。”我们未尝不可以如美国诗歌评论家海伦·文德勒所言，如果不喜欢一首诗，先不要急着去否定它，因为这只意味着你和它所说的东西还没合拍。戴从容说，大凡与深邃的思想打过交道的人都会对传统心存敬畏，“因为他们知道自己的生活中有多少这些巨人的影子，知道自己总有一天会想起这些人对生活的提问和回答。”

事实上，真正可怕的并不全然是这种有意无意的“诋毁”，而是由于读不懂而产生的严重“误读”。确乎有不少人认为，乔伊斯就是憋足了劲跟读者过不去，他存心设置重重阅读障碍，和读者玩文字游戏。依此种说法，既然乔伊斯他老人家能玩的技巧，为何我们不能玩？由此，国内文学圈、舞台表演圈里，从来不缺打着“意识流”“后现代”等先锋旗号掩盖平庸的作品。而这正是阅读乔伊斯，必须首先廓清的一个现象。很显然，是小说所传达的文明主题，而不是小说外部的技巧决定了《芬尼根的守灵夜》的价值。戴从容说：“乔伊斯并不是发疯或者装腔作势，他非常清楚自己要创造怎样的迷宫，而且他给读者留下了线索。”

的确，《芬尼根的守灵夜》是“天书”，却不是“天外来书”。20世纪上半叶，欧洲文学圈兴起一股语言试验和形式颠覆的潮流，像乔伊斯这样的实验派写作手法，并非他一人在尝试，这是时代意识使然。在戴从容的描述里，意识流呈现在字面上是内心意识的不断流动，它绝不是作家半夜醒来拿起笔随手涂抹，开无轨电车。“乔伊斯在写作过程中是非常有意识的，光笔记就做了18本，包含有几十种语言和无数典故。书写成之后他坚持校对5遍，根据自己那些笔记对文字做了无数改动，绝大部分是增补，在内心独白中添进更多前后呼应的细节。”

或许正如戴从容所言，真正的先锋之作与貌似新潮实则浮夸之作的区别，就在于能否启发后人。以她自己的经验，读《芬尼根的守灵夜》刚开始的时候，并没有什么感觉，但是读过之后，却发现自己经久难忘。其实这本“天书”一直在等待未来对它的价值解读。小说中字谜一般的词语，经德里达等解构理论家的阐发，改变了当代文学的阐释方式；它迷宫一样的结构也早已成为当代众多作家使用的手法；它展示的许多观念，例如文体的杂糅、意义的不确定性、语言的狂欢等等，也已被当下的读者接受理解和产生共鸣。更何况就像有人所说的，我们生活在一个注释本的黄金时代，乔伊斯已不再让我们畏如天书。作为佐证，戴从容注释的《芬尼根的守灵夜》第1卷中，注释的字数就远远多过了原文。如此，又有什么能够阻挡我们研读乔伊斯？

没有谁比《乔伊斯传》的作者、英语文学专家理查德·艾尔曼更好地定义了乔伊斯作品的价值：在他看来，乔伊斯的作品中没有托尔斯泰笔下那种积极的、外向的、有决定意义的生活，然而，乔伊斯的裁判庭是从不休庭的，同但丁的裁判庭一样。他在作品中所作的最基本而又最有决定意义的裁决，是判定平凡的价值。“别的作家也曾啰啰嗦嗦地描绘过平凡，但是在乔伊斯写它以前，谁也不知道平凡究竟是怎么一回事。”

3

不管有怎样的争议，《芬尼根的守灵夜》确乎有力回击了“浅阅读时代，‘天书’无人问津”的泛泛之谈。自乔伊斯这部晚年巨著中文译本第 1 卷出版以来，不到一个月的时间里，首印 8000 册已销售一空。尽管临近年末才上市，该书依然成为各大媒体年终盘点时的“香饽饽”，且连连斩获“年度金翻译大奖”“年度中国影响力图书”等殊荣。借助于该书巨大的辐射力，广告商还“破天荒”为其免费在上海、北京、广州等全国八大城市的繁华街头打出巨幅户外广告。

围绕《芬尼根的守灵夜》产生的种种阐释和猜想，某种意义上都是对作者詹姆斯·乔伊斯的一种致敬。当我们就这部“天书”争相发表自己的见解时，的确很有必要沉思一下：如果乔伊斯活着看到中文版终于在 12 月 8 日这一天正式推出，这位 73 年前就给世界文学的未来设下了最大谜团的作家该做何感想？

事实上，在 2012 年 8 月 28 日北京举行的《芬尼根的守灵夜》专家研讨会上，爱尔兰驻中国大使馆一等秘书雷娜就做了这样一个有趣的假设：如果乔伊斯可以在场的话，他会异常欣喜地看到他最为高深莫测的作品被翻译成中文。“而且留给译者的难题，不仅仅是弄清楚他想要表达的内容，而是如何用完全不同的语言表现出他希望或者不希望表达的内容。”

这正是戴从容所期望达到的目标。刚开始翻译时，碰到同一个词包含几种不同语言的拼写，但意义相同时，为了减少麻烦，她会只选择一种语言。但随着书里那些变动不居的词语日复一日在她的脑海里进进出出，她突然认识到乔伊斯的这部作品预设给读者的不仅是叙述的内容，也是要通过变化的词语，让读者看到其所具有的超越限制、跨越边界的力量。

而更重要的，在戴从容看来，对词语意义的追寻，其实关乎人类深层的思维结构。“如果只关心一个词语的含义，实际上是在寻找一个终极真理。在这种思维方式下，我们会觉得这个世界只能有一个答案。如果把指向同一意义的这个词语的所有语言表达都写下来，这意味着你认为所有语言都具有同等的价值，你在接受一个开放的世界。”

同样刚开始翻译时，戴从容虽然知道乔伊斯对这部作品几经删改，字斟句酌，但依然很难不把一些自造词看做某种文字游戏或打印错误。后来，她才意识到乔伊斯实际上是在看似寻常的一句或几句话中巧妙地利用双关，把民谣《守灵夜》中对酒鬼芬尼根清晨活动的描写，与《创世纪》《出埃及记》等经典文本结合在一起，暗示酒鬼芬尼根的一生也是整个人类的历史。“滑稽与神圣就这样不动声色地交织在‘guenneses’这样的自造词语之中。”

循着这一条路径，乔伊斯找到了一种可以将大雅与大俗，深邃的历史传统与黄色的市井笑话天衣无缝地结合在一起的语言。“乔伊斯既是一位大雅的先锋作家，又是一个大俗的酒吧常客。他既可以写出《一个青年艺术家的画像》中那样美得让人心醉的作品，也可以在给妻子诺拉的信中说着下流得让人血脉偾张的话。”而他之所以要创作这样一部读者读不懂的作品，有一种说法就认为他在里面放入了一切性的、色情的心理内容。“这些内容其实是19世纪欧洲大众文化的重要组成部分，在当时起着动摇上层文化、反抗贵族礼仪的目的和作用。从这个意义上说，乔伊斯既坚持了理性的意义，又为身体留出了一定的空间。通过充斥字里行间的性的双关和暗示，乔伊斯模糊了高雅文学与通俗文学的界限。”

很显然，乔伊斯对任何所谓的界限都表示出不屑，且充满了逾矩的强烈冲动。戴从容表示，乔伊斯同时代的英国作家赫伯特·乔治·威尔斯曾写过一部《世界简史》，而乔伊斯却要把世界史写成一部高度包容性的文学作品。“被历史教材梳理后的世界史其实是干巴巴的事件的罗列，感受不到人类的爱恨、冲突、欲望、动荡，而乔伊斯要抓住人类历史的活生生的脉搏。”

要做到这一点，乔伊斯必须制造一个文学的万花筒。要让作品具有万花筒般的炫目、闪烁、千变万化，他就只能使用独创的语言。在戴从容看来，这个语言不但必须具有一般文学语言的多义性、双关性，还必须具有现有语言所没有的包容性、衍生性、变动性。“必须能把历史和当下、个人与整体、已知和未知融合在一起。乔伊斯寻找着这种语言，它不在任何现存的语言之中，必须由他自己去创造。只有这种语言才能与人类历史的呼吸相呼应，才能听到整个世界的骚动。”

也因为此，戴从容表示，阅读这部作品时，读者不妨暂时抛开情节，让自己被唠唠叨叨的叙述充满，去感受它的丰盈和宏大。“这本书的意义很大一部分存在于它的叙述里，而不是它讲了什么故事。”同样，当我们执着于为高雅文学与通俗文学分出高下之别，当我们汲汲于为不同语种间的文学表达设限，当我们因不能见容于文化意识的差异而陷入无休止的“文明的冲突”，读读《芬尼根的守灵夜》，或许会让你真切感受到何谓创新，何谓包容，何谓博大。

弗拉基米尔·纳博科夫：
伟大的文学作品是童话，伟大的作家是魔法师

回首前尘往事，在自传《说吧，记忆》中，弗拉基米尔·纳博科夫不无揶揄地提到：早年上学时，学校里的老师说他永远都不可能成为作家，他还特意强调了自己年轻时写作诗歌所经历的痛苦。看似出于一种"抗议"，当他 1977 年 7 月 2 日在瑞士洛桑病逝，墓碑碑文上，他的姓氏后面径直就是"作家"的称号。

事实上，这位俄裔美籍作家一生的经历和创作，已远非"作家"两个字所能涵盖。作为 20 世纪杰出的小说家和文体家，他卷帙浩繁的作品，足以使他跻身于陀思妥耶夫斯基、博尔赫斯等世界文学大师之列。

无论是生前还是身后，围绕纳博科夫总有很多的话题。因为"禁书"《洛丽塔》，他风靡了整个世界，也让书迷们至今对他兴趣不减；结构奇特的《微暗的火》，庞杂艰深的《爱达或爱欲》等作品，让读者望而却步，却使得众多评论家为他未获诺贝尔奖而鸣冤叫屈；对蝴蝶矢志不渝的喜好和研究，为他的作品蒙上了变幻迷离的光影；该不

该出版他遗嘱中要求销毁的遗作《劳拉的原型》，多年来一直引发世界文坛的无尽悬想。如此，当我们纪念他时，我们该说些什么？

1

纳博科夫把所有伟大的文学作品都称为童话，他说：我们应该尽力避免犯那种致命的错误，即在小说中寻找所谓的“真实生活”，我们不要试图调和事实的虚构与虚构的事实。《堂吉诃德》是一个童话，《死魂灵》也是如此，《包法利夫人》和《安娜·卡列尼娜》则是最伟大的童话。

文学是童话，那么作家就是魔法师。在他看来，真正伟大的作家首先应该是高明的魔法师，“我们可以从三个方面来看待一个作家：他是讲故事的人，教育家和魔法师。一个大作家集三者于一身，但魔法师是其中最重要的因素。”作为魔法师的纳博科夫，总是极力否认自己的创作有政治或道德的目的，对他来说，文学创作是一种自娱，是运用语言进行的一种对现实的超越。

讳言政治的纳博科夫，却始终没有摆脱政治的纠缠。俄国十月革命后，他做了“向西方的选择”，于1919年背井离乡，辗转伦敦、布拉格、柏林、巴黎等城市，抵达美国后，他选择用英语进行创作，最终将19世纪的俄罗斯文化抛在身后，这在很多俄罗斯人看来，是对祖国和故土的一种背叛。他的作品常被俄罗斯本土的作家和读者指责为太缺少“俄国性”，缺少“俄国式”的沉重，更少对生活的关怀和伟大的思想。纳博科夫自然不屑于理会这种看法，不仅如此，他还表达出对美国这个“真正意义上的第二故乡”无所避忌的亲善和喜爱，这不免使俄罗斯人的民族感情受到伤害，时不时引起他们强烈的抵触情绪。

然而时过境迁。赫鲁晓夫的曾孙女尼娜·赫鲁晓娃，却借由纳博科夫独特的人生和创作姿态传达出了截然不同的信息。有悖于其曾祖父1956年对西方说过的断言：我们要把你们埋葬掉。50年后，她却说：需要割弃的，恰恰是几个世纪以来俄罗斯人意识中唯我独尊、超然于世的神话。恰恰是纳博科夫，也只有他能代表俄罗斯的未来，他离开俄罗斯，却能融入西方的处世经验，是当今俄罗斯现代化进程最好的注解。

在赫鲁晓娃看来，从陀思妥耶夫斯基到契诃夫，俄国文学的主人公大多沉溺在一个诗和理想化的“幼稚的俄罗斯天堂”里，就个人问题谴责着命运，苦苦思索、受苦受难，也不愿意对自己的生活负起责任，采取任何实际的行动。而他们所谓“俄罗斯伟大灵魂”的信念，也不过是挡在落后前面的一层迷雾、一块镜子。纳博科夫相反，他迫使自己的角色过一种常人的生活，不去用那种“伟大的精神的深度”思考生活的苦难。在《阿达》等作品中，他重新诠释了俄罗斯小说——将所模仿的作品中那种对个人不幸和公共化生活的描述，转向强调一种对个人创造“幸福”命运的观念。

俄罗斯人显然无法接受这样的观点，他们宁可相信一个无关政治的纳博科夫。但让他们欣慰的是，虽然一生漂泊异乡，纳博科夫却始终带着“我需要的俄国的一切”：文学、语言和我自己在俄国度过的童年。他最终成为真正意义上的英语作家，也没有失去对母语的热爱，并在翻译俄罗斯作品中找到了慰藉。在他后半生，花费了十年之功译介普希金的《叶甫盖尼·奥涅金》，而用几乎同样多的时间，他已经写出了最著名的三本英语小说：《普宁》《洛丽塔》和《微暗的火》。

2

据说，纳博科夫作品最早的中文译者梅绍武，曾被一个编辑劝说翻译《洛丽塔》。他思虑再三还是选择了拒绝，理由很简单：虽然他认为这是纳博科夫最好的一部作品，但小说讲的是一个老头和一个未成年小姑娘的畸恋故事，这有悖于我们中国的道德观念，他不能接受。

事实上，纳博科夫于55岁时写成的这部小说，在当时的美国与欧洲就引起了轩然大波，其中最惹人眼的当然要算是那个火辣辣的“性”以及它给人们带来的困惑和思考。

小说出版的过程一波三折，先后遭到四家神经紧张的美国出版社拒绝，好不容易终于由奥林匹亚出版社在巴黎首版，书被牟利的书商带到英国后，却遭到英国海关的查禁。英国作家格雷厄姆·格林撰文为小说辩护，又引起英国出版界和批评界一场旷日持久的争论。1956年，《洛丽塔》在法国遭到查禁，理由是它有淫秽内容。不过，美国海关却同意这本书进入美国。此后，小说先后在各国解禁。

然而，《洛丽塔》引发的争议却从未停息。有人认为，纳博科夫在作品中批判了男主人公无耻的个人主义，并通过这个人物对某种美国式的淫欲进行了讽刺；也有论者认为，该书是“衰老的欧洲诱奸年少的美国”的象征；近年则有传闻称，该书涉嫌剽窃，至少灵感嫁接自他人。作家在寂寂无名的年头里，偶得一本同名标题的18页短篇小说，写的也是一鳏夫一少女的畸恋。当时他只是读读罢了，没刻意往心里去，到面对打字机盘算着写个什么书稿时，这故事便浮出记忆，顿时非同一般。

面对种种争论和传闻，要是纳博科夫地下有知，或许并不引以为然。他曾公开声称，自己的小说是一种“揶揄式模仿”。在《眼睛》里，他模仿的是19世纪的爱情故事，在《绝望》中则是模仿侦探小说，而《黑暗中的笑声》正如他自己所言，模仿的是上个世纪二三十年代电影中盛行的那种廉价的三角恋爱故事。不仅仅是模仿，在这部小说中他甚至不惮于在故事中，事先把结局“和盘托出”。

纳博科夫善于模仿，他永远站在小说之外，冷静地观看主人公的表演，在惟妙惟肖的刻画中发出揶揄的微笑。现实生活中，他不会把故事老老实实地放在一篇故事里，却会把它们洒落到许多地方。《菲雅尔塔的春天》里，一点点侨居光景；《天赋》里，一点点柏林、俄罗斯诗人和他年少时的蝴蝶标本。不仅如此，1922 年，他的父亲在德国柏林被俄罗斯君主制主义分子刺杀，原因是他尽力掩护了他们真正的目标——一位拥护宪法的在野党领袖。这一关于错误认知而导致误杀的情节，就反反复复出现于他《绝望》等几部小说里。同样，我们不难从《眼睛》《防守》等作品中找到他妻子薇拉的影子，还有他们共同生活的痕迹。

纵使模仿，作为一个“严峻的道德家”，纳博科夫却并不“轻浮”，用他自己的话说，他写作的目的不是故弄玄虚，终其一生，他真切的感受和洞察的思想全都蕴涵在了“残酷”二字中。因为残酷，所以摧毁了温柔、天赋和尊严；因为残酷，所以滋生了庸俗、愚昧和罪恶。因此他才反复告诫我们“残酷”是人类最坏的行为，而与之相反的善是仁慈、自尊和无畏。

3

与此同时，纳博科夫特别强调艺术的精确。他说过这么一句很可玩味的话：科学家的热情和艺术家的精确是重要的。这话听起来有点怪异，但不必怀疑，纳博科夫的确没说“科学家的精确和艺术家的热情是重要的”。收录在《纳博科夫短篇小说全集》里的《昆虫采集家》就为这句话做了准确的注解。

小说写了一个被同行幽默地称为“教授先生”，同时又是一流昆虫学家的蝴蝶标本店老板保罗·皮尔格拉姆，每年都梦想着到国外来一次哪怕只有两周的捕蝶之旅，但他的期望总是落空，并因此感到极为沮丧。有一次，他从一位权威蝴蝶研究专家的遗孀那里，低价购得一种叫亮翅小飞蛾的蝴蝶标本。好运终于来了，富有的业余收藏家索梅尔高价买走了它，他因此有了一笔足以承担旅行费用的钱。

皮尔格拉姆的梦想终于可以成真了。恰巧这天他妻子去参加一个朋友的婚礼，他准备偷偷出门，临启程前，突然想起身上没有零钱，就到店里去取钱罐，但钱罐从他潮湿的手中滑落，掉在地上碎了，当他弯腰去捡那些滚落一地的硬币时，突然中风，死了。纳博科夫写道："皮尔格拉姆已经走远了，走得很远了。没有人会怀疑他看见了梦寐以求的所有漂亮虫子。"

显然，读者如果只是一味关注纳博科夫的长篇小说，就会错失这样美好的篇章。纳博科夫风格各异的短篇小说可谓淋漓尽致地展现了他的魔法。夜晚书桌前的男人被一位不速之客惊扰，原来是来自故乡的木精灵；失散已久的儿子与母亲重逢，却现身在无比尴尬的时刻；名为"剃刀"的流亡理发师给曾经迫害过他的男人刮脸；新郎在蜜月结束后不得不向岳父报告新娘的死讯；羞涩的梦想家与恶魔做了灵魂的交易……在这些幽暗而充满魔力的故事中，纳博科夫完美展现了令人眼花缭乱的小说技法，天马行空的想象和智力游戏，以及对生命中无从躲避的暧昧和失落的迷人洞察。

这些如珍珠般闪亮的短篇被誉为"英语文学的奇迹"。而实际上，如《纳博科夫传》译者刘佳林所说，纳博科夫的 68 个短篇中，58 篇都写于他 1940 年移居美国以前，大量作品以对俄罗斯的回忆和俄国流亡者的生活为题材。这不仅会激发俄罗斯文学爱好者的强烈兴趣，也不由得让人对纳博科夫颠沛流离的身世和传奇的写作生涯生出一番感慨。纳博科夫先后因俄国革命和第二次世界大战而背井离乡，现代历史严重扭曲了他的生活，但如博伊德在《纳博科夫传》引言中所说，纳博科夫很少触及这些变革，他只是顽强地执着于个人的事业，坚定地与时代保持着距离。他笔下的人物，亦如评论家李庆西所说，初看之下，很难被纳入喧嚣躁动的时代语境。“无论《圣诞节》中斯列普佐夫的丧子之悲，还是《乔尔布归来》里边乔尔布怀念爱妻的梦幻之旅，诸般哀婉的叙述并非存心要拈出一个怨天尤人的理由，人们互不相干的痛苦仿佛就是生活本身。”

但即便是透过纳博科夫一些抒情化的散文笔调，也表现出了某种情境和深层意绪。在《云·堡·湖》里，瓦西里·伊万诺维奇参加了一个旅行团，途中，与人有关的一切让他厌烦和绝望，当他看到“那片美得令他几乎落泪的景色”，并向大家宣布要永远留在这里，却遭到毒打。纳博科夫看似散淡的叙述中流淌着个体面对一个整体的压迫时的无力和绝望。诚如书评人高丹所言，这一简单的故事可以折射出多种政治解读：当法西斯主义弥漫时，自由是如何举步维艰；心地纯澈而渴望自由并表现出独特个性的人，为何总是被集体所打压和抛弃；等等。

事实也是如此，纳博科夫的写作与他所处的时代之间，虽然没有短兵相接的火药味，但他笔下人物心灵的千差万别，正如李庆西所说，摹写着世事纷纭的变局。“纳博科夫非常瞩意小说的私人场景以及其中的个性差异，以至于让人觉得他是否把人性从社会层面上剥离开了，可是就在公共空间的虚化之处又让你感触着隐隐而生的沧桑之慨。”

托马斯·品钦：
说“不”的办法似乎只有一个，那就是：不

1

“我知道我应该更君子些，但是说‘不’的办法似乎只有一个，那就是：不。”1975 年，托马斯·品钦在拒绝美国艺术文学院颁发的豪威尔斯奖时曾作如此表示。如其声名在外，引得读者趋之若鹜，却始终拒人千里之外、难为人所理解的获奖作品《万有引力之虹》，作为美国后现代主义文学代表作家，品钦一生充满了特立独行的悖逆气质。近 40 年来，他从没有拍过照片或者接受过正式访问。尽管他有妻有子，却没有人知道他的住所。他消失得如此彻底，甚至当有好事者去康奈尔的年级名册上查访旧档案时，竟然发现惟独品钦的那页上照片不翼而飞了。不过，他曾经在《辛普森家庭》的节目上“露过三次面”——不过，头上却套着一个纸袋。对于品钦就是“另一个 J. D. 塞林格（美国隐士作家）”的传闻，他的回应同样“惊世骇俗”：

“不坏。继续努力。”

品钦的遁世看似不可理喻，也并非无迹可循。品钦近著《性本恶》(2009) 的中文译者但汉松援引相关资料说，品钦的大学同窗挚友，才华横溢的摇滚歌手理查德·法里纳曾热心于反政府的学生运动，最后蹊跷地死于一次摩托车事故。品钦似乎没有理由不怀疑自己会成为中情局制造的下一起车祸的对象，而他对秘密警察也的确是避之唯恐不及，一位英国出版商在发表于上世纪七十年代的一篇回忆文章里说，当时品钦正好在大英博物馆附近租了房子，原本约好了要和他一起吃饭，结果突然人去楼空。后来他才知道，兰登出版社寄给他写评论的一本书被美国政府查禁了，品钦唯恐警察找上门，于是“像个偏执狂一样逃跑了”。

但这一切都无碍于品钦获得崇高荣誉。恰如有评论所说，品钦拒绝成为名人，与主流文化格格不入的态度，却让他的名声越来越大，传说越来越多。他被许多读者和批评家视作当代最优秀的作家之一。他是麦克阿瑟奖和布克奖获得者，并几度获得诺贝尔文学奖提名。文学批评家哈罗德·布鲁姆将其与堂·德里罗、菲利浦·罗斯和科马克·麦卡锡一起列为他那个时代四个最主要的美国小说家。

尽管在国内修订的世界文学史上，品钦被定位为一个“黑色幽默”作家，位列约瑟夫·海勒之后，但在一些英美的学者看来，在世的伟大作家中，唯有他可以和加西亚·马尔克斯相提并论。而距问世已过去整整 45 年的《万有引力之虹》，更被普遍认为是“20 世纪后五十年最伟大的英语小说，足以与《尤利西斯》并雄”。

诚如有评论家所言：《万有引力之虹》系借助神力完成，堪称一部大百科全书。这部巨著故事情节复杂，梦境一般的幻想中充满了扑朔迷离、错综复杂的交叉关系，五花八门、古怪零乱的叙述，似是而非的议论以及物理学、火箭工程学、高等数学、心理学、国际政治、异常性爱的描写。小说的背景是第二次世界大战，德军的V—2火箭频袭伦敦，英美谍报机关发现美国中尉泰荣·斯洛索普发生性行为的地方往往是火箭的落点，便对这种现象进行跟踪研究，由此整部小说开始了一个双重追寻的过程：斯洛索普一方面追寻导弹及相关秘密，同时也在追寻对人生的解悟——于是，很多理念在这个过程中得到了深刻的阐释：科学不是万能的，人是有特异功能的，人死之后是有另一个世界的，生命是可以获得救赎的，因果是存在的……

显而易见，这部小说沿袭了文学传统中的追寻模式。然而，与传统作品中对终极意义的追寻不同，小说中的主人公面对的是一个失去了确定意义的世界。他们之所以没有停止追寻，是因为他们注重的是追寻的过程，而不是结果。一方面，追寻是他们保持生命活力，对抗异化的一种生存方式；另一方面，追寻也为各种被边缘化了的社会群体提供了一个流动和开放的空间，使他们可以有机会得以舒展备受压抑的人性。

作为小说的中心意象，所谓“万有引力之虹”即指火箭发射后形成的抛物弧线，它蕴含着一个巨大的隐喻：生存是混乱不堪的，唯一出路是走向死亡与崩溃，从中我们不难看出后现代主义文学的一种美学和思想追求。

2

事实上，对世界濒于死亡与崩溃的隐喻，几乎贯穿于品钦所有的作品之中。最初的源头可以追溯到他的早期作品《熵》（1960）。在这部直接冠之以“熵”这个物理语汇的小说里，品钦描写了华盛顿一所公寓里一场旷日持久的聚会。各式各样的欧洲移民，先锋艺术家，大学生和前来寻欢的军官等穿梭其间。过程没有起伏，时断时续的音乐、源源不绝的酒精、空洞无聊的争论，随处有人就地而卧，有人进来有人离去。时间似乎停滞，遍布眼前的只是一场混乱的看不到尽头的盛宴。

尽管许多年后，品钦在 1984 年出版的收入了《熵》的短篇小说集《慢慢学》的自序里，回顾这部堪称其文学序言的作品时，声称：当初这种从明确的主题和抽象的概念出发，试图以此安排人物和情节的做法是个根本性的错误，过于理念化使人物当即“死”在书页上。他还承认自己并非像人们想象的那样是个熵专家，“无知”也大大损害了这部作品。但无可否认的是，正是在《熵》这篇小说中，品钦首次将物理学的热力学第二定律应用于社会观察：人类社会中熵值正在变大，整个人类社会和宇宙都在日趋混乱、衰竭乃至死亡。

这种日后被归之为“热寂说”的思想，在他随后发表的《V.》(1963) 中，得到了进一步的阐释。小说中的主人公普鲁费恩是一个没有根基、无所用心、随遇而安的人，不想与女人有太深的干系。他在纽约的下水道里，追猎着成为灾难的鳄鱼。另一个主人公斯坦西尔为了追寻父亲日志中提到的神秘的 V.，走上了严峻而没有欢乐的探索之路。包裹在主人公行动之外的，是一张 20 世纪 50 年代纽约各色人等言行的五颜六色的破旧大网。一切都混乱不堪，一切都又在情理之中；一切似乎令人惊心，一切都又冷静得出奇。然而所有的场景和事件都遵循着熵这条主线变化和发展，这影射着社会的涣散和无序，人类的盲目和无奈。

尽管品钦在作品中近乎卖弄地展示自己的博学和思想，但他对自己的身世和生平却讳莫如深。除了可见的作品，人们对他只有简单的了解。品钦于 1937 年 5 月 8 日生于纽约州长岛，在美国海军服役过两年，1958 年去康奈尔大学主修工程学，后转到英语专业，获学士学位。期间他曾听过移民美国的俄罗斯作家纳博科夫的文学课。纳博科夫并不记得他这个长着兔牙、有着怪诞姓氏的学生，但他的妻子薇拉却记得他批改过品钦的作业，这也不奇怪，因为这些作业都是薇拉替代纳博科夫批改的，她对品钦字体的风格留下深刻的印象，也就不足为怪了。有意思的是，品钦的文风里也明显有着纳博科夫的影子。但汉松就觉得，他师承了纳博科夫《微暗的火》里那种对于历史和文本的探幽癖。而据该大学英文系的教师回忆，品钦是个细心的观察者，总是置身局外，静静地把一切看在眼里。曾在该大学任教，且同为小说家的麦康凯也回忆说，品钦是一个富有才华、出类拔萃的学生。无奈他自己却抱怨说自己听觉很差，是杰克·凯鲁亚克、索尔·贝娄、菲利普·罗斯和“垮掉的一代”作家的作品，发展了他对不同声音的感觉，使他认识到小说中至少可以允许有两种截然不同的声音存在。大学毕业后，品钦在纽约市内的格林尼治村住了一年，后去华盛顿州西雅图的波音飞机公司内部报刊室负责技术性写作。此后他去了墨西哥，在那里完成长篇处女作《V.》，小说一经问世即因其不同凡响而因其评论界的广泛注意，于当年获得最佳处女作“福克纳小说奖”，品钦由此走上专业作家之路。

此后，品钦以极其低产的姿态，陆续推出了《叫卖第 49 批》(1966)、《万有引力之虹》(1973)、《葡萄园》(1990)、《梅森和迪克逊》(1997)，以及厚达 1085 页的《抵抗白昼》(2006) 等作品。这些小说，无一例外如翻译家张文宇所说，显示出品钦让人瞠目结舌的博学，他对物理学、化学、数学、生理学、心理学、历史、政治、经济、商业、地理、哲学、多种外语、音乐、电影、娱乐节目、特异功能、乃至《易经》都有着丰富甚至深透的认识，不禁令人怀疑其有神助。这也导致了品钦难读，而他难读一个很重要的原因，还在于如《V.》译者叶华年所说，他的叙述方式太过独特。大体说来，品钦的小说情节无法用几句话来归纳概述，故事的叙述者不是单一确定的人，叙述的过程可以随时中断作时空跨越，品钦以此来表明世界充满了随意性和不确定性，倒是颇得当代学院派的注经家的喜欢，据但汉松考证，单是给《万有引力之虹》做逐页注疏的导读就出了四五本，不仅厚达四五百页，有的还修订再版多次，在美国靠研究品钦的这部小说拿到博士学位或终身教职的更是大有人在。但翻开他的作品，对于很多读者而言却不啻于经历一场梦魇。即使如《纽约时报》的王牌书评人角谷美智子，在评价《反抗白昼》时，也不禁批评道："此书巨大无比，故事诘屈聱牙，装腔拿势却未能激发思考，晦涩难懂却又不富于启迪，复杂繁难却又让人无功而返。"

好在角谷美智子很快就改变了评价，因为《反抗白昼》出版三年后，品钦推出了她眼里的"品钦简装版"《性本恶》。品钦自称这部小说"半黑色、半迷幻玩笑"。以但汉松的说法，这部以嬉皮私家侦探为主角的钱德勒式小说，不仅把读者带回了熟悉的六七十年代的洛杉矶，而且"仅有"三百多页的篇幅，又没有太多后现代小说的诡异噱头，显然在智力要求上亲民得多。在但汉松看来，品钦这会要通俗一把，或许在于他想表明自己并不满足于后现代作家的标签。只要他愿意，他可以很品钦，但他也可以很不品钦，或者在两者间自由游走。如此，诚如但汉松所说，阅读《性本恶》，看到的仍旧是《V.》或《拍卖第 49 批》中那些熟悉的风景，但你无需准备登山鞋；它可能更像是暮年品钦的一次私人化写作，充满了一个老人对六十年代洛杉矶那个曼哈顿海滩的乡愁记忆。事实上，这也是品钦最好玩的小说，也是他第一部被搬上大荧幕的作品。

3

伴随着对诸如种族主义、帝国主义和宗教这样的宏大主题的强调，品钦的作品除借鉴和使用了许多传统高雅文化和文学形式的要素之外，亦显示出一种与通俗文化的从事者和产品，诸如连环画、卡通片、廉价小说、通俗电影、电视节目以及民间艺术等的紧密亲缘关系。正是这种对传统上雅俗文化之间界线的模糊，这种弥漫在作品中的“解构”因子，品钦因此被视为后现代主义文学的代表作家。

在品钦的小说里，亦如张文宇所说，经常会出现另一个世界。人死之后会进入“那边”，而那个世界又有着自己的规律，能“超越世俗的好坏”，我们在这边孜孜以求的东西，在“那边”却不足一道。“那边”的人看我们这个世界，也没什么秘密可言。两个世界之间还可以随意转换。那到底是一个什么世界呢？是仙境、天堂，还是一种逃避现实的幻象，一个乌托邦？

品钦的小说显见地混合了虚无主义与悲观主义的形而上学世界观，由此引起一些评论者的激烈批评，他们称：以品钦这样的世界观指导创作，作品中自然充满混乱，黑暗和死亡，整个世界和人类都被描写成毫无前途。但从另外一个角度看，品钦并没有宣扬虚无主义和末日思想。他的目的显然在于将人类的病态与异化放大了展示给读者看，从而引起他们的惊怖和警醒，以求自救救人，匡时救世。

翁贝托・埃科：以玫瑰之名，和世界开一个善意的玩笑

1

在生前最后一次接受采访时，被问到如果有一天去了另一个世界，最想把哪本最钟爱的书带走？翁贝托・埃科回答说，他可能带上的是《玫瑰的名字》(1980)，不是因为钟爱，而是因为讨厌。他写了这么多书，人们说来说去就是这本，因为不断有人提，他不想听到有人再提了，但他不能不说，他所有的名声都来自这本书，所以如果只能带上一本，他一定得把它带上。

或因如此，在 2017 年 2 月 19 日埃科逝世周年之际，上海译文出版社虽意在推广埃科最后一部长篇小说《试刊号》，却选择“以玫瑰之名”来纪念他。有意思的是，在同一次采访中，埃科还给采访他的记者看了一本他最想给读者看的书，一本还只是一张张白纸的书。他诙谐地说，他还没有写的这本书，会是他最好的一本书。那时，他多

半不会想到，《试刊号》成了他的“天鹅绝唱”。

埃科式的反讽于此可见一斑。这位充满智慧的“百科全书式的人物”，在公众场合与人交谈时，埃科经常口出妙语：他说“上帝躲起来了，因为他不想上《VOGUE》杂志”；他说“现实比梦好：假如有东西是真的，那么它就是真的，而不会怪罪于你”；他说“要建立不朽的声名，你首先需要宇宙性的无耻”。在《试刊号》中文译者魏怡看来，埃科对人对事总是持一种善意嘲笑的态度。“他生前的留影也大多是微笑的，毫无疑问是智慧的微笑。”而《试刊号》，某种意义上也是埃科和大众媒体开的一个并非恶意的、却是力度很彻底的玩笑。

小说故事背景设在 1992 年的米兰。主人公科洛纳和其他几名记者一起，受雇于一份正处筹备中的报纸《明日报》。他们研究过去的新闻，试图编造出一份模拟的“创刊号”。但在实验过程中，种种现实却不容置疑地跃入眼前。“人们都以为墨索里尼已经死了，而自 1945 年以来，意大利发生的每一件大事背后，都飘荡着他的幽灵……”某天早晨，提出这惊人假设的记者惨遭杀害。实际上，这份报纸不过是用以煽风点火、诽谤和勒索的工具，是身为传媒巨头的幕后老板打入意大利政治核心的垫脚石。

虽然故事发生在遥远异国的 90 年代，但读者自会会心地意识到，小说里的描述同样照见当下新闻业的种种弊病。诚如书评人 btr 所说，在某一刹那，我们仿佛借由小说进入了时空隧道。“今昔对照，你不由会怀疑埃科其实活在 2016 年的中国。他是那个揭露皇帝什么都没有穿的孩子。”

某种意义上说，埃科的伟大之处就在于他的博学通识，让他得以看清假象，并且把假象产生的过程揭示给你看。埃科有一个重要的身份是符号学家，这一身份使得他洞悉能指和所指之间的隐秘联系。在 btr 看来，形形色色的阴谋论，就是在一些看似不相关的事物中被炮制出来的，埃科要告诉读者新闻业里是怎么操作阴谋论的。“所以，读这本书有点像我们看西洋镜。对于没有意识到自己在看魔术的人，他会警示说，你看到的只是幻觉。而即使你知道自己看的是魔术，你可能并不清楚这魔术是怎么变出来的，埃科给你揭示了这个过程。所以说，在真假界限不是那么分明的时候，埃科不仅让你意识到有些看似真的东西，很可能是假的，他还告诉你怎么来辨别真假。”

显而易见地，透过小说的背面，你会发现，埃科不只是停留对新闻业的批判，就像该书编辑李月敏说的，在《试刊号》里，真相是什么无所谓，新闻本身并不是问题，权力才是。而生前接受 NPR 电台的连线采访时，埃科也表示，这本小说触及了现代人的道德问题。埃科说，过去三十年，发生了许多可怕的事情，我们听闻之后却仍然很冷漠，这才是真正的悲剧，而不是哪里发生了爆炸，或者死了多少人。“要知道，现在的媒体其实有些病态，周一我们读到的新闻，到了周二我们就已经忘了。这确实是悲剧。新闻并没有像它应当做的那样影响我们。”

要从戏仿式写作的角度理解，揭露新闻业弊病的小说，理当像新闻一样往“精简”里写。当然，埃科把这部小说写得前所未有的短，也很可能只是他有意改变一下风格，他一改过去“大笔墨描写秘传、谜题或者文字游戏”的手法，脱离中世纪厚重历史与符号学的冒险，仅用短短两百页篇幅，就生动构建了一场阴谋重重的办报实验。在评论家王宏图看来，像埃科写的《傅科摆》这样的小说，事实上也可以删减成《试刊号》这样的篇幅。但这并不意味着可以删减的部分是注水的内容。以魏怡的理解，埃科注入的不管是知识，人生体验，或者是其他的一些趣味，都是有营养的。“这些东西，你读起来可能觉得没单纯读故事那样痛快，但读完以后，你会享受到各种欢乐，会有很多意想不到的收获。”

而这些收获里，更是包含了一种说不清道不明的回味。王宏图表示，读埃科的作品，你会觉得跟美国一些作家，尤其是丹·布朗的作品有比较相似的地方，比如都写的悬案，都包含了诸如圣殿骑士这样的内容，但他们的追求是完全不同的。“丹·布朗你看完一篇，不会再想看第二遍。但埃科的作品却会引你一读再读，因为里面总是有很多让你回味的地方。”

事实上，埃科生前就经常被问到，《玫瑰的名字》相比《达·芬奇密码》如何，十年前访华时，他又被问到这个问题。埃科回答说：“这不是问孔子和米老鼠有什么不同吗？丹·布朗写小说太认真了，在我那儿，也许有的只是些符号。”

但埃科写小说一样“太认真”，不同之处只在于是不一样的认真。而他说的符号，显然是有所指的，他或许真正在意的正是符号背后的东西。在《玫瑰的名字》初版时，意大利出版方一度想删掉开头的历史部分，但遭到埃科反对。他说：“修道院通常在山的高处。我希望读者能经历和我一样的磨难，直到爬上山顶。如果他们不愿这样，那他们就不是我的读者。”

2

如其所言，《玫瑰的名字》的故事恰恰以一所中世纪修道院为背景。原本就已被异端的怀疑和僧侣的个人私欲弄得乌烟瘴气的寺院，却又发生了一连串离奇的死亡事件。一个博学多闻的圣方济格教士负责调查真相，却被卷入恐怖的犯罪中……小说除了扑朔迷离、扣人心弦的故事情节外，还充满了各种学问，涉及神学、政治学、历史学、犯罪学，还涉及亚里士多德、阿奎那、培根等不同的思想。

《玫瑰的名字》使“翁贝托·埃科之名”蜚声世界，跻身于第一流的后现代主义小说家之列。有意思的是，关于这部小说的各种研究论文和专著源源不绝，特别是关于“玫瑰之名”的阐释几乎构成一场20世纪末期的“阐释大战”。这部小说实在是太出名了，尽管埃科还写了大量其他著作，但大众读者最关心却始终是这部侦探、哲理、历史三位一体的小说。

2009年，埃科访问中国，适逢他的另一本小说《波多里诺》中译本出版，但在新书媒体见面会上，记者提问的焦点，依然集中在《玫瑰的名字》上。现场有记者问他，《玫瑰的名字》和帕慕克的小说《我的名字叫红》如此相似，它们是否存在相互影响的关系，埃科打断提问者说：“这是我来中国听到的第六个同样的问题。我从不读帕慕克，不了解他的风格，还好我的作品比他早出版。”

有鉴于埃科的博学，读者也想知道他最喜欢哪些作家。埃科说：“通常情况下，我努力不予回答，这个问题就像是‘谁是你最喜欢的当代作家?’如果说只有一个作家对我具有最大的影响，那么我太愚蠢了。在20岁的时候，的确有对我影响很深的作家，乔伊斯是我的文学偶像。当代作家中，我比较喜欢卡尔维诺，虽然他是我的朋友。随着年龄渐长，感觉很多事情都在重复。我也读当代小说，但如果他们写得比我差，我会被激怒，如果他们写得比我好，我也会被激怒。”

实际上，埃科有自己最喜欢的作家，那就是法国作家奈瓦尔。他坦言，自己一生都在不断地阅读和重读奈瓦尔的《西尔薇》，他甚至还翻译了这部作品，因为他太热爱那些文字了。“我花了一生的时间读它，研究它，终于在几年前又翻译了它，介绍给意大利读者。奈瓦尔对我的影响太大了，我的每一部作品，要么某个章节的标题，要么文中某个词汇，都直接引自奈瓦尔。”

那么以埃科“一切阅读都是误读”的见解，他读《西尔薇》是否也只是误读呢？这样问，不只是因为埃科写过一本名为《误读》的书，还因为埃科还有个显著的头衔：符号学家。有专家称，埃科的符号学为大众文化、传播科学和信息理论的研究做出了巨大贡献。1971年，埃科回到校园，为欧洲最古老的大学博洛尼亚大学开设了符号学课程。然而当被有关符号学的问题时，埃科显得非常无奈，因为大众读者对符号学的理解实在是太有限了。

但对于翻译问题，埃科却有着异乎寻常的兴趣。他说，他不相信任何形式的翻译，因为翻译很难准确传达出另一种语言所具有的精髓。“如果说存在一种完美的语言，那纯粹是一种乌托邦理想。”话虽如此，翻译毕竟为不同文化之间的交流搭建起了桥梁。但近些年来，东西方在相互理解上并没有在全球化进程中加深，代沟依然存在。然而在埃科看来，要把文化交流寄希望于语言隔阂的消失，那是不现实的。埃科说：“近些年，我们发现不断有语言在消失，这是一个必然趋势。但要有一种语言一统天下，那是绝对不可能的。”

尽管身份和头衔众多，埃科应对起来却是游刃有余。在回答记者关于他日常生活方面的提问时，埃科说，他安排生活是没有问题的，不像有些作家的生活是循规蹈矩的。他的写作没有缜密的安排，他可以在火车上、厕所里写，只要灵感来了无论在哪里都一样。“我觉得生活有很多间隙，就好比一个银河系，如果把星系间的空间抽掉了，银河系就会变得很小。我用的就是这些间隙空间。”

3

无可疑义的是，埃科也很善于在小说里利用各种“间隙空间”，并让他讲述的故事变得真假难辨。在他出版于1988年的小说《傅科摆》里，20世纪70年代的米兰，精通中世纪历史的学者卡索邦博士与他的两位朋友——加拉蒙出版社资深编辑贝尔勃和迪奥塔莱维，负责出版一套旨在赢利的“赫耳墨斯丛书”。在雪片般涌来的稿件中，在与一个个神秘学爱好者的接触过程中，一个不断重复而又歧义丛生的“圣殿骑士阴谋论”反复出现。

三个伙伴自诩博学、技痒难耐，本着玩笑心理，将历史中流传着的众多神秘事件、人物和社团编织成一个天衣无缝的“计划”，几乎“重写”和“改写”了整部世界历史。为了让“计划”更为圆满，他们臆造了一个秘密社团：“特莱斯”。没有料到的是，神秘主义者照单全收，真的组织了“特莱斯”，追踪卡索邦和贝尔勃，并将在全世界搜寻“计划”中那张子虚乌有的“秘密地图”……

随后的《昨日之岛》(1994) 的故事发生在 1643 年，一艘担负着寻找 180 度经线任务的商船遇到海难，年轻人罗贝托成了唯一的幸存者，他被浪潮冲上了另一艘弃船达芙妮号。罗贝托患有疑心病、妄想症和畏光症，所以尽管不远处有一个美丽的小岛，但是罗贝托可望而不可即。他勉强依靠达芙妮号上残存的东西维生，每天靠书写打发时光。他写情书，写回忆、最后演变成写小说、写一切样式和内容的小说，甚至还幻想出一个弟弟“费杭德”……真实与虚构渐渐分不出界限。到最后，他离开达芙妮号，奋力游向未知的结局。

《波多里诺》(2001)，同样是一部包罗万象的奇书，从十字军东征、圣杯传说，到基督教城市的兴起、教皇与皇帝之间的权力冲突，再到修道院阴谋、阿基米德的镜子、传说中的东方祭司王国。小说可谓如银河系般包罗万象。书中主人公——意大利历史名城的守护人波多里诺是一个天才的骗子，他声称自己讲述的一切都是假的，但有趣的是，他的谎言总是一出口就变成真……

埃科的独特，正在于如有评论所说，他将学术和虚构之深浅两极共冶一炉，小说中有学术，学术中又有叙事性。也因为此，《玫瑰的名字》中文译者沈萼梅表示，和别的作家比，埃科的特别在于他维护了文人的尊严。“文人就是想写什么就写什么，而非为了迎合谁，或者得到什么。他通过讲一个过去的故事来表达他的理念、宣告他的价值观。”有意思的是，小说名为《玫瑰的名字》，“玫瑰”只在书里出现了一次。翻译时沈萼梅甚至把书名抛到了九霄云外，译完才意识到这本书叫《玫瑰的名字》。

倘使做点符号学的猜想，埃科在48岁的年龄，发表了平生第一部小说《玫瑰的名字》，取了这样一个书名，或许是暗示了一点什么。就像沈萼梅说的，世界上天地万物，留给人类的、历史的，不过就是个名字罢了。人也好，事也好，再伟大的最后留下的都只是名字而已。《玫瑰的名字》里写道：“昔日玫瑰以其名流芳，今人所持唯玫瑰之名。”在纪念埃科逝世周年之际，或可告慰的是，埃科毕竟以“玫瑰之名”，在世上留下了他的名字，还有远要比他生命久远的作品。

朱利安·巴恩斯：

唯一的确定就是没有确定

1

很少有作家像朱利安·巴恩斯那样，喜欢探究真实的历史人物，却乐于使之从一团未知进入另一种模糊与迷雾。在他极负盛名的小说《福楼拜的鹦鹉》（1984）里，他为福楼拜撰写了两份年表，仅仅因视角不同，同一年份同一事件却呈现出不同的走向。如对福楼拜第一次发作癫痫病的叙述，一种说法是“禁锢的生活给他带来了写作生活所需的独处和安逸”，另一种说法来自作家本人：“它把灵魂从躯体里强行攫走，叫人痛苦不堪。”

很显然，在巴恩斯看来，所谓真实的历史，其实并没有唯一的标准答案。两种或几种不同的叙述，或许都是对的，只不过来自于不同的叙述者。也或许都是错的，只不过某种情况下，错误更接近最低限度。这就能理解，为何我们看来非如此不可的事物，很可能并非如此。就像巴恩斯的另一部小说《终结的感觉》（2011）所呈现的：中年人托尼在离婚后意外得到已逝好友艾德里安的日记，伴着日记他回忆起自己的年少时光。他们两人曾经是亲密无间的好友，但当艾德里安与托尼前女友好上之后，两人关系开始紧张，之后艾德里安自杀。最终，托尼在艾德里安的日记中发现曾经的许多认知被一一颠覆。

巴恩斯正是在颠覆性的叙述中，展开对死亡的探讨。他认为现在人们对死亡的探讨显然不够，因为大家都希望更长寿，还有死亡已经走出家门来到医院。“医护人员会告诉我们怎么做、怎样做和该在哪儿露面，却没有告诉我们怎样了却悲伤。”更重要的是，在巴恩斯看来，人们总是对死亡附加了太多的意义。“事实上，死亡是一个过程。它就像一个可怕的、无情的、乏味的官僚机构在工作，总是忙于分配它的定额。用各种情感将死亡人格化，那太抬举它了。”

凭借这部小说，这位在20世纪80年代就晋身知名行列、屡屡斩获重要奖项、且与伊恩·麦克尤恩、马丁·阿米斯并称英国“文坛三巨头”的作家，在三次止步布克奖提名后，终于在2011年10月登堂入室。颁奖现场，巴恩斯个性十足，尽现他老牌英伦绅士的冷幽默。“我可不想像班布里奇那样入围5次，最后将未获奖的遗憾带进坟墓中！”提及获奖“秘诀”，巴恩斯表示：“对待这个奖最好的办法就是把它当成买彩票，一直等到中奖的那天。”如是表述，不妨看成是巴恩斯写作的另一种注解：没有什么是确定无疑的，唯一的确定就是没有确定。

2

从任何意义上说，《福楼拜的鹦鹉》都可以看成是一部另类的福楼拜传记。小说风格与体式是杂糅的，包括故事、年表、文学批评、随笔、回忆录、词典、问卷等，不管是之于传统的传记还是小说，形式上均大相径庭。巴恩斯隐去了自己的身份，以一位英国老医生杰弗里·布拉斯韦特为代言人，走访了福楼拜的两处故居，发现各有一只鹦鹉标本，声称是福楼拜在创作《一颗质朴的心》时从鲁昂博物馆借来的。可毕竟当年福楼拜只借了一只，那么哪一只才是真的呢？叙述者踏上了寻访事实真相之旅，也引出了福楼拜的生平与创作的枝枝蔓蔓。

让人费解的是，巴恩斯是如何使“真实”的人物传记小说化呢？这得归因于那些看似闲笔的放大与联想。例如，福楼拜外甥女卡洛琳的英国女家庭教师朱丽叶·赫伯特，有人猜测是福楼拜的情人，有的说是他的未婚妻，书中没有结论，巴恩斯却围绕他们俩的 75 封信做了不少推测、演绎或遐想。显然，巴恩斯不能容忍历史权威叙述的道貌岸然。也因为此，他宁可以小说的方式构筑自己追求的历史真实。小说读罢，我们未必知道那只鹦鹉标本的真伪，但却尝试触碰真实与虚构的暧昧界限，领略了历史的幽微之处。

当然，巴恩斯探究真实历史人物，并不止于名人轶事的“钩沉”。在《亚瑟和乔治》（2005）中，他写到了《福尔摩斯探案集》的作者亚瑟·柯南·道尔，却无意把它写成一部名人传记，他还写到了另一个主人公乔治。其时，乔治还是一位默默无闻的律师，为铁路法而努力呼吁。但在新世纪初，他们因轰动一时的“大沃利帮派”案走在了一起。乔治因此案深受牵连，亚瑟利用一切侦破手段为其鸣冤。巴恩斯再现了这个被长期遗忘的案件，揭示了两个人物的内心世界和成长环境．更是反映了罪过与无辜、民族与种族等人类固有的问题。

巴恩斯获布克奖后出版的第一部小说《时代的噪音》（2016）同样如此。小说分为三个部分：“在电梯旁”“在飞机上”“在轿车里”，分别描述了前苏联作曲家肖斯塔科维奇生命中最重要的三个时间段。巴恩斯说，他是学语言出身的，法语是我的第一外语，俄语是第二外语，他一直对肖斯塔科维奇很感兴趣。“我第一次听到他的音乐是五十年前，他的《第五交响曲》，我买了一张黑胶唱片，现在我还有这张唱片。这些年来，我也一直在听他的音乐。但总的来说，我对作曲家或艺术家的生活没太大兴趣，我感兴趣的一直是作家。”

1979年，一本由肖斯塔科维奇口述、伏尔科夫整理的题为《见证》的书出版，让巴恩斯意识到，肖斯塔科维奇不仅仅是音乐，他作为一个案例更值得研究。

但那时，他根本没想到有一天肖斯塔科维奇会成为他的小说的主角。在接受媒体人凯蒂采访时，他说：“我读《见证》时，我的第一本小说还没出呢，《伦敦郊区》是1980年出版的。”直到几年前，巴恩斯才想到要写他。“他对苏联艺术家生活的描述，他那种悲观的情绪，让我痴迷，也让我感动。但我又一直觉得很难写他，因为我虽然喜欢音乐，但我并不很懂音乐，我没有专业知识。”

就这样，一直拖到2013年，巴恩斯才开始写，而且一开始写得很不顺手，他犯了不少错误，就把这本书搁了下来，九个月后重新开始，并慢慢摸索出写作此书的方法。但巴恩斯知道，肖斯塔科维奇站在电梯口等着被逮捕的那个场景，一定是这本书的开始，也是这本书的中心。“后来得知他对闰年很迷信，我又发现，虽然他是1937年站在电梯口等着被逮捕的，但事情的起因是1936年，斯大林去看他的歌剧《姆钦斯克县的麦克白夫人》的演出，中途退场，以及《真理报》发表的《混乱代替音乐》的社论，他被当局招去审问，加上许多音乐家、艺术家莫名其妙地消失，所以，他断定自己要被逮捕。他不想让妻子和不到一岁的女儿看到他被抓，所以，他每天晚上都拎着箱子在电梯口抽着烟，等人来抓他。”

由此可见，《时代的噪音》意在探索强权和艺术的关系，探讨英雄、懦弱及尊严的关系。肖斯塔科维奇生活在斯大林的强权高压政治下，早年被压制，晚年却受到了重视。有人把他与索尔仁尼琴比较，认为索氏是英雄，而肖氏则是懦夫。

作为一种回应，在2016年1月发表于《卫报》的文章中，巴恩斯写道："我的英雄是一个懦夫，确切地说，他自认为是一个懦夫。更确切地说，他所处的境况，让他不可能不成为一个懦夫。你或我，如果处在他的境遇里，也会成为一个懦夫。"

借这部小说，巴恩斯提出了自己的问题：当强权政治在支配你生活的一切时，你是否会与强权做一笔交易？在放弃掉一些自由的同时，保住另一些可以创作的自由？谁会向恺撒屈服？这个恺撒如此贪婪，你究竟会屈服到什么程度，屈服的代价又是什么？向权势屈服之后，艺术家是否还能保持自己的尊严？

有意思的是，作为一个风格多变的后现代作家，在《时代的噪音》里，巴恩斯保持了一种相对传统的写法，且只用了第三人称视角。巴恩斯说，他总是把他的每一本小说都看成一个独立的个体。"写作时，我会考虑要讲一个什么样的故事，用哪种叙述手法讲这个故事最合适，有什么问题，如何最好地解决这些问题。"

而对于肖斯塔科维奇，巴恩斯在很长时间里在想，他的生活中究竟发生了什么？是怎么发生的？从谁的视角来看他？这样想的时候，他所要表达的内容，找到了适合它的最完美的形式，第三人称视角自然就出现了。

3

相比而言，发表于1989年的《10½章世界史》，体现了巴恩斯更宏大的叙事追求。小说名为"历史"，其实既不能算是历史，也不能算是历史小说，甚至不具备传统意义的小说形式。它由十个相对完整的故事和一篇随笔构成，而那十个故事又选择不同的叙事方式，文本形式也不相同。

然而，所有的这101/2章，又是一个不可分割的整体。书中有一条主线或者说一个基本意象，即诺亚方舟和它的变体。作为西方文学中一个经常使用而且非常重要的意象，诺亚方舟隐喻着“救赎”的主题。巴恩斯并没有正面描述诺亚方舟的“伟大意义”，他只是利用了这个出自《圣经·创世纪》的线索，一开篇就以木蠹这种“偷渡客”的身份和角度颠覆了看似神圣的诺亚及其方舟。

由此，巴恩斯对历史，对爱情等在一般人看来是“早有公论”的课题进行了重新思考。当他把真实与虚构、现象与本质、物质与精神、灾难与拯救、爱情与死亡等都囊括于小说之中，当他把宗教传说、故事新编、历史记载、个人叙述等都拼贴于小说之中时，这种斑驳陆离的形态也构成了巴恩斯对人类生存境况的一种感知和体验的态度。

事实上，当巴恩斯以历史的名义来建构他的小说时，他已经暗示，他只是和历史开了一个玩笑。尽管有些玩笑只是玩笑，而“巴恩斯式”的玩笑则是严肃思考之后选择的表达方式。他似乎有意告诉读者，事物往往不像它们表面上显现出来的那样。在他看来，一切似是而非的记载、训诫、教义都有着它不可靠的地方，甚至人们对天堂的向往都是不可靠的。而这中间，稍微可靠一点的，只有《插曲》中所提到的“爱情”，尽管它也令人们失望，但它“仍是我们的唯一希望”，“我们必须信奉它，否则我们就完了……”

文如其人。就像巴恩斯创作的难以归类，他的生活和爱情也充满了歧义。1946年，巴恩斯生于英格兰的莱斯特郡。他1968年毕业于牛津大学，专业是现代语言。起初他参与了《牛津大辞典》增补本的编撰工作，后来又去了杂志担任评论员和编辑。再后来，他和著名文学经纪人帕特·卡瓦纳结婚。他一度以丹·卡瓦纳为名写过四本犯罪小说，用的就是他妻子的姓。

当时，巴恩斯花了八年时间写作《伦敦郊区》，觉得写作真是一件很辛苦的事。“后来见到一位朋友，他是写犯罪小说的，他说他四个星期就能写一本，我也就想试试看，没想到两个星期就写好了第一本，第二本花了两个半星期。犯罪小说是有一个固定模式的，这种模式既是一种自由，也是一种限制。所以，我后来再也不想写这种程式化的小说了。”

20 世纪 80 年代初，巴恩斯的妻子，著名文学经纪人帕特·卡瓦纳曾经和英国女作家珍妮特·温特森陷入热恋，还为温特森私奔过。可以想尽，这样的“插曲”给巴恩斯带来的痛苦，后来卡瓦纳还是选择回到他的身边，2006 年，卡瓦纳先他而去。惯于颠覆历史和记忆的巴恩斯，是否在日后忆及和妻子的共同生活时，可曾追问过：“我们该如何抓住过去？我们能够抓住吗?”我们并不知道。唯一可知的是，他不能提供明确的答案，因为终究他只是个小说家，而非巫师。

塞斯·诺特博姆：读“我”的小说，最好带一本百科全书

1

“我想，让他自杀了事，我就不必自己写完小说了。”日后，荷兰作家塞斯·诺特博姆谈到小说《骑士已死》的写作过程时，曾做如是感慨。引言中的“他”是小说中的一位作家，或许是诺特博姆的化身。“他”决定接手写完一位荷兰作家因自杀身亡而未竟的小说，于是“他”从这位已死作家留下的笔记的片言只语中将小说的情节一点点拼接起来，作家的生平也随之慢慢呈现。诺特博姆最后没有让“他”自杀，小说在画上最后一个句号后完美谢幕。

然而让诺特博姆自己都没有想到的是，整整十七年后，他才从这部小说的死胡同里走出来。待到峰回路转、柳暗花明，诺特博姆迎来的是沉甸甸的收获——给他带来巨大国际声誉的小说《仪式》。或许，让他更感意外的是，即使相隔十七年，他的小说并没有失去《骑士已

死》中所凸显的先锋和实验色彩。

此后，随着《在荷兰的山里》《下一个故事》《万灵节》《失乐园》等小说的相继发表，诺特博姆声誉日隆。后现代作家、诗人A. S. 拜厄特称他为“最伟大的现代小说家之一”。而在诺奖得主库切眼里，诺特博姆吃亏的地方在于：“他太聪明、太世故、太冷静，以至于他无法完全投入现实主义充满幻想的无限乐趣之中……”显见地，库切难掩其对诺特博姆小说浓厚试验和先锋特色的赞赏之情。

迄今为止，诺特博姆获得了包括飞马文学奖、穆尔塔图里奖、康斯坦丁·惠更斯奖、奥地利欧洲文学国家奖、P. C. 胡福特奖等在内的二十多个重要奖项，人们常把他与卡尔维诺、博尔赫斯、纳博科夫相提并论，近年来他更是屡次得到诺贝尔文学奖的提名。

2

谈及自己的创作，诺特博姆曾激动地声明：“我哪里会去在乎情节！谁会去在乎情节呢！以情节见长的作家成千上万！”诚如作家本人所言，诺特博姆的小说因为情节散淡屡屡为一些读者所诟病。然而正是得益于其散淡情节所串联起来的深邃的哲学思考，他也因此深受赞赏。

诺特博姆最受关注的小说《仪式》，就是一部关于秩序与混沌、生命与虚无的小说，是一个敏锐而充满智慧的寓言。小说的开场是1963年深秋，主人公伊尼·温特罗普在妻子弃他而去的那天上吊自尽。时间回溯到10年前，伊尼漫无目的的漂流让他先后遇见了两个人——塔兹父子。他们过着仪式化的生活，与外面世界格格不入。父亲憎恶人类，离群索居，生活严格按时钟进行，连他最后的自杀也不例外。儿子沉浸于古典日本文化之中，冥思苦索的生活、仪式化的死亡是他的理想。他耗费了一生积蓄，买到一只理想的乐茶碗，在茶礼结束后，他打碎了茶碗，然后沉水而死。

一对奇怪的父子，艺术化的自杀手法——如果说《仪式》的情节还可以吊吊读者的胃口，《万灵节》的故事则乏味得让人郁闷。通篇故事写一对男女在柏林一段温温吞吞乏善可陈的爱情，相处时间加起来不到三十个小时，竟写了洋洋洒洒二十多万字。小说的书名“万灵节”是西方的一个宗教节日，在万圣节的次日。该节日纪念死去的信徒，其罪尚未洗净，还不能上天堂。在这一天，人们相信亡灵会归来。故事的主要场景并不是发生在万灵节，然而主人公阿瑟·唐恩倒像一直生活在这样一个节日——半明半暗、阳间和冥界的交错之中。

如其所示，诺特博姆的小说情节并不曲折，甚至有时候显得沉闷，他在寻常事物中灌注的哲学思考却颇为精彩。在《仪式》中，我们能看到对时间记忆的感悟，关于宗教的对话，对存在问题的争辩，甚至是关于瑜伽的议论。书中涉及的人类仪式，至少就有基督教圣餐礼、苦修会的冥想、伊尼的割礼、犹太教的明耶、佛教的入定、日本茶礼等，每种文化、每段人生都与一些仪式紧密相连。《万灵节》更是被评论者称为“思想小说”。故事的每个枝节都被作者用来连缀自己思绪的片段。阿瑟的“狐朋狗友”在酒馆里的胡侃，或是阿瑟自己在柏林雪地漫步时的遐想……谈论、思考的话题从奥德修斯的远航，到尼采抱着驴子哭泣；从冯·宾根的音乐，到卡斯帕·大卫·弗里德里希的画作，难以穷尽。

无怪乎澳大利亚《世纪报》在向读者推荐诺特博姆的小说时称：读他的小说，最好带一本百科全书。

3

在一次访谈中，诺特博姆坦言：自己的写作来自于旅行见闻。此言不虚，诺特博姆一生热爱旅行，游踪遍及大半个世界，单是住过的旅馆就让他写成了一部名为《诺特博姆的旅馆》的书。“宾馆里的房间不计其数，在每一个房间里，我都写了一些东西，因为我的很多前期工作在旅行中就完成了。”他的作品开始为中国读者所知，也正是因为之前由花城出版社推出的游记《绕道去圣地亚哥》。有评论者称：作为游记作家，他的触角深入到历史、文化的幽深之处，相比玛格里斯、布瑞南、弗莫尔以及莫里斯等以写游记见长的作家也毫不逊色。

然而，这位五十多年来行踪不定的作家，在人生之初，却不见有多少不寻常之处。他 1933 年生于海牙，幼年时父亲即死于二战空袭，母亲后来成了一位“非常严格”的天主教徒，他被送入教会办的学校寄读，前后多所，有圣方济格会的、圣奥古斯丁修会的，但都因其个性难以适应教会学校的约束而未能毕业。1951 年，他开始在希威散一家银行工作，1953 年因为太瘦弱入伍不成，转而开始游历欧洲。两年后，他发表处女作《菲利普与他人》，小说讲述主人公在地中海的漫游故事，而又包含了一段重要的中国奇遇，作品随后获得了安妮·法兰克奖。次年出版诗集《找寻家的死者》之后，获得旅行资助，从此，诺特博姆真正过起了漂泊不定的旅行生涯。多年的旅行，也让他对世界许多地方的文化有着直接而深入的体验，加以他博古通今，遂得以在人类文明的广袤时空中任意驰骋。

或许，正是因为长年自由穿梭于欧洲的各国文化之间，诺特博姆的小说始终保持了丰富的张力。他的作品常常着力于关注非现实性的问题，如时间的短暂、记忆的飘忽、现实与思绪的朦胧，其文学主题包括死亡、自我的神秘性以及现实与幻想的关系等，充满了思辨的哲学意味。

而对表现形式的不断探索，则使他的作品带有强烈的实验性，他采用《天方夜谭》《变形记》等文学经典中的框架叙事手法结构小说，而各叙事层的写作又大都具有不同的风格，故事中嵌套故事，随着故事推进，框架叙事与各嵌入叙事逐渐融合，甚至死去的人物也要活在其后裔里，最终参与叙事的融合。恰如有论者所言：诺特博姆的创作，在传统与创新之间，找到了自己坚实的位置。

胡利奥·科塔萨尔：
我们都在寻找着自我的原点

在拉丁美洲，提及詹姆斯·乔伊斯的《尤利西斯》，人们会自然地联想到《跳房子》。拉美“文学爆炸”四大主将之一，阿根廷作家、诗人胡利奥·科塔萨尔写于1963年的这部小说，自问世以来，在世界范围内产生了广泛的影响，被誉为“二战后关于感情和观点的最为强有力的百科全书”。

1

“我像孩子一样讲话。我始终只有10岁。”在1984年的某次访谈中，科塔萨尔曾这么说。他的语言充满纠葛、缠绕、象征，就像一个喋喋不休的儿童在作品的气氛中嬉闹。《跳房子》毫无疑问是一部充满阅读挑战的巨著，它甚至包含着现代主义、后现代主义的一切写作技法。科塔萨尔在小说尚未开始之处提供了一份导读表，指引读者从小说的73章开始进行章节间的跳跃阅读。这种被作者称为“男性读者”的阅读方式和从第一章开始依次阅读的“女性读者”方式构成了进入小说的两种不同的路径。科塔萨尔显然更加希望自己的作品以“男性”的方式得到阅读，并且把不要问题只等答案、喜欢不劳心智地被动阅读的享乐主义读者叫做“雌性读者”，这种有大男子主义之嫌的做法，致使他后来无奈地向全世界的女性做公开道歉。有意思的是恰恰有个美国女子告诉科塔萨尔，正是这部《跳房子》治愈了她自己失恋的创伤，让她从意志消沉走向积极生活。

小说主人公奥利维拉和这部书的读者一样，都在寻找着自我的原点。这位任性不羁的拉美知识分子，为了追求人生的真谛来到西方文明的“天堂”——巴黎，却发现自己与其格格不入，与周围的人和整个社会无法沟通。失望之余，他不得不舍弃爱情与友谊，回到“人间”——布宜诺斯艾利斯。然而，在这里他同样找不到自己形而上的追求。他执着地寻找理想中的精神天堂，但无论巴黎，还是阿根廷，苦苦的求索，只是使他一次次跌入失望的绝境。

2

与奥利维拉一样，科塔萨尔有过类似的经历。这部作品所呈现的迷惘，恰恰是作者自身的迷惘，因而带有了强烈精神自传的气质。科塔萨尔 1914 年生于布鲁塞尔，4 岁时被带回阿根廷，在那里度过了嗜书多思、孤僻早熟的童年和少年。1951 年，科塔萨尔迎来了他创作生涯的转折点。他获得一项法国政府的奖学金，从此迁居巴黎。初到巴黎几年的生活，迥然不同的欧洲现实被作家看做是对自己“巨大的存在的冲击”。科塔萨尔不再一心追求营造奇异的情境，而是开始关注一些“更靠近自己的东西”，即关于存在、关于人的问题。

1959 年的短篇小说集《秘密武器》中的“追求者”一篇标志着这一变化，在 1960 年的《彩票》中，作家开始以长篇小说的形式继续探索人的主题。而在 1963 年的《跳房子》中，则表明这一探索达到了顶点。从某种意义上来说，《跳房子》也是流浪的阿根廷知识分子，在异乡巴黎找不到栖居的“领土”的不安的体现，这种深深的不安，植根于形似的其他阿根廷知识分子上，甚至类似的青年一代上。或许正因为此，这部颇为“难读”的小说，在其问世不久就在世界范围内的青年读者中引起了强烈的共鸣。

科塔萨尔是结构现实主义代表作家，在开拓小说的创作技法上不遗余力，这种努力在他其他重要作品如《南方高速》《彩票》等同样留下了深深的印记。尽管他的作品受到乔伊斯、普鲁斯特、博尔赫斯等作家的影响，但他没有简单地因循前人，而是创造出了新的形式。在《跳房子》里，他提出了反小说和反语言的“雄心”，繁杂的叙述形式和多种语言的形式的穿插结合，使得作品变成迷宫般的不可捉摸，然而恰恰是如此，它显示出了极大的魅力。他的半个老乡秘鲁作家巴尔加斯·略萨给过这样的评价：“科塔萨尔是善于利用这一变化——渐进或者突变的以及时间、空间和现实层面的手段的优秀作家之一，他作品的独特面貌在很大程度上归功于这一手段的使用：在他的作品里诗意和想象力密不可分地结合在一起，形成一个无可置疑的意义。”

3

如果仅仅把科塔萨尔视为小说技法的革新者，那是对他的误解。与加西亚·马尔克斯等同时代的拉美作家一样，科塔萨尔身上充满了拉美知识分子强烈的使命感。

收录了 20 篇散文的《尼加拉瓜，你这暴烈中的温柔》，就是科塔萨尔在将近 10 年的跨度里，几次冒着纷飞的战火深入尼加拉瓜内地访问的印象记和随感。在书中，他用一个作家所拥有的热情语言描写了一场革命中的人民，他们的宗教生活、艺术创造，他们的理想、感情和英雄主义精神。马尔克斯有感于拉美知识分子巨大、沉重的使命感，曾说过这样意味深长的话：我们在写同一本拉丁美洲小说：我写哥伦比亚的一章，富恩特斯写墨西哥的一章，胡利奥·科塔萨尔写阿根廷的一章，何塞·多诺索写智利的一章，阿列霍·卡彭铁尔写古巴的一章……

科塔萨尔于1984年去世，其作品结构的形式，对世界范围内的电影创作也产生了重要影响。香港导演王家卫《春光乍泄》的结构，可以说是对《跳房子》的一次成功模仿，《花样年华》的结构同样来自于他的真传。意大利导演安东尼奥尼拍摄于1966年的《放大》，则改编自科塔萨尔的小说《圣母线》。在这部小说里，科萨塔尔一如既往恣意实验他的叙事技巧：一会儿是他对小说叙事的评论；一会儿是对叙事者行动的描绘；一会儿又变成主人公的大肆臆想。而安东尼奥尼避开了科萨塔尔精心布置的雷区，以自己的方式实施了对作品的阅读和解构。

米歇尔·图尔尼埃：
我羞于在小说里写我自己

尽管被视为法国20世纪下半叶法国文坛最重要的人物之一，米歇尔·图尔尼埃毕生的理想却是当大学哲学系教授。曾在德国学习哲学的他在考取教授资格时落榜，因而不得不从事电台、电视台制作人和出版社编辑等工作。正如有评论指出，除了当哲学教授以外，干什么工作对于图尔尼埃来说，或许都是一样的，但写作给了他释放哲学理想的空间。他自许为“哲学走私者”，将柏拉图、亚里士多德、康德的哲学观点融入小说和故事里，与前几年陆续获诺贝尔文学奖的勒·克莱齐奥、帕特里克·莫迪亚诺一道，成为法国新寓言派代表作家。

但这“新寓言派三剑客”中最年长的图尔尼埃，却最终没能等到诺贝尔文学奖的“加冕日”。格林尼治时间2016年1月18日早上7时，这个一心想用文学“走私”哲学的作家在家中去世，享年91岁。法国总统奥朗德发表致哀声明，盛赞他是一位“巨人”和“伟大的作家”。虽然自20世纪80年代末开始，图尔尼埃就被介绍到中国，但他的作品并没有引起很大的关注。此后，国内读者对他产生兴趣，在一定意义上还得益于作家王小波的评论。王小波曾说，看完图尔尼埃的作品后，才知道外国小说在我们闭关自守几十年中已经有了这么大的发展。

1

事实上，图尔尼埃的写作可说是比缓慢还缓慢，他直到43岁才发表处女作《礼拜五或太平洋上的灵薄狱》，但这部小说当年即为他捧得法兰西学院小说大奖。这本书的主人公是鲁滨孙·克鲁索，讲的是他漂流到一个渺无人迹的荒岛上的故事，差不多是对在全世界广为流传的《鲁宾逊漂流记》的翻写，难怪有读者曾问图尔尼埃这样一个问题，他为什么不把这本书题献给丹尼尔·笛福？

图尔尼埃的非凡之处就在于，他把一个广为人知的故事，“改写”出了非凡的独创性，并为故事注入了深厚的哲学深度。小说看似笛福小说的“旧瓶新酒”，在主题上却是反其道而行之。鲁滨孙孤独一人被弃荒岛，他按西方文明社会的模式将荒岛治理得井井有条。礼拜五到来后，非但没有被驯化为奴隶，反而以其自然的天性将文明的迹象破坏得一干二净，同时这也慢慢影响了鲁滨孙，使他逐步抛弃了原有的文化传统，变成了一个能与太阳进行直接交流的与大自然融合一体的元素之人；最终鲁滨孙自愿留在荒岛，拒绝返回文明社会。

这不啻为一部“现代文明衰亡记”的寓言。诚如法语文学研究专家柳鸣九所言，在图尔尼埃的鲁滨孙传奇里，鲁滨孙最后的“改宗”，与其说是礼拜五的魅力所致，不如说是他的内心世界发生了大裂变、大倾覆的结果。但这一结果是从作者赋予鲁滨孙的诗人气质与哲人倾向中滋生出来的，遵从的并非现实生活的逻辑，更可以说是一则主观畅想的神话，是幻想性的神话。

既是幻想，它终究会破灭。图尔尼埃很明白这个事理，他清醒地意识到了这个问题，便索性自己来道破。于是，小说问世几年后，他又写出了名为《鲁滨孙·克鲁索的结局》的短篇小说。在这篇收入短篇集《大松鸡》的小说里，图尔尼埃向世人交代了他的鲁滨孙的结局：他不得不回到故土，虽然又曾出去寻找他那个荒岛，过了一些年后，还是更为穷极潦倒地回来了，他成了一个名副其实的酒徒，只落得如祥林嫂般不停唠叨他那个世外桃源。

2

确如有评论所言，图尔尼埃往往借用已往文学中既有的故事题材、内容成分与人物符号，加以创造性的艺术处理，注入自己独特的哲理寓意。

这一特点还体现在他久负盛名的短篇小说创作中，他收入于短篇小说集《皮埃尔或夜的秘密》的名篇《少女与死亡》，就借用了“死神与少女”的典故。奥地利作曲家舒伯特写过一首《死神与少女》的歌曲，并将其作为第十四弦乐四重奏第二乐章的素材。图尔尼埃在小说里赋予少女梅拉尼形而上的神秘天赋，刻画了人性中的黑暗面，并以此说明，死亡与光明、欲望对人具有同样的诱惑。

不止于此，即使是并不新鲜的题材，图尔尼埃也能写得颇具新意。他获 1970 年度龚古尔奖的小说《桤木王》，曾被德国大导演施隆多夫改编为电影《乱世启示录》。小说以二战为背景，讲述了经营汽车修理库的法国人迪弗热在二战八年中的经历与感受。作品完全避开了对战争的正面描写，集中描写的是主人公在此期间的种种直觉、感觉和感受，而且将这一切称之为“征兆”，“征兆”又被刻意处理为一则则寓言，图尔尼埃正是希图通过这些征兆与寓言，来表现多重、多层次的主题与哲理，表现他对于人生、人性、历史、战争等的深层思考。

虽然写的是寓言化的小说，看似不必拘泥于事实，图尔尼埃在写作前却会做大量扎实的调研。为了写《桤木王》，他读了不计其数的资料，除了第三帝国档案外，他对人种学、心理学、颅相学、人体解剖学、纹章学、普鲁士家族史乃至粪便学，都有涉猎。为了写作《金滴》，他曾三赴撒哈拉沙漠。他也曾为写《流星》而周游世界，甚至还在马赛的一个垃圾场睡过一个晚上。在他八十多岁时，他还想写一部吸血鬼小说，最终没写。因为要写这样一部小说，他觉得必须得去拉歇兹公墓那样的大墓地过夜，但那时他已经没有那样的体力了。

3

图尔尼埃以这般事必躬亲的认真态度写作，想必会在自己的小说中写自己的亲身经历。要你当真这么认为就错了。他觉得没任何必要在作品中表达自己。写作对他来说不是一种需要。他曾说，我在小说中从不写自己，我羞于写图尔尼埃。

在图尔尼埃看来，文学分为两类，一类叙述作家们自己的生活，另一类专门虚构。他说，第一种写作会产生巨大的影响，但他们都是很糟糕的小说家。而那些真正的小说家，譬如司汤达、巴尔扎克或福楼拜，他们不会利用他们的私生活。他们想做的是虚构一个故事，而不是叙述他们的私生活。

如其所言，图尔尼埃还近乎决绝地提防自己的私生活受到干扰。几十年里，他都隐休在法国席富鲁兹山谷的一座本堂神甫住宅里。为了躲开世俗，他很少离开他的“老巢”，除非是参加龚古尔奖的评选，和他的龚古尔委员会同事们一起吃饭，或者到学校里去教孩子们阅读和学习哲学。

要不是考试落第，他很可能会在课堂上教青年学子领略高深莫测的本体论哲学，但他成为小说家，他就觉得自己有责任让小说里的形象，诉之于大众的感情，并渗透到社会的理智中。他还试图让孩子读懂他的书。在他看来，孩子不是目的，而是标准。《礼拜五或太平洋上的灵薄狱》出版后，读者认为它太沉重，哲学味太浓，他就把它重写一遍，改写成了《礼拜五或原始生活》，果不其然，孩子们都愿意读。

然而在任何意义上，《礼拜五或原始生活》都不是一本儿童读物，而是一部儿童也可以看的成人读物。这么说并不是矫情，图尔尼埃小说中哲理寓意的含混性与模糊性，使得他的小说往往有着多重含义，这恐怕不是孩子所能完全领会的。

同样值得深刻领会的，还是图尔尼埃的写作理想。在他看来，作家的天然职责就是让人们会去反思、争辩、质疑已确立的秩序。“他不知疲倦地呼唤革命、呼唤无序，因为每个人都有创造力，但所有创造力会制造混乱。作家的天职就是创造。”

傅高义：我只在意别人认可我写的都是事实

当《邓小平时代》于 2013 年 1 月由三联书店出版时，作者、美国哈佛大学社会学教授、费正清东亚研究中心前主任、有“中国先生”之称的傅高义并没有想到这本他耗时十年、专门为美国人写的书，会在中国产生这么大的反响。截止这一年年底，该书售出七十余万册，并横扫各媒体和出版社多种“年度十大好书”榜单。

他同样没有想到，该书在美国受到了前总统吉米·卡特、前国家安全顾问兹比格涅夫·布热津斯基等显要人物的交口称赞，也受到百分之九十以上读者的好评。他更没有想到的是，随着《邓小平时代》的走红，他于 1979 年日本社会经济腾飞的前一刻出版的惊世之作《日本第一：对美国的启示》，以及写于 1963 年的旧作《日本新中产阶级》，都先后由上海译文出版社翻译出版。虽然如今的日本，还有经历“失落的二十年”之前的日本，并没有如傅高义“预言”的那样，成为“第一”，他在《日本第一》的中文版序言中也阐明，“日本第一”，意指日本的社会模式在许多方面都十分成功，所以日本堪称第一。而此书之所以受到中国读者的关注，或许在于如有评论所说，如今仍然存在于日本的优良特质，对于发展中国家，甚至像美国和中国这样的大型的经济体，仍能给予重要的启迪。

如果说这些著作在中国面世前，傅高义多次来到中国，也不曾引起很大关注。随着这些著作的陆续出版，并引起广泛关注和讨论，这位取了中国名字，说一口流利的中文，像极了慈祥和善的中国老人的学者，已然成了为读者熟识的公众人物。他在各种场合发表演说，接受不同媒体的采访，他的脸上总是挂着热忱的笑。面对相同或不同的问题，他都不厌其烦地一一为你做出详尽的解释。

这特别印证了他自己的人生信条：唯有通过交流才能消除误解。事实上，这也是他写在中国读书界持续风行，且依然遭遇很多“误解”的《邓小平时代》的初衷。他说：“在作为大国兴起的过程中，中国需要了解世界，世界也需要了解中国，只有通过这种相互了解，中美的关系才能处得更好，才能有利于世界。”

让叙述真实、可信，就要力求在史料基础上做特别细致的考量

没深入阅读和理解《邓小平时代》之前，很多人都以为这是一本邓小平的传记。其实，虽然这本书以邓小平一生经历为线索，但它有一个更为宏观的主题，就是探索中国改革开放的道路。

在 2014 年 1 月 21 日于北京首都图书馆举行的题为“改革年代”的对谈会上，党史研究专家章百家表示，这本书的中文直译是《邓小平与中国的转变》。“看英文书名，我们就知道这本书真正的主题，它凸显的是中国的转变，在中国的转变过程中，邓小平处在最核心的位置，他感受到中国的各种问题，同时他提出的解决方案也影响着整个中国的改革进程。”从这个意义上说，该书恰如三联书店总编辑李昕所言，不仅仅是为邓小平做传，也是为中国的改革开放做传。

某种意义上正因为此，傅高义用主要篇幅写了改革开放时期的邓小平，对于其此前65年的生活写得比较简略。这不免让读者感到疑问：这样的安排会不会过于淡化了邓小平的历史背景。傅高义解释说：他起初也想写邓小平的整个人生历程。因为在他的理解里，邓小平搞改革开放之所以能够成功与他之前的个人经历有非常大的关系。“他有12年军队生涯，3年地方执政经验及解放前国外生活经验等等，如此丰富的经验是别人没有的。”因此，他写邓小平前65年就写了200多页，最后才压缩到60页左右的篇幅。虽然他写得不多，却为此投入了大量的时间、精力。“我看了大量的资料，也去了邓小平生活或工作过的地方，比如他的出生地四川广安，还有太行山区、重庆和成都，以及江西瑞金等其他地方，以感受邓小平的气息。”

这些扎实的准备工作，让傅高义对邓小平的个性，及个性的形成，对他所处时代的历史脉动和整体氛围有了准确的把握。这也使得他在写作时总是能将自己的新颖观点和独到见解融入历史现场，融入对一个个具体的历史事件的讲述中。也因为此，傅高义认为，尽管他了解到的很多事情都没有写进书里。但这样的阅读和行走并不是浪费。“写这本书最大的难题，就在于邓小平没有留下任何笔记，这是他20世纪二三十年代在巴黎和上海做地下工作时养成的习惯。他严守党纪，即使在‘文革’期间和妻子儿女下放江西时，也从不跟他们谈论党内高层的事。他把所有的事情都记在心上，而且他也不太爱说话，即使参加会议，他也不多说话。所以，我在采访中，包括看《邓小平文选》，还有一些会议记录，会知道他和某某人谈什么，但很难了解他脑子里究竟是怎么想的。我只能去想他说话时处于什么样的环境，他平常做什么，他有什么样的行动，从中推测他有什么样的想法。”

如何让这种推测真实、可信，对傅高义的写作而言是一个很大的考验。他说，这需要他在广泛、丰富、扎实的史料基础上做特别细致的考辨。为写这本书，傅高义接触了大量中国政治高层人物。“我运气好。因为哈佛大学也有很多机会跟很多中国人见面。我在广东认识了一个好朋友、我参加的一个国际组织，都有帮助。邓小平的女儿、陈云的女儿我也见过。有人问我见了这么多人，用的什么办法？我的回答很简单，我拉关系见人，所以朋友的朋友给我介绍更多的人。”傅高义还采访了包括中国的党史专家、高干子女和在邓小平手下工作过的干部以及深度参与那个时代的各界人物。我也不止一次采访了邓小平的家属。他们的说法不尽相同。一些偏左，一些偏右。有的保守，有的激进，我听到了各种意见。我会排除掉那些可信程度较差的部分，尽可能地保证资料的权威准确。

另一方面，这也有赖于他对邓小平性格的了解和把握。“邓小平访美时，我曾远远见过他，遗憾的是没做直接交谈。但通过长期的研究、采访，我觉得我能理解他。他的特殊之处，是思考大事，把握大方向，小事让别人干。这点他与周恩来不一样。我认识的人中有冀朝铸，他是邓小平访美时的翻译。他曾告诉我，在从北京飞往美国的途中，邓小平不跟人说话，只是自己考虑，自己分析问题。但他对家人很有人情味，有时与孩子一起玩，对部下，邓小平就是责任分明。我曾经与万里的女儿聊过，她说，父亲常与邓小平打桥牌，但并不觉得他们是朋友，而是上级与部下的感觉。邓小平属于那种组织者的性格，在工作中通常不太掺杂个人情绪。”

正因为有了这样的认识，傅高义对邓小平才有了更为深入的理解。当被问到何以邓小平此后不再踏足故乡。即使是 1949 年到 1952 年间，他在重庆待了三年，去了四川很多别的地方，也没有回过广安县。傅高义说，起初他也感到奇怪。他去过两次广安县，就这个问题问了很多当地人，有的说，他怕亲戚会要求这个要求那个。也有人说，他不想表示他特别支持某某地区。“我想他这样做，其实是包涵了这样一种精神，就是他不是为了自己的家庭，不是为了自己的故乡，而是为了全国而工作。所以他说，我是中国人民的儿子，这不是骄傲，恰恰是一种谦逊的说法。”

我尽量保持客观，努力地去理解中国社会真实发生的实情

事实上，刚开始研究时，傅高义对邓小平并没有这样确定的看法。“虽然我当时就知道邓小平是个重要人物，但我只是出于好奇，我只是想尽可能多地了解他。”但在写作过程中，傅高义更加感觉到邓小平的重要性。“中国历史上，很多领导人都想让老百姓富裕起来，都没有找到合适的路，只有邓小平做到了。”傅高义认为，如果将邓小平放在20世纪人类历史的大背景下考察，那么以往的研究，都低估了邓小平在改变十几亿中国人的命运，在改变中国和世界历史走向上所起的作用与做出的贡献。“我写这本书，就是要证明在同时代里，没有任何一个国家的领导人，像邓小平那样，对世界的发展产生了如此重要的影响。”

傅高义坦言，在美国学术界，大概有10%的人批评这本书，觉得他太崇拜邓小平了。“他们认为我对人权问题不重视。但我认为我应考虑的是邓小平更广泛的历史作用，在中国政府里的作用，在全世界的作用。所以尽可能客观地分析，了解事情情况，了解左右各派、他的部下的看法等等。我尽量保持客观，只是在讲中国发生的真实的情况，我不怕别人批评，我只在意别人是不是认为我写的都是事实。”

这恰恰体现了傅高义的治学理念和与众不同的研究风格。他与中国的接触，最早要追溯到1963年。正是在香港生活的这一年间，他

开始了对当代中国的研究历程。1964 年，他回到哈佛，开始着手写一本关于 1949 年后广东全面发展情况的著作。这本题为《共产主义下的广州：一个省会的规划与政治，1949—1968》的书于五年后出版。虽然他在书中明确指出“大跃进”是“乌托邦主义”，但他不因意识形态冲突而对此做高高在上的审视或批判，而是以专业学者的态度做出观察和分析。“我知道美国有些人有‘冷战’思维，非常反对共产主义，但我的目标不是对共产主义提出批评，而是要努力客观地去理解它，理解真实发生的事情。”

此后随着 1972 年尼克松访华，以及中美关系的解冻，傅高义得以在 1973 年跟随美国国家科学院赞助的代表团第一次访问中国。此前，他参加了美中关系委员会，和费正清一道为基辛格出谋划策。1980 年傅高义第二次到广东，差不多也在同一时期，哈佛大学所在的马萨诸塞州和他之前有过研究的广东省建立了姐妹关系。时任州长得知傅高义曾写过一本有关广东的书，便指定让他加入一个研究委员会。“后来，我又以随行翻译的身份与他出访广东。1987 年，我在广东走访 7 个月，也因此与当时的广东省高层领导有了更多的沟通与交流。当时的省领导认为，由一个知名大学的外国教授来为广东写一本书，能吸引到国外的投资。”这本书就是他完成于 1989 年的《先行一步：改革中的广东》，这也是外国学者全面研究和报道中国改革的第一本专著。“我接受邀请时提出一个条件：自己来承担费用，目的是保持研究的独立性。我还告诉他们，我不是埃德加·斯诺，他到延安，可以满腔热情地正面记下毛泽东在做的事情；我是学者，我的工作是客观地提出我的看法。”

正因为此，在事关敏感问题的判断上，傅高义也是搁置争议，尽力做到客观呈现。“一些人读了三联版后，问我是不是做了删节？其实，我在书里要表达的意思基本地保留下来了，三联版只删去了个别人的名字，删去的内容也不到百分之五。但一些美国人表示不理解。同样，他们对邓小平的一些做法也不理解，也提出批评。但作为一个研究者，我个人觉得，我不应该简单地说是好是坏，而是应该去理解他。所以在书里，我会讲到在中国，支持他的人为什么支持他，批评他的人又怎么批评他。我的责任是让读者了解邓小平为什么要这么做。事实上，他或许并不想那样做，但他还是做了，他的目的只有一个，就是为了让统一的中国有一个安定的前途。”

作为中国问题专家，傅高义同样非常关注眼下的中国。他对中国国内发生的很多事情了如指掌。在他看来，虽然中国在发展过程中面临环境污染、教育、房价、腐败等等问题，但这么多年中国人民生活水平的提高是显而易见的。“1973 年我第一次来中国的时候，人们都很紧张，怕跟外国人说话，怕说错话。现在我在中国跟各个阶层的人都交流得很愉快。另外据我了解，现在奢侈品店、高档酒店客人减少了，这说明反腐败已经有了效果，新一轮改革起到了一定的效果。”

傅高义同时表示，虽然都叫改革开放，两个不同的阶段却有着很大的差别。“因为改革开放之初到 2000 年之前，我们改革所针对的，主要是原来旧体制留下的那些问题，是计划经济，还有权力过分集中等带来的问题。这些问题在社会主义市场经济体制确立以后，已经在相当程度上得到解决了。2000 年以后，我们面临的很多问题，实际上是市场经济本身带来的问题。而如何在改革开放的过程中，研究、解决这些问题，从而推动社会不断向前发展，正是邓小平留给后世的最重要的思想遗产。”

我是旁观者，我喜欢中国，也喜欢日本，会写得比较客观

虽然号称是“中国先生”，傅高义实际上并不只是关注中国，他是美国少有的，精通中日两国事务的学者，他的学术生涯，也是从研

究日本起步的。

1958 年，傅高义获得哈佛大学社会学博士学位。作为一个社会学者，他最初选定的研究题目是家庭关系与心理卫生，希望通过国际比较，搞出一个概论。“我选定日本为研究对象，并非自以为是日本专家。其实，我对日本可以说是一无所知。我只是觉得，在现代国家之中，日本别具一格，倘要就日本的家庭和心理卫生问题得出有意义的结论，我认为先决条件是在生活上同日本人打成一片。”

于是，傅高义和妻子来到日本，在日本人中间住了两年，完全不同其他外国人来往，边学日语边研究，一头栽进日本的生活方式里。结果是日本这个国家使他大感兴趣，超出他要搞的社会学概论范围。在这段期间，傅高义从事一项专题研究，写了《日本新中产阶级》(1963)。而所谓的“新中产阶级”，指的当时日本新产生的一种组织形式之下的家庭制度：丈夫在大公司工作，生活比较安定，妇女就在家专门培养小孩，为孩子考最好的学校而忙碌。这与中国当下很多家庭颇有相似之处。傅高义表示：“为什么现在中国要看这本书？可能中国人觉得，日本人的生活比较安定、比较清洁。会有一些人觉得，应该多了解日本人的做法。”

有了在日本生活和研究的经验后，历经二十年，傅高义对日本社会的好奇心，泉涌不息，从未枯竭。也是在这段期间，他所研究的这个国家，惊人地飞跃发展起来了。“1960 年，当我首次访日归来时，我仍未怀疑美国社会和制度总体上的优越性。然而 15 年之后，当我 1975 年离日回国时，和我的日本朋友们一样，我开始产生了疑问：美国究竟是怎么搞的？我想来想去，终于认为，日本确实具有值得其他国家学习的东西。我已经不能满足于把日本当作一个猎奇的对象了，我想就具体问题去探索和理解日本的成功。”于是，傅高义就写了《日本第一》。

显而易见，傅高义写这本书，本意是写给美国人看的，所以该书的副标题即为“对美国的启示”。当时美国的优势正在削弱，经济正在失去竞争力，逐步丧失的自信导致了内部的分化，各种组织机构都面临着后工业社会的种种问题，有鉴于此，傅高义写这本书呼吁美国读者：请看一看日本。而在日文译本的序言中，他甚至以鲁迅自比——他就是想通过这本书来唤醒还在房中熟睡的“同胞”，促使他们看到其他国家的发展，进而采取有效对策来应对国际间的新局势。

时过境迁，日本非但未能超越美国成为世界最大的经济体，相反却被中国超越。傅高义在目睹上世纪 90 年代日本经济陷入停滞后，也很快就着手修正自己的日本观。新千年伊始，他出版了《日本还是第一吗?》来重新检视日本的发展轨迹与教训。面对批评，以及“日本模式”幻灭的现实，他却显得非常坦然，因为正如他自 1979 年以来一再强调的那样：他自己始终是站在美国的立场来观察日本这面“镜子”，或褒或贬，最终目的都是希望美国从中吸取有益的经验。

从另一方面看，正如中国日本经济学会顾问冯绍奎在 2016 年 4 月 27 日在上海社科院国际问题研究所举行的“傅高义学术著作系列出版启动暨战后日本经济社会发展启示研讨会”上所说，傅高义的研究视角给予的一个重要启示是，在看一个社会或一个国家的经济发展时，不应当只看它已取得的成果，更应看人民大众是如何参与和享受这个发展过程的。这就不能理解，何以时隔 36 年，傅高义依然认为，日本是成功的。日本还是第一。因为日本那些精华的东西“今天依旧还在”：收入均衡，腐败程度低，产品质量高端，医疗保健遍及全民，犯罪率低，民风淳朴有礼，城市干净，少有污染，交通死亡事故极少，社会有序，国民诚信度高，人性关怀到位，责任感强。36 年过去了，这些都没有变。非但没有变，有些比以前做得更好了。“这些没有变的东西，做得更好的东西，就是我们今天要学习的东西，要仿效的东西。”

如此种种，都印证了傅高义“日本第一”的观察和判断。在傅高义看来，在当时所有世界发达国家中，日本最妥善地处理了后工业化社会所遭遇的各种社会问题。其成功绝不仅局限于经济，教育、治安、福利等各领域皆首屈一指。以他的理解，正是战后繁荣时期远见卓识的长期规划以及高效组织动员能力，为日本带来了“第一”。当然，或可商榷的是，“日本第一”深层的原因是否仅止于此？有研究资料显示，日本人更乐于将日本的一系列成功归功于这个国家独特的文化。

这不仅指的日本向来注重文化的发展，还指的日本文化在民族性与世界性之间保持了很好的平衡。这种新型文化的构建，诚如日本问题研究专家姜建强指出，恰是日本之所以能够实现现代化而又无损文化完整性的秘诀所在。姜建强举例表示，多年前，日本数学家藤原正彦写了题为《国家的品格》的畅销书。他在书中下结论：只有日本能够拯救日益显现破绽的世界。“作者给出的理由是，日本对自然的感受性世界第一，日本有表现自己美意识的茶道、花道、书道，如此等等。种种理由看似牵强，仔细一想却不是完全没有道理的。从转换问题的视角来看，进入 21 世纪，因生态变化、气候变暖等因素，世界各国目前都面临经济转型的严峻挑战。而日本以其简素为其特征的文明体质，以其枯寂为其特征的人文精神，在再生型的循环社会里更能轻巧顺当地转型，恐怕也是个不争的事实。”

同时，诚如日本新锐作家橘玲在几年前出版的《(日本人)：括号里的日本人》一书中所言，彻底城市化了的日本人已具有世界主义的精神特征。比如，他们到中国去植树造林，到中国帮助过去的劳工和慰安妇与现在的日本政府打官司。等等。这些举动显然超越了国家和民族这一“想象的共同体”。而日本的动漫文化、电子产品和机器人等，承载了这一想象，对于全球新型人类的一代，无疑有着强大的吸引力。姜建强援引日本文学批评家加藤周一的说法表示，按日本的传统，时间是无始无终的。它存在于整个生命的连续线上，并不为此断裂。所以“此刻”和“瞬间”就显得格外重要。“这也使得日本人更注重当下，万事能讲求实际的弹性。这种文化，更使他们更好地应对世界的变化，并适时做出自己的调整。”由此，对于我们而言，《日本第一》最具启示性的是，不是停留于日本是不是“第一”的争论，而是如上海翻译家协会会长谭晶华所期望的，这本书能促使我们，如美国人看待日本人那样，用更正确的办法去看待日本。

很显然，对日本的历史情感，有时会影响中国对日本的判断。傅高义于此有自己的认识。他说，美国人看日本人更多通过各种各样充满人情化的日常接触，而中国人看日本人则在很大程度上，通过在抗日战争时期的那种非常残酷的“接触”。这种“接触”对两国之间如何增进相互了解是一个很大的考验。但傅高义提醒道，中日关系史也并非只有这种残酷的“接触”，放眼历史，至少有三个比较好的时期：第一个时期是隋唐，日本学习中国。日本派很多人去长安，各个方面都学；第二个时期是甲午战争以后，中国有很多人，比如孙中山、周恩来、鲁迅、蒋介石等都到日本去学习；第三个时期便是邓小平时代。

眼下，傅高义正在写隋唐以来的中国和日本关系史。他坦言自己年事已高，写不了太详细的事，只能写成概述。“我就是利用我的经验与认识，从全局的方面来写书。因为日本人写书，中国人不相信；中国人写书，日本人不相信。我是旁观者，我喜欢中国，也喜欢日本，我会写得比较客观。”

奥尔罕·帕慕克：
作家的真实性取决于他融入自己所在世界的能力

2008年5月21日，2006年诺贝尔文学奖获得者、土耳其作家奥尔罕·帕慕克抵达北京，开始了为期十天的中国之旅。他是继日本作家大江健三郎之后正式受邀访华的第二位诺奖作家。无可疑义的是，他也是近年来最受中国读者欢迎的诺奖作家之一，当库切、耶利内克、品特等把普通中国读者挡在愉悦阅读门外时，帕慕克非常适宜地出现了。

北京是帕慕克此次中国行的第一站，在为期一周的时间里，中国社会科学院授予他外文所名誉研究员的称号，并为他安排了多场演讲。作家莫言等与他做了晤谈。同时他兴致勃勃地携女友、2006年度布克奖获得者、印度女作家基兰·德赛游览了王府井、大栅栏、恭王府、故宫等景点；28日，帕慕克来到鲁迅故里绍兴，在绍兴文理学院举办一场演讲，也游览了这个历史悠久的江南古镇。次日，在杭州逗留一天后，他来到上海。其间，他参观了上海博物馆、拜祭了鲁迅墓，在上海外国语大学与上海文化界人士进行了座谈。

作为1999年土耳其大地震的亲历者，四川汶川大地震牵动着帕慕克的心。在来中国之前，他就通过邮件对中方人员表示问候，并通过电视关注灾情。此次访华，在不同场合，他都向汶川地震受难者致以哀悼，并表示："我对所有中国人表示慰问，我理解这种悲伤的感情以及中国人在这种情况下表现出的团结。"

获奖改变了我的生活，没改变我的写作

2006年10月12日，54岁的帕慕克获得了当年的诺贝尔文学奖。瑞典文学院的授奖理由是他"在探索他故乡忧郁的灵魂时发现了文明之间的冲突和交错的新象征"。事实上，此前的2005年，他就是获奖呼声最高的作家。

在回顾获奖的经历时，他说："在获奖之前，土耳其或其他地方的媒体经常给我打电话，问我能不能得奖，什么时候能获奖……如果我做任何事情，有人就会说我是为了得奖，事实上，我并没有为获奖做任何事。谢天谢地，现在总算没有人再问我这些问题了。"

获奖后，帕慕克也没有像2007年诺奖得主多丽丝·莱辛那样苦恼。"我得到获奖的消息时，还在哥伦比亚大学，当时我在睡觉，用我新买的手机接到了获奖的消息，然后我打电话给出版商，要他保证不会影响我的生活。事实上，获奖后，我的生活还是被改变，但没有改变的是，我依然在写作，依然对文学作出贡献。"帕慕克反复强调，在获得诺奖之后受到的压力，反而让他更加努力工作，"很高兴告诉大家，我刚刚完成了一本600页的小说，已经交给出版商。我已经向世界证明，诺贝尔文学奖并不是退休奖。"

这部600页的小说，即为帕慕克一年后出版的《纯真博物馆》。小说以富家子凯末尔的视角记述追求远房表妹芙颂的过程，此过程情

意绵绵又惊心动魄，当芙颂最终远去时，无法忍耐的思念让凯末尔开始收集起爱人的一切，那些盐瓶、小狗摆设、顶针、笔、发卡、烟灰缸、耳坠、纸牌、钥匙、扇子、香水瓶、手帕、胸针……，甚至是4213个烟头。凯末尔用15年的时间走完1743个博物馆，创造出独一无二的“纯真博物馆”，也勾连起整个伊斯坦布尔的往昔。2012年4月28日，作为帕慕克异想天开的产物，亦为小说的副产品，纯真博物馆开馆。这座真实存在的博物馆，忠实再现了这部小说和伊斯坦布尔这座城市1950年代至2000年半个世纪间的生活。小说中的故事，由此又成了伊斯坦布尔的现实。

帕慕克面对的现实却不是那么纯真。获诺奖以后，他就成了一个不折不扣的“争议作家”。争议的焦点就在于他与政治的“紧密关系”。自从公开谈论了本国种族屠杀内幕之后，土耳其西北大城市贝莱吉克的民族主义者们反应神速，立刻焚烧了他的作品，图书馆里他的书被勒令全部下架，人们在集会上撕毁他的照片，土耳其第一大报骂他为“卑鄙小人”，甚至，他被迫取消了原定赴德举行的小说《雪》的朗读活动……作为一个著名的持不同政见者，有人也因此质疑他获得诺奖和其对政治的热衷不无关系，正是政治上的“异己”色彩让他获得了诺奖评委们的青睐。帕慕克对此断然否认，“首先我不承认我在作品中，因为政治问题惹了事。另外，我不是一个政治人物，只是一个小说家，我和政治无关。”

帕慕克不希望媒体渲染他在本国受过的“不公正待遇”。他说：与遭到相似命运的同一代土耳其作家相比，我的例子不大一样：因为我名声在外，所以外面的人也关注到这件事；而反过来，要不是我名声在外，根本没人注意我说过什么，也就不存在指控，“相对于我的前辈和许多同行，他们有的被送进牢房，有的被谋杀，而我只经历过一场审讯，我很幸运。”

尽管获奖让帕慕克的名字在西方国家声名鹊起。但他说，把自己的名字和西方当代文学大师放在一起的做法，让他感觉非常不舒服。把他定位到西方当代经典系列里的做法，“感觉自己就像介乎于桃子和橘子之间的一种新奇水果一样。”

他同样不讳言自己作品的“流行”：很少有诺奖作家，其作品在短短的几年时间里，拥有那么庞大的读者群，他的作品迄今被翻译成了57种语言，在世界范围内广为传播；也几乎没有一位诺奖作家的作品，像他的作品那样具有鲜明的流行文学特征，且在街头巷尾被捧读。当有观众因此质疑说，他的得奖是否意味着诺贝尔文学奖也开始关注流行文学？帕慕克巧妙作答：“我只是开创了诺贝尔文学史上的一个先例。一切让时间去证明。”

我是东西方两个世界幸福的结合体

操一口流利的英语，在美国哥伦比亚大学担任教授，作品得到西方国家高度评价和认可，帕慕克终日游走在东西方之间。在面对“你的内心到底属于东方还是西方”这样的追问时，他总是回答说：“我倾向于不要谈论这个问题为妙。很多时候，这个问题有个假设，贫穷的东方要顺从西方建立的一切。”“我其实反对这种分类方法，如果你非要这样问的话，我要说，我很高兴我同属于这两个世界，我不是纯粹的东方人或者西方人，我是土耳其人，是两个世界幸福的结合体。”

这诚然是帕慕克的美好愿望，但实际的情况是，身为土耳其人，帕慕克常常感到的是忧伤。在出版于2005年的自传回忆录《伊斯坦布尔——一座城市的记忆》的卷首语里，帕慕克引用阿麦特·拉西姆的句子“美景之美，在其忧伤”，帕慕克把这种忧伤称其为伊斯坦布尔所特有的“呼愁”。他写道：“奥斯曼帝国瓦解后，世界几乎遗忘了伊斯坦布尔的存在。‘我’出生的城市在它两千年的历史中从不曾如此贫穷、破败、孤立。她对‘我’而言一直是个废墟之城，充满帝国斜阳的忧伤。‘我’一生不是对抗这种忧伤，就是让她成为自己的忧伤。”

在访问中国期间于中国社科院所做的题为“我们究竟是谁?”的专题演讲中，帕慕克介绍说，19 世纪，曾经强大的奥斯曼帝国被西方打败，土耳其出现了一批所谓“青年土耳其”的人，土耳其开始向西方学习，后来它的追随者发起了西化改革运动，很多非西方国家都有这样一个西化过程。这一过程有许多问题，他让很多人遵从一个错误的逻辑——土耳其的贫穷、虚弱源自传统。在他看来，非西方国家总是面临着西方化还是抵制西方化的问题。而土耳其正是在东西方历史与现状的夹缝中失去了自己的身份。

源于土耳其所处的特殊背景，东西方冲突是帕慕克一直在思考和在写作中面对的问题。他说，当土耳其人在土耳其谈论传统与现代的紧张关系时，当我们谈论土耳其与欧洲含糊其辞的关系时，耻辱总是悄悄潜入。无论在哪里，只要感到耻辱，自豪的民族主义就会浮现。“我的小说正是取材于这些阴暗的素材，这些耻辱、自豪、愤怒和挫败感。这些虚弱的情感很容易成为无法控制的火焰。我试图把耻辱看作一个低语的秘密，分享秘密就会带来解放，这是小说艺术教导我们的。”

体现在帕慕克 1998 年出版的《我的名字叫红》里，离家 12 年的青年黑终于回到他的故乡伊斯坦布尔，迎接他归来的除了爱情，还有接踵而来的谋杀案。一位细密的画家失踪了，奉命为苏丹绘制抄本的长者也惨遭杀害。苏丹要求在三天内查出结果，而线索，藏在图画某处。小说以巧妙的后现代叙事，用一件发生在 16 世纪末伊斯兰世界的谋杀案件作为故事主轴，以貌似侦探小说的结构性线索展开故事，实则是在讲述一段古老的奥斯曼艺术史的往事，由冲突、痛苦、共存三个不同的层面入手，借古喻今，探讨生命与艺术的存在意义及信仰的冲突。

帕慕克表示，他是一个乐观主义者。任何一个国家不要因为有两种精神、属于两种不同文化、有两个灵魂而感到担忧。精神分裂症可以让人聪明。如果你过于担心你身体的一部分会杀死另一部分。那么你只会剩下单一的精神。那就比精神分裂症还更糟糕。这就是我的理论。“我试图在土耳其政界、在要求国家必须有统一灵魂的政客们之间宣传我的理论——我要指出他们的做法要么属于东方、要么属于西方，要么就是民族主义。我相信这种一元论的世界观会在土耳其逐渐消退。民主、自由的土耳其思想越加确立，我的想法就越能被人接受。”

在上海外国语大学与上海文化界人士的座谈中，帕慕克重申自己尽管在写作中，接受东西方冲突的这样一种意识形态，或者说这样一种艺术的分别，但是同时他通过日常生活的方式，把他们联系在一起。“事实上在我的写作中，我尽量不去进行价值的判断。比如说这是一个东方的问题、伊斯兰的问题、还是说西方的问题，尽管这些问题在我的人物的脑海中非常清晰地存在着。”

小说的历史就是人类解放的历史

身份、东西方、文化、宗教、政治，这些元素时常出现、纠缠在帕慕克的小说中，他的小说艺术因此显得丰富驳杂，博大精深。在题为“我们究竟是谁?”的演讲中，帕慕克现身说法，从代表作《雪》切入，以《雪》为例讲述自己的小说创作。他说，《雪》的主人公“卡”在法兰克福度过了生命的最后 15 年。“卡”有自己的土耳其名字，但他放弃了这个名字用了“卡”。小说里的“卡”是在 20 世纪 80 年代初作为政治避难者来到法兰克福的，但“卡”本人对政治并不感兴趣，诗歌才是他的生命。

某种意义上，这体现了帕慕克对政治的一贯看法。帕慕克反对将作家的政治意识与其所创作的文学作品的政治性等而同之，并将文学的政治性概念泛化，推论出文学即政治、一切即政治的判断。在《天真与感伤的小说家》第五章里，帕慕克写道："说到小说，人们却不经常谈政治或小说里的政治，在西方尤为如此。政治小说是一种有局限的体裁，因为政治包含一种不去理解非我族类者的决断，而小说艺术则包含一种要去理解非我族类者的决断。"

不过在帕慕克看来，政治可以被纳入小说的程度是无限的，因为当小说家努力理解那些异己的人，以及那些属于不同社会、种族、文化、阶级和国家的人们之时，他恰恰具有了政治性。"最具政治性的小说是那些没有政治主题或动机而尽力观察一切事物、理解一切人并且建构最大整体的小说。"

2005 年，在瑞士接受媒体采访时，帕慕克曾谈到有一百万亚美尼亚人和三万库尔德人在土耳其惨遭杀戮。此言论一出，舆论哗然，土耳其极端民族主义者援引新颁布的刑法，以"侮辱土耳其国格罪"将帕慕克告上法庭，据说按照此律法，被告最高可被控入狱三年。最终，此案件被伊斯坦布尔民事法院裁定有罪，帕慕克必须为自己关于亚美尼亚人和库尔德人在土耳其遭到屠杀的言论，向六名原告每人赔付 1000 土耳其新里拉。帕慕克为自己辩护道，一个小说家的政治观，来自他的想象，来自于他把自己想象成他人的能力，与他所属的社会、党派和集团毫无关系。"这种能力，使他可以探讨以前无人注意到人类真相。这使他成为那些无法表达自身利益、愤怒没人理解、声音被压制者的代言人。"

以帕慕克的理解，小说的神奇机制就在于，能把自己的故事当作所有人的故事。小说家可以试验那条将个人和他人分别开来的界限，同时改变自己身份认同的边界。每一位伟大的作家后面，他最大的喜悦恰恰就是这种赋予他人生命，实现自己的身份认同。他对小说和小说家做了如下定义：“小说家就是试图进入他人的生命。小说的历史就是人类解放的历史。让自己穿上别人的鞋子，通过想象放下我们自己的身份，我们便能将自己释放。”

在 2016 年 1 月由世纪文景推出中文版的小说《我脑袋里的怪东西》里，帕慕克试图“进入”钵扎小贩麦夫鲁特的生命。麦夫鲁特还是一个生活在安纳托利亚中部穷山村少年的时候，他就不住地幻想自己未来的生活会是怎样。12 岁时他辗转来到伊斯坦布尔打拼，立刻被那些老城消逝、新城待建的景象所吸引。他继承了父亲的事业，在土耳其的街道上贩卖钵扎。运气似乎永远都不追随他，他看着亲戚们在伊斯坦布尔暴富并定居；而他人到中年，依然在伊斯坦布尔的街巷里做这卑贱的营生，酸奶小贩、鹰嘴豆鸡肉饭小贩、停车场管理员……

麦夫鲁特珍惜自己的家人和妻子，可工作失意、生活窘迫仍不断挤压着他。无论如何，他仍然夜复一夜，漫步在伊斯坦布尔街头，一边卖钵扎，思念自己的真爱，一边琢磨着脑袋里冒出的一个又一个怪怪的东西，这些念头让他自感与众不同。就像《华尔街日报》评价的那样，在这部令人动容的关于伊斯坦布尔的编年史里，帕慕克用细腻的笔触，描绘了社会政治激荡大背景下小人物们的日常。

而于 2018 年 5 月同样由世纪文景出版的最新小说《红发女人》，诚如有媒体的评价，描绘了一个男孩走向男人的历程，也记录了土耳其如何走向不可逆转的转变。十六岁的高中生杰姆在暑假来到伊斯坦布尔郊区的恩格然小镇，跟随挖井师傅马哈茂德挖井。因为长期找不到水，劳作变得格外枯燥。不过，马哈茂德师傅和杰姆也渐渐变得像一对父子那样亲近。就在这个夏天，一位红发女人与杰姆＝邂逅并发生了感情。因为一次意外事件，杰姆仓皇逃离小镇。在未来的三十年里，他不断地阅读和寻找两个古代传说。他发现，这些古老的故事仍然在神秘地牵引着自己的命运。三十年后，杰姆已成为建筑公司老板，过上富足而平静的中年生活。他再度回到了恩格然，并发现了他试图忘记的一切……

以帕慕克的自述，这部小说对“父与子”“国家与自由”“阅读和观看”等理念进行了探索。“这本短小但引人入胜的小说既是关于调查三十年前发生在伊斯坦布尔附近一场谋杀案的现实主义文本，也是对文明的文学基石的智性探寻，对东西两大基本神话的对比：索福克勒斯的《俄狄浦斯王》（弑父情结）和菲尔多西的《列王记》（弑子情结）。”而帕慕克的小说一向偏重书写优越精致的中产阶层，因为他出生于中产阶级，他也在《黑书》《纯真博物馆》里写了很多“我生于斯长于斯的西化、世俗、小资的中产阶级圈子”。而《红发女人》的人物都是社会下层，这一方面跟小说的缘起有关，自从 1988 年夏天在住处附近遇到一对情同父子的挖井人开始，帕慕克就开始构思这个故事。另一方面在于随着年岁渐长，帕慕克想通过其他人物的眼睛来观察伊斯坦布尔以及土耳其普通民众的生活。“小说的艺术便在于以一种独特的方式讲述自己，使读者认为你在讲述他人；或者以独特的方式讲述他人，使读者认为你自己曾经历过他们的故事。”

时过境迁，当下写小说和读小说承载的意义与过去已经有了很大的变化。20 世纪以来，作家们开始直接对着全世界的小说读者讲话，渐渐由为本国那些不读他们作品的多数民众写作转向为在世界范围内关注他们作品的少数读者写作。帕慕克对这种新的文化秩序的构建有自己独到的见解。在 2008 年 5 月 24 日举行的那场题为“你为谁写作?”的演讲中，帕慕克曾表示：新的文化秩序的构建，引起了诘难者的不安。他们唯恐走向世界的作家从自身文化的传统中吸收养分时，将失去自身的真实性，“但他们却忽略了一点：作家的真实性取决于他融入自己所在世界的能力，取决于对自己在这个世界上不断变化的身份的理解能力。”

帕慕克说，世上没有一个理想的读者不会受到社会禁律和国家神话的影响。同样，世上也没有理想的小说家。“但是，不管是他是国内还是国外的作家，他们都在为理想的读者写作。首先，他们会想象有这么一个理想的读者，然后，在创作时脑子里还时刻想着这个理想的读者。”

与当今的许多作家一样，帕慕克同样关注纯文学创作日渐边缘化的主题。在回答读者提问时，他表示：我觉得小说肯定会对社会、大众产生影响，但是应该说明的是那种比较高深、严肃的文学作品，往往是做不到这一点的。实际上令我觉得很悲哀的现象是，那些严肃文学的作家，往往他们的读者都不是很多。而通俗小说，甚至是庸俗小说，则大量侵占着读者的阅读空间。

但以帕慕克的理解，就是在这种情况下，好的作品还是会不断出现，而且会一直存在。“实际上在我年轻的时候，包括现在也有很多愤怒的年轻作家、他们会非常不满于小说的边缘化，或者被过度商业化的现象。我想说的是，我们其实可以把这种愤怒作为动力，进行自己的创作，写出更好的小说，去吸引更多的读者，通过这种方式进而保存我们优良的文化传统。”

帕慕克访华行踪·印象

北京："我剽窃了那些野长城的照片！"

来中国之前，帕慕克研究了很多介绍北京旅游的图书，王府井、大栅栏、恭王府、故宫成为他的目标。2008 年 5 月 21 日，抵达北京后，在为期一周的时间里，他除发表多场演讲、会晤中国作家等正式活动外，主要安排就是携女友、2006 年度布克奖获得者、印度女作家基兰·德赛游览。

在王府井，帕慕克一眼看中街边在出售的野长城的照片。经过一番讨价还价，最后砍到 150 元一张，但还是放弃了，因为照片没有作者的名字，写作时会为版权烦恼。吃饭时，帕慕克提着相机悄悄走开，回来后，他得意地打开照相机展示成果：我剽窃了那些照片！原来刚才他偷偷去翻拍了那些野长城的照片。

帕慕克另外一项重要活动是买书。"土耳其没有什么很好的图书馆，所以我自己要去买很多的书。我还是个复印书的人。在家里我有一万六千多本书。"26 日，帕慕克花了二万五千元买画册。早年学习过绘画的帕慕克对中国传统绘画有着浓厚的兴趣。

在北京游览期间，帕慕克向陪同的人员建议不用派车。在他看来，只有在街上散步、摄影才能充分了解城市，体会普通百姓的生活。他说："我知道中国在经济上得到了巨大的发展，但这不是我的兴趣所在。我对普通中国人的生活更感兴趣，我更想看到大街小巷中，甚至杂货店里中国人的日常生活。"

绍兴："把土耳其文《呐喊》带到鲁迅故里。"

帕慕克对中国文化有浓厚的兴趣。"很小的时候，我就阅读了土耳其文有关孔子的文章。60 年代，我读到了鲁迅的《呐喊》。80 年代初，我去了美国，在那里我读到了英文版的《红楼梦》。这些中国书籍都曾让我爱不释手。"而此次中国行，他选择去绍兴，一个重要的理由就是因为喜爱鲁迅。

在绍兴，让帕慕克废寝忘食的是这座古老城市的街道、房子和其中蕴含的传统文化。他自己安排的行程中包括仓桥直街、鲁迅故居、兰亭。一路上他话不多，不愿被外界打扰。在行走中思考，用心考察他走过的每一个城市，这是他的习惯。"事实上我写每一部小说前都会进行这样的研究，尽管最后 90%的内容都不会进入我的小说。"

鲁迅故里的潺潺流水、粉墙黛瓦，在帕慕克眼里，都是美妙的线条和色彩。他惊喜地说："我看到了失落的传统文化在这里如此完好地保存。"他还把随身携带多年的 1968 年版土耳其文《呐喊》赠送给鲁迅纪念馆。末了，绍兴文理学院特别准备了一份礼物——丝绸版的《兰亭集序》送给他，他说了一串英文，翻译成中文是四个字：美妙绝伦。

杭州："别拍我，这里的风景比我漂亮多了！"

5 月 29 日，帕慕克来到杭州。在灵隐寺，他和普通游客一样排队买票。在"飞来峰"的各个景点，他都要驻足很久，拿着自带的相机拍个不停，连道路两旁的树木都不放过。

帕慕克一路"自拍"，记者们一路"跟拍"。"别拍我，这里的风景比我漂亮多了！"说这话的时候，他突然把手中的相机对准了一名正在拍他的记者，"换我拍你了！"

午餐时间，帕慕克“失踪”了半小时，就在大家猜测他是否迷路时，女友基兰·德赛气定神闲地说：“不用担心，他经常这样……”果然，过了一会，西湖边的游人中就出现了帕慕克的身影。他在附近的浙江省博物馆中拍了很多普通人的照片，比如有一对新人正在拍婚纱照，“很有价值，这些就是我最想了解的普通中国人的生活”。

上海：“别这么密集地出我的书，要一本一本慢慢来。”

上海是帕慕克中国之行的最后一站，虽有既定安排的公开行程，但在其余时间，他的行踪依然“飘忽不定”。抵沪后的第二天一大早，他就赶到上海博物馆看那些中国的“宝贝”。他看了青铜器，看了印章和家具，但显然对“古代书画馆”里的那些写意的中国水墨画更感兴趣。在工作人员的介绍下，他看了又看，手还不停比画，好像自己22岁的画家梦又复活了一般。

“他原本计划去福州路的二手书店淘书。”世纪文景总经理施宏俊说，但走遍了福州路也没有找到开张营业的二手书店，失望之余，帕慕克最后选择了营业时间比较长的外文书店。

5月31日下午的座谈会一结束，帕慕克又马不停蹄地去了鲁迅公园，瞻仰鲁迅墓。算起来，他在上海的两天时间里，作为公众人物出现在大家面前的时间，加起来还不到4个小时。尽管如此，帕慕克并没有忘记了解自己作品的销售情况。当得知世纪文景在很短的时间内一下子推出了他的7部小说，他不禁有点“担心”，说：“别这么密集地出我的书，要一本一本慢慢来，否则等我的书都出光了，读者就会忘掉我啦！”

辑九　异数

安德烈·纪德：

比起反复无常来，我更讨厌始终如一

1

谜一般的人物！忆及阅读生涯，中国作家叶兆言在谈到安德烈·纪德时如是感叹：在那个年代，即使人们并不真心喜欢纪德，也“不敢不读”他的作品。言下之意即是，就算读了，恐怕也无法真正走近和理解他。在很多中国读者的眼里，这位离世五十多年的法国作家，几乎是“难以捉摸”的代名词。正因为此，尽管自 20 世纪 40 年代以来，我国陆续译介了纪德的作品，但他的影响却很少能溢出文学圈。这位 1947 年度诺贝尔文学奖的得主，留给我们的终究只是一个恍惚而又迷离的侧影。

同样，在法国，纪德也是不折不扣的争议人物。生前，他招来不少詈骂、仇恨，最终全部作品被列入梵蒂冈教廷的禁书目录。时至今日，依然有人讥讽道：大声念纪德的文章 10 分钟以后，你的嘴巴会发出恶心的臭味。但恰如萨特所言，法国的各种思想，不管人们愿不愿意，也不管其来龙去脉，都要以纪德作参照才能说明它的特点。显见地，纪德体现了法兰西民族浪漫而探索的精神。不论是接近还是远离法国，他都是一个不可或缺的坐标。

如此看来，是否真如叶兆言援引一位从事法国文学的朋友所说的话，因为有些优秀的文字没法翻译，纪德的文字译成中文，我们就注定没法体会到法语原文的典雅。无怪乎，他的作品被打入想读却总是读不下去的另类？或许并不尽然，诚如有专家所言，纪德的世界是一座现代人的迷宫，他的每部作品，都是这座迷宫的一扇窄门，即使幸而有幸走进去，遭遇的也很可能会是无尽的迷失。而他的不被理解，归根到底源于他异乎寻常的复杂和极致。

2

“人一旦发现自己的样子，就想保持，总是处心积虑地像自己……比起反复无常来，我更讨厌某种坚定不移的始终如一。”在一篇回忆文章里，纪德曾这样写道。极而言之，纪德从不愿把自己凝固在他创造的一种或几种生命形态中。每种形态，他走进去意欲穷尽一切，最终只是为了远离，而收获的却是纯然的快乐以及与之相伴的矛盾和冲突。

他于第二次北非之行期间写成的重要作品《人间食粮》（1897），由一连串富有诗意的断想构成，这些断想大都从东方传说、圣经故事、尼采著作中获取灵感。通过假想的导师梅纳尔克对其弟子纳塔纳埃尔进行教诲的方式，纪德要人们摒弃一切道德规范和思想习惯，摆脱一切伦理的和精神的引导，任随本能去尽情地享受生活，更好地认识自我和世界。

但享受生活、追求快乐，并不是任随本能所能达到，相反却要承受如许惨痛的代价。因为在人性被窒息的社会，快乐也是一种奢侈品。哪怕享受大自然的快乐，一不小心也会伤害你所爱并且爱你的人。他最广为人知的三部曲，可以说记录了人追求快乐和幸福的痛苦历程。

在《背德者》(1902) 中，主人公米歇尔从小受到严肃的宗教教育，在各种书籍中度过青年时代，他不懂生活，对无比贤淑温柔的妻子感情冷淡，在蜜月旅行中由于身体衰弱突然咯血，多亏妻子精心照料才恢复了健康，而这次大病成了他生活的转机，他满怀激情地投入大自然的怀抱，恢复了强壮的肌体，然而他的精神开始堕落，追求感官的刺激，过上放荡的生活。他无视任何道德，一意孤行，终使得妻子一病不起，最后凄然逝去。

与《背德者》所表现的放荡不羁相反，以日记体写成的《窄门》(1909)，宣扬的却是克制和约束。阿莉莎与表弟杰罗姆自小青梅竹马，深深相爱。不料母亲同人私奔，她的心灵有了创伤，又想自己比表弟大两岁，担心红颜衰老，会失去杰罗姆的爱；与其将来有这种绝难接受的结果，还不如不结婚，只保持纯情相爱的关系。于是，她爱得越深，就越同杰罗姆疏远。最后，她避开亲人，孤独地病逝于巴黎的一家疗养院。

同样是寻求生活快乐而酿成的悲剧，《田园交响曲》(1919) 尤显错综复杂。一名乡村牧师收养一个成为孤儿的盲女，不仅对她关心备至，还极力启发她的心智，使她脱离蒙昧状态，领略她看不见的美妙外界。牧师从慈悲之心出发，一步步堕入情网，给妻子儿女造成极大痛苦，但是又不敢面对现实。盲女错把感激之情当成爱情，可是她治好了双眼才看清，她爱的是儿子雅克而不是父亲，她也看清这种爱无异于犯罪，给一家人带来不幸。于是，她只有一死，假借采花之机失足落水……

追求快乐、幸福，却在禁欲主义与享乐主义、精神恋爱与肉体放纵、异性恋与同性恋之间痛苦挣扎。尽管纪德在努力调解灵与肉的关系，争取一种内在的和谐，然而他向我们展现的其实只是两者的冲突，以及对自身的不断怀疑和否定。而他作品中的人物很难以是非善恶加以衡量，他们只是相互对立、交融，在人生大舞台上演出，直到生命的终场。

3

然而，在纪德看来，这种矛盾尽管会危及快乐，却是生命的必需。因为，一个人正是通过自身的矛盾，才表现出坦诚，舍此难免陷入虚伪当中。而他的作品描述的正是他这种矛盾个性所导致的一连串的思想危机，不啻为他精神和肉体生活的自白。

纪德 1869 年 11 月 22 日生于巴黎。11 岁时，任巴黎法律学院教授的父亲去世，纪德由母亲抚养并给予清教徒式的教育，酿成了他的叛逆性格。从 15 岁起，他爱上表姐玛德莱娜；6 年后求婚，既遭母亲反对，又被表姐拒绝。为了向表姐表白爱情，他于 1891 年发表了《安德烈·瓦尔德手记》。直至 1895 年母亲去世，两人才结婚，但此时的纪德正沉湎于同性恋的积习，婚后生活并不美满。玛德莱娜于 1938 年临死时，嘱咐女儿将纪德青年时写给她的情书全部焚毁。这段经历几乎未经改动被写进了日后的小说《背德者》中。

如此叛逆和坦诚，体现在纪德的作品中，他的每一部新作品都是有意识地对前一部作品的否定；他在创造情节的同时也在解构情节；对法国文学传统的继承，也意味着对雨果、巴尔扎克等创造的传统文学样式的背弃。因为融合了古典与现代的文学特质，纪德最终被视为承继法国古典传统的伦理家而跻身于法国文学大师的行列。

也正是这种精神气质，让他毫不犹豫地介入到时代的斗争中。他反对殖民主义和法西斯主义，谴责极权统治，为同性恋辩护，主张打破禁锢人性的清规戒律。1936 年，当他访问苏联归来，有感于发现的问题，最终从同情苏联事业，转而走向了尖锐的批评。因为，纵使明知这样做将陷自己于险境，但他还是要义无反顾告知世人事实的真相。鉴于此，有论者指出，相比纪德直面人生的勇气，当代很多作家所谓的“坦诚”，只是凸显了他们的缺乏担当，而这正是纪德那些带有自传性质的作品今天还值得一读的重要理由。

托马斯·伯恩哈德：夸张？不！只有夸张才是真实

最应得诺贝尔奖的是他！

1988年11月4日，托马斯·伯恩哈德生前最后一部剧作《英雄广场》在维也纳城堡剧院上演。之前，由于剧本的一些选段未经授权被发表，一些"先睹为快者"发觉，伯恩哈德在那些段落中对祖国奥地利发出尖刻极端到令人难以接受的斥责，这引发了一场毁誉交加的舆论风暴。伯恩哈德和导演克劳斯·派曼被加诸"自毁家园的辱国者"等罪名，甚至连当时的奥地利总统库特·瓦尔德海姆也不得不公开表示反对态度："这个戏是对奥地利人民的粗暴的侮辱……"

在伯恩哈德身上，这并非个例。自步入写作生涯开始，这位极富个性的作家的讲话、文章和书籍就不断引起指责、抗议乃至轩然大波。1968年，在隆重的奥地利国家文学奖颁奖仪式上，作为获奖者的伯恩哈德在致辞时一开始便说"想到死亡一切都是可笑的"，接着便如他在其作品中常做的那样批评奥地利，说："国家注定是一个不断走向崩溃的造物……"结果可想而知，颁奖会不欢而散。第二天报纸载文称伯恩哈德"狂妄"，是"玷污自己家园的人"。

此后，伯恩哈德就成了一个不折不扣的"是非作家"：1975 年与萨尔茨堡艺术节主席发生争论；1976 年惹恼了萨尔茨堡牧师魏森瑙尔；1978 年撰文批判奥地利政府和议会；1979 年，因不满德国语言文学科学院接纳联邦德国总统谢尔为院士而声明退出；同年指名攻击总理布鲁诺·克赖斯基；1984 年他的小说《伐木》因涉嫌影射攻击而被警察没收。1989 年 2 月，伯恩哈德在去世前立下遗嘱：他所有的已经发表的或尚未发表的作品，在他去世后在著作权规定的年限里，禁止在奥地利以任何形式发表。

但这并没有妨碍这位"丑闻作家"的声望和作品不断获得认同。20 世纪 70 年代，他就先后获得了包括毕希纳文学奖在内的数十种重要的文学奖项，他很快就对此失去了兴趣，从此拒绝接受任何文学奖项。他曾两度被提名为诺贝尔文学奖候选人，最终瑞典评委会鉴于他对奖项的态度，决定不去碰这个钉子。2004 年，他的同胞作家艾尔弗雷德·耶利内克获诺贝尔文学奖，在获奖演说中即表示："如果伯恩哈德活着，最应该得诺贝尔文学奖的是他，而不是我。"其实在很多场合，耶利内克都表达了对伯恩哈德的无上敬意，"他是奥地利文学的标尺，而其他人都是'其他'。无人能与他比肩。"德国文学批评界的头面人物马塞尔·赖希-拉尼茨基也说过："最能代表奥地利文学的只有伯恩哈德。"

伯恩哈德去世后，以他名字命名的协会在他的故乡萨尔茨堡成立，在维也纳也建立了托马斯·伯恩哈德私立基金会，他在奥尔斯多夫的故居作为纪念馆对外开放。2 月 9 日，是他诞辰 80 周年纪念日，德国各大主流报纸纷纷撰文纪念，这看上去仿佛让伯恩哈德一下子符合了主流大众的口味。媒体亦有意借助他大打个性牌，《世界报》文学版面刊登的一篇文章无疑最吸引眼球，题目是《纪念托马斯·伯恩哈德八十诞辰？让我们来点给力的!》，文章通过小型剧本这个极好的创意、从标题到行文体现出的伯恩哈德式的讽刺和幽默，向这位有着辉煌成就的作家致敬。

把自己的巢搞脏的家伙

《英雄广场》的剧情发生在1988年3月的维也纳。伯恩哈德选择这一特定的时间，显然是为了唤起维也纳观众对50年前希特勒出现在英雄广场上时，奥地利民众“必胜”“致敬”的欢呼声的反思。这一天也是犹太籍教授约瑟夫·舒斯特下葬的日子，这位在二战期间流亡国外，战后才得以返回维也纳的犹太学者，因无法忍受身边潜在的反犹主义，从英雄广场旁的住宅楼上跳窗自杀。他的妻子坐在家里，仿佛听到民众在广场上对希特勒演讲发出的欢呼，因此昏倒身亡。而通过教授的弟弟之口，伯恩哈德对奥地利进行了激烈极端的抨击。

类似的冒犯和责骂，常常出现在伯恩哈德的作品中，矛头所向从国家首脑到平民百姓，从政府机构到公共厕所。不仅如此，他批判的锋芒还涉及已被盖棺论定的历史人物。在《历代大师》里，主人公是一位音乐评论者，自以为是兼画家、音乐家和作家于一身的评论家，但是80多岁了，却不被奥地利社会所承认，只能为英国报纸副刊写点文章。为了与平庸、麻木、愚钝和卑劣的世界划清界限，30多年来，他坚持每隔一天就到维也纳艺术史博物馆的博尔多展厅。一直以来，他以为同这里的历代大师在一起才能生存下去，然而世界上根本就不存在完美和完整。如果深入地研究它们，就会发现他们的每一部作品都存在着严重的欠缺。借此，伯恩哈德对包括歌德和莫扎特在内的大师们做出恶评。

当然，也偶有历史人物很幸运地没有被他归入此列。奥地利哲学家路德维希·维特根斯坦就是一个难得的例外。伯恩哈德借《维特根斯坦的侄子》一书中的“我”之口，称维特根斯坦是伟大的、持续不断令人激动不安的、具有颠覆性力量的思想家，感叹这样一位大哲却被其家庭称为叛逆，被社会视为疯癫，要正常地生活和科学研究只能离开奥地利。小说写的是一场友谊，是书中的“我”与维特根斯坦的侄子保尔之间的友谊，字里行间透露出的却是对维特根斯坦的欣赏和钦佩。

如此种种，难免给人一种迷惑的印象。倘使把这些纯然等同于作者的思想见解，伯恩哈德的确当得起“不爱国”的骂名。事实也是如此，他极端的创作一次次刺激着奥地利公众和媒体敏感的神经，以至于长时间被视为“把自己的巢搞脏的家伙”。然而，换个角度看，伯恩哈德的责骂或许更可以看成是作为艺术手段的夸张，他尽其一生都在致力于以极端的艺术形象揭示极端的病态现实。正如他在《习惯势利》一剧中借马戏团团长的话所说的，“全部的事实就是，彻底的失败!”

我决绝痛恨你们所有人!

伯恩哈德独特的艺术观可以从他的成长经历中找到根源。1931年2月9日，他生于荷兰海尔伦，是赫塔·伯恩哈德小姐和木匠阿洛伊斯·楚克尔施泰特的私生子。伯恩哈德小姐亦为私生，故虽为作家约翰·弗罗伊姆比希勒之女，却随母姓。伯恩哈德的木匠生父不仅将母子两人遗弃，更从未认下自己的儿子。作家遂在姥爷家中度过童年。1935年，他的母亲结识剃头匠埃米尔·法比扬，次年成婚，随夫迁居巴伐利亚。他的生父则另娶，并于1940年在柏林自杀。少年伯恩哈德与母亲同住，但关系紧张，被送入工读学校。二战后，奥地利重新成为一个独立国家，伯恩哈德全家人被驱离，回到萨尔茨堡。伯恩哈德进杂货店当学徒，染上肺病，在维也纳的演艺事业因此失去前途，经由年长他 37 岁的寡妇黑德维希·施塔维阿尼切克的扶助，终于成为全职作家。

特殊的成长经验，加以经历了二战对欧洲的整体摧毁，使得伯恩哈德从一开始就以批判的方式关注人生。1957 年，他出版了第一部诗集《世上和阴间》，成名作则是出版于 1963 年的长篇小说《严寒》：外科大夫委托实习生去荒凉的山村观察隐居在那里的他的兄弟、画家施特劳赫。这位画家因为孤独、失败和恐惧而充满了愤懑，于是便用漫无边际的谩骂和攻击来解脱。随着观察的深入，实习生越来越被画家的思路所征服，好像进入了他的世界。最后画家失踪在冰天雪地里。

随着创作的深入，对人世间的审视，令伯恩哈德愈加愤怒，以至于决绝如此：我痛恨你们所有的人！在后期的创作中，他的作品极尽怪诞的夸张，他艺术地强调奥地利的阴暗面，因此也引发了许多对他的不满和批评。然而不可否认的是，正是他把奥地利从舒适享受的生活中唤醒，使之开始进行富有价值的思考。事实证明，他执着坚持的与其批判对象势不两立的立场，对他的国家产生了积极作用：1991 年，时任总理弗拉尼茨基公开表示奥地利对纳粹罪行应负有责任。

J. D. 塞林格：
我喜欢写，我爱写，可我只为自己写

尽管 J. D. 塞林格曾扬言，自己可以活到 140 岁；尽管他的知名和同等的神秘，早已使他成了美国的文学传奇；尽管当天《纽约时报》艺术版上，还刊发了他的一张漫画肖像，似乎在提醒世人“我一直都活着”；但他终究还是个平常人。2010 年 1 月 27 日，这位“麦田守望者”，二战后美国最重要的作家之一，在隐居了 50 多年后，于美国新罕布什尔州康沃尔家中悄然离世，距离他的 91 岁生日仅三周多时间。

据美国媒体报道，塞林格的儿子马特·塞林格在一份声明中称，父亲是自然死亡。他的文学经纪人表示，为了尊重塞林格一生毫不妥协地保护和捍卫自己隐私的愿望，将不举办追思活动，并恳请各界让塞林格静静离开。“塞林格曾表示，他活在这个世界中，但不属于这个世界。如今他的身体虽然已经离去，但家人希望他仍然与那些他所喜爱的人物在一起，无论是宗教或历史人物，私人朋友或虚构的人物。”

声 誉

“……接着他走过去在空着的那张单人床上坐下，看了看那个姑娘，把枪对准，开了一枪，子弹穿过了她右侧的太阳穴。”1948 年 1 月 31 日的《纽约客》杂志发表了塞林格的短篇小说《逮香蕉鱼的最佳日子》，结尾的这句话令所有人发怔，而小说的才华之高、悬念之强，也使得主编哈罗德·罗斯马上决定与这个时年 29 岁的年轻人签下合约，约定他今后所有的短篇小说，该杂志都有优先选择权。

事实证明了《纽约客》的眼光。三年后，《麦田里的守望者》横空出世，“从书中的第一个句子起，就为美国文学带来了一种全新的声音。”并迅速吸引了大批崇拜者。一时间，美国学生竞相模仿小说主人公霍尔顿、学他的言语动作。由于小说体现的反叛精神，塞林格也被认为是美国“垮掉的一代”的精神领袖。1974 年，菲利普·罗斯写道，大学生对塞林格作品的响应，说明他比任何人都更贴近时代，并且捕捉到了当前正在自我与文化之间发生着的具有重要意义的斗争。

然而，教师和家长则对这本书褒贬不一，有人认为它是“异乎寻常的、才华横溢的处女作”，更多的则认为这本书充满了逃学、吸烟、喝酒、性和脏话，离经叛道，因此被当时美国的很多学校列为禁书。发生于 20 世纪 80 年代初的几起凶杀案件，更使小说的价值一度受到怀疑。最有名的当属 1980 年 12 月 8 日枪杀歌星约翰·列侬的查普曼，作案后，他竟坐在马路上读《麦田里的守望者》，他甚至在法庭上朗诵书中的经典语句，并解释称射杀列侬，是为保护他的纯真。而在 1981 年刺杀里根总统的小欣克利的行李箱里，人们同样发现了一本翻烂了的《麦田里的守望者》。这反而使小说愈加扩大了影响，至今它已成公认的美国现代文学经典，全球销量超过 6000 万册。

西方文学界普遍认为，尽管塞林格是个产量低得有点离谱的作家，在他 91 年的人生中，只有《麦田里的守望者》《九故事》《弗兰妮和佐伊》和《木匠们，升起房梁》等少数几部作品和文集问世，但并不妨碍他的伟大：因为在凯鲁亚克写出《在路上》的六年前，他已经用《麦田里的守望者》狠狠地戳了一下既有体制的脊梁；在“垮掉的一代”愤起前，那个叫霍尔顿的“麦田守望者”已经完美地诠释了“垮掉”的精髓；他还用他的写作预言了嬉皮士运动的诞生。

对于中国读者而言，塞林格的作品有着特殊意义。《麦田里的守望者》的引进最早可以追溯到 1963 年，当时以黄皮书内部资料的方式出版。而真正被中国读者所熟识，则是在 1983 年。这一年，漓江出版社推出的施咸荣译本。类似“一个成熟男子的标志是他愿意为某种事业卑贱地活着”这样的塞氏语句，被几代人记取流传，并影响了许多作家的创作。

塞林格更是影响了国内许多作家的创作。作家苏童坦言，“塞林格是我最痴迷的作家。”“至今还无法完全摆脱塞林格的影响。”评论家谢有顺表示，当年徐星、刘索拉的写作之所以风靡一时，主要得力于模仿塞林格式的语言和叙事方式。而书评人止庵直言，没有塞林格就没有王朔和王小波。同样，《九故事》中的短篇，也因其崭新的文学样式，深深影响了余华、孙甘露等先锋作家的写作。

隐　遁

和所有渴望出人头地的写作者一样，年轻时，塞林格也一门心思想出名。在大学期间，他曾夸耀自己的文学才华和抱负，并写信给《故事》杂志的编辑炫耀。但成功一旦来临，便很快对他失去了吸引力。他告诉《星期六评论》的编辑，他已经“腻味”了印在《麦田里的守望者》封皮上的自己的照片，要求在随后的版本中删除，还命令经纪人烧掉所有粉丝的信件。

1953 年，塞林格搬到新罕布什尔州康沃尔一处占地 90 英亩，位于树木繁茂的山坡上的新家。这年的秋天，他结识了一些当地青少年，并允许其中一位女中学生对自己进行采访。他以为采访将发表在当地报纸的高中页上，结果文章作为专题发表在社论版上。塞林格觉得上了当，毅然断绝了与那些青少年的交往，并且在自己住所的周围建起六尺半高的围栏。

此后他很少向新闻界发表讲话，发表的作品也越来越少，很快就完全停止。他最后出版的作品是《哈普沃兹 16,1924》，这是一部长约 2.5 万字的短篇小说，占据了 1965 年 6 月 19 日的《纽约客》整 18 页的篇幅。他的小说《康涅狄格州的维格利大叔》曾被改编成电影《一厢情愿》，这部电影如此糟糕，以至于塞林格此后再没有出售电影版权，即使连大导演斯皮尔伯格改编《麦田里的守望者》的请求也未能幸免。此后，无论是电视、电影还是舞台剧，他都拒绝转让版权，即便是出版相关有声读物，也一律不同意。

然而越是如此，塞林格就越受关注。在 1961 年登上《时代》杂志封面之后，跑到小镇上找他的记者越来越多。不过对他来说，他必须要像母鸡保护小鸡一样保护自己的隐私，为此不惜与人频频打官司。

诚如《纽约时报》评论说，塞林格花了比大多数人拥抱世界更多的时间和精力去逃避它，他的难以捉摸更增加了他的神秘。关于塞林格的隐遁，一直是无数人讨论的热门话题。或曰塞林格已经“入禅”，或曰是“江郎才尽”的表现，有人猜测，二战期间从事的反间谍工作的经历，使他喜爱“潜伏”；有人认为，他故弄玄虚，刻意制造神秘感以形成某种“传奇”效应；有人揣摩，他是在履行霍尔顿的心愿：“一间在某处自己造的小屋，在那里度过余生，‘远离’和别人该死、愚蠢的对话。”还有人说，是人们对年少轻狂的考尔菲德的误读，在某种程度上导致了塞林格的内疚。他的“拒绝”，是为了避免再次误读以及对原作的扭曲。

塞林格的隐遁，亦不妨看成是一种“守望”的姿态，这是他一生坚守的信念。在这个意义上，有评论认为，塞林格的守望正是对人们的一个提醒，提醒着庸常的人们停下来想想自己最初的梦想和信念：你长大了，你可曾还在“守望”自己的梦想?

写 作

塞林格的隐遁，并不能阻止其个人隐私被点滴透露。1998 年，女作家乔伊斯·梅纳德出版回忆录，披露了她和塞林格在 20 世纪 70 年代持续 10 个月的情缘。两年后，塞林格的女儿玛格丽特著书，写了自己和父亲的关系。梅纳德的回忆录中说，塞林格有极强的控制欲，对饮食非常挑剔。而塞林格的女儿玛格丽特则说，父亲以自我为中心，经常辱骂母亲，他还对禅宗、印度教吠檀多派、基督教科学派等充满狂热。

“塞林格迷”们自然还特别关注，塞林格是否一直都在写作。在没有任何实际证据的情况下，各种说法层出不穷：他已经多年都没有写过一个字；或者像在斯蒂芬·金的小说《闪灵》中的作家那样，反复地写着相同的句子；或如果戈理临终前那样，大量写作，然后又都付之一炬。见证人的叙述多少给了人们一些希望。梅纳德曾见到整架整架的笔记本，其中都是格拉斯家族的故事，她相信塞林格至少有两本新小说单独锁在一个保险柜里。而塞林格也曾在仅有的一次和《纽约时报》记者的简短对话中，提及过不发表任何东西所带来的“绝佳的安宁”，声称“我喜欢写，我爱写，可我只为自己写，纯属自娱”。

玛格丽特的记述也从一个侧面暗示了塞林格可能还有未发表的作

品。书中写道，塞林格对他的文稿建立了一套精密的归档体系——红色的标记表明这本书可以按目前的样子不做修改发行，蓝色的标记表明这份手稿必须再经过编辑。但所有的这些说法都无实证，有学者“恳求”塞林格，“请您向我们保证，如果您一直以来真的在写的话，它们将终有一天印成铅字——至少在我们有生之年。”

随着塞林格的去世，他到底留下多少遗作已经成为外界关心的话题。《断背山》的作者安妮·普鲁表示：塞林格这50年来有写作强迫症，这可能意味着他身后会涌现一大批作品。另一位美国女作家乔伊斯·卡罗尔·兹也认为：塞林格无法忍受批评家们的各种恶评，所以他要是愿意再写，情愿为抽屉写也不要为出版写。他到底留下多少著作无从所知，但它们肯定存在，且是非常特别的遗产。目前没有任何关于塞林格新作的出版消息。不过可以期待的是，倘使没有销毁遗作的事情发生，这个疑问很快就会被解开。

杜鲁门·卡波特：梦是我们心灵的思想，是我们的秘密真情

1

在回忆早年阅读经历的文章中，作家苏童谈到《蒂凡尼的早餐》时，曾不无称羡地说：时隔多年，我依然清晰记得乱按门铃的赫莉小姐，记得她的乡下口音。作为美国作家杜鲁门·卡波特（又译杜鲁门·卡波蒂）精心塑造的女主人公，"赫莉小姐"因了好莱坞演星奥黛丽·赫本的精湛演绎，在世界文学史乃至电影史上，留下了不可磨灭的印记。距《蒂凡尼的早餐》最早的两个中文版面世整整 20 年后，近日这部奠定卡波特文学地位的经典作品由南海出版公司重新推出。

然而，纵使没有《蒂凡尼的早餐》这部风靡世界的电影，卡波特这个名字对我们来说，也不会觉其陌生。2005 年 9 月，在各大影院热映的同名传记影片《卡波特》，就把他的另一部经典作品《冷血》带回到了经典畅销书的榜首，卡波特本人则不折不扣成了文艺圈内外

的热门话题。这位被美国读者冠以“最有名”之称，并在梅勒看来是他们“那代人中最完美的”作家，如其生前所经历的起伏跌宕的“美丽人生”，似乎从来不曾远离我们的视野。

尽管《蒂凡尼的早餐》因为梅勒“没有一处用词可以替换”的称赞、村上春树“为那精心打磨、简洁洗练的文字折服，百读不厌”的叹赏，显得格外引人注目，小说讲述的故事本身却近乎庸常：农家少女赫莉·戈莱特利由得州乡下跑来纽约寻梦，这座残酷的城市，并没有给予她多少安身之地。她费尽心机、追逐名利，想要钓一条大鱼跻身上流社会。为了金钱，她整日周旋在众多英俊的富豪巨子、政界名流之间，终于成了红牌交际花。之后，她遇见同住一栋公寓的作家瓦杰克，这个不靠稿费为生，而是依赖于一个富有女人“馈赠”的年轻男人，却意外获得了她的芳心。由此，两个拜金主义的风尘男女，在经历种种挫败之后，在纽约的雨中街头演绎了一出俗套的都市爱情故事。

诚如卡波特所言：“梦是我们心灵的思想，是我们的秘密真情。”《蒂凡尼的早餐》写的是一个乡下女孩来到大都市寻梦的故事，然而无可疑义地，正因为卡波特在写作中的全心投入，本来庸常的故事才有了充沛的生机，从而更显其卓尔不凡的艺术魅力。赫莉的梦归根到底，其实也是卡波特自己的“白日梦”。作为一个在小说文体架构上堪称完美的作家，卡波特不完美的生活从他的童年开始。卡波特1924年出生于新奥尔良，17岁的母亲生下他后就不管不问，这位未来的作家刚生下来就被寄养在阿拉巴马州的亲戚家，直到9岁的时候才被改嫁到纽约的母亲及有钱的继父正式收养。

异样的遭遇使卡波特敏感、反叛而早熟，他从小就立志写作，高中毕业后，他决定不上大学，而是去著名的文学刊物《纽约客》做小工。慢慢地，他开始在杂志上发表作品，短篇小说“米里亚姆”得了欧·亨利奖，也为他赢得了出版商的注意。24 岁时，他发表了长篇小说《别的声音，别的房间》，并以此真正作为作家而崭露头角。随后，《夜树》《草竖琴》等中短篇小说的相继发表，卡波特确立了自己的文学地位，与梅勒、塞林格、欧文·肖、麦卡勒斯等人一道，成为战后辈出的青年才俊作家之一。

自此，卡波特的生活也发生了很大的改变。他开始跻身于纽约的名流圈，经常出入派对、酒吧、餐厅、沙龙。早年在纽约痛苦挣扎的经历、之后在上流社会聚会的生活细节，终于成就了《蒂凡尼的早餐》。小说出版后受到了热烈欢迎，以至于众多聚集在卡波特身边的纽约社交界的女性，争着声称自己才是“赫莉·戈莱特利的原型”。

2

“我希望有一天早上醒来在蒂凡尼吃早饭时，我仍旧是我。”在声色犬马的风尘生活中，赫莉小姐依然保持了这样美好的愿望。然而，对于卡波特来说，写完《蒂凡尼的早餐》之后的“我却不再是我”。这不仅在于小说带来的巨大声誉，更激烈地冲击了他原先的生活。对卡波特而言，最严峻的考验，更在于尽管他掌握了新的文体，可是接下去，他却无法寻找到适合这种文体的题材。作为一个天赋优异的故事讲述者，他所擅长的，只是根据自己的直接体验来生动地完成故事。待到题材用尽，那么无论他掌握了多么优秀的文体，也无法再写小说。生平头一回，卡波特为写作感到了痛苦。

也许是为了从创作的痛苦中逃脱出来，卡波特一度离开了虚构的世界。他在寻找机会尝试新的写作手法，借此创造出一种把小说技巧和新闻报道完美融合的新文体。这个机会终于来了，1959 年 11 月 15 日，一件发生在美国中部堪萨斯小镇的凶杀案引起了他的强烈兴趣。

他邀请儿时伙伴、女作家哈珀·李同行，花大量的时间采访调查，做了六千多页的笔记。其间，他常常与已经定罪、并被判绞刑的杀人犯之一的佩里·史密斯深谈，从而对佩里的悲哀的生存状态有了深层了解，特别是他们相似的被父母抛弃的童年遭遇，让他又生出一种超出友谊之外的同情和爱怜，这情景使卡波特陷入一种绝望的困境：一方面，作为一个作家，他必须冷血地期待佩里和同伙早日上绞刑架，以求故事圆满；而另一方面，他可以放弃追寻真相，替佩里请位好律师，免除死刑。痛苦与挣扎中的卡波特最终选择了前者。目睹了佩里的绞刑不久，他历经六年辛苦创作的《冷血》终于出版。

如同所有的小说一样，《冷血》有着完整的情节、足够的戏剧性以及鲜活深入的性格刻画，但区别于既往的已知的小说概念，它几乎不凭借虚构，纯粹是在新闻事实和采访基础上写成。由此，卡波特开创了一种全新的文体："非虚构小说"。事实证明，卡波特亲自命名的这种文体，既非他一厢情愿的任意杜撰，亦无非昙花一现的偶然时髦。自《冷血》以后，"非虚构小说"，或者说，"纪实小说"、"新新闻体文学"牢牢在文学中占据了一席之地，无论北美、欧洲，还是东方的日本、中国，都涌现了大量同一题材的创作。不唯文学，影视创作亦深受影响，从《辛德勒名单》等作品里不难看见它的踪影。

经由《冷血》，卡波特这位驱使着流丽文体的时尚都市派作家，终于变身为不折不扣的真正作家。但世事并非总是遂人所愿，诚如卡波特自己所言："上帝在赐予你才能的同时，也给了你鞭子。"违背自己的良心，与"魔鬼"的交易在给他带来盛名的同时，也使他受到了沉重的打击，他再也没有从这一打击中站起来。之后，他开始沉醉于声名娱乐：举办盛大的化装舞会，在电视上频频露脸，不停地透露自己下一步写作计划，却没有东西写出来，公开承认酗酒吸毒的嗜好。

一个作家自然“玩”不出深刻的作品，卡波特构想自己的另一部巨著是刻画上流社会的荒淫生活，但一篇暴露名人隐私的短篇不仅让文评家失望，也使他从此被纽约名流圈除名。此后再也写不出高质量的作品，生活开始迅速下滑。1984 年，不到 60 岁的卡波特因酗酒而与世长辞。

哈珀·李：
你永远无法理解一个人，除非你站在他的角度

1

美国文坛盛产文学隐士，于 2016 年 2 月 19 日逝世的哈珀·李是其中颇负盛名的一位。自 1960 年发表她的“最初一本及最后一本”代表作《杀死一只知更鸟》一炮而红后，哈珀迅速从文学界销声匿迹，除了在一段时期内写作过几篇短篇小说，再无一个字流传出来。不久以后，她去往家乡亚拉巴马的小城蒙洛维尔隐居，开始了长达半个世纪的平静生活，不再接受任何采访。当她的侄子问她为什么不在盛名之下接着写作时，她回答说是：“有过这样一次，还有什么可写的?”

《杀死一只知更鸟》获当年普利策奖，1962 年根据小说改编的电影公映，获得三项奥斯卡奖。这部书是“一百本最受美国孩子喜欢的书”之一；位列美国图书馆员评选 20 世纪小说清单第一名；2004 年

BBC 听众选出五部影响最深远的“女性分水岭小说”，紧随《傲慢与偏见》之后，就是哈珀这部“唯一”的小说。时至今日，小说已被翻译成 50 多种文字，又被改编为戏剧，甚至进入教科书，征服了全球 4000 多万读者，发行量超过一千五百万册，成为公认的美国文学经典。直到今天，这本书依然保持着火爆的销量，每年还能售出 75 万册。如此盛名之下，还有什么可写的？既然哈珀无心恋栈，也无意不断发表新作“刷存在感”，最为明智的做法，不如急流勇退，归隐而去。

于是乎，年复一年，哈珀决绝地保持了沉默。即使“脱口秀女王”奥普拉·温弗里也没能说动她接受采访。进入 21 世纪，前往白宫接受布什总统授予荣誉奖章时，哈珀仍然保持缄默。只是在保护自己著作产权的问题上，她频频出头，参与了几宗侵犯著作权的诉讼。在许多人看来，把平静修炼到怪癖的哈珀，或许将和那个怪老头塞林格一样绝决，紧闭嘴唇，直到某天悄然离开这个世界。

唯其如此，2015 年 7 月，她的新小说《守望之心》的消息传来，纵使再淡定的读者都按捺不住了，哈珀食言了吗？已届 88 岁高龄的她还在孜孜不倦写作吗？会不会还有更大的惊喜在等着我们？其实，哈珀并没有食言。英文版长达 304 页的新小说虽然名之曰：《杀死一只知更鸟》的“续集”，书稿的完成却在此之前。去年秋天，她的律师托尼亚·卡特意外地发现了这部被以为是已经遗失了的手稿，连哈珀本人也难掩失物复得的喜悦。书稿被发现后，哈珀·柯林斯出版社决定一字不改地印刷两百万册，而根据该出版商日前公布的数据表明，这本书上架刚一周，北美的销量就已超过 110 万册。

然而，并不是所有人都相信哈珀为此真心感到喜悦，并同意将此书出版。因为她长年的保护神、亲姐姐爱丽丝去年底刚一去世，这部书稿便被翻出来，有传言认为她被操纵。就在前几个月，她家乡的安全部门还对这部新书面世是否出于她自愿进行调查。当局调查了哈珀目前居住的养老院是否有虐待老人的行为，但目前看来，即便哈珀的听力视力退化但思维依然敏捷。她表示："思前想后，我把手稿拿给几个我信赖的读者阅读，很高兴听到他们认为小说可以出版。没想到时隔这么多年还能出版，真是让我受宠若惊。"

2

如果哈珀 1960 年发表的是《守望之心》将会怎样？答案是，不可想象。

因为《杀死一只知更鸟》里叙述者斯科特敬爱的律师父亲，那个公平正义的信徒阿提克斯·芬奇，在"续集"里变成了一个曾经参加过三 K 党会议的种族主义者。在《杀死一只知更鸟》里，芬奇律师称赞美国法院是"伟大的平衡器"，致力于主张"人人生而平等"。而在《守望之心》中，芬奇律师谴责最高法院，希望他的家乡"可以独立其外，在房子保留问题上不接受美国全国有色人种协进会的建议"，他讽刺该协会雇佣的律师"是一群像秃鹰一样只拿钱不办事的懒鬼"。

要这样，芬奇律师不会成为一个普遍意义上的正义英雄，美国演员格里高利·派克和他所扮演的芬奇律师，也不会对上个世纪 60 年代的美国黑人运动起到正面的影响，芬奇律师更不会被人有意无意利用来"介入"美国的历史。调查克林顿绯闻的独立检察官斯塔尔发表演说自比芬奇律师，而希拉里·克林顿在其回忆录《亲历历史》中，则特意指出芬奇律师展现的是道德勇气，而斯塔尔却是凭着他的道德优越感滥用权力。希拉里咬牙切齿道："如此相比令人难以忍受。"

历史就是这样充满不可预知性。哈珀于 1950 年代中期完成《守望之心》后，她的编辑希望她将时间倒推到斯科特的童年，建议她以斯科特年轻时候的视角改写一遍，作为一个初出茅庐的作家，哈珀自然是“别人说什么我就照做”，于是哈珀又花了两年半的时间，写出三个草稿，这才有了《杀死一只知更鸟》。

实际上，与哈珀同时代的文学界人士，大多知道她写过《守望之心》，只是普遍认为这份手稿已经丢失了，也没有想到这么多年后哈珀会同意出版。美国女性主义理论家伊莱恩·肖瓦尔特在 2009 年出版的《女性陪审团》一书中写道：“《守望之心》给 JB Lippincott 出版社的编辑们留下深刻印象，但是他们发现该书内容零零碎碎、结构失当。”剑桥大学的伊恩·帕特森博士也泼冷水道：“我猜它一定充满历史味道，别无其他。”他说，“毫无疑问，《杀死一只知更鸟》的粉丝们会迫不及待地想读它，但这是有史以来最沉闷且感性味道十足的小说。”

话虽如此，哈珀的新小说依然值得期待。如东英吉利亚大学美国文学专业教授莎拉·切奇威尔所说，即使还没读到这本书，但看哈珀如何想象并描写成年后的斯科特，应该是非常有意思的。《守望之心》着重描述了斯科特的童年，以及她与亨利的爱情故事，这些内容捕捉到了小镇日常生活的节奏，同时也穿插了次要人物的肖像描写，足以满足读者对沉睡小镇和消逝时代的怀旧。在阅读过程中，我们会和斯科特一样震惊于那个她深爱的父亲，那个曾经教会她关于公正和同情心的父亲，何以会成为疯狂的反对取消种族隔离者？我们也会不禁疑惑，何以哈珀会对小说做跨度如此之大的改写？

或许没有人能对此给出准确的答案。但哈珀的改写本身，事实上恰恰凸显了美国种族问题的复杂，及其给美国民众带来的同样复杂的深刻影响。哈珀写《守望之心》的时候，美国国内的黑人民权运动正如火如荼地展开。当时，美国联邦最高法院裁定将黑人与白人隔离的学校制度违宪，美国总统还下令动用空降师保护黑人学生入学，可见当时种族关系之紧张。如果说，《杀死一只知更鸟》如有媒体评论的那样，作为一份珍贵的时代文物，在那个更加善良、优雅也更单纯的美国里，为世人保存了希望与情感。《守望之心》则似乎想证明故事发生地梅岗镇的种族和阶级偏见，“预言”种族问题之于美国社会的紧迫性，毕竟即使到今天，美国对黑人种族的歧视，依然没有完全消除。

而两本书情感的共通之处，则如有评论所说，是对同理心的呼吁，就像小说里阿提克斯对斯科特说的：“你永远无法理解一个人，除非你站在他的角度考虑问题。”区别是，《杀死一只知更鸟》提醒我们应该同情像汤姆·罗宾逊这样的“知更鸟”，而《守望之心》则让我们理解一个名叫阿提克斯·芬奇的偏执狂。

3

哈珀有一次问到访的奥普拉：“你知道布·拉德力吗？如果你了解这个人物，那么你就明白我为什么不做采访了。因为，我就是现实版的布·拉德力。”

在《杀死一只知更鸟》里，布·拉德力被残暴的父亲摧毁而足不出户，杰姆和斯各特童年时都把他看成恐怖的代名词，但他常给他们留下一些陈旧的小礼物，并且为杰姆缝补了裤子，到小说最后，“布”还救了孩子们。由此，在斯各特眼里，“布”已由一个鬼魂变成了一个高贵而善良的品质的人。而如“布”这般隐居，却始终显示着自己坚定的人格力量，似乎部分“预言”了哈珀的人生轨迹。

熟知哈珀童年生活、几乎与她同龄的乔治·托马斯·琼斯说，哈珀很可能对小说的一切描述都感同身受。在琼斯看来，哈珀的创作实际上是一个揭示自己家庭秘密的痛苦过程。1926 年，妮尔·哈珀·李出生在阿拉巴马州的门罗维尔。她出身阿拉巴马望族，她的祖辈是美国南北战争时期赫赫有名的将军罗伯特·李，她是家里四个孩子中最小的一个。她父亲阿玛萨·科尔曼·李曾经是一家报纸的编辑，后来做了执业律师，曾为两名被控谋杀罪的黑人男子辩护。不过，这两名黑人最后还是被处以绞刑，此后，她父亲再也不曾从事律师职业。

而小说里的芬奇律师，不仅姓氏取自哈伯母亲婚前的原名，他也为被诬强奸白人女孩的黑人汤姆辩护，最后没能成功，但正是通过这一场辩护，树立起了他正义英雄的形象。据说在同名影片里，芬奇律师扮演者派克有一场长达九分钟的辩护场面，他慷慨陈言、异常动人，导演喊停的时候，整个摄制组都鼓起掌来。哈珀去探班时看到派克后，有太多关于自己父亲的回忆。在拍摄一个街景时，进入角色的派克突然发现站在一旁的哈珀眼含泪水，走到她面前关切地询问。哈珀回答说："因为我刚才看到你凸出的肚子，和我父亲生前的一模一样。"派克回应道："哈珀，这才是真正的表演。"电影里还多次出现了手表的道具，在影片拍摄完毕之后，哈珀真的把她父亲的表送给了派克。

不止于此，小说里迪尔的原型，也恰是哈珀儿时的伙伴，后来的作家杜鲁门·卡波特，卡波特《别的声音，别的房间》中的伊达贝尔也是以哈珀为原型。哈珀曾作为"研究助理和私人保镖"，陪着卡波特一起前往堪萨斯州调查"冷血"血案。在火车上，卡波特私下付钱给火车上的黑人乘务员，教他说文质彬彬的话，当着哈珀的面赞美自己，哈珀却当场戳穿了他，说："你付钱给他了。"卡波特得意地狂笑起来。无疑他清楚，哈珀和他一样了解他自己。哈珀年轻时曾梦想跟自己的父亲和姐姐一样做律师，但卡波特则一直鼓励哈珀从事写作，直到她写出了《杀死一只知更鸟》，获得极度爱慕虚荣的卡波特一辈子也没能获得的荣耀。因为小说有没有卡波特的参与而引发的争执，最终让两个人不欢而散。

与卡波特的分道扬镳，究竟对哈珀产生了怎样的影响，我们不得而知。可以确定的是，《冷血》某种意义上成了卡波特的绝唱，而《杀死一只知更鸟》之后，哈珀也告别了写作。1984 年 8 月 25 日，卡波特因用药过度猝死于女性友人家中，他如果天堂有知，一定欣慰于哈珀替她自己，同时也可说是替他说出了这样的话，在给《奥普拉》杂志写的信里，哈珀写道："在一个盛产手提电脑、移动装备和空白大脑的繁华时代，我依然与我的书本迈着缓慢的脚步前行。"

E.M.福斯特：
看得见风景，找不到房间

1924年，E. M. 福斯特发表了一生的杰作《印度之行》，在此后近五十年的漫长时间里，他再也不曾涉足小说创作。是宿命，还是偶然？福斯特的“沉默”成了一个令人费解的谜，引发人们无尽的唏嘘和感慨：似乎只要再跨出那么一小步，他就有可能成为继托马斯·哈代之后最伟大的英国作家。福斯特终究还是选择了停留，一直到生命终了。不过，他包括六部长篇、数十部短篇和文学评论集《小说面面观》在内的创作，已为他在英国文学史上赢得足以让后世为之景仰的地位。

1

1970前，福斯特去世，他的同性恋者身份不再是一个秘密。尽管他生前也有机会步入婚姻殿堂，但终其一生，他选择了单身。不可思议的是，这并不妨碍他在小说中描写男女之间刻骨铭心的爱情。而贯穿他所有小说的核心主题——“联结”，福斯特也往往是借助于隐匿在人际关系中的婚姻母题来阐述的。

在处女作《天使不敢涉足的地方》（1905）中，来自意大利的一封信使得赫里顿夫人大为惊讶，寡居的儿媳妇莉丽亚在旅行中，竟然想与当地人吉诺结婚！围绕婚姻与反婚姻这一话题，一部讽刺传统社会风俗的悲喜剧徐徐展开。英国中产阶级势利的道德观和宗教观，与象征人的自然本性的婚姻，终究水火不容。莉丽亚最后因难产死去，但她毕竟通过缔结婚姻的形式向赫里顿夫人发起了挑战。

仿佛同一音乐旋律的不同变奏，这一主题在同样以意大利为背景的《看得见风景的房间》（1908）中再次得以呈现。意大利自主、自然的价值观唤醒了露西心中的爱情，受制于英国中产阶级关于体面和尊严的传统观念，她起初不敢正视乔治的求爱。回到萨默街后，遂和“正统”的青年塞西尔订了婚，这种冷漠虚假的关系与真实、自然的感情是格格不入的，露西最终在乔治父亲的帮助下冲破传统道德的束缚，这一壮举被象征性地写成露西承认自己内心对乔治的爱，并响应内心的呼唤与乔治结婚，重返意大利。

发表于一个世纪前的《霍华德庄园》（1910），则在乡村生活秩序日益受到城市化进程冲击的社会背景下，展现了英国中产阶级的几个恋爱婚姻场景。其中知识分子代表玛格丽特·施莱格尔与生意人亨利·威尔科克斯的结合虽为逆潮流之举，却探及到了现代文明的一个尴尬境地：精神生活与物质生活的疏离以致对立冲突；工商文化与人文文化的分离以致矛盾重重。由此福斯特呼吁：不同阶级理应在交往中建立一种“真诚关系”，而不致陷于敌意和对抗。

此后的《印度之行》（1924），福斯特索性撇开狭隘的阶级、个人，而是在更广阔、更深刻的文化语境下寻求“联结”，即英、印两个民族在哲学、宗教、伦理、种族和政治等多层次多角度的理解和沟通。穆尔夫人和阿德拉的印度之旅起初的缘由是阿德拉想到印度去看看未婚夫朗尼，通过这次旅行深化对朗尼的认识，以决定是否与他结婚。由此，围绕着阿德拉和朗尼的婚约缔定——解除——再缔定——再解除这一复杂过程，小说的另一条线索，英印双方为消除彼此隔阂而作出的各种尝试和努力渐次展开。

显然，借由婚姻和爱情这一主线，福斯特敏锐地观察到英国传统文化中的诸多问题，但社会和阶级的局限，注定他没能很好地解决它们。他极力呼吁的“联结”也更像是个人的一厢情愿，让人看到了“风景”，却找不到“房间”来安置这柔弱无力的温情。

2

生命中只此一次，福斯特决定不再满足于在男女婚恋的范畴里写他的小说，作为一名同性恋者，他需要一个刺激，更确切地说是一次袒露，来认证他对于“先天性同性爱”这一概念的理解。这便是他创作生涯中唯一的例外——他去世后翌年发表的《莫瑞斯》。

出生于普通中产阶级家庭的莫瑞斯在学生时代认识了克莱夫——一个向往古希腊文化生活且带有点宗教叛逆精神的世家子弟。不久以后，克莱夫选择了结婚。就在莫瑞斯身处失恋阴影而苦痛不堪，甚至想就此了结一生的时候，他生命中真正的男人，阿列克斯·卡德出现了。在这个没有受过良好教育的猎场管理员身上，莫瑞斯最终找到了真爱。

故事近乎福斯特个人生活情感的自我演绎。18 岁时，他入读剑桥大学。其间，爱上了同班同学 H. O. 马里帝斯——克莱夫的原型。然而，如同克莱夫不是莫里斯最后的归宿一样，福斯特此后的感情选择却转向了与他有很大阶级悬殊的下层平民——他们仿佛就是阿列克的缩影。1917 年，福斯特在埃及认识了电车司机默罕默德·艾尔·

阿多，两人的恋情持续了两年。1919 年，阿多结婚，福斯特离开埃及回到英国，但两人仍保持书信往来。三年后，福斯特从印度回国的途中还探望过弥留之际的阿多。

1930 年，时年 51 岁的福斯特结识了 28 岁的警察罗伯特·巴金汉，他们之间的关系成为终身之交。罗伯特结婚后，他的妻子逐渐接纳福斯特成为家庭的一员。他们的情谊维系了 40 年之久。1970 年 7 月 7 日，福斯特在罗伯特的家中去世，罗伯特一家为他养老送终，罗伯特的儿子和孙子都取名为摩根。

尽管通过写作，福斯特在某种意义上得到了自我确认，但他并未谋求发表。小说写完后便束之高阁。及至 20 世纪 60 年代，他母亲以及绝大多数近亲均已去世，社会上对性的问题之态度也发生了巨变。他仍然坚决拒绝了朋友们出版这部小说的建议。或许对那时的他来说，此作已显得颇为遥远。岁月变迁，类似的话题已然引不起他太多的兴趣。在最后的评论——亲笔写在 1960 年的打字稿上：他淡淡地写道："可以出版——然而，值得吗？"

3

仿若处身动荡不安的爱德华时代的其他作家，福斯特同样不能把自己关在艺术之宫或哲学之塔里，而无视人世间的疯狂与悲惨。遂以其知识分子的良知，提出以婚姻为载体的"联结"以拯救英国人"发育不良的心"。然而，福斯特依然是个人的，他的生活经历决定了他无法关注更为开阔的社会人生，而是专注于个人的内在体验和精神生活。

这种专注，却让他对生活的感知有着独到的发现。恰如他在论著《小说面面观》（1924）中所言：相比凡俗的时间生活，价值生活的衡度并不是以时间长短来计算的，它由情感被激发、触动的程度来衡定。显然，在他看来，小说毫无疑问，应以更大的兴趣和精力关注、抒写那些最能体现表征人类“价值生活”的诸如人的爱、欲、感情、心理、情绪这些显示“人性深度”的内容，以此扩大、丰富其艺术世界。

事实上，正是“人性深度”，让福斯特的小说光芒闪耀。在他身后，他的作品不断得到阅读，且几乎全被改编成电影。1984 年，《印度之行》被大卫·里恩相中，其他作品则成了詹姆斯·艾沃里不离不弃的选择。悖谬的是，生前，福斯特一直抗拒“改编”。然而，正是通过电影，更多的人——不仅是小说的读者，还包括大量的电影观众——认识和理解了福斯特。而人们互相谅解以求得和谐一致，正是他在写作中极力追求的，恰如他的宣言：“只有联结才是。”

太宰治：
“斜阳”中窥看“人间失格”

“我曾经想死。”太宰治在他 28 岁那年出的第一部小说集《晚年》开篇中写下的这第一句话，是一种怀想，更像是一个预言。

这位一生以毁灭生命为志业的日本作家，从 20 岁起曾四度自杀未遂，终于在 40 岁之前留下遗作《再见》后与情人投入玉川上水河，结束了他灿烂而凄美的一生。如同他对死亡的追随和践履，他毕生的写作都是以自身为蓝本，让自传体式的回忆贯串其中。就是这样一位作家，生前毁誉参半，死去 60 年后却被不断追忆，他的代表作《人间失格》每年在日本都卖出 10 万余部，在名作中销量位居前列，甚至连他的忌日都成为读者争相祭拜的节日。

2009 年，太宰治诞辰一百周年。日本各地关于他的纪念活动层出不穷。他的作品《斜阳》等相继重新编印；有 CD 出版商隆重推出太宰治全 15 卷本的作品朗诵；根据他小说改编的电影《樱之桃与蒲公英》等先后上映，第二次被拍成电影的《人间失格》更是反响热烈……对太宰治的缅怀，丝毫不逊色于与他并列为日本战后文学三大巅峰作家的川端康成和三岛由纪夫。这一切恰如日本某出版社在其百年诞辰之际推出的全集序言中所说：如果你是日本人，那就必须精读一遍太宰治，他对你的生活必有所启迪。因为太宰治文学的精髓，实在具有卓越的时代性、普适性、思想性。

太宰治的作品为国内读者认知，大约是在 1981 年。他的《斜阳》出现在“文革”结束后不久的中国文坛上，引来一股不大不小的太宰文学热。尽管它似乎被淹没在了罩着诺贝尔文学奖光环的川端文学的翻译热浪里，以至于很长时期再也没有中译本出现，但却悄无声息地形成了一股虽不张扬却持续涌动的“暗流”。

显然，与川端文学和此后的大江文学不同，太宰文学以更加个体和隐秘的方式闯入读者心中某一片或许是被刻意掩饰的角隅，搅动了人们内心深处最柔弱而又最执拗的乡愁。这不禁令人惊讶，究竟是怎样的魅力，令他的精魂时至今日仍一直徘徊，不断重生？

2

日本文学评论家奥野健男一语道出了个中缘由。他说，无论是喜欢太宰治还是讨厌他，是肯定他还是否定他，他的作品总拥有着一种不可思议的魔力，他笔下生动的描绘都会直逼读者的灵魂，让人无法逃脱。道理似乎也并不复杂，因为，谁也不会怀疑，真实是打动人最有力的道路。人们从他的道路上看到了恐惧和死亡，同时也看到了自己可能有的其他路径。

本名津岛修治的太宰治，于 1909 年生于日本青森县北津轻郡的一个大地主家庭。父亲曾为贵族议员，并在本乡兼营银行，为防农民暴动家筑高墙，这让少时的太宰治有种内疚和不安感，加之日本战前的家长制和长子继承制，家中排行第六的他，幼年时期举手投足都要看父兄的脸色，这不能不让他自觉是个多余人，并对自己的富户身份本能地感到厌恶。进入大学后，他投身左翼运动，一度卷入了阶级斗争中，后来因“转向”而背上了背叛同志友好的恶名，在政治上屡受打击，加上生活的放任自流，他无法抵受人间的种种压力，唯有求死寻找生命的出口。由是，反映在他的作品中，虚无和死亡的气息肆意弥漫。

被称为日本版“樱桃园”的《斜阳》(1947)，就描写了一个贵族家庭没落的悲剧——忍耐着生活艰辛但仍维持贵族风貌的母亲在困苦中死去，参加战争后却找不到生存之路的弟弟选择了自杀。与之相反，作品中的姐姐却向残酷的丑恶现实进行挑战，跟弟弟的朋友——一个颓废的作家发生了婚外恋。作品中几个主要登场人物分别被赋予了太宰治理想与现实的分身，从中不难看出他因各种矛盾而动摇、彷徨、苦恼的内心世界。而写于同年的《维庸之妻》，从另一个侧面反映了他的心灵困境。弗朗索瓦·维庸是法国中世纪的抒情诗人。他的一生经历了逃亡、入狱、流浪，诗歌中充满了自嘲、悔恨和祈愿。这又何尝不是太宰治的自况。

如果说这两部作品，更多是太宰治心灵激荡的投影，时隔一年写完的遗作《人间失格》，则蕴藏了他一生的遭遇与映射。太宰治于1929年第一次尝试服食安眠药自杀，据说是受芥川龙之介自杀的影响，但因吞服药物的分量太少而活了下来；之后一年，他因为学业荒废被耻笑，而产生厌世情绪，他和酒吧认识的女招待，在同居三天后就跑到海边，双双殉情。仍然是吞吃安眠药。然而，太宰治被救活了，女方却不治而死。他虽然没有死，却因为教唆少女自杀而被起诉，良心上也受到深深的谴责，后来又因其家族背景免于受到法律制裁。

与此相仿，和他本人一样，小说主人公大庭叶藏也自认天生是个

“边缘人”，曾经积极参加非法的马克思主义社团，后来因为与女优相携自杀的时候，女方身亡而他获救，所以他被以教唆杀人的罪名短暂入狱，沦为罪人；结婚之后，纯洁的妻子却因为信任而遭到玷污让他彻底崩溃；最后大庭叶藏这个丧失了做人资格的人完全凭感情行事，一步步由病弱，无力走向堕落的人生，从沉湎药物，买春，自杀到完全不理解他人，同时恐惧弃绝世界，最终被送进精神病院。

几乎没有例外，太宰治的作品，即使是改编自各国神话或民间传说的《跑吧，美乐斯》《竹青》等，都是对自我生活的写照，主题也颇多重合，大多一个落魄主人公的毁灭之路。因此，太宰文学又被誉为“弱者的文学”，太宰治似乎是把懦弱作为一种出发点，甚至是一种武器，以退为进地向所谓的“强者”、向伪善的人生和社会公开宣战。然而，他们终因无力反抗而厌倦自我，只得以颓废堕落的“无赖”精神来抵制正统的价值观，但理性思维与非理性行为总是在不断脱节、拉锯，最终生命在自我沉沦与放逐中跌入毁灭的深渊。

3

对于太宰治的作品，三岛由纪夫曾批评其“气弱”，人也很讨厌。但他后来却在文章中分析说，讨厌看太宰的作品，也许恐怕是因为他暴露了自己所不愿意暴露的心情所致。其实，即使三岛不说，当时也有人注意他们风格存在内在的一致性，三岛窥见太宰治的不安，或许就如从他的作品中看到了另一个真实的自我。

恰如三岛的感知，太宰治描写了现代社会中出现频率越来越高的自闭者、叛逆者、边缘人或多余人的悲剧，实际上直面的却是人类、特别是现代人共同面对的普遍课题。太宰治不惜用生命作为赌注，将自己置于实验台上以暴露现代人的耻部，追溯着人类最隐秘的真实性和最本源的生存方式。这种“追求”与其说是一种病态，毋宁说是心灵创造过程的必需之物，借此，我们得以反省自身、重新认识自己生命的过程。

正是在这个意义上，有论者指出，我们总能从太宰治的作品里找到一个主人公，一个保持了纯粹性却长不大的“永远的少年”。即便我们从封闭的自我走向了广阔的社会，而不能不向他挥手作别，这个“少年”的形象也总是会在我们内心深处唤起一种深深的战栗，让我们管窥到人性的渊薮。这是因为——就像导演李安所说，每个人心中都有一座“断臂山”一样，我们每个人心中也必定潜藏着一个“永远的少年”。

弗兰纳里·奥康纳：

她对邪恶有一种异乎寻常的敏感

1

1951年，弗兰纳里·奥康纳被诊断出得了红斑狼疮。其时，这位生前文学成就已得到认可，死后更被米兰·昆德拉、勒·克莱齐奥、大江健三郎等大师推崇的美国作家，正在创作第一部长篇小说《智血》。她的母亲很担心这个不幸的事实会让她悲痛欲绝——因为同样的不治之症，奥康纳在15岁那年遭受了丧父之痛，她自己最终也因此病症于13年后，在39岁的盛年逝去——便暂时隐瞒了诊断结果。

奥康纳的病情很不稳定，经常要输血、注射，身体极端虚弱，有时甚至难以攀爬楼梯。然而，小说的修改工作却从未停止。第二年，小说发表，也是在此前不久她知道了自己病情的真相。她预感到，此后她的一生将和父亲一样经历禁食、注射、切割，在一次次手术中一截截死去，直到生命的终了。

我们无从准确判断，这种致命的疾病在多大程度上影响了奥康纳的创作。可以确定的是，疾病赋予了她一种超出常人的敏感。日后，在追溯自己的创作生涯时，奥康纳曾说，疾病让我除写作外不需要做任何事，为此我可以藐视我的病，视它为一种福分。本来只能从远处观望的事，现在则可近距离观察。这种特别的“近距离观察”在中国作家马原的解读中，则被赋予了几分邪气。就像奥康纳因为疾病而专注于写作，而在写作中她也不必关心别的事情，只是关注人的邪恶。正是这种对邪恶的异乎寻常的敏感，使她的写作总能在不期然间抵达常人难以抵达的人性深度。

就这样在生命的阵痛中，奥康纳写下一个又一个毫不歇斯底里的故事，并将女性身份与病痛之身可能留下的痕迹剔除得如此干净。她的小说总是在死亡与宗教的背景下展开。在她眼里，既然死亡是人类生存中不可避免的事实，那么一个故事不在死亡或其先兆中结束，是不能理解的。“不管这个故事多么有趣，它总是给我们一点有关死亡的消息。”死亡的无处不在，使她的作品总是充满紧张的气氛，令人震惊，毛骨悚然。然而，作为“坚持死亡是人类经验中主要特征”的伟大悲剧作家之一，她笔下的死亡指向的却是救赎。恰如奥康纳研究专家卡特·马丁所言，她的小说中几乎所有的情节都通向拯救之路。

2

确乎如此。《智血》就讲了这样一个有关罪与拯救的故事。主人公黑兹尔在一个单纯而又笃信基督教的乡村牧师家庭中长大，他的爷爷是一个巡回传教士。从小，他就希望长大后可以像爷爷那样，成为一名牧师。然而，在当兵出国打仗的几年里，他的信仰发生了动摇。在异国的战场上，他一方面努力远离罪恶，使得自己的灵魂“不受政府或别国的玷污"，另一方面却发现灵魂已不复存在。从军队复员后他便企图摆脱自己的宗教信念，因此他离开家乡，去往一座名叫托金汉姆的城市。

在这座城市里，黑兹尔不但逢人就称亵渎才是达到真理的唯一途径，还公然在街头宣传一个"没有耶稣的新教"。在这个新的教派中，不存在救世主，也没有"可供浪费的血液"。然而，他惊愕地发现，公众对他有关罪恶信仰的谈论漠不关心，而他所宣扬的这种新教竟被一个名叫胡佛·肖茨的人利用，成为骗钱的把戏。在驱车轧死了那个假冒的"先知"之后，黑兹尔弄瞎了自己的眼睛，不久就在一个风雨交加的夜晚掉进排水沟，最后死在了女房东的床上。

同样是对宗教的质疑和反抗，她的另一部长篇《暴力夺取》的主人公，14 岁的少年弗朗西斯·塔沃特刚出生不久，就被他的舅佬爷老塔沃特绑架至蛮荒林区的一个农场，并接受了洗礼。老塔沃特死后，无依无靠的塔沃特搭车到城市投奔他唯一的亲属雷拜舅舅。雷拜是个极度反宗教的知识分子，他不但拒绝让自己患有精神障碍的儿子毕肖受洗，而且还打算把塔沃特从虚幻的宗教世界里拯救出来。但最终，毕肖在受洗时被淹死了，而搭车前往树林的途中，塔沃特被一个青年男子迷奸。塔沃特认为这件事是一个启示。他毅然决然地烧毁树林，前往城市，去拯救上帝的孩子。

3

然而，奥康纳面向神而吁请的"拯救"，最终的结果却常常是无望的救赎。这种"救赎"因主人公命运的悖谬而更显残酷和惨烈。这在她此后的短篇写作中得到了更为充分的体现。《善良的乡下人》中那位聪明而骄傲的无神论者，拥有一只木腿的 30 岁未婚哲学女博士，只要远远看着那些"年轻的好男人"，都能嗅到他们身上的愚蠢，处处看到“人生的虚无”，却最终被更加彻底的无神论者——一位《圣经》推销员将尊严蹂躏殆尽。

而在《救人就是救自己》中作为反面人物来体现的那个独臂人，起初也因所谓“健全精神”“追问人生”与强烈自尊惹人同情博人起敬，却终于轻松到令人惊叹地用智障的新婚妻子换取一辆跑路车。奥康纳就这样“无所顾忌”地撕扯着生活的陈词滥调，《好人难寻》中寻“好人”的老太太简直是出门寻死，《河》中的小男孩因受洗而受难，《临终遇敌》中那位战争历史的活化石恰因忘却历史而生，因忆起历史而死……

在奥康纳的故事里，主人公因他们的尊严而受辱，却并不因持有尊严而比他人高贵。她笔下的孩童邪虐，老者不尊，乡下人不善良，口吐真理者杀人不眨眼。或许在她看来，通往善的路往往只有一条，而通往作恶的方式却数不胜数。然而，对于善的模式，我们常常只满足于一句掩饰善的真实面目的词语。对于恶的模式，我们多数人却已学会无动于衷，我们紧盯着恶的面貌，却常在上面发现我们咧嘴笑的反影，因而并不与其争论。因此，唯有在小说中决绝地展示作恶，才可能引起人们足够的警醒。

玛格丽特·阿特伍德：
“刺客”的优雅

1

1965年春，正在不列颠哥伦比亚大学教授英语的玛格丽特·阿特伍德，开始写作个人文学生涯中第一部公开发表的长篇《可以吃的女人》。小说写在一些被她用来当稿纸的空白的试卷上，奇怪的书名，则要追溯到此前一年。有一天，在伍尔沃斯那放满了米老鼠蛋糕的橱窗前面，她注视着一排排杏仁蛋白糊做的小猪，当时她对装饰有糖做的新郎新娘形象的结婚蛋糕特别感兴趣，心中正一直在苦苦思索一个具有象征意义的吃人的形象。于是“可以吃的女人”，就这样迎面撞上了她。

这年年底，阿特伍德写完了全书。小说历尽波折获得出版，却是在四年以后。其时，恰好碰上了北美女权主义运动的兴起，这本书也随之被看成是女权主义运动的产物。和阿特伍德一样，小说的女主人公玛丽安是个受过大学教育的年轻女性，从表面上看，她的工作与爱情生活似乎都比较顺利，但是，在内心深处，她始终有着一种迷茫的感觉。随着婚姻的临近，她渐渐地无法正常进食，精神上日趋崩溃。最后，她决心摆脱这个社会强加在她身上的一切，就在婚礼之前，她烤了一个女人形状的蛋糕，将这个“可以吃的女人”作为自己的替身献给自己的未婚夫，从而与过去的一切一刀两断。

不难看出，小说有着浓郁的自我表现色彩。同时，行文、构思的古怪与奇特已然初露端倪。其实，这只是个开始。在此后丰富多变的创作中，无论从文风还是到题材，阿特伍德都把这种古怪发挥到了极致。然而，正是这种灼灼的“怪异”，让很多人误解，也让很多人嫉妒得发狂。恣意的想象，花哨的创作技巧，加上对传统经典的不经意的解构和颠覆，不能不说是一种对传统的挑衅，这一切让她一直处在加拿大文学的风口浪尖上，但并没有阻止一个又一个的奖项落到她的头上，也没有阻止那些迷恋她的研究者和读者对她近乎痴恋般的热爱。

在度过了以光华四射的诗歌作品为特征的早年之后，阿特伍德以长篇小说为主的作品一本接一本地出产，随之而来的是包括布克文学奖在内的无数奖项。更不同凡响的是，她的小说早已不止被定位为“加拿大文学”或是“英语文学”的一部分，它们还被搬上了社会学、人类学、政治学课堂。同时，作为一个“不畅销的畅销书作家”，她的作品，在世界范围内难懂且畅销着。当国内的上海译文、译林、南京大学三家出版社不约而同瞄准了她，几乎把她所有的作品都译介过来时，你不能不感叹这位“加拿大文学女皇”无可阻挡的惊人魅力。

2

无可疑义地，身为女性作家的这种“怪异”，使读者对阿特伍德和她的作品充满了探究的兴趣。有人不无调侃地拿她5英尺3英寸的身高说事，感慨道："她真是个表里如一的巨人。"有人则径直在她那如魔法师般的形象上做文章：皮肤是迫人的白，黑黑的蓬发，瘦削的面孔，五官精细，双眼深邃的像水波不扬的古井，似乎随时都要发出一连串刺耳的尖笑，而一旦如魔女一样，一不小心从画册里蹦出来，她将挥发出无可企及的巨大能量。

当然，更明智的做法还是细读她的作品。有孜孜不倦的"粉丝级"读者，在几乎通读了她被译成中文的所有作品后，概括出了几个共同的特点。比如，她的小说中通常都会有一个比较安分守己，但是内心非常丰富的主角；而在配角或者次主角中一定有一个主角羡慕追随的非常有个性，大胆叛逆的人物。在这些故事中，总会有大量的事后回忆，或者伪文本记载。而且几乎无一例外地，男性的形象不太光彩，女主人公则一律是性压抑型的。

事实上，笼而统之地对阿特伍德做这样的规约，或许提供了解读她作品的一种视角，却未必准确。她的魅力，恰恰在于她的难以把握。恰如有论者所言，在她作品中一个个光怪陆离的故事下面，始终找不到方向，隐约感觉她有话要说，也知道她绝非是止于文字，然而文字背后的影子却又如此难以捉摸。与之相仿的是，阿特伍德拥有非凡的揭示、解决问题的能力，她给她的小说定下一个论点，然后如剖析一个案件，层层解析、反复论证，读者参与其间，仿佛身临其境。而她所有的虚构，其实都落地于真实。在她言在此、意在彼的虚虚实实的絮叨中，我们自然而然地感受着浸透在她骨子里的时尚和优雅。

《别名格蕾斯》的题材就源于一场真实的谋杀案，女主人公格雷斯·马克斯在加拿大的历史上确有其人，因年纪轻轻便背上两条命债而备受争议。她是个女魔，女诱惑者，煽动犯罪的人？还是个不能自主的受害者？阿特伍德最感兴趣的倒不是这个问题本身，而在于人们在面对这一问题时的态度。在她看来，之所以意见纷呈，这本身就反映了当时人们对女人的本性模棱两可的看法。而阿特伍德也不祈求你最后能得出一个确切的结论，只留下隐秘的丝丝线索牵着你，如书中描述的拼块被子那样去拼凑，去解读。

获布克奖的《盲刺客》同样是一部结构复杂奇巧、故事里套故事的小说。小说有两个女主人公，一个是劳拉，小说一开始就在车祸中死去；另一个是她姐姐艾丽丝，生活在死者的阴影中，回忆着快被湮没的往事。有关盲刺客的故事是劳拉身前写的，描述了在动荡的 20 世纪 30 年代，一个富家小姐和一个在逃的穷小伙子的恋情。同时，这对恋人想象出了发生在另一个星球的故事。这个虚构的故事里充满了爱、牺牲和背叛。而现实生活中也是如此，艾丽丝嫁给了富商理查德，在外人看来，这是一桩美满的婚姻。殊不知，理查德将魔爪伸向了小姨子劳拉，于是，劳拉的车祸就令人产生了怀疑……

在现实与虚构之间的模糊地带纵横驰骋，尽情演绎改变规则的游戏，这就是阿特伍德的擅长，这一点即使在她的“反乌托邦”小说里也不例外。无论是《使女的故事》中虚拟的神权统治的基列共和国，还是《羚羊与秧鸡》中被一些彼此竞争的高科技生物公司所控制的世界，都可以现实中找到对应的主题。恐怖主义、核污染、毒品、网络色情和网络游戏泛滥、生态环境的恶化……

而在随笔集《帐篷》里的一篇散文诗中，阿特伍德干脆想象了一个一切都逆向发展的世界：所有人造制品逆转为原先的动植物和自然资源，所有被人改变的环境都回到了过去，最终，万物脱离了人的命名，成为自己的主宰。然而惟其如此，她用想象之翼搭载现实之砖砌成的未来时空，读来匪夷所思，却如此地近在眉睫。

3

囿于自己的女性身份，及其总是以女性为主角的小说题材，阿特伍德不可避免地被归为女性主义作家。而这恰恰是她本人最为抗拒的。当然，归类和反归类，这是作家和文学史写作者之间永远的战斗。与其纠缠于此，还不如追问：何以阿特伍德能从众多的女性作家中脱颖而出，把自己的创作引向何其开阔的视野？

或许，我们不得不提及她的出身背景。1939 年 11 月 18 日，阿特伍德出生加拿大首都渥太华，在家排行老二。父亲是森林植物学家，母亲毕业于多伦多大学，主修家政。阿特伍德求学走的是笔直正统的经院路线：多伦多大学的学士，剑桥的硕士，先后两次在哈佛攻读博士，但最终因没时间完成论文而放弃学位——这样的经历，决定了她自我表现的限度，促使她转而向外探索。正如她自己所说：写作不仅仅是自我表现。如果你赖在自我表现上，写出一点东西后，你将把自己大量地耗尽——除非你过着广阔的生活。

更重要的，或许还在于加拿大国家的特殊性。由于历史上曾经是英、法两国的殖民地，加拿大始终生活在它们的阴影下。与此同时，加拿大同美国共享了一条长长的边境线，所以时刻能感觉到美国文化对它的威胁。长久以来，加拿大总是不断挣扎着，唯恐在政治、经济和文化上被它更强大的邻居吞并。一方面是不在身边的英国主人的统治；一方面是邻国美国将它变为第五十一州的威胁，加拿大处境尴尬。这样的处境，也给存身其中的加拿大带来了一种无所寄托、无从归属的痛。至今，澳大利亚人和新西兰人每年 4 月 25 日还要千里迢迢飞赴土耳其，去那里的澳新军团公墓凭吊“二战”死难士兵，也足以证明这种不甘被遗忘在世界历史之外的民族的欲念。

加拿大作为殖民地的经验、对强大邻国文化殖民倾向的恐惧，及其在加拿大人心灵上留下的阴影，在阿特伍德的《浮现》中，有着生动的记录和反映。小说中的女主人公对美国及一切与之相关的事物都有一种恐惧感和厌恶感。她走在回故乡的路上，满目都是被“从南方蔓延过来的病毒”。然而，最令人不安的是美国文化对加拿大文化的侵蚀，包括女主人公的几位旅伴在内的许多加拿大人竟相模仿美国人的生活风格和语言，并以此为荣；然而极具讽刺意味的是，女主人公带着厌恶描述的破坏环境、残杀野禽、言行粗野的“美国佬”，后来却发现，他们其实是加拿大人，更糟糕的是，他们也在猜测女主人公一伙人是“美国人”。

同样，在诗集《苏珊娜·穆迪的日记》和论著《生存：加拿大文学主题指南》中，阿特伍德谈及了加拿大独特的民族传统问题及其对加拿大身份问题的关注。她认为，从某种程度上讲，加拿大在国际大家庭中的境遇类似于女性在父权社会中的遭遇：英国和美国象征了父权社会，加拿大处于被压迫者的地位。加拿大的民族性格中有一种自卑感，要克服这种自卑感，必须找到属于加拿大自己的位置。显而易见地，当女性的边缘性，与加拿大特殊的地缘政治如此微妙地交相融合，便为阿特伍德的创作提供了生生不息的土壤。

安吉拉·卡特：没有什么是被禁止的！

1

关于安吉拉·卡特，国内读者对她最早的认知，或许来自于英国评论家迈克尔·伍德的《沉默之子》。在这部中文版问世于2003年的小说评论著作中，伍德把卡特与纳博科夫、马尔克斯、贝克特等世界级作家相提并论。书中还称卡特为女作家中的萨尔曼·拉什迪，英国的伊塔洛·卡尔维诺。这并不奇怪，早在1992年，51岁的卡特罹患癌症去世，拉什迪就在《纽约时报》上撰文写道：作为一个伟大的作家，尽管卡特获得了世界性的声誉，但在英国本土，在某种程度上说，她从没得到该是她的那份地位。当然，在他说这番话的时候，有着世界上最多人口的中国，甚至根本就不知道安吉拉·卡特是谁！

循着伍德给出的“指引”，国内的出版人开始注意到了这个“名不见经传”的作家，继卡特的第二部小说《魔幻玩具铺》由浙江文艺出版社引进出版以后，南京大学出版社相继出版了她的《新夏娃的激情》《明智的孩子》。尽管如此，国内对她的评论几近空白。相比之下，英语文学界对她的作品的严肃评论颇有分量。她去世后六年，美国圣马丁出版社出版了一系列现代小说家研究专著，其中包括卡特，这意味着她进入了20世纪重要作家之列。2006年，由众多的女性读者自发推动，又在英国掀起了一股卡特的作品回顾热潮。两年后，《泰晤士报》排了一个“战后50位英国最伟大作家”的座次表，安吉拉·卡特位居第十，而且她还是其中年龄最小的作家。

基于此，有读者感慨道：卡特是一个早就应该、但迟迟未被系统译介到国内的英国女作家。这个从小因自卑而节食乃至得过厌食症的女人，这个让拉什迪和阿特伍德敬畏的“神话教母”和“白人女巫”，这个结过两次婚、在旅居日本东京期间突然憬悟“何为真正女人”的写作者，这个被冠以“最具独创性”“最富争议”之名、且给读者带来的阅读刺激、唯有库斯图里卡的电影、安东尼·伯吉斯的故事、亨利·米勒的呓语和毕加索的春宫画可堪媲美的作家，到底有着怎样的魅力？当我们这样问的时候，我们正在走近她和她笔下独特的文学世界。

2

卡特去世时，刊登在《卫报》周刊上的她的讣告里，有这样一段话：她反对狭隘，没有任何事物处于她的范围之外。她沉溺于多样性的狂欢，她为生活和语言的增光添彩都极为显要。和她有过接触的人也会不约而同地提到，她总能轻而易举地道出许多新想法，将典故、引语、滑稽模仿和原创发明编织在一起。也许正是基于她的这种特性，有论者不无夸张地指出，卡特是真正罕有的人物，这个行星上再也找不出任何能与她相像的作家。

一如卡特本人给人留下的深刻印象。在作品中，她也常是糅合了多种文学体裁。因此，她曾被归为不同的文学流派。如后现代女性主义作家，哥特小说家，超现实主义作家，科幻小说家等等。但卡特通常以女性主义者自居，她经常以女性情欲作为小说主题。《魔幻玩具铺》(1967) 的开篇，她就将焦点置于女性对自己肉体的最初觉醒上："这年夏天，十五岁的梅拉尼发现了自己的血肉之躯。"以此为开端，小说讲述了梅拉尼的心理成长故事。父母在飞机事故中身亡后，15岁的梅拉尼和弟弟妹妹不得不寄居在舅舅家。舅舅是个性格粗暴的玩具制造者，整个家在他的统治下显得非常压抑。梅拉尼十分渴望男性的爱，舅妈的弟弟正好非常喜欢她。然而，舅妈与另一个弟弟的不伦之恋，毁掉了这个家……

在随后以美国内战为时代背景的《新夏娃的激情》(1977) 中，卡特再次大胆把玩社会既有性别印象。在恐惧满布的纽约夜里，魅惑使者蕾拉以性欲和混乱之舞，诱导年轻英国男子艾弗林踏进枯砾的沙漠，进入地底下的女人国度。拥有四个乳房的黑色女神，以黑曜石手术刀献祭出艾弗林的男性象征，死亡的男身中于是诞生性感完美的新夏娃。卡特正是通过新夏娃这个雌雄同体人的眼光，来审视美国社会的荒唐真相。

她的最后一部小说《明智的孩子》(1991)，被称作"女性版的《百年孤独》"。书名来源于英国俗谚：明智的孩子认得爹。在小说中，"明智的孩子"指的是一对歌舞女郎姐妹花。小说伪托回忆录，由姐姐展开叙述，回顾一生传奇与混乱的家族历史。她们的父亲，一位封爵的戏剧名角，却只当是从来没有过这两个私生女。姐妹花于下层社会一路摸打滚爬，想认爹而不得。因为，爹把纸壳做的王冠看得比财富、名誉、女人、孩子更重要。姐妹花由单身养母带大，她们活得艰辛，但一生疯狂而快乐。而书中的男人没有爱的力量，连亲生骨肉都不敢面对，只能沦为虚幻轻薄的幻象。

卡特天马行空的想象，让人叹为观止。这不仅在于她的文字技巧。在她的小说里，组词构句总是有令人耳目焕然的新组合出现；而她的话语速度，有电影“蒙太奇”的闪电切换，也有乔伊斯如淅沥雨下的流淌。更重要的是，卡特颠覆着我们所有的约定俗成。她质疑男女性别上的权力分配，甚至质疑乱伦的界限。当习以为常的伦理道德观被挑战，我们将面对可怕而令人难以消受的世界图景。然而，正因为如此，卡特的写作给我们开启了另一个思考的空间。

3

毫无疑问，卡特借以建构起独特文学世界的惯用手法，无非是戏仿或是颠覆。她饶有兴致地利用、改写或者影射莎士比亚、萨德侯爵或波德莱尔等作为文学前辈的男作家的作品。她改写得更多的却是童话故事和民间传说。比如，在《血窟》中，她将美女、小红帽和蓝胡子的最后一个妻子从色彩柔和的育儿室中抽离，投入女性欲望的迷宫。她还将贝洛的《鹅妈妈的故事》以及其他家喻户晓的故事改写成炫目、情色的版本。

经由卡特的“改写”，向以“爱”和“仁慈”等面目示人的童话或传说，即刻被剥离开含情脉脉的面纱，露出了社会关系乃至权力关系的真实面目。《血窟》的浪漫故事是女主角以优美绝伦的钢琴赢得贵族的青睐。然而，她婚后不久就发现丈夫是杀人狂；《新夏娃的激情》的艾弗林追随妓女蕾拉回家，一路上眉目传情，一到上床却表示出了鄙视与暴虐。然而，这样的改写并非卡特的“任意妄为”，按照美国神话学家约瑟夫·坎贝尔的说法，童话所沿袭的不朽套路，往往携带着设置风尚禁忌、灌输行为规范的重要讯息——这些讯息大部分指向“性”，而被灌输的对象，恰恰是被伦理道德所规约的，“容易被欲望诱引”的女性读者。

其实，卡特诡异的文学想象并非“天外来物”，而是很大程度上源于她的人生经历。1940 年 5 月生于英国南部海滨城镇伊斯特本的卡特，自幼深受来自南约克郡的擅长讲民间故事的外祖母的影响，喜欢阅读来自世界各地的民间传说。21 岁那年，她开始在第一任丈夫所在的布里斯托大学修习英文，选择专攻中世纪文学，对民俗学表现出了浓厚的兴趣，随即开始写作生涯。此后，卡特不断旅行，探索过美国、亚洲和欧洲各地。到了 20 世纪七八十年代，卡特停了下来，在各大高校里当“驻校作家”。临去世以前，她正在给名著《简·爱》写续集。

雅歌塔·克里斯多夫：
我试图写自己的故事，但是我不能

1

你的作品究竟写的是真人真事，还是凭空捏造？被问到这样的问题，匈牙利女作家雅歌塔·克里斯多夫一贯的回答是：我试图写自己的故事，但是我不能，我没有勇气！尽管她曾在某一场合声称：一本书所写的可能已够悲伤，它的内容却绝对不及真实生活的万分之一。但这本名为《恶童日记》（1986）的长篇处女作所揭示的残酷“真实”，已经震惊了世界。

加之其后出版的续篇《二人证据》(1988)、《第三谎言》(1991)，雅歌塔创作的这套“恶童日记”三部曲，迄今已被翻译成35种语言在世界各地出版，入选时报“开卷”年度十大好书，并长居畅销书排行榜十余年。该书也确立了她在国际文坛上不可动摇的地位。在众多评论家的眼里，她已然是一位世界级作家，与加缪、契诃夫、卡夫卡并列。自1978年起，雅歌塔用法语写了23本书。除“恶童三部曲”外，雅歌塔的其他重要作品还包括长篇小说《昨日》，中篇小说《文盲》《噩梦》，舞台剧本《怪物》《传染病》等。2011年7月27日晚，雅歌塔在瑞士的家中去世，享年75岁。

在《恶童日记》里，一座被外国军队占领的城市，由于粮食短缺，人民生活艰难困苦，一位年轻妇女带着双胞胎儿子们投靠住在乡间的母亲。这位“外婆”不仅不识字、肮脏、吝啬、凶恶，甚至是一名凶手。两兄弟在艰难的环境中成长，为了让自己变得坚强，每日以互相打骂对方、绝食等各种方式锻炼生存本领。他们将每天发生的事情偷偷记载在一本大笔记本中。随着日记一页页被翻开，一场冷酷的梦魇式寓言也逐步呈现……

人们印象中向以纯真天性面世的儿童，在作家笔下恶狠狠的世道里，被逼成令人触目惊心的“恶童”。小说在不动声色的叙述中，给我们带来无可比拟的想象与震撼。为了生存，他们利用一切可以利用的资源：在有同性恋倾向的纳粹军官面前，他们懂得装清纯博取怜爱；在有暴力倾向的外婆那里，他们则开辟了各式各样的秘密渠道去获得食品；最惊心动魄的当属小说的末尾，多年前就抛弃了他们的父亲想凭借他们的帮助穿越被封锁的国境线，结果却成了地雷的牺牲品，然后，恶童迈过父亲的尸身逃了过去。

小说揭示的真实，已足够残酷，更令人震惊的或许还在于，雅歌塔以其独特的简单、冰冷、不带任何感情的语言，精准表达出两个孩童用无畏精神面对困境的冷酷态度。据说，这部用艰难习得的法语，而非母语写成的小说，雅歌塔是从自己孩子的习作本取得灵感的，她发现12岁女儿写作业用的简单句式、结构很适合用来表现她的小说主题。这种手法后来成了读者与评论家讨论的重心，甚至被视为小说写作的经典范例。她用两个小孩的童稚言语，勾勒出在战争中被腐蚀的纯真世界。阅读小说，感觉更像是穿越噩梦的一次惊险之旅，让人在深受震动之余，久久不能忘怀。

但即使在这“噩梦”之中，我们依然能在两个孩子身上读到缕缕阳光：他们费尽心思照顾邻家可怜的小女孩；因为教堂里的女仆拿将赴刑场的犹太人取乐，他们就毫不犹豫地送了这女人一颗子弹；外婆中风之后，两个少年无微不至的照顾……

正如恶童在残酷练习中给我们呈现出来的“双面人生”，在雅歌塔构筑的世界中，用正常的道德标准，已不足以对她笔下每一个鲜活、生动的人物所做出的怪异行为进行判断。纵使肮脏吝啬如外婆，邋遢放纵如姑娘“兔子”，猥琐如神父，也偶尔会在生存的夹缝中浮现出一丝的人性之光。而这对孪生兄弟更非天性邪恶的怪胎。很显然，雅歌塔并不满足于在小说中，对过往的恶世道做出控诉和谴责，她秉持的“寒光利剑”，直指人类最原始的面貌，其更深远的意义，或许在警示我们：一旦被激发，人性的恶会爆发出多么可怕的能量。恶童的世界与我们身处的世界，其实并不遥远。

2

“今天，我又开始了愚蠢的生活步调。早上五点钟起床、洗澡、刮胡子、冲咖啡，然后出门……”在小说《昨日》（1995）中，雅歌塔这样描述主角的生活。事实上，这就是她自身经历的写照。1935年，雅歌塔出生于匈牙利与奥地利边境的一个名为科泽格的小镇，整个童年都是在匈牙利处于烽火动荡的时代中度过。1954年，她与自己的历史教授结婚，两年后匈牙利发生暴动，她随夫婿带着刚生下的婴儿避居瑞士，穿越边界时，他们没有带任何的行李，只有四个月大的孩子与一沓稿纸。当时她并没有想到写作会成为日后的专职。

在瑞士的纳沙泰尔市定居下来后，她曾在一家纺织厂工作两年，又到一家钟表工厂工作五年。多年后，在访谈中，雅歌塔提到自己当钟表工厂装配员的情形：嘈杂的机房根本无法与人交谈，只能在休息到外头抽烟时和人说上两句话。在这段流亡异国、漂泊不定、只能靠着不喜欢的工作维生的苦难日子里，她只能寄情于写作。

先是写剧本，到了 1986 年，《恶童日记》的出版让她尝到了成名的滋味，脱离母语环境而被迫使用另一种语言，却因使用原本陌生的语言创作而成功，可能是她始料未及的。她曾提到自己学习语言的过程："生活周遭的人们都说法语，我的孩子们也说法语，想再用母语写作是不可能了。无论白天或晚上，听到的全是法语。当然，我有字典，但大部分法语都是向我的孩子学的。我得读故事给他们听，因此，我开始接触小说和翻译作品。"

时隔多年，在自传性的随笔集《文盲》(2004) 中，雅歌塔重提残酷往事。其中的十一篇文章，分别代表她十一个阶段的人生记录，从描述在匈牙利手不释卷的小女孩开始，到她写完第一批法语小说为止，其间穿插着幸福的童年生活，战后的贫困，寄宿学校孤单的岁月，学习语言中所遇的恐怖经历，奥地利的流亡生活，以及携子在洛桑生活的日子等。不难想见，正是由于自身经历动乱与周遭生活环境的冷酷，孕育出了她作品中冷酷逼真、发人深省的特质。

3

这些看似悲惨的经历背后，隐藏着的却是，雅歌塔最真切的渴望——重回故乡。2006 年，已届 70 高龄的雅歌塔踏上了祖国匈牙利的土地，这么多年来她一直持有匈牙利护照，然而回到出生并度过童年的小镇，已经没有她认得的人，当地也没有人记得这位离开时是个小女孩，回乡时却已享誉全球的知名作家。世事的风云变幻，雅歌塔不难在其间听到自己作品中"黑色幽默"的回响。

眼下，越来越多的作者选择了靠赚取读者的眼泪，来完成自我价值的确认，仿佛甜蜜和忧伤的爱情就是他们眼中全部的世界。雅歌塔冷酷美学的“横空出世”，仿佛一柄寒光闪闪的利剑，刺破了这层温情脉脉的面纱。她大胆描绘二战后中欧社会的丑陋与不堪，以幼童的角度解读病态扭曲的残暴世界。如此黑色幽默、戏而不谑的文字叙述，提供了另一个思考的维度：我们或许从来没有如此切近地逼视过真实，对残酷真实的叙述其实只是刚刚开始。

田纳西·威廉斯：
生命的一切就是戏剧

1

1939 年，28 岁的托马斯·拉尼尔·威廉斯，第一次用了“田纳西·威廉斯”这个日后红遍美国剧坛的笔名，在《小说》杂志上发表《蓝孩子的田野》。其时，这位自大学毕业后就认定自己为写作而生的作家还寂寂无名。他频频参加戏剧界为年轻人组织的创作比赛，有时甚至为符合参赛要求而隐瞒自己的真实年龄。尽管时运不如想象的那么好，参赛没给他带来沉甸甸的奖杯，也谈不上有微薄的经济回报。他的一次参赛作品却获得了当时美国戏剧界颇具传奇色彩的文学经济人奥黛丽·伍德的赏识。

得益于伍德的慧眼识才，威廉斯可以安心从事写作。然而，新作《天使之战》只演出了两个星期就因票房不佳而遭停。他在纽约只得靠干体力活来维持生计，他当过影院引座员、电梯管理员，也当过饭店侍者。也是在这段时期，他开始混迹于纽约的同性恋圈子。伍德不但没有对威廉斯失去信心，而且为他争取到为米高梅电影公司撰写剧本的机会。威廉斯创作了剧本《来访的绅士》，但遭到了拒绝。

然而，这部经修改后被重新命名为《玻璃动物园》的剧作，于1944年11月在芝加哥首场上演后，却从此戏剧性地改变了威廉斯的命运。在首映之前，他极度逃避、紧张和焦躁不安甚至抑郁，逃到了纽约。起先，剧作观众人数极少，反响平平。等到两天后制片人决定贴出通知关闭演出时，两位剧评家发起的捍卫战，却最终捧红了威廉斯。剧作出乎意料的精彩，另一位美国重要的剧作家阿瑟·米勒惊呼：这是一场戏剧革命。多年后，他仍赞叹道：看这出戏的感觉就像是在废品站里意外邂逅了一朵鲜花。

这仅只是开始。1947年，他的另一部剧作《欲望号街车》在百老汇首演，马龙·白兰度和杰西卡·坦迪的精彩演绎，让纽约观众为之疯狂。威廉斯亲自登台谢幕，观众掌声半小时不歇。他就此登上了事业的顶峰。这一红就是十五年，一个剧接一个剧，鲜花、掌声源源而来。同时，他的十七部作品都被搬上了银幕。可是突然间，如同快车出轨，威廉斯的声誉一落千丈。60年代，他的每一出戏登台，评论界都是一片嘘声，他的观众也弃他而去。

此后，当年的辉煌已不再重现。当这位戏剧大师离世之时，没有人在打听他是谁。然而，正如剧评家琳达·瓦恩纳所言，当今美国不复能出现像威廉斯这样复杂而又生动地影响美国意识的剧作家。没有人能否认，威廉斯包括二十五出长戏、四十个短剧、两本长篇小说、六十个短篇小说，还有一百多首诗在内的众多作品，已经为他赢得堪与尤金·奥尼尔比肩的地位，而即使是曾对他的晚期作品大加挞伐的剧评家，也不得不承认他是美国戏剧史上一道大放异彩的里程碑。

2

据说，香港导演王家卫初识巩俐时，“认定”她应该跟姜文拍一个田纳西·威廉斯的故事。这自然也成了国内的威廉斯迷们津津乐道的话题。有人说，一个田纳西·威廉斯的故事，基本上意味着男女主角都来自美国南部，女人讲着很侉的英语，强悍而有爆发力，男人则有明显的性格缺陷，甚至扭曲。而究其实，一个田纳西·威廉斯的故事，讲述的或许只是威廉斯自己的故事，恰如威廉斯剧作的主要导演伊利亚·卡赞所说，他生命的一切是他的戏剧，而他戏剧里的一切就是他的生命。

威廉斯于1911年出生在美国密西西比州一个典型南方没落世家。他父亲是个皮鞋公司的售货员，言行粗鄙，常常对于敏感的威廉斯冷嘲热讽。母亲是一个典型的南方仕女，年轻时曾经风光一时，如同所有的平庸妇女，婚后沉醉既往、喋喋不休。母亲的形象，连同他自己早年的经历，几乎被“原封不动”搬进了他的“玻璃动物园”。

与威廉斯相处亲密的是他的姐姐罗丝，正是罗丝让他真正感受到了爱、同情、呵护、照顾，但她的命运却十分悲惨，在20岁后便患上了精神分裂症，而威廉斯的母亲竟然送她去了医院做了脑叶切除术，从此，罗丝再也没有恢复正常，并在疗养院度过了漫长的一生。威廉斯通过《玻璃动物园》中的罗娜讲述了罗丝的真实经历。她的故事，更是在日后的《去夏骤变》中得到了“重现”。剧作中，由于女主人公凯瑟琳无法对表哥塞巴斯蒂安的死亡真相保持缄默，被送入了疯人院。她的母亲瓦尔勒黛又请来了精神病医生，以资助他的研究为条件，要求给凯瑟琳做脑叶切除手术，以“把那个骇人的真相从她的脑中除掉”。

罗丝的病同时也成了威廉斯最大的梦魇。他一直生活在恐惧中，害怕自己和姐姐一样患上精神分裂症，害怕自己被迫做同样的手术。这种过分的紧张和压抑，也促成了他日后的放浪生活。他备受争议的同性恋“病史”，更使得他一度被排斥在美国主流文化之外。27岁时，威廉斯爱恋上了同室的同学，这是他的初恋，也是他对自己是个同性恋者认同的开始。此后，先后有两个很重要的男人走进他的生命：加拿大的跳舞青年凯普，生于意大利西西里岛的汽车司机弗兰克·梅罗。两个男人同样因癌症过早地离开了他，让他在无限的怅惘中，像失去了岸的船漂来荡去，无所凭依。

悖谬的是，囿于当时美国的社会环境，无法直接书写同性恋题材。而对同性恋主题的曲折描写和“隐晦”表达，却让威廉斯更显神秘。在他的剧作中，确凿无误的同性恋人物往往在故事开始前就已经死去；他们的故事由尚且存活在舞台上的人物来叙述，曲尽同情、自责和内疚。一如女主人公白兰奇在《欲望号街车》中痛苦地追忆已然死去的阿伦的故事；《热铁皮屋顶上的猫》里面关于死去的斯基普的故事，则在主人公布莱克与妻子麦琪的争吵以及和父亲的冲突中被提起。

3

如同威廉斯众多剧作中着力刻画的向往美好、奋力挣扎却最终被现实掷回地面的人物。人生如戏，戏如人生。曾经的辉煌过后，威廉斯最终归于暗淡。年华流逝，他笔下那些伤残寂寞的人物，那些发自灵魂深处的呐喊，连同他孤绝的理想主义批判立场，已然在观众的视野中褪色净尽。20世纪60年代初，威廉斯突然败给了当时的剧坛新秀爱德华·阿尔比。一夕间，他受尽白眼，饱尝世态炎凉。

但威廉斯并不认输，他仍旧顽强地坚守自己的创作原则。然而，他的生活却陷入了谷底，他愈来愈依靠酒精药物的支撑，终至精神崩溃，被关进疯人院三个月。70 年代，威廉斯如同浴火凤凰，从他生活的灰烬中复活。他与狠批他的剧评家大打笔仗；他出版了自传，把自己真实的内心情感和盘托出；他抛头露面到处接受访问，上电视做起“秀”来，而且经常口无遮拦；他依然坚持一个接一个地写着他的剧本，而他的人物一如既往在孤绝痛苦、无人应和的“旷野”中呼喊。

仿若他创作的最后一部作品《有阴有晴》中主人公的离奇死亡，在 1983 年的一个平常日子里，威廉斯的尸体在纽约丽榭饭店的套房被发现。他试图用药瓶盖来盛两粒安眠药，但瓶盖不小心掉入了喉腔，使他梗阻而死。这位美国戏剧的标志性人物就这样以戏剧化的方式走完了一生，留下了身后无尽的唏嘘感叹。

雷蒙德·钱德勒：
他始终活在虚无的边缘

1

45 岁那年，从未涉足写作的雷蒙德·钱德勒开始挥笔创作侦探小说，因为通俗文学杂志《黑面具》的赏识，从此一发不可收。之后，这位大器晚成的美国作家在写作的路上越走越远，直到 1959 年死于肺炎。他一生创作七部长篇、二十多部短篇的“身量”，算不得著作等身，却给世人留下了足够深刻的印记：假如世界文学史上少了钱德勒，或许就不会有村上春树广为流传的《挪威的森林》，至少他的写作不会是我们现在所看到的模样。而侦探小说史，也将失去荣耀的一笔：作为“硬汉派”侦探小说的开创者和灵魂人物，只有他，也唯有他，堂而皇之地进入了严肃文学的殿堂。

倘使没有了菲利普·马洛——钱德勒塑造的这个谬误百出，却有金子般心灵的“骑士”，侦探小说将依然是福尔摩斯或是波罗这样堪称完美的超级侦探形象的一统天下，他们头脑冷静，观察敏锐，一个个扑朔迷离的案件，经过他们的抽丝剥茧，去伪存真，迷雾就会渐渐散去，最后水落石出。马洛则不同，他并不比普通人高明多少，他孤独，有同情心，却不被人理解，但并不因此悔恨交加，而是默默独自承担这一切。

国内外的读书界不忘给钱德勒戴上各式光环：他是文学大师崇拜的大师，为艾略特、加缪、奥尼尔、钱锺书等中外大师级作家所推崇；他位居美国推理作家协会票选150年侦探小说创作史上最优秀作家中的首席；他与希区柯克、比利·怀尔德等大牌导演合作，是好莱坞黑色电影的缔造者，连诺奖得主威廉·福克纳都只能给他当助手。钱德勒为人推崇却得假借他人来抬高身价，面对这样的“推举”，要是他本人活着未必领情。不过，他的影响力由此可见一斑，且毫无疑义，将随着时光的推移而与日俱增。

2

围绕钱德勒的生活与写作，有一些很有意思的话题。有专家索性一言以蔽之：钱德勒能在多大程度上把烂俗的故事写成精妙绝伦的小说，也就相应地能把自己的生活弄得怎样地乱七八糟。我们无从揣摩他写下第一个短篇《勒索者不开枪》的时候，是怎样一种心态。可以肯定的是，其时钱德勒正处于一种无处彷徨的尴尬境地。

时光退回到他开始写作的十年前，这位看起来有点搞笑的性情中人，去参加一个聚会，却看上了一个钢琴家朋友的妻子，一个叫茜茜·帕斯卡的女人，她“性感、世故、机智、自信”，当过模特儿，好裸身做家事，虽然自称大他8岁，但对他有致命的吸引力。钱德勒自此就像丢了魂，死活缠着人家不放。他36岁那年，反对这段匪夷所思的恋情的母亲去世，而茜茜也已离异，一切天遂人愿，这时他却发现，茜茜不是比他大 8 岁，而是 18 岁。之后两人一直生活在一起，他说他与妻子“可以不经任何言语就进入彼此的内心”。

尽管如此，他们一起生活的三十年却并非风平浪静。究其因，年龄渐长，茜茜终究跟不上钱德勒的生活节奏，为了避免露馅，她只好装病。当时，钱德勒供职于一个石油公司，因为妻子多病或者假装多病而倍感痛苦，于是开始酗酒并出轨，最后，他因与办公室里的女雇员发生关系而被迫离开了报酬优厚的公司。

很显然，要不是因为茜茜，或许就没有这次难堪的被炒鱿鱼；如果没有被单位开除的事，而今扬名国际文坛的钱德勒，或许终其一生只是某公司的高级白领。钱德勒自此开始了“华丽转身”，他写作并不是因为怀抱什么伟大的文学理想，而仅仅是因为生活潦倒想借此谋一条生路。这个在前半生既与侦探沾不上边，也与电影靠不上沿，充其量只是个爱好诗歌的商界人士，又将如何赤手空拳开创自己的文学生涯？

一种流传甚广的说法称：钱德勒最初所谓的创作，无非是模拟再改写。他选择当代畅销作家史丹利·贾德纳的某篇小说为模板，先将故事大纲巨细靡遗地描述下来，然后再用自己的方式重写一遍。就用这种拙劣的书写方式，他创作了十二则短篇故事，全部刊登在《黑面具》上。出乎人们意料的是，钱德勒却由此自创并发展出了两项重要的主题：对洛杉矶的描绘，使之成为“硬汉派”小说中最典型的城市；而对笔下英雄的刻画，随之成了后代小说家亦步亦趋的模仿样板。

创作十年后，55 岁的钱德勒接到了来自派拉蒙公司的电话，他犹豫了片刻，想不到任何理由拒绝，并决定前往。那时他没想到，自己从此摇身一变成了顶级编剧：无论制片厂头头让他写什么东西，他并不会犹豫这“有损艺术尊严”——恰恰相反，他总能通过最流俗的情节来反映永恒的价值。然而，他并没能超越身为作家与编剧两种身份的剧烈冲突。他成为好莱坞剧作家之后所完成的推理小说，通常被认为水平皆不如他的前四部作品。

3

据说，在钱德勒活着的年代，人们喜欢把他和海明威相提并论。他却压根儿瞧不上海明威，索性在自己的小说里给一个笨警察取了“海明威”这个名字，并不无尖刻地说：这是一个“老是重复同样的话，直到让大家相信那话很精彩的家伙”。然而，颇具反讽意味的是，他自己笔下的马洛，却总是给贴上“海明威式硬汉”的标签。

作为一种“回应”，钱德勒暗地里给马洛下了这样一句评语：如果有足够的人像他，那么这个世界就不会变得太无趣而不值得居住。这个“一身都是烟头烧的洞，永远宿醉难醒”的硬汉，喜欢讥讽嘲笑，行事有点犬儒主义，面对邪恶而肮脏的世界，却不肯放弃对正义的渴望；他没有福尔摩斯那样不正常的头脑，大部分时候，与马修·斯卡洛一样需要顺藤摸瓜，沿着线索一点点追溯；当费尽千辛万苦，终于找到事物的谜底时，那个他苦苦追寻的东西，却总是“要么已经毁掉，要么永远失去了”。于是，他只能在回家的路上独自钻进酒吧喝杯双份的苏格兰威士忌了事。

至于马洛的私人生活，钱德勒却做了很好的安排。在《漫长的告别》中，他遇到了拥有百万财产的琳达·罗林，并在《重播》里再续前缘，在未完成的遗作《普德泉庄园迷案》开头，他俩结为连理。婚后，马洛拒绝常住在琳达的豪宅，也不接受她的经济资助。他还想当一个私人侦探，他说：“我是一个穷人，娶了一个富有的妻子。我手足无措。我只是坚信一件事情——拥有一间破旧的办公室，那里才是我想呆的地方……”

钱德勒的一生则远没有马洛那么幸运。1888 年 7 月 22 日，他出生于芝加哥，父亲是个酒鬼，火车工程师，最后离家出走。母亲是英国人，母子双双遭到遗弃后返回英国，在舅舅的资助下生活，钱德勒考取了英国最好的中学，但是没有上大学，而是以第三名的成绩考入英国海军部，成为公务员，但随后辞职。向舅舅借了一笔钱之后，他返回美国，在洛杉矶定居，其后，他做过各种莫名其妙的工作，在最艰难的日子里，仅能买一只烟丝荷包给自己做圣诞礼物，正是在这个时期，他染上了酗酒的恶习。

经历种种严酷的生活体验，当钱德勒埋头写侦探小说时，他很难让自己笔下的人物，再像福尔摩斯或波罗那样蜷缩在乡村别墅或者安乐椅中，做高人一等的解谜游戏。他的小说不再局限于简单地交代一个情节或者故事，而是面向纷繁复杂的现代社会，面向更为广阔和肮脏的犯罪。同时，有别于之前侦探小说往往从某一个血腥或离奇的案件开始的情节设计，在他的笔下，故事通常以一个私人侦探接受一桩普通的调查委托开始……

1954 年，茜茜过世，寂寞又沮丧的钱德勒异常痛苦，他感慨道：我此生最大的悔恨，即是没有写出任何一本可以献给她的书。此后，他写的文字更少，喝的酒更多。1955 年，他试图自杀，冲自己连开三枪，子弹“笨手笨脚”地仅仅击穿了他正泡着澡的浴缸。四年后的 3 月 26 日，他孤零零地死在异地他乡。此时，他的出版经纪人和秘书正为争夺他的版权打得不可开交。他被收容到一个专为穷人设置的墓地里。生前喧嚣狂傲的他死后极尽悲凉，只有 17 个人参加了他的葬礼，且大部分只是点头之交。

米洛拉德·帕维奇：
现实与幻象只是同一个世界

米洛拉德·帕维奇年近不惑才发表了处女作诗歌《羊皮纸》。尽管这已经奠定了他在前南斯拉夫文坛的地位，但正如他自我调侃的那样：他从来就没有一个文学起步，那时的风格就已经是后来那样成熟了，“但运气并没有像尾巴紧跟奶牛那样一直尾随我。在 1984 年之前，我在我的祖国几乎没有读者，没想到之后我就成了世界上最遭人恨的民族的最著名的作家。”

1984 年，帕维奇当成人生转折点的这一年，是被英国作家乔治·奥威尔预言过的年份，“老大哥”的梦魇固然未能成真，恐惧却挥之不去。就是在这一年，帕维奇开了“辞典小说”先河的《哈扎尔辞典》问世，获得当年南斯拉夫最佳小说奖。四年后，该书的英文、法文、德文和意大利文译本出版，引发了世界范围的热烈讨论，小说被戴上“21 世纪第一部小说”的桂冠。而今该书已被译成 24 种文字在世界各地出版。有评论认为仅凭此书，帕维奇就得以与博尔赫斯、科塔萨尔、卡尔维诺和埃科并列，在世界文学编年史上写下极为罕见的美丽一页。

正如但丁曾被认为是“新世纪第一位诗人”，帕维奇也被誉为“21 世纪的第一位作家”。他对这种称谓不置可否，却说自己是生活在 20 世纪——一个我们不得不去证明自己的清白和无罪的年代。在谈到他的写作时，帕维奇又说，随着时间的推移，与其说我是已经问世小说的作家，不如说是未来小说的作家。“也许那些‘未来小说’根本来不及问世。”

这些看似自相矛盾的话其实是他内心的独白。他凭着那些“已经问世”的作品，多次被提名为诺贝尔文学奖的热门候选人，虽然理应当之无愧，但在他有生之年却没能走上领奖台。2009 年 11 月 30 日，帕维奇日前因心脏病发作去世。此前一年的夏天，他的铜像纪念碑于莫斯科外文图书馆门前落成。他在表示受宠若惊的同时坦然道：“纪念碑不是因为我这个人而立，而是因为我的书。”

1

据说，在 1978 年动笔写《哈扎尔辞典》时，帕维奇还没有电脑。他只在脑子里构思了 47 章，便剪了 47 张纸条并把它们分别摆在床上，在纸上标记出每个词条的名称，用这种近乎笨拙的方法，他为每一章的分布找寻最佳位置。多年后回忆这一幕场景，他说：“那时，我的女儿 14 岁，她进屋一看，吃惊地问：‘爸爸，你这是干什么呢?’”

帕维奇是在“干”一个令人称奇的文学实验。虽然如青年翻译家但汉松所说，要是将《哈扎尔辞典》放在阿根廷作家博尔赫斯或意大利作家卡尔维诺所开创的试验传统中，其文学气质显然并非凭空自创。它的“辞典体”或许是师法博尔赫斯的《想象的动物》，而卡尔维诺的《看不见的城市》则可能教会了帕维奇如何用文字创造复调。就帕维奇本人的创作谱系而论，这部小说虽然甚至把创新延伸到小说之外——让此书分仅有 17 行字差别的阴阳两版印行，但在形式上的怪诞也非登峰造极，他此后的小说实验走得更远。《用茶水画成的风景画》就像填字游戏；《风的内侧，又名海洛和利安德尔的小说》用了倒计时的方法；而《君士坦丁堡最后之恋》则犹如一副塔罗牌，读者可以将书中 21 章自行打乱重组。以但汉松的理解，《哈扎尔辞典》的奥妙正在于形式与内容的啮合，这种啮合是如此可遇不可求，以至于帕维奇在所有其它的文本实验中都无法再现《哈扎尔辞典》的奇迹。而且，帕维奇还在小说中把百科全书式的神通和困局同时演绎到了极致。

而从另一个层面上看，帕维奇就像他自己笔下的职业捕梦人那样，干的是一件捕梦者的工作。他总是仰面躺在床上写作。他在一个小笔记本上做笔记，每次有想法闪现在他的头脑中，他便会记下来。“几乎总是这样：每次你从周围广阔的世界中捕捉到一件美的事物，另一件美的事物就会沉入多瑙河蓝蓝的河水中，再也搜寻不到。”帕维奇把那些捕捉到的“美的事物”拼贴在一起，就形成了他那不可复制的小说图景。无怪乎美国评论家罗伯特·康弗称这部包罗万象的、饶有趣味的小说，“是梦的拼贴画，是美妙绝伦的艺术品”。

如此，在《哈扎尔辞典》里，古代与现代，幻想与实现，梦与非梦盘根错节地缠绕在一起，时空倒溯、人鬼转换、似真似假、扑朔迷离。帕维奇用这部以辞典的形式创作的小说“复活”了一个消失的王国。从 7 世纪到 10 世纪，哈扎尔是一个独立强盛的王国，居于黑海和里海之间的陆地上。他们放弃原始的宗教信仰，改信犹太教、伊斯兰教和基督教中的一支而突然消失。中心事件——哈扎尔大论辩：可汗请来分属三种宗教的三位哲人释梦并承诺，哪位哲人在辩论中获胜，他便带领臣民皈依其所属的宗教，就是这本辞典所记述的全过程。

可以说，小说本身就是一部讲述《哈扎尔辞典》的元小说，其内容隐含在纷繁的辞典条目之中。小说里十万个词语，每一个片段都是通向书中其他部分的窗口。有好事者进行过统计，按照排列组合的原理，这本书一共可以变化出250万种读法。正由于这种奇妙之处，帕维奇被誉为真正意义上的后现代作家。在帕维奇看来，今天后现代主义，正联合了采用现代化电脑工艺、以人际互动和非直线性叙事的所有作家。“我属于这类作家，尽管我的书也可以用传统方法来阅读。”

2

帕维奇式的“后现代”，固然体现于他对文学形式的从不间断的奇妙探索，但无论形式如何变幻，他都执着于叙述迷宫和梦境。在他的笔下，现实与幻象之间并没有明确的分界线。他认为，作为一个作家，他所能拥有的最重要的才能便是达到这样一种境界，即现实与幻象对他而言其实是同一个世界。为此，他一般不写故事的结局，而是在每个故事的结尾处引出另一个故事的开头，每一个故事都藏着不同的谜底。“《哈扎尔辞典》是一座巨大的房子，它令人震惊是因为它有如此多的入口和出口。到处都是门。进屋出屋完全随你心愿。”

话虽如此，帕维奇在任何意义上都不试图给你指出真实的通道，虽然这座“房子”看似有虚无缥缈的历史的依据。就像历史学家姚大力所说，哈扎尔并非是一个虚构的国度。在历史上，它还一度是横跨亚欧大陆的历史强国。这个迷雾重重的民族消失以后，却找不到系统的史书记载，其淹没的历史只能靠中国人、穆斯林、犹太人和拜占庭人留下的零星资料来复原。

帕维奇的叙述，糅合了各种残缺不全的史料，究其实是融汇了丰富想象力和无数梦境的虚构。帕维奇并不像有些人误以为的那样，要通过辞典的创作形式去还原一个真实的王国。这就意味着，那些标举新历史主义立场的评论者处境尴尬。因为缺乏足够的历史背景知识，他们很难区分小说里历史和虚构的界限，因而避不开“轻信”和“盲判”的陷阱。

在作家孙甘露看来，这恰恰印证了他曾经看到的关于欧洲小说的一个观点：那些充满浓郁后现代主义风格的作品，并非要把小说依附于史料，恰恰是想从人类既有的历史当中挣脱出来。“这正是埃科小说力所不逮的地方。读埃科读到后来就会失去兴趣，因为它向真实的历史靠拢，越来越像学术。既然学术研究可以做的事，干嘛要交给小说去完成呢?”正是在这个意义上，孙甘露反对以学者的姿态去强力解读像《哈扎尔辞典》这样具有学术外貌的小说。“无论如何它首先是小说，而不是别的任何事物。”

而小说归根到底是想象的产物。它可以如评论家止庵所言，是基于现实的想象，就像穿越小说、历史剧、历史演绎等，是对现实世界的补充。想象还可以是一种独立的存在，它不基于现实，而是另外做出一个东西，使得我们这个世界更大。“我们必须承认人类有这么一种能力，就像帕维奇所做的那样，通过想象创造一个世界，一个与我们世界平行的世界。”

3

不可否认，“房子”的譬喻，融入了帕维奇真实的生命体验。他回忆说，当他还是孩子时，他是如此地害怕孤独，害怕夜半时分的空房子，尤其当灯都灭了的时候……这也正解释了为什么他尝试用造房子的方式来构建小说。对于帕维奇来说，某种意义上正是为了克服对孤独还有其他形式的恐惧，他才选择了写作。“恐惧其实是作家最忠实的朋友，我这一辈子就像背十字架那样将它们背负在身。”尽管他同时声称，早在18世纪的时候，就有第一位帕维奇出版了一本诗集，他的创作天赋完全是拜祖辈所赐，“作为一名作家，我出生于200年前。”

假如进一步追问，作为一名作家，帕维奇何以如此独特，就不能不说到他存在于斯的那片土地。已成为历史名词的南斯拉夫，处在几大文明夹缝中。它成为一个国家本身就是强扭的瓜，结下的苦果就是经历了不断的裂变，最终分裂成八个小国。见证了这些裂变，也见证了二战和铁托时期的南斯拉夫，而今身为塞尔维亚作家的帕维奇，尽管有时调侃，经历如此历史变迁最大的受益，便是学会了多种语言。尽管作为显赫的文学艺术世家的后裔，他在生活上也不曾受过重创。但不能不承认，唯有有过他这种经验和体验的人，才可能拥有多重宗教，多重文明的想象力，才有可能在创作出“不可复制的传奇”《哈扎尔辞典》之后，还能写出像《双身记：一部虔诚的小说》这样的作品。

据帕维奇夫人雅丝米娜回忆，帕维奇构思《双身记》的灵感起始于2000年1月1日，那天，他们正一起收看电视转播的法国米歇尔山大教堂中的千禧年首次弥撒，讲道的题目围绕耶稣复活后的第二个身体在今后一千年内的意义何在。这也正是帕维奇曾经关注过的议题：科技发达的今天，如何面对人的精神或灵性。为好奇心驱使，他查阅了大量古代文献，查看其中有关现代人复活的预言。

由此小说里，帕维奇一开始便向读者表明，自己已经离开人世，逝世以后的他，亦即他的第二个身体，讲述了一个双重身体的故事。小说中的三段恋情各自以一位确有其人的塞尔维亚文学家为主角：扎哈里亚·奥弗林在18世纪中期的威尼斯从事文学创作；加伯列·斯蒂芳诺维奇·凡茨洛维奇活动在18世纪的前半期，在奥地利统治下的匈牙利境内颠沛流离，从事创作；书中惟一一位当代塞尔维亚作家，便是生活在 20 世纪与 21 世纪之交的作者本人。纵观三位作家的创作史实，《双身记》可称得上是一部以塞尔维亚文学为题材的小说。有评论称，该书在帕维奇的作品谱系中又增加了一位身份特殊的新成员。帕维奇不经意间就创造出一种全新的文本，它们拓宽了当代小说和人类想象力的边界。

事实上，正是受益于作为一位塞尔维亚作家的独特体验，帕维奇得以用奇特怪异的笔法写下亦真亦幻的故事。他甚至赋予影子以独立的人格和生命，在记叙哈扎尔国为俄国公爵斯维亚托斯拉夫所灭，建在伏尔加河口的都城在八夜之间被摧毁殆尽时，帕维奇这样写道：“目睹者曾说，哈扎尔首都屋宇的影子好长一段时期内都萦然不灭，虽则屋宇本身早已被覆平。影子居然对着伏尔加河迎风而立。”

伊恩·麦克尤恩：
没有人是完美的，也并非所有美好都是无辜

有前因必有后果，这是伊恩·麦克尤恩最爱在小说里玩味的话，我们不妨视之为这位当代英国文坛明星作家的夫子自道。他的“幸运生涯”其实早在代表作《赎罪》（2001）被拍成电影之前就已经开始了。翻开他的履历，开局是中规中矩的学院模式：本科毕业于布莱顿的萨塞克斯大学，于东安吉利大学取得硕士学位，一度投身于上世纪六十年代的反文化运动，后来对这一反理性主义的思潮感到厌倦，遂于 1974 年在伦敦定居下来。

次年，他以惊世骇俗的《最初的爱，最后的仪式》初登文坛。这部中短篇小说集的头一句就似乎为他一生的创作定下了优雅而阴郁的调子：“从夏日伊始，我们把轻薄的床垫抬到厚重的橡木桌子上，在宽敞的窗户前做爱，直到此举终显无谓。”他因此获毛姆文学奖。好运似乎再也无意停歇，除在英国文坛上屡屡斩获大奖，并收获批评界的连连赞誉外，他的小说总能热销书市。而当电影《赎罪》将这股热

流继续加温，并最终把 2007 变成“麦克尤恩年”时，即使是最沉得住气的作家同行们都忍不住开始疑惑，潮气氤氲，拧干了就一句话：“不是说麦克尤恩不好，而是，他应该，也许，没有那么好吧?”

年华老去，而今麦克尤恩已经走过了四十多年的创作历程。他已由挑战既定秩序、伦理的文坛“坏孩子”、“恐怖伊恩”渐渐修成正果，由边缘而中心，俨然成为英国公认的“文坛领袖”，将马丁·艾米斯、朱利安·巴恩斯等鼎鼎大名的同辈作家甩在了身后。此时，再回味 2005 年他的《星期六》在入围布克奖短名单后最终铩羽，那一年的评委会主席为此大发雷霆，这本书之所以输了，原因只有两个，一个是嫉妒，另一个也是嫉妒——更觉意味深长。

1

耐人寻味的是，2018 年 10 月 25 日，因获颁本年度“21 大学生国际文学盛典致敬文学人物”，麦克尤恩携妻子安娜莉娜首度访华，却很少有人问他如何看待得奖这一世俗话题。直到为期一周的中国之旅行将结束前，在上海建投书局举行的，最后一场题为“重建虚构信仰”的公开活动中，主持人、麦克尤恩多部著作的译者黄昱宁问他，今年诺贝尔文学奖停发，是否意味着文学奖本身面临一定程度上的信任危机？近年来一直领跑诺奖热门榜单的麦克尤恩才得以有机会展现他坦率而不失幽默的麦氏回答。

麦克尤恩说，他知道自己得不了诺贝尔文学奖，但要能得到文学奖，包括诺奖都是非常不错的，它们是蛋糕上非常美妙的糖霜。比如说在北京，获中国人民大学颁发的奖项，他就常高兴，也正是这个奖项把他和他的妻子带到了这片伟大非凡的国土上。但他同时认为，得奖可能只是写作这个事件的副产品。“我觉得真正应该关注的，还是写作本身，一个作者找到什么样的素材，怎么样把这个小说或作品写出来，和你的读者有怎样的沟通，这才是最重要的，其他都是浮云，都是稍纵即逝的浪花。”

当然，麦克尤恩不否认这个浪花有时很美，更何况很多时候它以银行支票的形态展现在面前，或者是一个非常漂亮的奖杯，可以放在窗台上装饰。但作为一个作家，要义还是要不断写作。“不管你得了什么奖，其实历史大浪淘沙，到最后大家记住你的只是你的作品，你的作品才可以万古流芳，包括像荷马、莎士比亚、陀思妥耶夫斯基，你记得过他们得过什么文学奖吗？就算有，也不记得了，我们记得的是他们的作品。所以到最后，我们判断一个作家，其实就是看作品。”

这或许是麦克尤恩的由衷之言，也可以说是一个拿奖拿到手软的大作家的老生常谈，却未尝不是道出了一个颠扑不破的道理：重要的是，一个作家是否写下了经得起时间检验的经典作品。麦克尤恩无疑做到了！时隔三十多年之后，余华，一个遥远的中国读者，在阅读了《最初的爱情，最后的仪式》后惊愕不已道：麦克尤恩的这些短篇小说犹如锋利的刀片，阅读的过程就像是抚摸刀刃的过程，而且是用神经和情感去抚摸，然后发现自己的神经和情感上留下了永久的划痕。

何以麦克尤恩这些初出茅庐的故事，让余华如此惊愕，以至于使他患上了“伊恩·麦克尤恩后遗症”？余华的解释是：这些故事里显示出了麦克尤恩独特的才能，他的叙述有时候极其锋利，有时候又是极其温和；有时候极其优雅，有时候又是极其粗俗；有时候极其强壮，有时候又是极其柔弱……这家伙在叙述的时候，要什么有什么，而且恰到好处。“他通过自己独特的文学，展示出了普遍的文学，或者说是让古已有之的情感和源远流长的思想在自己的作品中得到继续。”

如此说来，麦克尤恩更像是一个横空出世的文学天才。实际的情况是，和任何写作者一样，麦克尤恩也没能逃开“影响”，无非他不像有些作家为此感到焦虑罢了。相反，他总是毫不掩饰其他作家对自己的影响。他坦承，所有的作家多多少少都会有“偷盗”行为。“在成为一个作家时，你会看到在你之前有那么多作家已经发明了上千种写作方法，这些都是旧时代那些大作家留给你的财富。”

初出道时，麦克尤恩就像他自己说的那样，即便不记得每篇小说的渊源，也肯定巡视了别人的领地，夹带回来一点什么，籍此开始创作属于我自己的东西。但他不吝于以各种方式表达对“别人”的种种致敬，而且还努力为自己当时写下的每一个短篇小说寻找源头，“比方说，《家庭制造》，是我在读过《北回归线》之后写的一个轻松滑稽的故事。我感谢亨利·米勒，并同时用一个滑稽的做爱故事取笑了他一把。这个故事也借用了一点罗斯的《波特诺的怨诉》。《化装》刚效法了一点安格斯·威尔逊的《山莓果酱》。”

概而言之，麦克尤恩觉得自己是站在巨人的肩膀上。他没有悠然自得，而是意识到了里面的危险，“有一个美国物理学家把牛顿这句话反过来说，我的科学研究之所以停滞不前，就是因为我肩膀上站了太多‘巨人’，压得我喘不过气来，压得我看不到一些事实。”麦克尤恩的过人之处就在于，他能努力把这种影响从自己的写作中祛除，把从他人处习得的知识和技术内化为独特的“麦克尤恩”。

2

而这样的独特，在麦克尤恩的信条里，并非谙熟写作之道之后的自然而然，反倒是充满操作性的。他深信，优秀的小说家一定得掌握操纵的技艺。“我觉得写小说靠的是把控信息的传达。所有的信息你不能一开始就给出，你要一步一步来，找准比较恰当的时机，在某一个节点或者瞬间，把信息一步一步释放出来。”以《赎罪》为例，故事以第三人称视角展开，女主人公布里奥妮因对罗比抱有误解而武断地认定他是罪犯，提供假证词，导致他入狱，并拆散了他和姐姐。多年以后，她在二战中与他们重逢，道歉并得到原谅。

然而，当读到故事快结尾时，看到布里奥妮名字缩写“BT”，还署了“1999 年”这个日期，我们才意识到原来这不过是她写的，经过美化和包装的一部小说。由此，故事的终局转换为布里奥妮的视角，描写她如何反思当初犯下的巨大错误，她何以通过写作来“赎罪”。读者才终于得窥真相：姐姐和罗比分别在二战中身亡，俩人再也没有见到过彼此，布里奥妮也没再见过他们，原谅也就无从谈起。

由此观之，布里奥妮最终完成的不是道德意义上的“赎罪”，而是一种写作意义上的“赎罪”——她的想象铸就了大错，再用这种想象的天赋去构造她赎罪的可能，麦克尤恩又构造了她这个角色和她的想象来完成《赎罪》的写作。

小说在第三人称和第一人称之间切换自如。麦克尤恩认为，如今流行用第一人称写小说固然是不错的方法，很多非常棒的作品就是这样写出来的。但我们也不妨努力一把，把第三人称，亦即上帝视角的高地重新再占领回来。“虽然很多大学的文学系都在提供各种理论说，作家不应该以上帝的视角写小说。但我觉得现在互联网社会当中，所有的网民只要发声音，他肯定就希望你给他一点关注度。在这样的时代背景下，我们更加需要有一种上帝的视角来叙事，因为在全球而言，信仰上帝的人数也在减少，所以以上帝这个角度叙事，说不定也是一个很好的角度。虽然做这样的工作要花很多精力，可能也没有什么回报。”

实际上，不只是转换人称，麦克尤恩的叙述方式也充满了变化。通常说来，他喜欢在小说里一点点释放信息，但也有时，譬如他发表于 2016 年 3 月《纽约客》杂志上的短篇小说《我的紫色芳香小说》，以作家帕克·斯帕罗的第一人称视角，讲述了他和同样醉心于文学的作家好友乔斯林·塔拜特之间的故事：塔拜特依靠写剧本偶然出名后，文学道路越来越顺，人到中年已经成为了国民作家。而比他先在刊物上发表作品的斯帕罗出版了几部小说却始终郁郁不得志，直到有一次斯帕罗偶然在塔拜特家中读到了一部小说初稿，在一阵难以抑制的冲动下，斯帕罗做出了改变两人命运的举动。这部应德国艺术策展人托马斯·德曼邀约而写，围绕 The Stolen Image 主题展开的小说，本就是命题作文，从叙述内容上看，也几近于一份供词，麦克尤恩在第一段就把这个本来就不长的故事浓缩梗概了。但故事看似交代了，实际上如黄昱宁所说，同时又发展出一个更大的悬念：我们知道事情发生了，但它到底是如何发生的？而在《甜牙》（2012）里，麦克尤恩干脆来一个结尾就是开头的戏法，但这有什么要紧呢，你如果要明白“它到底是如何发生的？”你仍然得从头到尾细细把整个故事读完，甚至得多读一遍。

《在切瑟尔海滩上》（2007）同样如此，麦克尤恩一上来就直接把整个故事的核心推到读者眼前：“他们年纪轻，有教养，在这个属于他们的新婚之夜，都是处子之身，而且，他们生活在一个根本不可能对性事困扰说长道短的年代。话说回来，这个坎儿向来都不好过。”接下来的所有情节，都围绕这对“处子”如何跨过这个“坎”而展开。其间穿插叙述了他们双方的家庭，一个来自乡下的穷酸小子，另一个来自都市的名门闺秀，一个学历史，一个研究音乐。他们的人生之路本来毫无交叉的可能，但一系列的偶然还是让他们相遇和相爱。而后这一切都终结于新婚之夜面对性事的恐惧与尴尬。麦克尤恩解释说，写这部小说时，他就是觉得要摒弃所有花哨的技巧。他这么做的灵感则来源于契诃夫。“契诃夫写东西比较大胆，他一开场就以上帝全能的视角，告诉你这个故事的概况、走向。他是那种能把世界狠狠地抓在自己手里、并把它呈现在你面前的作家。二十世纪的作家可能就不太敢这样写了。但我是因为受到他的指引才使用了这个方法。”

无论使用何种艺术形态，麦克尤恩以为，写作最终的目标或诉求就是要探索人性。“写作者和和科学家一样也在探索这个世界，只不过他们探索的是科学技术方面的进步，我们探索的是人性的秘密，或人性隐秘的角落。”因此，对麦克尤恩来说，文学创作就具有这样的意义，它能帮助我们进一步了解自己。“我们到底是谁，我们到底要过怎样的生活，这是和科学探索可以平行完成的。”

3

毫无疑问，麦克尤恩借以探索人性秘密的媒介，是他笔下的各式人物。而他在很多小说，尤其是在那些早期小说里，就像他自己说的：“这些故事的主人公很多都是边缘人、孤独不合群的人、怪人，他们都是和我有相似之处。我想，他们是对我在社会上的孤独感，和对社会的无知感，深刻的无知感的一种戏剧化表达。”也因此，他的很多作品都有着一种阴暗的基调。

这似乎很可以理解。麦克尤恩解释说，我们有时看电影，或翻杂志，会以为很多人都非常幸福，没有什么问题，但我们知道这并不是实际情况。作为一个小说家，有义务或有责任探索一些私人空间，把现实的困窘以及人们的一些脆弱感，或比较温柔的情绪，通过自己的笔触反映出来，这点非常重要。

更何况，从人性的角度看，没有人是完美的，也并非所有的美好都是无辜，恰恰相反，越是美好的事物所犯的罪也往往越是邪恶，但同时也更为不幸。这就是麦克尤恩式的残忍，同时也是麦克尤恩式的恐怖，而由此引发的苦难和同情，或许正是他的小说让人读后总觉意犹未尽的秘密所在。

也许为了刻意制造反差效果，抑或纯然是无意为之。无可否认的是，麦克尤恩常以看似无邪的孩子，或是美好女性的视角，决绝地切入小说的叙述。《水泥花园》（1978）中的故事，就由“我”——一个正值青春叛逆期的十五岁少年杰克，絮絮叨叨地讲述着。父母的相继离世，使四个孩子——朱莉、杰克、苏和汤姆被困在水泥花园中，他们所维护的是自身认定的仅仅出于本能的价值，人与人之间除了本能的需要别无其他，于是杰克与姐姐朱莉之间的乱伦就变得顺理成章。

在获布克奖的《阿姆斯特丹》（1998）中，美好的莫莉——一个风华正茂的饭店批评家的意外之死，让隐性的或有意埋没的矛盾浮出水面。作为一个代表往昔美好时光的幽灵，莫莉困扰了已经埋首进入另一种生活而不自知的四个男人：她的丈夫，她的前情人——名声显赫的外交官，还有分别是作曲家和主编的另外两个老情人。随着莫莉的死去，他们的生活开始走向衰竭，乃至最后走进一场看似事先约定的相互谋杀。或许，只有死，才能遮掩羞耻，让生活归于平静。

麦克尤恩在小说的“入口”，总是用一种微妙的口吻叙述着，然而，一个不经意的突发事件，看起来微不足道的动机即被无限放大，最终演化成一种不可收拾的荒诞。诚如有评论所说，麦克尤恩的小说并没有遵循惯常开始发现问题，最终解决问题的写作套路，只是在无望的“转圜”中，一步步让无辜的主人公挣扎着步入预先设置好的结局，我们也仿佛在他刻意营造的这种因清晰明朗而更显阴森黑暗的恐怖氛围中，感觉着隐居幕后的麦克尤恩发出的冷笑，因而久久不能释怀。《赎罪》中布里奥妮的举报也许只是出于少年的嫉妒，但也可能是人性最深处的恶。而《甜牙》中被监视的作家在知道女主人公的身份时，顺势把女主人公作为自己的写作对象，也并非即兴的冲动，而是一直隐藏于他灵魂内部的无情。

在麦克尤恩眼里，人潜意识里所包含的黑暗因子远远超出我们的想象。这就不难理解为何他偏好表现黑暗，以及乱伦、变童等元素，以致为自己赢得“恐怖伊恩”的名头。但更准确的描述，无疑是如余华所说，麦克尤恩的叙述似乎永远行走在边界上，那些分隔了希望和失望、恐怖和安慰、寒冷和温暖、荒诞和逼真、暴力和柔弱、理智和情感等等的边界上，然后他的叙述两者皆有。就像国王拥有幅员辽阔的疆土一样，麦克尤恩的边界叙述让他拥有了广袤的生活感受。

我们不妨来看看他的《儿童法案》(2014)。十七岁的男孩亚当由于宗教信仰拒绝输血治疗，命悬一线。时间在流逝，控辩双方都给出了理由，为了做出公正合理的裁决，女法官菲奥娜·迈耶决定亲自前往医院探望男孩，一番恳谈触动了菲奥娜内心深藏已久的情感。由此，麦克尤恩向读者展现了迈耶面对的道德与法律的困境：到底是尊重宗教信仰、个人意志，还是应该坚持生命至上的原则？背负着文明社会的沉重枷锁，人性的天平最终将向哪一边倾斜？小说以双线进行，向来以严苛的睿智、精确和理性闻名的女法官在面对形形色色的儿童案件之外，还因多年的不育及丈夫的出轨，面临着三十多年的婚姻分崩离析的危机。

4

事实上，麦克尤恩很多小说，都体现出边界叙事的特点，也有不少怪诞的反常规甚至很极端的文学描写。而且如有评论指出，他小说中涉及的题材如此广泛，创作手法和风格如此多变。从揭秘冷战时期的特工活动到探究二战历史，从挑明宗教和生死的对立到叩问人心的道德伦理问题，从阴暗世界到写给儿子们的童书，我们无从猜测他下一本书的内容，却不禁好奇他从何处获得灵感或资源？

麦克尤恩坦然道，他的创作往往处于非常被动的接受状态，所谓的灵感，可能来源于别人说的某些话，来源于新闻，或者来源于他在用来搜集生活素材的四五十个笔记本中的其中一本上寥寥记的几笔。

《儿童法案》的故事源于好友阿兰大法官无意中和他聊起的案子，2005年他在北极徒步旅行时突然冒出了写全球变暖的想法，于是有了《追日》(2010)。《阿姆斯特丹》的灵感则源于他和一个密友之间经常开的一则笑话。他们两人都特别喜欢远足，也经常在远足的时候丢三落四，忘了带指南针，忘了带袜子，忘了带遮雨帽。那时，他们已经50多岁，经常畅想老了以后怎么办，越来越健忘怎么办，于是就彼此调侃，等你老了傻了以后就带你去阿姆斯特丹，因为那是一个可以合法进行安乐死的地方。

基于此，麦克尤恩说，作家在面对不同灵感和想法时，好象从风中捕捉一片叶子一样，叶子有很多，究竟拿哪一片？似乎总有一片叶子看起来你更需要抓住它，你从内心深处就知道想要追寻探究这片叶子。从这个意义上讲，作家的灵感可能源自于我们的个性，可能源自于我们的过往，也可能源自于我们想要找到新的灵感时的那种急于找到，却无处可寻的绝望。

重要的是，一旦被勾起追寻和探究的欲望，麦克尤恩就会像侦探一样追踪下去。他的经纪人曾透露，如果他打算写一部小说，他必然会完全投入到这个行业中卧底调查。据说，写作《甜牙》时，他曾在网上申请加入军情五处，虽然提交申请问题后不到一秒钟就被拒绝了；为了还原《赎罪》的历史背景，他让自己好几天都泡在伦敦帝国战争博物馆里研究战时回忆录和文件；在《追日》的前期写作过程中，他专程拜访了国家再生能源室，甚至为写出一个满意的小说结局去了一趟墨西哥。他的这股较真，还曾使有些美国评论家对《爱无可忍》(1997) 附录的临床病例史信以为真。

无论如何，麦克尤恩式的灵感，乃至所谓恐怖要素的使用，与其说如有评论所言，是为了博人眼球而屡试不爽的叙述手段，不如说是他成长经验和写作观念作用下的自然而然。而他的生活与成长，也远没有他的写作来得那么幸运。1948 年，麦克尤恩出生于一个苏格兰家庭，父亲戴维是一位军衔不高的海军军官，酒瘾很大，有暴力倾向。母亲则与父亲截然相反，多愁善感，在上层阶级的女性面前总是谨言慎行。他们的婚姻始于一场“婚外情”，1942 年，麦克尤恩母亲生下和前夫沃特的儿子，并在沃特于二战中阵亡后嫁给了戴维。为了掩饰不光彩的过去，戴维抛下继子，带着妻子和麦克尤恩不断辗转各国的海军基地。麦克尤恩的童年也就随之在利比亚、德国和新加坡等国家辗转。直到 58 岁，他才得知自己还有一个哥哥，在此之前的二十多年，他们在相距 15 英里的地方各自生活。在了解到这桩家庭秘密后，麦克尤恩发表声明称：“已经被人说滥的是，世界上没有所谓的正常家庭，而我通过亲身经历，也发现了我们的家庭确实有多么奇特。”而年少时异于常人的成长经历，甚至一度让他梦想着：“某一天我的父母没有任何痛苦地融化掉，不是说发生了什么可怕的事，我不是希望他们死，我只是希望打扫干净场地，你知道，那样我才可以单独面对这个世界。”

11 岁那年，麦克尤恩被送回英国一所寄宿学校，本以为可以享受渴望已久的自由，但学校里的大多数学生都是工人子弟，普遍来自破碎的家庭，粗鲁而残暴。害羞而敏感的麦克尤恩经过了一个心理震荡期。这种“震惊”显然在他的早期作品中有着冗长的余波。用他自己的话就是，“那是一段有些痛楚的旅程，有时恰恰是那些未经审视的痛楚对作家来说是十分有用的。”而生性害羞，加之年少时的经历，使得麦克尤恩曾经会为陌生人的问候感到紧张和尴尬。但他意识到，作家的角色在当下，不只是写小说，等它们出版，就没什么事了。现在作为一个作家必须向公众解释你自己。“在英国，狄更斯恐怕是最早举办读书会与读者见面，并在公众面前演讲的作家，也最早意识到作为作家接受媒体采访的重要性。他都那么重视与大众交流，现在的作家更是难以避免。实际上，要这种公众活动不太多的话，还是很好的，会很有趣，很激动人心。”而让他得以改变的是爱尔兰诗人谢默斯·希尼。“他直视读者眼睛点头道谢的样子令我非常钦佩。”于是他决定效仿这位自己崇拜已久的诗人，并因此逐渐克服了“社交恐惧症”。

近年来，麦克尤恩的作品变得更为宽广，笔触也更加柔软。他把这种变化归结为家庭的影响。麦克尤恩感慨，自己很幸运娶到了深爱的女人，他的妻子为他带来了稳定的生活和无限的乐趣。”他对日常生活也乐在其中。22 年来，他和妻子住在伦敦郊区一栋维多利亚式的老房子里，每天清晨一起享用咖啡，之后在各自的书房开始一天的写作。他们会在中午或晚饭时分相互念自己正在创作的章节，讨论人物的走向，或者一起在家门口的湖边散步。麦克尤恩感慨。“在我的创作生涯中，最重要的转折性事件就是家庭和孩子。我和妻子结婚时，她带来了两个孩子，之后我们又养育了两个孩子。孩子的出生和成长是一个充满惊喜和满足的过程。人上了年纪，常会流露厌世、悲观的情绪，有了孩子就完全不一样，你会希望整个世界变得更好，这种向好发展的趋势能为更多人所享受到。这让我的写作基调里多了温暖、包容和乐观的因子。”但这并不意味着“恐怖伊恩”不再，事实上麦克尤恩对生活中的不完美依然感兴趣，但他试着渐渐会让更多的光透进来。“我四十五年的写作生涯，也不可能只写阴暗的东西，不然的话我大概就被关到精神病院了，也就不可能坐在这里跟大家对谈。”

他的近作《坚果壳》（2016）的写作契机就来自于当时家庭尚未降生的新成员。当时，麦克尤恩的儿媳妇挺着大肚子，怀着 8 个多月的胎儿，这引发了他的好奇并开始琢磨：这个小生灵能听到外部的对话吗？能够感知外界发生的事情吗？小说挑战了胎盘中未成型婴儿的叙事视角，可谓向《哈姆雷特》致敬的超现实之作。书名即出自《哈姆雷特》中的一句台词："要不是我噩梦连连，即使把我关在果壳之中，我依然认为自己是无限的宇宙之王。"麦克尤恩表示，他不是第一个尝试重述《哈姆雷特》的作家，但他想从一个未出世的孩子的角度来讲述他的叔叔是如何谋杀他父亲的故事，能够赋予它新意。"哈姆雷特是一个缺乏行动力的人，他的思虑总是会阻碍他的行动；我这部小说中的叙述者也一样，他尚未出生，所以不能行动。面对这起可怕的暴行，他也同样感到无力。所以说，这部小说撷取了莎士比亚作品中的一些韵律，让它回荡其中。但同时，它也对当下的世界做出了一些评论，反映了我们所生活的这个时代。"

虽然《坚果壳》和《哈姆雷特》有着某种直接的联系，但麦克尤恩坦言，莎士比亚的影响，更像某种背景音乐，流淌在他的写作中。"莎士比亚作品是学校的必读书目，每个英国孩子从 11 岁就开始阅读莎士比亚了，我也不例外。但那时的我太小了，在课堂上朗诵我当时并不理解的莎士比亚作品对我来说太无聊了，就好像在教堂里念着那些跟我毫无关系的句子一样。直到我十六、七岁，莎士比亚的文句才在我眼中渐渐有了意义，我开始为那些句子的魔力而倾倒。"

多少年后，麦克尤恩在大学里学了文学专业，才认识到莎士比亚在文学史上的重要地位。"对于英语文学作家来说，即便你不在意莎士比亚，他都是无处不在的，因为他发明了很多词汇与表达，塑造了英语这门语言。哪怕你从未读过一本莎士比亚的作品，也会时常引用他的话。他创作的历史剧经久不衰，他影响了我们对于历史的理解。他也塑造了我们对于爱与道德的思考和表达，是我们的意识和知觉的一部分。"

5

饶有兴味的是，当被问到自己的阅读取向时，麦克尤恩列举的作家目录里，却没有莎士比亚。他欣赏的作家，有的与他的创作有着某种内在的同一性。比如卡夫卡。他特别喜欢这位德语作家作品中幻想内容与现实情绪的结合，在其中他找到了自己想要的。

此外，但丁、歌德、托马斯·曼、福楼拜、陀思妥耶夫斯基等也在他的名单中。与此同时，他也欣赏那些与他本人的写作风格大异其趣的作家：索尔·贝娄、菲利普·罗斯、约翰·厄普代克等。无论与他的创作有着怎样的联系，他喜欢这些作家，其中一个重要原因在于，他们的作品都包含着“宏大的野心和浩瀚的想象力”。而在他看来，这恰恰是他本人缺乏的，同时也是大多数欧洲作家缺乏的。

果真如此？或许这只是麦克尤恩的谦辞而已。虽然如学者止庵所说，麦克尤恩是一个“小而深”的作家，无论他关注多大的事件，最终还是回归到人类最基本的情感上来，他还是关注这个很小的世界，他把这个世界挖掘的特别深，使得他的作品都有着非同寻常的情感深度。但他毫无疑问也追求“宏大”和“浩瀚”。他的很多小说都是和现实扣得非常紧，从国际政治到环境科学，到性观念、宗教、法律，包括恐怖活动……几乎涵盖所有当代社会最关心的话题。而他所谓带给他温暖因子的光，也指的他后期的小说会尽力容纳爱情、政治、科技、音乐、法律等各方面的元素。在《坚果壳》中，身为主角的胎儿仔细聆听新闻播客中的观点，并就贫富分化、移民危机、人口转型、生态恶化等话题做出了大篇幅的讨论与反驳。麦克尤恩不无风趣地调侃道：“即使他倒挂在母亲的身体里，即使他的四肢无法移动，但他的大脑依然自由，能够自由地谈论这个他将要进入的世界。”

也因此，麦克尤恩的创作某种意义上在“小而深”和“大与广”

之间获得了某种统一。但他的切入点不同于很多作家，就像他自己说的，在过去二十年中，他一直在写现实小说，每本书都要做很多研究，动力之一是他想了解别人的工作。也因此，他喜欢加入理论物理学家的谈话，会去观摩一场外科神经手术，或者和老友背包远足，沉浸在仿佛只会出现在小说中的壮阔的自然美景里。“我喜欢写作的日子，也喜欢不写作的日子，而且可以长时间不写作，去世界各地游历，有时候也可以把写作当成一种职业。”对麦克尤恩来说，写作最重要的驱动力是好奇心，只有好奇心才能激发写作的热情。“我想知道当一位法官、律师、科学家、神经科医生、心理分析师、间谍等，是怎么回事。”

在刚完成的新作《像我一样的机器人》里，麦克尤恩就想知道人工智能是怎么回事。小说背景设置在 1982 年，这个时代跟实际的 1982 年有点不同的是，他稍微改变了当时的政治局势，也使得小说里的科技上比实际的 1982 年要先进一些。故事主人公三十出头，一直过得不太顺利，然后得到了一大笔钱，他用这笔钱买了一个非常好的男性机器人。他把他带回家，给他充了电。这个机器人后来爱上了他的女朋友。但这个女人有一个秘密，等日后慢慢揭开。麦克尤恩坦言，他当然不是要写一个烂俗的三角恋故事，而是想探索机器人是否会有自我意识，人工智能究竟需不需要有道德感等话题。所以，他这本小说，与其说写的是未来，不如说写的是现在。在他看来，最优秀的科幻小说也一定是写现在，而不是未来。

事实上，在中国人民大学发表的题为《如果有一天机器人写出了小说》的受奖演说中，麦克尤恩探讨的亦是人工智能的话题。他说，很多人都非常担忧机器人的到来会不会给人类和个体带来一些冲击。这种担忧或许是多余的。因为人总是能找到合适的解决方案，不然也不可能活到现在。“其实对人来说，我们最大的优势是我们有自己的意识、思想，更重要的是我们有自己的肉身，人工智能可以写小说，但它没有人体做感知的凭借。但我们有身体，可以感知疼痛，可以有情感，有怀旧的情绪，兴奋的情绪，后悔的情绪，所有这些都是由肉身给我们带来的。我们不要忘记自身的优势，这些都是人工智所没有的。"

而最终检验一个机器人是不是有意识的方法，麦克尤恩以为，就是看它能否写出一本有意义的原创小说。因为小说是一种非常私人的艺术形式，探索的是私人情感以及人和社会之间的关系。如果有一天机器人能做到这一点，将确凿无疑地证明一件事：一种全新的，有意识的造物已经降生在我们身边了。这或许给社会带来风险，并加深人的异化，但从积极的意义上讲，也意味着我们将有机会通过我们所创造的这些"他者"的眼睛看见我们自己。

以麦克尤恩的理解，这也是小说屡屡被预言即将消失，却一直充满生机地活着的重要理由所在。"要想进入别人的思想，要想衡量不同人的思想彼此之间的关系，以及它们与容纳它们的社会之间的关系，小说依然是最好的途径，最好的工具。小说家是在他人的思想之海上扬帆的水手。电影直观易懂，也很引人入胜，但它并没有像许多人预言过的那样让小说消亡。只有小说能呈现给我们流动在自我的隐秘内心中的思维与情感，以及那种通过他人的眼睛看世界的感觉。"

不仅如此，麦克尤恩认为，小说可以帮助我们解读或者是理解现实，尤其是我们所处的时代。在他看来，我们的世界时刻都在变化中，小说家有责任去阐释这些变化对个体生命的意义，让人们相互之间达成理解。毕竟，进入他人的头脑，向人们展示形形色色的生活，告诉人们成为其他人是怎样的感受，这正是小说家的专长。"小说家的职责是探索和发现，告诉读者社会的真相是什么，去探寻我们正处于历史的什么位置上。在某种程度上，小说家与透过显微镜研究自然的生物学家无异，小说家研究的则是人性和社会。”

的确如此，麦克尤恩的小说，无论《赎罪》，还是《甜牙》，都如有评论所说，能让我们看到虚构的力量如何干预现实、改变现实，或者说让虚构和现实之间发生很有魔力的作用。当然，在麦克尤恩看来，小说家的重要义务就在于，以文学或小说对现实做很好的抵抗，同时也可以让我们和时代、现实有一种和解。“读小说这个动作是比较安静的，你在读一本你相信的作家写的小说的时候，你就会有一种内心平静，对现实也会有更加的确定感。虽然说我们的现实在不断发生变化，但我们可以用小说或文学的力量与之抗衡，找到那种内心的平衡感。”

麦克尤恩坦言，这种平衡感在这个年代里正变得越来越难得。他也不可避免受到来自网络或手机的干扰，但他妻子让他用一个定时断网的手机软件，以便督促他完成每天的写作量，为他在大众媒体时代多争取一些私人空间。在麦克尤恩看来，文明健康的社会应该给予个体充分的空间，但现在的情况是，这个空间正在萎缩，人们每天被手机“占据”和打扰，正逐渐丧失从容思考的条件和能力。

这也意味着，不断变化的社会现实正为小说创作提供了挑战。麦克尤恩举例道：“过去，互联网被看作获取真相的有力工具，但如今这种对互联网的乐观情绪正在慢慢消退，充斥全网的虚假消息成为了新的时代困惑。”麦克尤恩认为，网络的匿名性为谎言和人类的阴暗心理提供了庇护，虽然实名制能在一定程度上解决这个问题，但在一些国家，匿名性又很大程度保证了人们表达的自由。“但我还是认为，在假新闻泛滥成灾的现在，网络平台应该对内容承担更多的责任。如今连很多政府都加入了制造和传播假新闻的环节中。”而在这种情况下，小说家又能做什么？麦克尤恩说，小说家是站在真假信息风暴中的人。“他们能在风暴中找到一个静止的中心，在其中继续研究人性，研究所有的真相和谎言。”

6

当然，这要看小说家们是否敢于迎接挑战。对于未来小说会有怎样的叙事走向，麦克尤恩认为主要有两个方向，一种是现实主义，我们要想办法描绘我们所处的世界，以一种比较严格的重现现实的方式去描绘现实；另一种则是把现实以一种梦幻或魔幻的手法写出来，以此呈现我们创作的现实环境。这一切取决于小说家们能否愈挫愈勇，不断和现实做搏斗，并找到新的东西进行写作。

至少就麦克尤恩而言，他没有放弃写出更为完美的小说的梦想。“我一直在致力于写出这样的小说，就像完美的花瓶那样，一旦读者进入其中就再也出不来的小说。”他希望，这个“完美小说”，即使在100年后重读，他也能一字不改。

他也依然对很多事物充满好奇，而咖啡和报纸是最让他上瘾的东西。他每天都会花很多时间在看新闻上。《卫报》《泰晤士报》《旁观者》《纽约时报》《华盛顿邮报》等大部分主流媒体，BBC的电视节目，以及政治网站Open Democracy，都是他日常关注的媒体；他也不会拘泥于某一种政治立场，而是试图了解完整的政治光谱。远在大洋彼岸的美国总统的一系列举动让他觉得饶有兴致，他也很想探究英国人选择“脱欧”背后的真实心理。以麦克尤恩的观察，2008年金融危机后，人们感觉那些银行家、金融家依然能赚很多钱，而其他人则得为他们的错误买单。这导致了很多不满，而人们将其归罪于欧盟，于是通过公投做出了脱欧的决议。“我认为我们正在进入一个我们终将后悔的境地。在这个全球化的时代，没有国家能独立存在，必须紧密相依。当然，我希望自己的观点是错的。我很希望国家能够脱离欧盟还继续保持繁荣；但我有一种很强烈的感觉，我们不会繁荣下去。”

而新闻中令他感兴趣的不仅仅是政治，也有真实的新闻故事。他提到一个他一直追看的故事：一个巴基斯坦的农妇，是一名基督徒，因和穆斯林女子在同一个杯子里喝水而被判了死刑，但死刑没有立刻执行，她在狱中等待了6年。最高法院认为她无罪，应该释放她；但民众却坚持她应该被处死，也该处死法官。“这是一个关乎政治、宗教，也关乎人类信仰的故事，它也描述了一个国家的黑暗时刻，有关一杯水是如何激起千万人的愤怒的故事。这个故事深深地吸引了我，如果要为此写篇小说，我会叫它《一杯水》。”

现实如此不容乐观，不免让人更多怀念过去的光辉岁月。麦克尤恩却表示，他并不怀旧。“我并不怀念过去。当人们开始惦记过去，他们就会感觉过去的一切都是完美的。但这只是一种幻象。实际上，与过去相比，在今天的世界，女性、拥有不同肤色和性取向的人们，他们的处境都明显改善了。”

这并非虚言。麦克尤恩在《在切瑟尔海滩上》里呈现的上世纪六十年代，还是一个“根本不可能对性事困扰说长道短”的时代。在麦克尤恩20多岁的时候，他的作家好友安格斯·威尔逊和同性伴侣托尼生活在一个乡下小屋里，承受着巨大的歧视，托尼还为此丢了工作。而如今，麦克尤恩的侄女和一个女人生活在一起，他们还领养了三个孩子。麦克尤恩说：“我也有一些男同朋友在一起非常快乐地生活了三十多年，现在已经完全被接受了。跨性别在短时间里就往前多推进了一步。所以，我们更需要专注于我们现在创造的进步上，并努力继续推进它们。”

以此反观这部小说里男女主人公爱德华与弗洛伦斯的尴尬遭遇、伤感离别，更像是一代人命运的沉重隐喻：他们认真过，冲动过，但那些曾经为他们所执着追求的东西——正义也好，和平也好，爱情也好，终将随着这个时代的逝去而风流云散。个人命运和时代、历史就这样在麦克尤恩几乎所有的小说中发生了奇妙的遇合。由此，恰如他自己在小说中谈到两位主人公命运时所形容的，他们被困在一座孤岛上，岛就是一张床的尺寸，托起这座岛的海，却像人生那么浩瀚。

约翰·班维尔：
小说家？不。我是“艺术家”！

1

约翰·班维尔一贯以小说的艺术性自诩。2005 年，凭借小说《海》力挫获奖热门朱利安·巴恩斯与“宿敌”石黑一雄赢得布克奖之际，这位被认为在作品里有着乔伊斯和贝克特的影子的爱尔兰作家在伦敦市政厅举行的颁奖典礼上，就带着一脸严肃和孤傲称：“真棒，布克奖终于颁给了一部艺术作品！”

当然，英国布克奖评委会之所以把奖颁给《海》，也正因为其体现出来的无与伦比的“艺术性”。颁奖词称，《海》对悲痛、记忆和冷静的爱进行了精妙的探讨。“班维尔精准而优美的散文体语言，既包含着对人生缺失的妥协，也有对记忆和认知的非同寻常的反思。它完全令人信服、又有着深刻的感动和阐述，毫无疑问，是伟大的语言大师最好的作品之一。”

时隔四年，班维尔继《海》之后的又一部“严肃小说”《无限》问世。不久便为他赢得卡夫卡奖，理由同样是出于小说“高超的艺术性”。在彼时的颁奖会上，班维尔“直言”这个奖就是为他而准备的。“它好适合我。我打青春期起就纠结于卡夫卡，我觉得他是个大格言家、大书信家、大日记家、大短篇家，也是大小说家。”

自称“在写作上是个天才”的班维尔，不出意外地把卡夫卡作为一个“大小说家”的身份放到了最后，是对小说的致敬，还是一种戏谑的表达？这并不妨碍他对诺贝尔文学奖的期待。既然得了被认为是诺奖“前奏”的卡夫卡奖，他有充分的理由认为“要是再有电话响，那一定是斯德哥尔摩打来的”。

2

事实上，获卡夫卡奖让自视甚高的班维尔也着实“激动”了一把，某种意义上不是因为这个奖本身，而是因为卡夫卡。班维尔欣赏卡夫卡特有的描写细节的功力。他还把《卡夫卡日记》里的一句话作为自己的座右铭：“艺术家是一个无话可说之人。”而“无话可说”只是因为有些“话”尽在“不说”之中，艺术家在作品中无需发表什么评论，他只管去书写，去见证就足够了。

“见证”。确乎没有比这个词更能准确定义班维尔的叙事了。《海》讲述的就是见证一个人的成长，同时也见证他的衰老的故事。小说中，遥远的过去发生的一系列事件给中年艺术史学家马克斯·莫顿留下了刻骨铭心的痛楚，最近的过去痛丧配偶又给他带来了无法消弭的创伤，这两种伤痛经历以一种独特的形式交织在一起，构成了一幅以忧伤为基调、以爱情为主线、以往事回忆与现实杂糅的风俗图画。班维尔在叙述中不仅帮助叙述者重新找回自己的童年，也让他在讲述人生成熟经历时给人以深层的思索。半个世纪夹杂着情与爱、欢乐和哀愁倏然而去，亘古不变的只有无尽的海。唯有它见证了一切，承载了一切。

在据称是向德国戏剧家海因里希·克莱斯特的剧作《安菲特律翁》致敬的《无限》里，见证者让位给了古希腊神话里众神的使者赫耳墨斯。他怀着困惑与嫉妒的心情默默观察和记录戈德利一家的滑稽表演。老亚当毕生投身科学研究，中风后处于弥留之际仍然有许多未实现的愿望；他的现任妻子乌尔苏拉精神孤独，酗酒成瘾；小亚当忧心忡忡，担心漂亮的妻子海伦会离他而去；海伦怀揣远大抱负，希望有朝一日成为大红大紫的明星，但她似乎注定了只能演无足轻重的配角……

这些“处于困境中之人”即使有众神的“庇护”，也不曾获得一寸的灵光。他们终究只是平凡中人，甚至是主神宙斯，也免不了俗世的纠缠。长生不老的他也时时渴望着死，渴望着凡人间的情爱。然而班维尔的超绝之处，正在于他擅长从平凡生活中挖掘出其不平凡之处。他说，艺术要表现的是：“平凡根本就不平凡，不存在平凡，一切都很奇特，一切都很神秘，并给我们卑微的生存带来一抹神圣色彩。”

如是，你才能理解何以在《无限》中，老亚当虽然功成名就，但对他而言，“真正神秘莫测的人是那些他最熟悉的人——他那伤心的妻子，被忽视的儿女，还有他梦寐以求的儿媳。”小说的结尾，尽管结局圆满，但世界的神秘性却依然如故：“这就是凡人世界。在这个世界里，什么都没有失去，一切都得到了解释，同时，一切都神秘如初。”

正因为此，相对于虚构一个故事，班维尔更看重细节的刻划，并将之认定为写作的第一要义，“因为大到浩瀚宇宙，小到微末尘埃，凡事凡物都包含了平静而惊人的细节。我要做的就是在庸常事物的细枝末节之处抓住他们的光芒。”也正是于细微和平凡之处，班维尔的小说呈现出一种诗一般的特质。它们有着诗一般的凝练与厚重，也有着为诗一般的语言和意象照亮的丰富内涵。“虽然艺术是一个表层，”班维尔说，“但它就是我们唯一能看见的东西……是真正的深髓所在。”

3

班维尔“唯一能看见”的“表层”，并不总是遮着如《海》和《无限》这般严肃的纱幕。

尽管他自称写严肃的“班维尔小说”，一天能写二百字，四五年能写完一部就足够幸运。写化名“本杰明·布莱克”的犯罪小说，一天能写两千五百字，三四个月就可以完稿。尽管他说布莱克是一位匠人，“他”写的小说只需要自然流畅，班维尔是一位艺术家，更需要专注。但苛刻如班维尔，信奉贝克特的名言：“再失败一次，但要失败得更好。”把每次写作都当成是自我挑战。如此，他以“布莱克”之名写下的小说，与其说是“手艺活”，倒不如说是另一种“艺术品”。

此言不虚。不论是班维尔小说，还是“布莱克”小说；也不论是《无法企及》中的艺术史学家维克多·麦斯凯尔研究的是艺术，还是《哥白尼博士》等“科学四部曲”中的几个科学家，看似与艺术无关。相同的是，他们都有一种卓然不群的艺术气质。在班维尔看来，科学与艺术同源。“二者具有相同的过程和相同的愿望。科学家的愿望是强加给世界一个体系，艺术亦是如此。”

与此相仿，班维尔的小说里总是闪耀着神圣的艺术之光。由《证词》《幽灵》和《雅典娜》三部关系紧密的小说构成的“框架三部曲”，贯穿始终的是一个犯罪的故事，但构成小说的中心主题却是绘画。三部小说中的每一部都以相当的篇幅描绘了各种绘画作品，而故事都是由一位同时也是绘画爱好者的罪犯娓娓道来。班维尔的贡献就在于为我们提供了一个框架。观者驻足画前，任思想遁入虚拟的画框，随后走出，回到现实世界，而画中人似乎也能幻化成真人，从画框中跨步而出。借此，班维尔想告诉我们，“不要过分确信我们所看到的事实。也许我们也只是画框中的小人物，有人正透过画框窥视着我们的一举一动。”

画框的譬喻里，有着班维尔“无限的海”。他为写作而生，同时也是为艺术而生。15 岁时，他曾学习绘画，虽然后来他发现自己缺乏这方面的天赋，但学习绘画教会了他“用一种特别的方式去审视世界”。而以艺术天然地标示着个人的独立和自由而言，他违背父母希望他成为一名建筑师的意愿，故意在高考中失误，与大学失之交臂，亦可谓响应了艺术的召唤。

确乎如此。对班维尔而言，“艺术是一种新的宗教。”创作似乎是他能够达到神圣境界的一个途径。或许正因为此，他创造的一个个主人公，某种意义上都可视为他自己，而即使是关于第三人的作品，他都近乎执拗地使用第一人称叙事。这就不难理解何以班维尔说，如果他的所有作品汇集成一大部，可以被称为被他用作其中一部作品书名的《证据之书》。“因为我认为那就是艺术的本质。它是关于一个人的记录。”

约翰·勒卡雷：

他打破了间谍小说与严肃文学之间的界限

“似乎只差那么一小步，就可以一跃而过……”许多年后，忆及间谍生涯中唯一一次产生变节念头的时刻，英国作家约翰·勒卡雷如是坦陈：间谍当久了，越来越靠近边缘，在这个“边缘”地带，道德判断变得异常模糊……这个原名叫大卫·康威尔的英国汉子，最终还是经受住了考验，没有叛逃莫斯科。待到间谍生涯尘埃落定，他过起了一种鲜为人知的“边缘”生活：他痛恨城市，住在海边的峭壁上；他讨厌电话，不会打字，用手一笔一画地写出自己的作品；他不喜欢看见拥挤的群众，生活内容极其单调，写作、散步、游泳、饮酒，仅此而已。

然而，勒卡雷取得的文学成就却并不“边缘”。自 1963 年发表《柏林谍影》一书，奠定其文坛地位以来，他的作品屡屡获奖，几乎囊括了包括爱伦·坡奖、毛姆奖、布莱克小说纪念奖、马拉帕蒂文学奖等在内的所有重要奖项。2005 年，英国犯罪推理作家协会（CWA）

授予他最高荣誉“金匕首奖中之奖”。勒卡雷无可疑义地获得了一个间谍小说家所能取得的最高成就。迄今为止，他已出版 21 部作品，并有 7 部作品改编为电影与电视剧。不仅如此，基于他的间谍小说完全超越了间谍小说写作者所能拥有的规格、视野、深度和情感，在当今英国，人们通常给以对待威廉·戈尔丁和格雷厄姆·格林等严肃作家的敬意来关注勒卡雷。在“流行”与“严肃”之间，他总是成为人们关注的中心话题。

1

回忆童年，勒卡雷曾感慨地说：“我从小就过着一种自我封闭的生活，说话极不坦率，觉得自己好像生活在敌占国，因为家里发生的一些事情实在太令人震惊，我不敢让外人知道，只得以一种伪装的面貌出现在众人面前。”

勒卡雷 1931 年出生于英格兰多赛特郡的波尔市，自小家庭生活不睦，21 岁之前甚至不知生母是谁。父亲则是位名满欧洲的大骗子，勒卡雷周旋在他花样繁多的骗术当中，很小便被训练成帮他躲债的高手，经常替他写信或打电话给债主，谎称多少钱已经汇出等等。直到父亲去世，勒卡雷才知道这个“极不称职的父亲”曾经坐过牢。这种灰色、又让人忍俊不禁的童年生活似乎注定了他要与间谍职业结缘。

17 岁那年，勒卡雷独自前往瑞士首都的伯尔尼大学读书，在那里学习了一年德语和瑞士语。一年后，勒卡雷应征入伍，在奥地利的英国占领军服役。由于曾学习过德语，他被分配到情报部门，担任对东柏林的间谍工作。退役后他在牛津大学攻读现代语言，之后于伊顿公学教授法文与德文。1958 年离开伊顿之后，勒卡雷成了一名插图画家，但插画事业很快就中止了，他被英国军情五处的一位老牌间谍奈特看中，再次进入情报部门工作。1960 年，勒卡雷调到军情六处工作，以外交官的身份前往前西德，亲历了秘密情报工作中的无数大风大浪。

勒卡雷间谍生涯的结束是被迫的。当时英国著名的“双面间谍”费尔比向苏联变节，为克格勃提供了数十名英国间谍的名单，许多英国特工因此被暗杀身亡，单在阿尔巴尼亚便有 40 名以上谍报员因此丧命。勒卡雷的名字也在费尔比名单上，但幸运的是，他保住了性命。

很难设想，如果勒卡雷长期服务于情报部门，最后会有什么样的结局。但可以肯定的是，即使那样，也不会让他终止小说创作。事实上，早在 1961 年进情报部门伊始，他就开始了写作，处女作《召唤死者》是他在从格雷特米森登到伦敦外交部的途中，在几本笔记簿上写下的；第二部作品《出色的谋杀》恰好是他首次接受任命之后写于波恩；一直到受兴建柏林墙启发而一气呵成的第三部作品《柏林谍影》的问世，勒卡雷一举成名。知名小说家格林盛赞说：“这是我读过最好的间谍小说。”间谍生涯的终结，加之在文学方面的发展，让勒卡雷最终决定做一位全职作家。

2

《柏林谍影》取得的成功是意味深长的。熟悉间谍小说发展历程的读者都知道，此前，间谍小说作者往往采用低层次的、纯粹通俗的手法来进行写作，小说里主人公无疑都是好人，而所有的反面人物都具有“东方人全部的残忍和奸诈”，都是典型的“黄皮肤冒险家”。间谍小说里还充满了廉价的、对于“爱国主义”的歌颂和赞美。在某种程度上，所有的此类小说都大同小异，就如勒卡雷所言：“当我最初开始写作的时候，伊恩·弗莱明正走红，而间谍形象的模式则是同詹姆斯·邦德式一样，同女人调情的高手，他们开着飞车，用一些小玩意和鬼把戏来脱身……”

与007系列间谍小说不同，《柏林谍影》创立了一种新的主人公类型，打破了“邦德式”间谍形象的一统天下。这部小说的主人公利玛斯爱上的是一个孤独的、不领薪水的图书管理员，而不是某个时髦的模特；他痛苦地发现自己恰恰是被自己的上司给利用和出卖了……于是，处于人生和事业低谷的他不甘失败，决定放手一搏，加入由英国情报机构策划的行动：深入东德，离间对手。然而，阴谋层层包裹着，一波紧似一波，让人猝不及防。他原本以为可以从寒冷中归来，却一脚踏进了刺骨的严冬……《柏林谍影》抛开了把间谍小说写成爱国英雄赞美诗的陈词滥调，从一个新的角度对主人公的行为和它们所体现出的极端复杂的道德评价作了深刻的挖掘。

在其后的创作中，勒卡雷延续了这种深沉内敛的写作风格，一系列成功的创作使间谍小说在某种程度上克服了单调、程式化和缺乏思想深度等种种弊端，从而使其理直气壮地在文学的殿堂里占据了一席之地。西方不少评论家指出，他的小说如《锅匠、裁缝、军人、间谍》和《荣誉学生》等，已经打破间谍小说与严肃文学之间的界限，使间谍小说成为写间谍题材的真正文学作品。

3

勒卡雷前期的作品都是围绕冷战而展开的，著名的“冷战三部曲”《锅匠、裁缝、士兵、间谍》《荣誉学生》《斯迈莱的人马》更是把以冷战为背景的间谍小说推到了一个新的高度。作为脱胎于冷战的一种小说题材，随着冷战结束——苏联解体，柏林墙倒塌，间谍小说的生死存亡，成为此类小说写作者们迫切关注的问题。与多数认为冷战结束，间谍小说随之消亡的悲观论调相反，勒卡雷坚信间谍题材的恒久性。他的回应不断被引述，至今已近乎宣言：“间谍小说不因冷战而兴，也就不因冷战而废。”确实如他自己所说，此后在新的领域里，勒卡雷不断追求创新和开拓，相继推出《在黑暗中活动的人》《出局》《巴拿马的裁缝》《辛格公司》《挚友》等作品，不仅在题材上实现了一个又一个突破，而且在艺术上也达到了更高的层次。

有评论指出：勒卡雷的作品，因其类型小说写作中前所未有的荒谬性，惊人的真实性，以及内在严肃的道义感，人物形象的逼真和深度，远远超出了一般间谍小说所涵盖的范畴。在他笔下，厚颜无耻的罪行发生在对立的双方，莫斯科和华盛顿在黑暗、官僚主义等方面几无差别。冤家可以成为同盟，敌人难以分辨。

这种道德上的困境显然暗合 T. S. 艾略特的诗《老人》中的诗句：“想想吧/恐惧和勇气都拯救不了我们，反常的罪恶/都由我们的义勇而滋生。美德/却由我们的无耻的罪行强加于我们。”由是，勒卡雷的间谍小说，在岁月的磨砺中，更显其超越性的艺术力量。

罗贝托·波拉尼奥：
我相信文学，相信无用的举动，相信命运

1

墨西哥城甘迪书店，少数几家很不明智地免费让爱书人看书的书店之一。寂寂无名的智利诗人罗贝托·波拉尼奥站在一排书架前，旁若无人地读着一篇题为《再次抛弃一切》的宣言。那是 1976 年的一天，他读到的这篇宣言，号召诗友们效仿诗人兰波，为文学放弃一切。“真正的诗人应该走出咖啡屋，与神枪手、孤独的牛仔、烦人的超市顾客等这些为数众多又各自为政的人们打成一片。”

这宣言引燃了波拉尼奥内心潜藏的渴望，他想在文学之外生活。而在墨西哥，他过着非常文学的生活。1953 年 4 月，他生于智利圣地亚哥，先后在智利的很多落后小镇度过童年时代。但到了 1968 年，他随作为卡车司机和业余拳击手的父亲莱昂·波拉尼奥，和在学校教数学和统计的母亲维多利亚·阿瓦诺斯，举家迁居到了墨西哥城。他

的青春也正是从这里开始的。他经常逃学，就连假期也不例外。不同的是，他逃学并不是瞎胡闹，而是逃到书店里蹭书看，在阅读中获取虐待狂般的快感。他还经常偷书，并时不时暗中跟踪自己钦佩的作家，譬如科塔萨尔和博尔赫斯。他把这些作家比喻为大象那样的庞然大物。他说："我们就像一个个小蚂蚁，大象在旁边走过，轰隆隆的声音，而我们只是小蚂蚁。"有一次在墨西哥，波拉尼奥和他的几个作家朋友远远地在路上看见科塔萨尔，心情之激动和亢奋，跟我们今天粉丝们看见自己的偶像没什么两样。也就是在这样的氛围里，波拉尼奥疯狂写诗，成了一个初出茅庐的诗人。他日后回忆说，在墨西哥，他被作家们包围，处在不是作家就是艺术家的世界。他既眷恋，又时刻想着逃离。

1977 年，波拉尼奥打点行李，和好友马里奥·圣地亚哥·帕帕斯基亚罗相约离开了墨西哥。他领了两个杂志社给付的文章稿酬，买了张机票到巴塞罗那。他本想去瑞典，但那儿没有认识的人能帮他介绍工作，于是选择留在了西班牙。此后近二十年的时间里，他在巴塞罗那附近海岸讨生活，洗过盘子，有时在酒店听差，也曾在露营地当守夜人，还做过码头装卸工、垃圾处理工、季节性短工、接待员等，并一度染上毒瘾。他终于进入了没有作家的世界。但他从不曾有一天离开文学，离开他挚爱的诗歌。相反，即使是干着这些最"卑贱"的活，他依然玩命似地坚持写诗。

或许这是因为，波拉尼奥最早的文学记忆之一，就是听母亲大声朗读聂鲁达的诗集《二十首情诗和一支绝望的歌》。他母亲说，波拉尼奥刚刚三岁的时候就开始自学阅读，7 岁的时候就已经写出一篇小说，讲述几只母鸡爱上了鸭子，令畜栏的其他动物感到愕然。这似乎预示了他日后将以小说闻名世界。但波拉尼奥分明更痴迷诗歌。他声称，相比小说，他读自己写的诗时比较不会脸红。他说，小说不是诗歌，不是押韵的十四行诗，它在所有的文学体裁中是杂质最多的一种。“但无论小说还是诗歌，我都相信文学。我相信无用的举动，相信命运。”他还说：“写诗是任何一个人在这个被上帝遗弃的世界上能做到的最美好的事情”。

但到了 1992 年之后，波拉尼奥几乎没有再写诗。而从 1993 年开始，当他被诊断患有渐进自身免疫性肝病，甚感所剩时日无多，便决定开始集中精力写小说，希望出版小说挣的钱能够改善经济拮据的家庭状况，并给孩子留下一笔遗产。他把自己关在加泰罗尼亚的家里，闭门不出。相伴的只有菊花茶、无尽的香烟，以及永不停歇地写作。

最开始的几年，他无声无息地写着，家里没有舒适的装备，没有电视，也没有收音机，只有一台电脑，和写作时用来听音乐的随身听。即使到了冬季，他也不用暖气。“有时，我的双手会被冻僵，我就离开办公室，去到我妻子那儿，把手放炉火边取暖。”即使这样，他依然控制不住写作。在写作中，他常常被一种“忘我的感觉”灼伤。

他忘我的写作也终于等来了回报。1998 年，《荒野侦探》出版，为他赢得西班牙语文学最高奖项“罗慕洛·加列戈斯国际小说奖”。小说在拉美文坛引起的轰动，不亚于三十年前《百年孤独》出版时的盛况。他欣慰地看到，给孩子留一笔遗产的愿望实现在即。然而，他纵使预言过“我的声名在死后”，也未必料到他短短十年间创作的十部小说、四部短篇小说集以及他早年写的，于身后陆续结集出版的三部诗集，会在他去世后迅速成为西班牙语和英语文坛最引人注目的“文学遗产”。评论界把他和马尔克斯、略萨、科塔萨尔等文学大师相提并论。其去世后不久出版的长篇巨著《2666》更是引发欧美舆论压倒性好评，均致以杰作、天才、里程碑等等赞誉，更有评论认为，此书的出版将他带至塞万提斯、斯特恩、梅尔维尔、普鲁斯特、穆齐尔与托马斯·品钦的同一队列。

然而，也并非所有的评论都给予如此赞誉。譬如，波拉尼奥在小说里调戏过的美国大批评家哈罗德·布鲁姆就对波拉尼奥有所保留。据说，有人博士论文写《2666》，给布鲁姆发了封邮件，直接问他怎么看波拉尼奥，怎么看这部小说？布鲁姆回信了，他说他怀疑这家伙写的或许又是当下流行的东西、过渡性的东西。

不管怎样的争论，可以确定的是，如诗人胡续冬所说，波拉尼奥短暂而颇具传奇色彩的身世经历，在一定程度上推高了他的声望。如果他不是在50岁的盛年去世，读者也不至于赶忙构筑“波拉尼奥神话”。而波拉尼奥之所以能在美国、北美，乃至整个西方社会获得如此高的评价，也很可能因为他的作品散发出让英语读者似曾相识的“垮掉的一代”的气息。波拉尼奥喜爱的智利诗人，于2018年1月23日以103岁高龄逝世的尼卡诺尔·帕拉曾给过他一个“亲爱的王子”的称呼。帕拉写《诗歌与反诗歌》的时候，就和“垮掉的一代”处在一个相同的大环境里，而艾伦·金斯堡去智利的时候，也正是帕拉接待的。也因为此，以波拉尼奥诗集《未知大学》译者范晔的说法，波拉尼奥和“垮掉的一代”的确有渊源，他代表的那种波西米亚式的生活方式，以及对中产阶级生活模式的反抗，容易让读者找到共鸣，尤其在英语文学里，已经有很久没有出现这样的作品了。

当然，批评家审慎的评判是一回事，在读者心中激起怎样狂热的激情又是另一回事。胡续冬回忆说，2008年深秋，他到美国中西部的某小镇参加一个国际写作计划。某一天，在坐落于宽阔玉米地里的一座叫“大草原之光”的书店里，他看到靠街边的橱窗上突然垒满了《2666》，书挺贵，但很多人进书店丝毫没有犹豫就拿一本结账走人。“我知道我撞上了一件大事。接下来又发生了一个戏剧性事件：没过几天，波拉尼奥突然被撤了下来。橱窗上又垒起了在美国拥有巨大读者群的大卫·福斯特·华莱士的书，他于这一年 9 月 12 日自杀，书店借着他的自杀又卖了一次书。我后来才了解到，他俩是 2000 年后横扫各国文学青年案头最重要的两位作家，如果你书架上没有《2666》和《无尽的玩笑》，都不能说自己懂文学，所以这两个人是进入 21 世纪后，非常有趣的经典化案例。”

这还不算，有一年夏天，胡续冬去了巴西东部很穷的一个州，看到一个叫“罗贝托·波拉尼奥遗孤们”的 Logo 特别奇怪。后来他上网查了才知道，当地波拉尼奥粉自称为文学遗孤。或许网上流传的一段话最能说明波拉尼奥粉的态度：“马上到 21 世纪第三个 10 年了，如果你还没有读波拉尼奥，你的人生将是失败的人生。”随后罗列了 7 个读波拉尼奥的理由：1. 古怪而令人欲罢不能；2. 发人深省的不可能叙述，波拉尼奥的叙述都是无中生有的东西；3. 独树一帜的自我虚构；4. 读波拉尼奥是了解拉丁美州的最好方式；5. 波拉尼奥是书写文学的文学；6. 波拉尼奥在一部作品中能够有文学内容的作家；7. 他的书我读过了，都很棒！

2

不管这些“读波拉尼奥的理由”有没有刻意标榜和故作玄虚之嫌。已知的是，波拉尼奥生前对自己的作品远没有那么自以为“很棒”。2003 年 3 月 2 日，他接受了智利水星报文化副刊编辑达尼尔·斯文布赫的采访。此时距离他去世仅仅剩下四个月十三天。当被问到，关于下一步作品《2666》，能提前透露点什么吗？波拉尼奥回答道：不能。也许很糟。也许不坏。

波拉尼奥的答话里透露出某种不确定，并不是没有道理的，因为《2666》意味着前所未有的创造，就像有评论说的，从中我们看到的并非一位拳击手在练拳时摆出的完美造型，而是一位富有才华的作家真正的肉搏战。它很可能会让一批人兴奋不已、奔走相告，也会让另一批人皱起眉头、不以为然。波拉尼奥曾在他的小说里如此形容一部小说：伟大但并不完美、如激流般气势磅礴、把读者引向未知之处。这个形容恰好可以形容这部所谓“超越《百年孤独》的惊世之作”。

无论褒贬与否，这都会是一部令人难忘的小说，甚或是如这本书译者赵德明所说，是一部可以用所有词汇来形容的小说。《2666》分为五个部分，关键人物亦即德国作家阿琴波尔迪贯穿全书，但他在第五部分里才正式登场。第一部《文学评论家》，讲述上世纪 80 年代起，四位文学评论家先后都在研究阿琴波尔迪的故事。他们生活工作地点不同，在国际研讨会上先后相识，由于学术观点一致而成为朋友和情人。最后，他们在墨西哥开会时听说了杀害妇女的事情。第二部《阿玛尔菲塔诺》，讲述智利教授携带全家来到墨西哥避难的故事。最后，也听说了杀害妇女的罪行。第三部《法特》，讲述美国记者法特去墨西哥采访拳击赛的遭遇。他也听说了连续发生的妇女被杀案件。经过采访和调查，发现了大量骇人听闻的故事。第四部《罪行》，是全书的高潮。集中描写了墨西哥北方妇女连续惨遭杀害的罪行。第五部《阿琴波尔迪》，讲述这位德国作家复杂曲折的人生道路。

作品翻译成中文后有七十万字，时间跨度覆盖 20 世纪百年和 21 世纪初，涉及的重大历史事件有：两次世界大战、苏联和东欧社会主义国家解体、墨西哥贩毒问题和移民潮以及社会治安问题等。牵扯到的学术领域有：历史、哲学、社会学、心理学、海洋植物学、数学等等。涉及的主要人物多达近百人。直接涉及的国家有：德国、法国、英国、西班牙、意大利、美国、墨西哥、智利。涉及的生活场景有：文学评论家、作家、教授、出版家、拳击手、杀人犯、军官、士兵、贩毒集团、警察、乞丐、贫民、妓女……以赵德明的说法，小说以全景视角表达了作者对社会、对全人类命运的忧虑与愤慨，堪称洋味的

《清明上河图》。

很可玩味的是，这本名为《2666》的书里，从头到尾就没出现过“2666”的字样。波拉尼奥没提，又是和读者捉的什么迷藏呢？以赵德明的推测，从符号意义的角度，“2666”标示出人类一步步走向灭亡的时间刻度，以及抵达这个时间的过程。波拉尼奥在2003年勉强写完这本书，已然是病入膏肓。在备受折磨的情况下，他已经绝望了。过去，他的家史，他的遭遇没有给过他欢乐。总体上来讲，波拉尼奥的情绪很郁闷，很绝望。所以《2666》也表明了一个人类往前发展的走向。而从此后历史发展的情况看，在波拉尼奥身后，欧美国家的确陷入了各种危机：欧洲内部矛盾迭出，恐怖袭击、难民潮……

当然，“2666”更是有着某种意义上的隐喻性。就像剧评人费洛凡说的，“2666”或许是一个遥远未来的坐标，人们在各种消耗中，永远无法抵达。小说里，阿琴波尔迪最初是四位文学评论家的核心，但慢慢变为一个没话找话的借口，再后来，面对墨西哥的凶杀案时，丽兹因无法忍受而返回伦敦，将莫里尼视为了人生伴侣。曼努埃尔与墨西哥女友利百加放浪形骸，让-克劳德独自阅读。显而易见，他们踏上了旅途，但旅途吞没了他们。而像阿玛尔菲塔诺教授和他的前妻劳拉、法特、甚至是阿琴波尔迪，每个人都是兜兜转转，莫名其妙地走上一条又一条“旅途”，却总是在行走中发生畸变。总体而言，他们因“找寻”阿琴波尔迪而相识相遇相爱，但也因长期不稳定的恋爱关系，陷入了一种集体的消耗。

也许，再多解读都不足以穷尽“2666”所指为何，即使波拉尼奥自己也未必能够确定。但在他的另一部小说《护身符》里，确曾闪现过“2666”这个数字，里面明确指出，2666就是人类走向坟墓之年。小说里甚至列了一个表，从文学衰退的角度，列出了哪年哪年，未来的欧美文学将朝哪儿发展。这部小说也被看作是“波拉尼奥以女性视角书写的青春诗篇”。叙述人，被誉为“墨西哥诗坛之母”的奥克西里奥，即是一位女性。她于1967，或是1965，或是1962年从乌拉圭只身来到墨西哥，栖身于两位深孚众望的西班牙作家门下，甘心当他们的清洁女工。她讲述自己的动荡生活，她的酒吧交游，更有她与《荒野侦探》一书中出现过的几个人物，如阿图罗·贝拉诺、艾蕾娜、雷梅迪奥斯、瑟尔帕斯等人的故事。总体而言，小说展现了诗人视角下一代青年诗人对诗歌对文学的共同记忆。

由此可见，《护身符》虽然只是短长篇，却在《2666》及《荒野侦探》之间起了无可取代的衔接作用。奥克西里奥也是《荒野侦探》中一个单独章节的自述主人公，在那个章节中，她躲藏在大学的女厕所，被困12天，幸免于特警冲击大学的镇压事件。而小说的主体部分，则是17岁墨西哥文学小青年胡安·加西亚·马德罗写于上世纪70年代中期的日记，讲述了他偶然打入一个叫做“本能现实主义”的疑似诗歌黑社会的文学地下组织的经历。在目睹了该组织众多成员千姿百态的文学狂热症之后，马德罗和两位“本能现实主义”大咖，以及一个被他们解救的站街妹一起开启去墨西哥北部的荒漠里寻找“本能现实主义之母”蒂纳赫罗的旅途。第三部分则依然是小青年的日记，以公路片加动作片的笔法讲完了在寻找隐遁的蒂纳赫罗过程中诗人们如何与追杀站街妹的黑恶势力做斗争的故事。占最大篇幅的则是以蒙太奇手法拼贴而成的第二部分：由疯狂的建筑师、战地记者以及诗人帕斯的秘书等52个受访者连缀成的“口述实录”。

某种意义上说，波拉尼奥第一部被译成英文的小说《智利之夜》，也是发着高烧的神父兼文学评论家、平庸的诗人塞巴斯蒂安·乌鲁蒂亚·拉克鲁瓦对小说里那个“业已衰老的年轻人”的“口述实录”。颇为不同的是，这部译成中文后仅十万字的小说只分两个自然段，第二段仅一句话：“随后这场可恶的头脑风暴就爆发了。”而在第一段里，拉克鲁瓦以为自己快要死了，在弥留之际，他在一晚上时间里回顾了一生中的那些重要时光：与智利文学批评界教父费尔韦尔的交往；恩斯特·荣格尔，以及那位在巴黎对一切善意的帮助嗤之以鼻，放任自己死于营养不良的危地马拉画家；两位身份暧昧的委托人，一项环游欧洲以寻找教堂建筑保护之法的旅行之邀，一次秘密向皮诺切特将军教授马克思主义课程的不情之请；在一位神秘女士的豪宅里聚集着智利文学界最杰出的人物，而在它的地下室里却发生着堪比恐怖电影的可怕事件……最后拉克鲁瓦躺在病床上，呐喊着问自己，这一切是否都只是发生在自己脑内的一场肮脏卑劣的“屎风暴”。

小说里某些情节取材于波拉尼奥短暂重返智利期间的遭遇。那是1973年，他自许为托派分子，受格瓦拉的“摩托车日记”影响，取道漫长的陆路沿着太平洋南下，返回智利参加革命，意图扶助萨尔瓦多·阿连德危在旦夕的社会主义政府。未几，皮诺切特将军发动政变，阿连德总统惨死，他被指恐怖分子，遭捕并下狱八天。狱警中有两人恰为他15岁时的中学同学，他因此获救。

这段昙花一现的遭遇，正如有评论所说，快速浇灭了波拉尼奥一直坚信的左翼政治理想。他转而更加寄托于一种“无用”的东西”，并开始对“革命”与“左翼”这两个词不屑一顾。他把信念寄托于文学。他认为“诗人是最勇敢的人”，“诗人本身必然是一个革命者”。日后他回忆说，一直到被下狱时，他仍打算留在智利，但当他被释放时，他决定返回墨西哥。

于是，波拉尼奥“预演”了日后被改头换面写进《荒野侦探》里的短暂经历。逃回墨西哥后，1975年，他与圣地亚哥，以及另一位他们共同的好友布鲁诺·蒙塔内创立了“现实以下主义”——在小说里则是“本能现实主义”的诗歌运动，他们公开反对当时墨西哥诗坛的主流诗人，包括之后的诺贝尔文学奖得主奥克塔维奥·帕斯。他们多次出击，扰乱帕斯的朗诵会，席间以怪叫哄场，甚至向帕斯泼葡萄酒。种种举动表明了他们对“反诗歌”的拥护。“反诗歌”站在以抒情为主的诗歌传统的反面，彻底打破文体的限制，在当时看来有着很强的实验色彩。

波拉尼奥确乎以“反诗歌”的理念，写出了一批真正意义上的诗歌。他因此毫无疑问是一个诗人，但他并没能成为他想象中的、理想中的诗人。以范晔的说法，在波拉尼奥的认识的人里面，也只有圣地亚哥，也就是《荒野侦探》里的尤利西斯·利马，达到了他想达到而未能对达到的理想中的境界。在给朋友的信里，波拉尼奥说过，他设想自己作品里面所有的正面的、英雄的主人公都是圣地亚哥。因为只有他是一个把生活过成了诗歌的人。这个人任何时候都在阅读，包括走路的时候、洗澡的时候。他走路时也看书，即使在过马路时，也不例外，继续勇往直前，因为他觉得诗人就应该勇于面对自己的命运。后来，他被车撞了，他就拄着一个拐杖，拿着一本书，继续阅读。

在范晔的描述里，圣地亚哥还在任何时候、任何地点写作，写在地铁票上、小餐馆的桌布上、朋友家的墙上。他一生写过两千多首诗，也就留下来两百多首诗。因为他从来都不关心出版、得奖、诗坛地位之外的事物，他认为关键是要把这些诗写下来，却从来不关心自己的诗后来怎么样了。

然而，就在 1998 年初，当波拉尼奥写完《荒野侦探》，几乎就在同一天，或是那几天里，圣地亚哥在墨西哥城被车撞死了，他没能看到这本书完稿。也因此，《荒野侦探》在某种程度上就是献给圣地亚哥的，或者说是献给他们那一代人的。于是就有了波拉尼奥式的献词：“拉丁美洲撒满了被遗忘的青春骸骨。《荒野侦探》要再次唤醒这些青春的生命。”

3

有意思的是，要通读波拉尼奥的作品，我们就会发现他特别乐意为被遗忘的人作传。他热爱那些被遗忘或被边缘的人，尤其是作家，还有诗人。如果是真有其人的，他把他们从被遗忘的深渊挖掘出来，如果没有这样的人，他也会创作一些出来。而且这些人，未必是多么高尚的人。向博尔赫斯《恶棍列传》致敬的小说《美国纳粹文学》就收录了92名文坛恶棍、怪人、骗子、疯子，以及神秘主义者。书中故事始于20世纪初，直至21世纪中叶，跨度长达百年。波拉尼奥杜撰了这些人的生平及作品简介，并竭尽所能向他们施以无情的讥讽和嘲笑。

《美洲纳粹文学》最后一章纳粹诗人卡洛斯·维德尔的故事，随后被波拉尼奥扩写成了另一部小说《遥远的星辰》。而这是他的“惯用伎俩”。体现在这部小说里，诚如波拉尼奥作品首位英译者Chris Andrews所说，相较于《美洲纳粹文学》的“模仿”和“致敬”，波拉尼奥还加了三个步骤：扩展他已经写下的内容，允许他的人物回归以及充分利用他们过度阐释其周围环境的倾向。而这些结合起来就组成了评论家诺拉·卡黛莉所说的波拉尼奥“小说制造系统”。

概而言之，维德尔到了《遥远的星辰》里，就激起了叙事者及其好友比维亚诺·奥赖恩的嫉妒，因为他征服了在智利康塞普西翁城参加诗歌研讨会的所有女孩的心。1973年智利军事政变后，原来是空军飞行员的维德尔，短暂地享受到新政权的任命，在天空中写诗并组织了一个摄影展，展示他所犯下的真实谋杀案的受害人。上级因此将他开除出空军，随后他在混合着法西斯主义与先锋派的下层社会消失，最终在加泰罗尼亚被一位侦探发现，意味深长的是，那位侦探与

《活死人之夜》的导演有着相同的名字——罗梅罗。

作家恩里克·比拉-马塔斯曾透露说："《遥远的星辰》是在这样一个时刻诞生的：当时埃拉尔德在Anagrama出版社的办公室里，询问波拉尼奥是否还有什么近期写的小说手稿。小说并不存在，但波拉尼奥说有，于是他花了3周时间——创纪录的——写完了它，从《美洲纳粹文学》里借用了不少词以节省时间，同时也因为他的作品总是这样发展的，从一本书里又展露出另一本。"

的确如此，无论是《美洲纳粹文学》还是《荒野侦探》，无论是《护身符》还是《2666》，波拉尼奥的小说版图层层勾连。他的这一写作特点，很可能在他于1993年转型集中精力写小说之前就已经形成了。1984年，他在西班牙加泰罗尼亚的布拉内斯完成了《科幻之魂》，小说讲述了两个年轻的拉美诗人Jan和Remo尝试投身文学，以文学为生。书中的元素就与《荒野侦探》有诸多相似，被认为是这部作品的前身，从中也能找到《2666》的影子。

而波拉尼奥的诗歌，在某种意义上也与他的小说存在一种互文或相互补充的关系。这不仅在于他的短篇小说集《地球上最后的夜晚》里有一篇《毛毛虫》，他的诗集《未知大学》里也有一篇同题的诗歌，让人不禁联想，这会不会是同一个题材的两个版本。还在于波拉尼奥的小说，尤其是《荒野侦探》里写到诗人，却基本没有提他们写的诗，我们也无从知道"现实以下主义"诗人，写的诗到底怎样。而这些在他的诗集里能看到。用范晔的说法，波拉尼奥的诗歌，是他小说的"月之暗面"。

这不免给人波拉尼奥好玩技巧的印象，但他的写作系统能持续运作，一直到他2003年去世，并取得令人瞩目的成就，更大程度上在于Andrews说的，波拉尼奥拥有无可替代的、强大的想象力天赋，以及大量要说的故事，这些故事是多年来通过充满好奇的生活、聆听及记笔记积累而成的。要知道，波拉尼奥并不是那种投合大众趣味的，纯粹讲故事的作家。这就意味着他这般的写作不可复制。

4

由此，波拉尼奥的小说经常被看作是后现代小说，但其实并不后现代。而且波拉尼奥不玩弄技巧，不卖弄学识，不构建圈套，不故作深奥。也因此，书评人思郁说，他的小说就是他的世界。他写作是为了生活，他的生活就是文学本身。

这或许是因为，波拉尼奥追求的就是艺术和生活的合一性。他身上似乎有一种不可救药的浪漫主义色彩，身后也出版过一部题为《浪漫主义狗》的诗集，书名即取自一个简单的比喻：灵魂是一只狗，心是蓬头垢面的流浪汉。像是表明倘是过一种诗人的生活，就有必要把生活本身变成诗歌。他也老用一个比喻：我的写作是把我的生命都摆在桌上，把一切都押上，我知道肯定要输的，但我还是要把一切都押上。在那次“临终访谈”里，他说，写作让我快要窒息，我要是没当作家，现在肯定更生龙活虎。在得知患病的一瞬间我想：解脱了，所有的工作都结束了，所有的故事也都结束了。从那之后我说：好吧，我现在只为写作而活着。

不管怎样，就像范晔说的，在波拉尼奥那里，阅读和写作是压倒一切的。写作是面对外力侵蚀的一种抵抗。这种抵抗很多时候看似是无力的，但他仍然把信念寄托在这种抵抗上。当然，波拉尼奥并非直接说出这种抵抗，而是化身为他作品中的主人公来表达他的思想和理念。所以，他小说里的主人公，一般都是像他一般痴迷于诗歌的诗人，即使他们自己算不上真正的诗人，也多半在寻找真正的诗人的路上。要是波拉尼奥使用第一人称叙事，他小说中的“我”很容易让人联想起他，甚或可以等同于他本人。譬如《地球上最后的夜晚》由十四个故事组成，大部分故事的主人公是“B”：一个智利流亡者，在南美和欧洲漫无目的地游荡，串起了他同时代在流亡生活中理想破灭的一代人的故事。而其中收录的小说，也与其说是像小说，倒不如说更像回忆录或笔记，亦即真实事件的记录。

这对虚构写作者看似不那么美妙，但波拉尼奥不介意读者说他写的自传，也不介意他们把他作品中的人物想像成他本人。他坦言他更喜欢带点自传内容的作品，因为这是讲“自己”的文学、区别自己与他人的文学，而不是讲大家的文学。而大众文学是那种要求和大众保持一致的文学，打成一片的结果就是万人一面。所以，他说他写东西，是根据自己的生活体验，根据读书和文化生活的体验。时间一长，这三种经验就合而为一。“我也根据人们常说的集体经验写作，但与理论家说的‘集体经验’不同。我的集体经验仅仅是个人经验幻想的侧面，带有神学意味。按照这个角度，列夫·托尔斯泰也是自传体作家。我是追随托尔斯泰的。”

当然，要从写作的角度，波拉尼奥更可以说是追随博尔赫斯的。波拉尼奥回忆说，他在欧洲买的第一本书，就是《博尔赫斯诗集》。“当晚我就开始读这本书，一直到早上八点，就像是除了这些诗句外，我再无其他书可读，这是唯一能让我思考的书。因为博尔赫斯的诗包含着智慧、勇气和绝望，也就是那些能引起思考、赋予诗歌生命的特质。”

而他之所以对马尔克斯、略萨等“爆炸一代”作家颇有微词，一方面是如范晔所说，是他性格使然。作为一个爱挑衅的作家，在很多访谈或者演讲里面，他都很喜欢跟人反着来。而任何成功的作家都或多或少会有一种“弑父情结”，“杀死”自己文学上的父辈，才会有自己的声音和位置。另一方面，也未尝不是在波拉尼奥看来，他们缺少这样的智慧、勇气和绝望。譬如，他认为马尔克斯对权力太过热衷，喜欢跟总统或者教皇交往，略萨则是个马屁精，自己还去竞选总统。他对他们这样的政治态度或者对权力的迷恋，是持保留意见的，甚至有点反感。这很可以理解，作为“最后一代拥有神话的拉丁美洲人”中的一员，波拉尼奥经历过古巴革命，曾经有过更宏大的理想，比如说对阿连德政府这样一个民选政府的理想的寄托，他愿意为此来抛洒青春热血，但这一切都与权力无关。

虽然如此，波拉尼奥并没有对“爆炸一代”作家不屑一顾。事实上，他也表达过对他们文学成就的推崇，并认为，如果文学有等级的话，这些作家都是处在最高级的。要这么看，波拉尼奥独出机杼的写作未必是刻意为之的标新立异之举，而是时代发展已注定他不能继续走“爆炸一代”作家的老路。在他生活的时代，拉美已发生了很大的改变，魔幻现实主义赖以存在的根基已然被抽空。资本主义、世界银行、跨国毒品交易等邪恶的新面孔取代了军事独裁者、敢死队和政治迫害。独裁者、妓女、族长、鬼魂之类的幻象，则更像是贩卖某种异国情调的陈词滥调。

波拉尼奥应运而生，他笔下的人物几乎都是当代知识分子，作品也无关家族史、拉美政治等宏大严肃的史诗性题材，而带有更多的游戏趣味。然而，他的独创和伟大却无可置疑。也是在这个意义上，有西方媒体给予他这样的评价：波拉尼奥的天才不仅在于他的写作能力上，还在于他从不遵循拉美作家的写作范式，他的文字充满想像力，并且是超越国界的，像折射拉丁美洲土地的一面镜子。

事实上，波拉尼奥也总是把拉丁美洲看成一个整体。曾有人问他说，你在那么多地方生活过，你到底是一个智利作家、墨西哥作家还是西班牙作家？他回答说，我是一个拉丁美洲作家。我的书在哪里，我的故乡就在哪里。不止于此，以阿根廷作家 Guillermo Mario Bravo 的观感，波拉尼奥还能把特别精英的一面和特别野蛮的一面近乎完美地融合在一起。"他像海绵一样吸收一切，我们可以从他的书中看到智利的经典文学，还有法国、美国的经典文学。他把一切都吸收进来，再用他自己的形式写出独属于他的，带有世界性视野的全景小说。"

在诗作《一条通往文学的小径》中，波拉尼奥曾调侃道："我梦想我是一个年迈多病的侦探，去寻找那些已经迷失了很久的人们。有时我偶然看向镜中，认出了罗贝托·波拉尼奥。"这是一种波拉尼奥式的审视。在"临终访谈"里，当被问到，知道自己身染重病后，是否重新审视过自己的人生？波拉尼奥感慨：时间过得真快，真让人不胜伤感，多么遗憾啊，我们都要衰老、死去，一切美妙的事物都将大踏步地离我们远去。如果还有力气，我会哭着，与你们告别。

延伸阅读

他们的声名在死后

据说，当波拉尼奥知道自己即将死亡时曾开玩笑说："我的声名在死后。"距他去世五六年后，他所获得的崇高声誉足以证明他说的并非只是一个玩笑。

法国作家司汤达的"宣言"则多了几分悲情。尽管生前一再受到冷遇，但他坚信自己作品的价值，一再坚称"我将在1880年为人理解""我所想的是另一场抽彩，在那里最大的彩注是：做一个在1935年为人阅读的作家"。时间公正而又残酷，这位"属于未来世纪的"作家，迟至死后四十年才渐渐为人们所认识。

和波拉尼奥一样，英国作家奥威尔生前一直和贫困做着激烈的斗争，直到1949年6月发表小说《一九八四》，引起少许反响，困扰他一生的贫困也看似可以一劳永逸地解决，但他却因体内肆意侵蚀的肺结核，不得不住进医院，次年便去世。当然，有别于波拉尼奥的“向死而写”，奥威尔一直相信，一个还有书要写的作家是不会死的。

“一切障碍都在粉碎我。”这是奥地利作家卡夫卡的人生格言。他一生活在痛苦的矛盾挣扎中，仿佛幸福只是一瞬间，更不指望死后扬名。好在他的好友布洛德没有遵嘱把他所有作品的手稿付之一炬。同样的还有简·奥斯丁。尽管小说在她生前就曾受到过大名鼎鼎的历史小说家司各特等极少部分人的赞赏，但真正广为人知，却要到她去世后近一个世纪。而直到她于1817年病逝后，在她哥哥亨利负责出版的遗作《诺桑觉寺》和《劝导》中，读者才第一次看到了她的真名。

作家的命运在德国更有戏剧性。尽管有歌德、席勒这样的大师级人物，但重要的文学奖项却以两位生前默默无闻的作家名字来命名。他们是格奥尔格·毕希纳和海因里希·冯·克莱斯特。作为作家，毕希纳尽管只活了不到24年，他写的《丹东之死》等三部戏剧作品却足以令他不朽；克莱斯特活得足够长，但生前他的作品和他本人一样都遭到冷落，直到逝世后近一个世纪，人们才终于真正认识到他的价值。

或许只有遭受过重创才会懂得爱惜。人如此，一个国家同样如是。正是布尔加科夫、帕斯捷尔纳克、曼德尔施塔姆、茨维塔耶娃、巴别尔等作家和诗人，铸就了前苏联“白银时代”的灿烂星空，他们在活着的时候，却被刻意地“遗忘”，直到久远的后来，声名才被重新“记忆”。旅居法国的内米洛夫斯基看似一个“难得”的例外。她于二战期间惨死于法西斯的集中营，尽管早在1924年，她就凭处女作《大卫·格德尔》登上法国文坛。但长期以来，她在文坛可以说默默无闻。直到2004年她的遗作——经过数次劫难得以由其长女德尼丝留存并发现的《法兰西组曲》的出版，才重新引起世人关注。

大洋彼岸的美国，也有珠玉在前却无辨识的时候。《白鲸》的作者梅尔维尔一生潦倒不得意，作品在当时大多也不受欢迎，直至上世纪20年代以后才逐渐引起注意；而出生于1871年的斯蒂文·克莱恩，只活了29岁，文学创作只有短短十年，尽管如此，他创作的《蓝色宾馆》、《红色英勇勋章》等却影响了海明威、福克纳、菲茨杰拉德等人的创作。

相比作家，诗人更为命运多蹇。德国诗人荷尔德林生命中的最后36年是在精神失常下度过的。他生前未被重视，直到20世纪中叶才被发现，并在欧洲建立了声誉；作为18世纪末、19世纪初英国重要的诗人和画家，威廉·布莱克直到1827年8月去世前的几天，仍然在为但丁的《神曲》做插图工作。画完一幅画后，他说“我已经尽力而为了”。世人在短时间内并没有领会他的“良苦用心”，他活着的时候几乎没人知道，直到20世纪初才像“出土文物”一样被挖掘出来；美国女诗人艾米莉·迪更生更是一位死后成名的典型。在她生命的56年中，她过着隐居的生活。生前，她不仅没有出版过一本诗集，而且连一首用自己的名字发表的诗也没有过。而今，她在美国诗史上的地位和影响仅次于惠特曼。

正是这种遗憾，造就了另类而残酷的美丽，破茧成蝶的过程并不限于纯文学，瑞典悬疑小说大师施蒂格·拉松本就是一个典型的例子。他是斯德哥尔摩市一名报社记者，2004年11月，时年50岁的他突然因心脏病去世后，生前创作的3部被称为“千禧年三部曲”的惊悚悬疑小说才得以出版，并迅速成为全球畅销书。

斯人已逝，他们生前身后判若天壤的际遇，固然让人慨叹。他们面对艺术那份坚不可摧的信念和耐得住寂寞的伟大品质，无疑更是令人敬仰。历史的车轮滚滚而过，而今，在每一本畅销书的背后，我们似乎都能听到这个时代文化的喧嚣。也正因为此，刻在司汤达墓碑上“卑微”的题词“写作过、恋爱过、生活过”，或许更是值得回味。

辑十　综合

加西亚·马尔克斯：
玫瑰并未凋谢，他只是悄然隐去

2014 年 3 月 6 日，87 岁的加西亚·马尔克斯在墨西哥首都墨西哥城和他的家人、朋友一起庆祝自己的生日。他穿了一身西装，胸前别一朵黄玫瑰，走出家门，向门外的记者和摄影师们问好。他接受了为他准备的生日蛋糕，与大家一道哼起了墨西哥传统的生日小曲《拉斯马尼亚斯塔斯》。这是他生前最后一次在公众前露面。墨西哥当地时间 4 月 17 日，这位在世界文坛掀起拉美魔幻现实主义飓风的一代文豪，永远地离开了这个世界。

马尔克斯逝世当天，哥伦比亚总统曼努埃尔·桑托斯发表电视讲话说，马尔克斯去世给哥伦比亚留下了一千年的孤独和悲伤！他宣布，哥伦比亚将举国哀悼 3 天，政府机构降半旗。此后，奥巴马、普京等各国政要以各自的方式表示哀悼。墨西哥国家美术宫也于当地时间 21 日举行公开悼念仪式，墨西哥总统培尼亚·涅托出席。马尔克斯年轻时代的好友，同为诺贝尔文学奖得主的秘鲁作家巴尔加斯·略萨在接受媒体采访时，也表达了对这位曾经绝交后又和好的老友的哀思，他说："一位伟大的作家过世了，他的作品曾给西班牙语文学带来广泛的声望。"

当地时间2016年5月22日，马尔克斯的骨灰，在他工作、生活过的哥伦比亚海滨城市卡塔赫纳正式安葬，并将永远安放于此。在马尔克斯家人见证下，骨灰安葬仪式在卡塔赫纳大学举行。人们为英国雕塑家凯蒂·默里创作的马尔克斯半身铜像揭幕，而这位大文豪的骨灰就安放在这座铜像里。马尔克斯的家人最终选择将骨灰安葬于此，是因为这里离马尔克斯的故居很近。此外，马尔克斯当初是在卡塔赫纳找到了一份记者的工作，并以这里为原型开始创作《霍乱时期的爱情》。这座城市对他的文学创作产生了很大影响。

在接受当地媒体采访时，马尔克斯生前好友、哥伦比亚记者胡安·戈萨回忆道，马尔克斯生前说过，有一天能安葬在卡塔赫纳是他的心愿。卡塔赫纳大学因此将成为又一处马尔克斯读者的"朝圣地"。而卡塔赫纳还计划以马尔克斯著作为基础兴建一座博物馆。马尔克斯在天堂里看不到对他的盛大纪念，他只是在那部广受赞誉的《霍乱时期的爱情》里，写下了仿佛是对人世的临别赠言。"他写信时突然停下笔，最后看了她一眼，说：'请用一枝玫瑰纪念我。'"

1

事实上，对马尔克斯最好的纪念，就是阅读、理解他的作品。但对于这样一位经历丰富、作品意蕴复杂的作家来说，对他作品的"误读"与"解读"几乎也同时存在。作为"魔幻现实主义"的代表人物，他就一直对"魔幻"一词耿耿于怀，多次重申了同一个意思：他的写作并非魔幻，它就是现实。

在题为《拉丁美洲的孤独》的诺贝尔文学奖获奖演说中，马尔克斯申明“现实并非纸上之物，它就在我们身边，每天左右无数生死，同时也滋养着永不枯竭、充满了美好与不幸的创作源泉。现实是如此匪夷所思，生活在其中的我们，无论诗人或乞丐，战士或歹徒，都无需太多想象力，最大的挑战是无法用常规之法使别人相信我们真实的生活。”

1927 年 3 月 6 日，马尔克斯出生于哥伦比亚马格达莱纳省阿拉卡塔卡镇。他 8 岁前一直居住在外祖父家。这位参加并指挥过哥伦比亚著名的“千日战争”的上校，退役回到故乡后，除了没完没了地追忆往事，就是望眼欲穿等待那笔有人许诺过的养老金。马尔克斯的中篇小说《没有人给他写信的上校》便源于此。而外祖母则给他讲了大量的拉美神话传说、家族故事。她沉着冷静、绘声绘色的讲述，使故事听起来真实可信。马尔克斯后来回忆说，“她不动声色地给我讲过许多令人毛骨悚然的故事，仿佛是她刚亲眼看到似的。”

多年以后，马尔克斯正是采用外祖母的方式创作了《百年孤独》。小说里，姑娘可以被毛毯裹着飞上天，人与幽灵可以对话，甚至可以听到蚂蚁在月光下的哄闹声和蛀虫啃食东西的巨响……这些当然是他借助魔幻来表现现实，但在这种魔幻式的描写里，马尔克斯始终遵循着“变现实为幻想而不失其真”的原则，何况这些“奇思妙想”都可以在拉美大陆的宗教文化传统中找到有说服力的依据。

这就不难理解，何以马尔克斯强调要从真正的事实中去发现可能性。他讨厌虚幻，认为虚幻只是粉饰现实的一种工具。在他看来，归根结底，创作的源泉永远是现实。而虚幻或者说单纯的臆造，和想象之间的区别，就跟口技演员手里操纵的木偶和真人一样无可仿佛。世易时移，他甚至认为，文学作品中的臆造比现实生活中的谎言，还要后患无穷。也因为此，他特别珍重自己的记者生涯。“因为它让我与现实保持密切的联系。”

与文学理念一致，马尔克斯也以自己的行动深深介入了现实。早年担任《观察家报》记者时，他曾因披露事实而被迫远走欧洲；他为抗议智利政变，曾不惜封笔5年。马尔克斯始终认为，拉丁美洲有寻找自己解决问题方式的自由，而他自己心目中最成功的小说，是绝对自由的小说，“是以其深刻的社会内容和深入现实的力量让读者忧虑不安的小说。”马尔克斯还说，如果小说能够把现实翻转过来，让读者看到另一面的情形，那就更好了。

2

毫无疑问，马尔克斯的创作就像作家莫言说的，从根本上颠覆了他们这一代作家对文学的认识。马尔克斯把中国作家的创作“翻转”了过来。这不仅在于，很多中国作家都获得过“中国的马尔克斯”的美誉，还在于马尔克斯的灵魂，已经渗透到他们的语法里。

《百年孤独》开头的“许多年之后……”更是以一种深刻的诗意、命定与魔幻相交融的色彩，深深影响了中国当代文学。至今，我们依然能从莫言、余华、苏童、陈忠实、贾平凹、阎连科、韩少功、阿来等作家的作品中品味出马尔克斯的“语音语调”。然而马尔克斯的影响，也让中国作家始终背负着过度模仿的“原罪”。早在20世纪80年代，就已出现过大量批评声音。迄今也只有少数人才愿意承认“马尔克斯语法”与自身书写的亲密关系。用评论家朱大可的话说，对于许多中国作家而言，马尔克斯不仅是无法逾越的障碍，而且是不可告人的秘密。

与此形成鲜明对照，马尔克斯从不讳言卡夫卡、福克纳、海明威及胡安·鲁尔福等作家对他的深刻影响。但读他的作品，却从来感觉不到他在模仿某个特定的作家，他鲸鱼一般的消化能力使得这种影响发生了内在的转化，正如他自己在1982年集结成册的谈话录《番石榴飘香》中说的，精选素材加工提炼出了番石榴的芬芳。实际上，体现在包括马尔克斯在内的很多拉美大作家的写作中，他们都像书评人思郁所说的那样，在吸收与继承之间找到了那个恰如其分的平衡点。

中国文学对马尔克斯乃至整个拉美文学的吸收与继承，却是极不平衡的。作家阿来提醒道，魔幻现实主义既不是马尔克斯首创，他也不是因此获诺奖的第一人。这一文学流派还涵括了一大批优秀小说，而马尔克斯也不只有《百年孤独》，他还写了《族长的没落》《没人给他写信的上校》等其他风格的著作。

某种意义上正是源于《百年孤独》，没有全然脱开《佩德罗·巴拉莫》的影响，马尔克斯从未承认这是他最满意的作品。而以“越是原创，越难被模仿”的角度理解，同为诺奖得主的美国作家辛格的说法，或许不无道理。他认为马尔克斯是一位好作家，“但我不能说他是我这一类作家……我仍然敬佩托尔斯泰、陀思妥耶夫斯基和福楼拜。如果他们今天还活着，马尔克斯将是一个蹩脚的选择。”

不管怎样，马尔克斯之于中国文学，另一个更为重要的启示在于，全球化语境下，我们该如何参与世界文明的进程？有专家指出，以马尔克斯为代表的拉美作家在师法西方现代文学的同时另辟蹊径，以自己的方式很好地处理了传统与现代、想象与现实、“民族的”与“世界的”之间的关系，激起了中国作家对文学现代化的另一种想象。从这个意义上说，马尔克斯对中国以及很多后发国家的文学影响，并未随着他的逝世而结束，而将是另一种持续。

3

哥伦比亚总统桑托斯在他的电视讲话里，还说了一句容易被人忽视的意味深长的话：“马尔克斯的作品神秘而繁复，只有愿意忍受孤独的人，才能静下心读懂他笔下人物的内心世界。”令人揪心的问题是，在喧嚣的时代里，有多少人愿意“忍受”这样的孤独？

拉美文学研究专家陈众议也有同样的疑虑。马尔克斯的逝世，让他感觉“很不舒服”，“文学巨匠的离开是一种伟大的文学传统消失的标志”。他担心，在全球化语境下，将来会是村上春树、丹·布朗和郭敬明这一类作家的一统天下。

实际上，马尔克斯也曾担心自己小说的命运，他不知道未来的年代会对他做出什么样的裁决。毕竟文学史上，曾有过无以数计的作品，出现时如雷贯耳，此后都成了明日黄花。也因为此，他总是在写作中不断求新，不断地叩问时代，揣度世界，变化文风和写法，尽可能拓展自己的极限。

而今马尔克斯、略萨及以他们为代表的“文学爆炸”的一代，其神话般的超然依然无可代替，但新一代拉美作家并没有因此陷入“影响的焦虑”，他们正如他们的前辈一样，在继承与叛逆，模仿与超越中寻找适合自己发出的声音。同时期的作家科塔萨尔、萨瓦托的作品，如《动物寓言集》《隧道》等，已然体现了对文学异样性的追求。此后，柯艾略小说中对故事的纯净的追求，乃至对文学的宗教性和神秘性的崇拜，已与传统的拉美文学相距甚远。波拉尼奥更是开辟了拉美文学的另一种路径，他的小说里，那些对传统不感兴趣的诗人们，不停地寻找自己的根源，他们的行走仿佛一则寓言，是对拉美文学爱恨交织的情感流露。

拉美作家里的后起之秀更是认为，影响了两代拉美作家和整个世界的“马贡多时代”已经过去。1996 年，一本包括了 18 位 35 岁以下年轻作家的小说集出版，号称“麦贡多的一代”，亦即“麦当劳、苹果电脑和小型公寓”的混合的一代诞生。这些作家在作品里即兴重复着性、药、流行音乐、好斗、自毁和厌烦享乐的调子。被称为“弑父者”的年轻智利作家阿尔贝托·弗戈特创造的这个令人发噱的词，似乎也在表明，曾经象征了拉美现实的魔幻现实主义，正让位于年轻一代作家对这一片大陆的另一种更为现代的理解。

诚如学者阿方勒所言，魔幻现实主义一直有它的重大缺陷：它热衷于描述一个沉睡的，田园风格的最终消失不见的世界。然而现实中的拉美大陆却早已苏醒。弗戈特说，“21 世纪的拉丁美洲，有着不断爆炸的电视画面、音乐、艺术、时尚、电影和新闻报道。它依旧相当文学，发着热病、难以管理，几乎像一部小说，但它不是寓言和民间故事集。它是 19 世纪与 21 世纪混合的动荡不安的大陆。”虽然他们依然热爱马尔克斯，只是不想再模仿他了。而更准确的说法，他们是在以另一种方式向这位逝去的大师致敬：玫瑰并未凋谢，他只是悄然隐去。

菲利普·罗斯：
我每一天都在对立与矛盾之间不断摇摆

1

当代英语文学乃至世界文学最重要的作家之一，“美国文学活着的神话”菲利普·罗斯，于当地时间 2018 年 5 月 22 日，因充血性心力衰竭，在纽约曼哈顿一家医院病逝，享年 85 岁。几个月前，1 月 16 日，在接受《纽约时报》采访时，罗斯说：衰老就像赌博，每一天来临，每一天又逝去，在这场博弈中，我目前为止还未输过。看看我的运气在哪一天会消耗殆尽吧。

罗斯似乎早就为这一天的到来做好了准备。进入 2000 年后，他开始以一年一本的速度写出了《凡人》《愤慨》《怯场》等小说，探索的多是疾病、衰老和死亡等人生主题。在那本薄薄的《凡人》里，他讲述了一个男人的生活与死亡，他对晚年的孤独怀有深深的恐惧，终其一生都在与死亡抗争。小说是这样结尾的：“他不在了，不再存在，进入了他根本不知道的乌有乡。正如他当初的恐惧。”如今，罗斯也去了生者未知的乌有之地，他是否经历了相似的恐惧？

时光倒退回十年前，罗斯写了《退场的鬼魂》，主人公依然是堪为罗斯化身的内森·祖克曼，在这部祖克曼系列的终结篇里，罗斯写道：如今我回到了适合我的所在，再也不会和任何人发生摩擦，再也不会去觊觎不属于我的东西，再也不会去人模狗样地四处招摇，再也不会去说服人家这个那个，再也不会去扮演已经逝去的时代里的某个角色。当他这么写的时候，或许正感同身受着总有一天“再也不会”的煎熬，还有即将“退场”的释然——诚如青年翻译家但汉松写道，为了写好最后一部以 1944 年新泽西纽瓦克脊髓灰质炎爆发为背景的小说《报应》(2010)，罗斯特意重读了加缪的《鼠疫》。而在成稿前，他共写了十三稿，不断的重写，也似乎是确证他越来越找不到写作的感觉。罗斯一直羡慕被他信奉为精神导师的索尔·贝娄在八十五岁时还能写出《拉维尔斯坦》那样的杰作，他也同样羡慕厄普代克，因为文字在他笔下可以肆意奔涌而出，而自己却“不得不为每一段话、每一个句子而战斗”。他于此前一年写就的《羞辱》(2009) 虽然第三次荣膺了国际笔会奖，但他深知这不过是对即将退场者的纪念勋章。四年后，2012 年 11 月，罗斯突然宣布封笔，“现在，我不想继续写作了。我把一生都献给了小说，读小说、写小说、教小说。我已经将拥有的天赋发挥到了极致。”

于罗斯而言，每一种才能都有它的期限、生命周期和维度，他确实已经写得够久了，也已经如他自己所说，完成了自己所能够创造出的最好作品。试想，有多少作家能像他这样在半个多世纪的时间跨度里不断写作，作品还能始终保持极高的水准？他终其一生写就的 31 部作品，几乎为他包揽了所有的美国文学大奖。他曾两次获得美国国家图书奖，四次获得笔会奖，并获得过包括弗兰克·卡夫卡奖、国际布克奖、阿斯图里亚斯王子奖等在内的众多国际文学大奖。2005 年初，《纽约时报·书评周刊》请两百位著名作家、评论家、编辑等文坛重要人物推举“过去 25 年来出版的（美国）最优秀的一部小说”。得票数最高的是托尼·莫里森的《宠儿》，但在得票最多的前 20 部小说中，罗斯一人独占了 6 部。而翻译过罗斯《解剖课》等三部小说的郭国良回忆说，2009 年美国访学期间，他在当地一家图书馆，向不同年龄、不同职业的读者，询问“你最喜欢的美国作家是谁？”“我在那家图书馆，问了有 30 多个人，年轻人、头发花白的老太太、大学教授、图书馆馆员……各行各业都有，几乎每个人告诉我的答案都是：菲利普·罗斯。”

作为继尤多拉·韦尔蒂和索尔·贝娄之后第三位在世时就被收入“美国文库”出版全集的美国作家；同时作为有着广泛世界性盛誉，虽然最终没能获得诺奖，却被很多媒体和读者认为全世界都欠他一个诺贝尔文学奖的美国作家，罗斯在中国的接受和出版却并不顺利，他的作品叫好不叫座，影响相对局限于狭小的文学圈，而很多作品在陆续完成翻译后，因为版权到期或超过出版期限，被罗斯的出版经纪公司解约，授权给了另一家出版社。几波周折反复后，如今罗斯的这些作品版权都打包给了上海译文出版社。该社目前正筹划决定出版一个他的全集，包括大约 30 种书目，其中之前从未在国内出版过的 10 多种，并预计于 2024 年之前出齐他的所有作品。在同样以祖克曼为故事讲述者，且因同名电影而受到特别关注的小说《人性的污秽》(2000) 里，罗斯写道：“没有任何东西得以恒久存在，然而也没有任何东西转瞬即逝。”罗斯的“文学神话”将在中国得以呈现。

2

罗斯显然不乐意活在神话里，他把自己的第 27 部作品命名为

《凡人》，也并非刻意为之的一种姿态，而是源于他身边那些他“不曾预料”到的世事——他的朋友开始凋零。在生命的晚年，他大概每半年就要出席一次追思会。而最让他难以接受的是多年好友、诺奖得主索尔·贝娄的辞世。从参加完贝娄葬礼回来的第二天，罗斯就动笔写此书，他说：“故事不是关于他——也与他无关——但我刚从墓地回来，它让我往前走。”

于是，我们看到了这样一个平凡人的故事：他在自己的葬礼上，行将入土为安，看着前来告别的家人和同事，回忆、审视和反思自己一生中的对与错、得与失、泪与笑：身为犹太人，他一生工作努力、勤奋，逆来顺受，在父母的干预下，他放弃了艺术梦想，步入广告界，后来成为一家大公司的创意总监，但他有时又拈花惹草，因为这一点有过两次婚姻，虽然是犹太人，但成年后他就再也没有步入过犹太教堂。50 岁以后他便开始生病，以后的 20 多年里成了医院的常客……

直到小说的初稿写出来时，罗斯才意识到与他同龄的男主人公还没有名字。他联想到中世纪一部主人公以无名氏为主角的经典道德剧，于是保存了这个主角无名的结果。而这样做的深层用意或许在于，如英文书名“Everyman”显示的那，这个第三人称的“他”可以是某一个具体的人，也可以是任何人。罗斯描写了一个平凡的人物及其故事，却深刻反映出死亡、家庭和宗教等人类无可回避的命题。

事实上，罗斯写的始终是平凡的人物及其故事，他的过人之处正如有评论所说，在于能深入“美国人深层次的精神生活”。他自己也说，厄普代克和索尔·贝娄用他们的火炬点燃了世界，以展现其最本真的面貌，而他则是向深处开凿洞穴，将火光照射其中。而他开凿的其中一个结果是，作为新泽西纽瓦克一个典型的美国犹太移民家庭的后裔，却以滑稽笔法对美国犹太人展开了毫不留情的讽刺。

在最早单独发表在《纽约客》，后来收入为他赢得美国国家图书奖的短篇小说集《再见，哥伦布》（1959）的《信仰捍卫者》一篇里，罗斯讲述了一个二战期间的美国犹太军官在新兵训练营里如何被同民族的年轻人激怒的故事，因为这些犹太士兵总以宗教信仰为由，讹诈军中的各种特权。这不能不让那些刚摆脱奥斯维辛噩梦的同胞感到震怒。在他们看来，去《纽约客》这种针对美国上层白人读者的地方写这些无异于“告密”！甚至有个犹太教教士愤而投书该杂志，指责“正是这种关于犹太人的认识才在我们时代导致了六百万人被屠杀”。

与舆论的攻讦相反，那些战后犹太文学的领军人物，如索尔·贝娄、欧文·豪等，却对罗斯的勇气表示了嘉奖。但汉松援引相关资料表示，在这些作家眼里，好的犹太文学本不应该以逃避社会现实为代价，更不能沦为四处博取同情的公共宣传。得益于这些文学偶像们的肯定，罗斯在后来的创作中，更是不再忌惮犹太主题的政治正确。在十年后让他爆得大名的《波特诺伊的怨诉》（1969）里，他让30多岁律师向心理医生大肆倾吐其旺盛却受挫的性欲望，其中关于手淫的放肆描写，以及对犹太家庭喜剧的凶狠挪用，甚至让欧文·豪都感到尴尬和羞怒。

诚如但汉松所说，罗斯这么放肆地书写，部分原因在于他本人也为如何将犹太身份融入到当代美国的生活经验中感到困扰，他讽刺美国犹太人，恐怕只是因为他对任何人性之劣根都如此刻薄。犹太主题频繁地出现在他的早期作品中，也只是因为那时的罗斯对这一群体最为了解罢了。他小说里体现出来的犹太身份与美国身份的互斥性，也引领着读者发问：既然是生活在美国的犹太人，就不能同时成为犹太人和美国人呢？为什么他们只能“非此即彼”地成为某种人呢？

这在罗斯创作于1997年的《美国牧歌》中有着深刻的反映。小说里，祖克曼已步入老年，对美国神话看得更清楚：人称“瑞典佬”

的主人公塞莫尔·利沃夫是人人仰慕的棒球明星，妻子多恩是美貌绝伦的新泽西小姐，家族控制的手套制造业在海外也设有子公司和分厂。正当他们顺利融入美国社会时，越南战争和国内矛盾打断了进程。具有强烈反叛意识的女儿梅丽扔下的那颗炸弹则彻底毁灭了一家人的美国梦，她随后的逃亡生涯也给家人带来无穷无尽的苦难和焦虑。

藉由美国梦的幻灭，罗斯所要表现的是美国犹太人具有的边缘人对主流文化无所适从的矛盾心理：他们一方面不得不否定自己的传统，另一方面又下意识地限制自己对美国政治生活的参与。“瑞典佬”在悲剧降临之前似乎成为同化最成功的犹太人。然而看似坚不可摧的一切，瞬间就可以灰飞烟灭。

这一主题在随后的《人性的污秽》中，变奏出更为复杂和深层的回响。主人公科尔曼是一个肤色极浅的非洲裔美国人，他隐姓埋名地以一个犹太人的身份进入美国社会，并成功地在一所雅典娜学院的古典文学系担任系主任。然而就在他 71 岁那年的一次课堂上，由于将两个缺课的黑人学生称为“幽灵”（在美语中该词隐含“黑鬼”之意），真实身份是黑人的科尔曼反而被诬为“鄙视黑人”的种族主义者。此后的故事围绕他和一个学院女清洁工福妮雅的恋情展开。最后，男女主人公在福妮雅前夫，越战老兵莱斯的暗算下，一起走向肉体的毁灭。

3

十年前的 4 月 11 日，哥伦比亚大学美国研究中心和美国文库出版社联合为罗斯专门举行了一场研讨会，并且于当晚在米勒剧院为他举行了盛大的庆生日活动。一身正装、打着黑领结亮相的罗斯，在致辞中感慨：“多么突然啊，岁月流转，时光飞逝，我觉得这仿佛还在

1943 年呢。”

一语回到久远的“从前”。那年，10 岁的小菲利普用妈妈的打字机，写出了自己的第一篇小说，名叫《风暴席卷哈特拉斯》，里面充斥了很多武打的场面。他不肯署上真名，“菲利普·罗斯不像作家的名字。我写的是‘埃里克·邓肯’。”多年后他回忆说。但真正出道时，他仍用了自己的本名。虽然罗斯出手不凡，创作的第一本小说集，就得了贝娄的褒奖。贝娄不无幽默地说，与我们闭着眼睛什么也看不见，光溜溜地呱呱坠地不同，菲利普·罗斯先生一出场，指甲、毛发、牙齿都已长齐，他说话流利，技巧娴熟，机智幽默，富有生气，具有名家风范。欧文·豪也称赞年轻的罗斯道，许多作家需要终其一生刻意追求的那些东西：独特的声音、稳妥的节奏、鲜明的主题，菲利普·罗斯似乎马上就全部得到了。如此褒奖，会让我们误认为罗斯从小博览群书，实际上他父母是祖籍东欧的第一代移民，父亲是保险公司职员，母亲婚前是秘书。年少时，罗斯的家中“只有三本书”。而且罗斯一开始学的是法律，17 岁时从当地的大学转入了宾西法尼亚州的巴克内尔大学后，他的兴趣才转向了文学。毕业后他进入芝加哥大学攻读硕士，也正是在那里结识了索尔·贝娄，日后在接受《纽约时报》采访时，罗斯说，要是我照着刚入大学时的打算成了一个律师，我看不出来文化会因此有什么损失。他还说，如果问他是否想要他的小说给文化带去什么改变，他的回答依然是不想。“我想要的是读者在读我的小说的时候，能完全沉浸其中——如果可以的话，我希望用和其他作家不同的方式让他们沉浸于小说中。然后再原封不动地放他们回到那个所有人都在努力改变、说服、引诱、控制其他人的世界中。”但实际的情况是，罗斯头几本书就因为对美国文化环境的冒犯被骂得狗血喷头，那会儿他总是忍不住怀念“邓肯”，“我有时倒希望能躲在那个名字后面”

仿佛是一种预演，在后来的创作中，罗斯也常常让自己“躲”在小说主人公的后面，最典型的当属祖克曼这个角色。1979 年，祖克曼首次出现在《鬼作家》一书中——但祖克曼一开始更像是一个文学衍生品，虽然他也回忆了自己的成长经历，以及因写犹太家族亲人的小说而与家人闹不和的经过等等故事，但小说叙述的中心，却是围绕祖克曼拜访自己最崇拜的作家 E. I. 洛诺夫的一次经历展开的。据但汉松考证，小说的灵感，来自于罗斯对马拉穆德的一次拜访，在这个老作家的乡间别墅里，罗斯发现了一个据说是照顾他生活起居的年轻女学生。在暧昧的闪躲目光后，罗斯直觉地感到了某种怪异。这种神秘的直觉，不只是引领着他发现了马拉穆德逝世前才公开承认的忘年恋，还让罗斯发现了重新讲述和诠释《安妮·弗兰克的日记》的可能。而也是在写这部小说前后，罗斯迎来了他的第二任妻子克莱尔·布鲁姆，巧合的是布鲁姆 17 岁时在戏剧舞台上饰演过奥菲莉娅，而罗斯一生崇拜的作家卡夫卡，也和一个奥菲莉娅的女子经历了柏拉图式的爱情，这对卡夫卡的写作产生了重要影响。罗斯由这段婚姻走出第一次婚姻的泥沼，并让自己的写作获得了新生——此后近 30 年，祖克曼如幽灵一般在罗斯的其他八部作品中挥之不去。和祖克曼一样，罗斯也是一个出生在新泽西州的作家，两人都是上世纪 30 年代出生的犹太自由主义者。罗斯并不讳言，祖克曼身上有他自己经历的投影。而在两者之间，制造出一种你中有我、我中有你的模糊状态，也恰恰是他的叙事策略。尽管有人批评他这种做法：“谁总那么关心作家是什么样子啊?”但无可异议的是，正是祖克曼构成了罗斯想象界与真实界的一道缓冲的滤网，甚至昭告天下：“如果我还想知道更多，我就得去编造。”

实际上，不只是祖克曼，也不只是作为故事讲述者的“菲利普·罗斯”，相对被忽视的是大卫·凯普什这个角色，也有罗斯自己身上的影子。贯穿于《乳房》(1972)、《欲望教授》(1977) 与《垂死的肉身》(2001) 这三部小说里的大卫·凯普什，和罗斯一样在大学教授文学，作为一名知识分子，他向往理性与节制，然而他又精力旺盛，面对诱惑常陷于苦恼。这实际上也可以看成是罗斯的自况。以罗斯的坦率，我们有希望在他宣布封笔后和传记作家布莱克·贝利合作的，或许会于近年出版的传记里，看到一个更为活色生香的罗斯。但从现有的有限资料看，这个“犹太式”好男孩，似乎一直就没有摆脱两性关系中占有与欺骗的纠缠——或许别的一些大作家也碰到了类似的纠缠，但有多少作家能像罗斯那样，对自己的人生经历是如此慷慨又如此模糊呢？罗斯闲庭信步在自己的文学景观之中，就像厄普代克在写于 1993 年的一篇文章中所说，“他不断地放大或者缩小着自己，他迷恋着这样的感觉”，这种自我迷恋的感觉可谓渗入到了他生活和工作的每一个角落。更宽容的看法就像有评论说的，小说是罗斯自恋的致幻剂。也无怪乎很多评论家和读者都认为，罗斯的生活已经和小说彻底纠缠在了一起。所以，聪明如罗斯，索性在小说《欺骗》(1990) 中，借主人公之口说：“我写小说，他们告诉我是自传；我写自传，他们说那是虚构的。所以，既然我这么弱小，他们又如此聪明，就让他们决定它是什么或者不是什么吧。”

虽然如此，有据可考的是，罗斯并不美妙的第一段婚姻，就源于一场“欺骗”。罗斯喜欢上了玛格丽特，主动示好，但玛格丽特以假怀孕骗他和自己结了婚。因为恶劣的婚后关系，两人于 1963 年离婚，罗斯为此付出了大笔的抚养费。谈及这段婚姻，日后在接受采访时，罗斯不无懊恼地说，自从成为职业作家以来，最长一段没有出版作品的时间就是从一九六二年到一九六七年。离婚之后的赡养费以及反复出现的诉讼费用，吸干了所有他靠写作和教书能够挣到的钱。“我还没到三十岁的时候，已经欠了我的好友和编辑乔·福克斯好几千美金。那些贷款就是用来支付精神分析的；我当时只是因为一段没有孩子的为期两年的婚姻就引发了那么巨额的赡养费和诉讼费用，要是没有心理辅导我可能就出去杀人了。那时反复纠缠我的一个画面是一列转到错误轨道的列车。”或可补充的是，罗斯的心理医生是如此钟爱这位文学奖拿到手软的精神病人在接受治疗时写的自述，以至于按耐不住地将之隐去名讳后发表在专业心理学杂志上，日后罗斯居然也看到了此文，可见他涉猎之广。还需要补充的一个不幸的事实是，事实上，是玛格丽特，而不是罗斯，转到了错误的轨道上。1968 年，她死于一场车祸。玛格丽特也在罗斯的作品中留下了永恒的印记——他小说中很多女性形象的灵感来源于她。

从但汉松的考据里，我们也得以知道，在与玛格丽特的婚姻终结后，罗斯差不多就生活在了女人花影下，新女伴随他去朗读会上见索尔·贝娄，却被贝娄俘获成为了他的第四任妻子，他甚至一度与丧偶不久的杰奎琳·肯尼迪约会过。但这般的香艳故事，给罗斯带来的更多的是麻烦。而罗斯与布鲁姆的婚姻也同样只维持了四年。布鲁姆在她的回忆录《离开玩偶之家》中表示自己对真正的罗斯毫无了解，她怀疑《欺骗》中的“菲利普·罗斯”是真正的罗斯。总而言之，以《欲望教授》里的主人公大卫·凯普什的表现观之，罗斯在自我批判的同时，也展开了对所谓女权主义者的批判，并且在一定程度上体现出“厌女症”的强烈色彩。

但归根结底，罗斯始终在创作中关注卷入理智和情感冲突的知识分子，而这些知识分子几乎无一例外都是犹太人，他自己拥有的也恰恰是这样一个有多重冲突的身份。这似乎注定了他，如他自己所说，每一天都在这些对立与矛盾之间不断地震荡、摇摆。当然，还有深邃的孤独，和沉默：五十年如一日地在寂静的房间里，犹如在海池的深底，努力捕捞勉强能够成文的字词和话语。当他想从这种孤独和沉默中挣脱出来喘口气时，他索性做得更彻底。在小说《反生活》(1986)中，他让祖克曼死于手术台上，这个人物本想用外科手术的方法根治自己的性无能却反而丢了性命。而在“罗斯三部曲”里，罗斯干脆自己粉墨登场。在《欺骗》《遗产》(1991) 和《夏洛克行动》(1993)等系列作品中，“真实”的罗斯与虚构的故事结合在一起，两者之间强烈碰撞所产生的艺术效果，恰如他自己所言：虚构的经历与真实的经历拥有相同的生命力，一样令人信服，一样动人心扉。

有评论认为，罗斯并不是一个特点鲜明的作家，他的作品“融合了几十年来风行的写实主义、后现代主义、新现实主义”。也有评论说，罗斯的作品之所以在急速转变的美国社会中始终拥有大量的读者，一个重要的原因就在于他创作手法的不断更新。对这些，罗斯并没有给予正面的回应。他只是在与捷克作家伊凡·克里玛的对话中，以卡夫卡的写作为例阐明了自己对于写作的一些见解。在他看来，卡夫卡的“小说一直所坚持的就是，看上去似乎难以想象的幻觉和毫无希望的诡论，其实正是构成我们现实的东西。”——正如但汉松所说，罗斯非常痴迷于卡夫卡，不仅在课堂上用一个学期专门讲授这个侥幸死在大屠杀之前的犹太作家，还对与之相关的东欧文学和东欧城市暗生情愫。他多次去布拉格和布达佩斯旅行，不只是访问卡夫卡故居，还暗中筹措经费资助那些生活困顿的东欧自由派作家。米兰·昆德拉也正是在此时与他结为了挚友。而他写的《乳房》在某种意义上也可看成是对卡夫卡《变形记》的致敬——却很少有作家像罗斯那样，在他的小说里，不断追踪着现实的流变，其视域所及既有时下的热点，也有前瞻性的预言和对历史的重新思考，始终完整地呼应着时代和社会的风云变幻。

确乎如此，在《美国牧歌》中，罗斯从社会、政治以及个人的心理层面上对当时的美国社会做了全面解剖；《人性的污秽》则以 1998

年美国白宫的丑闻，即克林顿和莱温斯基一案作为故事背景；他写于2004年的第26部小说《反美阴谋》，甚而至于故意“改写”了历史：在1940年美国总统大选中，有强烈反犹思想的查尔斯·林德伯格击败罗斯福当选总统。尽管小说以虚构的手法描写历史往事，但毫无疑问它是对当今美国政治的强烈影射。

也是在鲜明的时代背景下，罗斯以他的全部“愤慨”描写了有教养的犹太人所经历的文化和精神危机，伴之以对社会的批判和谴责，同时也不乏对犹太教及犹太人根性的揭露。由此，他的作品总会引来截然不同的评价。大为推崇者有之，极力否定者有之。对此，罗斯未必介意，他只是从自己的视角，客观真实地记录了美国历史。这是活生生的历史，也是他自己及一代知识分子活过的生活。

赫尔曼·黑塞：
他创作的几乎所有散文作品都是心灵的传记

“我的创作形式似乎在坊间流行起来，但那绝非我所愿见。”27 岁时，在柏林出版《乡愁》获得好评后，黑塞在给友人的信中便做过这样的表示。然而，无论他愿不愿意，自 1966 年，这位“德国浪漫派的最后一个骑士”去世以来，每年他的书都可以在德国境内卖出至少3.5 万册。他的作品迄今至少已被翻译成 60 种文字，出版总数达 1 亿册以上。

尽管西方学界对黑塞的评价并不高于同为诺奖得主的托马斯·曼，及他的兄弟亨利希·曼。但奇怪的是，黑塞的小说每经一次战争便风行一次，一战、二战和20 世纪 70 年代的越南战争后，都曾先后出现“黑塞热”。20 世纪五六十年代，他的作品传到日本和美国后，更成了青年一代的精神食粮。而在中国，黑塞的作品也一直被阅读和研究，黑塞并未过时。

1

在晚年所写的回忆录《魔术师的童年》中，黑塞描述自己从小成长的屋子里交错着许多世界的光芒。追溯他的一生，之所以拥有包容世界许多民族文化的开阔襟怀，不难从他特殊的成长环境中找到渊源。也正是对文化多样性的尊重和理解，成了黑塞的作品在东西方流行，并被广为推崇的一个重要原由。

1877 年 7 月 2 日，黑塞出生于德国南部施瓦本地区一个叫卡尔夫的小城。父亲是德国人，出生于爱沙尼亚。他的母亲是法国籍瑞士人，生于印度，并随作为传教士的父亲，在印度接受教育。出生于这样一个国际化的家庭，使黑塞身上融合了德国、法国、瑞士等多种血统，同时也让他从小就接受了比较广泛的文化和开放的思想。

所以，黑塞生来就不像多数欧洲中心主义者那样有一种天然的优越感。作为敏感的思想家，他很早就开始反思欧洲文化的弊端，当他历经种种毁灭性的战争和灾难，自觉欧洲正在日益衰败，且在精神和思想上不可避免地陷入破产境地时，自然而然把成长过程中接受的东方思想，视为个人新生和精神价值的源泉。

创作于 1922 年的印度故事小说《悉达多》中，讲述了与佛陀同名的一位贵族青年的成长故事。尽管拥有人们羡慕的一切，他却对自己厌倦、鄙弃到极点，并由此开始艰难的求道之旅。当他抛弃所有世俗的一切，来到河边想结束生命时，他突然听到了生命之河永恒的声音。

此后，黑塞开始更多转向对中国文化的探寻。他收藏了当时能够得到的所有关于中国文化的译本，并撰文研究、阐释中国文化。还经常创作以中国为题材的作品，短篇故事《周幽王》直接取材于中国古代褒姒烽火戏诸侯的传说，在中篇《克林格梭尔的最后一个夏天》中，他以李白、杜甫的绰号为小说的主人公和他的画家朋友命名，直接脱胎于老庄哲学的“双极性”观点更是贯穿于他一生的创作。

黑塞如是说：每一条真理都是站在某一特定极点上对世界所作的

短暂观察，而凡是极点无不存在相对极。从这种思想出发，他的作品中通常会出现两个自成对立面且互为补充的主人公，倘是同一主人公，则表现为两种对立思想的冲撞和激荡，以致最后的顿悟或是毁灭。《纳尔齐斯和歌尔德蒙》中的两位主人公：纳尔齐斯理性冷静、献身于宗教，歌尔德蒙则放荡不羁、充满梦想。当他困惑于自由的天性与修道院清规戒律时，纳尔齐斯劝说歌尔德蒙“要走自己的路，实现自己”，去享受爱和人生。

这种“双极性”观点，在黑塞历时 13 年创作完成的最后一部小说《玻璃球游戏》中，达到了另一个极致。小说假托发生在几个世纪以后的未来世界，主人公克乃希特从小聪明伶俐、刻苦好学，被送到“卡斯塔里恩”的精英学校，接受严格的教育与训练。他汲取东西方文化的精髓，学成集世界文化之大成的玻璃球游戏艺术，最终担任了精神王国的领导重任。他不断探索、超越自我，可内心的矛盾越来越大，以致开始怀疑这个精神王国存在的合理性，决心返回现实世界，从事有社会意义的教育工作，最后在与一学生游泳时溺水身亡。

纵观黑塞的一生，他同样摇摆在现实生活和美学世界两个“相对极”之间，一方面，他要超越自己的文化，变成一个“东方旅行者”；另一方面又万变不离其宗，始终坚守典型的德意志文化传统和浪漫主义特征。他一生所寓含的既不是一种理性主义，也不是一种美学上的清静无为，而是致力于让两种古老的伟大思想互相亲近、和谐交融。

黑塞开阔的文化视野，也让他成了继歌德之后，最多论述世界文学前景并提出警告的德语作家。对同时代的文坛做出诊断后，在生命的晚年，他就忧心忡忡地指出：“以工厂方式生产文章”的“粗制滥造的时代”可能会到来。

2

有一则轶事或许很能说明黑塞生活和创作的另一个重要特征：对自我的审视和表现。他和第二个妻子，小自己 20 岁的茹特结婚后，因个性差异太大，很快就分居并起诉离婚。但在当时的德国，离婚是非常严重的事情。凑巧的是，他的小说《荒原狼》赶在这时出版，小说中的主人公非常自我，对家人不管不顾。女方认定书中的主人公就是黑塞自己，并以此作为离婚的证据，法官居然采信，迅即判决他们离婚。

对此，黑塞有着清醒的认识。他曾做出自我评价称：我创作的几乎所有散文作品都是心灵的传记。正因为“他的兴趣过分局限于自我个性的表现”，尽管诺贝尔奖委员会早在 1931 年就开始考虑黑塞，但直到 15 年后，才最终把奖项颁给了他。让人颇感讶异的是，当一大批局限于表现一己心灵的作家，越来越淡出读者的阅读视野时，黑塞的作品尽管无关国家、民族等宏大话题，却日益受到关注。

倘使深入黑塞的精神层面，我们就会发现他的“流行”绝非偶然。在早期的艺术家小说如《克林索尔》中，黑塞就表达了这样的观点：进入工业社会以后，人的个性受到了越来越大的戕害，国家主义和技术等势力所隐含的标准化和组织化，使人越来越趋向非人化。为了彻底地展现自我，必须通过禁欲抑或纵欲这两条途径来躲避中产阶级的整齐划一。由此，我们看到，黑塞的主人公们常常不可避免地陷入一次次精神危机中，不是极端克制自我就是极端张扬自我。

这种精神危机在其充满想象力的小说《荒原狼》中得到了极为动人的体现。此前，黑塞愤而放弃了德国国籍，正处于彷徨无地的困境。小说主人公哈勒尔的经历，正是他这一阶段内心挣扎的真实写照。哈勒尔是一位富有正义感的作家，他反对战争，厌恶虚伪，因而受到社会的冷遇。借由这个形象，黑塞凸显了在动荡、转型时期的知识分子的心路历程。

事实上，黑塞的每一本书都可说是阶段性的自诉。教育小说《在轮下》，取材于他15岁那年在毛尔布隆重神学院的不愉快经历，正是从这里，这位“从13岁就明白自己就要成为诗人”的作家开始了一生的“自我放逐”；1914年一战爆发后，黑塞挺身而出，发表了《啊，朋友，不要这种腔调》的反战文章，触怒了德国军国主义者，遭到他们御用报刊的围攻，黑塞因此家庭失和，又失去生活来源，几乎精神失常。他随后发表的小说《德米安》，揭示了一个青年人由于反战被视为叛国，产生了心理分裂的痛苦；而《盖特露德》《罗斯哈尔德》等爱情、婚姻小说，可以说是黑塞第一次婚姻的变奏。他和大他九岁的瑞士摄影师玛丽亚，生活可谓幸福，但幸福的婚姻却不可避免地影响了他自我的独立性，为了从这种精神的羁绊中走出，他选择离婚。

黑塞特立独行的写作姿态，为一些人称道和追随，同时也是为人诟病的因由。有评论家称：黑塞的流行，在一定程度上得益于年轻人的不求甚解；他作品中充盈的抒情、梦幻、感伤、彷徨、孤独等具有浪漫色彩的元素，固然投合年轻读者的口味，但既非他的独创，也缺乏深刻的思想内涵；他笔下的人物在经历了心灵磨难与精神炼狱后，都能找到自己的精神乐园，也更多是他的一厢情愿。

然而，无可疑义的是，黑塞生前所关注的主题，他所担忧的人类精神危机与心灵孤寂，是现代的，至今依然具有强烈的现实意义。正是借由对现代命题的表达，黑塞击中了时代的神经，使几乎已经绝迹的浪漫主义迸发出了全新的艺术魅力。阅读黑塞，其实可以这样简单：因为我们每个人都需要一个洁净澄明的地方，获得对爱和美的追溯。

钦努阿·阿契贝：

没人能理解他人，如果他不说“他”的语言

有“非洲文学之父”之称的尼日利亚作家钦努阿·阿契贝，因病于2013年3月21晚在美国波士顿一家医院去世，享年82岁。尼日利亚各界对他的去世表示沉痛哀悼。总统古德勒克·乔纳森表示，尼日利亚人将永远记住这位充满良知而又忠于祖国的伟大作家。

阿契贝的去世引发世界性的关注。他是历年诺贝尔文学奖的热门人物，也是布克奖得主。英国《独立报》称阿契贝是“非洲最伟大的小说家”。尽管非洲大陆已经拥有了索因卡、马哈福兹、戈迪默、库切四位诺奖得主，但阿契贝从未获奖的事实，还是引起很多人的不满和困惑，尼日利亚当地媒体曾立场鲜明地表示抗议：“不是阿契贝需要诺贝尔奖；正相反，是诺贝尔奖需要阿契贝来证明自己。”

当然阿契贝错失诺奖，丝毫不会影响他作品本身的荣耀和丰饶。戈迪默就曾感慨地说：“阿契贝有一种值得称道的天赋，他是一位充满激情、文笔老辣、挥洒自如的伟大天才。”

作为“西部非洲大陆文学传统的缔造者”，阿契贝不止是如2007年被授予国际布克奖时评委会主席艾莲·舒瓦特所言，在重绘非洲历史的轮廓的同时，还重绘了乔伊斯在20世纪创造的小说的轮廓。因为他不屈不挠地就全球和祖国尼日利亚的政治、社会事务发言，他还作为一名热忱的政治思想家和卓越的知识分子闻名于世。在《远景》和《外交杂志》评选出的“全球百名知识分子”中，他名列第三十八位，2002年，他还获得了德国书业和平奖，在他之前获得这个奖项的是哈贝马斯，在他之后获奖的则有苏珊·桑塔格和奥尔罕·帕慕克。

1

没有什么比南非国父尼尔森·曼德拉的话，更能说明阿契贝发表于1958年的长篇处女作《瓦解》的重要价值。他视这部小说为陪伴自己度过漫长铁窗岁月的精神伴侣，他说阿契贝“将非洲介绍给了世界”，并表示“有《瓦解》做伴，白人监狱的高墙瓦解了。”

而今《瓦解》已被公认为“奠定20世纪非洲文学大厦的基石”。因为凭借这部小说创造了“一个真正具有非洲特色的现代非洲文学”，伦敦《泰晤士报文学增刊》把阿契贝列为“20世纪的1000个缔造者”之一。有研究者认为，研究非洲文学不读《瓦解》就相当于研究中国近现代文学不读《呐喊》。

《瓦解》描述了一名非洲部落英雄的垮台及其部落生活的故事，真实再现了英国殖民者入侵前伊博族人的生活。阿契贝以敏锐的洞察力刻画了奥孔克沃这样一个信奉传统，却以一种为部落所不耻的方式自杀的英雄形象。小说的可贵之处，不仅在于它驳斥了白人作品中散布并已为人们普遍接受的有关黑人没有文明的谬论，更在于它客观而艺术地描述了当地文明发展中的缺陷，对白人入主非洲的原因作出了令人信服的分析。

此后1958年到1966年间，阿契贝接连出版了与《瓦解》并称为“尼日利亚四部曲”的其他三部小说。《动荡》描写一个立志改革的归国留学生最后经不住金钱的诱惑而堕落，众叛亲离的悲剧故事。《神箭》主要揭露英国传教士在农村的殖民活动，以及殖民主义侵入所引起的变化。最后一部《人民公仆》则嘲讽了尼日利亚独立后以人民之子和人民公仆自诩的政客。“四部曲”让世界看到了一种新的非洲小说的面貌和可能性。

总体上看，“四部曲”表现了19世纪英国殖民者到来至尼日利亚国家独立时期的全部历史，在其反殖民主义和现实政治的表层之下，真正要表达的却依旧是文学的永恒主题：在文化和道德的巨变前，人当何为？而一部好的文学作品，也总是比政治复杂，甚至比社会复杂。但在为生存奋斗的非洲，但凡有责任心的作家都具有强烈的政治倾向。也因为此，阿契贝说：“非洲作家试图避开巨大的社会问题和当代非洲的政治问题，将是十分不恰当的。”

事实上，政治始终伴随着阿契贝的文学创作。《人民公仆》叙述的故事，并未指明发生在哪个非洲国家，却明显讽刺了独立后的尼日利亚。以叛乱做结局的这部小说出版后，尼日利亚就发生了军事政变。当局因为这种预见，认定阿契贝知道叛乱的内幕，他因此被迫流亡，妻子也在颠沛流离中不幸流产，但他并没有因此不问政治。1970年，当尼日利亚重新兼并已于三年前脱离政府的亚法拉区时，他参加了执政党，但很快对他亲眼所见腐化和歧视感到失望又毅然选择退出。

自20世纪70年代后，阿契贝大多时间生活在美国。80岁那年，他来到英国访问，在剑桥大学发表了名为《充满痛苦的尼日利亚过渡时期》的讲演。他在开场时表示希望自己的言语不至于太过分，这看似是在提醒听众里的白人成员，但实际上，当他讲到政府里“懒惰的强盗统治”和“滋生腐败的粪池”时，最为坐立不安的是包括不少政府和使馆要员在内的尼日利亚听众。

2

虽为尼日利亚作家，世界文坛多视阿契贝为土生土长的非洲小说家、诗人、评论家。他一直致力于通过文学作品，来打破西方世界对非洲大陆以及非洲文化的成见。

事实上，早在1962年12月，阿契贝就在《尼日利亚》杂志上发表过一篇题为《天使不敢涉足的地方》的文章，他对关于他祖国的流行议论做了坚决的抵抗。他反击了那些从外部批评非洲作家的人说：“没人能理解他人，如果他不说后者的语言。”

阿契贝之所以这么说，某种意义上是因为在他之前，非洲几乎不曾在世界上发出过自己独立的声音。因为，非洲国家是在打破了部落界线的殖民地的基础上独立的，在白人殖民者到达之前，它们基本上没有自己的文字，更谈不上有通常意义上的文学。而世界对非洲的了解，更多来自于约瑟夫·康拉德的《黑暗之心》和伊萨克·迪内森的《走出非洲》这样以西方视角看非洲的文学作品。

这些由到访的欧美人写出的作品，虽然对黑人不无同情，然而在他们笔下，非洲人给人以野蛮人的印象，似乎以此表明他们受白人统治是理所当然的。而不管有什么心肠，黑人总是仆从和被讥评的对象，而白人则高高在上，处于主人公和评判人的地位。即便在深受殖民主义伤害的康拉德笔下，非洲原住民也不曾取得完整的人的形象。1975年，阿契贝在他的一篇文学评论中就批评了《黑暗之心》，认为康拉德在作品中宣扬了种族主义，扭曲丑化了非洲和非洲人形象。

然而阿契贝以自己的创作，首先把对非洲的文学书写从白人手里夺了过来。他同时坚定声明，非洲人民并不是从欧洲人那里第一次听说有“文化”这种东西的，非洲的社会并不是没有思想的，“它经常具有一种深奥的、价值丰富而又优美的哲学。”这在他的同胞作家、获 1986 年度诺贝尔文学奖的索因卡那里得到呼应。获奖后接受法国《晨报》记者采访时，索因卡说：“这不是对我个人的奖赏，而是对非洲大陆集体的嘉奖，是对非洲文化和传统的承认。”

3

鉴于阿契贝的文学成就，瑞典人曾邀请他出席诺奖颁奖典礼。当坐在他一旁的人对他说，可惜非洲还没有值得注意的作品时，他怒不可遏地反击道，是自高自大的欧美没有注意和了解非洲的伟大作品。后来他才知道这一说把诺奖委员会里最有分量的人得罪了。这可能影响了诺奖委员会对他本人的印象，却在一定程度上引起了白人和外部世界对非洲的注意，催生了 1986 年以来诺奖委员会对非洲这块最受冷落的大陆的几次承认。

而阿契贝自职业生涯初始便决定用英语写作，也体现了他对非洲与世界关系问题的一种深入思考。肯尼亚作家作家詹姆士·恩古吉等人曾批评他使用殖民语言。阿契贝回应道：“我觉得英语可以承载我的非洲经历的重量，但是它必须要作为一种新英语，始终与它的母国保持密切联系但同时发生变化来适应非洲土壤。”实际上，阿契贝用他所属部落使用的伊博语，创作了一些重要的诗歌作品。

1981 年，阿契贝创建了尼日利亚作家协会，并担任首任主席。六年后，他创作了后四十年创作生涯中的唯一一部长篇《荒原蚁丘》。1990 年，在尼日利亚的一次意外车祸让他腰部以下瘫痪，永远只能坐在轮椅上。此后将近 20 年没有再创作新的作品。在此过程中，他担任英国“海涅曼非洲作家丛书”首任编辑长达 10 年，出书三百余种，他鼓动了一批非洲作家创作自己描述非洲的作品，并把一批非洲作家介绍给世界，为非洲文学的发展作出了奠基性的贡献。

很显然，在阿契贝眼里，非洲大陆是一个整体。他认为，非洲作家不应该为种族问题争论不休，而更应该关注非洲及非洲文化的价值和尊严。遭遇车祸后一年，在接受一知名杂志的采访时，他表示，车祸对他来说“是一种机会”，正如《瓦解》旨在教会人类在团结中找到生存的力量，车祸正是给他上了一课，“它令我的人生变得丰富。我从中学到了太多，让我明白我们有多么依赖彼此。”

罗伯特·穆齐尔：
他把理性的综合带进小说殿堂

1

1924年，罗伯特·穆齐尔的生活中发生了一个很重要的变故：他的父母相继去世。也是在这一年，奥地利爆发了有史以来极为严重的通货膨胀。穆齐尔因此陷入经济贫困和丧失亲人的双重痛苦之中。然而，这直接促成了他全身心投入到生命和心血之作《没有个性的人》的创作中。穆齐尔和一家出版社约定，由出版方支付给他固定的生活费，小说完成后即交付出版。

这注定是一场与魔鬼签订的契约。按照穆齐尔的计划，小说由三卷构成。第一卷《向可能到达的边缘前行》完成之后，于1930年出版；第二卷《进入千年王国》出版于1933年；按原计划，第三卷将于1938年出版，但突如其来的第二次世界大战改变了一切，他流亡到了瑞士，生活无着，疾病来袭。颠沛流离中，第三卷终成了没能完成的断章。1943 年，当它以《遗作残稿》为名出版时，这位日后声名卓著的奥地利作家已辞世整整一年。

事实上，即使在生前，穆齐尔也不能算是那种典型的“不能被同代人理解的作家”。在他生命的晚年就已经有“穆齐尔协会”成立，他曾获得过各种文学和戏剧奖项。但他最终没有逃脱经济上的贫困和精神上的孤独，也没在广泛意义上得到应有的重视。他大概没有想到，自己的这部作品在去世后会获得那么大的赞誉。同为德语作家的诺贝尔文学奖得主托马斯·曼表示：“在当代德语作品中，我从未如此有把握确信后世的判断。《没有个性的人》毫无疑义是最伟大的……这本书的生命将会超出这几十年，并会在未来获得崇高的荣誉。”

这个预言在今天已经部分地得到实现。1999 年，在德国贝塔斯曼文学家和慕尼黑文学之家的要求下，由作家、评论家和日耳曼文学家各 33 人组成的评委会提交的一份 20 世纪最重要的德语长篇小说排名表中，《没有个性的人》以 35 票的得分位列第一。不仅如此，穆齐尔的这部作品在西方评论家的眼中，是堪与詹姆斯·乔伊斯的《尤利西斯》、马塞尔·普鲁斯特的《追忆逝水年华》和托马斯·曼的《魔山》并驾齐驱的现代派巨著。穆齐尔则与卡夫卡、普鲁斯特、乔伊斯一同被认为是 20 世纪最重要的伟大作家。

2015 年 4 月，继作家出版社于几年前首次引进出版这部难读的名著之后，上海译文出版社再度修订出版，一时间在文学圈内外引发了一阵不大不小的“穆齐尔热”。2017 年是穆齐尔逝世 75 周年，中国文学界并没有举行相关纪念活动。在新的时代背景下，重温穆齐尔的人生和创作历程，我们又该说些什么？

2

关于《没有个性的人》，被引用最多的莫过于昆德拉的话。他认为，穆齐尔“将卓越的、光芒四射的智慧赋予了小说”，“使小说成为绝妙的理性的综合”。并进一步表示，如果说菲尔丁在讲述一个故事，那么福楼拜就是在描写一个故事，而穆齐尔呢，他要思考一个故事。

其实，用传统的文学视角看，这部奇特的作品概而言之，可以说就是“没有故事”：在奥匈帝国的维也纳，人们成立了一个委员会，旨在筹备 1918 年奥皇弗兰茨·约瑟夫在位 70 周年的活动。同年，德国将庆祝德皇威廉二世在位 30 周年。人们称奥地利的这个行动为“平行行动”。具有讽刺意味的是，这一年恰好是两个帝国覆灭的年份。32 岁的青年知识分子乌尔里希就是这个委员会中的一员。此前，他已经进行过三次尝试，企图出人头地，但是当军官、工程师和数学家的三次尝试都未曾取得令他满意的结果。他就在这个严肃而又怪诞的委员会里无谓地忙碌着，遇见了一些人，和几个情人来往，甚至与亲妹妹之间产生了错位的“爱情”。然而这一切都仅仅只是插曲。

最后，乌尔里希认识到，对他来说，可能性比中庸的、死板的现实性更重要。由于他在一个极其技术化的时代再也找不到“整体的秩序”，他便决定“休一年生活假”，以便弄明白这个已经分解为各个部分的现实的“因由和秘密运行体制”。这样，他便退而采取一种消极被动的、只对外界事物起反射作用的态度。他觉得自己是个没有个性的人，因为他不再把人而是把物质看作现代现实的中心……

这样一部超越时代的作品难免招致非议。有人说，穆齐尔过于抽象的叙事特点使人物缺少生气，甚至一些学问高深的人也指责他不是一个真正的小说家，瓦尔特·本雅明称赞他的智慧而不是他的艺术，爱德华·罗蒂提认为他笔下的人物没有生活，建议他把普鲁斯特作为可以追随的榜样。但也有一些人给予了好评。小说的第一卷出版后，即有评论家比尔赞赏道：“……1075 页中没有一行字言之无物，每一行字都对这部无可比拟的作品的整体结构有重要意义。书中写了什么？今日的整个世界。”

如此表述看似玄虚。却一语道出了小说的“天机”：没有同时代的现代派小说所刻意追求的一切元素。无论其思索的长度，段落的慢节奏，都给人一种“传统式”行文的表象。然而，穆齐尔正是要在此种不引人注目的表象中，对小说进行一场结构性的革命。他把一种执著、细密的分析能力带进了现代小说。这意味着后世的作家倘要具体而确切地解释他的时代和生活，他就必须面对他所树立的这个迄今仍然未曾被逾越的标杆。

3

如同所有未完成的传世作品一样，《没有个性的人》同样给人带来了无尽的悬想，或许还有深刻的启示。同为德语作家的另一位诺贝尔文学奖得主卡内蒂，在接受诺贝尔奖时的演说中感叹道：我向穆齐尔学习的东西是最难的东西：这就是一个人几十年如一日地从事自己的创作，但却不知道这个创作是否能完成，这是一种由耐心组成的冒险行动，它是以一种近乎非人道的顽强精神为前提的。

确如卡内蒂所言，穆齐尔的“顽强”可说是绝无仅有的，这种精神生动表现他在写作过程中经历的难产与反难产的艰难斗争中：为了撰写两篇总计一百多页的小说，他用了整整两年半的时间，其间他总是“没日没夜地工作”。而穆齐尔从 1905 年开始设想《没有个性的人》，20 年代开始动笔，前后易稿二十余次，一直到去世，书仍然没有完成。无怪乎在他看来，“写一本书要比治理一个王国重要得多，而且也困难得多。”

生前，这位拥有柏林大学哲学博士学位、一生既无职业、也无固定收入、且从未有过如此实际打算的作家曾把作品总是难产的原因，归结为极其微小的传达欲望，而更深层的原因或许源于他特殊的文学理念。穆齐尔认为，“文学创作的任务不是描述：什么是，而是描述：什么应当是……一种现成的世界观是不会承受文学创作的。”换言之，他是想在小说中提供一种新的理想，一种新的道德人。

然而，穆齐尔所处的时代，差不多就是欧洲历史上观念最混乱、迷惘的时代。旧的时代已告崩溃，新的世界尚未显露，新的理想、新的道德人更无从谈起。由此，穆齐尔本人也像乌尔里希一样找不到“行动的意义”，甚至是感觉到“昏眩”或“无力”，“而且还掺杂着一种可怕的厌恶：对不得不重新开始的厌恶。”正是在这个意义上，有评论家表示，穆齐尔的窘迫，恰恰是当时欧洲时代精神的直接反映：它看不到出路何在，它处在“危机”之中，它注定是“未完成的”。

然而，他的同时代人，甚至是穆齐尔本人未必洞察这种精神的困境。生命的最后十年，他基本上是在贫困、寂寞、无助和凄凉中度过的。更大的内在贫乏还在于，在此期间，他几乎没有完成任何可供发表的文字。时值 1940 年，穆齐尔在日记中写下自己的印象：“我觉得末日在向我招手。”他于两年后去世，身后留下一些书和他的两箱手稿。没有坟墓，骨灰按家族传统洒在日内瓦附近的森林里。

卡洛斯·富恩特斯：
小说的力量在于古希腊集会式的存在

1

在西班牙语中，富恩特斯意为“喷泉”。作为继诺贝尔文学奖得主奥特塔维奥·帕斯之后墨西哥最著名的文学家，也是整个西班牙语世界最具影响力的散文家和小说家之一，卡洛斯·富恩特斯一生创作恰如喷泉般迸涌。他发表了二十余部长篇小说和多部短篇小说集，还有大量的散文和政论文章。到晚年，他依然笔耕不辍，为墨西哥和西班牙报刊撰写专栏文章。及至生命中最后几年，他还是诺贝尔文学奖呼声很高的作家候选人。2012 年 5 月 15 日，这位与加西亚·马尔克斯、巴尔加斯·略萨以及胡里奥·科塔萨尔齐名的拉美文学“爆炸”主将在墨西哥城安莱斯·德-佩德雷加尔医院逝世，享年 84 岁。

富恩特斯的逝世无疑是西班牙语文学乃至世界文学的巨大损失，整个西班牙语界的作家、学者、文化人和读者无不伤感地慨叹：拉丁美洲文坛上又一颗巨星陨落了。他的逝世震动了墨西哥文化界，当地多个官方和民间组织、电视媒体、网站都大度整版推出专题，痛悼这位民族心灵导师的离去。墨西哥总统卡尔德龙当天在他的“推特”上表示哀悼。他说：“我对我们敬爱和钦佩的卡洛斯·富恩特斯去世深表遗憾，他是一位具有世界影响力的墨西哥作家，愿他的灵魂得到安息。”墨西哥国家美术宫于 16 日为他举行了遗体告别仪式，以示对这位文学巨匠的崇高敬意。

尽管如此，在墨西哥本国读者尤其是年轻人中间，富恩特斯其实并不大受欢迎。在他们看来，他过于炫耀写作技巧，从结构到文字，无不高深莫测，有拒下里巴人于千里之外的感觉。当然，这无碍于他们在心灵深处认可富恩特斯是一位致力于挖掘墨西哥民族文化灵魂的伟大作家。自 1954 年凭第一部短篇小说集《戴假面具的日子》进入文坛开始，富恩特斯的写作主题就再也没有离开过墨西哥，并且随着年龄的增长，每一部作品都是对于墨西哥深处的探索。

2

“我们命中注定要呆在这里。我们对此无能为力。”在长篇小说处女作《最明净的地区》(1959) 的结尾，卡洛斯·富恩特斯如是慨叹。尽管在 19 世纪德国地质学家亚历山大·冯·洪堡看来，墨西哥首府墨西哥城是令人赞叹的“最明净的地区”，在富恩特斯笔下，它却已不复明净，身居其中的人们更是处在错乱轮回的痛苦之中。富恩特斯却始终为了墨西哥——他的祖国，他的家园和灵魂栖息之处，写下所有的激情和忧伤。

的确如此，墨西哥城耗费了富恩特斯无数个词汇、短语来形容，也造就了独树一帜的“富恩特斯式段落”。作为典型的第三世界大都市，上至政界要员、幕僚、资本家、知名学者、演艺明星，下至游击队员、革命党人、小职员、末流文人，都在这里上演着一幕幕精彩纷呈的活剧。自然，它也是富恩特斯尽显才华的舞台。

在《最明净的地区》这样“一部城市的传记，一部现代墨西哥的总结”中，富恩特斯以 1910 年墨西哥资产阶级革命为背景，气势磅礴地描绘和再现了墨西哥现代社会的壮丽图景。农民出身的费德里克·罗布莱斯为尽快改变其衣不蔽体的贫困生活，参加了起义队伍。几经磨难，甚至一度几乎送命，他变得冷酷无情、唯利是图。随部队来到墨西哥城后，他投机取巧，靠倒卖因革命破产的家族的地皮发了大财。继而将他的触角伸向工业和金融业，最后成为全国举足轻重的大银行家。在其事业处于巅峰时，他的股票生意受挫，很快破产。绝望中，他将自己的豪华住宅和不贞的妻子诺尔曼·拉腊戈蒂付之一炬，本人却躲进一个双目失明的女人家中，隐姓埋名，苦挨岁月。

此后，富恩特斯完成了被认为是他“最为全面、最为完美、成就最为显著”的小说《阿尔特米奥·克罗斯之死》(1962)，同样以墨西哥革命为主要题材。它通过墨西哥新闻界大资本家阿尔特米奥·克罗斯的临终回忆，叙述了他从贫苦孤儿成为革命军官，后又变为百万富翁，从投机革命到打入政界的坎坷、堕落的一生，展现了 1960 年革命前后墨西哥社会的风云变幻。小说《与劳拉·迪亚斯共度的岁月》(1999)，则讲述了德国移民的后裔劳拉·迪亚斯丰富的生活和精神追求，她与亲人和朋友们的悲欢离合，以及她所见证的墨西哥的各个重大的历史事件。通过女主人公的一生和家世，揭示了有着特殊历史、文化和种族渊源的墨西哥人民的苦难，他们的生活和内心世界。

从魔幻现实主义，经幻想文学，再回到现实主义，在漫长的创作生涯中，富恩特斯力图将社会与个人、现实与神话、历史与现状、物质世界与精神活动熔为一炉，构成一个完整的世界，再妙笔生花，创作出一部部内容崭新丰富、题材多姿多彩、形式别具一格的作品。

然而，纵使创作形式经历再大的变化，在他的作品中，不变的是对祖国前途和命运的深沉思索。在《阿尔特米奥·克罗斯之死》中，富恩特斯赋予了克罗斯之死以深刻的含义，时间周而复始，这一位克罗斯死了，而另一位克罗斯还会继续，从而对墨西哥循环往复的悲剧历史给予了尖锐的批评。同样，在《最明净的地区》中，富恩特斯借诗人曼努埃尔·萨马科那之口，从其反面来阐述和完善自己对墨西哥前途的看法。在他看来，墨西哥人应着眼于未来，把继承民族传统、接受欧洲精神财富和推陈出新结合在一起，继往开来，开创新的历史篇章。

3

随后，富恩特斯相继发表《奥拉》(1962)、《神圣的地区》(1967)、《生日》(1969) 等作品，有的描写墨西哥的当代中产阶级家庭，有的描写墨西哥古代印第安人的神话传说。1975 年，长篇巨著《我们的土地》出版。在这部颇为复杂的小说里，富恩特斯不仅深入到墨西哥遥远的历史中，还将视线扩大到整个拉丁美洲。

有评论称：富恩特斯的学识与人格力量，在当今世界上很少有知识分子可以媲美。拉美的贫困与落后同欧美的发达形成鲜明的对照，对他产生了强烈的刺激，促使他以比较的手法观察与思考拉美不发达的原因，进而提出解决的设想。他说过："我希望给我的人民幸福与进步，但是，我也希望大家别忘记，历史不是完美的，我们是容易受骗的可悲的人们，尽管我们有能力创造更好一点的社会。"

有鉴于此，墨西哥学者埃曼努尔·卡瓦略对他作了这样的评价："当 21 世纪开始时，在墨西哥有大知识分子吗？我认为很少，只把卡洛斯·富恩特斯留给了我们，他是一位 360 度的知识分子。"事实上，作为一位扎根于墨西哥美妙神话的世界性小说家，富恩特斯确如英年早逝的秘鲁现代诗人巴列霍描述的那样，满腹经纶、学识渊博、品德高尚，说着三种语言，昂首阔步地遨游于半个世界；口才令人陶醉，笑容自然亲切，举止日益潇洒。但富恩特斯因创作着眼于宏大叙事，有关他的个人经历却是鲜为人知。

1994 年，《狄安娜，孤寂的女猎手》问世，得以让世人一窥富恩特斯的“私人生活”。小说故事源于富恩特斯的真实经历，女主人公琼·狄安娜，原型就是美国女影星琼·赛贝格。1970 年，富恩特斯在墨西哥邂逅来此拍戏的琼，两人同居了两个星期，过了一段激情似火的生活后旋即分手。这位曾因饰演圣女贞德而当红一时的明星，回国后就被联邦调查局诬蔑为资助黑豹党的左翼活跃分子和私生活糜烂者而身败名裂，患精神病后死去，甚为凄凉。富恩特斯并没有因为和琼分手，及她回国后的悲惨境遇，讳言自己对她的爱和回忆。“我回忆、写作，为的是重现她那天晚上和我在一起（她将永远如此）的那一时刻。”然而，纵使爱情如火如荼，对他而言，“文学才是我真正的情人。”其余的一切，包括性爱、政治、宗教和死亡，都只是文学的一种体验。

果不其然，富恩特斯此后的写作，不再涉及个人经历。1999 年，富恩特斯创作出墨西哥式长篇小说《与劳拉·迪亚斯共度的岁月》。回顾所有墨西哥“衍生产品”，他说：“每一部小说都必须是历史的产物。”

事实上，这位可谓最了解墨西哥的作家，却几乎算是个外国人。1928 年，富恩特斯出生在墨西哥城，由于父亲是外交官，他从小就随父亲辗转各国，基多、蒙得维的亚、里约热内卢、华盛顿、圣地亚哥和布宜诺斯艾利斯，深受不同文化熏陶，只在每年暑假回到祖国，接受语言和历史教育。成年之后，他也常去欧洲游学访问，更在 47 岁时子承父业，成为外交官，出任墨西哥驻法国大使。这些生活和阅读经历足以把他变成“世界公民”，但现实却表明，拿着墨西哥护照，他还和这个民族的同胞一起承担着被欧洲人歧视的命运。尤其在21岁那年，他与一位瑞士姑娘相爱，却因遭到女方父母的强烈反对，遂告无疾而终。

正是在遭遇如许挫折后，年轻的富恩特斯才开始遥望他并没有生活过很长时间的祖国大陆。由于对欧美文明的了解和对拉美落后现状的认识，比起其他的拉美作家，富恩特斯有着更强烈的忧患意识。对世界性与民族性、身份认同、爱国主义等问题的深入思考，也使他对墨西哥的历史与现实有着更为丰富、复杂的认识。在富恩特斯眼里，他的故乡墨西哥城“一面是欧洲人对新世界的乌托邦式的憧憬，一面是殖民活动的恐怖现实，反差巨大，而巴洛克填补了两者之间的鸿沟”。

的确如此，富恩特斯以巴洛克的方式建造了一座墨西哥展览馆。他以魔幻现实主义创作方法和内心独白、多角度叙述、时空交叉、多声部等现代派表现手段表现墨西哥的历史、现状和未来。正如他自己所说：“小说的力量就在于它古希腊集会式的存在。在集会上，所有的声音都被倾听、得到尊重。赫尔曼·布洛克和米兰·昆德拉还有我自己，都是循此进行文学创作的。小说不仅应该是不同观点、不同心理现实和政治现实的结合，也应该是不同审美现实的结合。”

很显然，富恩特斯对历史的追问并没有造成读者对其作品的隔膜。这不仅在于他重述了墨西哥的历史和神话的同时展现了卓绝的文学特质，还在于他并没有局限于再现本民族、地区的历史，而是借此深入思考拉丁美洲乃至全人类的命运，并由此产生震撼人心的艺术力量。

在出版于1990年的散文集《勇敢的新大陆》中，富恩特斯对西班牙美洲文化，即印第安古文化、非洲文化和西班牙文化的交融进行了反思。某种意义上正是基于此，米兰·昆德拉在《小说的艺术》一书中感叹，他在阅读富恩特斯的作品时，发觉自己在另一块风土迥异的大陆找到了知音，而这或许是富恩特斯所能留给我们的最重要的精神遗产。

图书在版编目（C I P）数据

普鲁斯特的凝视 / 傅小平著. — 南京：江苏凤凰文艺出版社，2019.1
ISBN 978-7-5594-2135-7

Ⅰ. ①普… Ⅱ. ①傅… Ⅲ. ①散文集－中国－当代
Ⅳ. ①I267

中国版本图书馆 CIP 数据核字(2018)第 107462 号

书　　名	普鲁斯特的凝视
著　　者	傅小平
责任编辑	李　黎
出版发行	江苏凤凰文艺出版社
出版社地址	南京市中央路 165 号，邮编：210009
出版社网址	http://www.jswenyi.com
印　　刷	苏州越洋印刷有限公司
开　　本	880 毫米×1230 毫米 1/32
印　　张	22.625
字　　数	560 千字
版　　次	2019 年 1 月第 1 版
印　　次	2021 年 3 月第 2 次印刷
标准书号	ISBN 978-7-5594-2135-7
定　　价	80.00 元